A LA SOMBRA DE LA SUPERPOTENCIA

Tres presidentes mexicanos en la Guerra Fría, 1945-1958

CENTRO DE ESTUDIOS INTERNACIONALES

A LA SOMBRA DE LA SUPERPOTENCIA

Tres presidentes mexicanos en la Guerra Fría, 1945-1958

Soledad Loaeza

EL COLEGIO DE MÉXICO

972.082
L7958a

Loaeza, Soledad, 1950-
A la sombra de la superpotencia : tres presidentes mexicanos en la Guerra Fría, 1945-1958 / Soledad Loaeza. – 1a ed. – Ciudad de México : El Colegio de México, Centro de Estudios Internacionales, 2022.

470 p. ; 23 cm.

ISBN 978-607-564-166-9

1. Presidentes – México – Historia – Siglo XX. 2. México – Política y gobierno – 1946-1970. 3. México – Relaciones exteriores Estados Unidos – Historia – Siglo XX. 4. Estados Unidos – Relaciones exteriores – México – Historia – Siglo XX. 5. Ávila Camacho, Manuel, 1897-1955. 6. Alemán, Miguel, 1905-1983. 7. Ruiz Cortines, Adolfo, 1890-1973. 8. Guerra Fría. I. t.

Agradecemos a la familia Quezada las facilidades prestadas para la publicación del fragmento del mural *La nacionalización del petróleo: El tren* (de la obra conjunta *Petróleos Mexicanos, una historia en dos murales*), 1990, de Abel Quezada Calderón, que ilustra la portada de este libro.

Primera edición, 2022

Carretera Picacho Ajusco No. 20
Ampliación Fuentes del Pedregal
Alcaldía Tlalpan
C.P. 14110
Ciudad de México, México
www.colmex.mx

ISBN: 978-607-564-166-9

Impreso en México

ÍNDICE

Para Federica, Luisa, Teo, Inés,
Julián y Damián, y los que vengan,
con el deseo de que vivan en un mundo mejor
aunque la geografía sea siempre la misma.

A mi hermana Antonia,
in memoriam

AGRADECIMIENTOS

Durante los años que dediqué a esta investigación adquirí deudas impagables con instituciones y personas. En primer lugar quiero mencionar al Centro de Estudios Internacionales de El Colegio de México que me ha ofrecido un medio excepcional de libertad y enriquecimiento profesional, y que me apoyó nuevamente en la realización de este proyecto. Los miembros del Seminario de Política Interna leyeron y discutieron con inteligencia y generosidad sucesivas versiones de varios capítulos. Agradezco en particular los comentarios inquisitivos y las inteligentes sugerencias de Roberto Breña, Ana Covarrubias, Humberto Garza, Guadalupe González, José Luis Méndez, Reynaldo Ortega, Jean François Prud'homme, Mónica Serrano, Fernanda Somuano y Celia Toro. Mucho debo a mis colegas del Centro de Estudios Históricos donde encontré grandes coincidencias y el amigable apoyo de Luis Aboites, Graciela Márquez, Erika Pani y Vanni Pettinà. Quiero agradecer, en particular, lo mucho que he aprendido de la profundidad de la reflexión histórica de Ariel Rodríguez Kuri, así como de su pródiga amistad.

Tuve la buena fortuna de ser *fellow* por un año del Instituto Radcliffe de Harvard, donde diseñé el primer esbozo del proyecto y recogí la mayor parte de la documentación del Departamento de Estado y de la Casa Blanca sobre México y sobre la relación política con Estados Unidos entre 1944 y 1958. El Centro Kellog de la Universidad de Notre Dame me proporcionó una atmósfera propicia para la reflexión y comparación con otras experiencias latinoamericanas. En el Centro Rockefeller de la Villa Serbeloni tuve una fructífera estancia en la que escribí un primer borrador de los resultados de la investigación. Gracias al Programa de Fellowships Edmundo O'Gorman de la Universidad de Columbia me beneficié de los recursos de la Biblioteca Butler.

Va mi reconocimiento también a los siempre acertados comentarios a mi trabajo de Michael Coppedge, Diane Davies, Susan Eckstein, Scott Mainwaring, Claudia Maldonado, Jaime Ross y Eric Zolov, así como a las muy iluminadoras sesiones del Cold War Seminar Series de la Universidad de Nueva York (NYU) dirigido por los profesores Marylin Young y Timothy Naftali. Dedico un especial reconocimiento a John Coatsworth, extraordinario colega, conocedor de la historia de México y amigo infaliblemente generoso.

Mucho me ayudaron los asistentes de investigación que con entusiasmo y curiosidad trabajaron en la recopilación y organización de los documentos. Le doy las gracias a Anne Wilson en el Radcliffe Institute de Harvard, Elisa Lavore, Diego Flores Magón, Claudia Piña, Zaira Razú, Jimena García Hidalgo, Laura Ambrosio, Daniel Cortés, Omar Pablo Guadarrama y Diego Zubillaga.

Quiero dejar constancia de mi gratitud hacia Jean François Prud'homme, colega excepcional y amigo entrañable, que como director del CEI ha sido un gran maestro en el difícil arte de administrar un centro académico.

Mi agradecimiento a mis hijos Martín y Tomás por acompañarme en este largo trayecto, a Andrés porque las dudas que le provocaba mi investigación se volvían valiosas pistas. Gracias otra vez a Adrián, por las muchas horas que le robé de sus lecturas de John Le Carré, para que rebatiera mis hipótesis sobre una Guerra Fría tan compleja y brutal como la de sus novelas.

INTRODUCCIÓN

El tema de este libro es el proceso de domesticación del poder presidencial en México, que se inició en los años veinte del siglo XX, se aceleró durante la Segunda Guerra Mundial y siguió adelante en la posguerra, pese a obstáculos y resistencias.

El objeto de estudio es el presidencialismo autoritario que fue el resultado de este proceso y de su desarrollo como respuesta al nuevo orden internacional, al ascenso de Estados Unidos a la condición de superpotencia y a la urgente necesidad de México de acelerar el paso de la modernización para garantizar la supervivencia como país independiente. Entre 1945 y 1958 este proceso dejó atrás parcialmente el ejercicio caciquil y caudillesco del poder presidencial, y la élite política buscó adoptar una fórmula administrativa para responder a las exigencias de un país moderno. La transformación no fue completa, pero hubo avances significativos. A finales de los años cincuenta el régimen político se había estabilizado y México se insertaba sin dificultad en el mundo de las democracias occidentales. El presidente de la República aparecía como el pilar que sostenía el sistema en medio de los vertiginosos cambios de la modernización.

En la posguerra la presidencia mexicana era considerada un ejemplo del poder excesivo que podía acumular el jefe del Ejecutivo en un régimen presidencial. La creencia general era que el presidente mexicano ejercía un poder absoluto. La percepción pública atribuía a su sola voluntad las decisiones detrás de los éxitos de la modernización del país: la industrialización, la urbanización de la cultura o la creciente presencia del mundo exterior en la vida cotidiana de los mexicanos. Sin embargo, muchas eran las preguntas que planteaba el poder del presidente. En primer lugar, ¿qué tan poderoso era realmente? ¿Su poder derivaba de las instituciones de gobierno? ¿Qué tan independiente era de Estados Unidos o era un títere de Washington? ¿Era un personaje excepcional o simplemente un individuo promedio al que el azar y el cálculo político habían llevado a la presidencia de la República? ¿El presidencialismo en México era una necesidad, una tradición, una pieza de identidad nacional o un régimen que propició que una pequeña élite monopolizara el poder por más de medio siglo?

Me propuse responder a algunas de estas preguntas, convencida de que hay que ir más allá de las biografías personales de los presidentes, del anecdotario y de los prejuicios que se han impuesto al tema. La investigación también es una reacción a la banalización de la política presidencial en la que caímos en los años ochenta, cuando pensamos que lo sabíamos todo de los presidentes gracias al rumor, la insinuación, el humor y el lugar común. Una vez que el presidente había adquirido una imagen pública, como seductor o como criminal, no necesitábamos saber más. Esta interpretación derivaba de la importancia decisiva que se atribuía a los datos personales, el carácter y la biografía de quien ocupaba la presidencia.

La premisa de que el presidente actuaba con gran autonomía, y guiado únicamente por su personalidad, por encima de todo y de todos, me despertaba dudas cada vez mayores. Dentro de esta reflexión sobre la imposibilidad en los hechos de muchas de las acciones que se le atribuían, me hice la pregunta de si para entender el presidencialismo no sería mejor delimitar el objeto de estudio examinando no lo que los presidentes hicieron, sino lo que no pudieron hacer; en vez de concentrar la atención en sus facultades y hechos, buscar las restricciones con las que se toparon para poner en marcha sus programas, o simplemente para gobernar.

Al pensar en los obstáculos que se oponían a que los presidentes ejercieran un poder absoluto, el mundo exterior se impuso naturalmente. Una mirada amplia a la historia política mexicana de la posguerra muestra la presencia de un factor externo: el poderío de Estados Unidos, pero su incidencia es tan importante como la de un factor interno y no se puede ignorar porque contribuyó a definir el perfil de las instituciones, abrió oportunidades, animó acciones gubernamentales, inspiró iniciativas, pero también frenó cambios, fijó límites y orientó respuestas. Por consiguiente, en esta investigación el factor externo tiene un papel central, porque fue, y es, una poderosa restricción a la autonomía del Estado, que le imprime una debilidad de origen que el presidencialismo ha tratado de subsanar. Sin embargo, ¿qué tan autónoma puede ser la institución presidencial de un Estado que no lo es, o lo es en forma limitada?

La incorporación del factor externo al análisis del proceso de institucionalización amplía el horizonte de explicación; pero, además, permite recuperar la contingencia, la incertidumbre y el corto plazo, que son la sustancia de la política, introducen las discontinuidades. El examen del efecto que tuvieron grandes acontecimientos internacionales sobre las instituciones políticas nacionales también arroja luz sobre los canales de ejercicio de la influencia y del poder de un país sobre otro, su fortaleza o su vulnerabilidad, y sus estrategias de respuesta.

Los trabajos sobre el presidencialismo mexicano tienden a obviar la distinción entre la presidencia de la República —que es la institución central de la organización del Estado— y el presidencialismo que se refiere a la combinación de lo constitucional con la personalidad de quien ocupa el cargo, a la manera cómo se relaciona con los ciudadanos, su interpretación del poder tal y como se desprende de sus decisiones, y su imagen pública.[1] Sin embargo, esta precisión es necesaria para separar el proceso de cambio, de su resultado. Todos los elementos antes mencionados intervinieron en la composición del fenómeno que aquí se estudia.

Decidí mirar al presidencialismo que se formó después de 1945, porque para entonces se había superado la situación de extrema fragmentación del poder que había dejado la Revolución, y se había resuelto el tipo de relación que habría de desarrollarse entre México y Estados Unidos. Además, en los años de la inmediata posguerra y los primeros de la Guerra Fría la atmósfera internacional crispada que generaba el antagonismo entre Estados Unidos y la Unión Soviética, favorecía la formación de coyunturas difíciles que ponían al descubierto los límites del poder del presidente mexicano. Aun cuando no fuera un actor principal en este drama, su condición de aliado de Estados Unidos y su posición geográfica lo comprometían directamente en el conflicto. Una situación de crisis también me permitía ver de cerca los fundamentos del autoritarismo mexicano. Tres presidentes estuvieron a la cabeza de esta etapa de la modernización del país: Manuel Ávila Camacho (1940-1946), Miguel Alemán (1946-1952) y Adolfo Ruiz Cortines (1952-1958). No pretendo recrear la totalidad de su desempeño, más bien escogí episodios del proceso de institucionalización en los que cada uno de ellos participó, que ilustran lo que quiero demostrar.

[1] Michael L. Mezey introduce a la opinión pública como un componente del presidencialismo: "incorpora el estado de ánimo de un público dispuesto a conectarse y a conectar su destino político a la personalidad y políticas de un individuo, a los esfuerzos que hacen los presidentes para explotar ese estado de ánimo y generar apoyo popular", en Mezey, *Presidentialism. Power in Comparative Perspective*, Londres, Lynne Reiner Publishers, 2013, p. 10.

El análisis se desarrolla a partir de dos ejes: la interacción entre el contexto externo y el sistema político, y las acciones presidenciales cuyo objetivo era la organización de las fuerzas políticas, así como de la participación y la representación políticas de una sociedad en crecimiento. Buena parte de la investigación estuvo dedicada a explorar los contextos —internacional y local— en los que se encontraban los presidentes cuando tomaron las decisiones que examino. Al menos tres tipos de elementos integran el entorno: *i)* las instituciones de gobierno, que dan forma a ciertos aspectos del comportamiento de los presidentes y orientan sus decisiones; *ii)* la realidad política del día a día, es decir, las circunstancias particulares en que se encuentra el presidente o el sistema político cuando se toma la decisión analizada, y *iii)* el contexto externo, es decir, las condiciones de la política internacional en las que se desenvolvía el presidente.

Esta vía de reflexión me condujo al terreno de la relación política bilateral de México y Estados Unidos, concretamente a la interacción entre ambos países, que fue muy intensa en la inmediata posguerra, en las condiciones extraordinarias de la Guerra Fría, y de las desmesuradas asimetrías que los diferenciaban. No traté simplemente de comprobar la relación de dominación entre una superpotencia y un país vecino mucho más débil, sino de identificar las iniciativas y estrategias con las que México respondía.

La transformación de Estados Unidos en la primera potencia militar y económica mundial obligó a la élite mexicana a buscar una fórmula de gobierno que garantizara estabilidad y autonomía, pero que respondiera también a la incómoda sensación de estrechez que generaba compartir el espacio con alguien mucho más grande; además, tenía que mantenerse alerta a la proclividad del país vecino a intervenir en la vida interna de otros, luego, el antagonismo soviético-americano precipitó la formación de esferas de influencia y dio una vuelta adicional al cerrojo de la geografía.

El origen del conflicto entre las dos grandes potencias también contribuyó a incrementar la disposición reactiva de las instituciones nacionales a la influencia del exterior. Estados Unidos y la Unión Soviética rivalizaban en la promoción de dos formas opuestas de organización política y social, convencidas ambas de la superioridad del modelo que cada una representaba. En esta competencia la prueba final era la capacidad de influir, de dominar a otros, mediante el modelo institucional que cada superpotencia representaba. Para los demás países esa competencia se tradujo en una limitación a la decisión por excelencia soberana de la forma de gobierno que deseaban adoptar, y esa misma limitación era el factor externo que intervenía en el desarrollo institucional de sus sistemas políticos.

Las restricciones, dice Douglass North, son parte de las reglas del juego, son instituciones que estructuran la interacción de los individuos;[2] pero creo que se puede ir más lejos y aplicar la noción de restricción al desarrollo político, para identificar los factores que lo promueven y los que lo bloquean. Para completar la comprensión del efecto de las restricciones sobre el desarrollo institucional de un sistema político, en esta investigación recuperé la relación política desarrollada en los intercambios entre presidentes, y me referí a las bases de la interacción entre la superpotencia y un vecino considerablemente más débil que defendía su capacidad de decisión soberana, sin perder de vista los límites de su autonomía. La singularidad de esta experiencia reside en que se mantuvo vigente durante décadas aun después de que habían desaparecido las condiciones que habían propiciado su formación.

La historia es el hilo conductor de la investigación. Muchos y muy brillantes historiadores me han precedido en la reconstrucción de varios de los temas que examino, y mucho me beneficié de su obra. Los politólogos no han explorado desde una perspectiva histórica la influencia del contexto internacional sobre el desarrollo del autoritarismo mexicano; entre los internacionalistas destaca la obra de Mario Ojeda Gómez, *Alcances y límites de la política exterior mexicana*, que a principios de los setenta del siglo pasado planteó la

[2] Para Douglass C. North: "Las instituciones son las reglas del juego en una sociedad, o más fundamentalmente, las restricciones creadas por los individuos, que dan forma a la interacción humana. En consecuencia, estructuran incentivos en el intercambio humano, ya sea económico, político o social", en North, *Institutions, Institutional Change and Economic Performance*, Cambridge, Cambridge University Press, 1990, p. 3. La definición de North se aplica al análisis del comportamiento económico; a la elección racional de índole individualista, y se centra en preferencias, estímulos y ganancias, tanto como en el estudio de objetivos y acción colectiva, cuyo interés no son estrategias de corto plazo, sino la evolución gradual y el resultado de "la interacción entre actores que persiguen determinados objetivos, que se desarrollan en el marco institucional, o entre ellos y actores exógenos que desafían ese marco". Elizabeth Sanders, "Historical institutionalism", en Sarah A. Binder, Robert A. Rockman (eds.), *The Oxford Handbook of Political Institutions*, Oxford, Oxford University Press, 2006, pp. 39-55, especialmente p. 42; véase también Scott C. James, "Historical Institutionalism, Political Development and the Presidency", en George C. Edwards III y William G. Howell (eds), *The Oxford Handbook of the American Presidency*, Oxford y Nueva York, Oxford University Press, 2009, pp. 51-81; Sven Steinmo, Kathleen Thelen y Frank Longstreth (eds.), *Structuring Politics. Historical Institutionalism in Comparative Analysis*, Cambridge, Cambridge University Press, 1992.

importancia geoestratégica de México para Estados Unidos y esbozó las repercusiones políticas de la relación bilateral.[3] Sin embargo, Ojeda no fue mucho más allá de un primer apunte de la relación entre el factor externo y la política interna. En cambio, los historiadores sí han tomado en cuenta el impacto de la vecindad con Estados Unidos sobre las instituciones mexicanas, por ejemplo, su efecto sobre las oposiciones. Los historiadores John Coatsworth y Friedrich Katz han establecido el vínculo entre ambos; sus análisis están concentrados en el siglo XIX y en las primeras décadas del siglo XX,[4] pero esta perspectiva ofrece un buen punto de arranque para el análisis de periodos posteriores. Buena parte de mis diferencias con algunos de ellos provienen de que mis preguntas son distintas de las que ellos formularon y respondieron.

También son diferentes las preguntas que guiaron este libro porque fueron inspiradas por la experiencia de la transición del régimen autoritario que gobernó México durante la mayor parte del siglo XX, a un entusiasta pluripartidismo. Entonces prevalecía una "versión oficial" de la historia nacional rica en clichés, lugares comunes y estereotipos que disimulaban los verdaderos rasgos del sistema autoritario. La transición impulsó un revisionismo histórico que parte de preguntas del cómo y el para qué de esta nueva etapa del desarrollo político del país.

En general, el juicio de la opinión pública mexicana sobre los presidentes del siglo XX es despiadada. A excepción de Lázaro Cárdenas, que es objeto de admiración y reverencia, Adolfo López Mateos y, con mucho esfuerzo, Adolfo Ruiz Cortines, los demás son repudiados. Sin embargo, cuando pregunto las razones de ese juicio, las respuestas son vagas y breves, y revelan grandes lagunas en el conocimiento de esa historia. El registro de los presi-

[3] Mario Ojeda, *Alcances y límites. De la política exterior mexicana*, México, El Colegio de México, 1971.

[4] John Coatsworth sostiene que el progreso democrático de México siempre ha dependido de cuatro grandes variables: *1)* Los efectos de las cambiantes relaciones económicas con el exterior sobre el bienestar y la competitividad; *2)* el grado de competencia del entorno económico y estratégico que enfrenta el país; *3)* las restricciones que le impone al gobierno mexicano el impacto directo o indirecto de las acciones y políticas de las potencias extranjeras, en particular de Estados Unidos; y *4)* la naturaleza e influencia de factores extranjeros no gubernamentales sobre la política y la vida social. Aquí me concentro en la tercera variable. Véase Coatsworth, "The United States and Democracy in Mexico", en Victor Bulmer-Thomas y James Dunkerley (eds.), *The United States and Latin America: The New Agenda*, Londres, Institute of Latin American Studies, University of London / David Rockefeller Center for Latin American Studies, Harvard University, 1999, p. 141.

dentes de la posrevolución fue una de las principales víctimas de la manipulación del régimen autoritario, así como de los críticos, y, en general de la repetición descuidada de anécdotas y rumores ajenos a la investigación académica, la mayoría de los cuales era imposible corroborar. Gran parte de las obras de divulgación describe a los presidentes como personajes singulares, idiosincráticos, sin más recursos para gobernar que su personalidad y su biografía. La explicación de sus errores y de sus crímenes se busca en el individuo. Esta perspectiva empobreció el debate porque en lugar de analizar las políticas de los presidentes o las instituciones que hacían posible esas políticas, hemos concentrado la atención en sus defectos y virtudes personales.

Si la historia de los presidentes de la segunda mitad del siglo XX es un listado de liderazgos políticos fallidos, ¿cómo se explica el milagro mexicano de la posguerra? ¿La estabilidad política de más de cinco décadas? ¿Cómo se deben entender las grandes diferencias que distinguen a México del conjunto latinoamericano en esos años? Muchas preguntas como éstas pueden formularse, pero no encontramos las respuestas en la imagen pública de los presidentes que proyecta sobre ellos sólo una luz desfavorable. Si se les atribuye todo el poder de decisión, ¿no podría también reconocerse su contribución positiva a los éxitos del país?

Este libro no se propone defender a ningún presidente ni tampoco el presidencialismo autoritario; mi objetivo es conocer mejor, para entender mejor, el fenómeno presidencialista que ha sido decisivo en la historia de México. En una situación de aguda tensión internacional como la que prevalecía en el mundo en los años cincuenta, en la que se pensaba que una tercera guerra —más devastadora que la precedente— podía estallar en cualquier momento, el presidente mexicano tenía que sortear las presiones de Washington, mantener un margen de autonomía frente a su poderoso vecino, cumplir con los compromisos de la alianza que había convenido con ese país, atender las demandas de los actores políticos internos y, al mismo tiempo, tenía que diseñar las instituciones que podían garantizar la continuidad del sistema que estaba construyendo, y obtener los recursos para sostener el crecimiento de la economía. El presidente también tenía que mantener la estabilidad política, la unidad de la élite posrevolucionaria y buenas relaciones con Estados Unidos. ¿Tenía los instrumentos para cumplir con estas tareas? ¿Cuáles eran las limitaciones?

La relevancia del presidencialismo y de la influencia del exterior en los sistemas políticos nacionales fue reconocida en los años noventa no sólo para la comprensión de la historia, sino para la reflexión a propósito de la reorganización política del posautoritarismo en América Latina. Juan Linz y Giovanni Sartori lanzaron el debate.[5] Su punto de partida fue el análisis de la relación entre el presidencialismo y la democracia, luego discutieron la capacidad de gobierno de los regímenes presidenciales, para compararla con la del parlamentarismo. Los especialistas más críticos veían en el régimen presidencialista rigideces que estaban en el origen de crisis que desembocaban en el establecimiento de dictaduras. El segundo tema que también estuvo a discusión en los años ochenta fue la intervención de actores internacionales en los procesos de transición, desde gobiernos extranjeros hasta partidos políticos, fundaciones, organismos intergubernamentales, asociaciones civiles, grupos de defensa. Este debate muestra que los actores políticos estuvieron dispuestos a relegar la defensa de la soberanía nacional y a privilegiar la promoción de la democracia. De suerte que en el desmantelamiento de los regímenes autoritarios la defensa del voto se impuso, y derribó las fronteras nacionales que en el pasado habían ocultado la manipulación del sufragio. Nada de esto hubiera ocurrido durante la Guerra Fría, cuando se defendía la soberanía nacional hasta con el bloqueo a intercambios informativos.

Laurence Whitehead y Philippe Schmitter hicieron importantes aportaciones en el terreno de las relaciones entre el contexto internacional y el sistema político. Enriquecieron el enfoque previamente desarrollado por Theda Skocpol, Peter Gourevitch y Robert Putnam.[6] Destaca también la obra de Scott Mainwaring y Matthew Shugart, que con apoyo del método comparativo examinan los diferentes presidencialismos latinoamericanos. Este libro continúa esa reflexión, pero desde una perspectiva histórica, y propone mirar el presidencialismo que gobernó México en los años de la

[5] Juan J. Linz y Arturo Valenzuela (eds.), *The Failure of Presidential Democracy*, Baltimore, The John Hopkins University Press, 1994; Giovanni Sartori, *Ingeniería constitucional comparada. Una Investigación de estructuras, incentivos y resultados*, con el posfacio "La transición en México. ¿Hacia dónde? (Una agenda para la reforma)", 2ª ed., México, Fondo de Cultura Económica, 2001. Scott Mainwaring y Matthew Soberg Shugart argumentaron, contra las críticas de Juan Linz, que las causas de la inestabilidad de los regímenes presidencialistas no eran necesariamente de orden institucional, y citaban, por ejemplo, la desigualdad; véase Mainwaring y Soberg Shugart (eds.), *Presidentialism and Democracy in Latin America*, Cambridge, Cambridge University Press, 1997, pp. 21-29.

[6] Laurence Whitehead (ed.), *The International Dimensions of Democratization. Europe and the Americas. Expanded Edition*, Oxford, Oxford University Press, 1996. Véase Geoffrey Pridham, Eric Hening y George Sanford, *Building Democracy? The International Dimension of Democratization in Eastern Europe*, Londres, Leicester University Press, 1994.

modernización económica de la posguerra a partir del vínculo entre el contexto internacional y el sistema político mexicano.

¿Cómo estudiar el presidencialismo?

El presidencialismo es uno de los temas que más han ocupado a los interesados en la historia de México y en la comprensión del autoritarismo del siglo xx. La curiosidad que despierta se explica porque uno de los rasgos distintivos del autoritarismo mexicano fue la disciplina que impuso la "institucionalidad" a los ciudadanos que después de años de inestabilidad y de actividad política desordenada, se sometieron a la autoridad presidencial, para sumergirse en varias décadas de conformismo; y a los mismos presidentes a ciertas reglas, por ejemplo, la no-reelección.

El poder del presidente fue la explicación más socorrida del éxito de la estabilización posrevolucionaria, y reforzó la idea de que los mexicanos sólo se dejaban gobernar por líderes autoritarios. En realidad, la categoría de *autoritario* no nos sirve como criterio de diferenciación entre presidentes porque el autoritarismo era de índole institucional más que personal y los individuos desaparecen de la historia sólo las instituciones —formales e informales— aseguran la trascendencia de las decisiones presidenciales.

En el caso mexicano, el poder del presidente tendía a apoyarse más en arreglos informales que en disposiciones constitucionales. Desde una perspectiva de comparación con otros presidentes latinoamericanos, el mexicano era relativamente débil porque no tenía poder de veto, tampoco podía gobernar por decreto ni tenía poderes de emergencia, aunque tenía la facultad de iniciativa legislativa.[7] No obstante, la mayoría de las decisiones presidenciales era duradera porque uno de los patrones de desarrollo del sistema político tendía a la institucionalización de los acuerdos de origen informal.

El presidencialismo es un fenómeno complejo y multidimensional que tiene diferentes facetas que señalé antes. Esta variedad de ángulos abre diferentes perspectivas de análisis: biográfica, politológica, histórica, hasta psicoanalítica; aquí es visto como un fenómeno político que asocia la autoridad de la institución presidencial, al contexto en que está inserto, a las

[7] Véase Mainwaring y Shugart (eds.), *op. cit.*, p. 49; también Jeffrey Weldon, "Presidencialismo in Mexico", en *ibid.*, pp. 224-258.

percepciones de la opinión pública y con algunas características personales de quién es presidente.

El punto de partida de la reconstrucción son dos perspectivas complementarias: el desarrollo del presidencialismo en términos de la teoría de la modernización, que subraya las políticas destinadas a impulsar el cambio —como la centralización—, y el análisis que enfatiza la importancia del contexto en el funcionamiento de la institución. Esta combinación tuvo el efecto de un prisma con el que pude distinguir dimensiones diferentes de un mismo proceso. Traté de reconciliar las continuidades que persigue el institucionalismo con las discontinuidades que reconstruye la historia política. La tensión que en algunos casos derivó de este esfuerzo me parece que refleja la que se producía en la realidad entre los actores políticos que se oponían a la institucionalización —con el argumento de que la flexibilidad que supone la ausencia de normas representa un recurso muy poderoso—; y quienes, en cambio, veían en la construcción de instituciones una estrategia de defensa frente a la hegemonía de Estados Unidos, y ante los riesgos del plebiscitarismo y de la antidemocracia inherentes al régimen presidencial.

En la comprensión del presidencialismo mexicano ha prevalecido la visión personalizada del poder, y se ha subestimado el peso de las circunstancias específicas en las que a cada presidente le tocó gobernar el país. La imagen del héroe, del hombre necesario, se impuso a la interpretación del fenómeno. La visión personalizada del poder presidencial ha sido consagrada en un paradigma esencialmente cultural, que se formó a partir de los ensayos de Octavio Paz y Daniel Cosío Villegas, y que ha continuado Enrique Krauze. Paz identificaba los orígenes del presidencialismo en el tlatoani de los aztecas, —una visión que comparten incluso hasta ahora historiadores y ensayistas—,[8] y sostenía que la omnipotencia de los presidentes era de or-

[8] Según Octavio Paz: "[a] pesar de que la conquista española destruyó el mundo indígena, y construyó sobre sus restos otro distinto entre la antigua sociedad y el nuevo orden hispánico, se tendió un hilo invisible de continuidad: el hilo de la dominación. Ese hilo no se ha roto. Los virreyes españoles y los presidentes mexicanos son los sucesores de los tlatoanis aztecas", en Paz, "Crítica de la pirámide", en *El laberinto de la soledad. Postdata. Vuelta al laberinto de la soledad*, México, Fondo de Cultura Económica, 1999, p. 297; véase también Alicia Hernández Chávez (coord.), *Presidencialismo y sistema político. México y los Estados Unidos*, México, Fideicomiso Historia de las Américas / Fondo de Cultura Económica / El Colegio de México, 1994. Alan Knight, por su parte, considera que el presidencialismo no es resultado de una "especie de íntima psique mexicana, o de (por) algún legado colectivo azteca o colonial. Lo anterior quisiera destacar, son explicaciones vacuas teñidas de racis-

den personal, y estaba fincada en el pasado y en la tradición. Desde este punto de vista, la motivación de sus acciones era la voluntad de poder, la ambición, el carácter, la biografía o incluso los rasgos físicos, las relaciones familiares y de amistad de cada uno de los presidentes.[9]

En el paradigma no caben las continuidades, que son apenas identificadas, en cambio exagera la importancia del "estilo personal de gobernar", la frase que acuñó Daniel Cosío Villegas a inicios de los años setenta para describir la influencia de la personalidad en el ejercicio de la función.[10] Si miramos a los presidentes como individuos en quienes se depositó un inmenso poder, sin más regla ni norma que la que dictara su conciencia, parece imposible identificar regularidades y patrones de comportamiento.

El paradigma tiende a subestimar el carácter relativo del poder presidencial, y los límites que le imponían las contingencias o la posibilidad de que los problemas nacionales no encontraran solución; con frecuencia la ejecución de las decisiones presidenciales dependía de factores que escapaban a su control, por ejemplo, de la incompetencia o de la corrupción de un funcionario menor. Pero además el presidente no podía hacer nada contra factores de gran magnitud que pesaban sobre sus opciones, por ejemplo, la geografía y la contigüidad territorial con el país más poderoso de la tierra. Tampoco podía vencer las dificultades del terreno, los ríos escuálidos o los terremotos; ni detener, por ejemplo, la migración hacia Estados Unidos —

---

mo"; véase Knight, "Lázaro Cárdenas", en Will Fowler (coord.), *Presidentes mexicanos*, t. II: *1911-2000*, México, Biblioteca INEHRM, 2004, p. 207.

[9] El ejemplo más acabado de este tipo de explicación lo ofrece Enrique Krauze: "Un rasgo esencial de continuidad (entre el régimen de la revolución y el porfirismo) estaba en la sacralización casi prehispánica de la institución presidencial que tan bien encarnaba Porfirio Díaz y que pasó intacta a los jerarcas de la Revolución. Lejos de atenuarse con los años, esta concentración imperial de la autoridad se acentuó. Tristemente, aún más que en el siglo XIX, el rumbo histórico del país siguió dependiendo de la voluntad de una sola persona: el señor presidente en turno, que proyectaba su vida en la del país, convirtiendo la historia nacional, en momentos decisivos, en una biografía del poder", en Krauze, *La presidencia imperial. Ascenso y caída del sistema político mexicano (1940-1996)*, México, Tusquets, 1997, p. 29.

[10] Según Cosío Villegas: "puesto que el presidente de México tiene un poder inmenso, es inevitable que lo ejerza personal y no institucionalmente, o sea que resulta fatal que la persona del presidente le dé a su gobierno un sello peculiar, hasta inconfundible. Es decir, que el temperamento, el carácter, las simpatías y las diferencias, la educación y la experiencia personales influirán de un modo claro en toda su vida pública y, por lo tanto, en sus actos de gobierno", en Cosío Villegas, *El estilo personal de gobernar*, México, Cuadernos de Joaquín Mortiz, 1974, p. 8.

un tema que provocaba fricciones constantes con ese país— y tampoco del campo a la ciudad.

Abundan las investigaciones que analizan el régimen presidencial mexicano en términos constitucionales, en relación con el Partido Revolucionario Institucional (PRI) o a partir de la perspectiva del contexto.[11] Sin embargo, no han podido desplazar la visión personalizada del poder presidencial, pese a que su alcance explicativo es limitado, primero, porque enfatiza factores irrelevantes para la comprensión del desempeño presidencial, mientras que omite otros que de manera visible sostenían la presidencia autoritaria y que explican con mayor claridad su funcionamiento. No obstante, su principal problema reside en que proyecta una imagen falsa del sistema político. Para ser consistente con la premisa de que los presidentes poseían un poder ilimitado, el sistema político tendría que haber sido una dictadura o un régimen dinástico. Lo cual significa que no habría habido distinción posible entre lo personal y lo público; por ejemplo, la transmisión del poder habría sido un asunto familiar. El atractivo del paradigma reside en que simplifica una realidad compleja; pero la hace impenetrable en la medida en que la reviste de metáforas y refuerza los estereotipos.

En la historia de los presidentes del México institucionalizado hay episodios que sostienen la analogía entre autoritarismo y régimen sultanístico; en virtud de que el rasgo más sobresaliente de estos dos tipos de poder Ejecutivo es el uso discrecional de la ley, libre de reglas institucionales y de compromisos ideológicos; y la consecuente debilidad de la justificación legal-racional de la

[11] Véase, por ejemplo, Jorge Carpizo, *El presidencialismo mexicano*, 2ª ed., México, Siglo XXI Editores, 1979; María Amparo Casar, "Las bases político-institucionales del poder presidencial en México", *Política y Gobierno*, vol. III, núm. 1, 1996, pp. 61-92; Juan Espíndola Mata, *El hombre que lo podía todo, todo, todo*, México, El Colegio de México, 2004. Colección Jornadas 144; Fowler, *op. cit.*; Stephen S. Goodspeed, "El papel del Ejecutivo en México", *Problemas Agrícolas e Industriales de México*, 1955, núm. 1, pp. 13-54; Alicia Hernández Chávez, "Mexican Presidentialism: A Historical and Institutional Overview", *Mexican Studies/Estudios Mexicanos*, 10 (1994), pp. 217-225; Rogelio Hernández Rodríguez, "Inestabilidad política y presidencialismo en México", *Mexican Studies/Estudios Mexicanos*, 10, (1994), pp. 187-216; del mismo autor, "La historia moderna del PRI. Entre la autonomía y el sometimiento", *Foro Internacional*, 40 (2000), pp. 178-306, y "La transformación del presidencialismo en México", en Ilán Bizberg y Lorenzo Meyer, *Una historia contemporánea de México*, t. II: *Actores*, México, Océano, 2005, pp. 89-115; Instituto de Investigaciones Jurídicas, *El sistema presidencial mexicano (Algunas reflexiones)*, México, UNAM, 1988; Bertha Lerner de Sheinbaum y Susana Ralsky de Cimet, *El poder de los presidentes. Alcances y perspectivas (1910-1973)*, México, Instituto Mexicano de Estudios Políticos, 1976.

autoridad. En estos regímenes las decisiones del monarca subvierten una y otra vez las normas y las relaciones de la administración pública.[12]

El autoritarismo de la posrevolución era la manifestación de la debilidad intrínseca de un Estado que se desarrolló dentro de los márgenes de dependencia que le fijaba un actor externo, Estados Unidos. De ahí un desarrollo institucional pobre, tal y como se reflejaba en la aplicación arbitraria de la ley, que podía ser manipulada por la autoridad, y en la debilidad del Estado de derecho. Esta característica era la esencia del autoritarismo mexicano y alimentaba la imagen del presidente todopoderoso que podía intervenir hasta en la vida personal de los ciudadanos, pues todos eran víctimas potenciales de esa discrecionalidad que alimentaba la imagen del presidente todopoderoso. Esa capacidad de intervención no se fundaba en disposiciones constitucionales, sino en el control que ejercía el PRI sobre la participación y la representación.[13]

LOS MODERNIZADORES DEL PRESIDENCIALISMO POSREVOLUCIONARIO

Mi investigación se concentró en la experiencia de los tres presidentes que encabezaron la modernización política en esos años: Manuel Ávila Camacho, Miguel Alemán y Adolfo Ruiz Cortines. Su interpretación de las funciones que debían desempeñar y de las reglas que rigieron su comportamiento y sus decisiones, generó la estructura básica del presidencialismo autoritario que gobernó México durante más de 50 años.

Estos tres presidentes gobernaron apoyados en continuidades que contribuyeron a estabilizar el sistema político y la institución presidencial. Actuaron dentro de un contexto regional estable caracterizado por la hegemonía de Estados Unidos, por la sostenida batalla contra el comunismo, y por la expansión excepcional de la economía regional. Gobernaron con la misma constitución, encabezaron el mismo régimen político vertical y centralizado. Además, mantuvieron las mismas políticas de gobierno: respetaron la

[12] Véase Juan J. Linz y H. E. Chehabi (eds.), *Sultanistic Regimes*, Baltimore, The Johns Hopkins University Press, 1998.

[13] Mainwaring y Shugart categorizan y comparan la fuerza de los presidencialismos latinoamericanos, América Latina a partir de sus poderes constitucionales o de su fuerza partidista, *op. cit.*, p. 41.

alianza ideológico-política con Estados Unidos; así como el modelo de desarrollo fundado en el intervencionismo estatal y el proteccionismo. Los tres impulsaron un modelo político cuyo eje era un Estado intervencionista y centralizador, que controlaba la representación y la participación políticas con un partido hegemónico. Sus objetivos eran los mismos: fomentar el desarrollo económico, formar una identidad nacional consistente con el país moderno que querían construir, institucionalizar la lucha por el poder y la influencia, y mantener una relación libre de conflictos con Estados Unidos. Sin embargo, los resultados de sus respectivos gobiernos fueron distintos, porque cada uno de ellos actuó en un contexto diferente.

Ávila Camacho, Alemán y Ruiz Cortines fueron los constructores del sistema que se identifica con un presidencialismo desbordado. Sus dos sucesores inmediatos, Adolfo López Mateos y Gustavo Díaz Ordaz defendieron el edificio, y también hicieron algunas adiciones. Estos cinco presidentes forman un grupo cuyo perfil fue definido por un contexto general en el que las características centrales eran la hegemonía de Estados Unidos en el hemisferio y el milagro mexicano, es decir, una situación de estabilidad y acelerado cambio social y económico. Esta investigación se ocupa de los tres primeros; Adolfo López Mateos y Gustavo Díaz Ordaz serán estudiados en un segundo volumen.

Dos figuras surgen en el escenario de la posguerra, cuya importancia en la construcción del presidencialismo autoritario en este periodo fue comparable a la de los presidentes: el expresidente Lázaro Cárdenas, y Vicente Lombardo Toledano, el dirigente sindical. Las decisiones, las posturas y las acciones en la vida pública del país de estos dos personajes en los años de la posguerra, la autoridad moral de Cárdenas y la retórica de Lombardo contribuyeron de manera muy importante a la institucionalización del sistema político y a la construcción del presidencialismo.

El expresidente Cárdenas se mantuvo muy activo en la vida política de la época, pese al lugar común que sostiene que "la esfinge de Jiquilpan" se retiró a la vida privada al término de su sexenio, ejerció un indiscutible liderazgo político. La huella de sus acciones en estos años quedó impresa en el presidencialismo, del cual siguió siendo un referente esencial. El legado de Vicente Lombardo Toledano no fue menor, pues no sólo sentó las bases de lo que sería el partido hegemónico, una pieza clave del presidencialismo mexicano, sino que sus escritos dieron contenido al nacionalismo revolucionario que hizo las veces de ideología oficial, que vinculó por décadas a la élite política con la Revolución de 1910.[14]

La acción de los tres presidentes, del expresidente y el líder sindical, cristalizó en instituciones o en patrones de comportamiento del gobierno que orientaron y dieron forma a las relaciones políticas hasta finales de los años sesenta. Este desarrollo institucional reducía la incertidumbre propia de todo régimen antidemocrático en el que la arbitrariedad es una forma de gobierno; y podían anticiparse las consecuencias de una acción política determinada. Así, por ejemplo, la violencia gubernamental contra el líder campesino Rubén Jaramillo, quien fue acribillado con su familia por un destacamento militar en el estado de Morelos en 1961, no fue una respuesta atípica del gobierno frente a la oposición, más bien obedeció a un patrón de tratamiento del conflicto que en determinadas circunstancias recurría a la represión. La misma observación podría hacerse respecto al movimiento estudiantil de 1968: la respuesta del gobierno a la protesta antiautoritaria ¿fue atípica dentro de los mecanismos establecidos del régimen político? Contrariamente a lo que sostiene la versión más difundida de los acontecimientos de ese año, las acciones y decisiones del presidente Gustavo Díaz Ordaz no fueron producto de su temperamento o de su biografía, sino que son consistentes con el patrón de respuesta del régimen a las oposiciones. Así reaccionó el gobierno contra quienes protestaron por el fraude electoral que se cometió en León, Guanajuato, en enero de 1946; el mismo reflejo impulsó la represión de los partidarios del candidato disidente Miguel Henríquez Guzmán en julio de 1952, en la Alameda central de la capital de la República.

El contexto y las continuidades

Mi interés por la penetración externa del sistema político se originó en una investigación que hice sobre las clases medias mexicanas que en la década de los sesenta del siglo XX se movilizaron para protestar contra la introducción de los libros de texto gratuito a los que calificaron de "instrumento de con-

[14] Víctor Manuel Durand Ponte, "La descomposición política del lombardismo", en Rafael Loyola (coord.), *Entre la guerra y la estabilidad política. El México de los cuarenta*, México, Conaculta/Grijalbo, 1986, pp. 163-192.

trol ideológico del Estado".[15] La protesta adquirió dimensiones inquietantes en el contexto agitado que generó la Revolución cubana, que suscitó reacciones de temor y de rechazo en esos grupos sociales. En consecuencia, se organizaron de manera independiente para defenderse del contagio o del ataque del comunismo, lo que llegara primero.

El conflicto bipolar se impuso a la disputa y le dio un giro distinto, dejó de ser una discusión de política educativa entre maestros, padres de familia y la Secretaría de Educación Pública y se convirtió en una ácida confrontación ideológica que puso en juego los equilibrios internos entre la izquierda y la derecha, y la continuidad de la política de apoyo relativo a la Revolución cubana. El tono de alarma que alcanzó este episodio se explica porque estaba inserto en el contexto de la Guerra Fría, que le imprimió un significado político que le era originalmente ajeno.

El contexto fue igualmente decisivo en los episodios que reconstruye este libro. Muchas son las pistas que encontré en esa investigación que indicaban que la comprensión de las acciones presidenciales pasaba por la reconstrucción del entorno, del conjunto de circunstancias que les dieron dirección y significado. Así pues, hice el análisis del proceso de institucionalización del poder presidencial con base en episodios que elegí considerando en cada caso el contexto en el que se insertaba. Para desarrollar mi hipótesis concentré mi atención en tres dimensiones de ese poder: *1)* en la relación política con Estados Unidos, *2)* en la organización de procesos electorales que eran una forma de control de la participación y de la representación políticas, y *3)* en el mantenimiento de la unidad y la armonía de la élite posrevolucionaria. Estas tres dimensiones imponían límites al poder presidencial y, antes de ignorarlas, el presidente en cuestión tenía que sopesar cuidadosamente los riesgos y los costos de desafiar cualquiera de ellas. El efecto normativo de cada una de estas reglas, fue la autolimitación de los presidentes que aquí examino.

El análisis del contexto me permitió incorporar las restricciones que también daban forma al poder presidencial. En primer lugar, la que le imponía la necesidad de mantener una relación de cooperación con Estados Unidos. Como se verá, este efecto quedó registrado en las reuniones interamericanas de la posguerra y en los encuentros presidenciales celebrados en

[15] Soledad Loaeza, *Clases medias y política en México. La querella escolar 1959-1963*, México, El Colegio de México, 1988.

el periodo entre los presidentes de México y de Estados Unidos. Los encuentros de Harry Truman y Dwight Eisenhower con Miguel Alemán y Adolfo Ruiz Cortines, respectivamente, contribuyeron a afianzar el presidencialismo autoritario, porque el espaldarazo del líder del "mundo libre" era una señal al mundo, era un aval que Estados Unidos otorgaba al gobierno mexicano, y la promesa de que se respetaría la continuidad institucional.

La voluntad de la élite política de mostrarse como un grupo unificado en torno a un origen y a objetivos comunes se impuso a la manifestación de las fracturas, pero cuando se agravaban, había un esfuerzo conjunto de contener el conflicto y su posible efecto disruptivo. Asimismo, el sostenido compromiso de la élite política con la construcción de la democracia y el respeto a la celebración periódica de elecciones fueron una respuesta a las expectativas de Estados Unidos, y un disuasivo a sus reflejos intervencionistas, aunque los comicios fueran pronunciamientos retóricos, pero de gran utilidad para los presidentes. Al peso de este condicionamiento se añade la importancia del territorio mexicano para la seguridad estratégica de Estados Unidos, y del territorio estadunidense para todo gobierno mexicano cuya estabilidad dependía del apoyo del gobierno vecino para combatir a adversarios que buscaran derrocarlo desde el otro lado de la frontera.

Las elecciones fueron soberanas, pero es innegable que la sombra de la superpotencia se impuso para inducir —por decirlo de alguna manera— a la élite política mexicana a mantener procesos conflictivos y costosos, que probablemente hubieran preferido evitar. No obstante, las elecciones eran el rostro de la democracia mexicana en el ámbito internacional. Comicios regulares y respetuosos del principio de no-reelección le imprimieron al presidencialismo mexicano un cariz distinto al de una dictadura.

Fuentes y capitulado

Uno de los principales obstáculos a la investigación de los presidentes mexicanos es la ausencia de fuentes primarias de diarios y memorias personales de su propia autoría, y es poca la correspondencia personal sustantiva, que son parte fundamental de una investigación de esta naturaleza. Aquí, la reconstrucción del proceso de normalización del presidencialismo de la posrevolución se hizo con base en informes de la Dirección Federal de Seguridad; en correspondencia de diplomáticos mexicanos, en memorias, notas, informes y memoranda; la prensa de la época, cartas políticas por suscripción y algunas entrevistas publicadas. Los informes y las comunicaciones de la embajada de Estados Unidos en México a la Casa Blanca fueron de una gran utilidad, al igual que los informes del embajador británico al Foreign Office. Llevé a cabo la investigación documental en el Archivo General de la Nación, en el Archivo Genaro Estrada (Secretaría de Relaciones Exteriores), y en los siguientes archivos: Archivo Miguel Alemán, Archivo Manuel Gómez Morín en el ITAM, Archivo Histórico en El Colegio de México, Archivo de la Universidad Obrera, en el proyecto de Oral History de la Universidad de Columbia en Nueva York, y el repositorio de documentos públicos en la Biblioteca Lamont de la Universidad de Harvard, así como en los National Archives and Records Administration en College Park, Md., y en los National Archives en Kew Gardens, en Inglaterra. Gracias a los medios electrónicos tuve acceso a los George S. Messersmith Papers en la Universidad de Delaware, a los Henry A. Wallace Papers en la Universidad de Iowa, a la Harry S. Truman Library, y a la Foreign Affairs Oral History del Departamento de Estado.

Ocho capítulos integran el libro. Cada uno reconstruye un episodio del proceso de institucionalización de la presidencia de la República y del desarrollo del presidencialismo. El primero está dedicado a los elementos de análisis de la interacción entre el contexto internacional y el desarrollo institucional del sistema político; los dos siguientes se ocupan de la presidencia de Manuel Ávila Camacho, primero, su política exterior, y luego, la sucesión presidencial y la campaña política de Miguel Alemán; el capítulo IV examina la política de Estados Unidos hacia la elección presidencial de 1946; la materia del capítulo V es la visita del presidente Truman a México, y el uso que le dio el gobierno para construir la figura presidencial; mientras que el capítulo VI está dedicado a la Revolución blanca del presidente Alemán, uno de cuyos objetivos centrales era la definición de la autonomía presidencial en relación con otros actores políticos. El capítulo VII reconstruye la elección federal de 1949, que fue la preparación de la elección presidencial de Adolfo Ruiz Cortines. Fue también una primera experiencia de organización del fraude planeada desde el Estado. El último capítulo trata las dificultades que surgieron en la relación entre México y Estados Unidos, provocadas por la crisis guatemalteca de 1954, y su impacto sobre los equilibrios políticos internos y el papel del presidente como responsable último de la estabilidad política.

La perspectiva institucionalista e histórica modificó mi interpretación inicial del proceso de estabilización del poder presidencial. Nueva información, fuentes diferentes a las habituales, el énfasis en el contexto, la atención a detalles que parecían irrelevantes, me llevaron a ver a los presidentes con otros ojos. Primeramente, a considerar la complejidad de sus tareas, y luego, el peso de las restricciones me acercó a los dilemas que enfrentaron; también pude examinar empeños por institucionalizar la vida política como un recurso contra la debilidad intrínseca del Estado. Esta conclusión me llevó a repensar la noción convencional del sistema autoritario como la realización exitosa de un proyecto de dominación de largo plazo. En segundo lugar me condujo a revisar la explicación generalmente aceptada del intervencionismo de Estados Unidos en la política interna de otros países, luego de comprobar que con frecuencia no dependía tanto de la voluntad de Washington, sino de la sensibilidad de las instituciones y de los procesos internos de esos países a sus iniciativas. Los actores nacionales no siempre se mantuvieron pasivos frente a la consolidación de la hegemonía de Estados Unidos en el hemisferio; aquí destaco las reacciones creativas de la élite mexicana frente al poderío de su vecino.

Como se verá, el presidencialismo autoritario no fue sólo la cristalización de tradiciones históricas y culturales particulares, o el componente de una estructura de autoridad que propiciaba la personalización del poder, sino que fue resultado de la adaptación de México al contexto internacional de la posguerra, en particular al ascenso de Estados Unidos a la condición de superpotencia militar, industrial, económica y política, y a su estrategia de contención del comunismo, *Containment.* El autoritarismo fue una estrategia deliberada de defensa ante un vecino desmesuradamente poderoso, y ya no sólo el resultado de las luchas de poder en el interior de la élite revolucionaria. El anclaje del sistema político en el nacionalismo y en la democracia —como principio moral y político— respondía primeramente a su entorno geopolítico y a la distribución del poder internacional. Visto así, el presidencialismo autoritario fue el resultado del cruce de las necesidades estratégicas de la superpotencia y de la determinación de la élite posrevolucionaria de retener el poder.

I. LA GUERRA FRÍA Y EL PRESIDENCIALISMO MEXICANO

La presunta omnipotencia presidencial era la característica que definía al régimen autoritario mexicano que gobernó el país entre 1920 y el año 2000. La historia apócrifa según la cual cuando el presidente preguntaba: "¿Qué horas son?", alguien se apresuraba a responder: "Las que usted ordene, señor presidente", pretendía ilustrar la arbitrariedad con que éste gobernaba, y la subordinación absoluta que la institución presidencial y su titular imponían a su alrededor.

No obstante, la respuesta era una caricatura de los excesos del poder presidencial y una muestra de las burlas que provocaba la grandiosidad con la que se trataba la figura presidencial en los años cincuenta, que fue la edad de oro del régimen que modernizó el país. De hecho, las principales funciones y atribuciones del presidente estaban especificadas en la Constitución de 1917; y desde 1928 la estabilización del poder revolucionario y su transformación en un poder constitucional eran objeto de una política estatal explícita que consistía en construir instituciones, esto es, someter a reglas formales e informales procesos de decisión, introducir rutinas funcionales, asegurar la transmisión ordenada del poder y la extensión de su autoridad, la continuidad administrativa y la regularidad de los demás procesos de gobierno.

La construcción de instituciones

Al término de la Segunda Guerra Mundial México quería participar en la reorganización del sistema internacional y continuar la relación de cooperación que había establecido con Estados Unidos durante el conflicto. Para alcanzar este objetivo era preciso poner fin a la inestabilidad que provocaba el ejercicio personalizado del poder y el pragmatismo político que imponía sus soluciones en situaciones de emergencia, o cuando lo consideraba necesario. Sin embargo, este objetivo era difícil de alcanzar porque suponía un cambio de comportamientos y un acuerdo más o menos general respecto a la necesidad de modificar las reglas informales existentes. De manera que el ritmo de la política de institucionalización fue irregular, registraba altibajos, y largas temporadas de inactividad alternaban con breves periodos de intenso entusiasmo.

El proceso acreditó avances importantes desde la primera década de la posguerra. A la institucionalización puede atribuirse la regularidad con que a partir de 1946 se llevó a cabo la sucesión presidencial, así como la renovación de gobernadores y legisladores, y la estabilización general de las fuerzas políticas en el país. Después de más de tres décadas de conflicto político, fragmentación, enfrentamientos y desacuerdos la estabilidad era un objetivo para buena parte de la sociedad y de la élite política; la institucionalización fue un proceso inacabado que no llegó a ciertas áreas del sistema político, o los cambios eran frecuentemente revertidos. Tanto así que es preferible hablar de la presidencia de la República como de un poder semiinstitucionalizado.

Esta condición de semidefinitividad es una característica inherente al régimen presidencial —democrático o no—, ya que en los equilibrios internos del presidencialismo el poder personalizado pugna por imponerse a la institución y ésta tiende a ser más débil en contextos antidemocráticos, que son más susceptibles a la manipulación de líderes personalistas.[1]

El poder de los presidentes de la posrevolución no se construyó sólo a partir de amplios márgenes de acción, enérgicos voluntarismos y abundantes recursos, sino que también le dieron forma y estructura restricciones que lo limitaban. Algunas de ellas eran de orden estructural como la geografía, otras limitaciones eran menos definitivas como los principios constitucionales. Había restricciones internacionales y locales, legales y políticas; muchas de ellas estaban codificadas, otras eran producto del hábito y la costumbre; eran un componente tan importante del ejercicio del poder como los recursos a disposición del presidente. Pretender ignorarlas era costoso para los fines últimos del proceso; su aplicación demandaba reglas —no forzosamente escritas—. En realidad el poder que ejerció cada presidente era una combi-

[1] Al menos así lo sugiere la experiencia de las primeras décadas del siglo XXI, en las que incluso democracias maduras, consideradas intocables, resultaron víctimas de liderazgos populistas y antidemocráticos. Véase Steven Levitsky y Daniel Ziblatt, *How Democracies Die*, New York, Broadway Books and Penguin Random House, 2019. La política de institucionalización fue una continuidad entre los sucesivos gobiernos hasta 2018, cuando el presidente Andrés Manuel López Obrador adoptó una política de exterminio del institucionalismo.

nación de recursos y restricciones. Desde esta perspectiva las limitaciones tuvieron un impacto positivo en la configuración del poder político, porque el poder sólo institucionalizado es socialmente benéfico.

Las instituciones son muy diversas pero todas cumplen la misma función: reducen la incertidumbre relativa a los resultados de determinadas conductas o de la elección de ciertas opciones.[2] Por ejemplo, procesos electorales y una presidencia institucionalizados pondrían fin a la inestabilidad y a la incertidumbre que invariablemente provocaba la sucesión del poder. En 1940 dos décadas habían pasado desde el triunfo de los sonorenses en las luchas en el interior de la élite revolucionaria, y cada elección presidencial, incluida la de 1940, había provocado rupturas y confrontaciones que amenazaban con la reanudación de la guerra civil y la desestabilización generalizada.

En la inmediata posguerra, la institucionalización del poder del presidente fue un objetivo prioritario de la élite política porque se le atribuía el potencial de estabilizar procesos y actores políticos, y la movilización de los recursos que requerían los ambiciosos cambios propuestos. También se le atribuyó la autoridad para fijar la dirección del cambio e impulsarlo, pero sin comprometer la estabilidad. En consecuencia, la élite concentró sus esfuerzos en el fortalecimiento de la presidencia de la República, convencida de que era una condición inescapable de la estabilidad que aspiraba a consolidar.

La política de construcción de instituciones no fue sólo producto de un proyecto estatal de modernización, sino que fue también respuesta a los cambios que experimentó la sociedad: el crecimiento económico, la transición demográfica y la expansión de la vida urbana. Fue asimismo una reacción a las condiciones del orden internacional que se formó después de la

[2] Los procesos de institucionalización son complejos y de larga duración; en ellos intervienen diversos factores de difícil ponderación, como el cambio social y la movilización, o el nivel de desarrollo del Estado. Se identifican con la modernización política porque implican la racionalización de la autoridad y el reconocimiento de su legitimidad para establecer normas de comportamiento e interacción social. Véase Theda Skocpol, "Why I Am an Historical Institutionalist", *Polity*, 1995, 28 (1), pp. 103-106; Elizabeth Sanders, "Historical institutionalism", en Sarah A. Binder, Robert A. Rockman (eds.), *The Oxford Handbook of Political Institutions*, Oxford, Oxford University Press, 2006, p. 42; también Scott C. James, art. cit., pp. 53-54; y Sven Steinmo, Kahtleen Thelen y Frank Longstreth (eds.), *Structuring Politics. Historical Institutionalism in Comparative Analysis,* Cambridge, Cambridge University Press, 1992, p. 28.

Segunda Guerra Mundial y, en particular, al ascenso de Estados Unidos a la condición de superpotencia. De hecho, la adaptación de México a la situación de inseguridad básica que le imponía la vecindad con la superpotencia no fue una reacción neutral a un cambio de circunstancias, sino el resultado de decisiones deliberadas de la élite gobernante.

Los tres presidentes que protagonizan los episodios que narra este libro contribuyeron activamente a la construcción de la nueva relación bilateral. Es posible que sus cálculos hayan sido equivocados o que las contingencias hayan interrumpido el desarrollo de sus estrategias, lo que es seguro es que no aceptaron mansamente un supuesto destino de subordinación. La élite gobernante mexicana no se rindió al imposicionismo de Estados Unidos, sino que incorporó el factor americano al proceso de toma de decisiones. En su trato con Estados Unidos recurrió a las armas de los débiles que enfrentan al poderoso con instituciones, leyes, normas y códigos con la esperanza de generar el compromiso de que serán respetados. Esta estrategia debía reducir los costos de la vecindad y reportar algunas ventajas.

Una guerra de ideas y de armas nucleares

La historia de la segunda mitad del siglo XX estuvo dominada por la rivalidad entre Estados Unidos y la Unión Soviética, los dos países que poseían armamento nuclear, una distinción que les aseguraba una indisputable superioridad militar en relación con el resto del mundo. Sin embargo, el origen de su enfrentamiento eran valores e ideas, un antagonismo irreconciliable entre dos formas de organización del poder. Su impacto trascendió fronteras y, desde luego marcó la reconstrucción política de la posguerra y las reformas que se aplicaron para restablecer la normalidad.[3] El régimen

[3] Esta reorganización del sistema internacional ocurrió en una época en la que el Estado-nación era una unidad inamovible y una constante del sistema internacional. Los cambios ocurridos en el mundo desde la caída de la Unión Soviética, en 1991, alteraron la noción de soberanía nacional y tendieron a borrar la separación entre el contexto externo y la política interna, en tanto la globalización hizo del Estado-nación una variable. Véase Kjell Goldmann, "The Line in Water. International and Domestic politics", *Cooperation and Conflict*, vol. XXIV, 1989, pp. 103-116; Miles Kahler, "The State of the State in World Politics", en Ira Katznelson y Helen V. Milner (eds.), *Political Science, the State of the Discipline*, American Political Science Association, Nueva York y Londres, W. W. Norton and Company,

posrevolucionario mexicano nació profundamente marcado por el contexto en el que se formó, ligado al orden internacional de la Guerra Fría, en una coyuntura intensamente ideologizada y torturada por el temor a una guerra que se creía inminente.[4] A partir de 1945 se crearon y definieron instituciones y procesos que dieron forma y estructura al sistema político que gobernó México hasta el año 2000. A lo largo del tiempo sufrieron transformaciones, pero en ningún caso perdieron el sello de la Guerra Fría que les impuso su origen. El vínculo que así se estableció entre el contexto externo y el interno, articulaba continuidades y discontinuidades, el corto y el largo plazo, la larga duración de la geografía y la naturaleza contingente de la política.[5]

En 1946 se fundó el Partido Revolucionario Institucional (PRI), el partido hegemónico que controlaba la representación y la participación, que pasó a ser un pilar del autoritarismo. Para México la fecha no fue un puerto de llegada, como normalmente se entiende, sino el punto de partida de un nuevo sistema político.

Manuel Ávila Camacho, Miguel Alemán y Adolfo Ruiz Cortines hicieron notables esfuerzos por impulsar el proyecto de la presidencia institucionalizada, pero ellos mismos por momentos cedieron a las soluciones fáciles y de corto plazo que ofrece el ejercicio personalizado del poder, y tomaron decisiones que contrariaban el proyecto de estabilización. Por ejemplo, en 1946, el presidente Ávila Camacho violó el principio de la división de poderes, cuando revirtió la sentencia de la Suprema Corte de Justicia que había negado el registro al Partido Comunista y al Partido Fuerza Popular porque no cumplían con los requisitos de la nueva ley electoral. El argumento del presidente fue que "el espíritu de la ley" permitía el registro; la intervención presidencial facultó a estas organizaciones a participar en las elecciones de

2002, pp. 56-83; Steven Levitsky y Lucan A. Way, "Linkage *vs.* Leverage. Rethinking the International Dimension of Democratization", *Comparative Politics*, vol. 38, núm. 4, julio de 2006, pp. 379-400.

[4] Los análisis geopolíticos de formación de los Estados también hacen hincapié en la influencia del sistema internacional sobre la forma que adquieren. Véase Theda Skocpol, *Los Estados y las revoluciones sociales. Un análisis comparativo de Francia, Rusia y China*, México, Fondo de Cultura Económica, 1984. Para una discusión de estas propuestas véase Charles Tilly, *Coercion, Capital, and European States, AD 990-1992*, Cambridge y Oxford, Blackwell, 1992, p. 271.

[5] René Rémond, *Pour une histoire politique*, París, Éditions du Seuil (Collection Points), 1996, p. 30..

1946. Muchos otros ejemplos hay de resistencia a la institucionalización del poder, es decir, a la definición de sus límites.

Durante el periodo que abarca este libro, los presidentes de México y de Estados Unidos compartieron la intención de evitar el conflicto casi a cualquier precio.[6] Uno por el temor a la fuerza superior del otro, y éste porque le causaban aprehensión las consecuencias de la debilidad de su interlocutor. La presidencia institucionalizada revestía cierta urgencia porque era un medio para estabilizar la relación de cooperación con la superpotencia americana, la cual sólo podía funcionar en un entorno que la encauzara dentro de parámetros de orden, diferenciada de ámbitos ajenos a la decisión en cuestión, y portadora de certidumbre. La injerencia de Estados Unidos en los asuntos internos mexicanos había sido en el pasado una fuente de tensiones entre los gobiernos de los dos países; en esta nueva era de la relación bilateral la injerencia sería indirecta, más una forma de presión que una franca imposición.

El propósito de este capítulo es introducir los dos grandes temas de la investigación. Primero, la relación entre el contexto internacional y el sistema político nacional a través de la influencia del factor externo sobre el desarrollo institucional; y, luego, la transformación del poder presidencial que dejó de ser un recurso de fuerza e imposición de una persona para convertirse en pilar de la modernización del país. En el centro de la reconstrucción de los distintos episodios que incluye el análisis, está el concepto de *institucionalización* que me ayudó a introducir orden en el complejo mundo de la competencia por la influencia y el poder políticos.

Reconstruí el desarrollo institucional a partir de tres restricciones del poder del presidente: en primer lugar, la vecindad con Estados Unidos; luego, el compromiso de construir la democracia; y, tercero, la necesidad de mantener la concordia en el seno de la élite posrevolucionaria. Sin embargo, la restricción americana es tratada preferencial y extensivamente, así lo amerita por su importancia y el alcance de sus ramificaciones, muy profundo en algunas áreas del sistema político mexicano. La construcción de la democracia y la unidad de la élite política están estrechamente vinculadas con la restricción americana, pero sobre todo estas condiciones confirman la rela-

[6] Hay diferentes periodizaciones de la Guerra Fría. Aquí fijé los periodos en función de la percibida inminencia de una confrontación nuclear. Así, en 1947 la Unión Soviética informó que había llevado a cabo sus primeras pruebas de armamento nuclear, y en 1963 se firmó el Tratado de Moscú de no-proliferación nuclear que creó lo que muchos denunciaron como un condominio soviético-americano.

ción que la investigación busca demostrar entre el factor internacional y el arreglo institucional local interno.

La influencia de Estados Unidos sobre el gobierno mexicano ha sido ampliamente estudiada desde diferentes perspectivas, sobre todo como consecuencia o como característica de la relación bilateral. Mi objetivo es otro: a partir del supuesto de que en condiciones de guerra los Estados se organizan para enfrentar y sobrevivir el conflicto, busco entender la incidencia del entorno internacional y de la doctrina de *Containment* del presidente Truman, y de la doctrina de *Roll back* del presidente Eisenhower, sobre el desarrollo del presidencialismo mexicano. El propósito no es analizar una política de dominación, sino examinar y entender la vulnerabilidad de las instituciones y de los procesos internos mexicanos a esa influencia.

La primera parte del capítulo plantea los problemas que representaba para México la transformación de Estados Unidos en una superpotencia; luego se discuten los cambios que la Guerra Fría provocó en la relación bilateral, y el entendimiento estratégico que concluyeron México y Estados Unidos. La segunda parte está dedicada al presidencialismo autoritario que surgió de la conjunción de factores internos y externos, y los límites de la política de institucionalización.

Vivir a la sombra de la superpotencia

Hay que tener siempre presente "la verdad de la geografía".

Manuel Ávila Camacho, 1º de septiembre de 1943.

La geografía siempre es la misma, pero responde también, temporalmente, a la plasticidad de la historia y se deja acomodar a las novedades del contexto. Algo así ocurrió en 1945, cuando la coyuntura extraordinaria del fin de la Segunda Guerra revolucionó la geografía, y el nuevo orden internacional se construyó con base en fronteras ideológicas y políticas más que físicas. Sin embargo, los cambios no alteraron la capacidad de la geografía para generar continuidades y reincidencias.

El objetivo general de Manuel Ávila Camacho, Miguel Alemán y Adolfo Ruiz Cortines era transformar el poder revolucionario en poder constitucional, ahora con el apoyo del mundo exterior. La posición geográfica de

México en la frontera con Estados Unidos tenía obvias implicaciones para su organización política, porque desde el siglo anterior había quedado bien establecido que los estadunidenses no tolerarían en el territorio contiguo un régimen político que consideraran hostil; el compromiso con este principio se afianzó después de la Segunda Guerra Mundial, cuando llegó a su fin la Gran Alianza que había derrotado a las potencias del Eje, y se desató su competencia con la Unión Soviética por el poder internacional. En este contexto, México no tenía muchas opciones. El arreglo institucional que construyó en la posguerra quedó marcado por la situación de crisis permanente que fue característica de los primeros años de la Guerra Fría. Así, después de 1945 una constante, la frontera con Estados Unidos, impuso un tono de urgencia a cambios que requería el sistema político mexicano, para ajustarlo a las nuevas condiciones del mundo bipolar, a la amenaza de una guerra nuclear y al carácter ideológico de la rivalidad soviético-americana.

El factor externo en México

La cadena de acontecimientos que condujo al colapso de los regímenes socialistas del este de Europa en los años noventa del siglo XX y la posterior democratización, pusieron en tela de juicio la premisa generalmente aceptada de que sólo factores internos intervenían en procesos que eran, por consiguiente, estrictamente nacionales. La participación, en algunos casos decisiva, de diferentes "factores externos" —desde Ronald Reagan hasta la Unión Europea—, fue bienvenida y aplaudida por su contribución al triunfo de la democracia, pero en el pasado habría sido condenada por violaciones a la soberanía nacional del país en cuestión. No es necesario profundizar en la historia del desarrollo de los sistemas políticos para comprobar la presencia e influencia del contexto internacional, al menos como referencia, o de un "factor externo" en particular, activo en esos procesos.

Factor externo es un término colectivo[7] que incluye diferentes formas de influencia del exterior: el entorno geoestratégico, la participación de gobiernos

[7] Véase Geoffrey Pridham, Eric Hening y George Sanford, *Building Democracy? The International Dimension of Democratization in Eastern Europe,* Londres, Leicester University Press, 1994; Steven Levitsky y Lucan A. Way, "Linkage or Leverage. Rethinking the International Dimension of Democratization", *Comparative Politics*, vol. 38, núm. 4, julio de 2006, pp. 379-400.

extranjeros, organismos internacionales, organizaciones transnacionales, acontecimientos o simplemente la estructura del sistema internacional.[8] Después de 1945 el factor externo ganó terreno en los contextos nacionales, instigado por la competencia entre Estados Unidos y la Unión Soviética.

La apertura de los procesos locales a las influencias externas es un fenómeno reciente, en cambio la presencia de un "factor externo" en procesos nacionales es muy antigua. La explicación más extendida del desarrollo de las instituciones políticas mexicanas de la segunda mitad del siglo XX, descansa sobre la premisa de que sólo factores internos intervinieron en su formación y consolidación. Sin embargo, en la historia de México, la influencia del exterior en el proceso de construcción institucional ha sido una constante en forma de contexto, de relaciones con otros países o de factores puntuales como pueden ser acontecimientos o intercambios de toda índole. Su importancia puede observarse en la formulación de programas políticos, en la construcción de la identidad nacional y en el nacionalismo defensivo que inspiró muchas de las disposiciones de la Constitución de 1917. En su libro sobre la ideología de la Revolución, Arnaldo Córdova muestra que la proximidad con Estados Unidos y el temor a una intervención fueron consideraciones centrales en los debates constitucionales.[9] Es decir, que en la posguerra, la novedad no era el "factor externo", sino la extensión de su alcance. La calidad ideológica de la rivalidad Estados Unidos/Unión Soviética profundizó la interacción del contexto internacional y los sistemas políticos locales, y explica la facilidad con que el conflicto se universalizó y se instaló en el corazón de la lucha por el poder en el ámbito nacional.

En México el proceso de estabilización del poder presidencial estuvo sujeto a restricciones internas y externas. Estas últimas eran las más difíciles de acomodar para un presidente pues difícilmente podía ignorarlas o manipularlas; tampoco podía alterar el equilibrio entre los actores políticos. De la experiencia de la Segunda Guerra Mundial, la élite política mexicana había aprendido que la modernización del país y su propia permanencia en el

[8] Ana Covarrubias, "El ámbito internacional y el proceso de cambio político en México", en Reynaldo Yunuen Ortega Ortiz (ed.), *Caminos a la democracia*, México, El Colegio de México, 2001, pp. 323-374; también Soledad Loaeza, "La política de acomodo a la superpotencia. Dos episodios de cambio de régimen, 1944-1948, 1989-1994", *Foro Internacional*, Vol. L, 3-4, núm. 201-202, julio-diciembre de 2010, pp. 627-660.

[9] Arnaldo Córdova, *La ideología de la Revolución mexicana. Formación del nuevo régimen*, México, Instituto de Investigaciones Sociales-UNAM/Era, 1973, p. 28, también pp. 31 y 37.

poder exigían la adaptación pragmática al contexto internacional. De manera que a pesar del discurso nacionalista de la élite mexicana, ni el desarrollo institucional ni el cambio económico ocurrieron en un universo cerrado, sino en el marco amplio de la alianza occidental y en el mundo restringido de la Guerra Fría en América Latina. La inserción internacional de México suponía la aceptación de las reglas de ese medio, de sus instituciones y sus códigos de intercambio, que habrían de integrarse a los procesos internos de gobierno. Además, México tampoco podía sustraerse a esa alianza porque la expansión del poderío estadunidense en la posguerra incrementó el potencial de amenaza que representaba para la autonomía del Estado mexicano.

La alianza ideológica con Estados Unidos fue el corazón de la estrategia mexicana de adaptación al contexto fracturado de la Guerra Fría. La geografía dictaba este acomodo, pero además había una auténtica coincidencia entre los dos países en esa dimensión, pues en ambos el individuo era el centro de gravedad de los valores y las creencias dominantes, que tenían el apoyo de poderosos actores locales, por ejemplo, el entorno fortaleció la tendencia del régimen a la centralización administrativa y política, y a la concentración de los recursos políticos nacionales en el poder Ejecutivo.[10]

La Guerra Fría: un nuevo contexto

A partir de 1945 el poder de la presidencia mexicana se transformó, en parte como respuesta al nuevo orden internacional, en particular al ascenso de Estados Unidos a la condición de superpotencia. Este desplazamiento obligó al gobierno mexicano a reorientar el curso que había tomado y adoptar una política de largo plazo de cooperación con Estados Unidos. Así se cerró casi un siglo de confrontaciones, enfrentamientos e incidentes de diferente naturaleza, cuya crisis fue la guerra de 1847, la derrota mexicana y la pérdida de más de la mitad de su territorio. Cien años después, el acercamiento entre los adversarios históricos realzó las diferencias entre el poder de uno y

[10] "Los Ejecutivos centrales tienen un papel especial en la mediación entre las presiones internas y las internacionales porque están directamente expuestos a ambas esferas y no tanto porque estén unidos en todos los temas o porque estén aislados de la política interna", en Robert D. Putnam, "Diplomacy and Domestic Politics. The Logic of Two-Level Games", *International Organization*, vol. 42, núm. 3 (verano de 1988), pp. 427-460, especialmente p. 433.

la debilidad del otro; y la geografía impuso sus límites a la soberanía del Estado mexicano, y, por ende, a la autonomía de su presidente.

El contexto de la Guerra Fría fue decisivo para que los presidentes mexicanos modificaran la trayectoria que había iniciado la coalición revolucionaria, e incorporaran la alianza con Estados Unidos como un elemento constitutivo de esa trayectoria. El punto de partida de esta revisión crítica del acercamiento entre los antiguos adversarios debe tomar en cuenta que se produjo en momentos de una gran fragilidad de la paz mundial, amenazada por el antagonismo entre Estados Unidos y la Unión Soviética. Esta situación de emergencia favoreció a México, cuyo territorio era de importancia vital para la seguridad de su poderoso vecino.

La primera década de la posguerra fue un tiempo de ansiedad e incertidumbre. La paz en el mundo se convirtió en una preocupación de la vida cotidiana. En el Vaticano, el papa Pío XII organizaba jornadas de oración por la paz del mundo que eran transmitidas *Urbi et Orbi*; en las homilías dominicales los sacerdotes instruían a los fieles a rogar a Dios por la salvación de la humanidad. Tanto Estados Unidos como la Unión Soviética, como China después del triunfo de Mao-tse-Tung en 1949, actuaban bajo el supuesto de una guerra inminente. El presidente mexicano aludía con frecuencia en sus intervenciones públicas a las tensiones internacionales y a la fragilidad de la paz mundial, para convocar a la unidad nacional y como argumento para justificar el control de la participación.

En tanto que aliado de Estados Unidos, México adquirió el compromiso de respetar la democracia representativa y sus valores, así como combatir el comunismo y la subversión, impedir en su territorio la influencia de potencias extracontinentales, léase, la Unión Soviética, y evitar la cercanía del gobierno con ese país o con sus agentes, los comunistas. Ésta fue la base de la relación política que se consolidó entre México y Estados Unidos en la posguerra. Un compromiso de esta naturaleza tenía implicaciones concretas para la política interna, que afectaban directamente a actores políticos relevantes; y para la definición de la identidad de los enemigos de la seguridad nacional, que resultaron ser los mismos que amenazaban la seguridad de Estados Unidos. Así, el acuerdo político-ideológico bilateral alcanzaba hasta el último rincón de la política interna mexicana, por ejemplo, dictó el destino de los restos de la coalición cardenista y de la recomposición de las izquierdas.

Los episodios que reconstruye este libro ilustran el efecto de esta influencia en varios niveles: en las estrategias políticas, en las políticas de gobierno y, como se ha señalado, en el desarrollo institucional. En el primer nivel, el antagonismo ideológico/político entre Estados Unidos y la Unión Soviética fue un referente de autoidentificación para los actores políticos internos, estructuró identidades y contribuyó a definir su perfil. Por ejemplo, uno de los rasgos de identidad de la corriente encabezada por Vicente Lombardo Toledano en el seno del partido oficial era el apoyo a la Unión Soviética o la celebración del aniversario de la Revolución bolchevique.

En el contexto de la Guerra Fría, los sentimientos de inseguridad que inspiraba el poderoso vecino en México se agravaron; la única manera de superarlos era mediante un acercamiento. Las consecuencias de este arreglo fueron más allá de la relación bilateral, pues exigió una importante reorganización del sistema político mexicano, y la búsqueda de posiciones cercanas o comunes con Estados Unidos. Este último objetivo implicó un reacomodo de las fuerzas políticas internas, y la derrota del ala radical de la coalición en el poder. Así, y a diferencia de quienes pensaban que la mejor relación entre el poder y la debilidad era la distancia, el presidente Ávila Camacho y sus sucesores asumieron la superioridad del vecino, y buscaron la salvación aceptando sus condiciones,[11] y lo que éstas implicaban en términos de alineación ideológica y diplomática. A partir de entonces la dimensión política de la relación bilateral transcurrió con base en sobrentendidos, uno de ellos se refería a la presidencia mexicana, la cual no debía estar en manos de un adversario de Estados Unidos; aunque en las circunstancias de la primera Guerra Fría al gobierno estadunidense le bastaba que los mexicanos respetaran su compromiso de combatir el comunismo.

México entre dos fronteras

La posición geopolítica de México, entre la superpotencia y Centroamérica —que también tenía una posición clave en la estrategia de defensa de Estados Unidos— sugería que podía ser un intermediario entre estas regiones tan dispares. Sin embargo, en los años duros de la Guerra Fría no había lugar para liderazgos independientes. A simple vista la guerra no había afectado la posición internacional de América Latina, pues solamente se había confirmado la hegemonía estadunidense. No obstante, esta primera impre-

[11] Kissinger, *Un mundo restaurado, op. cit.*, p. 19.

sión no recogía el impacto destructivo de la estrategia estadunidense contra el comunismo, pues esa misma estrategia fue el vehículo de una tensión que exacerbó las divisiones internas de estos países, que no necesariamente eran una reproducción del conflicto soviético/americano. Adoptaron su lenguaje y sus colores, y así generaron la ficción de que eran campo de batalla y botín en la disputa entre las superpotencias, aunque en realidad se trataba de la esfera de influencia de Estados Unidos.[12] La Unión Soviética estuvo dispuesta a respetar esa frontera con base en la premisa de que el gobierno americano no intervendría en Europa del Este.

El entorno que generó la Guerra Fría repercutió en los equilibrios internos de los países latinoamericanos. Las movilizaciones de protesta política que surgieron en estos países al inicio de la década de los sesenta eran crisis de modernización, que no necesariamente estaban inspiradas ni organizadas por la Unión Soviética o los comunistas locales. No obstante, el ámbito interno fue un escenario para la representación de las tensiones internacionales; aunque surgió una señalada divergencia entre los latinoamericanos y Estados Unidos, a propósito de la seriedad de la amenaza comunista. Según el Departamento de Estado la región estaba bajo el acecho del comunismo internacional y reiteraba las advertencias al respecto, pero no lograba vencer la incredulidad ni las dudas de los países de la región. El National Security Council preparaba periódicamente un informe sobre la situación política y económica de América Latina, que por lo general se elaboraba en torno a una evaluación del progreso de la "ofensiva comunista".[13] El documento sentaba líneas generales de política y también incluía recomendaciones tales como romper relaciones diplomáticas con gobiernos controlados por comunistas o encarcelar a los miembros de organizaciones subversivas. Sin embargo, los funcionarios estadunidenses se quejaban de que los gobiernos latinoamericanos prestaban oídos sordos a sus advertencias y recomendaciones.

Efectivamente, los latinoamericanos no atendían los llamados de atención del Departamento de Estado porque su diagnóstico era diferente. Ellos

[12] La obra de Odd Arne Westad examina la competencia entre las superpotencias en el Tercer Mundo y en su impacto sobre los procesos de cambio en estos países. En ambos casos destaca el papel de la ideología. Véase Odd Arne Westad, *The Global Cold War*, Cambridge, Cambridge University Press, 2017.

[13] Por ejemplo, "Policy Statement Prepared in the Department of State", *Foreign Relations of the United States*, octubre de 1951, vol. II: *The Western Hemisphere*, eds. Ralph R. Goodwin, N. Stephen Kane y Harriet D. Schwar, Washington D. C., Government Printing Office, 1979.

atribuían la fragilidad de sus equilibrios políticos a la pobreza y, en general, a causas de orden socioeconómico, y proponían al gobierno de Washington un programa de apoyo al desarrollo similar al Plan Marshall que se aplicaba a la reconstrucción europea. Sin embargo, la propuesta fue rechazada una y otra vez; por ejemplo, en 1948, en la Conferencia Internacional de la Organización de Estados Americanos celebrada en Bogotá, Colombia, el secretario de Estado, George C. Marshall reiteró la negativa de su gobierno a ofrecer un programa de asistencia económica para América Latina, y declaró: "Estados Unidos no puede contribuir al desarrollo de América Latina por las asombrosas e inescapables responsabilidades humanitarias, políticas, financieras y militares" que ya había asumido "mi país en todo el mundo para defender el modo de vida libre".[14] No fue sino hasta después del triunfo de la Revolución cubana que Estados Unidos propuso a los latinoamericanos asistencia para el desarrollo; no obstante, la Alianza para el Progreso que lanzó el presidente Kennedy en 1961 no tuvo el éxito que se esperaba, y es posible que haya provocado más confusión que cambio socioeconómico.

Si Estados Unidos desatendía las necesidades de América Latina eso no significaba mayor latitud de acción para los latinoamericanos, en vista de que el hemisferio seguía siendo vital para la seguridad de Estados Unidos. Así, en 1948 el secretario de Guerra, Robert P. Patterson, explicó a Marshall, que la aplicación efectiva de la Doctrina Monroe quería decir que no tolerarían la colonización, el control o la extensión de un sistema político extranjero. Los alarmaba la posibilidad de que aparecieran en el continente "ideologías extranjeras, explotación comercial y acuerdos comerciales que indicaran la creciente influencia no-hemisférica [...] [Estados Unidos debe tener ...] un flanco sur amigable, seguro y estable, que no lo confunda la penetración política, económica o militar enemiga".[15] En estas condiciones era muy estrecho el margen de autonomía de los países de la región en relación con Estados Unidos.

La política latinoamericana de Washington perseguía tres objetivos interrelacionados: *1)* estabilidad del orden hemisférico, es decir, continuidad de la hegemonía estadunidense, *2)* contención del comunismo y *3)* preservación del *statu quo* local. Esta propuesta se apoyaba en una interpretación

[14] Soledad Loaeza, "Estados Unidos y la contención del comunismo en América Latina y México", *Foro Internacional,* 211, vol. LIII, núm. 1, febrero-junio de 2013, pp. 5-56.

[15] Citado en Loaeza, "Estados Unidos y la contención del comunismo...", art. cit.

según la cual el orden interno de estos países y el orden hemisférico estaban estrechamente vinculados. El Departamento de Estado estaba convencido de que cambios en la política interna tendrían de inmediato repercusiones en el orden hemisférico. A lo largo del periodo esta premisa fue la base de una creciente intolerancia a cualquier intento de reforma en América Latina.

La elección del general Eisenhower a la presidencia de Estados Unidos, en 1952, demostró a los países fronterizos de América del Norte (México y Canadá) su importancia prioritaria para la seguridad de la superpotencia, y del hemisferio en su conjunto. Las comunicaciones del presidente Eisenhower y las consideraciones del Comando Conjunto aludían indefectiblemente a la importancia estratégica de la región. En 1954 se refirió a su política latinoamericana como un capítulo de "la Guerra Fría contra nuestros enemigos" y añadió, Estados Unidos "no nada más hace 'negocios' en América Latina, sino que ahí está peleando una guerra contra el comunismo".[16] La huella de este combate quedó impresa de manera indeleble en la historia de inestabilidad, luchas guerrilleras, golpes de Estado y dictaduras militares con que se tejió la desoladora historia de la segunda mitad del siglo XX en América Latina.[17]

En este contexto, México estaba sujeto a dos tipos de condicionamientos: el que le imponía la política latinoamericana de Washington en tanto que miembro de la región, y el que dictaba la frontera con Estados Unidos. La relativa irrelevancia de América Latina en la política mundial en la década de los cincuenta —a excepción de la crisis guatemalteca de 1954— no correspondía con la extrema sensibilidad de los regímenes políticos y de las sociedades latinoamericanas al antagonismo ideológico Este/Oeste. El contraste arroja por lo menos dos paradojas: la primera de ellas se planteó en la gravísima crisis que provocó el gobierno soviético en octubre de 1962, cuando instaló armamento nuclear en Cuba. Esta acción estuvo a punto de desencadenar una conflagración en una zona que apenas un año antes no figuraba de manera prominente en las tensiones soviético americanas. La

[16] Citado en Stephen G. Rabe, *Eisenhower in Latin America. The Foreign Policy of Anti-communism*, Chapel Hill y Londres, The University of North Carolina Press, 1988, p. 71.

[17] Odd Arne Westad, *The Cold War, A World History*, Nueva York, Basic Books, 2017, p. 5; véase también Vanni Pettinà, *Historia mínima de la Guerra Fría en América Latina*, México, El Colegio de México, 2018.

segunda paradoja estriba en que la rivalidad ideológica se incrustó en el centro de la lucha por el poder en los países de la región, aun cuando con frecuencia sirviera sólo para revestir disputas locales preexistentes que poco o nada tenían que ver con el conflicto general.

El antagonismo soviético-americano se vivió en México de manera similar a como lo experimentó el hemisferio en su conjunto. Al igual que en los demás países de América Latina, en México durante por lo menos dos décadas la oposición Este/Oeste fue el eje de las diferencias entre la izquierda y la derecha nacionales, ordenó y orientó el debate público. La fractura internacional también contribuyó a definir el perfil de los actores políticos, y guió su alineamiento dentro del espectro ideológico nacional y, en algunos casos, ayudó a la reconciliación con actores que habían sido alienados por el radicalismo revolucionario. Así fue para la Iglesia católica que gracias a la cruzada anticomunista que emprendió el Vaticano supo reconciliarse con el gobierno de la Revolución, mostrar su lealtad a las instituciones republicanas sin traicionar la intensidad religiosa del anticomunismo latinoamericano.

Al igual que todos los demás, el gobierno mexicano tuvo que lidiar con las suspicacias de Washington, con las rigideces de su política exterior, con la amenaza latente de una intervención, y con el impacto divisivo de la bipolaridad sobre la dinámica y los actores políticos nacionales. Pese a todo aparecieron los rasgos de la especificidad de la relación bilateral: el valor de negociación de la frontera, y, más en general de su posición geográfica,[18] la estabilidad frente a los efectos disruptivos del contexto, el discreto acomodo a las expectativas del vecino, la eficacia defensiva del nacionalismo y la continuidad institucional de un autoritarismo que mantenía las apariencias de una democracia en construcción.

[18] "En lo que concierne a los intereses vitales norteamericanos, México constituía un sitio capital, fincando su importancia estratégica en su propia vecindad con Estados Unidos [y por su posición intermedia entre este país] y el Canal de Panamá... de acuerdo con los estrategas norteamericanos, México constituía un punto extremadamente vulnerable... el propio Roosevelt señalaría públicamente su temor de que el puerto de Tampico, Tamaulipas, se convirtiese en un probable punto de invasión del continente". María Emilia Paz Salinas, "México y la defensa hemisférica, 1939-1942", en Rafael Loyola (coord.), *Entre la guerra y la estabilidad política. El México de los cuarenta*, México, Conaculta / Grijalbo (Los Noventa), 1986, pp. 49-64, especialmente p. 60.

El entendimiento estratégico con Estados Unidos

La contigüidad territorial entre Estados Unidos y México introducía una diferencia crucial entre México y otros países de América Latina, porque en caso de que estallara la guerra con la Unión Soviética, su apoyo era vital. La geografía era, pues, una poderosa carta de negociación porque le daba un papel central en la defensa del territorio estadunidense.[19] Por una parte, a Washington le interesaba una frontera sur estable y segura, y la colaboración del vecino en el ámbito internacional, sobre todo en caso de guerra; por la otra, los mexicanos también tenían interés en proteger la frontera, y vieron la oportunidad de derivar beneficios de un acercamiento. El factor estratégico explica la relación de cooperación entre México y Estados Unidos y el tono de la relación bilateral hasta finales de los años sesenta. Según María Emilia Paz Salinas: "La nueva relación que se estableció con Estados Unidos durante los años cuarenta, tuvo sus raíces en las negociaciones [militares] iniciadas particularmente a partir de 1938" destinadas a responder a la potencial agresión externa de los países totalitarios, Alemania y Japón".[20]

La relación bilateral se extendió de la convergencia ideológica a temas de defensa y seguridad. Un entendimiento de orden estratégico-militar —rara vez mencionado públicamente— subyacía a la alianza ideológica. Semejante arreglo se derivaba con naturalidad de la contigüidad territorial que unía de manera irremediable a México y Estados Unidos, cuya defensa incluía obligadamente la amplia franja fronteriza entre los dos países. El acuerdo estra-

[19] Otto Hintze, *The Historical Essays of Otto Hintze, with an Introduction by Felix Gilbert*, Nueva York, Oxford University Press, 1975, p. 174. "La consecuencia más importante que le impone a México la vecindad geográfica con los Estados Unidos se expresa en forma de una limitación de su libertad de acción y se deriva concretamente del valor estratégico que su territorio tiene para el gobierno de Washington. México cae dentro del perímetro geográfico que ha sido calificado como el 'imperativo categórico para la defensa de Estados Unidos'", Mario Ojeda, *Alcances y límites de la política exterior mexicana*, México, El Colegio de México, 1971, p. 92.

[20] *Ibid.*, p. 50. En los últimos meses del gobierno de Cárdenas, México supo aprovechar los temores y las necesidades de seguridad estratégica de su poderoso vecino para desarrollar sus habilidades de negociación. Por primera vez en la historia México tenía la posibilidad de utilizar su geografía para presionar a Estados Unidos. Véase Paz Salinas, *op. cit.*; Helen Delpar, "Inter-American Relations and Encounters: Recent Directions in the Literature", *Latin American Research Review*, vol. 35, núm. 3, 2000, pp. 155-172, especialmente p. 163.

tégico era también uno de los resultados de la cooperación, aunque aquí se plantea en términos muy generales. El gobierno estadunidense esperaba un apoyo irrestricto de parte de México en caso de que se declarara la guerra, aun cuando no había precisiones ni detalles al respecto. Es más, cada vez que funcionarios del Departamento de Defensa o de la Casa Blanca proponían discutir el acuerdo, la propuesta era desechada.

En abril de 1945 se llevaron a cabo pláticas sobre cooperación militar entre representantes de ambos países, en las que México reconoció su incapacidad para asumir por sí mismo la defensa de sus costas y de su espacio aéreo. El informe del embajador de Estados Unidos en México, George S. Messersmith, al secretario de Estado, subrayaba la debilidad de la fuerza aérea y de la marina mexicanas, la carencia de recursos y la decisión del presidente Ávila Camacho de mantener las prioridades de inversión pública en programas sociales, industriales, agrícolas, de educación y salud públicas. Según el embajador:

> ... el presidente de México tiene la firme opinión basada en consideraciones económicas, financieras y sociales, así como... consideraciones de orden militar, y coinciden con él muchos miembros del ejército, de que para México sería imposible mantener una fuerza aérea importante en tiempos de paz. Su costo sería muy superior a la capacidad financiera de México. [...] (Por consiguiente) es de la opinión que en cuanto a la protección del espacio aéreo para el futuro previsible México debe depender de Estados Unidos.[21]

El examen de los recursos de la marina mexicana llevó a la misma conclusión. Este intercambio de información y los modestos acuerdos a que se llegó —relativos a una pequeña fábrica de municiones y a la compra de una cantidad reducida de armas— tuvieron muchas implicaciones para la alianza entre los dos países. Como bien lo señalaba el embajador Messersmith, la mera reunión representaba un cambio radical en relación con el pasado cuando el gobierno mexicano se negaba a intercambiar información de esta naturaleza con los vecinos estadunidenses, y sólo la urgencia de la Segunda

[21] "The Ambassador in Mexico (Messersmith) to the Secretary of State, April 5, 1945 on Final Report of the Delegates Conducting the Joint Staff Talks between Mexico and the United States", *Foreign Relations of the USA*, vol. IX, 1945, Washington, D. C., Government Printing Office, 1969, pp. 1110-1119.

Guerra Mundial impuso la necesidad de una cooperación militar limitada, la cual, por cierto, se desarrolló bajo la mirada vigilante del expresidente Lázaro Cárdenas en su calidad de secretario de la Defensa. En segundo lugar, al dejar la seguridad del territorio mexicano explícitamente en manos de Estados Unidos, el presidente Ávila Camacho estaba expresando una confianza absoluta en que el conflicto armado no era una opción en la relación entre los dos países, y en el compromiso de Estados Unidos de no recurrir a la fuerza militar en sus tratos con México. Su estrategia era similar a la que describe Kissinger cuando habla de las opciones para potencias vencidas.[22] Es probable que México buscara ganar tiempo para fortalecerse gracias, en particular, al desarrollo de un Estado fuerte y poderoso.

Una vez establecida la limitada contribución militar de México a la defensa hemisférica, se destacó el carácter político de su alianza con Estados Unidos. Si no tenía un arsenal importante, tenía un capital político —o podía desarrollarlo— que podía ser utilizado en las batallas diplomáticas que se avecinaban; el gobierno mexicano podría ser un apoyo importante para Washington. De hecho, al gobierno estadunidense le importaba sobre todo que los países latinoamericanos apoyaran su política exterior.

¿Rendición, apaciguamiento o ajuste?

¿Cómo interpretar la reunión de abril de 1945? ¿México se había rendido? ¿Buscaba tranquilizar al adversario? Si el potencial de amenaza que un país representa para otro se mide por poder agregado, proximidad, capacidad ofensiva y agresividad,[23] en 1945, con relación a México, Estados Unidos reunía con creces las tres primeras condiciones. El gobierno mexicano sólo podía aspirar a atenuar la cuarta de ellas, es decir, a reducir la agresividad del país vecino; en consecuencia, se propuso fomentar la confianza de Estados Unidos en México. Al término de la guerra, Estados Unidos tenía una capacidad militar, industrial, económica y tecnológica sin precedentes. En las

[22] Henry Kissinger, *Un mundo restaurado, la política del conservadurismo en una era revolucionaria*, México, Fondo de Cultura Económica, 1974.

[23] Randall L. Schweller, "Bandwagoning for Profit: Bringing the Revisionist State Back In", *International Security*, vol. 19, núm. 1, verano de 1994, pp. 72-107; véase también Stephen M. Walt, "Alliance Formation and the Balance of World Power", *International Security*, vol. 9, núm. 4, primavera de 1985, pp. 3-43.

medidas convencionales de poder internacional, las diferencias con México eran incomparables, entre un país cuya participación en el PIB mundial en 1955 era del 28%, que tenía una población cercana a 166 millones de habitantes cuyas fuerzas armadas en conjunto sumaban más de tres millones de efectivos; en contraste con un país mayoritariamente rural, con una población de no más de 22 millones de habitantes, y un ejército que no superaba 50 000 efectivos, y como se verá en su momento, el temor a una intervención siempre estaba presente en la mente de los mexicanos. Por ejemplo, en 1942 el presidente Ávila Camacho se entrevistó con los líderes del Partido Acción Nacional (PAN), para pedirles que se sumaran a la declaración de guerra a los países del Eje; les advirtió que de mantener la neutralidad por la que ellos abogaban, el gobierno estadunidense estaba preparado para mandar tropas a territorio mexicano. Según relata la escena el fundador del PAN, Manuel Gómez Morín, el presidente había puesto "énfasis en la necesidad imperiosa de evitar cuanto pudiera dar pretexto a una ocupación".[24]

La sensación de inseguridad que inspiraba en México la superpotencia en este periodo no era muy diferente a la del pasado. En su obra sobre las potencias europeas y la Revolución mexicana, Friedrich Katz muestra cómo Porfirio Díaz y los científicos vivían preocupados por la amenaza que encarnaba el poderoso vecino del norte para la independencia de México.[25] Sus consideraciones eran similares a las que hacían los presidentes mexicanos

[24] Ana María González Luna Corvera y Alejandra Gómez Morín Fuentes (eds.), *Una amistad sin sombras. Correspondencia entre Manuel Gómez Morín y Efraín González Luna. Primeras luces. La gestación de una idea, 1934-1942*, 4 t., México, Fondo de Cultura Económica / Fundación Preciado Hernández, 2010, t. I, p. 555. La advertencia de Ávila Camacho es similar a la que Ignacio Mariscal, ministro de Relaciones Exteriores de Porfirio Díaz, hizo al representante alemán que amenazó con enviar a la flota de su país a costas mexicanas para presionarlo a que saldara una deuda pendiente. Mariscal lo previno de que antes de que los alemanes llegaran al Golfo de México, 10 000 soldados estadunidenses habrían ocupado territorio mexicano (Katz, *op. cit.*, p. 53.)

[25] México fue el primer país que sufrió las consecuencias del expansionismo de Estados Unidos. El choque con ese país en 1847 "marcó con más fuerza la percepción mexicana del mundo externo" que otros conflictos con otros países; si a estas experiencias se suman las operaciones militares en México durante la Revolución de 1910, se entiende que "para los mexicanos siguiera vigente hasta bien entrado el siglo XX, la imagen de Estados Unidos como una amenaza real a su integridad territorial", Josefina Zoraida Vázquez y Lorenzo Meyer, *México frente a Estados Unidos. Un ensayo histórico, 1776-2000*, 6ª reimp., México, Fondo de Cultura Económica, 2013, pp. 9-10.

durante la Guerra Fría, que sabían que dos tipos de acontecimientos podían provocar la intervención de Estados Unidos: inestabilidad interna y un compromiso con otra potencia extranjera.[26] Estas condiciones no habían cambiado en medio siglo, más aún se habían renovado y acentuado por efecto de la rivalidad soviético-americana; pero la estrategia del gobierno mexicano ya no fue la resistencia.

En su obra *Un mundo restaurado,* Henry Kissinger escribe que un país derrotado o bajo amenaza de disolución tiene dos opciones: la resistencia o la colaboración. Si ve la derrota como un reflejo de deficiencias de su voluntad, tratará de superarlas en el campo de batalla mediante la movilización de más recursos o el fomento del espíritu de lucha hasta que surja una nueva oportunidad de combatir. La segunda opción es aquella en la que: "El país vencido acepta su impotencia física y tratará de salvar su sustancia nacional adaptándose al país vencedor. No es ésta una política heroica, pero en ciertas circunstancias es la más heroica de todas. ¿Qué mayor prueba de fortaleza moral puede haber que cooperar sin perder el alma, apoyar sin sacrificar la propia identidad, trabajar en silencio como esclavo para lograr la liberación?".[27]

Durante la Revolución, Venustiano Carranza eligió la primera opción y mantuvo una cerrada intransigencia ante las ofertas de intermediación del presidente Wilson, en el conflicto entre los constitucionalistas y la dictadura de Victoriano Huerta, en un asunto que era de la sola incumbencia mexicana: el desenlace de la lucha por el poder. En cambio, los presidentes Ávila Camacho, Alemán, Ruiz Cortines y sus sucesores asumieron la superioridad del vecino y aceptaron sus condiciones.[28] El argumento a favor de una estrategia que podía ser calificada de derrotista, como la que había adoptado México, era que la superpotencia no toleraba intentos de autonomía a su

[26] Katz, *op. cit.*, pp. 27-28. También identifica a las fuerzas externas —en particular— la que representaba Estados Unidos, que en el Porfiriato influyeron en la política exterior mexicana, y en los programas y las políticas sociales y económicas de las facciones revolucionarias.

[27] Henry Kissinger, *Un mundo restaurado, la política del conservadurismo en una era revolucionaria*, México, Fondo de Cultura Económica, 1974, p. 19.

[28] *Idem*; Mario Ojeda plantea el mismo punto, aunque de manera indirecta y menos dramática: "la política exterior mexicana se fundaba en el razonamiento de que como país débil, México debía hacer una evaluación pragmática de sus intereses nacionales, en el contexto de la realidad internacional y de la vecindad con Estados Unidos", en Ojeda, *op. cit.*, p. 79.

alrededor, y todo esfuerzo por resistir esa exigencia sería inútil. A pesar de todo ello, los presidentes mexicanos consideraron el poder del país vecino como un desafío antes que como un destino, y buscaron un acercamiento al menos para poner límites a su interferencia, y, de ser posible, derivar ventajas de su posición geográfica. La estrategia redujo las presiones, pero era ambivalente. Por una parte, el gobierno denunciaba el comunismo como una doctrina política perniciosa e indeseable; por la otra, su comportamiento hacia los comunistas estaba plagado de dobleces; por un lado, patrocinaba la campaña anticomunista, pero, por otro, nunca rompió relaciones con la Unión Soviética —una excepción en América Latina—, recibía sin problemas a comunistas de todo el mundo y acogía congresos, convenciones y reuniones diversas del movimiento comunista internacional. Celebraba el aniversario de la Revolución soviética, pero detenía y encarcelaba a comunistas mexicanos, sobre todo si se involucraban en actividades sindicales. Esta estrategia distinguía las ideas de sus promotores. Se aplicaba como si las primeras fueran menos peligrosas que los agentes que las diseminaban. Los funcionarios del Departamento de Estado se quejaban exasperados de las duplicidades mexicanas, pero los secretarios de Estado, Dean Acheson o John Foster Dulles, nunca tomaron en serio las denuncias. En ese punto, el trato que dieron a México fue excepcional frente a la manera como impusieron su intransigencia a otros gobiernos de la región.

Un factor adicional que destacaba la importancia para México de la relación con Estados Unidos era que la presidencia de la República llevaba las riendas de esa relación. En Washington se esperaba que así fuera; muchos estaban convencidos de que los países latinoamericanos eran desordenados e inestables, y sólo se dejaban gobernar por hombres fuertes. Además, para los estadunidenses era preferible tener en México a un interlocutor único con autoridad suficiente para tomar decisiones impopulares, en caso de que fuera necesario.[29] La contigüidad territorial con un vecino cuya superioridad económica y militar era totalmente desmesurada, se traducía en una vigorosa restricción al poder del presidente mexicano. No obstante, los límites que imponía no eran por fuerza el resultado de una política deliberada, sino que, con frecuencia, eran una proyección espontánea del poder estadunidense, que condicionaba procesos y decisiones en México.

[29] Vázquez y Meyer, *op. cit.*

El valor de la cooperación

Una buena relación con Estados Unidos era una condición de estabilidad para cualquier gobierno mexicano y una garantía de permanencia para su presidente, pues en caso contrario Washington podía apoyar las actividades de grupos antigobiernistas o recurrir a tácticas de desestabilización para poner un alto al gobierno que le fuera adverso. Además, una relación armoniosa con Washington era la promesa de recursos para la modernización económica, y aunque en este renglón México recibió mucho menos de lo que esperaba, obtuvo ciertas ventajas de diferente naturaleza, desde reconocimiento internacional o créditos, hasta respeto a sus posiciones independientes en política internacional.

Durante la Guerra Fría México identificó las ventajas de una relación de cooperación con Estados Unidos, así como las restricciones que era preferible no desafiar, por ejemplo, un régimen político vagamente vinculado con el socialismo o con la Unión Soviética era inadmisible, y confió en que con prudencia podía neutralizar los reflejos intervencionistas de su poderoso vecino. Las experiencias del pasado habían enseñado a los mexicanos que para lidiar con tan difícil vecindad había que autolimitarse. Por ejemplo, la previsible reacción de Estados Unidos a la elección del sucesor de Cárdenas en la presidencia de la República, en 1940, fue determinante para que recayera en Ávila Camacho; y no se trataba de una contingencia, sino que era parte estructural de la relación con Estados Unidos.

La relación de cooperación con Estados Unidos incidió sobre el desarrollo de la presidencia mexicana, que era la instancia más apropiada para administrar la interacción con el mundo exterior, pues a pesar de que mostraba todavía muchos rasgos de indefinición y una institucionalidad débil, era la pieza más fuerte del sistema político; llevaba las riendas de la política interna. Estos atributos se traducían en recursos para sortear riesgos, llevar a cabo ajustes necesarios y ampliar la capacidad de respuesta a los retos que planteaba la vecindad con la superpotencia. Además, se pensaba que para tratar con Washington era preciso mantener la unidad de mando, para evitar los efectos disruptivos del desorden en una relación bilateral que tenía muchas dimensiones.

México tenía un margen de maniobra amplio para resolver sus conflictos internos sin intervención de Estados Unidos; adoptar una política exterior relativamente independiente; y un modelo de crecimiento económico que había sido explícitamente rechazado por Washington. En los términos de la relación bilateral las relaciones políticas, por ejemplo, corrían por un canal completamente separado del que correspondía a las relaciones comerciales, de tal manera que, aun cuando el gobierno mexicano adoptara posiciones de política exterior distintas, incluso contrarias, rara vez, si es que alguna, el gobierno de Washington intentó presionar al gobierno mexicano, en temas comerciales, para obligarlo a modificar sus declaraciones en los foros multilaterales.

México también planteaba restricciones al presidente estadunidense, su población y su estabilidad política condicionaban el éxito de algunas decisiones presidenciales. Entre 1945 y 1970 los sucesivos presidentes estadunidenses estaban convencidos de que por razones de seguridad nacional había que cuidar a un vecino cuya radicalización o inestabilidad podía ser una amenaza. Por ejemplo, en 1953 el presidente Eisenhower bloqueó una decisión del Congreso que imponía cuotas obligatorias a las importaciones de plomo y zinc de México (y de Perú), con el siguiente argumento: "Si introducimos barreras más elevadas al comercio con México, sé que aumentaría rápidamente la posibilidad de que se volviera comunista".[30] Entre México y Estados Unidos se formó un equilibrio de expectativas que le abrió al primero un margen de autonomía para el manejo de sus asuntos internos y de su política exterior, más amplio que del que pudieron disponer los demás países latinoamericanos.[31]

El acercamiento

La política de cooperación estaba plagada de riesgos para la soberanía mexicana en el contexto del mundo bipolar al cual México no podía sustraerse, tampoco podía eludir el grave dilema que se le planteaba: por una parte, tenía que ajustarse a las circunstancias del momento y a las condiciones de la alianza político-ideológica con Estados Unidos que suponía la pertenencia al mundo libre; de ahí la adhesión del PRI y de sus gobiernos al anticomunismo o la desconfianza a las demandas de participación independiente de

[30] Citado en Rabe, *Eisenhower and Latin America, op. cit.*, p. 71.
[31] Loaeza, "La política de acomodo…", art. cit., p. 631.

obreros y campesinos, y a la oposición de izquierda; pero, por otra parte, el acercamiento hacia la superpotencia y las exigencias de lealtad que imponía a sus aliados eran un reto a la soberanía del Estado.

El acercamiento a Estados Unidos imprimió urgencia a la materialización de tres objetivos que perseguía la élite política desde los años veinte: la construcción de un Estado nacional fuerte, el desarrollo económico y la promoción de una identidad nacional diferenciada y firme. Para los presidentes autoritarios estos propósitos convergían en la defensa de la soberanía; con ese mismo objetivo fomentaron la tendencia establecida hacia la centralización del poder, que era deseable, pues creían que la alianza con Estados Unidos tenía efectos disruptivos que sólo un poder federal fuerte podía frenar. También pensaban que una autoridad centralizada era una promesa de estabilidad y eficacia política.

El poder extendido de la institución presidencial garantizaba el cumplimiento del compromiso con el gobierno de Washington y, por esa razón, fue una de las piezas centrales de la solución a la disyuntiva entre la resistencia al poderío estadunidense y la soberanía limitada que prometía la alianza con Estados Unidos. Sin embargo, la opción elegida también incidió sobre el desarrollo de instituciones intermedias, porque el apoyo a la prominencia del poder Ejecutivo contribuía a la debilidad del poder Legislativo, donde, de existir una oposición relevante —incluso en otros ámbitos del sistema político—, se habrían podido cuestionar los términos del acuerdo con Estados Unidos. La debilidad de la institucionalización, que era característica del autoritarismo, frenó el desarrollo de organismos intermedios de representación independiente, por ejemplo, partidos, sindicatos o la prensa, que hubieran podido obstaculizar el tipo de estabilidad que demandaba la alianza entre los dos gobiernos. De suerte que la cooperación político-ideológica con Estados Unidos tuvo un costo para el desarrollo institucional del régimen mexicano, que fue el pobre crecimiento de instituciones intermedias que hubieran podido ser un contrapeso al poder presidencial.

La mayoría de los textos sobre el desarrollo institucional mexicano presta poca atención a la influencia indirecta de Estados Unidos. Ésta, sin embargo, se ha ejercido de manera ininterrumpida, a partir del reconocimiento implícito por parte de las élites mexicanas de que la vecindad impone un límite a las opciones de organización política interna. Desde el gobierno del general Cárdenas, la élite en el poder identificó en la vecindad con Estados Unidos las ventajas de una relación bilateral cordial; pero también ponderó restricciones que era preferible no desafiar, por ejemplo, en cuanto al tipo de régimen político que podía darse, y confió en que esa prudencia le permitiría neutralizar los impulsos intervencionistas de su vecino. Así, para lidiar con esa difícil vecindad los mexicanos optaron por la autolimitación,[32] conscientes de que la supervivencia de todo gobierno dependía de la autolimitación de Estados Unidos.[33] De tal suerte que entre ambos países se estableció un equilibrio de expectativas, en virtud del cual México tuvo un margen de autonomía en el manejo de sus asuntos internos relativamente mayor al de otros países latinoamericanos, que sufrieron directamente la injerencia estadunidense. Las consecuencias de estas intervenciones fueron muy destructivas; muchas de ellas están en el origen de largos periodos de inestabilidad política, y de la instalación de dictaduras militares.

La construcción de la democracia

Muchas eran las restricciones que pesaban sobre el poder del presidente mexicano. No todas tenían la misma importancia, aun así, la combinación de varias de éstas o su coincidencia en el tiempo podía tener un efecto inhibitorio sobre la acción presidencial, similar a la restricción estadunidense.

El compromiso de los gobiernos posrevolucionarios con la construcción de la democracia no fue una imposición de Estados Unidos, era una de las principales promesas de la Revolución. La bandera del movimiento que inició Francisco I. Madero fue la defensa del sufragio; sin embargo, la violencia de la Revolución y las reivindicaciones obreras y campesinas relegaron la democracia electoral a un segundo plano. La impronta revolucionaria se impuso al ideal democrático, y todavía medio siglo después la fuente de legitimidad de los presidentes de la posrevolución no era el voto, sino su compromiso con las causas populares.

En realidad, el voto era uno de los flancos más débiles del régimen. La ausencia de oposiciones creíbles restaba a las elecciones tanto su carácter de competencia como su calidad de expresión de la diferencia política, o de

[32] "Históricamente también resulta claro que los gobiernos de México han dependido, para su estabilidad, de la buena voluntad de Washington", Ojeda, *op. cit.*, p. 87.

[33] Jorge I. Domínguez y Rafael Fernández de Castro, *Mexico and the United States. Between Partnership and Conflict,* 2ª ed., Nueva York y Londres, Routledge, 2009, p. 10.

una preferencia; de suerte que los resultados de estos procesos tenían poca credibilidad.[34] Las elecciones no servían para elegir, sino que sancionaban decisiones tomadas con anticipación por la dirigencia del partido o por el propio presidente que se convertía en el gran elector. Dada la persistente intolerancia del partido en el poder a la protesta e incluso a la oposición organizada, las elecciones convocaban bajas tasas de participación, y en numerosas localidades del país tendían a ser una simulación orquestada por el PRI con el apoyo del gobierno. No obstante lo anterior, la sostenida periodicidad de los comicios federales y locales, y la continuidad del sistema electoral familiarizaron a los ciudadanos con el voto, y con su importancia y su significado, de manera que la transición democrática que se inició en 1985 transcurrió por la vía del sufragio. Los procesos electorales introducían una diferencia notable entre México y la mayoría de los países de América Latina, donde por diferentes razones se produjeron violentas discontinuidades en el terreno electoral.

Además, renunciar a la democracia como la entendía Estados Unidos, podía significar dejarla en sus manos; esta posibilidad entrañaba el riesgo de que se repitiera la invasión de Veracruz de 1914. La intención original de esta operación había sido apresurar el fin de la guerra civil, y "guiar a México hacia la democracia": pero el presidente de Estados Unidos, Woodrow Wilson, también anunció "enseñaré a las repúblicas latinoamericanas a elegir hombres de bien".[35] La Guerra Fría renovó este impulso democratizador.

La decisión de la élite mexicana de sostener la fachada de una democracia plural fue equivalente a establecer una restricción al poder presidencial, porque los plazos electorales eran un muro de contención a ese poder. Durante

[34] Guy Hermet, Alain Rouquié y Juan Linz, *Des éléctions pas comme les autres*, París, Fondation Nationale des Sciences Politiques, 1978.

[35] Citado en Katz, *The Secret War in Mexico, op. cit.*, p. 157. Cuando el primer ministro inglés, sir Edward Grey (*circa* 1915) preguntó al embajador de Estados Unidos en Gran Bretaña, Walter Hines Page, "¿qué haría si tuviera que intervenir en México?", éste respondió: "Los haría votar y vivir con su decisión". El otro volvió a preguntar: "Pero supongamos que no lo aceptan", Page contestó: "Entramos otra vez, y otra vez los hacemos votar". Grey preguntó nuevamente: "¿Y lo seguirían haciendo 200 años?" —"Sí, Estados Unidos estará aquí 200 años y seguirá disparando contra hombres por ese pequeño espacio hasta que aprendan a votar y autogobernarse", citado en Ernst R. May, "The Alliance for Progress in Historical Perspective", *Foreign Affairs*, julio de 1963, en: <//The%20Alliance%20for%20Progress%20in%20Historical%20Perspective%20_%20Foreign%20%20Affairs.html>, consultado el 22 de octubre de 2017.

décadas ese compromiso era el único apoyo con que contaban oposiciones partidistas ultraminoritarias, que en esa época no obtenían más de cuatro diputaciones por elección, pero desempeñaban un papel importante en la simulación democrática. El compromiso con la democracia se apoyaba en una legislación electoral, frecuentemente reformada, uno de cuyos efectos era incrementar la presión a favor de la institucionalización.

El factor americano también imponía el respeto a las formas democráticas, al menos parcialmente. La entusiasta reacción del Departamento de Estado y del presidente Truman a la elección de Miguel Alemán, en 1946, arraigó en la élite mexicana la convicción de que procesos electorales organizados conforme a las reglas de la democracia liberal eran una condición de armonía en la relación bilateral. En esta perspectiva los comicios planteaban un dilema ¿qué ocurriría si Washington no reconocía los resultados de una elección? ¿Cómo asegurarse que las elecciones no arrastraran un problema de soberanía? ¿Había que ofrecer a Estados Unidos una garantía limitada respecto a quién estaría a cargo del gobierno mexicano, para preservar la soberanía? Es posible que los presidentes y muchos mexicanos creyeran que el control de las elecciones era una manera de atender a la complejidad del vínculo con Estados Unidos. La trayectoria institucional del régimen en los años posteriores sugiere que el compromiso —así no fuera más que simbólico— del sistema mexicano con el ideal de la democracia liberal, suavizó el ejercicio del autoritarismo que gobernó el país hasta finales de siglo XX.

Una élite política libre de conflictos

El tercer factor incluido en esta reconstrucción es la regla no escrita que comprometía al presidente a preservar la armonía y la unidad de la élite posrevolucionaria que, después del conflicto entre el expresidente Plutarco Elías Calles y el presidente Lázaro Cárdenas que se resolvió con el destierro del primero, quedó establecida como condición de estabilidad general. La experiencia había demostrado que los conflictos y los enfrentamientos entre los miembros de la élite política ponían en juego el control que ejercían sobre el poder. El más importante de estos acuerdos resolvió el empate entre los diferentes grupos de esa élite, todos igualmente débiles, acordaron poner fin a la violencia, hacer a un lado sus diferencias. Identificaron una comunidad de intereses, y adoptaron como identidad común, la que proveía la cada vez más lejana Revolución mexicana. Concluyeron que el control que ejercían sobre el poder dependía de este acuerdo.[36]

En su libro, *Organizing Power*, Dan Slater sostiene, con base en la experiencia del sudeste asiático,[37] que cuando las élites no actúan en forma colectiva las instituciones autoritarias no funcionan bien. Según este autor, concluyen pactos de protección para enfrentar los desafíos que le presentan la participación electoral, o el control de desórdenes civiles.[38] En el caso mexicano, el PRI sería el pacto de protección de la élite posrevolucionaria, similar al que concluyó Calles con los jefes revolucionarios en 1929, como reacción al asesinato del presidente electo, Álvaro Obregón, para evitar la reanudación de la guerra civil. El mismo temor al regreso a la inestabilidad, inspiró la fundación del PRI, una solución semejante a lo que fue el PNR, pero los integrantes eran otros, al igual que la relación con el Estado, pues mientras en 1929 el partido que reunió a los jefes revolucionarios quedó en manos de un líder (Calles); el PRI fue desde sus orígenes un instrumento del Estado.

En los años que cubre esta investigación se reactivaron las fisuras que había producido anteriormente el cardenismo, y cobraron nueva fuerza cuando fueron asimiladas al conflicto básico de la Guerra Fría, que llegó a reforzar las divisiones en el seno de la élite. Mientras un segmento se declaraba francamente anticomunista, otro celebraba el aniversario de la Revolución soviética o denunciaba el imperialismo. La manifestación más clara de estos desacuerdos fue la reaparición de Lázaro Cárdenas en el debate público, para defender su obra y para organizar una oposición que hablaba en nombre de los objetivos de la Revolución mexicana. Su rebeldía no fue formalmente reconocida, pero la renovada vitalidad de la corriente que lo apoyaba en el interior de la élite política mandaba una poderosa señal a sus simpatizantes. Sin embargo, el temor a que esta fisura provocara rupturas más amplias entre el gobierno y la sociedad se impuso, y la élite logró mostrarse unida. Los diferentes grupos que la integraban llegaron al acuerdo de mantener una fachada de armonía e hicieron a un lado sus diferencias para

[36] Dan Slater, *Organizing Power: Contentious Politics and Authoritarian Leviathans in Southeast Asia*, Nueva York, Cambridge University Press, 2010, pp. 15-16.

[37] *Idem.*

[38] *Ibid.*, p. 6.

poner un fin a la violencia, sabedores, además, de que su control sobre el poder estaba en juego.

Una hipótesis de poder y restricciones

Todo presidente es un "actor político formidable".[39] Ya sea que logre los objetivos que se ha propuesto o que fracase, sus decisiones determinan el debate público, inciden en el equilibrio entre los actores políticos y fijan las condiciones de acción del gobierno. En el México autoritario, el presidente de la República era un componente clave del sistema centralizado y vertical que se formó al término de la Segunda Guerra Mundial, que se apoyaba en el intervencionismo estatal, en un nacionalismo moderado y en la hegemonía del PRI. En apariencia nada había de particular en la preponderancia del poder Ejecutivo; podía explicarse con base en la definición constitucional del régimen presidencial, por el método de elección concentrado en la personalidad de candidatos individuales, porque era una autoridad cuya cara era de todos conocida, que se identificaba con facilidad,[40] en comparación, por ejemplo, con los miembros del poder Judicial e incluso con los legisladores.

La autoridad que invocaba el presidente mexicano y el poder que ejercía hacían de él un símbolo y un actor político concreto, en torno a cuya figura se ordenaba el mundo de la política. En él convergían todas las miradas, era la cabeza del Estado y el corazón del gobierno, la vara con que se medía el éxito o el fracaso del país, el espejo de su situación presente y hasta del futuro, el pararrayos —un símil que José López Portillo utilizó en repetidas ocasiones— de las tensiones políticas. El presidente era el polo centralizador que —sostenía la doctrina oficial— evitaba la fragmentación política que había sido el azote del siglo XIX y de los primeros treinta años del siglo XX;

[39] Buena parte de las preguntas que guiaron esta investigación están inspiradas en el texto de Stephen Skowronek, *The Politics Presidents Make. Leadership from John Adams to Bill Clinton*, Cambridge (Mass.) y Londres, The Belknap Press of Harvard University Press, 1993, p. 3.

[40] En los años setenta, Maurice Duverger sostenía que incluso en los regímenes parlamentarios el jefe de gobierno ejercía un poder casi monárquico, análogo al que poseían los presidentes en Francia y en Estados Unidos. Maurice Duverger, *La monarchie républicaine ou comment les démocraties se donnent des rois*, París, Éditions Robert Laffont, 1974.

era árbitro y juez supremo, el responsable del bienestar de los ciudadanos, y cuando surgían dificultades económicas era el blanco de todas las iras. En tanto que representante del Estado simbolizaba la unidad de la nación.

Estas percepciones generaban una imagen excesiva y engañosa del poder presidencial, cuyos recursos resultaban insuficientes para cumplir las expectativas que despertaba; y era frecuente que las restricciones lo obligaran a la negociación y al compromiso. Aun así, en la imaginación popular el presidente era, en palabras de Daniel Cosío Villegas, un "emperador sexenal". Esta creencia, se nutría, en parte, de decisiones presidenciales efectivas, muchas de ellas inexplicadas aunque obedecidas; en parte, de la pompa y circunstancia que acompañan a la figura y las acciones presidenciales, y, en parte, de las fantasías que siempre inspira el poder. Las imágenes persistían pese a que el desarrollo del país transformaba el liderazgo político del presidente.

La imagen de la omnipotencia presidencial se fundaba en la discrecionalidad con que se aplicaba la ley. Entonces desaparecía la racionalidad de las decisiones presidenciales, y el jefe del Ejecutivo ejercía el poder sin normas ni reglas.[41] Peor todavía, algunas de esas prácticas se imponían a la norma escrita que, en más de un caso, contradecían. No obstante, ahí donde se aplicaba la ley, el régimen constitucional era una continuidad que promovía la formación de patrones institucionales,[42] aunque no faltaron instancias en las que el presidente violaba las fronteras de la ley, y tampoco aquéllas en que la ley era letra muerta.

El presidencialismo mexicano tenía muchos rasgos en común con otros presidencialismos, pero tenía características propias derivadas de sus condiciones particulares: el origen revolucionario del sistema político y la relación con Estados Unidos. La primera condición se manifestaba en la pretensión de unanimidad, en el rechazo al pluralismo político y en la intransigencia frente a la oposición —de izquierda o de derecha— a la que el PRI no le reconocía ninguna legitimidad. La soberanía limitada que le significaba la relación con Estados Unidos repercutía en la autonomía de la presidencia de la República

[41] Según Miguel de la Madrid la responsabilidad de los presidentes quedaba al juicio de la historia y de la opinión pública. Véase Miguel de la Madrid, *El ejercicio de las facultades presidenciales*, México, Porrúa, 1998, p. 46.

[42] *Ibid.*, p. 53.

La institucionalización del poder presidencial

Desde 1920, cuando llegó a su fin la etapa armada de la Revolución, el principal objetivo de la élite política mexicana era la estabilidad, pero hubo que esperar a la violenta elección presidencial de 1940, en la que se confrontaron dos facciones de la élite revolucionaria, para que los revolucionarios concluyeran que sólo si llegaban a un acuerdo podían mantener el poder. El contexto de la Segunda Guerra Mundial y su impacto sobre la economía mexicana fueron datos decisivos para que se estableciera la concordia. Entonces los revolucionarios hicieron a un lado sus diferencias, identificaron los intereses que compartían y se acogieron a la identidad común que les ofrecía un partido político. La presidencia de la República se afianzó como el eje de la transformación del país. El poder del presidente pasó de ser el ejercicio de una autoridad personalizada que formaba parte de una estructura caciquil y dispersa por el territorio nacional, a una forma de gobierno que se apoyaba en una administración pública que centralizaba el proceso de decisiones, que concentraba los recursos políticos de la sociedad, y disponía de recursos económicos para solventar operaciones básicas de gobierno.

Mucho se ha insistido en que a finales de los años sesenta el sistema político mexicano había alcanzado el nivel de institucionalidad que había estabilizado a los actores y los intercambios políticos, y que era una plataforma adecuada para que la modernización se acelerara.[43] Incluso se habla de una legitimidad que sin ser democrática reflejaba un amplio consenso a propósito de las instituciones vigentes, del personal político, del modelo de desarrollo y de los objetivos establecidos por la élite.[44] Sin embargo, no siempre se mencionaba que las instituciones informales tendían a prevalecer sobre las instituciones formales,[45] en temas tan delicados como la sucesión presidencial o la organización sindical; por ejemplo, la facultad del presidente saliente

[43] Véase, por ejemplo, Huntington, *Political Order in Changing Societies*, *op. cit.*, pp. 319-324.

[44] Gabriel Almond y Sidney Verba, The Civic Culture, *Political Attitudes and Democracy in Five Nations*, Princeton, Princeton University Press, 1963; Kenneth Coleman, *Diffuse Support in Mexico, the Potential for Crisis*, Londres, Sage Publications (Comparative Politics Series, 5), 1976.

[45] Véase Gretchen Helmke y Steven Levitsky, *Informal Institutions and Comparative Politics: A Research Agenda,* Working Paper 307, Kellog Institute, University of Notre Dame, septiembre de 2003.

de designar a su sucesor fue una regla tan efectiva como la norma constitucional que prohíbe la no reelección. De hecho, los procesos electorales se prestaban a negociaciones previas en las que se establecía el resultado de una votación que tendría lugar en el futuro, no obstante lo cual, la elección se celebraba tal y como lo instruía la legislación, aunque para nadie era un secreto que todo el rito electoral era una simulación.

La preferencia por las reglas informales tenía el inconveniente de debilitar la credibilidad de las reglas formales a las que sustituían, y con ello erosionaban el arreglo institucional. La imprecisión de la norma se prestaba a que el presidente asumiera las funciones y la responsabilidad de la legislación, y a que el abuso de las reglas, denominado *pragmatismo*, fuera uno de los recursos más socorridos para gobernar. La debilidad institucional también daba lugar a que la aplicación de la ley quedara al arbitrio del presidente de la República. Así, mientras que en una democracia la ley es una protección de aplicación universal y automática contra los abusos de la autoridad, la esencia del presidencialismo mexicano era la aplicación discrecional de la ley, la cual se convertía en un instrumento —incluso personal— del presidente. Para efectos prácticos, esta discrecionalidad limitaba la libertad de los ciudadanos, y los sometía a la incertidumbre y a la voluntad de la autoridad, cuando no a sus caprichos.

A mediados de los años cincuenta, después de décadas de inestabilidad, la derrota del general Miguel Henríquez Guzmán puso fin al temor de que una elección presidencial provocara un nuevo levantamiento militar, una guerra civil o un carrusel de presidentes. Este logro fue premiado con la adhesión difusa de los ciudadanos al régimen de la posrevolución.[46] Desde esta perspectiva, la búsqueda de la estabilidad fue un poderoso impulso a la creación de instituciones para resolver conflictos políticos, y fue la base de un giro duradero del ejercicio del presidencialismo.

No obstante, la institucionalización fue un proceso lento en virtud de la falta de especificidad de las reglas, así como del interés que tenían algunos

[46] El historiador inglés, J. H. Plumb, escribe a propósito del siglo XVII en Inglaterra: "Las acciones y decisiones de ciertos hombres hicieron realidad la estabilidad, como ocurrió con la revolución. La estabilidad política, cuando llega, con frecuencia llega muy rápidamente, tan súbitamente como se congela el agua", y compara esta experiencia con lo que ocurrió en México durante los años treinta, cuando concluyeron dos décadas de inestabilidad. J. H. Plumb, *The Growth of Political Stability in England, 1675-1725*, Londres, The History Book Club, 1968, p. xvii.

actores políticos en mantener la personalización del poder porque ello significaba amplia latitud de acción. Esta posibilidad se concretaba sobre todo en las relaciones entre la autoridad presidencial y los ciudadanos, uno por uno. En cambio estaba más restringido si el objeto de su decisión eran los grandes temas de la economía, la política internacional o la agricultura, o si se trataba de actores políticos con capacidad de reacción colectiva.

EL PRESIDENTE, AGENTE DE CAMBIO

Los objetivos que persiguen los presidentes son contradictorios: por una parte, están comprometidos con la preservación del orden establecido; pero, por la otra, se espera que promuevan el cambio; y, como lo había probado la experiencia del cardenismo, el presidente tenía los recursos para precipitar cambios, incluso para cimbrar las bases del sistema político.[47] En democracia la expectativa del cambio está asociada a elecciones y a la llegada al poder de un partido de oposición, que debe su victoria al deseo del electorado de políticas diferentes a las del partido en el gobierno, pero en el México de la hegemonía del PRI, ¿cuál podía ser el incentivo para cambiar? El cambio era mandato constitucional, y se esperaba que el presidente fuera su agente.

La acción transformadora del presidente estaba estrechamente asociada a las funciones que la Constitución de 1917 atribuía al Estado, como agente de cambio social.[48] La presidencia de la República fue la principal beneficiaria de este ambicioso objetivo que justificaba la extensión de sus facultades y de su poder, el cual había sido definido, y era muy amplio dado que estaba comprometido a garantizar institucionalmente las demandas de obreros y campesinos, y una de sus responsabilidades esenciales era transformar a la

[47] Según Skowronek, la política presidencial es esencialmente disruptiva. Skowronek, *op. cit.*, p. 4. Por otra parte, al tomar posesión de su cargo, y según lo establece el artículo 87 constitucional, el presidente declara: "Protesto guardar y hacer guardar la Constitución Política de los Estados Unidos Mexicanos y las leyes que de ella emanen...".

[48] Los constituyentes hicieron del Estado "un ente mucho más poderoso y temible" de lo que hubiera deseado Venustiano Carranza, quien "jamás se imaginó... el colosal poderío que se ponía a disposición del Estado, al convertir las reformas sociales en instituciones constitucionales". Véase Arnaldo Córdova, *La ideología de la Revolución mexicana..., op. cit.*, p. 27.

sociedad a partir de la promoción del cambio económico.[49] La primera década de la posguerra fue efectivamente un periodo en el que país experimentó cambios profundos, la mayoría de ellos impulsados por la presidencia de la República.[50] La economía mexicana registró tasas elevadas y sostenidas de crecimiento; la industria desplazó a la agricultura como principal fuerza dinámica del crecimiento económico, la estructura del empleo se modificó y la sociedad entró a la segunda etapa de la transición demográfica. Creció la participación del Estado en la economía y en la política. Sin embargo, el presidente estaba sujeto a presiones contradictorias porque también estaba comprometido con la estabilidad, porque nadie quería regresar a las turbulencias e incertidumbres del pasado. La élite gobernante estaba convencida de que sólo podía afianzar la estabilidad política si se apoyaba en instituciones, así que esta primera década fue un periodo de creatividad institucional, inspirado en el modelo del Estado benefactor que se había establecido en varios países de Europa Occidental. Se formularon e introdujeron reglas de operación para impulsar el desarrollo de largo plazo de patrones regulares, de rutinas funcionales en los procesos de decisión. El impulso hacia la institucionalización provenía de la legislación vigente, de las reglas informales del mundo de las rivalidades y las alianzas políticas, de las relaciones con actores externos, y de las normas de la política internacional.[51]

A simple vista, el presidente mexicano tenía las mismas atribuciones y responsabilidades que otros. En primer lugar, estaba comprometido a defender el orden constitucional; pero asumía muchas otras funciones asociadas con la promoción del cambio social, porque la Constitución de 1917 no solamente definía la organización del poder, sino que era todo un programa de transformación social y económica cuya responsabilidad recaía en el presidente.

Para gobernar el presidente disponía de recursos formales —constitucionales y administrativos—; y de recursos informales, que eran fundamentalmente contextuales y políticos. Para algunos autores estos últimos, el PRI en particular, eran la base del poder presidencial. No obstante, y sin negar la

[49] Con base en estas disposiciones se crearon: el Banco Nacional Obrero de Fomento Industrial, el Banco de Crédito Ejidal, el Banco de Comercio Exterior y Nacional Financiera. Véase Goodspeed, art. cit., pp. 124 y 126.

[50] Scott C. James, art. cit., pp. 73-74.

[51] *Ibid.*, pp. 54-55.

importancia del partido hegemónico, las acciones presidenciales normalmente se apoyaban en la Constitución, y en muy raras ocasiones eran introducidas por el partido, o incluso, como propuestas del partido. Los presidentes mexicanos tendían a actuar cada vez más con base en rutinas, y prácticas informales, algunas de ellas heredadas, otras, inauguradas por ellos mismos. La fuente de la autoridad presidencial era el régimen constitucional, del cual derivaban regularidades y patrones institucionales, es decir, introducía cierto orden "en el tumultuoso mundo del conflicto político".[52]

Las facultades presidenciales están contenidas en el artículo 89 constitucional, bajo el título "Del Poder Ejecutivo". En primer lugar, organizar el gobierno nombrando a los funcionarios y empleados de la administración pública de todos los niveles; esta facultad cobraba importancia en ausencia de una burocracia profesionalizada.[53] Luego, en lo que se refiere a sus relaciones con el poder Legislativo podía convocar al Congreso o a alguna de las cámaras a sesiones extraordinarias; podía suspender transitoriamente, y con la aprobación del Legislativo, las garantías constitucionales. Era el responsable de las relaciones exteriores, y del nombramiento de los embajadores que eran sus representantes personales. El presidente también dirigía las negociaciones diplomáticas, y en esa materia gozaba de gran autonomía, pues la ratificación de los tratados internacionales no requería el debate ni el voto del Congreso. Era además el jefe supremo de las fuerzas armadas.

Sin embargo, son muchas más y muy trascendentes las facultades que se atribuían al presidente a lo largo del documento, en disposiciones referidas principalmente al crecimiento económico. Por ejemplo, el artículo 27 le otorgaba amplias atribuciones en materia agraria y de derechos de propie-

[52] *Ibid.*, p. 53.

[53] El texto original de la Constitución de 1917 establecía en su artículo 89, fracción II, que el presidente nombraba y removía libremente a los miembros de su gabinete, incluido el procurador general de la República, y el del Distrito Federal y Territorios, sin necesidad de que los aprobara alguna de las cámaras; proponía al gobernador del Distrito Federal y a los gobernadores de los territorios; a los agentes diplomáticos y empleados superiores de Hacienda, designaba al director del Banco de México; y podía nombrar y remover a los demás empleados de la Unión cuyo nombramiento o remoción no esté determinada de otro modo en la Constitución o en las leyes. Además, nombraba a los ministros, agentes diplomáticos y cónsules generales, "con aprobación del Senado". También designaba —con aprobación del Senado— a los coroneles y demás oficiales del Ejército y la Armada.

dad;[54] el artículo 123 lo identificaba como el árbitro último de las relaciones obrero-patronales; y el 131 le otorgaba la facultad de fijar las condiciones de comercio exterior. En adición a lo anterior, el artículo 71 le atribuía el derecho de iniciar leyes y de emitir decretos; asimismo, el jefe del Ejecutivo podía expedir disposiciones administrativas en apoyo de la aplicación o ejecución de las leyes. Las facultades legislativa y reglamentaria fueron cruciales para que el presidente, erigido en supremo legislador, fuera líder del cambio y de la innovación institucional. De suerte que no es de sorprender que entre 1941 y 1964 el Ejecutivo fuera el autor de casi la totalidad de las iniciativas legislativas, de las cuales más del 75%, en promedio, fueron votadas por unanimidad en el Congreso.[55]

Los tres presidentes que protagonizan esta historia: Manuel Ávila Camacho, Miguel Alemán y Adolfo Ruiz Cortines asumieron sin titubeos la transformación del país como una tarea prioritaria del Estado, y con ese objetivo reformaron la Constitución. Durante su mandato Manuel Ávila Camacho introdujo 18 cambios constitucionales, Miguel Alemán 20; en cambio, Adolfo Ruiz Cortines hizo únicamente dos modificaciones.[56] Algunos proyectos presidenciales fueron víctima de coyunturas desfavorables; como el intento de Miguel Alemán de reelegirse o de Adolfo López Mateos de introducir una reforma fiscal.[57] No obstante, entre 1942 y 1952, decisiones presidenciales de envergadura transformaron el régimen político posrevolucionario, por ejemplo, Ávila Camacho, puso fin a la participación de los militares en la competencia electoral; y, Miguel Alemán, sometió a los sin-

[54] El artículo 27 ilustra el alcance de las atribuciones del poder Ejecutivo en esa materia. El texto estipula que la "propiedad de las tierras y las aguas comprendidas dentro de los límites del territorio nacional corresponde originalmente a la Nación...", que tiene "y ha tenido" el derecho de transmitir el dominio de ellas a los particulares. Así, la propiedad privada se constituyó como una concesión del Estado; y, en consecuencia, el Ejecutivo —que era la máxima autoridad agraria— podía limitar legalmente todo lo relativo a los derechos de propiedad.

[55] Pablo González Casanova, *La democracia en México*, 22ª reimp., México, Era, 1998 [1965], pp. 235 y 333.

[56] Adolfo López Mateos 11 modificaciones; Gustavo Díaz Ordaz 19; Luis Echeverría introdujo 40 cambios constitucionales; José López Portillo 34; Miguel de la Madrid 66; Carlos Salinas de Gortari 55; Ernesto Zedillo 77; Vicente Fox 31; y en febrero de 2012 Felipe Calderón había introducido 88 rectificaciones.

[57] Soledad Loaeza, "La reforma política de Manuel Ávila Camacho", *Historia Mexicana*, 63 (2013), pp. 251-358.

dicatos a la disciplina del PRI; al mismo tiempo que ambos, cada uno en su momento, batallaba por mantener en el poder la coalición revolucionaria. Estos cambios fueron posibles gracias al relativo optimismo de la posguerra, al éxito de la industrialización, y a la confianza de Washington en el compromiso de la élite gobernante mexicana con los valores de la democracia y de la economía capitalista. Después de 1952 una nueva política estadunidense hacia América Latina obligó a Ruiz Cortines a frenar el impulso de sus predecesores, y a concentrarse en la defensa del *statu quo*; y una década después la propuesta de López Mateos de restablecer el ímpetu transformador de la Revolución, que su predecesor había sofocado, fracasó víctima del contexto regional adverso creado por la Revolución cubana.

El poder del presidente descansaba también en los aparatos de coerción del Estado. Sin embargo, uno de los rasgos distintivos del autoritarismo mexicano era la debilidad del ejército, material y política. Éste fue el resultado de una política deliberada que impulsaron inicialmente el presidente Cárdenas y su entonces secretario de Defensa, Manuel Ávila Camacho, y que este último selló como definitiva en 1946, cuando transfirió el poder a los civiles en la persona de Miguel Alemán. Esta decisión restableció un patrón que había implantado Porfirio Díaz, quien había visto en la debilidad del ejército un seguro contra cuartelazos y pronunciamientos; era también una defensa, pues la inestabilidad mexicana era un asunto de interés estratégico para Estados Unidos, tanto por la contigüidad territorial entre ambos países como por la importancia creciente de sus inversiones, de manera que podía verse tentado a intervenir para restablecer el orden interno en México.[58]

DOS LARGOS BRAZOS DEL PRESIDENTE: EL PARTIDO Y LA ADMINISTRACIÓN

Dentro del marco constitucional el presidente mexicano gobernaba con dos largos brazos: la administración pública y el PRI, contaba además con dos recursos políticos adicionales: la personalización del poder y el control de la relación con Estados Unidos. Los medios administrativos aplicaban y llevaban a término sus decisiones, mientras que el partido cumplía funciones de movilización de apoyo al presidente y de desmovilización de la oposición.

[58] Katz, *The Secret War…*, *op. cit.*, p. 28.

Pese a esta diferencia ambos extendían la presencia del poder Ejecutivo en la sociedad. El partido ampliaba el liderazgo político del presidente, era el canal de su intervención en el reclutamiento del personal político, en la organización de los intereses políticos, y en la vida interna de los sindicatos o de los estados.[59] En cambio, el crecimiento del aparato administrativo era ambivalente a este respecto pues, por una parte, extendía la presencia del Ejecutivo en la sociedad; pero, por la otra, sus reglas y procedimientos estructuraban el poder presidencial, y quien dice "estructurar" dice "contener", pues el respeto a esas rutinas era una condición para que se materializaran las decisiones del gobierno. La expansión de la administración pública beneficiaba al presidente porque le proporcionaba más instrumentos de gobierno y de potencial intervención política. Desde los años cincuenta el jefe del Ejecutivo se apoyaba en un aparato administrativo más o menos consolidado cuya importancia aumentaba conforme se modernizaba el país. Ese aparato extendía el alcance de su autoridad mediante la centralización de procesos de decisión y la concentración de recursos, pero también lo limitaba con normas y procedimientos propiamente administrativos que el presidente respetaba, si quería que sus decisiones fueran llevadas a cabo. Así se desarrolló un presidencialismo más administrativo que político, acorde con un sistema que promovía el conformismo y castigaba la participación independiente.

Para ilustrar esta observación puede citarse la política electoral. Como se verá más adelante, la celebración de elecciones tenía un potencial disruptivo de las funciones regulares del sistema político que cualquier presidente hubiera querido evitar, sin embargo, como no podía evadir ese compromiso, para cumplirlo introducía leyes para que los partidos canalizaran la participación, que se materializaba en la emisión del voto en una jornada cuyo desarrollo detallaba la ley electoral. Este procedimiento introdujo orden en los comicios, creó instituciones para encauzar la participación y quedó integrado a las normas de la interacción entre el poder y la sociedad.

La institución presidencial poseía —y posee— una gran capacidad disruptiva, y los cambios que impulsara podían desestabilizar al régimen, y en algunos casos, incluso provocar el colapso de los equilibrios generales del

[59] Según Rogelio Hernández: "La presidencia era un poder que influía más que controlaba la operación de las demás instituciones..." (organizaciones sociales, oficinas gubernamentales federales, estatales y locales). Véase Hernández, "La transformación del presidencialismo...", art. cit., p. 92.

sistema.[60] Esos fueron los riesgos de la política de distribución de la tierra que emprendió el presidente Cárdenas en 1935, que junto con su política de promoción de la organización de obreros y de campesinos fue la punta de lanza de su ofensiva contra el poder del expresidente Plutarco Elías Calles. Asimismo, la política de industrialización acelerada del presidente Alemán desarticuló organizaciones y comunidades que formaban parte del entramado que se había construido durante el radicalismo cardenista que parecía orientado hacia un régimen plenamente corporativizado, cuya consolidación fue cancelada por la primacía del interés privado que promovió el alemanismo.

La hegemonía del PRI, instrumento del presidente

Las prácticas del presidente autoritario recibían el respaldo del PRI, el partido hegemónico, emblemático del autoritarismo mexicano, cuya función primordial era controlar la participación, movilizar apoyo para el presidente y desmovilizar a las oposiciones. En sus primeros años de existencia el partido fue un apéndice de la presidencia de la República; por ejemplo el presidente en turno nombraba al presidente del partido como si fuera un miembro más de su gabinete, y no el más influyente, aunque probablemente sí el más dócil. El poder del presidente estaba estrechamente ligado al partido hegemónico, que le entregaba, el sueño de todo jefe de gobierno: aplastantes mayorías legislativas superiores al 70%, inconmovible disciplina partidaria y densas unanimidades legislativas, que garantizaban la adopción de las iniciativas presidenciales.

El PRI fue el despiadado instrumento que utilizó el poder Ejecutivo para someter al poder Legislativo. Desde la perspectiva del presidente —quienquiera que fuera— la magnitud de la tarea de transformar el país era tal que servía para justificar la permanencia en el poder del mismo partido, y sostenía la convicción de que el poder Ejecutivo era el único responsable de la aplicación del vasto programa constitucional que no podía quedar a merced de disputas partidistas, ni de la volubilidad de la opinión pública. La posición del partido dentro del sistema político se modificó a lo largo del periodo: nació sometido a la autoridad presidencial, pero al paso del tiempo, bajo la presión del cambio socioeconómico, mientras se incrementaban las

[60] Skowronek, *op. cit.*, p. 19.

demandas de participación y de representación, el PRI se fortaleció y fue ganando una cierta autonomía en relación con el presidente de la República. La continuidad del sistema parecía depender cada vez más de su capacidad para absorber los choques resultado de la creciente complejidad de la sociedad. El partido monopolizaba los cargos de elección, aunque por regla general muchos de sus triunfos eran producto del fraude. No obstante, los presidentes autoritarios derivaban una cierta legitimidad popular, que no democrática de estos procesos, que además los diferenciaban de gobiernos dictatoriales instalados en otros países latinoamericanos. Más todavía, el artificio electoral era una oportunidad para que el futuro presidente comprometiera sus recursos personales en la búsqueda de simpatías y de reconocimiento público. La imagen de la omnipotencia presidencial también fue cuidadosamente cultivada por el gobierno y por el PRI, para magnificar la fuerza del jefe del Ejecutivo y afianzar su autoridad. Los críticos y opositores del régimen aceptaban esa pretensión para subrayar la arbitrariedad esencial de la autoridad y su naturaleza antidemocrática.

Las restricciones coyunturales al poder del presidente estaban vinculadas al contexto inmediato, desde el comportamiento de la economía hasta la erupción localizada de conflictos de orden interno: el descontento público por el aumento de precios, una devaluación podía tener efectos catastróficos para la imagen pública del presidente. La protesta contra el desmantelamiento de ejidos o la acumulación de terrenos de grandes dimensiones, clasificados falsamente como "pequeña propiedad" podía limitar las decisiones presidenciales, al igual que una elección fraudulenta y conflictiva le restaba autoridad al presidente.

Tanto la concentración del poder como la imprecisión de los límites de su ejercicio podían explicarse como propios de un desarrollo institucional incipiente; de ser así, se superarían con el tiempo; no obstante, su persistencia a lo largo de dos décadas sugiere que se trataba de características definitivas del régimen, que eran mantenidas deliberadamente, en beneficio del intervencionismo presidencial.

El interlocutor del gobierno de Washington

Los derroteros que siguió el presidencialismo mexicano en la inmediata posguerra convenían a los intereses de Estados Unidos más de lo que sus diplomáticos pudieron prever. La élite política mexicana, en cambio, tenía ideas más claras respecto a la dirección del cambio y las metas que quería alcanzar en la relación bilateral. Desde su perspectiva, la fórmula presidencialista era la más eficaz para conservar la estabilidad y, también, la más prudente si el objetivo era mantener una relación armoniosa con Washington. Estas creencias se fundaban en la convicción de que, para tratar con el poderoso vecino, era preciso: mantener la unidad de mando, pues de no ser así se corría el riesgo de sufrir los efectos disruptivos de una relación bilateral descontrolada; y, segundo, mostrar un liderazgo firme, que fuera visto como el representante de una nación unida, que hablara en el extranjero con una sola voz. Las divisiones internas sólo reflejaban una debilidad que era portadora de la derrota.

Conclusiones

El proceso de modernización en México muestra que incluso en un contexto de estabilidad pueden ocurrir cambios dramáticos, en particular los que inducen las ideas. Los gobiernos de la época, por ejemplo el de Miguel Alemán, promovían y aplaudían el cambio, pero la doctrina oficial destacaba las continuidades históricas —tradiciones, legados culturales— pese a que su origen había sido una ruptura revolucionaria, como si quisieran derivar de la historia una legitimidad superior a la que podían reclamar con la victoria militar o con el triunfo en las urnas. Sin embargo, el cambio de mayor trascendencia que hizo su aparición en la posguerra fue la importancia del mundo exterior para el desarrollo nacional. Tanto así, que desde entonces quedó establecido como un referente adicional de legitimidad de los gobiernos nacionales, que era además un poderoso recurso político.

Durante la primera década de la Guerra Fría la agudización de las tensiones internacionales tuvo el mismo efecto que una guerra convencional, y reforzó en el Estado mexicano el patrón de concentración del poder inherente al presidencialismo. Si miramos el desarrollo del Estado mexicano en la segunda mitad del siglo xx desde la perspectiva de la interacción entre el contexto internacional y los factores internos, entonces este arreglo institucional aparece, por una parte, como el resultado de un proceso revolucionario del cual emergió victoriosa una facción que logró imponer su hegemonía; y, por la otra, como el producto de la interacción de distinto tipo de presiones derivadas de las aspiraciones de promover el desarrollo económico y la estabilidad política, y del imperativo de seguridad que imponía la vecindad con Estados Unidos. Todas estas presiones, cuya intensidad variaba en el tiempo, estaban estrechamente vinculadas entre sí, y se conjugaron en el impulso a la formación de un Estado nacional centralizado.[61] La evolución de la institución presidencial no puso fin a la arbitrariedad en la aplicación de la ley; los presidentes podían manipularla sin más justificación que su voluntad.

La transformación del presidencialismo en el tiempo obedece a la coyuntura más que a la inercia institucional. Cada uno de los tres presidentes que aquí se tratan, Manuel Ávila Camacho, Miguel Alemán y Adolfo Ruiz Cortines, enfrentó circunstancias distintas y sus respectivas respuestas redefinieron tanto el poder que ejercían como la posición relativa de la presidencia en el sistema político. Normalmente entendemos el desarrollo de una institución como un proceso lineal, que una vez iniciado sostiene una cadencia regular. Más bien habría que pensar que los cambios contextuales introducen cortes que dan lugar a episodios independientes entre sí. La importancia de los episodios puede medirse, a la luz de acontecimientos posteriores, en términos de las modificaciones en los alcances del poder presidencial.

La historia de los presidentes es más una sucesión de contextos que una sucesión de individuos porque las decisiones presidenciales nos hablan sobre todo de sus tiempos como presidentes, de las épocas que personifican. Es decir, la historia del presidencialismo se construyó en las circunstancias que favorecían o frenaban la acción presidencial. En el contexto encontra-

[61] Cuando analiza el desarrollo del Estado en Estados Unidos, Gourevitch distingue tres fuentes distintas de presión influyeron en el "desarrollo político e institucional...": las aspiraciones de igualdad y de seguridad económica de la sociedad, que condujeron al "Estado benefactor"; el interés económico en que haya mercados ordenados que llevó a la formación de un "Estado regulador", y el interés de la política exterior de enfrentar las amenazas externas (primero a las potencias del Eje, y luego a la Unión Soviética) que condujo al establecimiento de instituciones que fueron diseñadas específicamente para implementar esta política: el "Estado de seguridad". "...Los tres procesos interactúan. La guerra demanda recursos económicos; el desarrollo económico posibilita hacer la guerra; la guerra puede movilizar a la población para que demande mayor participación en las decisiones de gobierno y en la distribución de recursos; avances políticos y sociales pueden incrementar la capacidad para hacer la guerra...". Según este autor estos tres tipos de presiones son política y analíticamente autónomas, no obstante, ninguna de ellas se presenta sin la otra. Añade que todos estos procesos están en presentes en todos los países "modernos", aunque en cada caso difiere la combinación de los tres elementos. Gourevitch, "Reinventing...", art. cit.

mos la clave de interpretación de las decisiones presidenciales.[62] La historia del presidencialismo no es un proceso lineal de acumulación ni obligadamente positivo, sino que se desarrolló episódicamente. Algunos eventos y contextos fortalecieron el presidencialismo o al presidente; pero otros minaron su autoridad, y entre ellos no había necesariamente una relación causal.[63]

[62] Scott C. James, "Historical Institutionalism, Political Development and the Presidency", *op. cit.*, p. 54.

[63] *Idem.*

II. MÉXICO EN BUSCA DE UN LUGAR BAJO EL SOL

> Yo estoy en la Secretaría de Relaciones, no para rodear de poderosos enemigos a mi patria, sino para conquistarle las amistades que necesita para su grandeza.
>
> EZEQUIEL PADILLA, Secretario de Relaciones Exteriores, 7 de enero de 1945.

En su discurso de toma de posesión como presidente de la República en diciembre de 1940, Manuel Ávila Camacho anunció que había llegado el momento de consolidar los logros de la Revolución. Sin embargo, no sólo afianzó el legado del cardenismo, también revirtió algunas de sus medidas más audaces y puso fin al ímpetu radical de la coalición en el poder. Estas acciones llevaron a subestimar el impulso que, pese a todo, dio a la modernización del sistema político con el apoyo del contexto internacional de la Segunda Guerra Mundial y de la inmediata posguerra.

Ávila Camacho buscó incorporar a México a las filas del mundo de las democracias y del sistema capitalista, consciente de la geopolítica, de las restricciones que ésta le imponía y de las oportunidades que le ofrecía. En 1944 dio los primeros pasos hacia la reforma del régimen político conforme a los parámetros del mundo *occidental.* Al cabo de tres años este proyecto sucumbió a la oposición interna y a los cambios en la política mundial, pero las instituciones que creó fueron la base del autoritarismo que gobernó el país durante la segunda mitad del siglo XX. Pese a todo, la impronta de la propuesta original quedó impresa en un régimen que nació vinculado al ideal democrático y a exigencias internacionales que suavizaron su perfil antidemocrático, al mismo tiempo que condicionaron sus equilibrios internos. El proyecto de política exterior del presidente Ávila Camacho corrió con mejor suerte. La relación con Estados Unidos fue amigable y estable, México fue un país respetado en los escenarios internacionales donde llegó a ser un actor relevante.

Durante la guerra, la supeditación de la política interna a la externa se impuso con naturalidad, pero en la posguerra se mantuvo como respuesta a la transformación de Estados Unidos en una superpotencia. Muchas de las decisiones relativas al proyecto de modernización, al desarrollo institucional, a las demandas de actores políticos internos o a la solución de conflictos entre ellos, estuvieron subordinadas al objetivo permanente y preponderante de mantener la concordia con Estados Unidos. Asegurado éste, el segundo gran propósito era aprovechar las oportunidades que podía generar la vinculación con el mundo, movilizar recursos externos, políticos y económicos para impulsar cambios que se topaban con restricciones internas, o defenderse de los efectos negativos de un entorno internacional adverso.

En la historiografía tradicional, la presidencia de Ávila Camacho ha sido calificada de *incolora*, presa como quedó entre dos gigantes, Lázaro Cárdenas y Miguel Alemán. En todo caso es vista como un tiempo de moderación, de rectificación del rumbo que marcaba el cardenismo o como preámbulo al ánimo centralizador del alemanismo.[1] Esta imagen no hace justicia al presidente transformador que después de 1943 se propuso aprovechar la coyuntura internacional para acelerar el progreso del país. Tampoco reconoce la lógica propia de un gobierno que estuvo más condicionado por el contexto que le tocó vivir, que por las políticas de su antecesor.

Además, es preciso tomar en cuenta el contexto nacional en que se desarrolló este episodio. La campaña electoral de Miguel Alemán se inició en mayo de 1945, unos meses después del cónclave interamericano en el que se fijaron las reglas de las relaciones hemisféricas; el proceso fue sobre todo paralelo al conflicto entre Argentina y Estados Unidos, provocado, entre otras razones, por la exigencia del Departamento de Estado de que los militares en el poder llevaran a cabo elecciones limpias y justas. Ávila Camacho debía considerar que esta misma condición valía para el proceso mexicano. Es muy probable que tuviera continuamente presente la elección presidencial de julio de 1946, de ahí que buscara realzar su compromiso con la democracia incluso a expensas de los principios tradicionales de la política exterior

[1] Véase por ejemplo, Luis González y González (coord.), *Historia de la Revolución mexicana. Periodo 1940-1952*, t. 18: Luis Medina, *Del cardenismo al avilacamachismo*, México, El Colegio de México, 1979. Presidente bisagra lo llama Rafael Loyola, "Manuel Ávila Camacho. El preámbulo del constructivismo revolucionario", en Will Fowler (coord. gral.), *Presidentes mexicanos*, t. II, México, INEHRM, 2004, pp. 217-238.

mexicana; en este caso el valor prioritario de la relación con el poderoso vecino condujo a sacrificar la no-intervención.

Para rastrear la relación entre el mundo exterior y los notables cambios que introdujo el presidente Ávila Camacho, este capítulo examina primero el impacto de la apertura al exterior sobre el presidencialismo; luego analiza la estrategia internacional que puso en marcha el gobierno a la luz de la Conferencia Interamericana para los problemas de la Guerra y de la Paz, mejor conocida como Conferencia de Chapultepec. Vista esta magna reunión internacional con cierto detalle, aparece la supeditación de la política interna a la externa, así como el tono que la asimetría entre Estados Unidos y México le impuso a una alianza que en el contexto de la época evolucionó muy pronto hacia un acuerdo de subordinación. La conferencia también revela la estrategia del presidente mexicano que utilizaba los compromisos internacionales del país para impulsar cambios en el régimen político que no tenían apoyo interno.

La segunda parte del capítulo está dedicada a la política mexicana hacia el conflicto entre Estados Unidos y Argentina, a los paralelismos entre los procesos electorales en el país austral y en México que explican el interés del presidente Ávila Camacho en el "caso argentino". La comparación entre los dos procesos condujo a un episodio poco conocido de la diplomacia mexicana. En él, el gobierno, comprometido por la alianza con Estados Unidos, y deseoso de mostrar la seriedad de su compromiso con la democracia, abandonó la defensa de la soberanía y de la autodeterminación, para sustituirlos por la promoción de la democracia y la protección de los derechos humanos. El objetivo enunciado era contribuir a la reconciliación de Estados Unidos y Argentina, a fin de reintegrarla al ámbito interamericano.

El interés de este episodio también reside en que el argumento a favor de la superioridad de la democracia y de los derechos humanos frente a la soberanía nacional es muy similar al que se impuso en apoyo a las democratizaciones de finales del siglo XX. La reforma política que propuso el presidente Ávila Camacho, como complemento de la nueva política exterior es tema del siguiente capítulo.

La política exterior de Manuel Ávila Camacho

En su discurso de toma de posesión, Manuel Ávila Camacho advirtió que México no podía escapar a las consecuencias de la guerra en Europa, por muy lejana que pareciera; también sentó el tono de las relaciones con Estados Unidos cuando declaró que el país hacía suyas la doctrina panamericana y la defensa de América. Al escucharlo, pocos se habrán percatado de que las referencias a la dramática situación que provocaba el avance de los ejércitos nazis, eran todo un programa de gobierno que modificaría la orientación del país.

Al acercarse el fin de la guerra, la apuesta del presidente Ávila Camacho a favor del exterior se vio favorecida por la coyuntura extraordinaria que generaba el surgimiento de un nuevo orden mundial, en el que muchos querían ver la oportunidad de hacer *tabula rasa* del pasado. En ese horizonte el presidente puso en pie una política exterior cuya piedra angular fue la alianza político-diplomática con Estados Unidos. Su resultado inmediato se tradujo en una mejora sustantiva de la posición internacional de México, que favoreció una mayor presencia y cierta capacidad de influencia en los foros internacionales; la alianza también tuvo un impacto interno de consideración, porque —como lo afirmaba José Medina Echavarría en un documento del Banco de México que ofrecía propuestas para la posguerra— la situación internacional de un país determinaba las probabilidades de éxito de la política interna, y advertía que para "potencias secundarias" las relaciones exteriores eran auténtica "política de supervivencia".[2]

Ávila Camacho anunció la apertura de su gobierno al exterior desde que era candidato a la presidencia, cuando advirtió que México debía prepararse "para servir a un mundo que está empobreciéndose cada día ante la inmensa catástrofe".[3] La reconciliación de México con Estados Unidos, que había iniciado el presidente Cárdenas, fue un primer gran paso en esa dirección.[4]

[2] "... toda política interior con probabilidades de éxito depende en buena parte de las relaciones exteriores, o sea de que se tenga en cuenta la situación internacional en que se está. Lo que sí es válido en general, se acentúa de modo singular con respecto a las potencias secundarias. Pero, además porque la política internacional no es política de potencia de un modo exclusivo. Es, para muchos, auténtica política de supervivencia...", José Medina Echavarría, *Consideraciones sobre la paz*, México, Banco de México, 1945, pp. 34-35. Véase también Soledad Loaeza, "La reforma política de Manuel Ávila Camacho", *Historia Mexicana*, 63 (2013), pp. 251-358.

[3] "Discurso de campaña de Manuel Ávila Camacho en Baja California, 28 de mayo de 1939", en ICAP, *op. cit.*, t. IV: *PRM 1938-1944*, México, PRI, 1982, p. 416.

[4] Lorenzo Meyer, *México y el mundo: historia de sus relaciones exteriores*, t. VI, México, Senado de la República, LIV Legislatura, 1991, pp. 138-140.

Desde antes de llegar al poder, Ávila Camacho había expresado su deseo de que durante su gobierno las relaciones entre México y Estados Unidos fueran "cercanas y amigables";[5] y se había inclinado por una alianza con ese país con el argumento de que se trataba de la protección del territorio, de la soberanía "de nuestras instituciones, la integridad de América y el sagrado derecho de pensar y de obrar como hombres libres en un Hemisferio en que se afirma el gran ideal de libertad y justicia".[6]

La decisión se volvió compromiso cuando el vicepresidente estadunidense, Henry A. Wallace, asistió a la toma de posesión y con su presencia —el 1º de diciembre de 1940 en la Cámara de Diputados— avaló una victoria que muchos cuestionaban seriamente.[7] La presencia de Wallace fue la señal de que Washington no apoyaría a ningún opositor y estabilizó la atmósfera política.

Asimismo, había que acordar la cooperación para la protección de las muy extensas costas del Pacífico y del Golfo de México que podían ser utilizadas por Japón o por Alemania para montar un ataque contra su territorio. Además México era un puente hacia Centroamérica, una región vital para el sistema de defensa y de comunicaciones de Estados Unidos.[8]

La reconciliación bilateral se materializó en la solución de asuntos pendientes como la distribución de aguas del río Colorado, las reclamaciones

[5] John Gunther, "Camacho to Visit U.S., He Announces", *The New York Times*, 6 de octubre de 1940. En esta entrevista Ávila Camacho se mostró "escéptico" en relación con la idea de que los Estados totalitarios representaban un "peligro inminente" para México; también negó que existiera una "quinta columna" en el país.

[6] "El Gral. Manuel Ávila Camacho, al abrir el Congreso sus sesiones ordinarias, el 1° de septiembre de 1941", en XLVI Legislatura, *Los presidentes de México ante la nación: informes, manifiestos y documentos de 1821-1966*, t. IV: *Informes y respuestas desde el 30 de noviembre de 1934 hasta el 1° de septiembre de 1966*, México, Imprenta de la Cámara de Diputados, 1966, p. 159.

[7] El apoyo de Washington a Ávila Camacho fue explícito cuando su contrincante en la elección, Juan Andrew Almazán intentó entrevistarse con el secretario de Estado, Cordell Hull, en La Habana, presumiblemente con la intención de denunciar el fraude electoral y solicitar su apoyo a un levantamiento militar. El secretario de Estado se negó a recibirlo. Finalmente renunció a ese plan cuando comprobó que el presidente Roosevelt apoyaba al presidente Cárdenas con medidas para evitar el tráfico de armas en la frontera y la organización de grupos rebeldes. Según declaró en una entrevista realizada en 1964: "… fue la actitud del gobierno norteamericano la que me hizo ver las cosas claras y desistir de cualquier movimiento". James y Edna W. Wilkie, "Entrevista con Juan Andreu Almazán", *Frente a la Revolución*, t. IV: *Candidatos y presidente*, México, UAM, 2004, p. 510.

[8] William Henry Chamberlin, "Our Ally Mexico", *The Atlantic*, diciembre de 1942, p. 103.

agrarias y las compensaciones a quienes habían sido expropiados por la Revolución o por el cardenismo; el *Eximbank* le extendió créditos al gobierno mexicano, una decisión excepcional en términos de la política general hacia América Latina. También se firmaron convenios de préstamo y arriendo, un acuerdo relativo a los trabajadores migratorios y, en 1943 un acuerdo comercial; y se formó la Comisión Mexicano-Norteamericana para analizar los problemas de México, así como una Comisión Conjunta de Defensa Mexicano-Norteamericana; no obstante, en esta materia la cooperación fue limitada, dada la renuencia de una buena parte de la sociedad y del ejército a ver tropas estadunidenses en territorio mexicano. Se instalaron estaciones de radar en la costa noroccidental, se construyeron algunos aeropuertos, pero los militares estadunidenses no podían estar armados ni vestir su uniforme.[9]

El acercamiento con Estados Unidos allanó el camino para que la diplomacia avilacamachista ampliara sus horizontes: así, el gobierno de Ávila Camacho restableció relaciones con Gran Bretaña; en 1944 designó al primer embajador mexicano en Canadá y envió representantes a los gobiernos en el exilio de Bélgica, Holanda, Noruega y Polonia. Asimismo estableció intercambios comerciales y culturales, y acuerdos de colaboración técnica y científica con América Latina, en los que México adquirió "una importancia regional sin precedentes".[10]

En septiembre de 1941 el presidente declaró: "México, patria abierta a la cultura." En consecuencia, la capital de la República se convirtió en sede de las más diversas reuniones de cooperación internacional y científica,[11] el

[9] Halbert Jones, *The War Has Brought Peace to Mexico. World War II and the Consolidation of the Post-Revolutionary State*, Albuquerque, University of New Mexico Press, 2014, pp. 42-47.

[10] "El inicio de la Segunda Guerra Mundial catapultó a México a una posición de importancia regional sin precedentes, debido a tres factores principales: su posición geográfica de cabeza del continente latinoamericano, con costas en los dos océanos; su notable producción de petróleo, y su vecindad con Estados Unidos. Los tres elementos confluyeron hacia un cuarto, que en realidad los resumía a todos: una inédita alianza, cada vez más estrecha, con Washington". Guillermo Palacios, "México y América del Sur en la Segunda Guerra", en Mercedes de Vega (coord.), *Historia de las relaciones internacionales de México, 1821-2010*, vol. IV: Guillermo Palacios y Ana Covarrubias, *América del Sur*, México, Secretaría de Relaciones Exteriores, Dirección General del Archivo Histórico Diplomático, 2011, p. 301.

[11] Sólo en 1942 se celebraron en la capital de la República: el Congreso Interamericano de Turismo, la Asamblea del Instituto Panamericano de Geografía y de Historia, la Asamblea Internacional de Cirujanos, el Congreso Panamericano de Carreteras, el Primer Congreso Nacional y Panamericano de Prensa. Se sucedieron las visitas oficiales de los presiden-

turismo fue una importante fuente de ingresos y los refugiados de las guerras europeas le dieron un nuevo rostro a la Ciudad de México, menos provinciano, más cosmopolita y colocaron a la capital de la República en el mapa de la intriga internacional.[12]

Los esfuerzos de la diplomacia mexicana fueron ampliamente recompensados. En menos de cuatro años el país superó la condición de paria a que había sido condenado por sus políticas radicales y nacionalistas del periodo anterior. La imagen de la tierra de nadie, donde imperaban la violencia revolucionaria y la xenofobia,[13] fue sustituida por la de un país de orden, tolerante y confiable. Tanto así que en 1944 México participó activamente en la conferencia monetaria de Bretton Woods, y también fue invitado a formar parte del grupo de fundadores de Naciones Unidas. La *Memoria* de 1945-1946 de la Secretaría de Relaciones Exteriores expresaba orgullosa satisfacción con "la presencia, cada día más acentuada, de la personalidad de México en los asuntos mundiales, y se congratula de que su política exterior [...] haya conseguido romper nuestro aislamiento de épocas pasadas y cristalizar en resultados tan felices".[14]

---

tes de Costa Rica, de Bolivia, de Paraguay, y, desde luego, la de Franklin D. Roosevelt en abril de 1943; a partir de entonces se multiplicaron las participaciones de representantes mexicanos en diversos foros internacionales: las Conferencias de Cancilleres, el Comité de Neutralidad en Río de Janeiro, el Comité Económico y Financiero Interamericano, la Conferencia de la Organización Internacional del Trabajo en Nueva York la trascendental reunión de Bretton Woods.

[12] Véase José Emilio Pacheco (comp.), "Nota preliminar" a Salvador Novo, *La vida en México en el periodo presidencial de Lázaro Cárdenas,* México, INAH-Conaculta, 1994.

[13] "A México se le proscribe de la Sociedad de las Naciones; como una muda protesta contra una política norteamericana de persecución, renuncia a concurrir a la Conferencia Interamericana de Chile; y alguna vez el secretario de Estado Kellog declara públicamente que México se halla en el banquillo de los acusados por sus grandes crímenes internacionales". Daniel Cosío Villegas, "México y Estados Unidos", *Ensayos y notas*, t. I, México, Hermes, 1966, p. 201.

[14] Secretaría de Relaciones Exteriores, *Memoria de la SRE. Septiembre de 1944-agosto de 1945*, t. I, México, Talleres Gráficos de la Nación, 1945, p. 24. En 1946 México ingresó gustoso al Consejo de Seguridad de las Naciones Unidas, delegados y representantes fueron enviados a los organismos internacionales recién creados. También en 1946 Isidro Fabela fue elegido magistrado de la Corte Internacional de Justicia. En 1948 el secretario de Relaciones Exteriores, Jaime Torres Bodet, renunció para asumir la dirección general de la UNESCO. Todas estas actividades le dieron a México una relevancia y una presencia en los foros internacionales sin precedentes, y no hubieran sido posibles si el país no hubiera sido considerado un miembro legítimo de la alianza de las democracias que encabezaba Estados Unidos.

El efecto de la apertura al mundo

En todo régimen presidencial el jefe del Ejecutivo es el responsable de la política exterior y dispone de un amplio margen de autonomía para el ejercicio personalizado del poder. Estas características se acentúan en caso de crisis internacionales. Por ejemplo, el presidente Ávila Camacho tomó la decisión de declarar la guerra a las potencias del Eje, sin detenerse en objeciones y señalamientos críticos, a los que apenas respondió. Tenía asegurado el apoyo del Congreso, la oposición extraparlamentaria era débil y estaba desorganizada. Las críticas más consistentes provenían del Partido Acción Nacional (PAN), fundado apenas en 1939.

El 21 de mayo de 1942, Manuel Gómez Morín y otros miembros del Comité Nacional del PAN se entrevistaron con el presidente Ávila Camacho que los convocó para anunciarles que México había declarado la guerra a las potencias del Eje y pedirles que se sumaran al esfuerzo nacional. Los líderes panistas respondieron de la siguiente manera:

> No hay fundamentos suficientes para la decisión extrema que tendrá, además, consecuencias funestas para México. Nosotros deseamos expresar nuestra opinión y que, una vez tomada la decisión por el gobierno, que tiene la exclusiva responsabilidad de hacerlo, nuestro deber será acatarla, y hacer cuanto esté de nuestra parte para servir a México.[15]

La naciente oposición partidista no desafió la autoridad presidencial en un asunto de la mayor gravedad. Más bien la asumió, y la legitimó cuando optó por acogerse al marco institucional existente, si bien mantuvo una distancia crítica, a sabiendas de que su participación tendía a consolidar el sistema político. Vicente Lombardo Toledano, el líder obrero que desde los templetes del monumento a la Revolución exaltaba con vehemencia el sentimiento antiimperialista, siguió el patrón establecido por el PAN. Esta estrategia redundó en el fortalecimiento de la presidencia de la República.

En las condiciones excepcionales de una guerra casi espontáneamente se incrementa el poder del jefe del Ejecutivo en el proceso de decisiones, y,

[15] Archivo Manuel Gómez Morín [AMGM], ITAM, Fólder PAN/63,94;226:36. Sección AM, Subsección Organización, Serie Comité Ejecutivo Nacional, Subserie Correspondencia, "Manuel Ávila Camacho", 1941-1947, FS50.

además, se le atribuyen medios adicionales de gobierno; por ejemplo, después de la declaración de guerra a las potencias del Eje, en junio de 1942, el congreso votó la suspensión de las garantías individuales y otorgó al presidente Ávila Camacho facultades extraordinarias "para desempeñar con más eficacia la administración del Gobierno y hacer frente a la grave crisis del momento".[16] También le permitieron legislar sin necesidad de someter sus iniciativas al debate de los legisladores.

Al fortalecimiento político que acarreó la guerra, se sumó la expansión de instancias administrativas que fueron creadas para responder a la ampliación de las responsabilidades del presidente. En agosto de 1942, Ávila Camacho creó el Consejo Supremo de la Defensa Nacional que quedó bajo su autoridad directa, y que dirigía todas las actividades del ejército y de la marina; a fines de 1943 se estableció la Comisión Nacional de Emergencia para la Defensa Política, también encabezada por él. En este periodo, que llegó a su fin en 1945, el presidente emitió una gran cantidad de decretos, muchos de ellos destinados a organizar la economía de guerra, que en el caso mexicano significaba movilizar la producción agrícola e industrial para la exportación, y asegurar la satisfacción de la demanda local de bienes de primera necesidad. Surgieron así nuevas instituciones como la Nacional Distribuidora y Reguladora que asumió el control de la importación, distribución y venta de arroz, frijol y maíz; la Comisión Federal de Planificación Económica; la Junta de Coordinación y Fomento de la Producción; y otras más, que afianzaron el intervencionismo estatal.[17]

Las facultades de emergencia propiciaron el desarrollo de capacidades administrativas de la presidencia que acrecentaron su poder. Si bien el presidente Ávila Camacho no recurrió a esas facultades para su engrandecimiento personal, no faltaron los críticos que señalaron que la mayoría de los decretos emitidos bajo el rubro de las facultades extraordinarias no guardaba "relación alguna de medio al fin de la disposición legislativa del Ejecutivo y

[16] Citado en Goodspeed, art. cit., p. 54.

[17] Esta evolución se reflejó en un notable aumento de la proporción del presupuesto federal en actividades económicas, que a partir de 1943 aumentó de 29.2 a 39%, y hasta el fin del sexenio se mantuvo por arriba de 40%, un porcentaje superior al que registró los últimos tres años del gobierno cardenista. James W. Wilkie, *La Revolución mexicana (1910-1976). Gasto federal y cambio social*, trad. Jorge E. Monzón, México, Fondo de Cultura Económica, 1978, pp. 111 y 116.

la finalidad para la cual se concedieron facultades extraordinarias"[18] que habían sido otorgadas para la "eficaz defensa del territorio, de su soberanía y dignidad para el mantenimiento de instituciones fundamentales".

El primado de la política exterior

La primacía de la política exterior incidió directamente sobre el arreglo institucional. La guerra propició la concentración de recursos y empeños del gobierno mexicano en el aliado estadunidense, y la personalización de la política exterior que en esos años estuvo, a ojos de la opinión pública, dominada por el canciller Ezequiel Padilla. No obstante, el presidente Ávila Camacho fue mucho más influyente en esta materia de lo que hasta ahora se ha pensado. Los documentos indican que la política de subordinación y cooperación con Estados Unidos fue obra en primer lugar, de Manuel Ávila Camacho, y que la reorientación de la relación no era sólo retórica.

Primero, el presidente aprovechó los avances de su autoridad en política exterior, para reducir la influencia de la coalición cardenista, cuyas posturas y exigencias eran un obstáculo a sus reformas; pero el reacomodo no estaba exento de riesgos, en la medida en que el respaldo del expresidente Cárdenas al gobierno era un factor de estabilidad. Segundo, la alianza con Estados Unidos contribuyó a reorientar el modelo político y modificó el discurso presidencial, por ejemplo, el concepto de democracia empezó a sustituir al de revolución. Además las referencias a los acontecimientos en el mundo tomaron el lugar de la experiencia nacional como guía para el cambio. El presidente estaba genuinamente comprometido, incluso desde antes de la guerra, con los valores del liberalismo que promovía Estados Unidos. Así, la palabra "Liberalismo" volvió a escucharse en los recintos oficiales mexicanos después de décadas de ausencia.

En virtud del compromiso con la democracia, el presidente impulsó reformas que respondían a las expectativas de la superpotencia aliada. En consecuencia, puede afirmarse que el proyecto de política nacional era un instrumento de política exterior. La cual, como se verá más adelante, fue

[18] Felipe Tena Ramírez, "La suspensión de las garantías y las facultades extraordinarias en el derecho mexicano", *Revista de la Escuela Nacional de Jurisprudencia*, núm. 25, 1945, pp. 144-145.

controvertida y provocó desacuerdos, inconformidades y divisiones. El presidente contó con su canciller, Ezequiel Padilla para su diseño e implementación. Entre los dos personajes se desarrolló una notable empatía que no necesariamente compartían con otros miembros del gabinete o del congreso.

Desde el inicio de su mandato, Ávila Camacho se propuso construir una relación estrechísima con la superpotencia.[19] Por ejemplo, a unos días de su toma de posesión, en diciembre de 1940, a través del vicepresidente Henry A. Wallace de visita oficial en México, le propuso al presidente Roosevelt crear una instancia paralela al Departamento de Estado y a la Secretaría de Relaciones Exteriores en México, integrada por no más de cuatro personas, una de ellas el secretario de gobernación, Miguel Alemán. El objetivo era liberar el tratamiento de los asuntos pendientes entre ambos países, de cualquier obstáculo burocrático, pero era, sobre todo, una manera de que el presidente tomara en sus manos directamente las riendas de la relación bilateral. Roosevelt rechazó la propuesta e insistió en que se mantuvieran dentro de las instituciones y las reglas formales. No obstante la oferta se interpretó como una prueba de buena voluntad, y una búsqueda de acercamiento.

El presidente mexicano cultivó asiduamente la confianza del gobierno de Estados Unidos, construyó una relación cercana con el embajador George Messersmith, que contribuyó a la armonía de la relación bilateral, y logró proyectar en el país vecino una imagen excepcional. El embajador lo veía como un hombre equilibrado y cabal; pero no era el único, la prensa estadunidense también lo consideraba un aliado honorable. En abril de 1943, la revista *Time* lo describió en estos términos:

> Es un hombre sobrio y diligente. Su principal logro y talento consiste en que, en un país famoso por sus rupturas, ha podido mantener el respeto y la amistad de su pueblo y de sus fogosos políticos. Ricos y pobres, radicales y reaccionarios, amigos y enemigos de Ávila Camacho tienen la misma opinión. Es un hombre justo y honesto.[20]

[19] "De Manuel Ávila Camacho a Henry A. Wallace": "Espero que nuestra actitud sea apreciada como una prueba de buena voluntad que México tiene para suprimir todos los obstáculos que pudieran cerrar el paso a la colaboración internacional y a la fraternidad interamericana". *Henry A. Wallace Papers*, Reel 22, Frame 0458, The University of Iowa, Iowa City.

[20] "The Americas. Back to the Earth", *Time*, núm. 16, 19 de abril de 1943, consultado el 14 de junio de 2014; en: <http://content.time.com/time/magazine/article/ 0,9171,884882,00.html>.

La exuberancia del canciller Ezequiel Padilla opacaba las virtudes del presidente; por ejemplo, en la ceremonia de inauguración de la Conferencia de Chapultepec en la Cámara de Diputados, el presidente leyó con voz apagada —que denotaba un estado de ánimo deprimido que muchos atribuyeron al dolor que le causó la muerte de su hermano Maximino, apenas cuatro días antes— un discurso que no tuvo nada de memorable. En cambio, el canciller mexicano desplegó sus dotes oratorias e histriónicas con gran energía, y fue elegido presidente de la conferencia por aclamación y en medio de aplausos y ovaciones. La situación era propicia a la rivalidad entre el canciller y el presidente; sin embargo, éste apoyó sin titubeos las iniciativas de Padilla y su determinación de ser un personaje en los foros internacionales.

No obstante, ni las diferencias de carácter ni la ambición del secretario llevaron al presidente a renunciar a su responsabilidad o a su interés por los temas internacionales. Estados Unidos era la prioridad en la agenda presidencial, pero también le interesaba involucrarse en los temas de América Latina y, todavía más, en general, en la política internacional. Durante la guerra, como buen militar, seguía cuidadosamente el desarrollo de las batallas, el avance de los ejércitos, las decisiones de estrategia y las tácticas de los supremos comandos militares.

En abril de 1945, el embajador Messersmith envió un informe, largo y minucioso como los que acostumbraba, al secretario de Estado Edward Stettinius, en el que narraba una entrevista de más de tres horas que había sostenido con el presidente Ávila Camacho.[21] En este documento —y en el reporte de un primer encuentro que había tenido lugar en marzo anterior— el presidente asumió totalmente la responsabilidad de su política exterior. Según le dijo al embajador, su interés por una relación de cooperación con Estados Unidos no era nuevo. Recordó que cuando se enteró del ataque a Pearl Harbor, había llamado al secretario de Relaciones, Ezequiel Padilla, para darle instrucciones de que tomara las medidas necesarias para declarar el estado de guerra "aun cuando sabía que sus compatriotas no estaban preparados".[22] En esa misma conversación con el embajador, Ávila Camacho sostuvo que desde antes de llegar a la presidencia de la República había con-

[21] "Messersmith, G. S., Mexico City to Edward R. Stettinius, Jr., Washington", 19 de abril de 1945. MSS0109 *George S. Messersmith Papers*, University of Delaware; en: <http://udspace.udel.edu/handle/19716/7675>.

[22] *Ibid.*, p. 6.

cluido que la mejor opción para México era la cooperación con Estados Unidos y la alineación de sus intereses y objetivos con los de su poderoso vecino. Según Messersmith, el presidente le dijo que era su "profunda convicción que las relaciones entre Estados Unidos y México deben ser extremadamente cercanas".[23]

El presidente y el embajador Messersmith sostenían una relación amigable, los encuentros sociales entre ellos eran frecuentes, así como las conversaciones informales sobre temas formales. El representante de Estados Unidos presumía la "amistad verdadera" que había construido con el presidente mexicano porque, escribió al secretario de Estado Cordel Hull, "Ha sido nuestro hombre fuerte en México",[24] y al subsecretario Acheson le confió, "lo admiro (a Ávila Camacho) y lo respeto y creo que él tiene hacia mí esa misma consideración".[25] Lo cierto es que el embajador siempre exceptuó al presidente de las críticas que hacía al proceso electoral, al candidato del PRM, y al principal promotor de Alemán, Vicente Lombardo Toledano, que le merecía todo su desprecio y desconfianza. En repetidas ocasiones cuando describía algún abuso daba por seguro que el presidente no era el autor ni sabía lo que estaba pasando.

El embajador estadunidense veía en el gobierno avilacamachista una oportunidad única para la relación bilateral. A sus ojos, la armonía entre los dos países era precaria, pues estaba apenas sobrepuesta a una profunda hostilidad de la población en general hacia Estados Unidos, que, según él, nacía de la historia y de las asimetrías del presente. En su opinión, era una fortuna que Ávila Camacho fuera presidente, pues comprendía las ventajas de la cooperación y era un convencido defensor de la libre empresa y de los valores del capitalismo. Si los perremistas hablaban del presidente como el primer perremista de la nación, Washington podía hablar de Ávila Camacho como el primer aliado del hemisferio.

La contribución del presidente a la política exterior fue reconocida públicamente por Padilla en 1945, cuando la atmósfera política en México se cargó de rumores y sordas acusaciones de "entreguismo" en su contra. Entonces no le quedó más remedio que acogerse a la protección de la autoridad

[23] *Ibid.*, p. 7.

[24] Jesse H. Stiller, *George S. Messersmith, Diplomat of Democracy*, Chapel Hill, The University of North Carolina Press, 1987, p. 175.

[25] NARA, "George Messersmith to the Honorable Dean Acheson, Acting Secretary of State", Washington, D. C., 12 de enero de 1946, ARA, 812.00/1/1246.

presidencial. "La labor de la Secretaría de Relaciones Exteriores se ha realizado bajo la inspiración directa y constante del presidente de la República."[26]

La consolidación de la cercanía con Estados Unidos ató de manos al presidente Ávila Camacho, quien, atenido a sus propias preferencias y asesorado por el canciller Padilla, por lo menos hasta abril de 1945 —como lo prueba su actitud hacia Argentina—, buscó incesantemente las convergencias con el país vecino, casi en todos los planos, convencido de que así defendía los intereses propios.

Una nueva lectura de la Doctrina Monroe

Desde 1943, Argentina sufría un bloqueo y sanciones económicas que le había impuesto el gobierno de Estados Unidos para castigar su falta de solidaridad en la guerra contra las potencias del Eje. Después de largos meses de embargo y de escasos avances en la solución del diferendo, al aproximarse el fin del conflicto bélico y ante lo que el gobierno de Estados Unidos interpretó como la necesidad de armar la defensa estratégica del hemisferio, el subsecretario para Asuntos Latinoamericanos, Albert Armour, sugirió a diplomáticos mexicanos que contribuyeran a resolver una disputa que era un foco de tensión en las relaciones interamericanas.[27]

[26] Ezequiel Padilla, *Nuestra política internacional*, México, Secretaría de Relaciones Exteriores, 1945, pp. 17-18.

[27] El embajador mexicano en Washington, Francisco Castillo Nájera, reportó al canciller Padilla el 21 de agosto de 1944, una conversación con el subsecretario de Estado para Asuntos Latinoamericanos, Albert Armour, quien después de elogiar nuevamente su actuación (la de Padilla) expresó la esperanza de que México "no desaprovecharía la oportunidad de hacer patente su reacción ante la falta de solidaridad que en momentos tan críticos caracteriza a los actos del Gobierno de Argentina en el terreno internacional." Archivo Genaro Estrada de la Secretaría de Relaciones Exteriores (AHGE), Francisco Castillo Nájera al secretario Ezequiel Padilla, Legajo 925, núm. 215, Exp. 73.0/311.3. De hecho, meses antes Argentina había solicitado una reunión de la Unión Panamericana, pero su solicitud había sido ignorada. A unas semanas de esta nota, en octubre, el secretario Padilla en entrevista que concedió a Flora Lewis, del *New York Times*, en La Habana, calificó al gobierno argentino de fascista, declaró que era una amenaza para el continente y para su propio pueblo; añadió que era una dictadura como "las que nosotros estamos combatiendo en todo el mundo". (Citado en Daniel Cosío Villegas, "La Conferencia de Chapultepec", *Ensayos y notas*, t. I, p. 105.) El siguiente mes de diciembre, el encargado de negocios en Washington,

Siempre atento a las sugerencias del Departamento de Estado, Ezequiel Padilla propuso convocar a una reunión de la Unión Panamericana, para discutir la reorganización del sistema interamericano y el lugar del hemisferio en el nuevo orden internacional. La Conferencia de San Francisco, donde se discutirían las reglas del nuevo orden internacional, iniciaría en unas cuantas semanas, y los países latinoamericanos tenían interés en afianzar su *relación especial* con Estados Unidos, antes de que se diluyera en las Naciones Unidas el organismo universal que se anunciaba.

La convocatoria de Padilla ponía sobre la mesa temas como la seguridad colectiva —que era el que más interesaba a Estados Unidos—, la cooperación económica —que los latinoamericanos deseaban consolidar—, y otros asuntos esenciales, a la vez abstractos y con frecuencia trágicamente concretos en América Latina, como la defensa de la soberanía o el principio de no-intervención.

Todos eran temas delicados que provocaban controversia y desacuerdo, pero si el propósito general de la reunión era la reorganización del sistema interamericano había que discutirlos en tanto que eran premisas básicas de ese sistema. Además, la discusión de la no-intervención era ineludible dado que las dos exigencias de Washington al gobierno Farrell-Perón estaban vinculadas con la soberanía argentina: la celebración de elecciones constitucionales, y el rompimiento de relaciones con los países del Eje. El gobierno estadunidense consideraba que procesos electorales eran prueba de que un gobierno tenía —al menos— vocación democrática; mientras que las simpatías que manifestaba el gobierno argentino por el fascismo italiano o la cercanía con el Tercer Reich eran una amenaza para la seguridad colectiva. La negativa argentina a someterse a esas condiciones era vista por los demás gobiernos de la región como una reacción legítima de defensa de la soberanía nacional, porque ningún gobierno extranjero tiene derecho a decidir el régimen político de un tercero, o a imponerle una determinada política exterior.

El punto de partida de la nueva lectura de la doctrina Monroe que ofrecían el Departamento de Estado y el Departamento de Defensa para la reor-

Vicente Sánchez Gavito, informaba que Washington había depositado en el secretario Padilla la responsabilidad de la reincorporación de Argentina al sistema interamericano. AHGE, "Vicente Sánchez Gavito a Ezequiel Padilla", Telegrama 1062, 4 de diciembre de 1944, Legajo 925, núm. 215, Exp. 73.0/311.3.

ganización del sistema interamericano era la definición de una identidad política común, en la que el hemisferio occidental era un espacio unitario, delimitado como un perfil regional exclusivo, en torno a los principios y a los valores de la democracia y bajo la hegemonía de Estados Unidos.[28] Instigada por la Guerra Fría, la Doctrina Monroe se amplió para proteger al continente ya no sólo de conquistas territoriales o ataques armados, sino que extendía el resguardo que ofrecía a "ideologías extranjeras", y a valores sociales, o a "cualquier síntoma de influencia no hemisférica".[29] En la propuesta la posición dominante de la superpotencia ya no aparecía como una imposición, sino que era el resultado de un arreglo concluido en concierto de todos los países de la región. En lugar de establecer una jerarquía de poder, esta nueva lectura pretendía promover una relación de iguales interdependientes que compartían una identidad política: la democracia liberal. El planteamiento de Estados Unidos asentaba que la pertenencia al sistema interamericano presuponía una identidad política democrática y, más adelante, una política exterior anticomunista y antisoviética.

La propuesta de la especificidad democrática del hemisferio fue muy bien recibida por los latinoamericanos porque coincidía con el propósito que se habían fijado de mantenerse como un bloque unido por intereses comunes, al abrigo de conflictos extracontinentales. También veían esta alternativa como una forma de beneficiarse de la supuesta *relación especial* con Estados Unidos derivada de la geografía y de la historia. No obstante, entre los países latinoamericanos había grandes diferencias sociales, económicas, culturales y hasta políticas, y todavía más entre ellos y Estados Unidos. Tenían en común un factor de orden geoestratégico pues estaban enclavados en la larga masa territorial que va de la Península de Labrador a Tierra de Fuego, y están protegidos por dos océanos. Todos se adherían a los principios republicanos y al régimen democrático; sin embargo, en la mayoría de los casos esa identidad era una ficción. En realidad el anticomunismo y el reconocimiento del liderazgo de Washington eran los componentes fundamentales de la comunidad hemisférica.

[28] Amelia Josephson, *"Bad Neighbor": U.S.-Argentine Relations in the 1940's*, tesis de maestría, Columbia University Academic Commons, 2011, p. 24.

[29] Citado en Leffler, "The American Conception of National Security", *The American Historical Review*, 89 (1984), pp. 354-355.

Democracia y soberanía nacional

El presidente Ávila Camacho retomó el tema de la identidad democrática del hemisferio, pese a que sus implicaciones inmediatas planteaban una contradicción con el principio de no-intervención. Hacer de la democracia el criterio central de definición de la pertenencia a la comunidad interamericana era romper con la historia de la política exterior mexicana, en la que la autodeterminación era un principio intocable y la elección del régimen de gobierno era una decisión soberana. En cambio, en 1946, el discurso presidencial de la democracia se convirtió en un instrumento de calificación de gobiernos que abría la puerta al intervencionismo. Así, el presidente dio un giro de ciento ochenta grados que colocó a la política exterior mexicana en una posición que comprometía el principio de no-intervención en beneficio de la democracia. Lo que no queda claro es si todo este arreglo era producto de la convicción o de una escala de prioridades encabezada por la armonía en la relación con Estados Unidos. El propio presidente Ávila Camacho sostenía esa postura, como lo hizo explícito en el discurso dedicado a la democracia que pronunció en la ceremonia de inauguración de la Conferencia de Chapultepec.

Este discurso del presidente mexicano rompió con la política exterior de antes de la guerra en dos temas: en primer lugar, el presidente se refirió siempre a "América" y a los "americanos", sin distinguir a los latinoamericanos de Estados Unidos. Estas expresiones cobran su verdadero significado si tomamos en cuenta la oposición que planteaba la izquierda de la época entre los conceptos "sistema interamericano" y "América Latina" como diferentes e incluso antagónicos.[30] En segundo lugar, el presidente promovía un régimen político en particular, la democracia electoral, como si se tratara de una norma universal que había que obedecer por encima de las fronteras nacionales.

[30] Por ejemplo, en abril de 1945, el embajador Messersmith comentó alarmado que el presidente Ávila Camacho estaba bajo fuertes presiones para abandonar la perspectiva interamericana y adoptar una visión latinoamericana que rompía con la unidad hemisférica que perseguía Estados Unidos. "Messersmith, G. S., Mexico City to Edward R. Stettinius, Jr., Washington", 19 de abril de 1945. Véase *MSS0109 George S. Messersmith Papers*, University of Delaware; en: <http://udspace.udel.edu/handle/19716/7675>.

La Conferencia Interamericana sobre Problemas de la Guerra y la Paz o Conferencia de Chapultepec

El primer resultado de la nueva lectura de la Doctrina Monroe fue la Conferencia Interamericana sobre Problemas de la Guerra y de la Paz, mejor conocida como Conferencia de Chapultepec. La inauguración estuvo a cargo del presidente Ávila Camacho, y tuvo lugar en la Cámara de Diputados —en ceremonia solemne— la tarde del 21 de febrero de 1945, con la asistencia de 19 delegaciones. Argentina no fue invitada —gesto que causó incomodidad y disgusto entre los delegados latinoamericanos, incluida buena parte de la delegación mexicana—, y El Salvador estuvo ausente porque había sufrido un golpe militar unos días antes.

Durante dos semanas la prensa nacional reportó con toda profusión y detalle los trabajos de los delegados, y en tono sensacionalista, como nunca lo había hecho antes con ningún otro acontecimiento.[31] Tal vez los preparativos de la reunión resultan más reveladores que la reunión misma acerca de la naturaleza de las relaciones interamericanas.

La organización de la Conferencia de Chapultepec quedó en manos de las delegaciones de Estados Unidos y de México, que colaboraron de manera estrechísima en la preparación de los documentos, el diseño de la agenda de la reunión, la formulación de las resoluciones y de uno de los documentos finales. La *Declaración de México* o *Acta de Chapultepec* fue la única a la que se integraron contribuciones de todos los asistentes, aunque fue elaborada sobre una propuesta mexicana.

El programa de la conferencia estableció tres grandes capítulos: *1)* político-diplomático, *2)* estratégico-militar y *3)* económico. El primero dio lugar a prolongadas disquisiciones sobre la identidad democrática de la región, sobre la no-intervención y el reconocimiento de gobiernos, pero no hubo verdadero desacuerdo. Tampoco lo hubo en torno a la definición de los intereses estratégicos y militares; en cambio, las diferencias fueron insalvables en el capítulo económico. Los latinoamericanos deseaban formar en el hemisferio una región económica, pero los estadunidenses querían crear una región esencialmente política articulada en torno a un acuerdo militar.

[31] Daniel Cosío Villegas, "La Conferencia de Chapultepec", *Ensayos y notas, op. cit.*, t. 1, p. 74.

La colaboración de los representantes mexicanos con la delegación estadunidense en los temas diplomáticos y políticos, fue mucho más allá de lo que suponen los preparativos de una reunión de esta naturaleza. Así, por ejemplo, a dos semanas de la inauguración, los funcionarios de la Secretaría de Relaciones Exteriores sometieron borradores y propuestas de resolución a la consideración de sus contrapartes estadunidenses. Según el embajador Messersmith, los mexicanos querían "ajustar tanto como sea posible, su actitud a la nuestra en los principales temas que van a ser considerados".[32]

El día anterior a la inauguración, el embajador escribió al subsecretario Rockefeller:

> Padilla (el canciller mexicano) siente que los mexicanos quieren mantener su pensamiento en la misma línea del nuestro [...], incluso ha sugerido que quieren que sea, en la medida de lo posible, una guía, pues saben que nuestra posición (internacional) es la de mayor responsabilidad y que sin nosotros no puede hacerse nada.[33]

Insistía Messersmith en que Padilla pedía, al igual que el presidente de la República, orientación respecto a cuáles eran las posiciones de Washington, pues sólo entonces sabrían qué decir a los delegados de los demás países. "No quiero decir que Padilla y el gobierno mexicano van a seguir servilmente nuestras líneas de acción",[34] pero, como eran "realistas" y pragmáticos, sabían que el éxito de la conferencia dependía de Estados Unidos.

En realidad, el embajador minimizaba las diferencias entre los funcionarios mexicanos, Ávila Camacho y Padilla, y el Departamento de Estado. De hecho, contrariamente a lo que sugieren los comentarios del diplomático, de que el presidente mexicano y su canciller fueron apenas repetidores de las posiciones de Estados Unidos, desde los discursos inaugurales surgieron los desacuerdos entre ellos sobre todo en materia de cooperación económica.

En su discurso de inauguración el presidente Ávila Camacho confirmó su compromiso con la democracia, pero habló también de la importancia

[32] "From Ambassador Messersmith to Undersecretary of State (Rockefeller), February 7, 1945", *Foreign Relations of the United States*, 1945, vol. IX: *The American Republics*, eds. David H. Stauffer y Almon H. Wright, Washington, D. C., Government Printing Office, 1969, p. 89.

[33] *Idem.*

[34] *Ibid.*, p. 90.

de la cooperación internacional y del reconocimiento de la interdependencia para la creación de un mundo de justicia económica que era, a sus ojos, la base de la justicia política: "Necesitamos... una colaboración económica... que podría verosímilmente oscilar desde las modalidades de inmediata asistencia financiera... hasta procedimientos cooperativos en materia de mercados y de transportes",[35] y vinculó el tema de la defensa de la democracia con el del crecimiento económico.[36] En la segunda sesión de la conferencia, el canciller Padilla urgió a los presentes: "Industrialicémonos [...] Construyamos obras gigantescas de irrigación, de servicios públicos, de electrificación rural, de comunicaciones aéreas, marítimas, terrestres, que bastarían para asegurar trabajo a una generación entera. Organicemos un crédito a largo plazo".[37] Sin embargo, la asistencia económica no estaba en la agenda latinoamericana del Departamento de Estado.

En el inicio de la conferencia quedó asentado que mientras para la delegación de Estados Unidos la prioridad era concluir la guerra, combatir el poderío militar alemán y la presencia nazi en el hemisferio, la principal preocupación de los gobiernos de América Latina era el futuro económico. En el corto plazo, la inflación, los recursos excedentarios, las exportaciones y las inversiones; y en el largo plazo, la industrialización. Había posturas distintas también acerca de las relaciones entre la organización regional y la internacional; así como en cuanto al sistema de defensa hemisférica, al tema del intervencionismo, y a propósito del caso argentino.

Las expectativas latinoamericanas se vinieron abajo porque presumían la participación de Estados Unidos en ese programa, pero el secretario de Estado, Edward Stettinius, y el subsecretario William Clayton, rechazaron todas sus propuestas. En cambio, recomendaron el desmantelamiento de toda forma de protección aduanal y arancelaria, y el mismo tratamiento para la inversión extranjera y la nacional. Estos cambios suponían abandonar la fórmula que los latinoamericanos habían desarrollado para industrializarse. Tan rígida fue la postura del secretario de Estado que causó incomo-

[35] "Política americana. Democracia económica", *Tiempo*, núm. 148, 2 de marzo de 1945, p. 3.

[36] *Idem.*

[37] "Discurso del Excmo. Señor licenciado Ezequiel Padilla, Secretario de Relaciones Exteriores de México y Presidente de la Conferencia", en *Diario de la Conferencia Interamericana sobre Problemas de la Guerra y de la Paz*, vol. I, núm. 3, México, D. F., 23 de febrero de 1945, p. 26.

dad incluso entre otros miembros de su propia delegación en particular los de la sección económica, que habían recibido la instrucción de no ceder a ninguna de las propuestas latinoamericanas. Así, a lo largo de las dos semanas que duró la reunión, en las que México defendió el modelo de crecimiento de sustitución de importaciones; se topó con la intransigente negativa de la delegación estadunidense a aceptar una sola de las resoluciones económicas.

A diferencia de los solícitos funcionarios miembros de la delegación mexicana, encargados de los temas políticos, que describe el embajador Messersmith, los delegados mexicanos del área económica apenas dialogaban con los estadunidenses, que no respondían a sus argumentos, pues habían sido instruidos por el Departamento de Estado a mantener la mayor discreción.[38] Uno de ellos observó: "Hasta ahora hemos obtenido de los mexicanos mucho más de lo que hemos dado, hemos sido capaces de no decir nada en realidad…".[39]

La delegación estadunidense no se movió un centímetro de su posición original de rechazo a todas y cada una de las características del modelo de desarrollo que habían elegido los latinoamericanos: la participación del Estado en la economía y el proteccionismo, y buscó imponer la liberalización comercial general. A las demandas latinoamericanas de cooperación, los delegados estadunidenses respondieron con lo que Cosío Villegas califica de "filosofía económica trasnochada": la eliminación de las barreras al comercio, el mismo tratamiento a la inversión extranjera y a la nacional, y la supresión de empresas estatales. También condenaban los subsidios a las empresas industriales, la creación de empresas gubernamentales, y el nacionalismo económico.[40] La posición de Estados Unidos equivalía a la demanda de volver al *statu quo ante*, como si nada hubiera pasado durante la

[38] Véase, por ejemplo: "Economic Memo nr. 2 by Merwin Bohan, a Technical Officer of the Delegation. Interview between Luciano Wiechers and Sanders, Machold and Bohan, February 13, 1945", *Foreign Relations of the United States*, 1945, vol. IX: *The American Republics, op. cit.*, pp. 111-114.

[39] El embajador Messersmith hizo el mismo comentario: "We have so far been getting far more from the Mexicans than we have been giving…", en "From Ambassador Messersmith to Undersecretary (Rockefeller)", *Foreign Relations of the United States*, 1945, vol. IX, *The American Republics, op. cit.*, p. 89.

[40] Cosío Villegas, "La Conferencia de Chapultepec", *Ensayos y notas, op. cit.*, t. 1, p. 79.

guerra, como si no existiera una nueva realidad, y los latinoamericanos pudieran suprimir sus nuevas industrias y cultivos.[41]

Por consiguiente, hubo gran distancia entre la sección política y la sección económica de la conferencia, y mientras los delegados que participaron en el área política bajo el liderazgo de Padilla podían hablar de coincidencias y cooperación, quienes trabajaron en el área económica bajo la dirección de Ramón Beteta, subsecretario de Hacienda, sólo podían referir diferencias y rechazos. Así, en el desarrollo de la conferencia la diplomacia mexicana fue, por una parte, como había sido en los cuatro años anteriores, "la red de transmisión de la política estadunidense" en América Latina, y prueba de que más que líder regional, México había pasado de ser "neutralizador del expansionismo yanqui" a "poderoso coadyuvante" de esa política.[42] Sin embargo, no puede decirse lo mismo del comportamiento de la diplomacia mexicana en el área económica, donde defendió empecinadamente el modelo de desarrollo que había elegido, pese a la oposición expresa de Estados Unidos.

La identidad democrática del hemisferio

Desde las reuniones de preparación, y probablemente por instrucciones presidenciales, la delegación mexicana insistió en que la conferencia debía ser una cruzada por la democracia, aunque su definición del concepto siempre fue relativamente vaga, sin mayor compromiso que la defensa de la práctica electoral. Por ejemplo, en una de esas reuniones, el representante de la Secretaría de Relaciones Exteriores propuso que el inicio de la declaración final fuera una profesión de fe en la democracia como la "única base verdadera del bienestar y la dignidad del individuo…", y que fuera el *leitmotiv* de la conferencia.[43]

[41] Víctor L. Urquidi, "Problemas económicos planteados en la Conferencia de Chapultepec", *Boletín del Banco Central de Venezuela*, abril de 1945, p. 35.

[42] Guillermo Palacios, *op. cit.*, p. 314.

[43] "Political Memo nr.3 by Mr. William Sanders, a Technical Officer of the Delegation. Conversation with Licenciado Pablo Campos Ortiz, and Messrs Bohan and Sanders, held at the Ministry of Foreign Relations, February 1, 1945", *Foreign Relations of the United States*, 1945, vol. IX: *The American Republics, op. cit.*, p. 79.

El presidente Ávila Camacho y el secretario Padilla dedicaron mucho tiempo y esfuerzo a la preparación de esta conferencia por su importancia para el futuro de América Latina y de sus relaciones con Estados Unidos, pero también porque estaba en juego la elección presidencial del mes de julio, esto es, la apuesta por la democracia que había hecho el presidente, el respeto a las instituciones mexicanas y a su propia credibilidad. Al menos eso sugería el renovado compromiso de Estados Unidos con la promoción del modelo de la democracia liberal, a lo cual México había respondido con la reforma electoral de 1946 y con la fundación del Partido Revolucionario Institucional (PRI).

La propuesta de definir la identidad del hemisferio tenía muchas implicaciones, la más importante de ellas era que avalaba el intervencionismo, porque hacer del régimen democrático el criterio central para definir la pertenencia a la comunidad interamericana era equivalente a introducir un límite a la soberanía de estos países, a su autonomía de decisión en relación con el tipo de gobierno que se quisieran dar, dejaba en manos de terceros la decisión última sobre un tema fundamental.

En este caso, como en otros, el presidente utilizó el exterior para fines de política interna, por ejemplo, desde su ascenso al poder, Ávila Camacho había buscado la manera de modificar el mandato del artículo 3º constitucional que consignaba el carácter socialista de la educación.[44] Sin embargo, como el texto tenía muchos defensores, entre ellos los sindicatos de maestros, la posición presidencial en este tema era particularmente débil. En estas circunstancias, el presidente echó mano del compromiso internacional para forzar el cambio constitucional.

Los legisladores que hablaron en diciembre de 1945, en el Congreso mexicano a favor de la reforma del artículo 3º, argumentaron, entre otros

[44] Tanto le preocupaba este tema que en enero de 1941 entabló contacto con Manuel Gómez Morín, para proponerle que organizara una movilización para exigir la reforma de esa disposición constitucional. En una carta dirigida a Efraín González Luna, del 16 de enero de ese año, el fundador del Partido Acción Nacional reporta que ha recibido noticias de que el "presidente desearía un movimiento de opinión que compeliera al gobierno a tomar decisiones más a fondo", en relación con la educación socialista. Véase Ana González Luna y Alejandra Gómez Morín (eds.), *Una amistad sin sombras: correspondencia entre Manuel Gómez Morín y Efraín González Luna, 1934-1964*, t. I: *Primeras luces,* v. I: *La gestación de una idea (1934-1942)*, México, Fondo de Cultura Económica / Fundación Rafael Preciado Hernández, 2010, p. 272.

aspectos, que el gobierno mexicano había adquirido el compromiso internacional de contribuir a la construcción de un orden mundial integrado por regímenes democráticos, y que, si quería honrar ese compromiso, se veía obligado a modificar el artículo 3º. El 26 de diciembre, el diputado Fernando Moctezuma sostuvo que la finalidad de la reforma era darle una "mayor amplitud al concepto de educación y una orientación de acuerdo con los postulados por los cuales las Naciones Unidas lucharon en la pasada contienda mundial...".[45]

Lo que no dijo fue que sus argumentos provenían de una ponencia que había sido elaborada por Samuel Ramos, y presentada por la delegación mexicana en Chapultepec en el mes de febrero anterior. El documento era una defensa de la educación en y para la democracia liberal; luego se materializó en el título XXIX del *Acta de Chapultepec* con la recomendación de que se suprimiera de los libros de texto oficiales todo lo que pudiera "hacer peligrar el sistema interamericano". No se necesitaban más palabras para entender la referencia a la educación socialista, que reaparecía en la resolución de que "la enseñanza en las escuelas se inspire en los principios democráticos de paz y justicia en que se funda el sistema interamericano".[46]

La insistencia de los mexicanos en el compromiso democrático sorprendía a los funcionarios de la delegación estadunidense, pero era una advertencia indirecta a la Unión Soviética y a sus simpatizantes. Según uno de los delegados estadunidenses: "Mucha importancia se le da a la declaración [de lealtad democrática], y es aparente que, si las opiniones de Padilla y del Lic. Campos Ortiz son representativas, tal vez se le da tanta importancia al aspecto ideológico de la conferencia como al económico".[47] No obstante, cobra sentido si la leemos también como una advertencia indirecta al gobierno argentino, al que Estados Unidos había calificado como "totalitario". La crítica no podía ser explícita porque hubiera suscitado el desacuerdo de varios gobiernos latinoamericanos. Para ellos la soberanía nacional seguía siendo un valor superior a la democracia y rechazaban las sanciones que se aplicaban al régimen argentino. Por esa razón, las resoluciones y los acuerdos fue-

[45] *Diario de debates*, XXXIX Legislatura, año III, periodo ordinario, t. I, núm. 28, 26 de diciembre de 1945.

[46] Capítulo XXIX del Acta Final de la Conferencia Interamericana, "Revisión de los libros de texto", *Acta de Chapultepec* (1945); en: <www.constitucionweb.blogspot.es>.

[47] "Political Memo by Mr. Sanders", 2 de febrero de 1945, *Foreign Relations of the United States*, 1945, vol. IX: *The American Republics*, *op. cit.*, p. 79.

ron menos definitivos y directos de lo que el presidente Ávila Camacho y el canciller Padilla hubieran deseado.

El interés primordial de Estados Unidos en la conferencia interamericana era la adopción del principio de "seguridad colectiva", según el cual "todo atentado contra la integridad o la inviolabilidad del territorio o contra la soberanía de un estado americano, será un acto de agresión contra todos los estados firmantes". Para llegar ahí era preciso antes definir la comunidad de intereses que era la base de una identidad regional; pese a la renuencia de los demás gobiernos, ésta fue una de las primeras resoluciones del acta final de la conferencia.[48]

El alcance potencial de esta declaración no escapó a muchos de los delegados que interpretaron con inquietud el proyecto como un instrumento de intervención y el preludio de una acción contra el gobierno argentino. En esto no se equivocaban, pues años después se propuso su aplicación para sancionar al gobierno de Guatemala y al de Cuba, acusados de violar la identidad regional. No obstante, según la delegación estadunidense, la intervención propuesta sería distinta de la que emprendía recurrentemente desde finales del siglo XIX, porque —retomaron el argumento que un funcionario de la SRE, Alfonso García Robles, les había presentado días antes— la acción sería colectiva, con la participación de las 21 repúblicas americanas.

Cuando la conferencia adoptó esta declaración, le asestó un duro golpe al principio de no-intervención, primero, porque comprometía a los estados firmantes con decisiones que no necesariamente convenían a sus intereses. En segundo lugar, contradecía el principio de autodeterminación que se desprendía de la premisa de que el respeto a la soberanía nacional era uno de los fundamentos de las relaciones hemisféricas. Las contradicciones entre una política de promoción de la democracia y el no-intervencionismo quedaron al descubierto durante la conferencia y se resolvieron, en perjuicio de

[48] Véase Leslie Bethell e Ian Roxborough, "The Postwar Conjuncture in Latin America: Democracy, Labor, and the Left", en Leslie Bethell e Ian Roxborough (eds.), *Latin America between the Second World War and the Cold War, 1944-1948*, Cambridge, Cambridge University Press, 1992, pp. 1-32; Steven Schwartzberg, *Democracy and U.S. Policy in Latin America during the Truman Years*, Gainesville, University Press of Florida, 2003; y Roger R. Trask, "Spruille Braden *versus* George Messersmith: World War Two, the Cold War, and Argentine Policy, 1945-1947", *Journal of Inter-American Studies and World Affairs*, 26 (1984), pp. 69-95.

la soberanía nacional, que fue supeditado al respeto a los derechos humanos y a la primacía de la libertad y de la democracia.

Durante la conferencia "el caso argentino" estuvo explícita o implícitamente presente de continuo, en la mente de los delegados y en más de uno de los debates e incluso de las resoluciones finales, algunas de las cuales pueden ser leídas como alusiones a Argentina. De suerte que la sombra alargada del país austral se proyectó sobre las sesiones de la conferencia, como la presencia no de un enemigo emboscado, sino de un hermano descarriado o injustamente tratado, pues para muchos gobiernos latinoamericanos la razón de su exclusión era la defensa de la soberanía, que era la causa que todos defendían. El gobierno mexicano también se encontraba en una coyuntura electoral, y es muy posible que el presidente Ávila Camacho leyera la situación argentina con los ojos de la circunstancia mexicana que también estaba bajo la presión de Estados Unidos. En todo caso, existen datos que indican que el cambio de la posición mexicana no era producto de la importancia de la relación con Estados Unidos, sino una nueva definición del orden de prioridades que privilegiaba a la democracia frente a la soberanía, en el contexto de la transformación general de las relaciones internacionales.

En su informe del 1° de septiembre de 1946, el presidente Ávila Camacho se refirió brevemente a los límites de la no-intervención que imponía la tendencia de "la vida internacional [...] a reducir la jurisdicción interna de los Estados, en la actualidad sería perjudicial pretender violar esa jurisdicción y sugerimos que se comience por precisar los derechos esenciales del hombre en una declaración internacionalmente aceptada...".[49] Esta posición planteada de manera un tanto oscura —tal vez deliberadamente— suponía una revisión radical de los presupuestos de política exterior de los países latinoamericanos. La propuesta, nacida de la reacción a los crímenes cometidos por los nazis contra las poblaciones civiles, era precoz para un mundo en el que la soberanía nacional seguía siendo un principio rector intocable.

Una de las derivaciones más significativas de la imposición del modelo de la democracia electoral fue que los comicios se convirtieron en la vara con que se medía la calidad democrática de los gobiernos. Argentina y México serían los primeros en hacer la prueba. En febrero de 1946, el gobierno

[49] "Manuel Ávila Camacho, al abrir el Congreso sus sesiones ordinarias, el 1° de septiembre de 1946", en XLVI Legislatura, *op. cit.*, t. IV, p. 333.

Farrell-Perón daría por fin satisfacción a Washington en ese tema, y cuatro meses después sería el turno de México. La experiencia argentina sería ejemplo y advertencia para los mexicanos, aunque estaban en una posición en apariencia distinta y más favorable. La elección mexicana estaba organizada conforme a las reglas de las democracias occidentales, en tiempo y forma. En la contienda participaban varios candidatos, dos de ellos eran bien conocidos y estaban comprometidos con el respeto a las reglas del juego electoral. La competencia estaba inscrita en una continuidad institucional de más de 20 años. En el caso argentino, en cambio se trataba de una dictadura militar que se había comprometido a restablecer el orden constitucional, y ahora bajo la fuerte presión de una potencia extranjera organizaba la elección presidencial como si estuviera en estado de emergencia.

Pese a los evidentes contrastes que distinguían ambos procesos, la elección mexicana inspiraba en el gobierno estadunidense la misma desconfianza que el proceso argentino que fue prácticamente impuesto por Estados Unidos.[50] Hubiera o no similitudes entre ambos la comparación parecía inevitable. Al menos en el gobierno mexicano siguieron con todo detenimiento la política estadunidense hacia el proceso electoral argentino tratando de anticipar una posible intervención del exterior, y sus reacciones al previsible triunfo de un candidato que consideraban indeseable. La respuesta del gobierno de Estados Unidos fue distinta en cada caso, por una parte durante semanas se negó a reconocer el triunfo peronista, mientras que en julio de 1946 se apresuró a felicitar calurosamente a Ávila Camacho por un proceso electoral en apariencia impecable.

Intervencionismo mexicano

México se vanagloriaba de ser el campeón de la autodeterminación y de la no-intervención, prácticamente se había apropiado de estos conceptos para incorporarlos a sus señas de identidad. La "fuerza moral" a la que aspiraba para construir un liderazgo internacional, y que el canciller Padilla le atribuía, se fundaba en su capacidad para defender esos principios de los refle-

[50] "Messersmith, G. S., Mexico City to Spruille Braden, Washington", 28 de febrero de 1946, MSS0109 *George S. Messersmith Papers*, University of Delaware; en: <http://udspace.udel.edu/19716/7739>.

jos intervencionistas de Estados Unidos. Cuando el gobierno mexicano renunció al ejercicio de esa "fuerza moral", su diplomacia perdió el rumbo y el potencial de liderazgo que había desarrollado en la resistencia al intervencionismo de Estados Unidos. La Conferencia de Chapultepec fue el escenario de esa renuncia.

El comportamiento de la diplomacia mexicana ante los acontecimientos mundiales en 1945, tan cercano a las posiciones de Washington, reforzó la impresión entre los gobiernos latinoamericanos, de que había dejado de ser un modelo de defensa de la soberanía nacional, de la autodeterminación y de la no-intervención. La expresión más clara de este desvío fue la intención del presidente de cambiar la política de reconocimiento diplomático de gobiernos que accedieran al poder por la vía no democrática.

El intervencionismo que acompañaba a la nueva lectura de la Doctrina Monroe era diferente al del pasado. Aunque sus rasgos definitivos aún estaban por definirse, mostraba ya las características de la Guerra Fría, el sello de la distribución bipolar del poder mundial, de la formación de esferas de influencia, y de las limitaciones a la soberanía que imponía la pertenencia a uno de los bloques de poder. Su objetivo era modificar los equilibrios internos prevalecientes en el país intervenido. Esta vinculación, que podía mantenerse en un plano exclusivamente analítico, era muy desestabilizadora, y ella misma fue el origen de numerosos equívocos y conflictos.

Este giro causó desconcierto, y luego descontento, entre los países latinoamericanos que se dijeron desilusionados por la diplomacia mexicana que había perdido "eficacia".[51] Era ésta quizá una fórmula cortés para referirse a la casi ciega adhesión de México a las posiciones de Estados Unidos.

La presentación de las propuestas de la delegación mexicana en la Conferencia el 27 de febrero, estuvo a cargo del secretario Padilla, quien leyó la ponencia titulada "Proyecto de resolución de la Delegación de México sobre relaciones entre los gobiernos americanos con fundamento en la solidaridad de la democracia continental". Después de describir la experiencia histórica e institucional de la democracia en América Latina como una cadena de éxitos, declaraba que era "obligación ineludible" de los latinoamericanos "no limitar los efectos de su actuación a la sola órbita de sus manifestaciones internas", y advertía —en alusión directa a Argentina— que los "gobiernos

[51] Fernando Benítez, "La gestión de Padilla en la Conferencia de San Francisco", *Mañana*, núm. 96, 30 de junio de 1945, p. 18.

contrarios al espíritu democrático" se desvinculaban de la comunidad interamericana y creaban problemas internacionales.[52]

Para enfrentar el surgimiento de una coyuntura de este tipo, Padilla proponía un procedimiento en tres pasos: la "aceptación provisional" de todo nuevo gobierno por parte de los demás gobiernos del hemisferio que tendrían 30 días para evaluar "si [el gobierno en cuestión] se ha establecido sobre bases perjudiciales a la marcha democrática de las Américas...". Si acaso algún miembro de la comunidad emitiera una "opinión contraria" habría una consulta "para lograr un acuerdo colectivo respecto a la suspensión o denegación del estatus internacional del nuevo Gobierno...". El mismo procedimiento se aplicaría en caso de que un gobierno hubiera "modificado su política interna" o cuando "existan grupos revolucionarios que [...] pretendan constituir su Gobierno".[53]

Padilla sostenía que su propuesta era la fórmula política del principio de seguridad colectiva. Sin embargo, para muchos era inaceptable. Según Daniel Cosío Villegas, estaba cargada de "monstruosidades" porque ignoraba la historia reciente de México, contrariaba su tradición diplomática y su "papel histórico... como intérprete y abanderado de los países hispanoamericanos".[54] Señalaba que la Doctrina Estrada no había sido formulada para casos como el que representaba el régimen argentino, porque si se aceptaba la calificación de nazi que le había impuesto el presidente Roosevelt, entonces no había duda de que había que combatirlo. No obstante, si no era considerado nazi, entonces negarle el reconocimiento era violar la Doctrina Estrada.

Este razonamiento tenía el valor de ordenar la discusión, aunque el problema no era el caos en el debate, sino el desacuerdo básico en relación con el alcance de la soberanía nacional en el mundo de la posguerra. De hecho, el gobierno mexicano era el único que se había sumado a la acusación de los estadunidenses de que el régimen militar argentino era nazi, mientras que la mayoría de los gobiernos latinoamericanos rechazaban la descalificación y

[52] Archivo Histórico de El Colegio de México (AHCM), "Proyecto de resolución de la delegación de México sobre relaciones entre los gobiernos americanos con fundamento en la solidaridad de la democracia continental", *Diario de la Conferencia Interamericana sobre Problemas de la Guerra y de la Paz*, 27 de febrero de 1945, 3ª sección, v. 1, núm. 6, pp. 82-83, Fondo Ramón Beteta, caja 30, exp. 277.

[53] *Idem.*

[54] Cosío Villegas, "La Conferencia de Chapultepec", art. cit., pp. 108-109.

trataban de defender el derecho de Argentina a una política exterior independiente.

Durante las reuniones preparatorias de la Conferencia de Chapultepec, los delegados de Estados Unidos señalaron a la contraparte mexicana que la propuesta de Padilla de la intervención colectiva contradecía la Doctrina Estrada, que también enunciaba el documento. No obstante, el representante de la Secretaría de Relaciones Exteriores, Alfonso García Robles, respondió que el protocolo de no-intervención no excluía la intervención colectiva en defensa del interés general, que consistía en promover y apoyar la democracia en el hemisferio. La Doctrina Estrada —añadió— se refiere al uso del reconocimiento de gobiernos como un arma que utiliza de forma unilateral un gobierno en beneficio propio.[55]

La ponencia intervencionista de Padilla provocó la indignación de otros miembros de la delegación mexicana que consideraron que el canciller había ido demasiado lejos en su afán de complacer al gobierno de Estados Unidos. Tan lejos como para comprometer la tradición de una política exterior crítica de los abusos del poder y, peor aún, corrió el riesgo de perder el liderazgo que podía representar en la región como país defensor de la soberanía nacional y de la autodeterminación.

Así, Ramón Beteta, al día siguiente de la presentación de Padilla, entregó al presidente de la República una carta en la que llamaba su atención sobre el hecho de que de aceptar la propuesta de la intervención colectiva, invocaba el riesgo de que en algún momento Estados Unidos cediera a la tentación de recurrir a él para asegurarse que en México fuera elegido presidente un candidato de su preferencia.

Beteta consideraba que la propuesta era un desprestigio para el gobierno y solicitaba al presidente que aceptara su renuncia como miembro de la de-

[55] Charles Bohan y William Sanders, miembros de la delegación estadunidense a la Conferencia de Chapultepec reportan una conversación con García Robles, que entonces era director auxiliar de Asuntos Políticos del Servicio Diplomático de la SRE: "García Robles no era muy claro, pero el razonamiento parece estar fundado en la siguiente premisa: el protocolo de no-intervención no excluye la intervención colectiva en el interés general que es promover y apoyar la forma democrática en las Américas; la Doctrina Estrada puede utilizarse con este propósito porque se separa del uso del reconocimiento como un arma unilateral a un interés nacional", en "Political Memo nr. 4 by Mr. William Sanders a Technical Officer of the Delegation", *Foreign Relations of the United States*, 1945, v. IX: *The American Republics*, *op. cit.*, p. 94.

legación mexicana en caso de que no fuera retirada —puesto que "de admitirse [la propuesta de Padilla] [viviríamos] continuamente bajo la amenaza de sufrir un vergonzoso proceso internacional"—.[56] La iniciativa fue retirada con el argumento de que le faltaba elaboración. Sus implicaciones en términos del principio de no-intervención eran tan evidentes que ni siquiera tuvo el apoyo de Estados Unidos, porque despertó suspicacias que pusieron en peligro la incorporación del principio de seguridad colectiva, que era lo que realmente le interesaba a la superpotencia.

La propuesta del canciller Padilla no tenía por qué causar escándalo, dado que se trataba simplemente de incorporar a la nueva institucionalidad hemisférica un procedimiento que se aplicaba desde 1943. En diciembre de ese año, el gobierno mexicano había aprobado la Resolución XXII del Comité de Emergencia de la Defensa Política del Hemisferio de Montevideo, que recomendaba suspender el reconocimiento de un nuevo gobierno constituido por la fuerza, antes de examinar las circunstancias bajo las cuales había llegado al poder. México aceptó participar en consultas e intercambios cada vez que hubiera cambios violentos en algún país de la región. En virtud de este acuerdo, por ejemplo, pospuso el reconocimiento del gobierno argentino del general Farrell hasta abril de 1945, una vez que conoció el criterio de otros gobiernos al respecto; aplicó la misma regla en octubre de ese año a Venezuela, y en marzo y septiembre de 1946 a Haití y a Bolivia, respectivamente.[57] Para el presidente Ávila Camacho la conferencia era mucho más que una iniciativa diplomática, dado que creyó que podía contribuir a atenuar las fracturas de la opinión pública; por ejemplo, la participación de Argentina en la conferencia suscitó una agria polémica. A la derecha

[56] AHCM, "Ramón Beteta al Sr. General de División, don Manuel Ávila Camacho, Presidente Constitucional de los Estados Unidos Mexicanos", 27 de febrero de 1945, Fondo Ramón Beteta, caja 30, exp. 277.

[57] El canciller Padilla envió el siguiente mensaje: "La actitud de México coincide con el espíritu de la recomendación mencionada. De allí que mi gobierno esté de acuerdo en participar en consultas e intercambios de información cada vez que se produzcan cambios violentos en gobiernos de cualquier República de este continente. Entiende mi gobierno que esta práctica se aplicará exclusivamente mientras dure el actual conflicto…[E]ste sistema de consulta será más constructivo si se le rodea de garantías que eviten caer en un intervencionismo que vulneraría los principios definitivamente incorporados en el patrimonio jurídico del Continente…" (Firma) Ezequiel Padilla. Citado en César Sepúlveda, "Las doctrinas de reconocimiento de gobiernos y su aplicación a la práctica", *Boletín del Instituto de Derecho Comparado*, núm. 16, 1953, p. 26.

los líderes del PAN, Manuel Gómez Morín y Efraín González Luna, defendían el principio de autodeterminación y el derecho de Argentina a declararse neutral; González Luna escribió: "Ninguno de los instrumentos diplomáticos de solidaridad americana obliga a la República Argentina a declarar la guerra".[58] Además reivindicaban la realidad de la comunidad hispanoamericana contra la propuesta interamericana de Estados Unidos y se lamentaban del "desaire" que se le había hecho a Argentina al no invitarla a la conferencia de Chapultepec. Según el semanario *La Nación*, esa "descortesía" había agravado las divisiones en el interior del grupo latinoamericano y en el hemisferio en su conjunto; y reiteraba una y otra vez la postura de que hubiera sido mejor declararse neutral en esta guerra que nos era ajena, como lo había hecho España.[59]

En cambio, la izquierda encabezada por Vicente Lombardo Toledano expresaba su repudio al gobierno militar argentino en sorprendente coincidencia con el Departamento de Estado; incluso apoyaba el intervencionismo que defendía el subsecretario de Estado, Spruille Braden con el argumento de que nada justificaba que un país estuviera gobernado por una dictadura militar. Lombardo consideraba que el único logro de la Conferencia de Chapultepec había sido la división del hemisferio. El 23 de octubre de 1945, el editorial de *El Popular* afirmaba:

> No cabe invocar la No-intervención como excusa para permitir la prolongación de regímenes totalitarios, porque si tal concepto prevaleciera, ninguno de los principios que consagran la libre determinación de los pueblos tendría eficacia y todos constituirían una burla incalificable a quienes lucharon y vivieron por ellos.[60]

Por su parte, al término de la conferencia el secretario Sttetinius informó al secretario de Estado en funciones que la reunión había sido la feliz culminación de 12 años de política del Buen Vecino. Según él, los delegados se habían despedido con un sentimiento general de satisfacción y de buena

[58] Efraín González Luna, "Comedia y realidad de América", *La Nación*, año IV, núm. 170, 13 de enero de 1945, p. 7.

[59] "Conferencia Interamericana. Esquema", *La Nación*, año IV, núm. 177, 3 de marzo de 1945, p. 6.

[60] "La gestión diplomática de Braden", Editorial, *El Popular*, 23 de octubre de 1945.

voluntad porque se habían sentido partícipes en la política mundial y capaces de influir en los asuntos de la región.[61]

En realidad, la conferencia fue un éxito sólo para la delegación de Estados Unidos que vio satisfechas todas sus expectativas y hasta las que no tenía, por ejemplo el toque anticomunista de los acuerdos. Los gobiernos latinoamericanos suscribieron el principio de seguridad colectiva y se comprometieron a considerar a la mayor brevedad posible la constitución de un organismo militar permanente, formado por representantes del Estado Mayor de cada una de las repúblicas de la región. No obstante, este acuerdo nunca se materializó.

El regreso de Argentina vía México

La exclusión de Argentina, el bloqueo y las sanciones que le había impuesto el gobierno de Estados Unidos eran un foco de tensión regional. La persistencia de estas medidas, incluso después de terminada la Conferencia de Chapultepec, producía entre los latinoamericanos la inquietud de que hubiera nuevas acciones punitivas contra el país austral, y de que la reunión hubiera sido un paso hacia la primera *acción colectiva*.[62] La mayoría consideraba que era injustificable que un gobierno quisiera obligar a otro a adoptar una determinada política exterior o un cierto régimen político.

El año 1946 fue de transición y reacomodo de los actores internacionales, en el que derrotadas las dictaduras nazis y fascistas, la Unión Soviética y el totalitarismo comunista se convirtieron en el principal enemigo de Estados Unidos y de las democracias. El surgimiento del orden bipolar obligó a una revisión general de las estrategias diplomáticas. Por ejemplo, Washington extendió el reconocimiento diplomático al gobierno Farrell-Perón antes de que cumpliera con las dos condiciones que le habían sido impuestas: la declaración de guerra a Alemania y Japón, y la celebración de elecciones constitucionales, porque el triunfo del mariscal Tito en Yugoslavia condujo a Estados Unidos a modificar su política de reconoci-

[61] "The American Delegation to the Acting Secretary of State", *Foreign Relations of the United States*, 8 de marzo de 1945, vol. IX: *The American Republics*, *op. cit.*, p. 149.

[62] Chile, Ecuador, Paraguay, Perú y Uruguay se sentían en riesgo porque habían interrumpido relaciones con el Eje, pero no habían declarado la guerra.

miento de gobiernos de facto. Es decir, el reconocimiento del gobierno argentino, fue producto del nuevo orden internacional y no de algún acuerdo bilateral o hemisférico.

Ezequiel Padilla renunció al cargo de secretario de Relaciones Exteriores el 12 de julio de 1945. En agosto Francisco Castillo Nájera lo sustituyó. El nombramiento auguraba otros cambios, pues no era un secreto que el nuevo canciller estaba en desacuerdo con las iniciativas de Estados Unidos hacia América Latina y con la estrecha colaboración que había establecido Padilla con el embajador Messersmith. Era un cardenista que creía en la no-intervención y en la defensa de la soberanía nacional. Estuvo al frente de la embajada mexicana en Washington desde 1934; nunca había ocultado su hostilidad a la diplomacia padillista; pero, además, representaba la línea dura contra el gobierno argentino; por ejemplo, el primer día de sesiones de la Conferencia de Chapultepec intentó detener la propuesta del delegado de Paraguay para que se le permitiera hablar al enviado del gobierno argentino, y casi le arrebató la palabra para precisar: "Argentina no tiene derecho de invitar a una consulta ni de concurrir a ella".[63] La pregunta que muchos se hicieron fue qué tan obligado se sentiría a respetar la continuidad de la política de su antecesor, y si un cambio —de haberlo— tendría la aprobación del presidente Ávila Camacho.

La evolución del contexto general sugiere que Ávila Camacho sabía muy bien el mensaje que enviaba con el nombramiento de Castillo Nájera, que era más apropiado para el mundo en el que Estados Unidos era la potencia hegemónica, sobre todo si regresaba con ímpetus intervencionistas.

La estrecha relación con Estados Unidos que Padilla contribuyó a construir, en la que había invertido todo su capital político tuvo costos altos para la posición mexicana en América Latina. Un reportaje del joven periodista Fernando Benítez en la revista *Mañana* sobre la fundación de Naciones Unidas, ofrece un recuento de las reacciones negativas que suscitó el apoyo mexicano a las propuestas de Estados Unidos. Según él, la intervención de Padilla en relación con el caso argentino había sido "desafortunada", porque daba la impresión de seguir muy de cerca las inspiraciones de Estados Uni-

[63] Citado en "Conferencia Interamericana. Paraguay pro-Argentina", *La Nación*, 3 de marzo de 1945, p. 7. Aparentemente ya se había negociado la presentación argentina con Estados Unidos.

dos.[64] Benítez añade: "Los brasileños decían que México defendía las posiciones de Estados Unidos con entusiasmo sospechoso".[65]

La relación con Argentina también sufrió los efectos de la colaboración con Estados Unidos. Padilla adoptó sin discusión la interpretación del Departamento de Estado, y repetía casi literalmente sus acusaciones contra el gobierno argentino; por ejemplo, en octubre de 1944 declaró: "Las repúblicas americanas siente(n) ver a uno de los principales países del continente alejado de la democracia. [...] Estamos ya aplicando sanciones económicas a la Argentina y la aislaremos del resto del mundo. Argentina ha sido ya acusada de dañar el esfuerzo político de los aliados [...]".[66]

El embajador mexicano en ese país, Juan Manuel Álvarez del Castillo, reportaba a la Secretaría de Relaciones Exteriores la animosidad que manifestaban el gobierno y la opinión pública hacia México. Se le veía como el instrumento del intervencionismo de Washington en su política interna, "lo que ha creado resentimiento", afirmaba el diplomático.[67] Sin embargo, muy pronto el tono de esta relación fue otro, uno que buscaba el acercamiento más que la confrontación.

Es posible atribuir al cambio de canciller la nueva atmósfera en torno a las relaciones mexicano-argentinas. Lo cierto es que entre julio de 1945 y febrero de 1946, el embajador Álvarez del Castillo reportó diferentes muestras de amistad de parte de altos funcionarios argentinos y de Perón mismo;[68] por ejemplo, Argentina votó de manera sistemática a favor de candidaturas o propuestas mexicanas en distintos foros internacionales. Entre

[64] Fernando Benítez, art. cit., p. 18.

[65] *Idem.*

[66] "El problema grave ahora, es el papel de Argentina en la paz y la actual organización de su país es peligrosa para el pacífico desarrollo del continente". Entrevista con Flora Lewis, citado en Daniel Cosío Villegas, "La Conferencia de Chapultepec", art. cit., p. 105.

[67] "Juan Manuel Álvarez del Castillo al Secretario de Relaciones Exteriores", AHGE, SRE, Reservado 4-025, exp. III 452-2 1ª parte, 17 de julio de 1945.

[68] Por ejemplo, el 9 de agosto de 1945, Álvarez del Castillo reporta que "el vicepresidente Perón me expresó en forma cordial y categórica que el gobierno argentino se proponía seguir la trayectoria mexicana en la cuestión agraria". AHGE, SRE, "Del embajador Álvarez del Castillo al Secretario de Relaciones Exteriores y al Director General de Asuntos Políticos y del Servicio Diplomático", México, 9 de agosto de 1945, 1.0 (82-0)45/4050-5; en septiembre el canciller Juan Cooke "expresó su agradecimiento por el noble apoyo que México le impartió en momentos internacionales de mucha gravedad", AHGE, SRE, "Argentina, Reporte 1945", 11 de septiembre de 1945, México, 1.0 (82-0)45/4050-5.

mayo de 1945 y septiembre de 1946, México recibió este respaldo al menos en siete instancias, entre ellas la candidatura de Isidro Fabela a la Corte Internacional de Justicia, para ser miembro del Consejo Económico y Social de las Naciones Unidas, y para formar parte del Consejo de la Organización Internacional del Trabajo.[69]

El embajador Álvarez del Castillo explica el cambio de actitud de los argentinos hacia México como agradecimiento por la intermediación que llevó a cabo él mismo, para que el presidente Perón recibiera al expresidente de Estados Unidos, Herbert Hoover, quien viajó a Argentina en junio de 1946 para adquirir granos en su calidad de representante de United Nations Relief and Rehabilitation Agency, UNRRA.[70] Una interpretación diferente sugieren los cambios en la política exterior argentina que más bien buscaba construir un liderazgo hemisférico alternativo al de Estados Unidos, y México era un aliado importante. También es posible que los argentinos hicieran un cálculo a partir de los procesos electorales que enfrentaban ellos mismos y México, y que pensaran en la concertación de una estrategia defensiva. Lo cierto es que a partir del otoño de 1945 el gobierno argentino llevó a cabo una serie de acciones que buscaban un acercamiento con México.

La amenaza del Blue Book

Spruille Braden fue designado embajador en Buenos Aires en 1945; era un experimentado funcionario del Departamento de Estado, especialista de

[69] Otros votos fueron: adhesión al aplazamiento de la conferencia en Londres sobre cooperación educativa y cultural; candidatura de México como miembro no permanente del Consejo de Seguridad; solidaridad en materia de asilo diplomático. [AHGE, "Informe general correspondiente a mayo de 1945 hasta el momento presente (septiembre de 1946)", 30 de septiembre de 1946, FII/510 (42-0) 46/ 4050].

[70] Vivien Reed, *Beneath the Surface: Argentine-US Relations as Perón Assumed the Presidency*, tesis de maestría, Monmouth, WOU, 2009. El embajador Álvarez del Castillo escribió: "Por instrucciones directas del señor presidente de la República, General de División Manuel Ávila Camacho, transmitidas por esa superioridad, se llevó a cabo para preparar favorablemente el ánimo del señor presidente Perón acerca de la misión Hoover hasta alcanzar el categórico ofrecimiento de dicho gobernante de recibir, escuchar y prometer su eficaz ayuda al ex mandatario, como en efecto ocurrió". AHGE, SRE, "Informe general correspondiente a mayo de 1945 hasta el momento presente (30 de septiembre de 1946)", 30 de septiembre de 1946, FII/510 (82-0) 46/ 4050.

América Latina, exembajador en Cuba, miembro de la generación de diplomáticos que buscó aprovechar la breve coyuntura del fin de la guerra y el inicio de la Guerra Fría, para instalar la democracia en América Latina. Braden estaba convencido de que Perón no era un demócrata, y entendió que su misión era detener su ascenso al poder. Para efectos prácticos, el embajador se convirtió en el líder de la oposición antiperonista. [71]

Tan pronto como llegó a Buenos Aires inició actividades de organización de la oposición; y no tenía ningún escrúpulo para hacerlo abiertamente "Su costumbre era que se ponía ante el micrófono y hablaba al pueblo argentino con agresiva claridad".[72] Una de sus frases más citadas no sin hilaridad era: "*With free elections or without free elections, Perón shall not be president. I say so*". ("Con elecciones libres o sin ellas, Perón no será presidente. ¡Eso lo digo yo!".)[73] Desde los primeros días de su gestión provocó una vehemente reacción nacionalista que, pese a todos los esfuerzos de la embajada, llevó a Perón al poder con una victoria electoral incontestable, en febrero de 1946, con el grito "¡Braden o Perón!".

Dos semanas antes de la elección se dio a conocer el *Blue Book*. Un folleto propagandístico que denunciaba la supuesta complicidad entre el gobierno argentino y grupos de nazis que habían encontrado protección en ese país.[74]

[71] Spruille Braden fue embajador en Argentina por unos cuantos meses; dejó el cargo en septiembre de 1945, porque fue nombrado subsecretario auxiliar de Estado encargado de los asuntos hispanoamericanos. Fue destituido de ese cargo a raíz del conflicto con Messersmith a propósito de la política hacia Argentina. Era reconocido como un diplomático impetuoso y agresivo. En 1953, en una entrevista que se llevó a cabo en el programa de Historia Oral de la Universidad de Columbia en Nueva York, Braden hace una afirmación que lo retrata de cuerpo entero, y que permite imaginar la irritación que podía provocar en los gobiernos ante los cuales fue embajador. "Mi posición en mis embajadas (Colombia, Cuba y Argentina), era que yo era el embajador de Estados Unidos. Yo era el patrón, y nada se iba a hacer en ese país que no hubiera yo aprobado antes. El Departamento de Estado nunca ha tomado esa posición", 3 de noviembre de 1953, "The Reminiscences of Spruille Braden", vol. VI, 2899. Oral History Research Office, Columbia University, Nueva York, 1959.

[72] Braden tuvo un comportamiento inusitado. "Manifestaciones de mercenarios recorrían las calles bonaerenses con carteles difamatorios para Braden [...]", "EL 'LIBRO AZUL'. EN LOS EE UU", *Tiempo*, vol. VIII, núm. 199, 22 de febrero de 1946, p. 14.

[73] Citado en "The *Chargé* in Argentina (Cabot) to the Secretary of State", 15 de febrero de 1946, *Foreign Relations of the United States*, 1946, vol. XI: *The American Republics*, *op. cit.*, p. 214.

[74] Argentina pretendía ejercer en el hemisferio un liderazgo alternativo al de Estados Unidos; por consiguiente, no abandonó del todo la confrontación con el imperialismo

Describía los vínculos entre ellos; las supuestas conspiraciones contra otros gobiernos latinoamericanos; y la protección de criminales de guerra; los planes de subversión y el doble objetivo de provocar la tercera guerra mundial y de fundar el 4º Reich.[75] La conclusión era que el régimen argentino era nazifascista y que no tenía cabida en la comunidad interamericana. El objetivo más o menos evidente del documento era probar que Argentina no había cumplido con los compromisos adquiridos en la Conferencia de Chapultepec, probablemente con el fin de emprender la primera *acción colectiva* del sistema interamericano.[76] El Departamento de Estado insistía en que el régimen argentino tenía que cambiar porque Estados Unidos no podía firmar un tratado de defensa con un gobierno enemigo.

El *Blue Book* es una pieza estándar de propaganda; sin embargo, el Departamento de Estado le dio gran importancia, como si se tratara de un documento histórico. Lo promovieron como un estudio extraordinario porque apareció bajo la firma del presidente Truman y del secretario de Estado, James Byrnes. También se buscó difundirlo tan ampliamente como fuera posible, y comprometer a los gobiernos latinoamericanos a entregar una opinión por escrito incluso varias semanas después de la elección de Perón. Si el *Blue Book* buscaba disuadir a los argentinos de votar por Perón, fue un estrepitoso fracaso.

El resultado de la injerencia de Braden fue un gran triunfo electoral para Perón que supo explotar la vena nacionalista de los argentinos. No podía haber sido peor para Estados Unidos. Dean Acheson, subsecretario de Estado entre 1945 y 1948, y secretario de Estado de 1948 a 1952, en sus *Memorias* afirma que la elección de Perón debió haberle enseñado lo que el episodio de la invasión a Veracruz en 1914 le enseñó a Woodrow Wilson, que "los dictadores en América Latina y en cualquier otra parte no son derro-

---

yankee, y fue reticente a cumplir los compromisos que había adquirido en la Conferencia de Chapultepec.

[75] Soledad Altrudi, "Of Personalities and Democratization in US Public Diplomacy: the Case of the Blue Book on Argentina", USC Center on Public Diplomacy, 2015; en: <https://www.uscpublicdiplomacy.org/student-paper/personalities-and-democratization-us-public-diplomacy-case-blue-book-argentina-0>.

[76] Robert H. Holden y Eric Zolov (coeds.), *Latin America and the US. A Documentary History*, Nueva York, Oxford University Press, 2000, pp. 176-178. Según estos historiadores, es falsa la afirmación del *Blue Book* de que su contenido había sido debatido con los latinoamericanos.

cados porque se les niegue el reconocimiento diplomático, con dólares, o con una severa condena. De hecho, ese tratamiento los convierte en héroes".[77]

El secretario Castillo Nájera vivió un momento muy incómodo al toparse con los límites que la alianza con Estados Unidos le imponía al Estado mexicano. En abril, el secretario declaró a la prensa que no creía que el gobierno argentino representara una amenaza para la paz mundial. Al día siguiente de que esa declaración fue publicada, el embajador mexicano en Washington, Jorge Espinosa de los Monteros informó al secretario: "Carrigan (a cargo del Mexican Desk en el Departamento de Estado) me vino a ver, de la manera más amistosa posible", para hacerle saber que el Departamento preparaba un comunicado para desmentir la idea de que la intención del *Blue Book* era demostrar que Argentina era una amenaza para la paz. Asimismo, quería corregir la versión de los periodistas de la declaración del secretario Castillo Nájera, pues el *Blue Book* probaba todo lo que prometía probar.[78]

Carrigan dio a leer al embajador mexicano la respuesta que había preparado para los periodistas, pues no quería excederse en relación con lo que había declarado el secretario. El Departamento de Estado consideraba necesario que México publicara sus observaciones al *Blue Book*. Según escribió el embajador Espinosa de los Monteros el 4 de abril a Castillo Nájera: "Comprendí que hay deseo especial de que a la brevedad posible, demos a la publicidad los puntos de vista de la secretaría, que ya conoce la cancillería americana y la han impresionado favorablemente".[79]

Un par de días después, Castillo Nájera dirigió una carta al subsecretario Manuel Tello, en la que le informaba que se había entrevistado con el secretario de Estado, James Byrnes y que éste estaba "fundamentalmente" de acuerdo con sus declaraciones. En tono irónico narró que Byrnes "pre-

[77] Dean Acheson, *Present at the Creation. My Years in the State Department*, Nueva York, W. W. Norton & Co., 1969, p. 254.

[78] "Aparentemente sorprendido por declaraciones ministro Castillo Nájera sobre libro azul norteamericano, Departamento de Estado prepara una declaración en la que niega su intención era probar que Argentina era una amenaza paz y seguridad. Dicha declaración, Departamento de Estado subrayará el hecho de que nuestro secretario Relaciones no declaró que el libro azul haya dejado de probar ninguno de los puntos que pretendía probar". AHGE, SRE, "Embamex a Secretaría de Relaciones Exteriores", Telegrama para cifrar, núm. 36, abril 3 de 1946, Fondo Castillo Nájera, cajas 5, 8, 9, 10, 14, 21, 24, 32, 33, 34. Exp. 15-360 y exp. III/342(72)"945"/.

[79] *Idem.*

tendió" que el *Blue Book* no intentaba convencer a los gobiernos latinoamericanos de la necesidad o conveniencia de una ruptura con Argentina, sino que daba la información que había recogido el Departamento de Estado para que se normalizaran las relaciones entre la Casa Blanca y la Casa Rosada. Byrnes añadió que, como se lo había dicho a la prensa, Estados Unidos obraría "en todos los asuntos internacionales, pero particularmente en el caso de la Argentina, de acuerdo con la cancillería mexicana".[80] El canciller Castillo Nájera imprimió a esta comunicación un tono irónico que subrayaba la poca credibilidad que le merecían los argumentos del Departamento de Estado contra Argentina.[81]

Este incidente sugiere que el gobierno de Estados Unidos no estaba dispuesto a permitir que México —que con Uruguay era casi su único aliado en la región— cambiara súbitamente de rumbo, en un tema que consideraba estratégico. Para impedirlo, en lugar de imponerse con rudeza recurrió a tácticas de la diplomacia tradicional, por ejemplo, *corregir* un supuesto malentendido o una afirmación con el añadido "de acuerdo con la cancillería mexicana".[82]

Así también hacía saber al presidente Ávila Camacho que la "alianza" entre los dos países era un compromiso en firme, que no se podía simplemente descartar junto con el funcionario que había sido responsable de su conclusión e implementación. Es decir, a Washington le importaba muy poco el destino personal de Padilla, y confiaba en que el presidente Ávila Camacho respetaría los términos de la alianza.

Este tropiezo y la molestia del Departamento de Estado obligaron al canciller Castillo Nájera, a retractarse; lo hizo también porque era lo que esperaba de él el propio Ávila Camacho, y que controlara los daños que

[80] *Idem.*

[81] Se puede inferir que Francisco Castillo Nájera escogió cuidadosamente cada una de las palabras que utilizó para informar al subsecretario Tello de lo ocurrido en la entrevista con Byrnes significado que prefería sugerir antes que plasmar directamente en el papel. Esta es una precaución interesante. Además, en febrero anterior, el propio Byrnes había declarado que el reconocimiento diplomático ya no sería instrumento de presión, sino que de ahí en adelante Estados Unidos iba a reconocer a todo gobierno de facto.

[82] AHGE, SRE, "Embamex a Secretaría de Relaciones Exteriores", Telegrama para cifrar, núm. 36, abril 3 de 1946, Fondo Castillo Nájera, cajas 5, 8, 9, 10, 14, 21, 24, 32, 33, 34. Exp. 15-360 y exp. III/342(72)"945"/.

pudo haber causado en la relación bilateral, incluso es probable que se lo exigiera, porque lo último que quería era un *Blue Book* para México.

El triunfo de Perón, la victoria de Alemán y la derrota de Spruille Braden

El interés del presidente Ávila Camacho por Argentina no decayó con la salida del canciller Padilla, como lo indica el elevado número de documentos que se elaboraron para "Acuerdo Presidencial", casi a diario, con base en los reportes del embajador Álvarez del Castillo.

La comparación entre las elecciones de febrero en Argentina, y la presidencial de julio en México se imponía por sí sola. Las similitudes no eran obvias, no obstante tanto los funcionarios mexicanos como los estadunidenses los tenían en mente como acontecimientos paralelos que mostraban semejanzas ineludibles. En realidad lo que se comparaba era la posible reacción de Estados Unidos a cada uno de estos procesos; y en ambas situaciones se discutía la posibilidad de que en caso de una crisis electoral, Estados Unidos convocara a una acción colectiva.

Al menos a juicio de algunos, por ejemplo del embajador Messersmith, entre México y Argentina no había grandes diferencias. En una carta a Spruille Braden del 28 de febrero de 1946, expresó su incredulidad al conocer los primeros resultados de la elección que daban el triunfo a Perón. Sin más pruebas que su prejuicio afirmaba que la elección había sido fraudulenta, producto de una "planeación diabólica", que conducía incluso a la oposición a decir que la votación había sido libre y sus resultados legítimos.[83] Además, añadía, qué podía esperarse si el recuento de votos estaba en manos de los peronistas; y en relación con México observaba:

> Desde luego que aquí en México están planeando hacer lo mismo que están haciendo en Argentina y para nosotros es difícil obtener una reacción oficial. Aquí el presidente se ha comprometido en la situación electoral apoyando a

[83] "Messersmith, G. S., Mexico City to Spruille Braden, Washington", 28 de febrero de 1946, MSS0109 *George S. Messersmith Papers*, University of Delaware; en: <http://udspace.udel.edu/19716/7739>.

> Alemán, aunque no lo ha hecho abiertamente... para él la elección es un asunto de prestigio.[84]

México no estaba en la misma posición que Argentina. Las elecciones presidenciales a celebrarse el 7 de julio se habían organizado conforme a las reglas, como un acto soberano, que respetaba la secuencia institucional de renovación sexenal. Sin embargo, el control que el presidente ejercía sobre el proceso sucesorio, la fuerza predominante de un partido apoyado por el Estado, la represión de las oposiciones y los antecedentes de fraude electoral que oscurecían las elecciones del pasado, ponían en tela de juicio la autenticidad del triunfo de los candidatos oficiales. La alianza con Estados Unidos no estaba en cuestión, pero la armonía de la relación bilateral estaba —como con Argentina— igualmente hipotecada por un proceso electoral. El juicio del gobierno de Washington sobre este tema sería decisivo para el futuro del país. Al menos así parece haberlo creído el presidente Ávila Camacho.

En ese caso, sin embargo, semanas antes del escrutinio en Argentina, el subsecretario de Estado, Dean Acheson reiteró al embajador Messersmith en México que si bien las relaciones serían más cercanas con gobiernos elegidos libre y democráticamente, creía firmemente que "estos asuntos políticos son de orden puramente doméstico, y no creemos que tenemos el derecho, y tampoco la intención de hacer ningún señalamiento a México".[85]

La comparación entre las dos elecciones solamente añadía confusión. En una conversación que sostuvo Messersmith con el secretario Castillo Nájera a propósito de Argentina, comprobó que él tampoco creía en la limpieza de los comicios en ese país. El canciller mexicano se refería a la "tragicomedia" que se escenificaba en beneficio del mundo exterior, pero fue tan equívoco que por momentos parecía que hablaba de México.[86] Al embajador le fue más difícil asimilar una larga conversación que sostuvo con el

[84] *Idem.*

[85] "From the Undersecretary of State (Dean Acheson) to the Ambassador in Mexico (Messersmith) February 13, 1946", *Foreign Relations of the United States*, 1946, vol. XI: *The American Republics, op. cit.*, p. 975.

[86] "Messersmith, G. S., Mexico City to Spruille Braden, Washington", 14 de marzo de 1946. *MSS0109 George S. Messersmith Papers*, University of Delaware; en: <http://udspace.udel.edu/handle/1773-00>.

presidente Ávila Camacho, que reporta al subsecretario Braden con fecha 16 de marzo.[87] Argentina fue el tema central de lo que parece haber sido una conversación muy agitada. En esta ocasión la posición del presidente había sido inequívoca y contundente: si los votantes argentinos le habían dado el triunfo a Perón y no había bases para desafiar los resultados, lo mejor era reconocerlo.

El argumento central del presidente era la urgencia de frenar a la Unión Soviética, porque, según él: "No [había] duda que Rusia soviética planeaba establecer relaciones cercanas con Argentina y que [había] la posibilidad de que la oferta fuera aceptada".[88] La disyuntiva era: aislar a Argentina, que sería equivalente a entregarla a la Unión Soviética y a Gran Bretaña, o integrarla a América Latina.[89] El presidente mexicano se inclinaba por la segunda vía antes de que cualquiera de esas potencias capturara las lealtades del país austral.

Los argumentos del presidente mexicano fueron una sorpresa desagradable para Messersmith que no se esperaba semejante cuestionamiento de un "amigo".[90] No obstante, no podía realmente quejarse de Ávila Camacho, porque se había ajustado a las nuevas condiciones del contexto internacional con más agilidad que los embajadores estadunidenses, obsesionados con la amenaza que —según ellos— representaba Perón, hasta que todos se encontraron en la alianza anticomunista que se convirtió en el eje del sistema interamericano.

Conforme pasaron las semanas y se dieron a conocer los resultados oficiales de la votación en Argentina, se fue modificando la opinión del Departamento de Estado, de tal suerte que en marzo Braden mandó un mensaje a Messersmith: Todo indica que la "elección fue limpia y que Perón realmente ganó en una competencia justa".[91] En cambio, la embajada

[87] "Messersmith, G. S., Mexico City to Spruille Braden, Washington", 16 de marzo de 1946, *MSS0109 George S. Messersmith Papers*, University of Delaware; en: <http://udspace.udel.edu/handle/19716/7740>.

[88] *Ibid.*, p. 2.

[89] *Ibid.*, p. 4.

[90] *Ibid.*, p. 7.

[91] "The *chargé* in Argentina (Cabot) to Secretary of State March 7, 1946", *Foreign Relations of the United States*, 1946, v. XI: *The American Republics, op. cit.*, p. 232. La política de Estados Unidos hacia el gobierno del presidente Perón tardó en definirse varios meses a lo largo de los cuales fue motivo de un irreconciliable desacuerdo entre el subsecretario Braden y el embajador Messersmith. Uno mantenía la línea dura, el otro se inclinaba por un acerca-

de Estados Unidos en México observó en el proceso electoral sin gran dificultad la inequidad de una competencia que favorecía ampliamente al candidato oficial, que recibió un apoyo irrestricto del gobierno y de muchos empresarios.

Este episodio de las relaciones mexicano-argentinas cerró con broche de oro las coincidencias entre la Argentina peronista y el México de Miguel Alemán, el 27 de febrero de 1951, cuando el embajador Álvarez del Castillo impuso la Orden del Águila Azteca a la señora Eva Duarte de Perón.

Conclusiones

En el informe del 1º de septiembre de 1946, el presidente Ávila Camacho no pudo —o no quiso— ocultar su desilusión con la Conferencia de Chapultepec, que, de todas maneras, fue eclipsada por la Conferencia de San Francisco y por la fundación de Naciones Unidas. Es posible que para el presidente este episodio haya sido frustrante porque sus logros en este terreno fueron inferiores a sus expectativas: pudo construir la base de una relación estable y de largo plazo con Estados Unidos, pero se le escapó el liderazgo latinoamericano con el que esperaba contrarrestar los costos del acercamiento. También consolidó el efecto positivo de esta relación sobre la estabilidad de la presidencia de la República, como si la opinión pública mexicana fuera impermeable a lo que ocurrió, por ejemplo, en Argentina, porque estaba atenta a su papel de control del poder, pero carecía de instrumentos para ejercerlo.

La mayoría de los países latinoamericanos, preocupada por las repercusiones que los acuerdos de esta reunión podrían tener para la soberanía argentina, y sobre la de ellos mismos en el futuro, logró bajar el tono de las

miento y la aplicación del *Good Neighbour Policy*. Sumner Wells apoyaba esta postura con argumentos de Guerra Fría: "Existen demasiados indicios de que paulatinamente nos estamos alejando (los Estados Unidos y las demás repúblicas Americanas —y de que la marejada comunista avanza—. Nuestra mayor necesidad es la de volver a crear el ambiente de unidad del Nuevo Mundo que llegó a su punto culminante en San Francisco". Cit. en: AHGE, SRE, "Rafael de la Colina, encargado de negocios, al C. Secretario de Relaciones Exteriores, Washington, D. C.", 23 de enero de 1947. Correo Aéreo. 15. Confidencial. Exp.73-0/311.2 (73:82)/1, Fondo Embajada de México en Washington. El conflicto se resolvió en 1947 con la jubilación de ambos funcionarios.

propuestas originales de varias resoluciones, pero no por eso le restó gravedad al efecto potencial de la seguridad colectiva sobre el principio de soberanía nacional. Por ejemplo, el capítulo XXVI del Acta de Chapultepec se refiere al *quintacolumnismo* de manera indirecta, pero recomienda de manera muy directa que "las Repúblicas Americanas consagren como delito, en su legislación penal interna, los actos cometidos individual o colectivamente que favorezcan a un Estado extracontinental en guerra contra un país americano agredido".[92] En este caso la ambigüedad de la expresión garantizaba la continuidad del compromiso con el sistema interamericano, en un futuro en el que los adversarios no serían ni Alemania ni Japón.

Según un miembro de la delegación de Estados Unidos, William Duggan, todos los participantes en la Conferencia de Chapultepec coincidían en que había que bloquear la influencia soviética. Este propósito era, un "factor intangible" que nunca se hizo explícito, pero que fue determinante para obtener el apoyo de los latinoamericanos —sobre todo de los países más atrasados—.

Desde la perspectiva de la política interna mexicana, la Conferencia de Chapultepec fue una gran operación de relaciones públicas destinada a movilizar el apoyo de una opinión que miraba con desconfianza y escepticismo el acercamiento con Estados Unidos e incluso la participación en la guerra, que muchos pensaban les había sido impuesta. El desarrollo del conflicto bélico ocupaba a diario los titulares de los periódicos nacionales, pero constantemente surgían dudas en relación con la lucha "por ideales que en la propia tierra son pisoteados a menudo...".[93]

Al finalizar la guerra, Estados Unidos encontró en los países latinoamericanos las afinidades ideológicas que buscaba y que serían la base del combate anticomunista: principalmente, la defensa de la economía de mercado y del individualismo, pero la coincidencia no resolvió las tensiones históricas que los oponían, sino que en muchos casos las agravó. Así ocurrió, primero, porque la Guerra Fría dio un nuevo ímpetu al intervencionismo esta-

[92] Capítulo XXVI del Acta Final de la Conferencia Interamericana, única resolución, en *Diario de la Conferencia Interamericana sobre Problemas de la Guerra y de la Paz*, vol. I, núm. 14, México, D. F., 23 de febrero de 1945, p. 261. En la propuesta, el número 14 de la Declaración de México afirmaba: "La existencia de sistemas políticos antidemocráticos en el Continente de América perjudica nuestro progreso y crea bases de penetración que amenazan desde afuera la seguridad americana".

[93] "Perspectiva", *Excélsior*, 27 de enero de 1943, p. 4.

dunidense; y, en segundo lugar, porque las discrepancias fueron interpretadas por Washington a la luz de su rivalidad con Moscú, es decir, eran entendidas como una amenaza a la seguridad nacional de Estados Unidos. El principal problema de esta política fue que sacrificó el impulso a la instalación de regímenes democráticos en aras de un orden hemisférico congelado en estructuras autoritarias cuando no dictatoriales.

III. EL PRESIDENCIALISMO REFORMISTA

Manuel Ávila Camacho cumplió ampliamente con las expectativas que generaba todo presidente al llegar al poder, fue un verdadero agente de cambio. Sus iniciativas y decisiones reorientaron el sistema político. Sin embargo, su gobierno pasó a la historia como si se hubiera limitado a mantener el *statu quo* que recibió del cardenismo. Esta imagen se desprende del estilo personal del presidente, discreto y pausado, que contrastaba con la figura imponente de Lázaro Cárdenas; y con el desenfado de Miguel Alemán.

La primera aportación de Ávila Camacho al desarrollo del presidencialismo fue el cambio de las bases sobre las que se asentaba el poder de la coalición revolucionaria que gobernaba el país. La superioridad militar dejó de ser el valor determinante, y los recursos de la autoridad política se ampliaron y diversificaron, ya no fueron únicamente las armas, sino que incluyeron instrumentos constitucionales, políticos y contextuales; pero lo distintivo de este presidente fue el uso que supo hacer del factor externo para alcanzar sus fines de política interna.

Este episodio de la historia del presidencialismo autoritario está dedicado al reformismo del presidente Ávila Camacho, que fue su respuesta a las condiciones del mundo de la posguerra. La primera parte del capítulo examina la rivalidad que surgió entre la propuesta presidencial de convocar a la unidad nacional, y la voluntad de la corriente afín al expresidente Cárdenas de mantener la superioridad de la unidad revolucionaria. Luego expongo la intención del presidente de gobernar con la oposición y de construir un esquema informal de representación que contribuyera a la formación de un pluralismo limitado. El segundo apartado reconstruye los tres momentos de la reforma política que prepararon el terreno para la elección presidencial de 1946: la Ley Federal Electoral , la fundación del Partido Revolucionario Institucional (PRI), y la exclusión de los militares en activo de la política electoral. La última sección recupera un episodio de protesta electoral que tuvo lugar en León, Guanajuato, en enero de 1946, cuya extraordinaria violencia fortaleció la decisión de Ávila Camacho de excluir a los militares de competencias electorales, y doblegó las ambiciones del ejército.

La respuesta al triunfo de las democracias

Al incorporarse al bloque de las democracias, México adquirió el compromiso moral de fortalecer las instituciones de ese modelo, así que la propuesta avilacamachista de cambio político tenía un poderoso aliado: la transformación del mundo en la posguerra.

Poco antes del término de la guerra Estados Unidos abandonó la política del Buen Vecino, para promover el establecimiento de instituciones democráticas en América Latina, como lo hacía en Europa. En noviembre de 1944 el subsecretario del Departamento de Estado, Dean Acheson, envió a sus embajadores una circular que les comunicaba que el gobierno y el pueblo de Estados Unidos se sentirían más afines y sus sentimientos de amistad serían más cálidos hacia gobiernos que tuvieran el apoyo y consentimiento de sus gobernados, expresados libre y periódicamente.[1] Ese mismo fue el mensaje de la Declaración Conjunta sobre Europa Liberada (*Joint Declaration on Liberated Europe*) que se dio a conocer en febrero de 1945. El documento planteaba la reconstrucción política en términos de "...elecciones libres sin obstáculos... con base en el sufragio universal y en el voto secreto...".[2]

El *memorándum* de Acheson propició la "primavera democrática" que se extendió por América Latina al finalizar la guerra,[3] cuando una mayoría de países se lanzó por la vía del reformismo político[4] e introdujo elecciones libres y competidas. En virtud de estos cambios, entre 1944 y 1946 llegaron

[1] "The Undersecretary of State (Acheson) to the Ambassador in Mexico (Messersmith) February 13, 1946", *Foreign Relations of the United States*, 1946, vol. XI: *The American Republics*, eds. Velma Hastings y Almon H. Wright, Washington, D. C., Government Printing Office, 1969, pp. 974-975.

[2] "Text proposed by the US for a Declaration on liberated Europe, February 9, 1945", *Foreign Relations of the United States*, 1945, Diplomatic Papers, Conferences at Malta and Yalta, 1945, ed. Bryton Barron, Washington, D. C., Government Printing Office, 1955, p. 919.

[3] Bethell y Roxborough, art. cit., p. 6.

[4] "Los años 1944 y 1945 trajeron a América Latina más cambios democráticos a más países de la región que ningún otro año de su historia desde la Independencia", escribió Arthur P. Whitaker en el reporte anual de Inter-American Affairs correspondiente a 1945. Citado en Bethell y Roxborough, art. cit., p. 5.

al poder por la vía de elecciones limpias nuevos gobiernos en Cuba y Guatemala, en Perú, Argentina y Brasil; en México, 1946 fue el año de la reforma electoral y del partido representante de la coalición revolucionaria.

En este contexto se inserta la política reformista del presidente Ávila Camacho, que se acogió al nuevo orden internacional para imprimir urgencia al llamado a la unidad nacional que había adoptado como lema de su gobierno. El país estaba exhausto después de tres décadas de violencia; era preciso cambiar las condiciones que propiciaban el giro confrontacionista que tomaban las coyunturas electorales. La fórmula democrática prometía reglas claras para la competencia por el poder.

El surgimiento de esferas de influencia restó impulso al proyecto democrático de Ávila Camacho, porque los revolucionarios mexicanos consolidaron el control que ejercían sobre el poder sin necesidad de llevar a fondo la construcción de la democracia. La alianza con Estados Unidos propició la estabilización política interna, entre otras razones, porque en el mundo bipolar del antagonismo Estados Unidos-Unión Soviética, los países miembros del bloque "occidental" eran automáticamente acreditados como democracias; así lo fue México al igual que Haití o la República Dominicana.

La unidad nacional contra la unidad revolucionaria

La reforma política era una prioridad para el éxito del proyecto de estabilización; no obstante, el contexto era adverso. Cuando llegó a la presidencia de la República, Manuel Ávila Camacho, la atmósfera prevaleciente era de inquietud y de tensiones políticas y sociales. Su propia elección había alimentado ese ambiente, porque había acentuado las divisiones internas. En este contexto, la continuidad del gobierno dependía de su capacidad para frenar las divisiones y confrontaciones. La atmósfera de movilización de los años del radicalismo cardenista no se había extinguido, y tampoco la efervescencia que acompañaba la organización de obreros y campesinos. A lo anterior habría que añadir la excitación que provocaban en México las noticias de la Guerra Civil española que se vivió como un asunto propio.[5]

[5] "Extremistas de diversas tonalidades contemplaron los acontecimientos españoles en términos mexicanos, al mismo tiempo que consideraron que eran viables en el escenario

En este escenario fragmentado, el presidente lanzó su llamado a la unidad nacional, una convocatoria que pretendía sustituir la unidad revolucionaria que Cárdenas había construido en torno a su gobierno.

La transición del cardenismo al avilacamachismo introdujo muchas ambigüedades en el lenguaje político, mismas que en 1945 aún no se habían resuelto. Los defensores de la unidad revolucionaria tendían a equipararla con la unidad nacional y a mezclar ambas. En el discurso que pronunció el líder sindical, Vicente Lombardo Toledano el 6 de junio de 1945, en apoyo a la candidatura de Miguel Alemán, utilizó los dos significados indistintamente, no obstante la obvia contradicción:

> La unidad nacional es la unidad entre los semejantes, no entre los desiguales. La unidad nacional es sólo la unidad entre quienes piensan de la misma manera y tienen intereses comunes. La unidad nacional no es tabla de salvación de náufragos [...] Unidad sí, entre los revolucionarios y los hombres y las mujeres progresistas de México.[6]

Así alimentaba deliberadamente la confusión para preservar la identidad revolucionaria —que definía sobre todo en términos de defensa de la soberanía nacional frente a Estados Unidos, pero sin confrontar al presidente.

La ilegitimidad del adversario

El presidente Ávila Camacho creyó que su reforma política bastaría para alinear el sistema político a las democracias occidentales, pero la instalación de instituciones democráticas en un medio autoritario resultó más complicada de lo que había imaginado. En realidad, su funcionamiento era irreconciliable con un sistema de origen revolucionario, una de cuyas premisas

nacional. Así, mientras que los conservadores soñaban con un Franco criollo que lograra restituir la tradición, la ley y el orden por medio de una 'cruzada' en contra del bolchevismo; los izquierdistas radicales mexicanos intentaron organizar milicias armadas y 'exacerbar las contradicciones del capitalismo' como pasos preliminares para la consolidación del socialismo". Mario Ojeda Revah, *México y la Guerra Civil española*, Madrid, Turner, 2004, p. 215.

[6] "Discurso de Vicente Lombardo Toledano en el mitin de apoyo a la candidatura de Miguel Alemán a la presidencia de la República. 7 de junio de 1945", en ICAP, *Historia documental*, t. V: *PRM-PRI, 1945-1950*, p. 43.

era la monopolización del poder, fundada en la pretensión de la unanimidad de un ente monolítico y abstracto, "el pueblo".

El sistema político estaba marcado por la impronta revolucionaria de origen, uno de cuyos rasgos era negar la legitimidad de la oposición, representante de la diversidad política de la sociedad, y de una verdadera alternativa de gobierno. Los revolucionarios justifican la intolerancia al principio mismo de oposición, con el argumento de que su existencia sólo entorpece la marcha de la Revolución, porque nada ni nadie puede detener la realización de sus ambiciosos objetivos.

Esta concepción del Estado revolucionario era contraria al compromiso de la élite política mexicana con la democracia, pues en ese tipo de régimen la oposición cogobierna con el partido mayoritario. Además, para la Revolución mexicana la democracia se definía por asociación con valores y objetivos de largo plazo, como la justicia social y la redención de obreros y campesinos; en cambio, Washington promovía una noción de democracia estrictamente electoral y partidista. Éste era el flanco débil de los revolucionarios mexicanos para quienes las elecciones eran un ejercicio secundario de legitimación, antes que la libre expresión de la soberanía popular.

Durante la presidencia de Ávila Camacho aparecieron núcleos de oposición a las políticas del gobierno en el seno mismo de la élite política, incluido el ejército. Se formaron sin estruendo, por ejemplo, como reacción a la presencia cada día más prominente de la Iglesia en la arena pública,[7] o al incremento de propiedades privadas en el campo. Organizados y en acción

[7] Por ejemplo, el mismo día del funeral del general Calles, se celebró el cincuentenario de la coronación de la Virgen de Guadalupe con un gran despliegue de sentimiento religioso en una ceremonia grandiosa. En la celebración participó un nutrido grupo de obispos y sacerdotes canadienses, encabezado por el cardenal Rodrigo M. Villeneuve, que viajó tres días en coche, un recorrido de 1 200 kilómetros, desde Quebec hasta la Ciudad de México. Durante la travesía hicieron varias escalas. En las distintas ciudades donde se detuvieron fueron recibidos con grandes demostraciones de afecto y de entusiasmo, campanadas, cohetes, voces y gritos. En sus declaraciones a la prensa, el prelado enfatizó su agradecimiento al presidente de la República por la hospitalidad con que habían sido recibidos. En la capital de la República, los visitantes se reunieron con un grupo de "escritores católicos": Jesús Guiza y Acevedo, Rafael Bernal, Manuel Gómez Morín, Miguel Lanz Duret, Armando Chávez, Bernardo Ponce, Carlos Denegri, Carlos León, Daniel Kuri Breña, Ignacio Bernal, José Vasconcelos. "Palabras del Cardenal Legado. Declaración", *La Nación*, 20 de octubre de 1945, año V, núm. 210, pp. 21-22.

se autodenominaban "la oposición revolucionaria", y desafiaban el monopolio del PRM sobre el legado de la Revolución.

Vicente Lombardo Toledano era un conspicuo representante de esta corriente, cuya vitalidad se apoyaba también en la presencia lejana, pero reconocible, del expresidente Cárdenas. Él encabezaba un restauracionismo que reivindicaba las políticas de los primeros gobiernos de la Revolución, desde el laicismo hasta el reparto agrario o la posición privilegiada de los sindicatos en el gobierno y en el partido, la redención del campesino o una política más cautelosa —o incluso de confrontación— hacia Estados Unidos. A los desacuerdos de este grupo habría que sumar el de los militares que resentían la exclusión de la política electoral de que habían sido objeto por decreto presidencial.[8]

El naciente Partido Acción Nacional, PAN, mostraba potencial de desarrollo como actor independiente y representativo de ideas e intereses distintos a los que propugnaba la élite gubernamental. Al igual que la Unión Nacional Sinarquista, UNS, el PAN estaba asociado a la Iglesia y a los valores del conservadurismo católico, reivindicaba la tradición hispánica, y no pocos de sus militantes se sentían afines al franquismo.[9] También rechazaban la influencia estadunidense en la sociedad, los "modos libres" de las mujeres, el divorcio. Al mismo tiempo, desconfiaban de la presencia de los republicanos españoles que habían encontrado refugio en México. Los veían como "rojos peligrosos" que podían propagar "ideas disolventes".[10] También eran decididos defensores del orden constitucional y de sus instituciones, en ese sentido eran defensores del liberalismo político, y estaban comprometidos con la continuidad institucional.

[8] Ezequiel Padilla quiso capitalizar el descontento del ejército. El 1º de noviembre de 1945 el agregado civil de la embajada de Estados Unidos entregó al embajador Messersmith un *Memorándum* en el que informaba que de muy buena fuente había recibido el reporte de una reunión de tres generales, en Cuernavaca, en la casa de Ezequiel Padilla. Uno de ellos, Héctor F. López, les comunicó que había preguntado al general Amaro si estaba dispuesto a apoyar a Padilla y a impedir la imposición de Alemán. La respuesta fue afirmativa, pero calificada. Según estos informes el general Amaro habría advertido que necesitaban armas para sostener el rechazo a Alemán. De no tenerlas sería conveniente pensar el asunto dos veces antes de tomar una decisión definitiva. BLHU, "From Robert W. Wall, Jr. Civil *attaché* to the ambassador, George Messersmith", *Memorandum*, 1º de noviembre de 1945. 1/00491.

[9] Véase Soledad Loaeza, *El Partido Acción Nacional. La larga marcha, 1939-1994. Oposición leal y partido de protesta*, México, Fondo de Cultura Económica, 1999, p. 210.

[10] *Ibid.*, p. 130.

La prensa era el medio de expresión de esta oposición conservadora, que llevaba el sello del anticardenismo de los años anteriores. Según un informe de la embajada británica acerca de los periódicos publicados en la Ciudad de México, el conservadurismo católico era el tono dominante en los principales diarios: *Excélsior*, *El Universal*, *La Prensa*, *Novedades* y el vespertino, *Últimas Noticias*, varios de ellos recibían un subsidio gubernamental. En franco contraste con sus críticas, *El Popular* y *El Nacional* se mantenían fieles al cardenismo.[11] También se publicaban varias revistas semanales como *Todo*, y *La Nación*, muy cercana al PAN; en cambio la revista *Tiempo*, promovía los mensajes gubernamentales y las posiciones de quienes defendían el laicismo revolucionario —y consideraban un error la reconciliación avilacamachista con la Iglesia católica—. El semanario *Mañana* ofrecía una visión crítica, pero no era católico ni lombardista, al menos de manera consistente.

La institucionalización de la oposición conservadora significaba la incorporación al sistema de partidos de quienes no se sentían representados en el régimen. La Unión Nacional Sinarquista (UNS) fue descartada de este cálculo muy pronto. Era muy poco probable que los sinarquistas optaran por convertirse en un partido político, incluso que se integraran al PAN, pues siempre habían rechazado la fórmula partidista. El sinarquismo se vio diezmado por conflictos internos y a partir de 1944 inició un proceso de descomposición irreversible.[12]

El reto del Partido Acción Nacional (PAN)

En 1946 el PAN era una organización muy pequeña, casi familiar, que no había cumplido ni una década de existencia. En la Ciudad de México representaba sobre todo a la oposición de clase media, donde estaba su principal base de apoyo, aunque su electorado era diverso. Había logrado asentar una presencia política —más que electoral— en Jalisco, Colima, Michoacán y Nuevo León. En el triángulo del Bajío ganaba votos en las comunidades

[11] NA, "Dora H. Cockburn. From the Information Officer to I. B. Honeyball", Latin America Information Department, 31 de diciembre de 1946, FO 953/18.

[12] Véase Hernández García de León, *Historia política del sinarquismo, 1934-1944,* México, Universidad Iberoamericana/Porrúa, 2004, pp. 280-285.

rurales, competía con la UNS —una de sus primeras victorias fue la presidencia municipal de Huajuapan de León, Oaxaca—, y en el norte contaba con el apoyo de grandes empresarios.

En estos años el PAN consolidó su papel de oposición conservadora, no sólo por méritos propios, sino porque la prensa y el PRI construyeron una imagen que exageraba su cercanía con la Iglesia y sus críticas al laicismo, al ejido y a la política exterior. En 1946 Acción Nacional no lanzó candidato a la presidencia de la República, pero obtuvo cuatro diputaciones. Los líderes del partido pensaron que el avance que habían registrado justificaba el esfuerzo de ampliar la organización. .

Ante esta posibilidad el gobierno adoptó una estrategia cuyo principal objetivo era provocar la dispersión de las oposiciones, de ahí el tratamiento deferente que recibió el Partido Fuerza Popular que formaron los sinarquistas, o el Partido Comunista Mexicano (PCM) al que también se le concedió el registro a pesar de que no cumplía con los requisitos de ley.

Los fundadores del PAN, Manuel Gómez Morín y Efraín González Luna, hicieron un enorme esfuerzo de organización, muy concentrado en el norte, en el centro y en el occidente el país, donde, como apunté antes, competían con la UNS. No obstante sus pequeñas dimensiones, sus líderes eran interlocutores del presidente de la República (en cambio apenas si cruzaban saludos con los dirigentes del Partido de la Revolución Mexicana, PRM). Esta condición alimentó su compromiso con el desarrollo de una oposición institucionalizada, un objetivo que los fundadores del PAN compartían con Manuel Ávila Camacho.

Gobernar con la oposición

La guerra impuso una tregua a los conflictos que había generado el radicalismo cardenista, pero la estabilización de largo plazo a la que aspiraba Ávila Camacho, significaba satisfacer las demandas de participación de sectores que se habían sentido excluidos del régimen. No obstante, cuando el presidente quiso incorporarlos al proceso de gobierno, se enfrentó a la oposición de las organizaciones obreras. Esta resistencia y el surgimiento de la Guerra Fría condicionaron la evolución del proyecto de Ávila Camacho en un sentido contrario al esperado.

Para fortalecerse en el seno de la élite política, el presidente buscó el apoyo de actores ajenos al PRM, y a sus sectores. Desde el 1º de diciembre de 1940 tendió una rama de olivo a los empresarios: "Cifraremos nuestra seguridad de expansión económica, principalmente en las energías vitales de la iniciativa privada…"; y en enero de 1941 entabló contacto con Manuel Gómez Morín, para proponerle que organizara una movilización para exigir la reforma del artículo 3º de la Constitución.

En una carta a Efraín González Luna, del 16 de enero de ese año, el fundador del Partido Acción Nacional, Gómez Morín, reportaba que había recibido noticias de que el "presidente desearía un movimiento de opinión que compeliera al gobierno a tomar decisiones más a fondo" en relación con la educación socialista.[13] Y cuatro días más tarde describe en una nueva carta la estrategia que debería adoptar la Unión Nacional de Padres de Familia (UNPF) "para presionar al gobierno", el cual, dice Gómez Morín, "recibirá con agrado la presión de la opinión pública. Más aún, me dicen por conducto satisfactorio, que lamenta (el presidente) que esa presión no se haya manifestado más agudamente."[14]

No fue éste un gesto aislado. El presidente se entrevistó en varias ocasiones con el líder de Acción Nacional, y a lo largo del sexenio mantuvieron repetidos intercambios en los que trataban distintos temas, por ejemplo, la guerra, la inflación y las medidas más adecuadas para combatirla, la situación del campo, o la reforma electoral.[15]

En 1944, el mismo Ávila Camacho invitó a Gómez Morín a que formara parte del grupo de exrectores que discutió la reorganización de la Univer-

[13] A. M. González Luna y Alejandra Gómez Morín (eds.), *Una amistad sin sombras: correspondencia entre Manuel Gómez Morín y Efraín González Luna, 1934-1964*, t. I: *Primeras Luces*, v. I: *La Gestación de una Idea (1934-1942)*, México, Fondo de Cultura Económica / Fundación Rafael Preciado Hernández, 2010, p. 272.

[14] *Ibid.*, p. 274.

[15] En entrevista con James Wilkie y Edna Monzón de Wilkie, Gómez Morín se refirió a su relación con Ávila Camacho en los siguientes términos: "Ávila Camacho nunca me hizo una oferta directa. Habló con algunos miembros del partido diciendo que él esperaba que colaboraran. Inclusive invitó a don Manuel R. Samperio, un abogado muy distinguido, miembro del partido, para que aceptara la Procuraduría de la República y al licenciado Cosío y Cosío para que aceptara también una secretaría o un puesto como miembro de la Suprema Corte. (…) Conmigo habló varias veces, me pidió repetidamente proyectos y *memoranda* sobre asuntos económicos, y en todos los casos se los enviamos". James y Edna Wilkie, *Frente a la Revolución mexicana*, *op. cit.* t. II, p. 101.

sidad Nacional y la elaboración de una nueva ley orgánica, cuya versión final recoge con bastante fidelidad las propuestas que presentó el líder panista.[16]

Cada uno de esos asuntos fue tema de largos *memoranda* que Gómez Morín sometía a consideración del presidente. Ávila Camacho lo reconocía como líder de una oposición relevante, pese a que Lombardo Toledano lo denunciara con furia y aspereza en términos muy ofensivos como "quintacolumnista" del franquismo, empleado de los terratenientes y del imperialismo yanqui. En sus tratos con el dirigente panista, el presidente mostró una disposición a dialogar y a debatir con la oposición completamente novedosa entre los revolucionarios que eran tercamente reacios a abrir el más pequeño resquicio a la participación de sus contrarios.

No obstante, Ávila Camacho estaba decidido a hacer de la oposición conservadora un componente importante del sistema político. Según escribe Gómez Morín a González Luna, en mayo de 1941, el director de la revista *Así*, Gregorio Ortega, le transmitió un mensaje del presidente. Ávila Camacho deseaba que se publicara un artículo semanal de Acción Nacional en la revista.

> Que ya que éstos (los panistas) no quisieron aceptar la invitación que les hizo para colaborar con el Gobierno —y al obrar así lo hicieron por motivos muy respetados— se les pide ahora una ayuda que sí pueden dar: la que consiste en orientar a la opinión pública y al propio Gobierno con limpieza lo que ellos piensan sobre la situación y sobre los problemas nacionales.[17]

En su informe del 1º de septiembre de 1941, el presidente Ávila Camacho explicó las bondades de la participación de la oposición en el debate público:

> La oposición, cuando es bien intencionada despierta en los hombres de gobierno el sentido de la autocrítica, los orienta respecto a los diferentes

[16] Copias de los borradores de las propuestas de Gómez Morín sobre reforma electoral, política agraria, la Ley Orgánica de la UNAM y el alegato a propósito del ingreso de México a la guerra se encuentran en el Archivo Manuel Gómez Morín, ITAM, Fólder PAN, Sección AN: Subsección Organización, Comité Ejecutivo Nacional, Correspondencia, expedientes 94, 163, 226 y 236.

[17] Ana González Luna y Alejandra Gómez Morín (eds.), *op. cit.*, t. I, vol. I, p. 332.

matices de la opinión, los que no deben tener más límite que la conservación del orden público y el rechazo enérgico de influencias extrañas a nuestra nacionalidad.[18]

Los diputados identificados con el avilacamachismo recogieron el interés del presidente en la formación de un partido conservador que fuera el interlocutor válido del partido de los revolucionarios en el poder. En un acto que contaba con la "aprobación de la presidencia de la República", el joven diputado Manuel Moreno Sánchez, miembro de la Confederación Nacional de Organizaciones Populares (CNOP), defendió la participación de los conservadores, en estos términos:

> Si el partido a que pertenecemos y que gobierna a la República llega a comprender que con la intervención de sus contrarios no lo va a perder todo, ni los contrarios lo van a ganar todo, y si a los contrarios se les convence de esto último, si se llega a una realidad de que todos aportan la responsabilidad que tienen ante la Nación, evidentemente habremos abandonado el siglo XIX para entrar al siglo XX de la paz, en que México podrá abrir los cauces para su verdadera construcción interior.[19]

El propósito de entablar un diálogo con la oposición conservadora causaba gran irritación entre los radicales del PRM que sostenían una cerrada intransigencia a esta participación, y sólo estaban dispuestos a dialogar, o debatir con otros revolucionarios, pero lo que ellos descalificaban como "la reacción" o llamaban el "quintacolumnismo" no les merecía ninguna consideración. Éste era el principal escollo con que se topaba la propuesta presidencial.

[18] "Manuel Ávila Camacho, al abrir el congreso sus sesiones ordinarias, 1º de septiembre de 1941", en LXVI Legislatura, *op. cit.*, t. IV, p. 152. Esta actitud contrasta vivamente con la del presidente Cárdenas que favorecía la construcción de la hegemonía del PRM, al menos entre las fuerzas revolucionarias.

[19] [25] AGN, Diputado Manuel Moreno Sánchez, "El papel de México en la posguerra", Ciclo de conferencias organizado por el Departamento del Distrito Federal a través de la Dirección de Acción Social y con la aprobación de la presidencia de la República, en el Palacio de Bellas Artes, acto inaugural, 23 de marzo de 1944. Galería 3, expedientes 433/310, legajos 3 a 8.

El fracaso del experimento pluralista

La cerrazón de la Confederación de Trabajadores de México (CTM) y de Lombardo a la incorporación de sectores "no revolucionarios" o "contrarrevolucionarios" al régimen fue manifiesta cuando el presidente intentó crear consejos plurales en los que participaban diversos grupos de los ámbitos público y privado para discutir los problemas del país. Mediante este recurso Ávila Camacho pretendía sustraer del ámbito del PRM y del Congreso el tratamiento y debate de los temas de interés público, y restar influencia a la dirigencia cetemista que, como es natural, miraba estas iniciativas con mucho recelo. En cambio, desde los *memoranda* que elaboraba para el presidente, Gómez Morín lo alentaba a adoptar esta fórmula de negociación.[20]

El ingreso a la Segunda Guerra Mundial fue la oportunidad para que el presidente pusiera en práctica este modelo de consulta pública entre las élites. El primer intento fue en 1942, la formación del Consejo Supremo de Defensa Nacional, en el que estarían representados "los tres poderes, los sectores campesino y obrero, el comercio, la industria, la minería, los profesionistas organizados y en general los elementos capaces de cooperar con la obra conjunta que la emergencia demanda".[21] Sin embargo, esta propuesta no llegó muy lejos porque el partido no mostró ninguna disposición de sentarse a discutir asuntos centrales para la nación con "los enemigos de la Revolución".

Dos años después hubo un segundo intento, en el contexto de la inminente victoria aliada; entonces el presidente convocó a la integración de la Comisión Nacional para el Estudio de los Problemas de la Posguerra.[22]

[20] Manuel Gómez Morín proponía al presidente insistentemente la formación de grupos consultivos de este tipo para la discusión de ciertos temas que consideraba prioritarios. Por ejemplo, el 26 de diciembre de 1944, en carta dirigida al presidente de la República, le dice "insistimos nuevamente ante usted en la proposición de integrar la comisión autónoma no partidista capaz de estudiar el problema del campo en México en sus términos reales, actuales y de formular un programa integral de soluciones... Una Comisión que tenga las facultades y los medios adecuados para hacer una investigación exhaustiva". Archivo Manuel Gómez Morín, ITAM, Carta de Manuel Gómez Morín al presidente Manuel Ávila Camacho, 26 de diciembre de 1944, fólder PAN, expedientes 94, 163, 226 y 236, Sección AN, serie: Comité Ejecutivo Nacional, subserie: Correspondencia.

[21] "Manuel Ávila Camacho, al abrir el congreso sus sesiones ordinarias, 1º de septiembre de 1942", en LXVI Legislatura, *op. cit.*, vol. IV, p. 235.

[22] Esta comisión fue una sugerencia del gobierno de Estados Unidos a todos los países latinoamericanos.

La comisión se formó por decreto presidencial el 17 de febrero de 1944, bajo la presidencia de Octavio Véjar Vázquez, quien unos meses antes se había visto forzado a renunciar al cargo de secretario de Educación Pública por conflictos con las organizaciones magisteriales. Estaba integrada por un abanico amplio y diverso de industriales, profesionistas, políticos, intelectuales, que incluía a Gómez Morín, Lombardo Toledano, Aarón Sáenz, Alfonso Reyes y Víctor Manuel Villaseñor, entre otros.[23] En términos ideológicos era relativamente plural, pues un gran industrial como Evaristo Araiza se sentaría codo a codo con Luis L. León, el primer presidente del PNR, cercanísimo colaborador de Plutarco Elías Calles. El PRM no estaba representado como tal, y menos todavía alguno de sus sectores. La composición de la Comisión era el anuncio de lo que serían las nuevas élites gobernantes: de un total de 30 miembros, 13 eran ingenieros; había además dos banqueros y sólo dos generales.

El temario de la comisión era muy amplio. Comprendía cuatro "órdenes de problemas": internacionales, económicos, sociales y educativos, y pretendía servir "... a la acción futura de nuestro Gobierno".[24]

Este segundo intento de inclusión de élites no partidistas también fracasó. El 14 de diciembre de 1944, el presidente firmó el decreto que disolvía

[23] Los integrantes de la comisión eran: presidente, Lic. Octavio Véjar Vázquez; secretario general, Lic. Alfonso Noriega, Jr.; secretario de Asuntos Internacionales, Lic. Alfonso García Robles; secretario de Asuntos Económicos, Lic. Antonio Armendáriz; secretario de Asuntos Educacionales, Dr. José Gómez Robleda. Miembros: Ing. Emilio Alanís Patiño, Ing. Evaristo Araiza, Lic. Rodolfo Brito Foucher, Lic. Luis Cabrera, Lic. Alejandro Carrillo, Lic. Alfonso Caso, Lic. Antonio Castro Leal, Lic. José Ángel Ceniceros, Lic. José Cruz y Celis, Sr. Antonio Espinosa de los Monteros, Lic. Genaro Fernández MacGregor, Ing. Ramón Fernández y Fernández, Ing. Valentín R. Garfias, Lic. Manuel Gómez Morín, Ing. Pascual Gutiérrez Roldán, Ing. José Herrera y Lazo, Sr. Luis Legorreta, Ing. Luis L. León, Ing. Aurelio Lobatón, Lic. Vicente Lombardo Toledano, Ing. Roberto López, Ing. Ezequiel Ordoñez, Ing. Andrés Ortiz, Ing. Carlos Ramírez Ulloa, Lic. Alfonso Reyes, Lic. Aarón Sáenz, Gral. Alberto Salinas Carranza, Gral. Tomás Sánchez Hernández, Ing. Gustavo P. Serrano, Lic. Luciano Wiechers. Participaban también tres representantes de la Cámara de Diputados: Lic. Efraín Brito Rosado, Lic. Benito Coquet y Lic. Octavio Reyes Espíndola; más tres representantes de la Cámara de Senadores: Lic. José Castillo Torre, Sr. Alfonso Flores Mancilla y Sr. León García. La H. Suprema Corte de Justicia de la Nación estaba representada por el Lic. Salvador Urbina. Véase Octavio Véjar Vázquez, *Discursos*, México, Comisión Nacional de Planeación para la Paz, 1945, pp. 33-35.

[24] Octavio Véjar Vázquez, "El mundo de la posguerra. Discurso pronunciado en la Universidad Socialista de la Ciudad de Guadalajara, Estado de Jalisco, el día 26 de septiembre de 1944", en Véjar Vázquez, *Discursos*, *op. cit.*, p. 116.

la comisión, a menos de un año de ser creada, sin que se dieran a conocer los resultados de sus trabajos. El argumento oficial de la disolución fue que "había cumplido con su misión". Se dijo que la Comisión había entregado el temario al presidente Ávila Camacho en julio.

No obstante, desde junio anterior, Víctor Manuel Villaseñor,[25] integrante de la comisión y miembro de la corriente radical del cardenismo, fundador de la CTM, y entre 1936 y 1941, presidente de la Sociedad de Amigos de la URSS, y en ese momento secretario general del Instituto Cultural Mexicano-Ruso, había dirigido al presidente de la República una carta de renuncia que habla del fracaso del proyecto, y de la dificultad que tenían los revolucionarios para lidiar con opiniones distintas de las propias. Según él, la comisión nunca llegó a funcionar realmente porque Véjar Vázquez se había apoderado de ella para su beneficio personal; este individuo no le merecía ningún respeto pues cuando estuvo al frente de la Secretaría de Educación Pública (SEP), se había vinculado con "elementos francamente simpatizadores del fascismo" y había quedado comprometido por violaciones al artículo 3o constitucional.

Aunque el argumento de mayor peso para Villaseñor era la "heterogeneidad del grupo", pues figuraban en ella personas bien conocidas "como representantes de los intereses reaccionarios del país", así que desde el principio había dudado de la "eficacia posible" del grupo.[26]

Un primer borrador del decreto que disolvía la comisión, elaborado por la Secretaría de Gobernación recogía la misma interpretación, pues atribuía "a la estructura compleja" de ésta la lentitud de sus trabajos en una coyuntura que demandaba agilidad, dado "el ritmo acelerado con que se aproxima la victoria". Sin embargo, el secretario particular del presidente de la República, Jesús González Gallo, que ejercía gran influencia sobre Ávila Camacho, corrigió esta versión con el argumento de que tal y como estaba redactado era una confesión de que

[25] Salvador Novo describe a Villaseñor en los siguientes términos: "Mi madre me preguntó si el orador (en un homenaje al embajador soviético Oumanzky) era un proletario, y la ilustré con respecto al origen aristocrático, acomodado, de un Víctor Manuel Villaseñor que profesa el comunismo con la ferviente honradez con que igual hubiera abrazado el sacerdocio católico". En Novo, *La vida en México en el periodo presidencial de Lázaro Cárdenas. Compilación y nota preliminar de José Emilio Pacheco*, México, INAH-Conaculta, 1994, p. 267.

[26] AGN, "Carta de Víctor Manuel Villaseñor al presidente Manuel Ávila Camacho, 14 de junio de 1944", galería 3, expediente 433/310, legajos 3 a 8.

> ... aquel organismo consultivo, al que se le diera la composición que parecía exigir la idea de una política nacional, en la que colaborasen las distintas tendencias representativas de la opinión pública que no es fácil conciliar ni siquiera en presencia de un alto interés común. Declararlo así, aunque tácitamente, pone de relieve sin ventaja alguna, que en aquel organismo su estructura ha venido a frustrar su funcionamiento.[27]

Esto es, el gobierno no podía reconocer abiertamente el fracaso de la convocatoria a la unidad nacional, y tampoco quería exhibir la intolerancia de los sectores que rechazaban la idea de que la Revolución podía compartir el poder con otros sectores de la sociedad.

Por más que el gobierno quisiera ocultarlo, la invitación a la unidad nacional provocaba en la coalición cardenista una mal disimulada incomodidad, pues ellos no habían renunciado a su único objetivo: la unidad de los revolucionarios, y, tal y como lo demuestran los discursos de Lombardo Toledano de la época, uno de los factores de reconciliación entre ellos era la existencia de un enemigo común, que en este caso era naturalmente "la reacción". Sus acciones llegaron a sabotear la política presidencial. Así, por ejemplo, entre el 4 y 5 de septiembre de 1944, cuando la comisión plural avilacamachista estaba en pleno funcionamiento —o debería estar—, tuvo lugar en el palacio de Bellas Artes una Asamblea Nacional del sector revolucionario, convocada por Lombardo Toledano, a la que asistieron la CTM, la Confederación Nacional Campesina (CNC), la CNOP y otros grupos identificados con la coalición cardenista, el "sector revolucionario". Todos ellos eran, según Lombardo, "herederos de las fuerzas renovadoras" que buscaban "tomar acuerdos que se ofrecerán a la opinión de la Nación Mexicana como el programa o como el conjunto de bases para un programa definitivo que aspirará a ser, no sólo del Partido de la Revolución Mexicana, sino el programa de la Nación en marcha".[28]

Las presiones encontradas que pesaban sobre el gobierno no habían escapado a la observación de Gómez Morín, quien escribe al respecto a Gon-

[27] "Decreto de disolución de la Comisión Nacional para el Estudio de los Problemas de México en la Posguerra", AGN, galería 3, expediente 433/310, legajos 3 a 8.

[28] Vicente Lombardo Toledano, "Fundamentos del Programa de la Revolución Mexicana en la posguerra", *Futuro*, núm. 100, mayo de 1945, p. 48. El 1° de septiembre de 1944 Lombardo, Narciso Bassols y Dionisio Encina anunciaron la formación de la Liga Socialista de México, que presentaron como el germen de un amplio frente de izquierdas.

zález Luna: "Supongo que la disolución de la Comisión obedeció al propósito de eludir la ofensiva cardenista...".[29] Y poco después abunda sobre el tema, con la amargura de quien se sabe excluido, y en una posición de debilidad ante el proceso de concentración de las decisiones entre los miembros del sector "revolucionario":

> Se me hace suponer que todo el cardenismo *oumanzkista* (en alusión al embajador de la Unión Soviética, que era muy activo[30]) hizo una ofensiva a fondo para evitar que la Comisión continuara sus labores... Entre los "economistas" al servicio del Estado los comentarios de la disolución son estupendos... (reprochan al gobierno) nombrar comisiones que no están rigurosamente controladas por quienes son capaces de enfocar el estudio desde el punto de vista estrictamente revolucionario y regimentar, y desde el cual inclusive lo malo existente puede hacerse valer no para enmiendas peligrosas, sino para ir más adelante en el programa.[31]

La derrota de este proyecto no fue el fin del reformismo avilacamachista; tampoco significó que los empresarios fueran excluidos de las discusiones en

[29] Ana María González Luna y Alejandra Gómez Morín (eds.), *op. cit.*, t. I, vol. II: *Consolidación del proyecto (1943-1946)*, pp. 1082-1083.

[30] Antes de ser embajador en México Constantin A. Oumansky fue embajador en Washington. Dean Acheson lo describe así: "Pertenecía a la nueva escuela de diplomáticos ofensivos. Nunca aprendieron los modales del Servicio Exterior Ruso como lo habían hecho Chicherin, Litvinov y Maisky. Los nuevos hombres cultivaban la majadería como un método para mostrar su desprecio por el mundo capitalista, con el que no les interesaba tener el más mínimo contacto... Oumansky no tenía la más mínima virtud... Cuando se mató en un accidente de aviación no perdimos absolutamente nada". Dean Acheson, *Present at the Creation, my Years in the State Department*, Nueva York, W. W. Norton and Co., 1969, p. 34.

[31] A. M. González Luna y Alejandra Gómez Morín (eds.), *op. cit.*, t. I, vol. II, p. 1085. La muerte del embajador soviético en México estuvo rodeada de interrogantes que nunca fueron resueltas. Su avión explotó y se desplomó en el lago de Texcoco apenas unos minutos después de despegar con rumbo a Costa Rica, donde Oumanzky presentaría sus cartas credenciales. La sospecha de que había sido víctima de un atentado perpetrado por alguna agencia del gobierno de Estados Unidos se planteó de inmediato, porque se sabía que el muy eficaz diplomático soviético tenía un ambicioso programa de propaganda para todo el hemisferio. No obstante, la embajada de Estados Unidos en México se deslindó de inmediato. Una investigación se llevó a cabo, pero nunca llegó a conclusiones definitivas. Así, las sospechas del gobierno soviético se mantuvieron vigentes. Al llegar a la Conferencia de San Francisco, el ministro soviético, Molotov, increpó al canciller Padilla y lo culpó de la muerte de su embajador. Salvador Novo, *op. cit.*, pp. 250-251.

torno al rumbo que debía seguir el país. Participarían, pero simplemente lo harían a puerta cerrada y conforme al esquema corporativo cuyas bases había sentado el cardenismo, que así aseguraba su supervivencia

La alternativa reformista

El presidente Ávila Camacho no desistió, y siguió adelante con sus propósitos; presentó dos diferentes proyectos de reforma política: entre 1941 y 1943 promovió la reforma del PRM, y después de 1944 un proyecto mucho más ambicioso que aspiraba a crear un escenario institucional que favoreciera la competencia y el pluripartidismo.

La primera propuesta buscaba responder a las demandas de participación de los sectores que el cardenismo había excluido. En 1943 se creó la Confederación Nacional de Organizaciones Populares, la CNOP. Su intención fundamental era incorporar al partido a segmentos de la opinión, grupos urbanos y de clase media, que se habían movilizado en oposición al partido cardenista para apoyar la candidatura presidencial de Juan Andrew Almazán. Un propósito adicional era la reconciliación de la élite revolucionaria en el seno de una organización partidista única, consolidada por la competencia electoral. Su propósito implícito era limitar el peso de la CTM en el interior del partido, y la dependencia de la presidencia de la República de la organización que representaba a la coalición cardenista.

La segunda reforma tenía tres dimensiones igualmente decisivas para el desarrollo institucional del sistema autoritario: el diseño de una legislación electoral completamente nueva, un partido diferente para la Revolución en el poder, y, por último, la exclusión de los militares de la competencia electoral.

En realidad, pasada la elección de Manuel Ávila Camacho se instaló una tregua entre los fieles a la versión cardenista de la Revolución en el poder, y los críticos de la reforma agraria, de la educación socialista y, en general, de un presidente que había introducido políticas que afectaban los intereses de las élites. En 1940, llegó al umbral del poder una nueva generación de políticos y funcionarios que aspiraba a transformar al país vía la industrialización.[32]

[32] Ryan M. Alexander, *Sons of the Mexican Revolution, Miguel Alemán and his Generation,* Albuquerque, University of New Mexico Press, 2016.

No obstante, el presidente no tenía el respaldo interno para sacar adelante los cambios que se proponía; por ejemplo, los sindicatos rechazaban la inclusión de las oposiciones al sistema político, así fueran institucionales, o la influencia del factor externo en el proceso interno. En consecuencia, Ávila Camacho buscó apoyos alternativos en el acuerdo con Estados Unidos en las clases medias conservadoras, entre los católicos y en el medio empresarial que el presidente Cárdenas había excluido, incluso cuando había tomado decisiones que les afectaban directamente. Las consecuencias de los cambios que introdujo Ávila Camacho fueron tan significativas como las que habían acarreado decisiones de su antecesor en relación con el ejido o la organización corporativa de obreros y campesinos. La condición del sistema político era tan plástica todavía que incluso el relativo fracaso de la propuesta avilacamachista incidió sobre el diseño final del sistema autoritario.

El llamado a la unidad nacional encontró más eco entre los empresarios, la jerarquía eclesiástica, o el Partido Acción Nacional, que entre los grupos políticos que integraban el Partido de la Revolución Mexicana. En 1946, el antagonismo entre callistas y cardenistas no había desaparecido. La violenta elección presidencial de 1940 no se había olvidado, y sus cicatrices en el ejército estaban todavía frescas. Tampoco se habían resuelto las tensiones en el interior de la élite en el poder, entre la corriente radical que encabezaba Vicente Lombardo Toledano, fundador y dirigente de la Confederación de Trabajadores de México, y los sindicatos de industria y los grupos anticardenistas que pugnaban por una política de rectificaciones. Ávila Camacho esperaba que la defensa de la patria se impusiera a las diferencias ideológicas. No obstante, no fue así.

Contrariamente a lo que sostiene la versión más convencional de la historia de este periodo, este episodio del sexenio avilacamachista prueba que la reconciliación nacional y los acuerdos entre las élites, en el seno de la élite en el gobierno, y entre estos grupos y las élites empresariales fueron epidérmicos. El éxito de la política de reconciliación del presidente Ávila Camacho fue limitado,[33] y la ruptura hizo una vigorosa aparición.

Peor todavía, con todo y ser un país periférico, México no pudo sustraerse al conflicto internacional de la época, de suerte que los antagonismos entre democracia y comunismo se reprodujeron en el ámbito interno, y

[33] Para la política de unidad nacional como un éxito, véase Luis Medina, *Del cardenismo al avilacamachismo…*, *op. cit.*, pp. 137-157.

contribuyeron a dar forma a la lucha política.[34] La presencia del factor externo agravó las contradicciones y las divisiones en el interior de la sociedad.

La política exterior origen del desacuerdo

Entre 1944 y 1945, los acontecimientos internacionales tendían a ahogar los rumores a propósito de la sucesión presidencial; y la relación con el mundo fue uno de los grandes temas en la campaña electoral de 1945-1946. Así ocurrió por efecto de la transformación de la posición de México en el escenario internacional. También porque, como lo reconocieron todos los actores políticos de la época: el mundo exterior tenía un papel en el desarrollo del país.

Más allá de esta coincidencia general, en 1945, entre las élites y la opinión pública los desacuerdos en esta materia eran más que los acuerdos. La izquierda y la derecha compartían con el gobierno la convicción de que esa política era un vehículo de los intereses nacionales, pero también sabían que era un factor que condicionaba la dinámica de las relaciones entre los actores políticos, así como la lucha por el poder. Así lo expresó, por ejemplo, Enrique Ramírez y Ramírez en las páginas de la revista *Futuro*, de la Universidad Obrera: "Ahora la política es predominantemente política mundial y las diferentes políticas nacionales, con todas sus peculiaridades, deben ser entendidas en función de aquélla".[35]

[34] En los países menos desarrollados, las áreas de la vida política más susceptibles a la influencia del contexto internacional son puntos estratégicos desde la perspectiva del desarrollo nacional. Así fue, sobre todo durante la Guerra Fría, cuando el significado profundo del antagonismo soviético americano y de dos modelos de sociedad se manifestó en la supuesta disyuntiva que se ofrecía a estos países. Este ofrecimiento era en realidad la irrupción de la dinámica internacional en el corazón de los problemas esenciales de estas sociedades, en la medida que en el origen de la definición de su futuro yacía un conflicto que les era ajeno. Véase Soledad Loaeza, "Le Mexique dans les relations cardinales. L´exemple des manuels scolaires officiels", *Revue Française de Science Politique*, 36 (1986), pp. 828-845.

[35] Enrique Ramírez y Ramírez, "La próxima campaña presidencial. Antes que un hombre un programa de unidad nacional", *Futuro*, febrero de 1945, p. 5. Jorge Prieto Laurens, uno de los promotores de la campaña de Ezequiel Padilla escribió en septiembre de ese mismo año: "El mundo entero se ha transformado, [que] ya no vivimos aislados, ni nos rodea una muralla china. Ya no son los tiempos de la vieja política de campanario pueblerina, donde podíamos 'alzarnos y barajarnos' a nuestro antojo. Los pueblos están conscientes de sus derechos y responsabilidades. Sabrán exigir el cumplimiento de las promesas democráticas".

Sin embargo, las discrepancias eran muchas, por ejemplo, en relación con la seriedad de la amenaza soviética, la posición de México en la Conferencia de Chapultepec o en San Francisco, el reconocimiento del régimen franquista o la política hacia la Argentina peronista. Las diferencias dividían incluso al personal diplomático, una de cuyas corrientes se mantenía leal a la política autodeterminista de los años treinta, representada por el embajador en Washington, Francisco Castillo Nájera, los subsecretarios de Relaciones Exteriores Luis Padilla Nervo o Ramón Beteta. Estos funcionarios rechazaban la complacencia que el canciller Ezequiel Padilla mostraba hacia el Departamento de Estado, y a lo que era una fórmula de integración a Estados Unidos, de la cual Alfonso García Robles era un joven representante.

La participación en la guerra fue, por ejemplo, un tema muy divisorio y nunca hubo un consenso al respecto, porque mientras unos la apoyaban, otros defendían el neutralismo porque desconfiaban de un acercamiento excesivo a Estados Unidos, y a su embajador en México. A ojos de muchos, George S. Messersmith representaba el respaldo de Washington al autoritarismo, comparaban su influencia sobre el presidente a la que habían ejercido respectivamente sus predecesores Dwight Morrow y Josephus Daniels, durante los gobiernos de Calles y Cárdenas, dos de los presidentes más repudiados por las clases medias tradicionales y por los católicos. No obstante, Messersmith nunca alcanzó el mismo grado de influencia.

En realidad, los temas de política exterior interesaban sólo a las minorías educadas, pero eran las mismas que formaban opinión y que producían consensos. La embajada británica, en diciembre de 1946, reportaba al *Foreign Office*: "La reacción local a los acontecimientos mundiales es prácticamente nula".[36] Esta minoría, que formaba parte de la élite —aun cuando estuviera en la oposición— era muy influyente sobre la opinión pública, aunque estaba dividida. Sin embargo, el gobierno la tomaba en cuenta. Esta situación era motivo de inquietud para Washington, que temía la existencia de una Quinta Columna, integrada fundamentalmente por los anticardenistas que también atizaban el sentimiento antiestadunidense.

Jorge Prieto Laurens, "Ezequiel Padilla, símbolo del mundo nuevo en la posguerra", *El Universal*, 7 de septiembre de 1945, citado en *El Universal, Sucesiones, destapes y elecciones presidenciales, 1916-1988*, t. II, México, El Universal, p. 60.

[36] NA, "From the Information Officer Dora H. Cockburn to I. B. Honeyball," Latin America Information Department, 31 de diciembre de 1946. FO 953/18.

Sobre los costos que la guerra tenía para México corrían todo tipo de rumores, por ejemplo, el de que había escasez de maíz, trigo, manteca o gasolina, porque "Todo se envía a Estados Unidos". Esta hostilidad no provenía del lombardismo —todavía—, sino de los medios católicos. La embestida contra la participación en la guerra obligó al presidente Ávila Camacho a presentar ante la opinión, en una emisión radiofónica y en la voz de su canciller, Ezequiel Padilla, nuevamente las razones de la alianza con Estados Unidos, la Unión Soviética y Gran Bretaña. El 7 de enero de 1945, Padilla leyó en la radio, en cadena nacional, un discurso en el que respondía a los críticos, al mismo tiempo que admitía la existencia de muchos desacuerdos en torno a la política exterior. "Las decisiones tomadas por el Gobierno de México en los primeros días de la guerra, tenían la apariencia de la impopularidad",[37] dijo. En primer lugar, citó a quienes como Efraín González Luna, líder ideológico del PAN, sostenían: "Esta guerra no es nuestra guerra"; que veían en la política exterior una "simulación frente-populista", y creían que a México le hubiera convenido mantenerse neutral, como lo habían hecho España y Argentina.[38] Padilla añadió: "Pero México escogió el camino del honor, no por circunstancias geográficas ni por oportunismos mercenarios... esa hubiera sido también la actitud de México, de acuerdo con sus tradiciones de defender resueltamente la libertad y la dignidad humanas".[39]

LAS REFORMAS ELECTORALES DEL AVILACAMACHISMO

El presidente buscó la estabilización mediante, primero, la inclusión al sistema político de grupos adversarios, de la Revolución; y, luego, la exclusión del ejército de las contiendas electorales. Ávila Camacho puso en pie dos reformas políticas electo-partidistas sucesivamente, en ambos casos el resultado fue limitado pero los cambios que introdujeron no carecieron de importancia, pues le impusieron al sistema político cierta flexibilidad, y con

[37] Ezequiel Padilla, *Nuestra política internacional*, México, Secretaría de Relaciones Exteriores, Departamento de Información para el Extranjero (Problemas Nacionales e Internacionales, 22), 1945, p. 8.

[38] Efraín González Luna, "Comedia y realidad de América... Papel de la Cancillería Mexicana", *La Nación*, 13 de enero de 1945, año IV, núm. 170, pp. 6-7.

[39] Ezequiel Padilla, *Nuestra política internacional*, *op. cit.*, p. 9.

ella contribuyeron a la estabilización. Al concentrar sus esfuerzos de reforma política en el área electoral y partidista el presidente también buscaba ostentar ante la comunidad internacional una legitimidad democrática.

El recuerdo de su propia elección parece no haber abandonado al presidente Ávila Camacho los primeros dos años de gobierno; de ahí que se propusiera reformar al partido que lo había llevado al poder, el PRM. Esta amarga experiencia también explica su deseo de ampliar la participación política a grupos opositores.

Muchas irregularidades y episodios turbulentos marcaron la elección presidencial de 1940. Según la prensa internacional, sólo el día de la elección habían muerto 57 personas a resultas de enfrentamientos entre los avilacamachistas y los partidarios del general Juan Andreu Almazán.[40] Los acontecimientos del 7 de julio de 1940 también incidieron sobre la relación entre Ávila Camacho y el PRM, que había brindado un tibio apoyo al candidato el día de la elección, y seguía siendo el corazón de la coalición cardenista.

En la memoria de la población las imágenes de la violencia de ese día alimentaban la creencia más o menos generalizada de que el triunfo del candidato del PRM había sido fabricado por autoridades electorales controladas por el gobierno. Sin embargo, nada hubo de excepcional en el desarrollo de esos comicios que, como en la mayor parte de los que se celebraban en el país, había sido un peligroso episodio de enfrentamientos entre los simpatizantes de los diferentes candidatos, que peleaban muchas veces a balazos para arrebatarse las urnas, cerrar las casillas o quemar boletas y listas de electores. Había sólo que recordar la experiencia igualmente violenta de la represión de los vasconcelistas en 1929.

La elección de 1940 dejó al descubierto los desacuerdos en el interior del ejército, así como el fracaso de la reforma del partido cardenista que había introducido un sector militar que, según el presidente Cárdenas, debía poner fin a las divisiones en el interior del ejército. Sin embargo, esta solución no pudo contener las ambiciones presidenciales de seis generales: Joaquín Amaro, Juan Andrew Almazán, Manuel Ávila Camacho, Gildardo Magaña, Francisco J. Múgica y Rafael Sánchez Tapia, que participaron en la contienda, aunque, una vez que Ávila Camacho fue elegido candidato perre-

[40] Soledad Loaeza, "Las elecciones ya no son lo que eran", *Nexos*, núm. 414, 2012, pp. 64-69.

mista, sólo Almazán se mantuvo en la competencia. Su candidatura comprometió la unidad del ejército.

La campaña del general disidente Juan Andrew Almazán surgió y se organizó al margen del partido, pero logró movilizar un amplio apoyo por todo el país entre los diversos grupos anticardenistas que se habían formado, y que abarcaban desde el conservadurismo católico de las clases medias de la Ciudad de México, Guadalajara y Monterrey, hasta los campesinos sinarquistas del centro del país. No se podía descartar a la ligera la posibilidad de que los almazanistas recurrieran a una insurrección armada en contra de la "imposición" del candidato oficial.[41]

En segundo lugar, la violencia acompañó la campaña y ensangrentó la jornada electoral, a pesar de que el presidente Cárdenas se había comprometido a garantizar el desarrollo limpio y pacífico de las elecciones. Por ejemplo, una de las primeras acciones del recién fundado Partido Acción Nacional, fue la denuncia ante el Ministerio Público del asalto a la casilla instalada en la calle Juan Escutia en la Ciudad de México, del cual resultaron varios heridos y por lo menos dos muertos.

Este incidente es especialmente revelador del caos que podía provocar una elección porque ahí debía votar el presidente Cárdenas, pero cuando llegó al lugar, los funcionarios de casilla —todos ellos portaban el listón verde que los acreditaba como almazanistas— le informaron que no podía hacerlo porque las autoridades se habían negado a entregarles la papelería electoral. El presidente escuchó sus quejas y se retiró, luego de prometer que atendería la protesta. Poco después un coche embistió a gran velocidad la mesa de votación, al mismo tiempo que ráfagas de ametralladoras rociaban a los presentes. El presidente Cárdenas regresó a votar una vez que el lugar quedó libre de almazanistas, y que los bomberos limpiaron la calle a manguerazos.[42]

Ávila Camacho se refería reiteradamente a las elecciones como coyunturas peligrosas en las que afloraban las divisiones de la sociedad, dejaban al

[41] Para la dificultosa selección del candidato del PRM en 1939, véase Luis Medina Peña, *Del cardenismo al avilacamachismo*, pp. 13-132; también Albert L. Michaels, *The Mexican Election of 1940*, Nueva York, State University of New York at Buffalo, Special Studies, Council on International Studies, 1971.

[42] Varias fuentes coinciden en la descripción de este incidente: Aquiles Elorduy, "En la casilla de Juan Escutia", *Boletín de Acción Nacional*, núm. 16, 15 de julio de 1940, p. 4; y Gonzalo N. Santos, *Memorias*, México, Grijalbo, 1984, p. 707 *et passim*.

descubierto la fragilidad de los equilibrios del sistema político, sometían a todas las fuerzas políticas a las presiones de la competencia por el poder, y generaban conflicto entre el presidente y su partido. Por ejemplo, en su primer informe de gobierno Manuel Ávila Camacho hizo un llamado a "los grupos revolucionarios" para recordarles que "en vez de procurar imponerse por la arbitrariedad o por la persecución, están obligados a luchar leal y libremente para conseguir que preponderen sus puntos de vista por medios pacíficos...".[43]

Es indudable que las elecciones tenían un efecto disruptivo sobre el funcionamiento normal de las instituciones políticas: generaban un clima de incertidumbre, alteraban el funcionamiento de la misma administración pública,[44] escindían a las incipientes organizaciones partidistas, provocaban luchas intestinas que impedían su consolidación; pero, sobre todo, cuando la violencia se enseñoreaba de las calles se acentuaba la fragilidad de las instituciones. Estas situaciones eran un llamado a la intervención de los militares, o podían provocar la generalización del conflicto y el regreso de la guerra civil. Los comicios eran la pesadilla del presidente.

Dados estos antecedentes no es de extrañar que el tema fuera prioritario en la agenda del presidente Ávila Camacho. Era preciso cambiar las condiciones que propiciaban el giro violento que tomaban las coyunturas electorales. A partir de entonces un factor adicional propulsó la idea de la reforma política: la alianza con Estados Unidos.

Dos propuestas

El problema fundamental que pretendían atacar las dos reformas electorales era la incorporación de las oposiciones a la competencia institucionalizada por el poder, su acceso al proceso de toma de decisiones del gobierno y su representación en el sistema político. El origen revolucionario del Estado

[43] "El Gral. Manuel Ávila Camacho, al abrir el Congreso sus sesiones ordinarias, el 1º de septiembre de 1941", en XLVI Legislatura, *op. cit.*, t. IV., p. 186.

[44] "Si proyectamos nuestro recuerdo sobre el espectáculo de las administraciones que precedieron a la que me ha tocado en suerte dirigir, advertiremos que, en casi todas, se observan dos épocas bien marcadas: una de laboriosidad inicial y de fuerza clara e incontrastable; otra de dispersión de la autoridad, con paulatino descenso en el interés por la función de los órganos de gobierno", en XLVI Legislatura, *op. cit.*, t. IV., p. 321.

todavía se manifestaba en la intolerancia frente a la diferencia política, y en la premisa de que las fuerzas revolucionarias eran absolutamente mayoritarias, y las oposiciones minorías irrelevantes, si no es que peligrosas porque eran por definición desleales.

El proyecto provocó serias fricciones entre el presidente, políticos y funcionarios fieles a la interpretación revolucionaria *clásica*, por así llamarla, que veía la oposición como un obstáculo para su proyecto transformador. El presidente Ávila Camacho, en cambio, entendía la funcionalidad de las oposiciones; esta diferencia generaba conflicto entre el presidente y su partido.

En este caso, la coyuntura internacional fue una oportunidad para impulsar la modernización del sistema político. El objetivo era modesto sólo en apariencia. De hecho, tendía a la formación de un nuevo régimen político, construido con base en instituciones democráticas efectivas, que había distorsionado el liderazgo personalizado de Plutarco Elías Calles, primero, y después, la hegemonía del PRM. Esta propuesta ponía a prueba la autoridad presidencial porque contrariaba los intereses establecidos; pues no se trataba ya sólo de modificar un reglamento interno del partido oficial. Se proponía abrir el proceso de decisiones de gobierno a otros actores políticos, distintos de los revolucionarios. Se trataba de poner fin al *quasi* monopolio del PRM, de sustraer el debate político del espacio amurallado del partido, incluso de someterlo a la competencia electoral.

LA REFORMA POLÍTICA DE 1946

El 5 de septiembre de 1944 el diputado Herminio Ahumada fue expulsado del Bloque Revolucionario de la Cámara de Diputados y consignado al Gran Jurado de la misma, como indignada sanción por "… su actitud antirrevolucionaria…", porque en su respuesta al informe presidencial del 1° de septiembre, denunció la corrupción de los procesos electorales, el fraude y la manipulación del voto para plantear la necesidad de una reforma:

> (Es urgente) una radical reforma a los procedimientos políticos hasta hoy seguidos… mientras no sea un hecho entre nosotros el respeto al voto ciudadano, mientras no se depure la función electoral, mientras sigan siendo a ella decisivos la actuación de un solo partido, la falta de respeto a la opinión pública,

> la cláusula de exclusión, el pistolerismo, la farsa, la mentira, la democracia no podrá realizarse en México.[45]

Como era de esperarse, estas palabras enfurecieron a muchos legisladores cuya legitimidad resultaba cuestionada por el diputado Ahumada, que había puesto el dedo en la llaga, al sugerir que muchos de los presentes debían su curul al fraude. Sin embargo, los más irritados fueron los diputados del sector obrero, a quienes ofendió la denuncia que hizo el presidente del Congreso de los vicios de la vida sindical. Según Ahumada, para afianzar las conquistas de la Revolución era necesario que los trabajadores mismos

> ... se purguen de elementos nocivos; que los exaltados moderen sus radicalismos y supriman la anarquía; que moralicen a sus organizaciones para no dar pretexto a los enemigos de la Revolución a provocar situaciones caóticas como las que han pretendido, anhelando que el país caiga en manos que no vacilarían en tomar medidas extremas, suprimiendo por medios dictatoriales, la base de las libertades y privilegios de las clases liberadas por la Revolución.[46]

La demanda de reforma electoral del diputado Ahumada tomó por sorpresa a la mayoría de sus correligionarios, no así a los cenopistas, como Moreno Sánchez, que se habían erigido en portavoces de las propuestas presidenciales en la Cámara de Diputados. Esto no era un secreto para nadie. Algunos comentaristas apuntaron la posibilidad de que el secretario de gobernación, Miguel Alemán, e incluso el mismo Ávila Camacho estuvieran detrás de las palabras de Ahumada. En el México de entonces difícilmente se hubiera expresado en esa tribuna una iniciativa individual de esta naturaleza.[47]

[45] "Contestación del Dip. Herminio Ahumada Jr., presidente del Congreso", en XLVI Legislatura, *op. cit.*, t. IV, p. 296.

[46] *Ibid.*, p. 301.

[47] La carrera del diputado Ahumada sufrió por este incidente, fue expulsado del PRM, unos meses después fungía como presidente del Partido Nacional Democrático que apoyaba la candidatura de Miguel Alemán y que según la revista *Tiempo* en septiembre de 1945 era el único partido "...que ha lanzado a la opinión un conjunto de ideas serias y novedosas sobre los problemas esenciales de México", en "Campaña Presidencial. El Lic. Ahumada opina sobre Padilla", *Tiempo*, vol. VII, núm. 177, 21 de septiembre de 1945, p. VII. Esta rehabilitación fue efímera. Su nombre había quedado asociado a la denuncia del sindicalismo oficial; en consecuencia, se terminó su carrera política.

El ala radical del PRM encabezada por el diputado Carlos Madrazo, esperó a que el presidente Ávila Camacho abandonara el salón de plenos de la Cámara para dar rienda suelta a su indignación con el argumento de que Ahumada había sido irrespetuoso con el presidente y con la Constitución porque se había referido a "la justicia divina" (que habría de custodiar el "recuerdo luminoso de un gobernante apostólico"). "Hemos sido testigos —dijo Madrazo— de un acto de provocación sin precedentes en la historia política nacional..."[48], y pidió a gritos la remoción de Ahumada de la presidencia de la Cámara.[49] Otros lo denunciaban como un reaccionario, que se prestaba a los juegos de la derecha.

Esta acusación se fundaba en que semanas antes el líder del PAN, Gómez Morín, había declarado a la prensa que era necesaria una reforma electoral, en vista del compromiso del gobierno con el respeto a la voluntad mayoritaria.[50] El presidente del PRM, a pregunta expresa había respondido: "La Ley Electoral vigente ofrece las garantías necesarias para la libre emisión del

[48] "La filosofía nebulosa de los autores del discurso que recitó H. Ahumada", *El Popular*, martes 5 de septiembre de 1944, p. 1.

[49] Al mismo tiempo otros legisladores se lanzaban contra el insolente Ahumada con la intención de golpearlo, pero éste salió corriendo del recinto antes de que sus atacantes lo alcanzaran. Siguió una confusa sesión en la que Madrazo se hizo elegir presidente de la Cámara, con la encomienda de frenar "las provocaciones" de la reacción. No obstante, unos cuantos días después se anunció que los acuerdos concluidos en esa sesión eran irregulares y, por consiguiente, habían sido revocados. Madrazo renunció y abandonó el pleno, no sin antes acusar a Ahumada de reaccionario, y a los diputados de la mayoría de traicionar al presidente. Los legisladores reiteraron la condena al diputado Ahumada. "El Congreso. Volvió la unidad", *Tiempo*, vol. V., núm. 124, 15 de septiembre de 1944, pp. 5-6.

[50] Gómez Morín objetó algunos de los apartados de la iniciativa, pero aplaudió sus propósitos, en particular, la estabilización de los partidos como instituciones permanentes, aunque los panistas desconfiaban de la fórmula de integración de la autoridad electoral. Sin embargo, recibieron con beneplácito la federalización porque la oposición conservadora en los Estados era muy vulnerable a la arbitrariedad de los gobernadores. En consecuencia, aunque el PAN no presentó candidato presidencial en 1946, hizo un notable esfuerzo por promover más de sesenta candidaturas a la Cámara de Diputados. En estas elecciones participaron los dos máximos dirigentes del partido: Gómez Morín y Efraín González Luna. Los cetemistas se encargaron de que ninguno de ellos ocupara una curul. De todas maneras, la ley benefició al PAN porque gracias a la prohibición de partidos locales, las formaciones de los estados afines al partido se sumaron a la organización capitalina, de suerte que la ley hizo del PAN un partido nacional. Para un análisis de la posición del PAN frente a la Ley Federal Electoral de 1946, véase Loaeza, *El Partido Acción Nacional*, *op. cit.*, pp. 212-214.

voto. El estricto respeto a sus disposiciones basta para garantizar la forma democrática de la función electoral".[51]

El escándalo Ahumada impuso un paréntesis en la discusión del proyecto de reforma electoral, pero no lo canceló. El tema resurgió en los medios políticos en plena campaña presidencial. Así, en mayo de 1945 mientras Miguel Alemán luchaba por obtener el apoyo de la CTM y por vencer la antipatía que inspiraba al embajador de Estados Unidos, los panistas y Ezequiel Padilla, el principal candidato de oposición, ya habían hecho suya la idea de la reforma electoral, que les daba la oportunidad de señalar la perversión de los procedimientos electorales y del sistema de partidos. Además, en el universo panista había dos penosos antecedentes de los abusos a que se prestaba la ley electoral vigente, que había sido votada en 1918: la campaña vasconcelista de 1929, y la elección de 1940. No obstante, lo que más les preocupaba era la hegemonía del PRM, que una ley electoral más moderna podía prevenir. Para Padilla la reforma representaba la única posibilidad de que la competencia con el candidato oficial, Alemán, fuera relativamente equitativa.

En una carta dirigida a Gómez Morín, Efraín González Luna enumera los temas de la reforma política que considera relevantes: las garantías para una "verdadera representación política"; la incompatibilidad del régimen de partido único o "monopolio faccioso" con las instituciones democráticas "y la consiguiente desaparición del PRM"; las raíces de la apatía cívica y de la corrupción política.[52] La postura de los panistas se fue afinando de manera que en unas cuantas semanas ya contaban con una lista de propuestas específicas, que dio a conocer en entrevista con *La Nación*, Héctor González Uribe.

A la pregunta acerca de los puntos que consideraba importantes para que la reforma electoral fuera efectivamente un instrumento de transformación, González Uribe respondió que los ayuntamientos no deberían formar parte de la maquinaria electoral, que era necesario crear un organismo descentralizado, de carácter nacional, permanente y autónomo, que estaría a cargo de la preparación, el manejo y la vigilancia de los comicios, introducir una credencial ciudadana y organizar un régimen de partidos nacionales y

[51] "El PRM y la ley electoral; declaraciones de Antonio Villalobos, 8 de junio de 1944", en ICAP, *op. cit.*, t. IV, p. 592.

[52] Ana González Luna y Alejandra Gómez Morín Fuentes (eds.), *op. cit.*, t. I, vol. II, pp. 1158-1159. Véase también: "Es imposible lograr la representación popular con la actual ley electoral. Opina el Lic. Páramo", *La Nación*, año IV, núm. 203, 1º de septiembre de 1945, pp. 11-12.

permanentes.[53] Muchos de estos puntos serían recogidos en la iniciativa de ley que el presidente Ávila Camacho envió a las Cámaras, no tanto porque hubiera cedido a las presiones de la derecha —como murmuraban los cetemistas— sino porque apuntaba algunos de los problemas más evidentes de la ley de 1918.

La Ley Federal Electoral

El 7 de diciembre de 1945, a unas semanas de que se discutiera la fundación de un nuevo partido para los revolucionarios, Ávila Camacho envió a las Cámaras una iniciativa de ley que se inscribe dentro de la tradición del reformismo autoritario que ya había anclado en el Estado de la posrevolución. La iniciativa de ley fue presentada por el secretario de Gobernación, Primo Villa Michel, como una propuesta personal del presidente de la República que había evaluado lo que necesitaban los ciudadanos: "He observado atentamente el desenvolvimiento político del país... Y me parece que ha llegado el momento de dar a los electores una noción más real y efectiva de su participación en la cosa pública y de sus responsabilidades ciudadanas...".[54] Sin embargo, también reconoció que era una respuesta a las objeciones de "... ciertos grupos que hoy no encuentran en él (el ordenamiento electoral anterior) las garantías que quizá no echaron de menos en comicios anteriores...".[55] Además, como parte del debate tuvo lugar una consulta pública en la que participaron ciudadanos y organizaciones políticas diversas.[56]

[53] Miguel Castro Ruiz, "La democracia en México es una bella mentira constitucional. Habla el Lic. González Uribe y propone 5 bases para la reforma política en México", *La Nación*, año IV, núm. 193, 23 de junio de 1945, sec. Vida Nacional, pp. 6-7.

[54] *Diario de debates*, Año III, Periodo ordinario, XXXIX Legislatura, t. I, núm. 19, sesión de la Cámara de Diputados efectuada el día 7 de diciembre de 1945.

[55] Citado en "La Presidencia. Ley Electoral", *Tiempo*, v. VIII, núm. 189, 14 de diciembre de 1945, p. 3.

[56] Entre los partidos, las organizaciones y los ciudadanos que participaron en el debate en la Cámara estuvieron: Partido Acción Nacional, Partido Democrático Mexicano, Partido Comunista Mexicano, Partido Potosino "Ponciano Arriaga", Unión Democrática Institucional, Unión Nacional Sinarquista, Federación de Partidos del Pueblo Mexicano, Comité de Orientación Social del Estado de Chiapas, Sección Femenil del Partido Democrático Mexicano, CC. Ing. Emilio Madero, Dr. José Morales Gómez, Lic. Enedino R. Macedo, Onofre Mercado F., Roberto Silva Nava y Francisco R. López. *Diario de debates*, Año III, Periodo

Aún así, los enemigos del proyecto no habían depuesto las armas. Unos días antes, el presidente del PRM, Antonio Villalobos, y los líderes de la CTM, rechazaron públicamente la idea de una reforma electoral; y, según la embajada de Estados Unidos en México, no era "un secreto que Alemán y sus simpatizantes preferirían que se mantuviera el presente sistema".[57] En respuesta a las opiniones negativas contra el proyecto, el presidente dio entrevistas a la prensa para defenderlo y reiterar su compromiso con la democracia, y su imparcialidad frente a la contienda que se aproximaba. La vehemencia con que los dirigentes del partido rechazaron una reforma que calificaban de innecesaria, no fue obstáculo para que el periódico *El Popular*, órgano de la CTM, se pronunciara a favor del proyecto.

El objetivo general de la ley era poner fin al descontrol que suponía que las autoridades municipales fueran responsables de la organización y administración de los comicios. Según la iniciativa, el sistema existente que ponía en manos de los ayuntamientos y autoridades municipales las funciones del proceso electoral "ha recibido muchas censuras de sectores políticos que consideran a los organismos municipales como susceptibles de influencia partidista o sometidos a insinuaciones de funcionarios (...) interesados en la contienda electoral".[58] Esto es, los procesos estaban a merced de las presiones de caudillos y de caciques que manejaban las gubernaturas a su antojo, y por encima de la ley. Incluso antes de que se modificara la ley, el Consejo Nacional del PRM buscó centralizar las decisiones para contrarrestar el poder de los gobernadores.

---

ordinario, XXXIX Legislatura, t. I, núm. 19, sesión de la Cámara de Diputados efectuada el día 7 de diciembre de 1945.

[57] BLH, "From First Secretary Guy W. Ray to the Secretary of State," 11 de diciembre de 1945. Confidential U.S. State Department Central Files, Mexico. Internal Affairs, 1945-1949, Part 1. *Reel* 2.007.36.

[58] *Diario de debates*, Año III, Periodo ordinario, XXXIX Legislatura, t. I, núm. 19, sesión de la Cámara de Diputados efectuada el día 7 de diciembre de 1945. El propio presidente Ávila Camacho se había referido al problema de las autoridades locales que desvirtuaban las elecciones en su informe del 1º de septiembre de 1943: "De conformidad con los principios establecidos por el Ejecutivo Federal, se giraron instrucciones a los gobernadores de los Estados en el sentido de que los habitantes de sus entidades no fueran perturbados en el goce de sus garantías constitucionales". "Manuel Ávila Camacho, al abrir el Congreso sus sesiones ordinarias, 1º de septiembre de 1943", en LXVI Legislatura, *op. cit.*, t. IV, p. 244.

Según los dirigentes del partido, no eran pocos los "imposicionistas" que se habían erigido en "grandes electores" y pretendían "dejar como sucesores suyos en el Ejecutivo y como diputados en las legislaturas a determinadas personas, burlando —según los dirigentes— el voto de las mayorías populares".[59] En este caso la centralización era vista como una salvación para las oposiciones locales que rara vez tenían los recursos para defenderse de los abusos de gobernadores o presidentes municipales, que manejaban a su arbitrio la elección, su desarrollo y sus resultados.[60]

Los redactores de la iniciativa rechazaban la acusación de que pretendían centralizar los procesos, la autoridad y el poder, pero eso fue precisamente lo que hicieron al crear una estructura piramidal, encabezada por una Comisión Federal de Vigilancia Electoral (CFVE), integrada por representantes del Poder Legislativo, de dos partidos y del gobierno en la persona del secretario de Gobernación; en el siguiente nivel estarían las comisiones locales electorales; y en el tercero y último, los comités distritales. Así se resolvía el problema de las autoridades electorales que la ley de 1918 instituía entre los primeros ciudadanos que instalaran la mesa de votación en las direcciones previamente designadas por el municipio. Este sistema se prestaba al desorden y a los combates entre simpatizantes de diferentes grupos políticos.[61]

La iniciativa defendía la nueva estructura con el argumento de que guardaba "el posible paralelismo con nuestro sistema federal y encomendando

[59] *33 meses al servicio de la Revolución. Ciclo histórico del régimen del presidente Ávila Camacho y del Partido de la Revolución Mexicana. 1940-1943*, México, Departamento de Prensa y Propaganda del PRM, 1943, p. 13, citado en Luis Javier Garrido, *El partido de la Revolución institucionalizada. (Medio siglo de poder político en México.) La formación del nuevo Estado (1928-1945)*, México, Siglo XXI Editores, 1982, p. 312.

[60] Las gubernaturas eran un reflejo fiel de esta inestabilidad. Por ejemplo, entre 1920 y 1940 el estado de Guanajuato tuvo entre constitucionales, sustitutos e interinos, treinta y un gobernadores, Nuevo León, 44; Veracruz, 15; y Chiapas, 46. Es decir, la estabilidad que había logrado el gobierno federal en el periodo anterior no había alcanzado a los gobiernos estatales.

[61] "La ciudadanía había perdido interés en participar en el proceso electoral ante el espectáculo de violencia que se daba en la instalación de las casillas por las autoridades municipales.[...] la decisión acerca de quiénes integraban la casilla se dirimiría por medio de la violencia, ejercida con la complicidad de la autoridad municipal, que era la que, en fin de cuentas estaba facultada para instalar la casilla". Antonio J. Bermúdez y Octavio Véjar Vázquez, *No dejes crecer la hierba... (El gobierno avilacamachista)*, México, B. Costa Amic, 1969, p. 238.

a diferentes organismos las diferentes funciones electorales…";[62] así, por ejemplo, se creaba un Consejo del Padrón Electoral, integrado por el director general de Estadística, por el director general de Población y por el director general de Correos, cuya responsabilidad era el registro de los votantes. Estos funcionarios "técnicos" no tendrían por qué responder a intereses partidistas, digamos, a nivel local. Así pues, su intervención era una salvaguarda contra el fraude.

El proyecto de ley introducía la participación de los partidos políticos en el proceso, al establecer que dos de ellos, "preferentemente de ideología discrepante y que no sostengan los mismos candidatos", estarían representados en la CFVE, así como en cada una de las comisiones locales electorales, y en los comités distritales. Así se aseguraría "la imparcialidad de los organismos que dirijan la contienda cívica". No obstante, la insistencia en que se trataba de la "total descentralización", y de que se reducía al mínimo la intervención del Estado, la intención contraria era inocultable; por ejemplo, la CFVE era responsable de la designación de los miembros de las Comisiones Locales, que deberían ser "ciudadanos en pleno ejercicio de sus derechos cívicos, de reconocida probidad e independencia y de cultura bastante para desempeñar sus funciones. Tiene así facultad selectiva, pero no arbitraria, pues la ley fija las cualidades que deben tener los integrantes".[63]

En la nueva ley, los partidos locales quedaban obligados a afiliarse a partidos nacionales para participar en comicios federales; una disposición que los condenaba a la extinción; introdujo además como condición de registro para los partidos nacionales que mostraran una militancia no menor de 30 000 miembros distribuidos en la mitad de los estados. Tenían, además, que adoptar una denominación propia sin alusiones a asuntos religiosos ni a diferencias raciales; contar con publicaciones periódicas y oficinas permanentes, y tenían prohibido celebrar pactos o acuerdos que los colocaran en una situación de subordinación "a una organización internacional o asociaciones políticas extranjeras".[64]

[62] *Diario de debates*, Año III, Periodo ordinario, XXXIX Legislatura, t. I, núm. 19, sesión de la Cámara de Diputados efectuada el día 7 de diciembre de 1945.

[63] *Idem*.

[64] *Idem*.

En defensa de las minorías

La propuesta presidencial fue mal recibida por el ala izquierda del PRM, Lombardo y la CTM la rechazaban, en primer lugar, porque —decían— era una exigencia de la derecha; naturalmente, les molestaba que se pusiera en duda el control que ejercían sobre los procesos electorales; pero los dos temas de fondo de la discusión eran: la incorporación de la oposición, con la que entonces habría que compartir el poder; y el papel del presidente como agente de cambio.

En la Cámara, el diputado Jesús Yurén del sector obrero abrió fuego contra la iniciativa el 19 de diciembre de 1945 con las siguientes palabras: (La representación obrera) "... no vamos a tener empacho en manifestar nuestra inconformidad absoluta con el proyecto de Ley del Ejecutivo...".[65] Después de esta manifestación de independencia, apuntó a los riesgos en que incurría al extender la autoridad presidencial al terreno electoral.[66] Describió con bastante precisión el significado de poner en manos del Poder Ejecutivo la mecánica electoral y eliminar la participación ciudadana. Según Yurén, el presidente quedaba convertido en el "supremo elector", y "los enemigos del régimen se aprovecharían de esta circunstancia para acrecentar sus ataques contra el jefe de la Nación".[67] Su conclusión era que la ley propiciaba la intervención presidencial en los procedimientos electorales "y las consecuencias de este sistema son claros para los resultados de la elección".[68]

[65] *Diario de debates*, Año III, Periodo ordinario, XXXIX Legislatura, t. I, núm. 24, sesión de la Cámara de Diputados efectuada el día 19 de diciembre de 1945.

[66] Para Antonio J. Bermúdez y Octavio Véjar Vázquez la actitud de los cetemistas era: "... tanto más deplorable la falta de sensibilidad del 'sector obrero', cuanto que éste había dado ya en las elecciones de 1940, una prueba de su falta de autoridad sobre las masas sindicalizadas. En la Ciudad de México, sobre todo, las organizaciones obreras habían sido incapaces de movilizar a los trabajadores para votar por el General Ávila Camacho y por los propios candidatos del sector obrero. El almazanismo había demostrado tener más control, en no pocos casos, que los dirigentes obreros, sobre la masa de votantes sindicalizados". Bermúdez y Véjar Vázquez, *op. cit.*, p. 289.

[67] *Diario de debates*, Año III, Periodo ordinario, XXXIX Legislatura, t. I, núm. 24, sesión de la Cámara de Diputados efectuada el día 19 de diciembre de 1945.

[68] *Idem.* Por ejemplo, el diputado Saúl Cantú presentó la oposición del sector obrero en estos términos: "el sector obrero no está conforme ni de acuerdo con los sectores contrarrevolucionarios de México. Se ha soltado la versión de que el sector obrero o los diputados obreros estamos de acuerdo con Acción Nacional. Esto, señores diputados, es absolutamente falso, porque cuando Acción Nacional y otros partidos han venido atacando la ley electoral

Los diputados cenopistas, Moreno Sánchez y Gustavo Díaz Ordaz, defendieron la iniciativa con el argumento de que la participación ciudadana estaba garantizada por la intervención de los partidos políticos en el proceso; además, si no se pusieran de acuerdo, la CFVE tendría que designarlos y "forzosamente [tendrían] que salir de la masa ciudadana". El diputado Moreno Sánchez elevó el tono de la discusión cuando retó a los opositores de la reforma a enfrentarse al presidente Ávila Camacho, que, según él, era el autor del proyecto cuyas intenciones eran irreprochables: "¿Qué se quiere decir con que esta ley es antidemocrática? Se quiere decir que quien la firmó y la envió al Congreso de la Unión como iniciativa es un hombre que aspira a crear un régimen antidemocrático en el país".[69]

Sin embargo, los miembros de la CTM, no creían en el pluralismo ni reconocían la legitimidad de la oposición conservadora. En cambio, Ávila Camacho estaba convencido de que su participación era necesaria, tanto así que, como lo hizo con la reforma al artículo 3º constitucional, antes de presentar la iniciativa de reforma electoral al Congreso, consultó la opinión de Gómez Morín, el líder del PAN, como siempre a través de su secretario particular, Jesús González Gallo. La influencia de los panistas en el diseño de la reforma propuesta no podía pasar desapercibida a los lombardistas.[70]

---

vigente nosotros venimos a sostener a esta Cámara que la Ley Electoral vigente es buena, práctica y democrática. Queremos dejar establecida esta premisa porque no queremos que mañana se diga que [*sic*] en los periódicos que el Sector Obrero de la Cámara de Diputados, haciendo causa común con Acción Nacional, se opone al proyecto de ley… Venimos a sostener que la ley vigente es buena y los partidos conservadores han venido atacando, no ha sido el pueblo el que ha atacado la Ley Electoral vigente. Han sido los partidos conservadores".

[69] *Idem.*

[70] Las suspicacias de los lombardistas no eran infundadas. En la revista afín al PAN, *La Nación*, Héctor González Uribe, a la pregunta acerca de los puntos que consideraba importantes para que la reforma electoral fuera efectivamente un instrumento de transformación, propuso eliminar la maquinaria electoral de los ayuntamientos; crear un organismo descentralizado, de carácter nacional, permanente y autónomo, que estaría a cargo de la preparación, el manejo y la vigilancia de los comicios; establecer una credencial ciudadana y organizar un régimen de partidos nacionales y permanentes. Muchos de estos puntos serían recogidos en la iniciativa de ley que el presidente Ávila Camacho envió a las Cámaras. "La democracia en México es una bella mentira constitucional. Habla el Lic. González Uribe y propone 5 bases para la reforma política en México", *La Nación*, año IV, núm. 193, 23 de junio de 1945, pp. 6-7.

El alegato de Moreno Sánchez también respondió a la reiterada acusación de la diputación obrera de que sólo los partidos conservadores y contrarrevolucionarios objetaban la ley vigente:

> … ellos también son parte del pueblo mexicano y nosotros no vamos a negar que sus miembros tienen los mismos derechos que nosotros y las mismas prerrogativas que nosotros en la Constitución. (…) también los conservadores son mexicanos y yo vengo aquí a reclamar el derecho de todos los mexicanos revolucionarios y no revolucionarios, para que puedan expresar su sentir y su voto.[71]

Los avilacamachistas estaban dispuestos a compartir el poder, pero la diputación obrera, la CTM y Lombardo defendían todavía la vocación hegemónica del cardenismo.

La intervención de Moreno Sánchez reflejaba la intención presidencial más o menos explícita de inducir el bipartidismo —sugerida por la propuesta de que sólo dos partidos estuvieran representados en la CFVE—, fundada en la creencia de que la política mexicana podía organizarse en torno a dos grandes corrientes: los revolucionarios, para quienes el presidente Ávila Camacho quería recuperar el denominativo de "liberales"; y los conservadores, cuyas posiciones y demandas le parecían tanto al diputado Moreno Sánchez, como al presidente, igualmente legítimas. Después de la elección de 1946, un diputado panista, de cuatro que llegaron a la Cámara, se integró a la CFVE. De suerte que la *Revolución* y la *reacción* quedaron debidamente representadas en el nuevo organismo.

Pese a todas sus virtudes la nueva legislación no quedaba fuera del alcance de la autoridad presidencial, como bien lo demostró el propio Ávila Camacho en mayo, cuando revirtió la decisión de la Suprema Corte, que le negó el registro al Partido Fuerza Popular (PFP), formado por antiguos sinarquistas, porque sus estatutos violaban la Constitución. El presidente, en cambio, consideró que el procurador había hecho una "interpretación errónea" y el PFP participó en las elecciones de julio al igual que el PCM, que tampoco reunía los requisitos de ley. Ávila Camacho consideró que el *espíritu de la ley* justificaba su decisión.

[71] *Diario de Debates,* Año II, Periodo Ordinario XXXIX Legislatura, pág. 8, núm. 24, sesión de la Cámara de Diputados efectuada el 19 de diciembre de 1945.

El Partido Revolucionario Institucional (PRI)

La fundación del PRI, en enero de 1946 es tradicionalmente vista como un maquillaje, como una operación que se limitó a cambiar de nombre al partido en el poder. A mi manera de ver, esta interpretación privilegia los resultados de una decisión —la reforma partidista—, mal que bien sujetos a la contingencia, frente a las intenciones que la inspiraron. No sólo eso, la visión del PRI como un asunto meramente nominativo simplifica un proceso complejo de negociación entre el presidente de la República y los líderes sindicales que en esos momentos dominaban el Congreso. Además, no toma en cuenta modificaciones fundamentales que no sólo diferenciaron al PRI de los partidos que lo antecedieron en las funciones de apoyo al Estado, sino que impulsaron la formación de un sistema político institucionalizado que condujo a la consolidación del autoritarismo.

Desde que asumió el poder Manuel Ávila Camacho habló de la necesidad de reorganizar al PRM;[72] y se hizo eco de las críticas y observaciones que surgían de todos los puntos del espectro político. Los reproches más insistentes denunciaban el imposicionismo, como el principal problema del partido; y el blanco preferido de sus críticos eran las corporaciones que distorsionaban la misión original de sindicatos y organizaciones agrarias.[73] La izquierda también acusaba al PRM de haberse desvinculado de las masas.[74]

En el verano de 1944 la dirigencia de la CTM recibió un proyecto de estatuto del Partido Democrático Nacional (PDN), una de cuyas proposicio-

[72] De entrada, limitó los vínculos entre el PRM y el Estado: las estaciones de radio del partido, XEFO y XEUZ, adoptaron una programación exclusivamente comercial, disminuyó la producción editorial del partido, y el periódico *El Nacional* pasó a ser órgano del gobierno. Garrido, *op. cit.*, p. 307.

[73] *El Nacional* reportaba discusiones acerca de "... la inmediata eliminación de los líderes de las centrales obreras y campesinas, para que éstos no intervengan en asuntos de carácter político en virtud de que su posición debe ser meramente social". "Efectiva y fuerte coalición con los gobernadores requiere el PRM, 27 de febrero de 1941", en ICAP, *op. cit.*, t. IV, pp. 581-582.

[74] Por ejemplo, en un artículo publicado en la *Revista Combate* el 15 de enero de 1941, titulado "El PRM cuesta abajo", Narciso Bassols criticaba con severidad "la política de apaciguamiento" del gobierno que había "emprendido el camino de las concesiones en el campo directo de los intereses económicos y sociales", y denunciaba la intención de pasar a las concesiones políticas que, según él significaba desplazar al PRM "del lugar que ocupa y de la función que ha venido desempeñando en el campo político electoral". Citado en *ibid.*, pp. 576-577.

nes más inquietantes para el sector obrero era la de que el nuevo partido estaría integrado por "el conjunto de ciudadanos revolucionarios del país, y de aquellos de tendencias democráticas y progresistas y demás elementos afines al ideario de la Revolución mexicana".[75] Es decir, se trataba de hacer de los miembros individuales el pilar del partido, de diversificar la militancia, y de arrebatar a las centrales —o corporaciones— el control del ingreso, de las posiciones en la dirigencia y de los recursos de la organización.

El 16 de agosto de 1944 la central obrera respondió a la propuesta con un largo documento que entregó al presidente de la República y al secretario de Gobernación, y que después publicó en los periódicos de la Ciudad de México. Las críticas de los cetemistas al proyecto parten de una perspectiva radicalmente distinta de la del presidente Ávila Camacho. Para la CTM no existía el contexto internacional. La base de su rechazo era el nacionalismo revolucionario, que no admitía referencias externas ni modelos políticos diferentes a los que surgieron de la Revolución de 1910 o de la Constitución de 1917, y ofrecía una visión ensimismada del régimen político.

La identidad democrática que el nuevo partido aspiraba a construir era distinta, incluso antagónica, de la identidad revolucionaria, que los cetemistas decían encarnar. Además, el documento defendía el autoritarismo prevaleciente en términos de una presunta superioridad de la Revolución frente a la democracia, a la constitución y a las exigencias "democratizadoras del nuevo orden mundial", y revela la desconfianza que inspiraba a los radicales un presidente que, a sus ojos, había sido demasiado complaciente con el PAN y con la UNS, tanto que ahora les abría la puerta del régimen revolucionario.

Reconocían que era necesario cambiar, por ejemplo, el lema del partido. Ya no debía ser *Por una democracia de trabajadores*, sino otro "que exprese la justicia de la causa de la liberación por la que lucha el pueblo mexicano",[76] pero cuestionaban la subordinación del partido a la Constitución:

> ... cuando se habla de orientar la política nacional e internacional de México ... de acuerdo con los principios democráticos de la Constitución General de

[75] Citado en: "'Mejorar, no demoler el Partido de la Revolución Mexicana'. Opinión de la CTM en respuesta al proyecto de sustitución del PRM por el Partido Democrático Nacional, 16 de agosto de 1944", ICAP, *op. cit.*, t. IV, pp. 596-597.

[76] *Idem.*

> la República … ¿no estamos cometiendo un error al fijarle a un partido político como límite de acción "los principios democráticos consagrados por la Constitución General"?...[77]

La resistencia interna

Los cetemistas criticaban la introducción de mecanismos de elección interna de los candidatos, que pretendían despojar a los liderazgos de las corporaciones de sus prerrogativas en ese terreno, y repudiaban la noción del partido de individuos. Fidel Velázquez expresó la posición oficial de la CTM: que "no está dispuesta a que su fuerza política y la de las organizaciones que la integran, se disperse, admitiendo que en las filas del PRM sólo formen [*sic*] los individuos aisladamente".[78]

A estos argumentos la central obrera añadió el rechazo a la influencia del mundo exterior y cuestionó la intención de someter el programa del partido "… a las circunstancias continentales y mundiales…", antes que "… a las necesidades del pueblo y de México…".[79] Al respecto, insistía en que los antecedentes históricos deberían ser la base de la política nacional e internacional de México. Y, como para que no hubiera duda de sus lealtades, la CTM recuperaba el lenguaje radical del pasado para denunciar la irresoluble contradicción entre capitalismo y democracia.[80] Unos meses más tarde, Jesús Yurén expresó con más franqueza la razón por la que se oponía al partido de individuos, cuando a una pregunta relativa a la reforma, respondió: "En tanto no se elimine el alto grado de ignorancia, es indispensable contar con un organismo de la Revolución mexicana que, inspirado en

[77] Citado en *ibid.*, p. 601.

[78] "Política. Escaramuzas en el PRM", *Tiempo*, vol. V, núm. 123, 8 de septiembre de 1944, p. 7.

[79] "Citado en "'Mejorar, no demoler el Partido de la Revolución Mexicana'. Opinión de la CTM en respuesta al proyecto de sustitución del PRM por el Partido Democrático Nacional, 16 de agosto de 1944", en ICAP, *op. cit.*, t. IV, pp. 596-597.

[80] "… mientras pesen sobre los pueblos débiles los males que traen consigo las contradicciones del régimen capitalista y las servidumbres que imponen los imperialismos a través de las clases privilegiadas que se apoderan de los medios de producción, y a través de Gobiernos que se convierten en instrumentos de esas fuerzas y en verdugos de los hombres que gobiernan, habrá de ser imposible la democracia en el seno de esos pueblos". *Ibid.*, pp. 603-604.

ella, imponga sus postulados".[81] Y añadió que, de no ser así, de liberar la participación individual, el arzobispo Luis María Martínez o el cómico Cantinflas serían elegidos presidentes.[82]

El presidente reaccionó a la oposición cetemista con la cautela que le era característica. La propuesta desestabilizaba al partido oficial, y era preciso atenuar sus efectos, conjurar el riesgo de una escisión o del desmembramiento del PRM, sobre todo porque cada vez eran más fuertes los rumores de que Lombardo Toledano planeaba la reorganización de la izquierda y la formación de un partido de inspiración marxista,[83] al que habrían de incorporarse el sector obrero y los revolucionarios.

En el contexto de la sucesión presidencial, la suma de todos estos elementos podía fomentar la aparición de una peligrosa candidatura externa, o, en el peor de los casos, provocar la desestabilización del régimen; de ahí que el presidente Ávila Camacho no forzara la aprobación de las reformas, sobre todo porque tampoco tenía la certeza de cuáles podían ser las consecuencias de un enfrentamiento con la CTM, cuyo apoyo necesitaba su candidato presidencial. Además, en febrero de 1945 dio comienzo en la ciudad de México la Conferencia Interamericana para los Problemas de la Guerra y de la Paz. Lo último que le convenía al gobierno era ofrecer un espectáculo de desorden y disenso interno.

Ávila Camacho tenía que lidiar con un partido que representaba a la corriente radical de la coalición revolucionaria, envalentonado por la influencia aparente de los trabajadores cetemistas que era parte importante del legado

[81] "Política. La Ley Electoral", *Tiempo*, núm. 151, 23 de marzo de 1945, p. 5.

[82] *Idem*.

[83] Lombardo Toledano había planteado esta posibilidad desde varios meses antes. Vicente Lombardo Toledano, "Fundamentos del Programa de la Revolución mexicana en la posguerra". Discurso pronunciado a nombre de la CTM, la CNC y la CNOP, en la asamblea Nacional del sector revolucionario de México, 4 y 5 de septiembre de 1944), *Futuro*, mayo de 1945. Véase también "Política. Proyectos y ambiciones", *Tiempo*, vol. VI, núm. 152, 30 de marzo de 1945, pp. 4-6. Lombardo carecía en esos momentos de los recursos para un proyecto que ponía en juego su liderazgo, la unidad del sector obrero y la integridad del PRM. Ante estas dificultades optó por intervenir más directamente en el proyecto del nuevo partido, y planteó tres fórmulas posibles: la primera suprimía los sectores e introducía como única vía de afiliación la inscripción individual; la segunda proponía la organización de tres grandes partidos, uno por sector del PRM; y la tercera, combinaba las adhesiones individuales con la existencia de las centrales, y el derecho de recomendar a sus miembros el apoyo a determinados partidos. Esta última es la que más se acerca a la solución de compromiso que fue el origen del PRI.

de su antecesor. Además, no podía olvidar que necesitaba al partido para hacer campaña y movilizar a los votantes; pero una vez pasada la elección, se manifestaron las tensiones, que nacían no sólo de las diferencias ideológicas que separaban al PRM del presidente, sino también de la calidad del partido representante del cardenismo, el cual, además, perpetuaba la dispersión del poder heredada de las luchas revolucionarias, tal y como la personificaban algunos muy poderosos gobernadores.

El desmantelamiento del PRM

El PRM reclamaba el apoyo del Estado, pero pretendía mantener autonomía para decidir sus estrategias. En estas condiciones el choque con el presidente Ávila Camacho parecía inevitable dado que perseguían objetivos diferentes. Los cetemistas eran el principal obstáculo a la estabilización de las coyunturas electorales, pues habían demostrado una y otra vez, que no estaban dispuestos a aceptar ni una sola derrota electoral.

El presidente dio los primeros pasos hacia la reforma del PRM en su discurso de toma de posesión en diciembre de 1940, cuando anunció que los militares en servicio activo no podrían participar en política electoral, lo cual significaba suprimir el sector militar que Cárdenas había creado; asimismo, promovió la reorganización del sector popular. Estas modificaciones, por importantes que fueran, no alteraban los rasgos esenciales del partido corporativo que había creado el cardenismo; y la reforma electoral que introdujo en 1942, fue sólo un ajuste importante, cuya trascendencia era limitada. Ambos cambios fueron una respuesta, en primer lugar, a las lecciones de la conflictiva elección que lo había llevado a la presidencia bajo la sombra del fraude.

Periódicamente el partido oficial se sometía a la competencia con otras organizaciones políticas por cargos de elección popular. Su relación privilegiada con el Poder Ejecutivo federal se traducía en apoyos extraordinarios para financiar campañas, o para eliminar a sus competidores mediante la fuerza y la represión, con el respaldo de la policía, y en muchos casos del propio ejército. Estos patrones de relación y de comportamiento se reproducían en los estados, aun cuando el partido así favorecido fuera una organización local lejanamente vinculada con el PNR, y después con el PRM.

En la búsqueda del sometimiento del PRM, el presidente Ávila Camacho apoyó la elección de Fidel Velázquez, secretario general de la central sindical, en marzo de 1941, en sustitución de Lombardo, quien asumió la responsabilidad de la Confederación de Trabajadores de América Latina (CTAL). El nombramiento de Lombardo a este organismo internacional fue una pequeña victoria para Ávila Camacho, pues el líder cetemista tendría que estar con frecuencia en el extranjero.

En este contexto las divisiones en el interior del ejército aumentaban los riesgos para Ávila Camacho. De ahí que desde su toma de protesta como presidente haya considerado importante anunciar la prohibición a los militares en activo de participar en política partidista. Los argumentos revelan tanto la conciencia de los peligros que supuso la elección como la intención de imponer la superioridad de la vía civil en las acciones políticas:

> La experiencia adquirida en nuestra campaña cívica confirma la conveniencia de incorporar a la reorganización de nuestro partido la convicción anteriormente expresada de que los miembros de la institución armada no deben intervenir ni directa ni indirectamente en la política electoral, mientras se encuentran en servicio activo; ya que todo intento de hacer penetrar la política en el recinto de los cuarteles es restar una garantía a la vida cívica y provocar una división de los elementos armados.[84]

Los objetivos de esta decisión eran claros en relación con las fuerzas armadas, pero el hecho de que fuera el presidente mismo el que la anunciara en el transcurso del informe que rendía al Congreso, mantenía la confusión entre el partido y el Estado. Ahora bien, ésta fue la última referencia al partido en los discursos presidenciales. En adelante, Ávila Camacho se cuidó de conducirse públicamente como líder del PRM. [85]

[84] "Manuel Ávila Camacho, al protestar como Presidente de la República ante el Congreso de la Unión, 1º de diciembre de 1940", en XLVI Legislatura, *op. cit.,* t. IV, p. 151.

[85] El 27 de febrero de 1942 el Poder Judicial emitió una sentencia para resolver un juicio de amparo promovido por la compañía telefónica Ericsson contra el secretario de Comunicaciones, que estipulaba la separación entre el Estado y el partido. El PRM "no es una rama del Poder Ejecutivo Federal, ni forma parte integral de los poderes de la Nación". Garrido, *El Partido de la Revolución*, *op. cit.*, p. 323. No obstante, la totalidad del presupuesto del PRM provenía del erario público.

La aprobación de la nueva ley, pese a la oposición del sector mejor organizado del PRM, es testimonio del fortalecimiento de la presidencia, así como la libre expresión de las críticas del sector obrero da prueba de un clima de tolerancia acorde con los aires de democracia que se respiraban.

El proyecto de ley electoral fue aprobado el 27 de diciembre de 1945. Así quedaron establecidas las bases para que en México se desarrollaran elecciones limpias y competidas en un régimen pluripartidista, tal y como correspondía a un país miembro del bloque de las democracias. La primera elección moderna del siglo XX mexicano tuvo lugar en 1946. Se organizó y desarrolló conforme a los términos de la nueva legislación, inauguró nuevas formas de organización, de movilización electoral y de control político que se mantuvieron vigentes hasta la elección de Gustavo Díaz Ordaz, en 1964.

El debate en torno al nuevo partido reinició en marzo de 1945, pero el proyecto se pospuso casi un año, mientras se construía el apoyo a Miguel Alemán. El PRM no se comprometió con esa candidatura hasta que el presidente aceptó que se firmara un pacto entre las corporaciones, en relación a los procedimientos de selección de candidatos a cargos de elección popular. Así que el arranque de lo que sería el PRI estuvo marcado por un arreglo al margen de los estatutos, entre las centrales obreras, campesinas y populares, el candidato y la dirigencia de lo que sería el PRI. De hecho, el pacto introducía una notable inconsistencia en la joven organización porque, por una parte, aprobaban la constitución del nuevo partido, su declaración de principios y sus estatutos, pero, por la otra, el acuerdo anulaba el mecanismo de las elecciones primarias, y comprometía al candidato y a los representantes del presidente, a aceptar que las corporaciones eran las depositarias y ejecutoras de la voluntad y las resoluciones de esas mayorías. De suerte que "todo acto electoral, ya sea para la constitución de los órganos del Partido, la asignación de los integrantes de éstos o la postulación a cargo de elección interna y popular se regirá por el principio del derecho de las mayorías que radiquen en cada uno de los sectores agrario, obrero y popular del Partido".[86] En consecuencia, a finales de 1945 el proceso de designación del candidato se llevó a cabo conforme el sistema de convenciones controlado por las corporaciones, en los términos de la convocatoria expedida en 1939 para la elección de 1940.

[86] "Pacto de las centrales que constituyen el PRI, 20 de enero de 1946", en ICAP, *op. cit.*, t. V: *PRM-PRI, 1945-1950*, p. 225.

La fundación del PRI se pospuso hasta principios de 1946; y tuvo lugar en un acto multitudinario y bullanguero en el teatro Metropolitan. Para que la convención se desarrollara normalmente, los participantes hicieron a un lado, sin resolverlos, los principales desacuerdos entre los defensores del *statu quo* y los innovadores, de suerte que la organización nació bajo el signo de la ambigüedad: ¿eran cambios cosméticos al partido oficial, o se trataba efectivamente de un ente nuevo esencialmente distinto del PRM?

Cada quien entendió al naciente PRI como mejor le convino. Así, por ejemplo, Villalobos en su discurso de despedida habló de que se trataba de encender de nuevo "la flama de los principios que inspiraron el movimiento reivindicador" y del regreso a la época heroica e idealista de la Revolución.[87] El primer presidente del PRI, Rafael Pascasio Gamboa, enfatizó la función del partido en la movilización del voto "con la mira de luchar democráticamente para que asuma el gobierno de la República nuestro candidato".[88] Y, el recién ungido candidato, Miguel Alemán, explicó el cambio en términos vagos: era "necesaria" una nueva organización, "dentro de las propias instituciones revolucionarias."[89]

El periódico *El Popular*, portavoz del lombardismo, presentó al PRI como "una remozada fuerza de la democracia mexicana"[90]; y el *Excélsior*, que articulaba la opinión de las clases medias urbanas, por su parte, celebraba las principales diferencias entre el PRM y el PRI: que las corporaciones se limitarían a llevar a cabo acciones de "desarrollo social"; que los trabajadores, campesinos y obreros "dependerán exclusivamente de los órganos de acción del Partido para el ejercicio de su acción política electoral", y que las elecciones internas de candidatos "no se harán por el procedimiento antidemocrático de votos por sectores, que adoptó el PRM; sino por votos individuales en casillas".[91] Con estas reglas los votantes se sacudirían la tutela de

[87] "Discurso del Lic. Antonio Villalobos al iniciarse la Segunda Convención ordinaria del PRM. 18 de enero de 1946", *ibid.*, p. 200.

[88] "El doctor Rafael Pascasio Gamboa acepta la presidencia del Partido Revolucionario Institucional, 19 de enero de 1946", *ibid.*, p. 218.

[89] "Discurso de Miguel Alemán al rendir su protesta como candidato a la Presidencia de la República. Teatro Metropolitan, México, D.F., 20 de enero de 1946", *ibid.*, p. 230.

[90] "Crónica de *El Popular* sobre la fundación del PRI, 19 de enero de 1946", *ibid.*, p. 207.

[91] "*Excélsior* hace la crónica de la constitución del PRI, 20 de enero de 1946", *ibid.*, p. 213.

los líderes en las elecciones internas y éstas serían "verdaderas escuelas de democracia".[92] Sin embargo, Miguel Alemán fue presentado ante la asamblea nacional como el elegido por la voluntad "expresada por las centrales representativas del movimiento social".

El 18 de enero de 1946, la asamblea nacional del PRM votó transformar "la estructura de los antiguos elementos de lucha y constituir el nuevo órgano de la Revolución", y "legó" al PRI la candidatura de Miguel Alemán. La nueva organización mantenía la continuidad del régimen revolucionario, y adoptaba un lema relativamente neutral en términos del debate ideológico de la época: "Democracia y Justicia Social". Quizá solamente para dejar constancia de sus intenciones originales, en el discurso del 19 de enero de 1946 en el que protestó como candidato del PRI, Alemán retomó las críticas al imposicionismo del PRM, y se comprometió con las reglas del juego democrático: "El Partido Revolucionario Institucional no debe ser una máquina de imposición, ... Nuestro empeño mayor será pugnar por un triunfo democrático, sin coacciones, sin engaños, ni violencias... respetando el veredicto del pueblo aunque éste nos sea adverso".

La frialdad de las relaciones entre el PRM y Ávila Camacho se prolongó hasta el fin del sexenio. El partido dejó de ser el actor influyente del cardenismo, también porque Ávila Camacho prefería apoyarse en los funcionarios y en la administración pública antes que en el PRM. La fundación del PRI fue la culminación de esta estrategia de desplazamiento del partido del cardenismo.[93]

León, Guanajuato: el tropiezo de los militares[94]

En la ciudad de León, Guanajuato, la elección del presidente municipal tomó un giro trágico en enero de 1946. Según un informe del FBI al Departamento de Estado, el 16 de diciembre de 1945, fecha de la jornada electoral, los partidarios del candidato de oposición, un antiguo sinarquista, Carlos Obregón, encontraron las casillas cerradas, pero salvaron el escollo

[92] *Idem.*

[93] *Ibid.*, p. 214.

[94] Una primera versión de este relato apareció en *Nexos*. Véase Soledad Loaeza, "La matanza de León, 1945", *Nexos*, año 36, núm. 425, mayo de 2013, pp. 30-34.

votando en boletas abiertas, notariadas y firmadas. Cuando se anunció el triunfo del candidato del PRM, Ignacio Quirós, se levantó una rabiosa protesta, que llegó hasta la Ciudad de México. Los partidarios de Obregón se entrevistaron con el secretario de Gobernación y pretendieron hablar con el presidente Ávila Camacho, quien no los recibió. Estaba previsto que el resultado oficial se diera a conocer el 1º de enero de 1946; el día anterior habían llegado a León varios camiones de agraristas para servir de escudo al nuevo presidente municipal en la ceremonia de toma de posesión que se preveía agitada.

El primer día del año, la Unión Cívica Leonesa (UCL) llevó a cabo una manifestación en el parque Hidalgo, lejos del centro, para evitar una confrontación directa con la tropa; sin embargo, al lugar llegaron cerca de 100 efectivos del ejército, y a bayoneta calada disolvieron la concentración. Según la prensa una mujer embarazada había muerto a resultas del asalto. La UCL respondió al día siguiente con el cierre de comercios y una manifestación "frenética". Los dirigentes de la UCL se reunieron con Quirós para pedirle que renunciara; éste, acorralado por una multitud vociferante, anunció que iría a consultas con el gobernador.[95] En su ausencia, la noche del 2 de enero, un grupo de 20 soldados se apostó frente al palacio municipal para enfrentar a decenas de adolescentes que, con el apoyo de una multitud que aumentaba por minutos, les lanzaban piedras e insultos.[96] Un asistente a la protesta envió al presidente Ávila Camacho su testimonio:

> Aparentemente, una piedra golpeó en la cabeza del oficial al mando quien, enfurecido, dio la orden de disparar sobre una multitud desarmada de cinco mil personas, que fue atacada incluso con ametralladoras. La gente aterrorizada

[95] Biblioteca Lamont, Universidad de Harvard, "From John Edgar Hoover, Director Federal Bureau of Investigation, to Mr. Frederick B. Lyon, Chief, Division of Foreign Activity Correlation, Department of State, 'Political riot in León, Guanajuato, Mexico'", 21 de enero de 1946, Confidential Memorandum. File 100-4326. U. S. State Department Central Files, Mexico. Internal Affairs, 1945-1949, Part 1. Reel 00 732. El reporte oficial que se entregó a la Secretaría de Gobernación trata de repartir las culpas en forma equitativa entre el ejército y los votantes. Difiere del informe del FBI, por ejemplo, en que acepta que el tiroteo se inició por órdenes del coronel Olivera Barrón, pero sostiene que entre la multitud había varias personas armadas que respondieron al ataque; subraya que los 100 adolescentes obedecían a un plan prestablecido de provocación al ejército. Según este reporte murieron 32 personas y 87 fueron heridas. *Idem.*

[96] Soledad Loaeza, "La matanza de León en 1945", *op. cit.*, pp. 30-31.

empezó a correr en todas direcciones en busca de una salida, pero los soldados las habían bloqueado todas. Lo más terrible era ver a los niños empavorecidos que no sabían hacia dónde ir, y muchos se murieron porque atravesaron la calle donde estaban los soldados disparando.[97] Algunos de ellos treparon a los árboles, pero hasta allí los alcanzaban para dispararles, y caían como pajaritos; otros levantaban los brazos —como habían visto que se hacía en las películas de guerra—, o de plano se tiraban bocabajo. Pero ni así les perdonaron la vida.

El tiroteo duró cerca de 20 minutos. El piso de mosaico de la plaza quedó encharcado de sangre; los árboles tenían las ramas rotas, atravesadas por las balas; las bancas del jardín recibieron múltiples impactos porque la gente buscó refugiarse del ataque tras los laureles de hierro forjado. La persecución de quienes lograron salir de la plaza siguió por algunas calles aledañas, donde eran alcanzados y rematados. La Cruz Roja, que había intervenido para recoger a los heridos, se retiró después de que uno de sus camilleros cayó muerto.

La noticia corrió como la lumbre y aunque no se sabía a ciencia cierta cuántas habían sido las víctimas, se calculaba más de 30 muertos y 300 heridos. Desde el 3 de enero la prensa de la Ciudad de México reportó los acontecimientos, publicó aterradoras fotografías que dejaron a la opinión pública estupefacta. Los editoriales de la "prensa reaccionaria" —como calificaba Martín Luis Guzmán a la mayoría de los periódicos de la capital— le exigían al gobierno que enfrentara la situación. Ese mismo día, por instrucciones del señor presidente, el secretario de Gobernación, Primo Villa Michel, llegó a León para iniciar una investigación. Se hizo acompañar por el general Bonifacio Salinas Leal, jefe de la XVI Zona Militar. Asimismo, la Comisión Permanente formó una comisión investigadora, integrada por dos senadores y tres diputados, entre los que destaca Manuel Moreno Sánchez.

El presidente acordó solicitar a la Comisión Permanente que nombrara a un gobernador provisional en Guanajuato: "Por haberse colocado los Poderes del Estado en una situación contraria a los principios fundamentales de nuestro orden jurídico constitucional".[98] En paralelo a estas investigacio-

[97] AGN, Ramo Presidentes, "Teniente Francisco E. Mireles al Gral. de División y Presidente Constitucional de la República, Manuel Ávila Camacho, 3 de enero de 1946, Galería 3, exp. 544.5/304.

[98] "El Ejecutivo pide a la C. Permanente la desaparición de poderes en Guanajuato. Solicita se designe a un Gobernador Provisional", *El Nacional*, año VII, t. XXII, martes 8 de enero de 1946, pp. 1 y 6.

nes oficiales una organización de militares denominada Unificación de Veteranos de la Revolución, que estaba presidida por el general Jesús Agustín Castro, secretario de Defensa del presidente Cárdenas, hizo la suya. El 12 de enero entregó a Ávila Camacho los resultados de su pesquisa, con carácter de *Reservado*.[99] Una de las primeras observaciones del documento es que "jamás se había matado ni herido a tanta gente de modo tan siniestro y pavoroso"; y, de entrada acusaba a los "malos jefes militares" que se hicieron instrumento de "políticos perniciosos". Luego describe las escenas de la tragedia, reconstruida con base en numerosas entrevistas que llevaron a cabo con leoneses de diferentes clases sociales. A diferencia de los informes citados, éste identifica a un culpable: el coronel Olvera Barrón, que a las nueve de la noche "lanzó a la multitud una granada y una segunda que parece haber sido la señal para que la tropa que estaba apostada en los balcones del palacio municipal disparara contra la multitud".[100]

La gravedad de estos sucesos no pasó desapercibida para el embajador de Estados Unidos en México, George S. Messersmith, quien reportó al Departamento de Estado los acontecimientos en León desde el 3 de enero y casi a diario durante 15 días.[101] Según su interpretación, las autoridades municipales habían utilizado a las fuerzas federales para reprimir a los descontentos, y apuntaba las posibles repercusiones de estos hechos. En su opinión, por una parte, podían desencadenar una movilización amplía contra el fraude electoral, pues una situación similar a la de León se había planteado en Monterrey y en varios municipios de Tamaulipas; por la otra, los hechos podían ser un avance de los que podría suceder en la elección presidencial de julio. El Departamento de Estado dio mucha importancia a los acontecimientos de León; así lo sugiere el hecho de que el FBI haya hecho su propia investigación y entregara su informe el 8 de enero.[102] Este reporte

[99] "Jesús Agustín Castro y Antonio Hernández Ferrer a General de División Manuel Ávila Camacho. Palacio Nacional", AGN, Galería 3, exp. 544.5/304.

[100] *Idem.*

[101] BLHU, Despatch 27 867, Aerograma de "George S. Messersmith to the Honorable Secretary of State", January 3rd, 1946. *Confidential U.S. State Department Central Files*, Mexico. Internal Affairs, 1945-1949, Part 1, 3 00 278.

[102] BLHU, "John Edgar Hoover –Director, Federal Bureau of Investigation, to Mr. Frederick B. Lyon, Chief Division of Foreign Activity Correlation", Department of State, *Personal and Confidential,* January 21st, 1946. File 100-4326, *Confidential U.S. State Department Central Files*, Mexico. Internal Affairs, 1945-1949, Part 1, 007732.

recoge la interpretación general de que había sido un conflicto poselectoral en el que había intervenido el ejército contra una multitud inerme.

Según datos oficiales hubo 32 muertos —aunque los médicos de la Cruz Roja calcularon que llegarían a 75— y más de 200 heridos; 400 diría la oposición. El reporte del FBI sostiene que el oficial a cargo de la plaza, coronel Luis Olivera Barrón, había ordenado el ataque porque los dirigentes del PRM local lo habían convencido de que los sinarquistas preparaban un levantamiento armado. "Se considera que este factor fue decisivo en la incitación al coronel Olivera para que actuara con celeridad y diera la orden de disparar sobre la multitud".[103]

Esta interpretación de los acontecimientos en León podía apoyarse en rumores a propósito de una supuesta rebelión sinarquista que habían empezado a circular en diciembre anterior. Vicente Lombardo Toledano, en un acto masivo de apoyo al candidato Alemán, en el que lo acompañaban Antonio Villalobos, presidente del PRM, el secretario de Marina, Heriberto Jara, Valentín Campa, dirigente comunista de los ferrocarrileros, y Blas Manrique también comunista, entre otros, acusó a voz en cuello de traidor a Ezequiel Padilla, a quien tildó de instrumento de Estados Unidos, y de *Quisling* mexicano; luego, denunció la existencia de un supuesto complot de la UNS contra el gobierno. El líder cetemista habló de contrabando de armas en la frontera norte y del apoyo a la rebelión por parte de "firmas imperialistas".[104]

Las acusaciones de Lombardo recibieron amplia cobertura de la prensa y causaron un gran escándalo. El discurso provocó una tormenta en la relación del gobierno con el embajador George C. Messersmith quien pidió pruebas de las acusaciones, y, si no las había, esperaba que el gobierno mexicano se deslindara y que Lombardo se disculpara. Para exasperación del embajador, nada de esto ocurrió.[105] Y cuando se pensaba que el flamígero discurso se había olvidado, al igual que las promesas de Lombardo de exhibir las pruebas del complot, estalló la crisis de León.

[103] *Idem.*

[104] NARA, "William Blocker, American Consul General, to the Honorable Acting Secretary of State", Washington, D. C., December 20th, 1945, 812.00/12—2045 CS/LE, reel 300016.

[105] BLHU, "Memorandum of Conversation between Ambassador George C. Messersmith and Secretary of Foreign Affairs, Francisco Castillo Nájera", December 18th, 1945. Confidential U.S. State Department Central Files, Mexico. Internal Affairs, 1945-1949, Part 1. 2 00 827.

Vistos a la distancia los señalamientos contra la oposición católica, las acusaciones de traición a la patria, la denuncia antiimperialista, el develamiento de la supuesta conspiración contrarrevolucionaria parecen una operación de propaganda, casi un acto de desesperación de Lombardo Toledano, ante la perspectiva del fin del PRM. Es probable que el objetivo del cetemista fuera mantener vivos los antagonismos que fomentaban el activismo de izquierda. En el contexto de la crisis de León, el discurso propagandístico fue mucho más que una llamarada de petate pues abonó al clima de incertidumbre y confrontación que alimentaban las reformas avilacamachistas y la sucesión presidencial. A la luz de los acontecimientos de León la denuncia de Lombardo Toledano cobró visos de realidad.

Además, no hay que olvidar que en las primeras semanas de febrero de 1946 se votarían los estatutos y el programa del nuevo partido. La balacera en León no podía haber ocurrido en un peor momento. En enero de 1946 Alemán todavía tenía que ser nominado candidato del nuevo partido, cuya formación provocaba tensiones entre la presidencia de la República y la CTM, que no acababa de reconciliarse con la reforma política del avilacamachismo. En estas circunstancias, era apremiante frenar el deterioro de la atmósfera política, y eso sólo podía hacerlo la intervención de la autoridad presidencial.

Probablemente para sorpresa de las autoridades locales del estado de Guanajuato, en esta ocasión el gobierno federal actuó de inmediato en el conflicto poselectoral. El presidente de la República decretó la desaparición de poderes en el estado, el gobernador fue destituido "...por violaciones contra la libre emisión de la voluntad popular, violaciones imputables a los Poderes del Estado que rebasando el ámbito de sus deberes se constituyeron en partido...".[106] La investigación del secretario de Gobernación, Primo Villa Michel, reconoció el triunfo del candidato de la UCL, Obregón, quien de inmediato tomó posesión de la presidencia municipal.

La celeridad con que reaccionó el presidente muestra, por una parte, su determinación de defender la reforma electoral contra autoridades locales o partidistas obtusas, y dar prueba de la firmeza de su compromiso con los procedimientos democráticos; por la otra, la respuesta gubernamental dio cuenta del impacto que causó en el gobierno la amplia reacción de indignación que provocaron los acontecimientos de León, la cual amenazaba con extenderse a todo el país.

[106] Citado en Loaeza, *El Partido Acción Nacional, op. cit.*, p. 216.

Desde los primeros días de enero las noticias acerca de la fundación del nuevo partido compitieron con la información a propósito de León en la prensa de la Ciudad de México, que se volcó contra la "imposición" y en apoyo de los leoneses. Editorialistas como Miguel Alessio Robles, Aldo Baroni, Aquiles Elorduy, Jesús Guiza y Acevedo, Mauricio Magdaleno, los periódicos *Excélsior, Novedades, El Universal, La Prensa*, salieron en defensa de las víctimas de la violencia castrense y de la hegemonía del PRM. Sólo *El Popular* y *El Nacional* mantuvieron la tesis de que lo sucedido era resultado de una conspiración reaccionaria.

Los funcionarios de la embajada de Estados Unidos siguieron cuidadosamente este asunto, en apariencia convencidos de que era el preludio de una severa crisis política, y tal vez, de una ola de desestabilización.[107] Para la embajada de Washington en México, León se volvió un tema central, quizá porque era el cuartel general del sinarquismo, y para los estadunidenses este movimiento era el agente del fascismo español, que podría apoyar un golpe militar que desestabilizara su frontera sur. Además, Estados Unidos no estaba dispuesto a tolerar la presencia en el poder en México, de una fuerza política que entre otros rasgos característicos ostentara la defensa del hispanismo y un feroz antiyanquismo, comparable al de los lombardistas. Nada más en el mes de enero de 1946 el FBI envió al Departamento de Estado tres reportes acerca de lo ocurrido en León, y en ese mismo lapso el embajador Messersmith y el primer y segundo secretarios de la embajada prepararon más de una decena de documentos sobre el mismo tema. La atención que dedicaron a este episodio contrasta con el poco interés que les despertó la disolución del PRM y el anuncio de la creación del PRI.

La situación pareció salirse de control cuando el 12 de enero el líder de la CTM, Fidel Velázquez, pronunció en Monterrey un discurso en el que acusó al presidente Ávila Camacho de extralimitarse en el ejercicio de sus funciones y de ceder a las presiones de la "reacción" al solicitar la desaparición de poderes en Guanajuato y al presentar cargos contra los oficiales que te-

[107] En reporte al secretario de Estado, el segundo secretario de la embajada, David Thomasson sostiene: "No es una exageración decir que el incidente de León es el desarrollo político más sobresaliente en México en mucho tiempo, y sus repercusiones están teniendo obviamente sus efectos en la situación relativa al resultado de la próxima elección". BLHU, "Confidential Despatch nr. 28,032". January 23rd, 1946. U.S. State Department Central Files, Mexico. Internal Affairs, 1945-1949, Part 1. 300 813.

nían mando de tropas en León cuando ocurrió la balacera. También anunció que, en solidaridad contra la "reacción", la central convocaría a una huelga general. Más tardó Velázquez en hacer esas declaraciones que en desmentirlas; modificar su posición inicial y atribuir al gobernador Ernesto Hidalgo la responsabilidad de lo acontecido el 2 de enero, pero también culpó al sinarquismo y a Acción Nacional de "crear una atmósfera" de confrontación, y reiteró la advertencia de una huelga general.[108] Dos días después, Lombardo Toledano, por su parte, en la segunda convención del Sindicato Nacional de Trabajadores de la Educación (SNTE), pronunció un discurso en el que dio rienda suelta a la desconfianza que le inspiraba el candidato del PRI, y señaló la corrupción que se había incrustado en todos los niveles de la administración, desde el municipio hasta el gabinete.[109]

Todo sugiere que Lombardo y los cetemistas encontraron en el episodio de León un pretexto para exacerbar una polarización que se mantenía latente, pero el verdadero objetivo de su ofensiva eran el PRI y su candidato Miguel Alemán, y, de paso, la política de unidad nacional del avilacamachismo que los neutralizaba. En esos momentos la UNS ya no tenía la capacidad para organizar una conspiración. Desde 1944 estaba sumida en un proceso de descomposición que la había debilitado notablemente.[110] El sinarquismo había sido diezmado por conflictos internos y por la represión gubernamental; en consecuencia había abandonado el radicalismo y algunos de sus líderes habían entablado un diálogo con el presidente Ávila Camacho y se habían comprometido a limitarse a acciones de carácter educativo y asistencial.[111]

Precisamente cuando estalló la crisis de León, los sinarquistas preparaban su incursión en la competencia electoral que se avecinaba.[112] La funda-

[108] Desde el 3 de enero de 1946 el jefe nacional sinarquista pidió la desaparición de poderes en Guanajuato, de manera que aplaudió las decisiones de Ávila Camacho: "La caída del gobierno de Guanajuato es un triunfo del Sinarquismo. El presidente oyó la voz del pueblo. Primera batalla contra el caciquismo político". *El Sinarquista, semanario órgano de la UNS*, 17 de enero de 1946, p.1.

[109] BLHU, "From David Thomasson, second secretary of Embassy to the secretary of State", Confidential Despatch nr. 27,991. "Subject: Lombardo Toledano's speech before Teacher's syndicate", Cuernavaca, January 18th, 1946. U.S. State Department Central Files, Mexico. Internal Affairs, 1945-1949, Part 1. 300 813.

[110] Véase Hernández García de León, *op. cit.*, pp. 280-285.

[111] *Ibid.*, p. 279.

[112] En circular dirigida en febrero de 1946 a los jefes regionales, el líder sinarquista Gildardo González justificaba en estos términos el cambio de la UNS: "Al tomar [esa

ción del Partido Fuerza Popular fue un triunfo para Ávila Camacho. Se formalizó en marzo de 1946, pero desde febrero el semanario de la organización, *El Sinarquista*, se refería a la validez de la vía electoral.[113] Así, los sinarquistas que sistemáticamente habían repudiado la vía partidista y electoral, se incorporaron a las instituciones del régimen posrevolucionario. No por mucho tiempo, pero el suficiente como para contribuir al éxito de la elección presidencial de 1946.

El gobierno dio por terminado este penoso episodio cuando el secretario de Defensa, general Francisco Urquizo, ante el impacto negativo que habían tenido los acontecimientos sobre la imagen del ejército, reafirmó la obediencia al presidente de la República: "El Ejército es ajeno a la política. El señor presidente de la República lo ha ordenado así". Luego hizo la siguiente declaración a la prensa:

> Lo acontecido en León, Gto., lo hemos lamentado profundamente y se ha ordenado con la oportunidad debida, que se juzgue a los culpables conforme a nuestras leyes. Es injusto que se ataque al Ejército por un error de alguno de sus miembros y la opinión pública, sana y sensata, sabe a qué atenerse.[114]

No obstante, el daño estaba hecho. La reputación del ejército como defensor del pueblo sufrió con lo ocurrido en León; su imagen como instrumento de represión del gobierno se acentuó en los años siguientes porque intervenía para reprimir las protestas que se multiplicaban, sobre todo en el campo. En esas condiciones pareció más fácil su exclusión de la actividad electoral, aunque de todas maneras siguió participando en la vigilancia de los procesos electorales, siempre en apoyo del partido oficial.

---

decisión] consideramos con atención las circunstancias actuales de México y hemos visto que son bastante propicias, porque tanto el triunfo de las Democracias como la actitud y promesas del Gobierno de respetar el voto y la resolución del pueblo de hacer respetar sus derechos, han despejado un poco el ambiente político...". Citado en *ibid.*, p. 292.

[113] "Ha de terminar el monopolio político de la Revolución. El pueblo tiene derecho a elegir a sus gobernantes. El PRI promete rectificar los sistemas antidemocráticos". *El Sinarquista. Semanario órgano de la UNS*, 7 de febrero de 1946.

[114] Véase Alfredo Félix Díaz Escobar, "El prestigio y la dignidad del ejército nacional". Entrevista al secretario de Defensa Nacional, Francisco L. Urquizo, Ediciones del Comité Nacional de Orientación Política, México, 1946, pp. 18-21.

Las medidas que introdujo el presidente Ávila Camacho con el fin de desmilitarizar la política fueron apenas un primer paso. Sus sucesores, tanto Miguel Alemán como Adolfo Ruiz Cortines, mantuvieron la política de debilitamiento del ejército, redujeron su presupuesto y lo sometieron a la autoridad presidencial, de suerte que pasaron varios años antes de la conclusión de esta reforma.

No fue sino hasta la derrota de la movilización de apoyo a la candidatura presidencial del general Miguel Henríquez Guzmán, en 1952, que los militares aceptaron la función ancilar a la que quedaron destinados en el nuevo sistema político. Así el autoritarismo mexicano desarrolló un carácter civil que confiaba a un partido político el control de la participación y de la representación populares. Al respecto era notable la diferencia entre México y la mayoría de los autoritarismos latinoamericanos en los que los militares también eran líderes políticos.

Después de la eliminación del sector militar del PRI, las funciones del ejército, quedaron bien delimitadas y no eran de ninguna manera menores.[115] A partir de entonces, el ejército se comprometió en forma inequívoca con la defensa y el respeto a las instituciones vigentes, en particular, con la presidencia de la República. Atrás quedó la proclividad al golpe de Estado y a la sublevación; la lealtad del ejército a la institución presidencial se convirtió en un motivo de orgullo, que también imponía un toque de legitimidad a la autoridad presidencial. A petición del presidente, el ejército intervenía para reprimir protestas, acallar opositores del PRI y del gobierno, y a disidentes, o apoyar decisiones presidenciales que acarreaban riesgos para la estabilidad. Tenía a su cargo el mantenimiento del orden público en estados y municipios en los días de elección y en casi cualquier situación de conflicto que involucrara al gobierno federal; intervenía para asegurarse que decisiones del presidente, como la destitución de un gobernador, se llevaran a cabo sin obstáculos. Tal vez su función más importante en los años cincuenta era reprimir la protesta campesina, evitar las invasiones de tierras y las acciones de grupos armados que aparecieron en Guerrero, Oaxaca, Puebla y Veracruz, antes de que este tipo de oposición

[115] Jorge Alberto Lozoya, *El ejército mexicano, 1911-1965* , México, El Colegio de México (Jornadas, 65), 1970, pp. 49-70.

radical se manifestara en las ciudades, como empezó a ocurrir en la década de los sesenta.[116]

La crisis de León de enero de 1946 se resolvió de manera parcial, pero es indudable que la respuesta rápida del presidente, la disposición a escuchar a las víctimas, la participación de tantos actores en las investigaciones, muestran una voluntad excepcional de reparación de los vínculos entre el poder y la sociedad. Además, con estas acciones Ávila Camacho dio muestras de una intuición política notable, pues supo calcular los riesgos de la represión para su proyecto de largo plazo. La "matanza de León" quedó como una efeméride luctuosa en la memoria de la ciudad. Los oficiales arrestados por su responsabilidad en los hechos fueron liberados en las primeras semanas del gobierno de Miguel Alemán, a menos de un año de su detención.

Conclusiones

La reconstrucción del proceso de reforma política que tuvo lugar entre 1944 y 1946 desde una perspectiva que privilegia las intenciones de una acción frente a sus resultados, permite destacar las restricciones y la incertidumbre que acompañan a toda decisión política.

Por ejemplo, la coalición cardenista que representaba Vicente Lombardo Toledano fue una poderosa restricción al propósito del presidente de incorporar a las oposiciones al sistema político, que ponía en juego la unidad de la élite posrevolucionaria. Lombardo Toledano fue un adversario de consideración, en parte responsable del fracaso de la reforma. Al individualismo que deseaba introducir el presidente opuso el peso de las corporaciones; la unidad revolucionaria que defendió fue un obstáculo para que cristalizara la unidad nacional. Su negativa a aceptar a la oposición como un participante legítimo del debate político y de la competencia por el poder, fue la piedra angular de más de medio siglo de autoritarismo.

La nueva relación con Estados Unidos también limitó la soberanía presidencial, como antes. Sin embargo, Manuel Ávila Camacho adoptó la cooperación como una política de largo plazo, una de cuyas intenciones era

[116] David F. Ronfeldt, *The Mexican Army and Political Order since 1940,* Santa Mónica (CA), The Rand Paper Series, 1975.

aprovechar las posibles ventajas de la cercanía con una superpotencia, aun a riesgo de la supervivencia.

Ávila Camacho vio en la coyuntura de la guerra una oportunidad para transformar a México. Una convicción que revela la disposición a asumir riesgos. En 1940 México enfrentaba lo que sería una guerra mundial, con una sociedad convulsa y una élite fracturada. Era de esperarse que su prioridad fuera mantener el *statu quo* y reducir la incertidumbre, y, sin embargo, introdujo reformas que pusieron en juego una estabilidad precaria cuyo destino no podía anticipar. El presidente Ávila Camacho apostó al cambio, a pesar de que no podía prever su alcance ni su dirección.

El éxito de las reformas avilacamachistas hubiera significado una transformación radical del sistema político; sin embargo, el presidente no pudo vencer las resistencias que le opusieron en particular los líderes sindicales. No obstante, y pese a su derrota, los cambios imprimieron en el PRI uno de sus rasgos más valiosos en términos de continuidad institucional: la apertura a intereses, grupos o individuos que hasta entonces no formaban parte de la familia revolucionaria. Esta disposición fue la base de la flexibilidad y diversidad características del PRI, así como de su capacidad para facilitar el ajuste político al cambio social y económico.

La intención general del reformismo del presidente Ávila Camacho era estabilizar e institucionalizar las relaciones políticas mediante la centralización de la autoridad en la presidencia de la República. Para lograrlo tenía que atacar dos problemas al mismo tiempo: primero, detener el impulso de la coalición cardenista, que encarnaba el PRM, y que su llegada al poder no había frenado automáticamente. En este respecto se propuso, en particular, limitar el poder y la autonomía de Vicente Lombardo Toledano, y de las organizaciones sindicales concentradas en la CTM; y, en segundo lugar, contener el poder de los gobernadores, que hasta entonces disfrutaban de una amplia libertad, y que obviamente se resistían a someterse a la autoridad del gobierno federal.

El dilema que enfrentó el presidente durante su sexenio no era menor: buscaba en la unidad nacional un acuerdo entre las fuerzas políticas a partir del cual el país podría alcanzar la estabilidad, pero las coyunturas electorales que se sucedían fatalmente en el ámbito local y federal, exacerbaban las diferencias y se erigían en un obstáculo a la reconciliación. Las elecciones podían ser suspendidas, como se hizo en otros países de América Latina. El contexto de guerra hubiera podido justificar esta medida, como ocurrió con las facultades extraordinarias del presidente. No obstante, esta opción nunca fue seriamente considerada, aunque es posible que ganas no faltaran. En el informe del 1º de septiembre de 1944 el presidente afirmó exasperado: "... lo que piden los habitantes no son elencos electorales, sino pan y maíz, labor y honradez administrativa".[117] Entonces ¿cómo incorporar las elecciones al proceso de reconciliación, si eran por naturaleza expresión de un conflicto?

[117] "El Gral. Manuel Ávila Camacho, al abrir el Congreso sus sesiones ordinarias, el 1° de septiembre de 1944", en XLVI Legislatura, *op. cit.*, t. IV, p. 293.

IV. EL ESPECTRO DE LA INTERVENCIÓN

México entró a la posguerra con un sistema político cuyas formas democráticas esperaban la confirmación de la práctica. La sucesión presidencial pondría a prueba los cambios que había introducido el presidente Ávila Camacho. Las elecciones federales estaban programadas para el 7 de julio de 1946, pero con anticipación los contendientes ocuparon sus lugares, formaron alianzas, identificaron a sus adversarios, diseñaron estrategias y calcularon riesgos y oportunidades.

El jefe del Ejecutivo dio el banderazo de salida a principios de mayo de 1945 aunque hubiera preferido posponer el proceso, pero el canciller Ezequiel Padilla aprovechaba cada minuto de las grandes reuniones internacionales, la Conferencia de Chapultepec y la de San Francisco, para promoverse como un gran estadista. El presidente no podía permitir que siguiera acumulando ventajas frente a su propio candidato.

El primer proceso electoral de la posguerra fue distinto a todos los anteriores, entre otras razones, porque el contexto internacional incidió en la disposición de las fuerzas políticas, en sus estrategias y en la definición de sus objetivos. Más todavía, se organizó en buena medida en beneficio del exterior, y con el propósito de afianzar la pertenencia de México a la alianza de las democracias occidentales. Tanto así que puede decirse que los candidatos y el gobierno hicieron la campaña mirando hacia afuera, con los ojos puestos en las reacciones de Washington, por momentos más atentos a éstas que a las que suscitaban en México.

Así ocurrió porque el acrecentado poder de Estados Unidos había ampliado las asimetrías entre los dos países, la relación bilateral se había enriquecido y era más compleja que seis años antes. La capacidad de influencia y de presión de Washington sobre México también había aumentado. Era imposible darle la espalda a esta realidad.

Aun cuando en 1945 el conflicto entre Estados Unidos y la Unión Soviética no se hubiera declarado todavía, muchas eran las señales de que la alianza de la guerra había llegado a su fin con la derrota de Alemania. Así, desde los primeros meses de la posguerra, al igual que en muchos otros países, en México las fuerzas políticas se reacomodaron a partir de la reproducción de ese conflicto ideológico en el ámbito interno. Por consiguiente, la campaña política de 1945-1946 fue como una caja de resonancia del antagonismo soviético-americano, en la que los candidatos se definían primero en relación a la oposición capitalismo/socialismo, y luego en relación con las decisiones del gobierno avilacamachista. En la base de esta definición subyacía la fractura cardenismo/anticardenismo. Así, la izquierda cardenista se identificó con el socialismo, mientras que el mundo heterogéneo del anticardenismo quedaba alineado a la noción genérica de las *democracias occidentales*.

El contexto internacional en sí mismo hubiera tenido un significado limitado en México, pero se ancló en referentes locales como el cardenismo, en instituciones como el partido oficial o la Iglesia católica. Así que, por lejano que a muchos pareciera, el antagonismo entre Estados Unidos y la Unión Soviética impactó el desarrollo institucional del sistema político mexicano. La presidencia recibió esta influencia porque la amenaza de la guerra nuclear reforzó la tendencia a la centralización del poder. La fragilidad del equilibrio internacional demandaba respuestas rápidas a situaciones de emergencia sin necesidad de movilizar el apoyo de otras instancias.

La importancia excepcional del contexto internacional en el proceso sucesorio de 1945-1946 se manifestó en la creencia que compartían todos los contendientes de que Washington intervendría en el proceso; y pese a las repetidas protestas en contra de los funcionarios estadunidenses, esa convicción fue el punto de partida de todos los actores políticos mexicanos, aunque tuviera más que ver con la imagen del poder que con la realidad.

En este caso, la influencia de Estados Unidos debe verse no tanto como una voluntad deliberada de intervención sino como una consecuencia de su novedosa condición de superpotencia. Spruille Braden planteó el cambio en los siguientes términos: "Nuestro problema no es saber cómo evitamos usar nuestro poder. No podemos evitar usarlo porque en la balanza pesa lo mismo ejercer ese poder que no hacerlo deliberadamente. No usar nuestro poder puede significar hacer un mal uso de ese poder…".[1]

[1] Spruille Braden, "Congratulatory Address", *Science*, New Series, 103 (1946), núm. 2672, p. 325.

Estados Unidos, por su simple peso, ejercía sobre el gobierno mexicano una presión casi palpable que en cualquier momento podía materializarse en medidas concretas.

Por último, esta campaña electoral fue la primera que se organizó en México con técnicas modernas de promoción, y según el modelo estadunidense, con el apoyo de fondos privados y el respaldo de distinguidos intelectuales y artistas de cine; por ejemplo, en manifestaciones públicas de apoyo a Miguel Alemán, Jorge Negrete cantaba el himno alemanista. El resultado fue un triunfo contundente del candidato del presidente, en apariencia impecable desde el punto de vista de las formas democráticas, en el que los incidentes violentos fueron excepcionales.

El desarrollo pacífico del proceso, en fuerte contraste con lo ocurrido en 1940, fortaleció la posición de Ávila Camacho y, por ende, la de su sucesor, que recibió un legado de buena voluntad y optimismo en relación con el futuro del país. La capacidad de mantener los procesos políticos internos al abrigo de la interferencia de Estados Unidos, es considerada uno de los grandes logros de la élite posrevolucionaria. Aquí se cuestiona esta interpretación porque todo sugiere que esos límites no fueron resultado de la defensa que hiciera el gobierno mexicano de la autodeterminación; tampoco producto de una negociación bilateral. En realidad, México participó poco en la definición del alcance de la influencia de Estados Unidos en su política interna. El Departamento de Estado fijó esa frontera después de evaluar sus propios intereses y luego de calcular el margen de tolerancia que necesitaba el gobierno mexicano para atenderlos sin comprometer su propia estabilidad. Es decir, Washington definió la frontera de su influencia a partir de la debilidad mexicana, pero su objetivo no era aniquilar su autonomía —que hubiera podido hacerlo—, sino fortalecerla para tener el interlocutor que requería la promoción de sus intereses. Ese fue el eje de la estabilidad en la asimetría en que se sostuvo la relación bilateral hasta los años ochenta.

El primer apartado de este capítulo reconstruye la designación de Miguel Alemán como candidato presidencial y su relación con el PRI, en un contexto de cambio social acelerado. Luego se describen las principales oposiciones al candidato del gobierno, la campaña y el desarrollo de la competencia; y, por último, se discute el papel de la embajada de Estados Unidos en la sucesión presidencial de 1946.

El contexto de cambio social

La campaña electoral de 1946 tuvo lugar en el contexto de un cambio social que amplió la distancia entre el México agrario y provinciano del cardenismo, y el país dominado por la cultura urbana de la capital de la República que surgió después de 1945. Este corte ha sido subestimado por una historiografía que, haciéndose eco del discurso político oficial, ha hecho hincapié en la continuidad. Sin embargo, los estudios más recientes reconocen la profundidad de las rupturas que se produjeron en esos años, asociadas con la guerra.[2]

Acertadamente, Ariel Rodríguez Kuri hace hincapié en la industrialización y la urbanización como los procesos más significativos que experimentó la sociedad mexicana. Entre 1940 y 1950, en apenas una década, "el incremento de la población urbana se debió en casi 59 por ciento, al saldo neto migratorio del campo a la ciudad".[3] La magnitud de este fenómeno cimbró los valores y las formas tradicionales de organización social derivadas de la hegemonía de la Iglesia católica: la familia extendida, la parroquia y el barrio que se vieron sometidos al cambio de actitudes que propiciaba la vida urbana.[4] Rodríguez Kuri también enfatiza el impacto de este movimiento incluso sobre los habitantes de comunidades pequeñas, como si la gran ciudad hubiera irradiado una ola de expectativas que se extendió más allá de las fronteras de la Ciudad de México.[5]

El ritmo de la secularización, del cambio de valores sociales, fue relativamente más lento que el crecimiento de la ciudad o el desarrollo de la industria. La desigual cadencia de estos procesos se explica porque la Iglesia recuperó su papel como principal agente de socialización, a consecuencia del *modus vivendi* que acordó con el Estado en 1929. Después de 1940 su presencia en la sociedad se extendió y se profundizó pero el Estado ya no era

[2] Halbert Jones, *The War Has Brought Peace to Mexico. World War II and the Consolidation of the Post-Revolutionary State*, Albuquerque, The University of New Mexico Press, 2014; Ariel Rodríguez Kuri, "Secretos de la idiosincrasia. Urbanización y cambio cultural en México, 1950-1970", en Carlos Lira Vázquez y Ariel Rodríguez Kuri (coords.), *Ciudades mexicanas del siglo xx. Siete estudios históricos*, México, El Colegio de México / Universidad Autónoma Metropolitana-Azcapotzalco / Conacyt, 2009, pp. 19-56.

[3] Rodríguez Kuri, "Secretos de la idiosincrasia...", art. cit., p. 24.

[4] Soledad Loaeza, *La restauración de la Iglesia en la democratización mexicana*, México, El Colegio de México, 2013 [en adelante, *La restauración de la Iglesia*].

[5] Rodríguez Kuri, "Secretos de la idiosincrasia", art. cit., p. 24.

su adversario. En la posguerra el principal desafío para la Iglesia provenía del proceso mismo de modernización porque el Estado había renunciado a llevar a cabo una política explícita de secularización, como la que puso en pie los primeros veinte años de la Revolución en el poder.

La movilización social que desencadenó el cambio económico y la expansión de la vida urbana repercutieron en el ámbito de la política, donde las reformas que proponía Ávila Camacho encontraron un terreno propicio sobre todo entre los grupos de clase media que rechazaban la incorporación al partido oficial. Sin embargo, no se pueden perder de vista las resistencias a la transición del cardenismo al mundo de la reconciliación de clases que promovía el gobierno de Ávila Camacho.

La historiografía convencional no ha tomado en cuenta el impacto de la aparición del PRI y sus implicaciones para la vida cotidiana, por ejemplo, de trabajadores de la CTM que habían encontrado en el mundo sindical una fórmula de inserción en la vida urbana. El paso del PRM al PRI en 1946 fue equivalente a un cambio de paradigma de organización social y política. Por más de tres décadas, el *México revolucionario* había gobernado la comprensión del poder, el lenguaje, los símbolos y los hábitos de un sector amplio de la población, sobre todo en el mundo obrero y en el campo. A partir de 1940 el mismo presidente de la República dejó de hablar de Revolución y adoptó el discurso de la democracia electoral y del pluralismo político, mucho más afín a las clases medias que a los grupos mayoritarios de la población. La Meca de este nuevo mundo era la Ciudad de México.

En los años cuarenta la capital de la República se convirtió en el centro político, financiero, económico, industrial y cultural del país. Su encumbramiento abrió una brecha profunda entre la capital y los estados, al mismo tiempo que la experiencia de la guerra acarreaba una apertura al exterior a través de una relación más intensa con Estados Unidos, y no sólo entre los gobiernos. El incremento de los intercambios de personas mediante el turismo y un acuerdo de trabajadores mexicanos que eran contratados temporalmente multiplicaron los contactos con ese país y familiarizaron a grupos cada vez más numerosos de la población con su cultura. Asimismo, el flujo de refugiados de las guerras europeas modificó las actitudes frente al mundo exterior.[6] Fue como

[6] México quedó involucrado en el mundo de la intriga internacional involuntariamente, con la llegada de los exiliados europeos y latinoamericanos: "El asilo otorgado a Trotsky y la vecindad con los Estados Unidos, hicieron a México escenario de jabonosos episodios de

si la guerra proyectara a México —de golpe— a una modernidad que el cardenismo no había anticipado.

La adaptación a las nuevas condiciones planteaba dificultades para muchos incluso en el seno de la élite. Luis Bernal Tavares sostiene que Vicente Lombardo Toledano, el poderoso líder obrero del cardenismo, no logró entender ni ajustarse a esas transformaciones.[7] Lo mismo podría decirse del líder del PAN, Manuel Gómez Morín.[8] Su estrella política nunca alcanzó a la del poderoso Lombardo, pero se apagó también en la posguerra, como si el tiempo histórico lo hubiera dejado esperando un país que nunca llegó.

Así que la elección de 1946 transcurrió en medio de las contradicciones no resueltas que separaban el paradigma de la sociedad revolucionaria del ideal modernizador que proponían Ávila Camacho y Alemán. En este entorno floreció el presidencialismo mexicano.

¿Incertidumbre democrática o certezas autoritarias?

La elección presidencial de 1946 tuvo lugar en un sistema político en apariencia estable, cuyos equilibrios normalmente se asocian con el éxito de la política de unidad nacional. No obstante, más que reconciliar a las fuerzas políticas adversarias que el cardenismo había sacudido, el presidente Ávila Camacho administró sus diferencias, les restó estridencia y las desactivó con un sencillo discurso democrático.

La estabilidad política se logró gracias también al monopolio que ejercía el PRM sobre los cargos de elección. En 1945-1946 el proceso sucesorio puso en riesgo estos logros y los acuerdos mínimos sobre los que descansaba dicha estabilidad; sin embargo, era ineludible, por lo menos, en virtud del compromiso que había adquirido México con la democracia en los foros internacionales.

---

espionaje y contraespionaje, conspiraciones y complots, protagonizados por agentes soviéticos y norteamericanos, españoles republicanos y franquistas, cubanos y chilenos, polacos y alemanes, apátridas y desertores". Guillermo Sheridan, "Rescatando a Mercader (Un episodio del espionaje soviético en México)", *Letras Libres*, año VIII, núm. 87, marzo de 2006, p. 62.

[7] Luis Bernal Tavares, "El proyecto Alemán-Lombardo, la modernización equívoca de la posguerra", *Estudios de Historia Moderna y Contemporánea de México*, 18 (1998), pp. 171-198.

[8] Soledad Loaeza, *El Partido Acción Nacional…, op. cit.*, pp. 182-246.

Desde finales de 1944 se manifestaba el nerviosismo por la sucesión presidencial. Se barajaban varios nombres como posibles candidatos. Sin embargo, gradualmente la atención de la prensa se concentró en el secretario de Gobernación, Miguel Alemán, en Miguel Henríquez Guzmán, jefe de la zona militar de Jalisco, y en el canciller Ezequiel Padilla.

Seis años después de la violenta elección de 1940, muchos eran los elementos que por primera vez intervenían en el proceso y no se sabía cuál sería su eficacia o el consentimiento que encontrarían en la población, desde la ley electoral hasta el PRI. Tampoco se sabía si el nuevo partido podría cumplir con los objetivos de movilizar y controlar la participación. Algunos dudaban de la capacidad del presidente Ávila Camacho para contener los efectos disruptivos de la elección. Por último, la actitud de Washington hacia el nuevo gobierno también era una incógnita. El presidente Roosevelt había fallecido en abril de 1945, y se sabía muy poco de su sucesor. Esta falta de certezas se añadía a los temores que provocaba la fragilidad de la paz.

La incertidumbre que generaba la elección no se limitaba al candidato ganador, sino que era más amplia. En noviembre de 1945, el embajador de Estados Unidos en México, George S. Messersmith recibió un reporte del primer secretario, Guy W. Ray, acerca de las tensiones en el interior de la élite política mexicana, tal y como lo había escuchado de un "amigo íntimo" del candidato del gobierno. Esta información llevó al diplomático a la conclusión de que "cualquier cosa puede todavía pasar. Hasta ahora nada se ha definido".[9]

La reforma política del presidente Ávila Camacho no tuvo el efecto democratizador que él esperaba. Por una parte, implantó la legitimidad democrática del voto en el corazón de la estabilidad de la institución presidencial, pero, por la otra, también hizo del voto la justificación central del ejercicio autoritario del poder. El presidente sería siempre aplaudido como representante de grandes e incontestables mayorías que se reproducirían cada seis años; pero estaba libre de las demandas ciudadanas porque el voto no era el origen de su autoridad, sino que emanaba del poder mismo.

Desde una perspectiva más puntual, la evolución del presidencialismo en esta etapa fue el resultado de la nueva ley electoral, del PRI y del contexto

[9] BLHU, "From Guy W. Ray to the H. Secretary of State." Dispatch nr. 27225. Mexico City, November 3rd, 1945. *Reel* 2/00501. U.S. State Department Central Files, Mexico Internal Affairs, 1945-1949.

de la posguerra. La combinación de estos tres factores dio lugar a la articulación de un sistema político distinto del anterior, pues ya no se fundaba en el caciquismo y en el pactismo, sino en un poder Ejecutivo federal que centralizaba facultades administrativas y políticas, que subordinó el partido hegemónico a su autoridad y aumentó su capacidad de control sobre el personal político. Era un sistema autoritario, pero más acorde con las exigencias de una sociedad crecientemente urbanizada, con la transformación de la economía mexicana y con las demandas de participación de clases medias en expansión.

Como si hubiera querido protestar por la liquidación del sistema político que fundó con la creación del PNR, el general Calles falleció el 19 de octubre de 1945. No obstante, si hubiera tenido un poco más de paciencia habría comprobado que el marco institucional que se diseñó ese año no negaba su origen callista, pues su objetivo prioritario era la modernización y no la construcción de la democracia.

El candidato del presidente

La convicción democrática que había expresado el presidente Ávila Camacho al impulsar la reforma política no incluía la renuncia al privilegio de designar al candidato del PRM, que equivalía a nombrar a su sucesor en la presidencia de la República. Así, ejerció con toda naturalidad esa prerrogativa presidencial única,[10] y se inclinó por el secretario de Gobernación, Miguel Alemán.

El hecho de que el ejército, la burocracia y las organizaciones de masas asociadas al partido hubieran aceptado su decisión a pesar de que se habían manifestado corrientes favorables a otros aspirantes como el jefe del Departamento del Distrito Federal, Javier Rojo Gómez y el general Henríquez Guzmán,[11] habla del poder que había alcanzado Ávila Camacho y de la ca-

[10] Como afirma Rogelio Hernández, "En rigor, la mayor prueba del control presidencial y del carácter instrumental del partido, radicó siempre en la facultad del Ejecutivo para seleccionar e imponerle al PRI su sucesor". Rogelio Hernández Rodríguez, "La historia moderna del PRI. Entre la autonomía y el sometimiento", *Foro Internacional*, 40, 2000, pp. 178-306, especialmente p. 303.

[11] Luis Javier Garrido, "El partido del Estado ante la sucesión presidencial en México (1929-1987)" , *Revista Mexicana de Sociología*, vol. 49, núm. 3, 1987, pp. 59-82.

pacidad de control político que había desarrollado la presidencia de la República. Asimismo, revela la posición secundaria a que había sido relegado el PRM, que no intervino ni siquiera marginalmente en la designación. No sólo eso, sino que la asamblea en la que debía cumplirse el requisito de elegir al candidato tampoco podía llevarse a cabo porque los desacuerdos en el interior del partido no se habían resuelto.

El presidente Ávila Camacho confió a Lombardo Toledano y a la CTM organizar la movilización popular de apoyo a Alemán. Este respaldo lanzó señales equívocas en relación con la continuidad ideológica de la élite política, porque hizo creer a muchos que nada había cambiado. No obstante, el fin del cardenismo se había llevado consigo buena parte del radicalismo y de la capacidad de influencia de Lombardo y del PRM, pero la *unidad nacional* avilacamachista permitió disimular ese descarte. Desde 1941 se hablaba de la necesidad de desmantelar el partido del cardenismo, pero el desacuerdo reinaba cuando se trataba de discutir el nuevo partido: mientras la izquierda oficial planeaba la creación de un "verdadero partido de los trabajadores", la derecha —por llamarla de alguna manera— aspiraba a la fundación de un partido de corte liberal, que superara los compromisos y las restricciones del corporativismo cardenista.

Mientras se resolvían las diferencias, el partido existente era el único mecanismo del que disponía el presidente para encuadrar a las grandes organizaciones sociales en el proceso sucesorio, así como Lombardo Toledano era el único líder capaz de llevar a cabo la incorporación de sindicatos y ligas agrarias al PRM. Durante la guerra, el fundador de la CTM se había concentrado en construir la Central de Trabajadores de América Latina (CTAL); este compromiso limitó su presencia en México. Ahora sabemos que su participación en la fundación del PRI y en la candidatura de Alemán fue su canto del cisne.

El 24 de mayo de 1945, en respuesta a una invitación de Lombardo Toledano "en acuerdo con el presidente Ávila Camacho",[12] se reunieron en la biblioteca de la Universidad Obrera los dirigentes de las centrales sindicales, la CTAL, la CTM, la CNOP y la FSTSE, la CNC y el Partido Comunista Mexicano.[13]

[12] Citado en James y Edna Wilkie, *México visto en el siglo XX*, *op. cit.*, vol. 2, p. 367.

[13] En dicha reunión Lombardo Toledano había anunciado: "Mi proyecto es que cada uno de ustedes, al frente de los sindicatos que representan, lancen en el curso de la próxima semana la candidatura del licenciado Alemán. Con ello se hará una demostración de fuerza

El objetivo era unificar a esos grupos en torno a la candidatura de Miguel Alemán.[14]

Concluido lo que la prensa llamó el "Pacto de las Centrales", el 7 de junio Lombardo Toledano presentó a Miguel Alemán a los trabajadores de la CTM en una asamblea magna en el Teatro Iris. De ese discurso se ha citado mucho la frase que dedicó a Alemán como el "cachorro de la Revolución", como si hubiera sido un elogio. Sin embargo, la lectura del documento completo indica que Lombardo fue más allá de una introducción del precandidato y que la metáfora del cachorro no era un halago.

El tono condescendiente de la intervención sugiere que Lombardo veía en Alemán a un político bisoño que tenía mucho que aprender de sus mayores. Esta intención es notable sobre todo cuando se refiere a él en estos términos: "Usted es un cachorro de Lázaro Cárdenas y de Manuel Ávila Camacho; no hay necesidad siquiera de inventar actitudes. El pueblo organizado anuncia un programa; usted lo acepta. Tiene usted el ejemplo vivo de Lázaro Cárdenas y de Manuel Ávila Camacho. La tarea aunque ardua, no es insuperable".[15]

Según el reportaje de la revista *Mañana*, al término de su discurso "Lombardo fumaba en pipa satisfecho de su obra".[16] La insolencia del líder habrá sorprendido a pocos, pues semanas antes había expresado en público

---

tan aplastante, que ningún otro individuo será capaz de lanzarse a la lucha, sabedor de que la tiene perdida". Citado en "Futurismo", *Mañana*, núm. 92, 2 de junio de 1945, p. 6.

[14] Lombardo Toledano dijo a James y Edna Wilkie: "Ayudé a que Miguel Alemán fuera presidente de la República. Aquí, en esta casa, le comuniqué que él sería el presidente de la República. Porque en la Universidad Obrera se reunieron durante una semana todos los elementos representativos de la vida política del país y los unifiqué, de acuerdo con el presidente Manuel Ávila Camacho, a favor de Miguel Alemán". James y Edna Wilkie, *México visto en el siglo XX*, *op. cit.*, vol. 2, p. 367.

[15] "Discurso de Lombardo Toledano en el mitin de apoyo a la candidatura de Miguel Alemán a la presidencia de la República. 7 de junio de 1945", en ICAP, *op. cit.*, t. V, p. 44. Esta actitud corresponde a la poca simpatía que le inspiraba Alemán.

[16] "Cachorro", *Mañana*, núm. 96, 16 de junio de 1945, p. 5. El semanario *Time* fue mucho más agresivo: "El homenaje al exsecretario de Gobernación, el conservador Alemán, fue una pieza sobresaliente de hipocresía. No son amigos: Alemán había deseado deshacerse de Lombardo, pero como a Lombardo Toledano le gusta estar con el ganador, y como Alemán necesitaba el apoyo del ala radical, seguirá la hipocresía. Alemán será el jefe y continuará la deriva del partido hacia la derecha". "MEXICO. Lombardo for Aleman", *Time*, 28 de enero de 1946; en: <http://www.time.com/time/magazine/article/0,9171,6855320,00.html>, consultado el 7 de agosto de 2015.

su desdén por el candidato. Eliminados Rojo Gómez y Henríquez Guzmán, Lombardo concluyó: "Sólo queda un hombre: el licenciado Miguel Alemán. Si yo mismo lo he señalado en San Francisco como el menos capaz de los tres, creo, en cambio que es quien ofrece mejores garantías".[17]

En su respuesta al discurso de introducción de Lombardo Toledano, Miguel Alemán pasó por alto al líder sindical para dirigirse a la asamblea describir su programa de gobierno, y anunciar que iba a incorporar a las "fuerzas populares organizadas" presentes; pero, añadió que también estarían con él "elementos sociales progresistas", por ejemplo, los empresarios, justo aquéllos de los que desconfiaban los sindicalistas, y a los que se negaban a admitir en el PRM. Pese al desacuerdo, Alemán fue aclamado sin votación, precandidato de la CTM a la candidatura presidencial del PRM. Era reconocido como hijo de la experiencia fundadora de la Revolución, y heredero legítimo de sus tradiciones y propósitos; pero era aceptado nada más como un intérprete. No se pensaba que pudiera hacer ninguna aportación.

En las semanas siguientes, el respaldo a Alemán se fue ampliando; los apoyos llegaban en cascada; las calles de la Ciudad de México aparecieron tapizadas con propaganda a su favor; proliferaron los grupos organizados de simpatizantes, desde estudiantes universitarios hasta campesinos. Sin embargo, Lombardo Toledano fue quien dio el empujón decisivo a la candidatura de Miguel Alemán, suspendió temporalmente sus actividades en el Workers Trade Regional Conference y al frente de la CTAL, y se concentró en la ofensiva contra el candidato Padilla.

Lo único que explica la cooperación de Lombardo Toledano con los planes presidenciales y la campaña de Alemán es su obsesión con la unidad nacional; la terquedad que lo ataba a la estrategia del frente popular y a la autoridad presidencial; y su determinación de impedir la llegada de Padilla al poder.[18]

El fin del cardenismo había cimbrado la identidad del PRM, y su evolución había sido decepcionante. Tanto así que, el 1º de septiembre de 1944, Lombardo anunció, junto con Narciso Bassols y Dionisio Encina, la formación de la Liga Socialista Mexicana, que era el germen de un amplio frente

[17] "Futurismo. I.- Maffia", *Mañana,* núm. 92, 2 de junio de 1945, p. 6.

[18] Barry Carr, *La izquierda mexicana a través del siglo XX*, trad. Paloma Villegas, México, Era, 1996, pp. 117-150, 158-160. Véase también Daniela Spenser, *En combate: la vida de Lombardo Toledano*, México, Debate, 2018, pp. 268-269.

de izquierdas.[19] Paradójicamente, el lanzamiento del primer candidato presidencial del PRI estuvo en manos de un líder que planeaba la fundación de otro partido.

Lombardo Toledano estuvo dispuesto a apoyar a Alemán por lealtad al presidente, su amigo; pero también vio la oportunidad de promover su propio proyecto de creación de un partido de los trabajadores, que representara al cardenismo como opción de gobierno; sobre todo lo impulsaba la profunda animadversión que le inspiraba el secretario Padilla. La lectura de los discursos de Lombardo Toledano en esta campaña sugiere que hubiera hecho cualquier cosa para impedir que el canciller llegara a la presidencia de la República, en quien veía a un agente de Estados Unidos.

No obstante la movilización de las organizaciones de masas, para nadie era un secreto que la designación de Alemán había sido una decisión del presidente, entre otras razones porque hasta mayo de 1945 el PRM ni siquiera había sacado la cabeza. Su ausencia de las primeras etapas del proceso sucesorio es una medida de su irrelevancia que, por lo demás, a nadie sorprendió porque así había sido durante la presidencia avilacamachista. En esos meses, el partido vivía una larga agonía que se había iniciado con el fin del gobierno de Cárdenas, su único hogar verdadero, porque nunca encontró una posición cómoda en el gobierno de la *unidad nacional* que, como hemos visto, se contraponía a la *unidad revolucionaria* que pretendía representar el partido.

El inescrutable destape

Como era costumbre, la decisión del presidente Ávila Camacho respecto a quien debía sucederlo en el poder provocó muchas especulaciones y dio lugar a diversas interpretaciones.[20] Incluso el embajador de Estados Unidos en

[19] Luis Javier Garrido, *El partido de la Revolución institucionalizada (Medio siglo de poder político en México). La formación del nuevo Estado*, México, Siglo XXI Editores, 1982, p. 346.

[20] Mucha tinta ha corrido y muchas horas se han agotado en la discusión a propósito de la designación de los candidatos presidenciales del PRI entre 1945 y 1994, sin que se haya llegado a un acuerdo. La evidencia empírica al respecto es pobre, aunque abundan las anécdotas y los rumores, así que una hipótesis vale tanto como otra. En este caso la información con que se cuenta sugiere que el presidente eligió a su sucesor según su leal saber y entender, a partir de la evaluación ponderada que hizo del equilibrio de fuerzas vigente y de su propio

México, George Messersmith, dio una explicación personal[21] al secretario de Estado en funciones, Dean Acheson, en enero de 1946. Escribió un informe febril clasificado como *estrictamente confidencial*, que envió al Departamento de Estado. En él sostiene que cuando Vicente Lombardo Toledano regresó de la Conferencia de San Francisco, se reunió de urgencia con el expresidente Cárdenas y con el secretario de Gobernación, Miguel Alemán. Su propósito era convencerlos de adelantar el proceso sucesorio. Había que frenar a Ezequiel Padilla quien, según Messersmith, podía ganar "tanto prestigio por su actuación en la reunión [...] que era necesario detenerlo o sería el candidato más destacado desde el inicio del proceso".[22] Añadía que era urgente encontrar otro candidato con apoyo del gobierno y del movimiento obrero. "El resultado neto [de esta negociación] fue que Alemán obtuvo el apoyo del gobierno, el de Cárdenas y el del movimiento obrero...".[23]

Lo primero que llama la atención en este documento es la ausencia de Ávila Camacho. Sin embargo, al igual que el resto de este informe, esta aparente omisión se explica porque más que un análisis relativamente objetivo de la situación política del país, o de la campaña electoral, Messersmith describió una visión intensamente personal de la sucesión presidencial mexicana —se consideraba amigo del presidente Ávila Camacho, por consiguiente, lo protegió—, y una vehemente defensa de Ezequiel Padilla, que era su candidato.

---

interés personal. No hay ninguna razón para pensar que esta explicación no es aplicable a otros presidentes.

[21] Existen otras interpretaciones de la sucesión presidencial de 1946, que no muestran entre ellas diferencias sustantivas. Luis Bernal Tavares, Luis Medina y Tzvi Medin piensan que, desde la Secretaría de Gobernación, Alemán había construido una amplia red de compromisos y relaciones políticas. Sin embargo, todos coinciden en que su condición de civil le ayudó tanto como la de militar perjudicó a Miguel Henríquez Guzmán. Bernal Tavares también incorpora el contexto internacional en la reconstrucción de la elección de 1946 (art. cit.); Luis Medina Peña, *Civilismo y modernización del autoritarismo*, vol. 20 *Historia de la Revolución mexicana (Periodo 1940-1952),* María Antonia Martínez, *El despegue constructivo de la Revolución. Sociedad y política en el alemanismo,* México, Cámara de Diputados, LIX Legislatura / CIESAS / Porrúa, 2004; Tzvi Medin, *El sexenio alemanista: ideología y praxis política de Miguel Alemán*, México, Era, 1990; Aaron W. Navarro, *Political Intelligence and the Creation of Modern Mexico, 1938-1954*, University Park, Pennsilvania State University, 2010.

[22] NARA, "George Messersmith to the Honorable Dean Acheson, Acting Secretary of State", Washington, D. C., Secret, Very restricted circulation, January 12th, 1946, DCR-NARA 812.00/1-1246.

[23] *Idem.*

En enero de 1946 era evidente que, gracias al apoyo ilimitado del gobierno federal y de los gobiernos estatales y municipales, Alemán tenía mucha ventaja sobre sus competidores. Como se verá después, la amistad y la admiración de Messersmith de poco le sirvieron a Padilla, más bien fue información negativa que provocaba muchas suspicacias con respecto a la actitud de sumisión del canciller a los intereses estadunidenses. En el análisis del embajador tampoco hubo cabida para este cálculo.

En realidad, las razones de la decisión de Ávila Camacho fueron, han sido y permanecerán oscuras. La conclusión de las especulaciones al respecto era siempre la misma: el que decide es el presidente. Y muchos agregaban un falso consuelo: "es la persona mejor informada de todo México". La designación del sucesor se convirtió en el momento culminante del presidencialismo autoritario que permitía al individuo que ocupaba el cargo sustituir la voluntad popular con su preferencia personal. El apoyo al candidato designado por el presidente no se explica sólo por servilismo o temor a posibles represalias. Dada una historia electoral plagada de conflictos, muchos pensaban que era preferible que la decisión la tomara el presidente con el respaldo de su autoridad, porque su intervención amortiguaba los efectos disruptivos de la competencia electoral.

Una de las explicaciones más convincentes de la designación de Miguel Alemán la atribuye al poder que había adquirido en la Secretaría de Gobernación. Había llegado a esa posición con una sólida red de relaciones políticas que integraba el *bloque de gobernadores* que en 1938 defendió la expropiación petrolera. Una vez en Gobernación cultivó esos vínculos, entre otras cosas se labró una presencia nacional.[24] En sus *Remembranzas*, Alemán habla de la "inmejorable perspectiva" que tenía en la secretaría de la "complejísima urdimbre de elementos involucrados en la política nacional".[25]

Miguel Alemán tenía características que parecen responder al proyecto de país que había empezado a cobrar forma en la imaginación de la élite

[24] Según Luis Medina, Lázaro Cárdenas, el presidente Ávila Camacho y Vicente Lombardo Toledano se reunieron en varias ocasiones a partir de noviembre de 1944, con el fin de ponerse de acuerdo en la designación de un candidato. Cárdenas habría "pulsado" el ánimo de los gobernadores. En mayo Ávila Camacho habría reunido a los gobernadores con el propósito de discutir al sucesor. Luis Medina, *Civilismo y modernización del autoritarismo*, *op. cit.*, p. 21.

[25] Miguel Alemán Valdés, *Remembranzas y testimonios*, México, Barcelona y Buenos Aires, Grijalbo (Testimonios de política mexicana), 1986, p. 223.

posrevolucionaria. En primer lugar, era un civil que pertenecía a la generación para la que, según Alemán, el presidente Ávila Camacho "preparaba el terreno",[26] que pudiera responder a los nuevos tiempos que exigían un "cambio previo de mentalidad" como el que suponía la transición del PRM al PRI.[27] El presidente se había propuesto cambiar la idea que el mundo tenía de los mexicanos, y pensaba que el universitario relativamente joven de traje y corbata, que era Miguel Alemán podía imponerse a los clichés del revolucionario sanguinario que dominaban las imágenes que otros países tenían de los mexicanos.

Una segunda explicación enfatiza la calidad de civil de Alemán. Entre 1939 y 1945, los aliados habían peleado una guerra contra dictaduras militares. Washington difícilmente vería con buenos ojos a un militar en el poder en México, su vecino inmediato;[28] también se utilizó como argumento que el espíritu de la Constitución era "civilista". Sin embargo, esta explicación es insuficiente.

También puede suponerse que en el ánimo de Ávila Camacho interviniera el programa de industrialización de Alemán, y su determinación de mantener la alianza con Estados Unidos. El candidato del presidente tenía en su contra al embajador Messersmith, pero había entablado relaciones amistosas con otros funcionarios en Washington, que podían contrarrestar la información negativa que el embajador estadunidense transmitía continuamente a sus superiores.[29]

[26] *Ibid.*, p. 225.

[27] *Loc. cit.*

[28] El subsecretario Acheson escribe al embajador de Estados Unidos en México a propósito de los acontecimientos trágicos en León: "Creo que has sido suficientemente claro en cuanto a que podemos tener la certeza razonable de que los militares están decididos a no participar como tales en política". BLHU, "From Dean Acheson to George Messersmith", April 13th, 1946. Confidential. *U.S. State Department Central Files, Mexico Internal Affairs, 1945-1949*.

[29] Entrevista con Miguel Alemán Velasco, México, D. F., 14 de diciembre de 2015. Desde 1940 Alemán había desarrollado muy buenas relaciones con el vicepresidente Henry Wallace, que asistió a la toma de posesión de Manuel Ávila Camacho. La comunicación entre Alemán y Wallace se mantuvo hasta que este último salió del gobierno. "From Henry A. Wallace to the President", December 26th, 1940. *Henry A. Wallace Papers*, Reel 22, Frame 0335, Iowa City, The University of Iowa; en: http://digital.lib.uiowa.edu/cdm/compoundobject/collection/wallace/id/20840/rec/22, consultado el 11 de diciembre de 2016.

Es probable que la interpretación más acertada respecto a por qué Ávila Camacho se inclinó por Miguel Alemán es la que él mismo da. Debió su designación, dice, a "la fina sensibilidad [de Ávila Camacho] para detectar las orientaciones del sentir popular…".[30] Es decir, fue una decisión estrictamente personal, a la que llegó el presidente luego de haber ponderado los factores que él consideraba de mayor peso. Y esos tampoco sabemos a ciencia cierta cuáles fueron, o cómo el presidente accedió al *sentir popular*, que no se expresaba en un partido o en acciones precisas. A los presidentes que lo sucedieron en el poder se les atribuyó la misma intuición, como si fueran la *medium* a través de la que el pueblo se comunicaba con los arcanos del poder.

Es posible que el presidente viera en Alemán, no sólo a un hábil político capaz de conciliar los intereses diversos de los gobernadores, sino también a un continuador de su obra, o a un hombre más cauteloso que Padilla, su competidor más cercano.

No obstante las cualidades del candidato Alemán, y el cuidado que puso el gobierno en organizar una elección irreprochable desde el punto de vista de las formas democráticas, a ojos de la opinión pública y de los demás precandidatos, la elección sería una "imposición" porque tenía el apoyo de la "maquinaria", incluido el presidente de la República.

Apenas unos cuantos días después del anuncio del apoyo de la CTM a Alemán, Javier Rojo Gómez y Miguel Henríquez Guzmán renunciaron a sus aspiraciones. Este último hizo explícito su disgusto con el procedimiento que se había seguido en una carta dirigida a *La Nación*, que anunciaba su retiro de la competencia en la que había participado porque se lo habían pedido "numerosos grupos de todas las clases sociales". No obstante, continuaba, como el "engranaje oficial" presionaba por la candidatura del exsecretario de Gobernación llegó a la "conclusión inequívoca" de que había quedado excluida "toda posibilidad de unas elecciones democráticas".[31]

Unas semanas después, Ávila Camacho reveló su preferencia por los gobiernos civiles en un discurso que pronunció en la Escuela Superior de Guerra, que también puede ser leído como una respuesta a Henríquez Guzmán. Ante la oficialía, el presidente advirtió no sin cierta repugnancia: "La imagen del caudillo que con la mano teñida de sangre, empuñaba las riendas de

[30] Alemán Valdés, *Remembranzas y testimonios*, *op. cit.*, p. 222.

[31] "Noticias. Honor", *Mañana*, núm. 96, 16 de junio de 1945, p. 4.

la administración, no es en la actualidad una imagen válida que impresione y seduzca a las democracias y no puede tampoco ser, para nuestro esfuerzo, ni un incentivo, ni una esperanza, ni un ideal".[32] Miguel Alemán se rodeó de universitarios —80% de los miembros del gabinete—. El predominio de los civiles indicaba el triunfo de la razón sobre la fuerza.

En 1946 el conflicto político no se reducía a un antagonismo binario entre el candidato del PRM y la oposición que podía representar Ezequiel Padilla. Otras fuerzas políticas se habían activado,[33] por ejemplo, los católicos que se oponían al PRM y a Ávila Camacho no podían olvidar que el canciller había sido el fiscal que había obtenido la pena de muerte para el autor del atentado contra Álvaro Obregón, José de León Toral. Por su parte, el ala más conservadora de la élite política, por ejemplo, el general Joaquín Amaro, desconfiaba de lombardistas y cardenistas que, decía, estaban listos para entregar el país a los comunistas. Esta diversidad habla de una élite fracturada y también indica que la política de unidad nacional del avilacamachismo había sido sólo una tregua.

La campaña presidencial simplificó la topografía política del país. El lenguaje de la Guerra Fría se impuso. El excanciller se presentaba como el paladín de la libertad; mientras que Alemán —ya lo vimos— hablaba el lenguaje convencional de los políticos de la época, cuya referencia fundamental era la Revolución mexicana, y hacía un esfuerzo por encontrar un nuevo foco de interés, un hilo conductor distinto.

Ezequiel Padilla al rescate

La renuncia de Henríquez Guzmán y de Rojo Gómez a la competencia electoral fue bien recibida por el presidente Ávila Camacho, quien temía la abierta fractura de la élite, y la recreación de la dura experiencia del almazanismo. No obstante, también surgió la posibilidad de que el candidato Alemán no tuviera competidor. Luis Cabrera había declinado la candidatura presidencial que le propuso el PAN. La candidatura única o incluso la parti-

[32] "Noticias. Ejército", *Mañana*, núm. 98, 14 de julio de 1945, pp. 4-5.

[33] Véase, por ejemplo, Rafael Loyola (coord.), *Entre la guerra y la estabilidad política: el México de los cuarenta*, México, Conaculta / Grijalbo, 1986; y Luis Medina, *Civilismo y modernización del autoritarismo, op. cit.*

cipación de un candidato poco creíble, podía frustrar el plan de Ávila Camacho de mostrar al mundo un México democrático.

Para la revista *Tiempo*, el fenómeno del candidato único era "tan útil como insólito... la espontánea, consciente y rápida unidad nacional lograda en torno a un solo candidato".[34] En cambio, José Rubén Romero, el escritor y en ese momento exembajador en Cuba, escribió: "Demuestra [el candidato único] que las fuerzas conservadoras han abandonado la lucha y no tienen fe en la democracia. ¿Para qué entrar en la lid si la derrota es segura?".[35]

Se sabía que Padilla quería presentar su candidatura,[36] pero pospuso su decisión hasta el fin de la Conferencia de San Francisco, para derivar el máximo beneficio posible de su participación en ese foro. La decisión del canciller de competir contra Alemán fue la salvación del proyecto avilacamachista; y fue recibida con el correspondiente entusiasmo en las filas del alemanismo, y probablemente del presidente; más todavía, su decisión de participar no fue vista como un acto de indisciplina, como lo fue la candidatura de Almazán, y lo sería en 1952 la de Miguel Henríquez Guzmán.[37]

[34] "Campaña presidencial. Unidad Nacional", *Tiempo*, 22 de junio 1945, vol. VII, núm. 164, p. 3.

[35] José Rubén Romero, "El candidato único", *El Universal*, 19 de junio de 1945, en *El Universal. Sucesiones, destapes y elecciones presidenciales, 1916-1988*, t. II, México, El Universal, 1993, p. 58.

[36] El AHGE de la SRE conserva una nota manuscrita del embajador Castillo Nájera con fecha 2 de agosto de 1943. En ella apunta que el entonces subsecretario para Asuntos Latinoamericanos, Sumner Welles, le preguntó: "¿Cree usted que el Lic. Padilla tiene aspiraciones presidenciales? Contesté: 'Creo que no'. El señor subsecretario comentó: 'Tengo noticias contrarias [que] me permiten asegurarlo'".

[37] La posibilidad de que el candidato presidencial proviniera de la Secretaría de Relaciones Exteriores ilustra la importancia que había adquirido ese tema para el país. El éxito de la apertura de México al exterior y la convicción de que había que seguir adelante en esa dirección era un argumento a favor de Padilla. Jorge Prieto Laurens, destacado padillista, lo dijo así: "El mundo entero se ha transformado, [que] ya no vivimos aislados, ni nos rodea una muralla china. ¡Ya no son los tiempos de la vieja política de campanario, pueblerina, donde podíamos 'alzarnos y barajarnos'! Los pueblos están conscientes de sus derechos y responsabilidades. Sabrán exigir el cumplimiento de las promesas democráticas". Jorge Prieto Laurens, "Ezequiel Padilla, símbolo del mundo nuevo en la posguerra", *El Universal*, 7 de septiembre de 1945, citado en *El Universal*, *op. cit.*, t. II, p. 60.

Los rumores a propósito de las aspiraciones del canciller circulaban insistentemente desde mucho tiempo antes. En tanto que presidente de la Conferencia de Chapultepec, y como activo delegado en la Conferencia de San Francisco, Padilla afianzó sus vínculos personales con funcionarios de alto nivel en Washington. En los foros multilaterales exhibió sus dotes oratorias, su experiencia internacional y una avidez por el poder que lo llevó a identificarse ciegamente con el así llamado *mundo libre* y con la política exterior de Estados Unidos. La prensa nacional y extranjera hablaba de las aspiraciones presidenciales del canciller, alimentadas por su brillante desempeño diplomático. Padilla se mantuvo en las primeras planas de los periódicos gracias a la Conferencia de San Francisco, donde se discutía la creación de la Organización de Naciones Unidas (ONU).

En los foros multilaterales aparecía como un gran internacionalista, un hombre que representaba más que dignamente a México en el momento clave de reconstrucción del orden mundial. Además, gozaba de todas las confianzas de su presidente, y, sobre todo, no se cansaba de sugerirlo, también del presidente de Estados Unidos.

El 24 de noviembre de 1945, el Partido Democrático Mexicano lanzó la candidatura de Ezequiel Padilla en la Arena Coliseo, ante casi seis mil delegados de todo el país, "hombres cansados de la imposición". En el discurso de protesta denunció la perversión de los objetivos de la Revolución, la corrupción de la élite en el poder, el extraordinario enriquecimiento de unos cuantos, y la influencia del comunismo en el gobierno: "... depuraremos el contenido y la inspiración generosa de la Revolución mexicana; eliminaremos la táctica y la influencia comunista emboscada en todos los rincones de la administración, lucharemos contra todas las formas totalitarias".[38] El eje de su programa político era la defensa de la libertad, amenazada, según él, por el expansionismo soviético y por las acciones de sus agentes en México, encabezados por Lombardo Toledano.

El segundo gran tema de Padilla fue la denuncia del *imposicionismo* de la élite en el poder y del fraude electoral; y luego, hacía la crítica de los gobiernos revolucionarios que le habían dado tierra a los campesinos, pero después se la habían quitado, que controlaba a los obreros y que negaba la

[38] "Padilla aceptó su candidatura", *El Universal,* 26 de noviembre de 1945, cit. en *El Universal, op. cit.*, t. II, p. 66.

libertad religiosa y la libertad de educación. En un exceso retórico, Padilla afirmó: "estamos acampados en la llanura de sus reivindicaciones".[39]

Lombardo Toledano tuvo en Padilla al adversario que necesitaba para ilustrar la ofensiva imperialista que, a su entender, estaba en marcha. El canciller se había convertido en el símbolo del sometimiento a los intereses de Estados Unidos. Esa imagen no era obra de Lombardo, aunque la explotó con habilidad. Es posible que, como lo creía firmemente Padilla, él se hubiera ganado la confianza de los estadunidenses, lo que es seguro es que perdió la confianza de muchos mexicanos y latinoamericanos. En un reportaje sobre la Conferencia de San Francisco, el joven reportero de *El Nacional*, Fernando Benítez, observa que Ezequiel Padilla era efectivamente una presencia nacional porque lo seguía una cauda de periodistas mexicanos: "La opinión pública mexicana ha rebasado las fronteras y acompaña constantemente a Padilla".[40]

Lo importante del reportaje es que las posiciones del canciller en esa conferencia no habían aumentado su prestigio. Al contrario, Benítez sostiene que corrían rumores entre los cubanos, chilenos, colombianos y guatemaltecos, a propósito del servilismo de Padilla. La estrategia del canciller fortalece esta interpretación porque sólo si Washington veía en él un aliado indispensable, estaría dispuesto a intervenir en su favor. Una intervención que, como se verá más adelante, el canciller Padilla pidió más de una vez, de muchas maneras y casi a gritos.

Si el principal contendiente de Alemán era Padilla, Lombardo podría vestir a su candidato con los colores de la Revolución obrera, nacionalista y antiimperialista de su discurso. Según la revista *Tiempo*, cuyo editor en jefe, Martín Luis Guzmán, promovía abiertamente la candidatura de Alemán, "[el padillismo] hará tangible para el país, para propios y extraños, hasta dónde el alemanismo es un impulso popular nacional".[41] Guzmán había denunciado a Padilla de desleal "dueño del don de la elocuencia, arte embaucador de los hombres sinceros y emotivos".[42]

[39] *Ibid.*, p. 67.

[40] *Loc. cit.*

[41] "Campaña presidencial. Padilla se lanza", *Tiempo*, vol. VII, núm., 175, 7 de septiembre de 1945, p. 5.

[42] "Reacción con máscara. Directrices y propósitos", *Tiempo*, vol. VIII, núm. 188, 7 de diciembre de 1945, p. 3.

La campaña presidencial

La voluntad del gobierno de imprimir credibilidad a la elección se tradujo en medidas administrativas concretas y en un auténtico esfuerzo por cumplir con la norma. En febrero de 1946, la Dirección General de Estadística de la Secretaría de Economía a cargo de Josué Sáenz, anunció el inicio de una campaña de empadronamiento en la que, además de la instalación de oficinas ex profeso, intervendrían brigadas volantes. Un poco más de cinco millones de mexicanos tenían derecho al voto, de los cuales 1 250 000 residía en zonas urbanas. Cada uno de ellos recibiría una credencial anaranjada, infalsificable, con su firma y su huella digital. En junio se habían registrado 2 550 000 electores; 49% del padrón. Era la primera vez en la historia que el país tenía un censo nacional de electores integrado sobre bases homogéneas.

Los números relativos al electorado partían de una evaluación optimista del porcentaje de la población que tenía algún interés político; sin embargo, la proporción de afiliación a partidos era muy pequeña en relación con el número total de mayores de edad que podía votar en elecciones federales. En mayo de 1946, la víspera de la elección presidencial, el PRI reportaba 376 000 miembros, el Partido Nacional Constitucionalista, cuyo candidato era el general José Agustín Castro, 11 378 miembros, el Partido Democrático Mexicano, que representaba a la oposición padillista, afirmaba contar con 11 041 miembros; el PAN tenía 10 708 afiliados y la Federación de Partidos del Pueblo Mexicano, que había nacido en torno a la figura del general Miguel Henríquez Guzmán, 10 362 integrantes.[43]

Es decir, reunidas las oposiciones sumaban un décimo de lo que representaba el PRI; y el total de la población involucrada en una organización partidista era de poco más de 400 000 personas en un país de 20 millones de habitantes. Además, el PRI era el único partido que tenía representación en todo el país, aunque su presencia era desigual. En abril de 1946 pudo mostrar las más de 32 actas que requería la ley para registrar a un partido nacional (poseía 537 comprobadas); también presentó candidatos a diputados en todos los distritos, mientras que el PAN sólo alcanzó candidaturas para 63 diputaciones y 24 senadurías, y no presentó candidato presidencial.

[43] "Política. Partidos y candidatos", *Tiempo*, vol. IX, núm. 214, 17 de junio de 1946, pp. 3-5.

El Partido Democrático de México presentó candidatos al Senado en todos los estados, y a la Cámara de Diputados en todos los distritos menos uno.

Estrategias modernas y métodos tradicionales

La campaña del candidato Miguel Alemán fue la primera movilización electoral moderna que se realizó en México. El 5 de octubre de 1945 se anunció la creación del Comité Nacional Alemanista CNA, y una semana después el nombramiento del antiguo subsecretario de Relaciones Exteriores, Ramón Beteta como su director.[44] El CNA tuvo a su cargo en forma exclusiva la campaña hasta febrero de 1946, cuando el PRI empezó a "contribuir" al esfuerzo. El comité estaba integrado por 10 comisiones, cada una de ellas dedicada a un tema puntual: Asuntos Externos, Propaganda, Deportes, Cultura y Educación, Acción Parlamentaria, entre otras.

El PRM no participó en estas semanas iniciales, pero tampoco después, primero, porque como dije antes, estaba divido; pero sobre todo porque las estrategias políticas de estos jóvenes, los tecnócratas de la época, le eran ajenas.

El CNA asumió varias funciones además de las que indicaba su estructura: centralizó las relaciones con la prensa,[45] recabó información referente a las actitudes y lealtades de cada diputado, senador, secretario de Estado y

[44] Ramón Beteta había estudiado en Estados Unidos y había ingresado muy joven a la función pública; se le consideraba cercano al general Cárdenas, de quien había sido subsecretario de Relaciones Exteriores; en 1946, el presidente Alemán lo designó secretario de Hacienda.

[45] El Archivo Miguel Alemán (AMA) conserva un "Anteproyecto para la constitución de un Departamento Coordinador de Prensa" en la campaña presidencial, que revela la intención de poner orden en las acciones de propaganda y publicidad que, según sostiene el documento, formaban parte de toda campaña electoral, pero de manera anárquica. El desorden se prestaba a gastos excesivos y a corrupción. El objetivo del autor de este proyecto era la promoción eficiente del candidato en la prensa, pero, sobre todo, el control de la información. La propuesta incluye una planta importante de "redactores, dibujantes, publicistas, fotógrafos, empleados y operarios de los implementos mecánicos (multígrafo, esténcil, mimeógrafo)". Así como un "nutrido grupo de colaboradores para encargos determinados: artículos de carácter particular, comentarios personales que se integrarán con gentes de reconocida personalidad... [una partida especial mensualmente cubrirá sus emolumentos])". Fundación Miguel Alemán, AMA, "Anteproyecto para la constitución de un Departamento Coordinador de Prensa en la campaña presidencial del licenciado Miguel Alemán". Expediente 258, 2.13.5.

gobernador, así como de oficiales de alta jerarquía en el ejército; con base en estos datos elaboró listas en las que aparecen junto a cada nombre tres rubros: "Simpatía política", "Amistades" y "Posición ideológica", por ejemplo: SEP, ZX (Simpatía política), Padilla (Amistades), C. Presidente (Posición ideológica) Izquierda.

La tarea más importante del CNA era recabar fondos para sostener esta ambiciosa campaña. La legislación no hacía referencia a este tema, es poco precisa en lo que se refiere al financiamiento de partidos y de campañas. Desde luego no establece límites de gasto y tampoco supervisión del origen de los donativos, o distinción entre fondos públicos y privados. Este silencio no era excepcional en el mundo en esos años.

Entre octubre de 1945 y julio de 1946 muchos empresarios hicieron donativos de diferente magnitud. Documentos en el Archivo Beteta dan cuenta de la recepción de más de tres millones de pesos entre febrero y julio de 1946, que aportaron los industriales Carlos Trouyet, Carlos Prieto, Jorge Tradd, Alejandro Klein; el banquero Manuel Espinosa Yglesias, el hotelero Antonio Ruiz Galindo, el principal accionista de la telefónica Ericsson, Juan Beckman, el restaurantero Bruno Pagliai, y otros más. También cooperaron modestamente algunos funcionarios públicos: Adolfo Ruiz Cortines, Ernesto P. Uruchurtu, Víctor Manuel Villaseñor;[46] además, el CNA obtuvo créditos bancarios con el Banco de Industria y Comercio, cuyo principal accionista era Aarón Sáenz. Entre octubre de 1945 y febrero del siguiente año, el viejo revolucionario convertido en banquero e industrial del azúcar, fue el Comisionado de Finanzas del CNA y entregó semanalmente a la organización un cheque del Banco de Industria y Comercio, por 75 000 pesos; de febrero a julio de 1946 el monto aumentó a 100 000 pesos.[47] En adición a los recursos privados, el CNA tuvo acceso a fondos de los gobiernos estatales a los que aparentemente se les había solicitado una cantidad fija de 150 000 pesos.[48] Estos recursos eran transferidos al PRI. Además, se decía que el comité de

[46] AHCM, Fondo Ramón Beteta, "De Ramón Beteta a Víctor Manuel Villaseñor, 27 de marzo de 1946", caja 24, exp. 159b.

[47] AHCM, Fondo Ramón Beteta, "De Aarón Sáenz a Miguel Alemán, 26 de julio de 1946, caja 24, exp. 159b.

[48] Entre el 1º de febrero de 1946 y el 4 de abril, 18 estados cubrieron la cantidad que se les había solicitado; pero no era pequeño el grupo de morosos: Chihuahua, Sinaloa, Sonora, Tamaulipas, Michoacán, sobre todo muy concentrado en el norte del país. AHCM, Fondo Ramón Beteta, caja 24, exp. 159b.

campaña alemanista trataba de obtener financiamiento de empresas estadunidenses, pero ese rumor nunca fue confirmado.[49]

El PRM-PRI dispuso de recursos públicos prácticamente ilimitados para la movilización de simpatizantes y votantes. Esta capacidad era crucial en un país donde la inmensa mayoría de la población vivía en el campo en comunidades de difícil acceso. Pero la campaña fue un despliegue de dispendio. Además, el candidato del PRI contaba con el apoyo, no siempre discreto, de la policía y el ejército.

Los alemanistas ignoraron olímpicamente el compromiso del presidente Ávila Camacho de no utilizar recursos públicos para apoyar a algún candidato. Además, varios funcionarios se involucraron activamente en la campaña.[50] Por ejemplo, para registrar las opiniones de la prensa estadunidense sobre el candidato, Ramón Beteta acordó con el embajador Luis Quintanilla, que era representante de México ante la Unión Panamericana en Washington, la contratación de un servicio especializado para recoger todos los comentarios que sobre la elección mexicana publicara la prensa de ese país.[51] La responsable de la Oficina de Turismo en Nueva York, Minerva de la Colina, organizó el Club Alemanista en esa ciudad, al que según ella había integrado "a toda la masa trabajadora de New York" [*sic*].[52]

[49] Según un funcionario de la embajada de Estados Unidos, David Thomasson, empresas estadunidenses se quejaban de "presiones crecientes" para que también hicieran aportaciones a la campaña. NARA, U.S. Embassy, Mexico City, "From George Messersmith to the Secretary of State, December 18th, 1945", *Memorandum of Conversation* with the minister of Foreign Affairs. Reference to speech of Vicente Lombardo Toledano made on December 17th, 1945. Dispatch nr. 27748. Sin embargo, un reporte de la División de Inteligencia, Segundo Comando, descartó esta información como rumor sin fundamento. NARA, "From Sec of Intelligence Division, Hq, Second Service Command. Ref: Background of source given in Report 1825, dated January 17,1946", B.I.D. Nr. 3143. Report nr.2020.

[50] En diciembre de 1945 el presidente hizo declaraciones a la prensa sobre diferentes temas, entre ellos la intervención de los funcionarios públicos en la campaña: "Un funcionario está en su derecho de ciudadano de tener simpatías por determinado candidato; pero… no debe actuar y menos en un medio que no es muy avanzado… Podría yo, conforme a un derecho ciudadano, expresar mi inclinación por algún candidato; pero no lo hago porque considero que no está dentro de la ética…". "La presidencia. Preguntas y respuestas", *Tiempo,* vol. VIII, núm. 188, 7 de diciembre de 1945, p. 4.

[51] AHCM, "Luis Quintanilla a Ramón Beteta, 19 de febrero de 1946", Fondo Ramón Beteta, caja 24, exp. 984, foja 12.

[52] AHCM, "De Minerva de la Colina al señor Lic. Ramón Beteta, New York, 14 de octubre de 1945", Fondo Ramón Beteta, caja 24, exp. 159b, foja 13.

La campaña recurrió también a las formas tradicionales de movilización. Por ejemplo, el 30 de septiembre de 1945 se llevó a cabo en la Ciudad de México una gran manifestación a la que asistieron, a cambio de dos o tres pesos y comida, 250 000 personas entre ferrocarrileros, electricistas, petroleros, maestros y campesinos, que fueron transportadas en camiones alquilados por el CNA.[53] Según cálculos de la Embajada de Estados Unidos, cada acto de este tipo costaba entre dos y tres millones de pesos. A esta suma habría que añadir los costos de prensa y propaganda. En enero de 1946, el embajador Messersmith aseguraba que "observadores informados" sostenían que para entonces los gastos de campaña del CNA ascendían a por lo menos 16 millones de pesos.[54]

El partido en la banca

En 1945 el PRM no estaba en condiciones de llevar a cabo una campaña electoral. El partido estaba exánime, la CTM era casi la única evidencia de su existencia. La transición del PNR al partido corporativizado de Cárdenas nunca se había completado; en 1940 la competencia por la candidatura presidencial había provocado rupturas internas entre los partidarios de los precandidatos.[55] Las arcas del partido estaban vacías, entre otras razones porque el presidente Cárdenas había suprimido la obligación de los burócratas de

[53] Seis observadores de la Embajada de Estados Unidos reportaron una información más sobria a propósito de esta manifestación ampliamente exagerada por la prensa alemanista. Según ellos, la asistencia al acto no pasó de cinco mil personas, apáticas. La mayoría de ellos fueron campesinos transportados en camión desde Puebla. También registraron la presencia de muchos burócratas que firmaban listas de asistencia. Los padillistas repartían propaganda libremente. Sin embargo, también tenían informes de que la personalidad de Alemán le ganaba muchos adeptos. BLHU, "From Walter Thurston to Secretary of State", Confidential Telegram, AL-8-N, July 1, 1946. US State Department, Central Files, Mexico Internal Affairs 1945-1949, reel 400 209.

[54] NARA, "From George Messersmith to Dean Acheson, Acting Secretary of State", January 12th, 1946, ARA, 812.00/1/1246.

[55] Para muchos observadores la crisis del PRM no dejaba lugar a dudas: "El PRM murió por su incapacidad para resolver los problemas políticos del país; por su ineptitud para organizar y animar a las masas en la campaña electoral en que nos encontramos. El PRM como el PNR no cumplió los fines para los que había sido creado. Su muerte determinó el nacimiento del Partido Revolucionario Institucional". Rafael Carrillo, "El P.R.I. en la evolución política de México", *Futuro*, julio de 1946, pp. 12-15.

hacer una aportación mensual al sostenimiento del partido, y, por último, el apoyo del presidente Ávila Camacho había sido intermitente. Esta situación de debilidad se mantuvo hasta las elecciones. El PRM como tal aún buscaba su lugar en el sistema político; la CTM era el aval de sus acciones y el CNA limitaba sus funciones en la campaña. Tan desorientado estaba el PRM que el primer presidente del partido, Rafael Pascasio Gamboa, anunció al término de la primera reunión del Comité Ejecutivo, que las funciones del PRI serían más "sociales y culturales" que políticas.[56]

Superada la coyuntura electoral, el PRI sería una pieza central en la construcción del sistema político cuyas bases había colocado Ávila Camacho, pero la elección de 1946 definió su relación de dependencia con la presidencia de la República. Desde sus inicios el partido fue un instrumento del presidente, y le permitió ejercer un liderazgo nacional indisputado, de mayor alcance que ninguno de sus antecesores y de una calidad diferente pues ya no era el caudillo ni el líder carismático, sino el organizador y beneficiario de formas patrimonialistas y clientelares de relación política.

En 1945, las referencias al pasado revolucionario habían desaparecido del discurso del candidato del PRM-PRI. El tema dominante de la campaña alemanista era la industrialización, y, en general, la modernización económica del país. Miguel Alemán no retomó el tema de la democracia, que había sido el *leitmotiv* de su predecesor, y como reflejo de la división ideológica-política del mundo reivindicó una tercera posición para México, la de su Revolución. Esta postura de Alemán puso fin a la identificación con Estados Unidos.

Como candidato y como presidente, Alemán siempre vio en el partido un instrumento, cuyas funciones y aspecto moldeó según sus necesidades sin por ello convertirlo en un arma personal, que hubiera podido utilizar para su propio beneficio una vez que concluyó su mandato. Alemán tenía una fuerte personalidad, hablaba poco, pero tenía una amplia sonrisa que aparentaba franqueza. Por ejemplo, en enero de 1947 el embajador británico reportaba a su gobierno que, en campaña, Alemán había logrado un apoyo tan amplio en todo el país que el respaldo del partido era irrelevante.[57]

[56] ICAP, *op. cit.*, t. V, p. 218.

[57] The NA, Latin America Confidential Print, AN 395/395/26, "Mr. Bateman to Mr. Bevin, January, 29th, 1947. Political situation in Mexico: Role of Institutional Revolutionary Party", *Correspondence Respecting Mexico. Part 1. January to December* 1947, Section 1, núm. 7, p. 1.

En el discurso de protesta como candidato, Alemán hizo una recapitulación de las conquistas de la Revolución y un rápido recorrido a su programa de gobierno. También advirtió a sus correligionarios sobre algunos pecados del pasado: "El Partido Revolucionario Institucional no debe ser una máquina de imposición, sino un órgano, con procedimientos de tal naturaleza, que realice una función cívica y democrática".[58] Además, se comprometió a obtener un triunfo "sin coacciones, sin engaños, ni violencias; respetando el veredicto del pueblo, aunque éste nos sea adverso".[59]

En el entusiasmo de la asamblea, todos los presentes compartieron las buenas intenciones del orador y la convicción de que en la política mexicana se iniciaba una nueva época sin influyentismo ni corrupción, y menos todavía, imposiciones. La naciente organización tenía mecanismos para que así fuera, en particular las elecciones primarias internas de candidatos al Congreso y a los ayuntamientos; pero en este proceso sucesorio al PRI sólo le tocó refrendar y poner en marcha la decisión presidencial, promover el voto y movilizar a los electores.

Dados los caminos que siguió el partido, es de pensarse que las observaciones de Alemán, antes que un auténtico compromiso con la limpieza electoral, eran una forma de hacerle saber a la militancia quién fijaba las reglas del partido.

El candidato del embajador

El canciller Ezequiel Padilla sobreestimó su familiaridad con Estados Unidos y el alcance de su influencia, y con los ojos puestos en la presidencia de la República, asumió como propias las causas de la superpotencia. El canciller tenía muchas simpatías personales y en medios de opinión influyentes en aquel país, también presumía acceso directo a la Casa Blanca,[60] pero sobre todo tenía

[58] "Discurso de Miguel Alemán al rendir su protesta como candidato a la presidencia de la República. Teatro Metropolitan, México, D. F., 20 de enero de 1946", ICAP, *op. cit.*, t. V, p. 230.

[59] *Loc. cit.*

[60] Por ejemplo, unos días antes de que presentara su renuncia a la Secretaría de Relaciones Exteriores, el 4 de julio de 1945, el *New York Times* reportó una visita de Padilla al presidente Truman, en la que se trataron "temas de interés" para los dos países. Al salir, el canciller mexicano se mostró "muy satisfecho" de haber hablado "con el hombre que representa

el apoyo incondicional del embajador Messersmith, con quien había desarrollado una estrecha amistad en los campos de golf de Cuernavaca.

En los larguísimos informes que Messersmith enviaba al Departamento de Estado, que le habían ganado el mote de "George, treinta cuartillas", así como en sus papeles privados, el diplomático estadunidense repetidamente expresaba su admiración por el político mexicano.[61] Era la suya una amistad de mutuo beneficio: Padilla promovía los intereses de la Embajada en México o en foros interamericanos, le explicaba el funcionamiento de su gobierno o compartía con él información; a cambio de lo cual el embajador le contaba historias del Departamento de Estado al mismo tiempo que impulsaba la imagen del mexicano como el mejor amigo de Washington en todo el hemisferio.

Los halagos a Padilla se volvían denuestos cuando surgía el nombre del candidato del partido en el gobierno, Miguel Alemán. En una carta confidencial del 14 de julio de 1945, dirigida al secretario de Estado interino Joseph C. Grew, Messersmith criticó severamente al secretario de Gobernación, quien, según él, no entendía la política internacional ni la importancia de la relación bilateral; peor aún, estaba respaldado por fuerzas hostiles a Estados Unidos.[62] En numerosas ocasiones el embajador se preguntó si acaso Washington estaba dispuesto a tolerar el ascenso al poder del candidato que tenía el apoyo de las centrales sindicales, del expresidente Cárdenas, ardiente defensor del nacionalismo, y, sobre todo, del *peligroso marxista, agente de la Unión Soviética*, Vicente Lombardo Toledano. Además, el comportamiento de Alemán durante la guerra había dejado que desear: a regañadientes había contribuido a desmantelar las redes de espionaje japonesa y alemana; corría el rumor de que tenía simpatías nazis, probablemente originado en la propia embajada, y su probidad estaba seriamente cuestionada.[63]

las más altas aspiraciones de su gran pueblo", así como de su actitud respecto a la disputa sobre El Chamizal. "Padilla Assails Argentine Delay in Fulfilling Chapultepec Pledge", *The New York Times*, 4 de julio de 1945, p. 5. En el archivo de la SRE no se encontró rastro de esta reunión.

[61] Stiller, *op. cit.*, p. 207.

[62] NARA, "From George S. Messersmith to Joseph C. Grew, Acting Secretary of State", Confidential letter, July 14th, 1945, 711.1215/7-1445.

[63] Véase, por ejemplo, BLHU, "From Guy W. Ray to Hon. Secretary of State", Secret Dispatch nr. 26,516, *Confidential U.S. State Department Central Files. Mexico. Internal Affairs, 1945-1949.*

Si la necesidad de que se eligiera al *hombre indicado* para Estados Unidos[64] como gobernante de México no era razón suficiente para que Washington interviniera en la sucesión, había otras para suponer que lo haría. Desde la multiplicación y diversificación de sus intereses en México durante la guerra, hasta motivos de orden estratégico-militar.

Apenas se instalaba la paz, pero las tensiones con la Unión Soviética aumentaban día con día y muchos creían que pronto estallaría la tercera guerra mundial. En esas condiciones era muy importante para Washington mantener una relación amistosa con los vecinos, ésta era una condición apremiante porque según Messersmith, la Unión Soviética había montado un plan *diabólico* para provocar inestabilidad en la frontera sur de Estados Unidos. La tarea —decía— estaba en manos de su embajador, Konstantin Oumansky, quien desde su llegada a México en 1943 había generado una amplia red de relaciones en el seno de la élite, que era la envidia de los demás representantes diplomáticos.[65] Convencido de la existencia de esta conspiración, el representante de Washington tradujo la rivalidad soviético-americana a los términos de la campaña presidencial mexicana: Alemán era la punta de lanza de los comunistas, mientras que Padilla representaba la defensa de la democracia. El embajador americano pretendía subrayar así los riesgos que la elección de Alemán entrañaba para la seguridad de su país, invocando el mismo argumento que sostenía la ofensiva contra Perón: que era una amenaza a la seguridad nacional de Estados Unidos.[66]

[64] Según Messersmith: "El tipo de hombre que sea elegido presidente de México determinará la trayectoria de los acontecimientos por años. Determinará el rumbo de sus relaciones con nosotros y con el mundo". "The Ambassador in Mexico (Messersmith) to the Acting Secretary of State, June 12th, 1946. *Foreign Relations of the United States*, 1946, vol. XI: *The American Republics*, eds. Velma Hastings y Almon H. Wright, Washington, D. C., Government Printing Office, 1969, p. 972.

[65] En noviembre de 1944 el embajador británico escribe: "La Unión Soviética sólo tiene intereses políticos en México, y todo lo que *Monsieur* Oumansky necesita es ser un *showman* efectivo. No tiene que batallar con el gobierno mexicano, como tenemos que hacerlo el embajador de Estados Unidos y yo mismo". "C.H. Bateman to Anthony Eden", November 14th, 1944, 38 331, Foreign Office, *The National Archives*. En enero de 1945, Oumansky murió en un accidente de aviación, al despegar de la Ciudad de México en un avión privado con destino a Costa Rica.

[66] Messersmith insistía en sus reportes en la calidad de agente soviético de Lombardo Toledano, pero también en que: "Si a nosotros la elección mexicana no nos interesa, no hay duda de que a Rusia Soviética sí le importa". BLHU, "From George Messersmith to Dean

La promoción de Ezequiel Padilla en Washington inició mucho antes de que comenzara el proceso sucesorio en México. En abril de 1942, después de la Conferencia de Río, su retrato apareció en la portada del semanario *Time,* que en ese tiempo tiraba cerca de un millón de ejemplares. Según la revista, en esa reunión el canciller mexicano había pronunciado un discurso decisivo para que las repúblicas americanas se sumaran a la guerra contra los países del Eje; gracias a él, continuaba, podía hablarse de cooperación hemisférica, porque entre Estados Unidos y América Latina había grandes diferencias económicas y militares, pero hombres como Padilla habían logrado establecer la igualdad en la mesa de negociaciones.[67] Además, el semanario subrayaba su elocuencia y su elegancia personal, dos rasgos que serían frecuentemente mencionados durante la campaña presidencial aunque no siempre con el mismo tono laudatorio. En México, por ejemplo, la revista *Tiempo* describía a Padilla como un hombre que poseía una "lenta gracia felina en el andar".[68] Lombardo Toledano y muchos otros se referían a él como el "Narciso negro".

La elección presidencial mexicana de 1946 no era un asunto sencillo para los estadunidenses. En primer lugar, su antecedente cercano eran las elecciones en Brasil y en Argentina. Luego, generaba incertidumbre, (pese a la certeza de que habría violencia, como siempre) se hablaba de muchos cambios; se decía que el presidente estaba pensando en una nueva ley electoral, y se rumoraba la posible desaparición del PRM.

En enero de 1946, Messersmith planteó al Departamento de Estado que ante el riesgo de una confrontación Alemán-Padilla podría surgir la

---

Acheson, 01/12/1946". *Foreign Relations of the United States*, 1946, vol. XI: *The American Republics, op. cit.* p. 972.

67 "The Americas. Great Day", *Time,* vol. XXXIX, 6 de abril 1942, p. 30. En 1965, Padilla se envanecía de su propio discurso: "Mi participación en aquella Asamblea de cancilleres produjo un impacto decisivo e inolvidable. Todavía ahora recuerdan mis intervenciones en esa Asamblea, cuando se pasa por Río de Janeiro o por algunos países de América del Sur. [...] Recuerdo esa actuación, sin duda, como la actuación cumbre de mi vida política. En todas partes encontré la aprobación, el aplauso, la admiración de las multitudes... [pero el mejor elogio que escuché fue el de Sumner Wells] y de parte de los Estados Unidos, desde entonces y especialmente durante la guerra una gran admiración y un gran afecto personal". James Wilkie y Edna Monzón Wilkie, *Frente a la Revolución.,* t. IV: *Candidatos y presidente*, México, UAM, 2004, pp. 389-390.

68 "Campaña presidencial. Eliminatorias", *Tiempo*, vol. VII, núm. 159, 18 de mayo de 1945, p. 5.

candidatura de Francisco Castillo Nájera, quien había sido muchos años embajador en Washington, y ocupaba la cartera de Relaciones Exteriores desde la renuncia de Padilla.[69] Tampoco excluían la posibilidad de que los militares intervinieran en caso de conflicto civil o de empate de los grupos rivales.

Dados los riesgos y los costos previsibles de una intervención, el Departamento de Estado optó por la cautelosa observación; no obstante, los principales protagonistas de la elección dieron por descontada la intervención, pero no para combatirla, sino que trataron de utilizarla para sus propios fines, como si fuera una fatalidad a la que podía dársele uso. En consecuencia, ejercieron fuertes presiones sobre Messersmith para que interviniera de alguna forma en el proceso. A principios de 1946, el embajador se lamentaba: "Para esta embajada y para nuestro gobierno ha sido muy difícil mantenerse al margen de esta lucha electoral, pero es absolutamente esencial que así sea. No hay duda que para nosotros el resultado es de interés fundamental, pero no hay nada que podamos hacer".[70]

Padilla, Alemán, Lombardo Toledano, Francisco Castillo Nájera, Luis Cabrera buscaron involucrar a Estados Unidos en la elección ya fuera para atribuirse su preferencia y así beneficiarse del reflejo del poder, o para desacreditar al adversario y fortalecer la propia imagen de defensor de la soberanía nacional. Lo importante es que todos y cada uno expresaron en algún momento el deseo de *discutir* la elección con el embajador o con altos funcionarios de la administración Truman; incluso con el mismo presidente.

El embajador Messersmith se dejó atrapar por esta atmósfera febril; creía en la necesidad de que su gobierno respaldara públicamente la causa de Padilla contra el *imposicionismo*, sobre todo de manera indirecta; sugería a sus superiores apenas una declaración respecto a la importancia de que la elección fuera limpia y honesta, y se desesperaba ante lo que veía como una peligrosa incomprensión de lo que estaba en juego.

Las nerviosas acciones de Miguel Alemán cuyo objetivo era neutralizar la animadversión del embajador Messersmith, y sus esfuerzos por entablar

[69] NARA, "George Messersmith to the Honorable Dean Acheson, Acting Secretary of State", Washington, D. C., Secret, Very restricted circulation, January 12th, 1946, DCR-NARA 812.00/1-1246.

[70] *Idem.*

contacto con los medios de Estados Unidos, son indicativos de su importancia en el proceso sucesorio.

El espectro de la intervención

Los fuertes hacen lo que quieren.
Los débiles sufren lo que tienen que sufrir.

Tucídides

La creencia de que la intervención de Estados Unidos en el proceso sucesorio era inevitable, tenía que ver más con la percepción pública de su poderío, que con evidencia concreta. No obstante, era una realidad en la medida en que, con base en esa premisa, en la coyuntura electoral los candidatos, sus simpatizantes y el mismo presidente Ávila Camacho, diseñaron sus estrategias, desarrollaron su discurso y eligieron a sus aliados. La conclusión general era que, si la intervención de Washington en el proceso sucesorio era una fatalidad, en lugar de combatirla había que utilizarla: como aliado o como adversario añadía valor a las campañas políticas y fortalecía —o debilitaba— a los grupos rivales. Así, en los meses de campaña de 1945 y hasta la elección del 7 de julio de 1946, los participantes compitieron por la intervención de Estados Unidos, que pasó de ser una temida amenaza a una oportunidad deseada.

Mucho ocurrió por primera vez en la vida política de México en la coyuntura de los años 1945-1946. La sucesión presidencial fue el punto de partida de un patrón de cambio institucional que estableció los términos de la relación entre el contexto externo y la política interna, que se mantendría hasta 1988.[71] También definió con más precisión el alcance de ese condicionamiento sobre la autoridad presidencial. Todos estos quiebres le impusieron a la renovación del Poder Ejecutivo en 1946 un carácter distinto a todos los procesos sucesorios anteriores.

[71] La "tercera ola de democratización", como la llamó Samuel Huntington, barrió con todas las nociones previas de soberanía y autodeterminación. Para algunos incluso borró la frontera entre política interna y política exterior.

El factor americano en la sucesión presidencial

La Doctrina Truman estableció el combate anticomunista como la prioridad de su política exterior. La primera víctima de este cambio fue la cruzada por la democracia, cuyas buenas intenciones fueron desplazadas por los viejos reflejos intervencionistas que provocaban los riesgos que implicaba promover la democracia.[72] El fallecimiento del presidente Roosevelt en abril de 1945 generó una gran incertidumbre porque no se sabía nada de su sucesor; los gobiernos latinoamericanos no tenían información respecto a la dirección que seguiría la política exterior de Estados Unidos.

Si se mantenía la política de promoción de la democracia había que resolver los dilemas que planteaba para la soberanía nacional; por ejemplo, en Brasil, el embajador Adolf Berle fue acusado por el dictador Getulio Vargas de intervencionista cuando expresó su apoyo al proceso electoral convocado para diciembre de 1945 por el mismo Vargas. También lo hizo responsable del golpe militar que lo depuso unas semanas después de haber sido elegido, pese a que se había comprometido a no buscar la reelección. En Argentina la injerencia del embajador Spruille Braden contribuyó a que Perón llegara al poder con más del 50% del voto en la elección de febrero de 1946.

Estas experiencias provocaban escalofríos entre los latinoamericanos que las seguían de cerca. La prensa mexicana informaba puntualmente lo que acontecía en Argentina, y especulaba acerca de cuáles podían ser las repercusiones de su conflicto con Estados Unidos para el sistema interamericano. Algunos editorialistas de *Excélsior* denunciaron la política represiva del régimen militar; pero en general el tema era tratado con cautela porque la crítica legitimaba la política intervencionista de Braden. No obstante, la confrontación de Perón con el subsecretario Braden, que inspiró el muy revelador lema de la campaña electoral del peronismo, "Braden o Perón", allanó el camino de Miguel Alemán a la presidencia de la República, porque, aunque el Departamento de Estado desconfiaba de él, no quería provocar la reacción nacionalista y antiestadunidense que había proyectado a Perón a la presidencia de Argentina.

El FBI —y segmentos del gobierno mexicano y del PRM— temían que la influencia de la Falange española sumada a las simpatías más o menos extendidas por el nacionalsocialismo, contribuyeran a la formación de una

[72] Steven Schwartzberg, *op. cit.*, pp. 14-16.

quinta columna. Corrían muchas historias de que esos grupos preparaban rebeliones y realizaban actos de sabotaje. En consecuencia, la embajada de Estados Unidos y el gobierno vigilaban de cerca la propaganda contra la participación en la guerra y contra la cooperación con los aliados que distribuían las organizaciones católicas, y otra propaganda que no dependía de la Iglesia, sino que era patrocinada por los intereses del Eje que, pese a todo, se mantenía activo en México.[73]

Por esta razón, los acontecimientos de León, Guanajuato, de enero de 1946 fueron motivo de inquietud para la embajada. Por último, nada bueno podía traer la incitación al nacionalismo en un país que sólo ocho años antes había expropiado las compañías petroleras; tampoco había que despertar la codicia de la Unión Soviética que podía beneficiarse de los sentimientos antiestadunidenses que en América Latina siempre estaban a flor de piel. Además, el Departamento de Estado no tenía muchas alternativas. La oposición partidista en México era incipiente y volátil, estaba sujeta a personalismos e interpretaciones oportunistas de su papel en el sistema político.

Para muchos mexicanos el poder que había alcanzado Estados Unidos al término de la guerra era una sombra que evocaba la amenaza de la intervención. El riesgo ya no era una invasión brutal o la ocupación militar del territorio, sino que en el ánimo del gobierno y de la opinión pública se instaló la creencia de que Washington intervenía de manera sistemática, aunque en forma solapada e insidiosa, en la política interna mexicana; por consiguiente, no había razón para que no lo hiciera en la elección presidencial de 1946.

De esta suerte, durante la campaña, una de las principales funciones del embajador de Estados Unidos era atajar los rumores de la injerencia de su país en el proceso sucesorio, que de confirmarse hubiera podido descarrilar la elección o simplemente desacreditarla. Fue necesario asegurar varias veces a la opinión pública mexicana que Washington no tenía la menor intención de inmiscuirse en la política interna del país.

El alarde de la intervención se fundaba en la propensión histórica de Estados Unidos a interferir en la vida política de sus vecinos, así como en el

[73] El embajador británico, Hadow, informa al *Foreign Office* en diciembre de 1946, que la UNS le preocupa mucho a Estados Unidos, porque veía en esta organización la amenaza de que se repitiera la experiencia del peronismo argentino. Hugh G. Campbell, *La derecha radical en México, 1929-1949*, trad. Pilar Martínez Negrete, México, SEP, 1976.

valor de lo que había puesto en juego en México en los últimos años en términos de inversión, de comercio y de cooperación política. Todo lo cual querría proteger. El carácter esencialmente antidemocrático del proceso sucesorio mexicano también alimentaba el prejuicio de que habría una intervención estadunidense cuyo propósito sería impulsar el establecimiento de la democracia efectiva. De ahí que la reforma política de 1946 también pueda ser explicada como una medida disuasiva del intervencionismo.

Todos los caminos llevan a la embajada

> The good Mexicans do not want us to intervene in the elections, but they do hope that we will, through our moral influence, do what we can to influence a proper election.
>
> Embajador George S. Messersmith,
> 16 de diciembre de 1945.

En el informe del 19 de abril de 1945 acerca de la situación política de México, el embajador Messersmith llamó la atención sobre el nerviosismo que provocaba en el presidente Ávila Camacho la posibilidad de un conflicto con Estados Unidos. En días anteriores, el Departamento de Estado había recibido la nota de que el presidente, ante la Comisión Permanente del Congreso, habría contrapuesto los conceptos de *interamericanismo* y *panamericanismo*, para expresar su apoyo a la segunda fórmula, normalmente utilizada por los críticos de Estados Unidos. Washington solicitaba que esta información se confirmara.

Según Messersmith, cuando le pidió al presidente que le explicara lo que había dicho, a Ávila Camacho se le descompuso el gesto y respondió entre tartamudeos. El embajador trató de tranquilizarlo diciéndole que él mismo había comunicado a sus superiores que seguramente se trataba de una mala interpretación.[74] Ávila Camacho expuso luego un rosario de actos de buena voluntad y de fidelidad, de motivos de sincera admiración y de

[74] "Messersmith, G. S., Mexico City to Edward R. Stettinius, Jr., Washington", April 19th, 1945. *MSS0109 George S. Messersmith Papers*, University of Delaware; en: <http://udspace.udel.edu/handle/19716/7675>.

agradecimiento hacia Estados Unidos, y de razones por las que creía que la relación de México con ese país debía ser "extremadamente estrecha".

La descripción que el embajador hace de Ávila Camacho poco tiene que ver con el personaje sereno del que tanto se hablaba; parece más bien un hombre inseguro, emotivo, temeroso de sus propias palabras. Esta imagen se asemeja a la que le había transmitido el candidato Padilla al embajador, unas semanas antes, cuando le aconsejó que visitara al presidente, porque, según él, en esos momentos estaba sujeto a fuertes presiones de parte de la extrema izquierda y de la extrema derecha. "Para fortalecer la postura del presidente frente a los elementos que trabajan para frenar la colaboración con Estados Unidos y con el conjunto interamericano".[75] Una manera cifrada de invitar al embajador a expresar su apoyo a la candidatura de Padilla.

En la primavera de 1945 la sucesión presidencial era el tema que ocupaba las mentes de la élite política y del embajador Messersmith. El procedimiento establecido por el presidente Lázaro Cárdenas de designar él directamente al candidato de su partido fue una solución al espinoso asunto de la sucesión presidencial que al gobierno mexicano le permitía comprometerse con Washington a mantener la estabilidad del país, y al gobierno de la superpotencia le otorgaba voz si no voto en esta decisión. Cuando Ávila Camacho introdujo a Washington en sus consideraciones sucesorias, le atribuyó un poder de veto que había que evitar que ejerciera.

Esta hipótesis podría explicar que, en la sucesión presidencial de 1939, fueran eliminadas las candidaturas de Francisco Mújica o de Vicente Lombardo Toledano, representantes ambos del radicalismo revolucionario. En cambio, el presidente mexicano podía pasar por alto las preferencias de Washington, y designar a su sucesor dentro del universo limitado por la voluntad —y la necesidad— de mantener la armonía con Estados Unidos, y los equilibrios internos prevalecientes, como puede haber ocurrido en 1945. Ezequiel Padilla perdió de vista esta posibilidad, y apostó su triunfo electoral solamente al compromiso de Estados Unidos con la democracia y con él mismo.

Cuando el presidente Ávila Camacho se inclinó por la candidatura de Alemán también apostó a sus buenas relaciones con Washington, confiado en que aceptaría su decisión *bona fide*. Lo cierto es que desde los primeros escarceos de la campaña se planteó el tema de que el candidato ganador sería

[75] *Idem.*

aquél que tuviera la aceptación de Washington. Es decir, ya fuera de izquierda o de derecha, el candidato tenía que pasar por la aduana en que se había convertido la relación con Estados Unidos.

La participación de Ezequiel Padilla en la campaña mataba dos pájaros de un tiro. Primero, daría a la elección el aspecto democrático que tanto interesaba al presidente Ávila Camacho, y habría una competencia real entre un candidato creíble de oposición independiente, y aquel que tenía el apoyo del presidente. Y, en segundo lugar, si acaso el canciller gozaba de la predilección del gobierno de Washington, Ávila Camacho le daba la oportunidad de participar en una competencia en la que podía triunfar. Una posibilidad que tenía que complacer al poderoso aliado. O sea, todos ganaban.

En septiembre de 1945, una funcionaria de la Embajada, Margaret Barrett, asistió a la VI Asamblea del PAN. El memorándum que entregó a sus superiores describe una reunión siniestra, empapada de frases, metáforas y referencias religiosas, en la que malos oradores pronunciaron discursos incomprensibles de tono arcaico. El informe subraya los repetidos comentarios críticos contra Estados Unidos y las protestas vulgares contra Lázaro Cárdenas. En general, ofrece una imagen muy poco atractiva del partido de oposición conservadora.[76] Para el embajador, el PAN representaba las afinidades con el franquismo que les eran inaceptables.

La persistente influencia del general Cárdenas también inquietaba a la Embajada de Estados Unidos —y a la británica— que lo veían como un adversario de talla. Los reportes diplomáticos se refieren siempre a él con rencor y desconfianza. Lo asociaban con políticas radicales, y aunque no siempre lo vinculaban con Vicente Lombardo Toledano, la segunda bestia negra de estadunidenses y británicos, estaban conscientes de que tenían mucho en común, aunque a Cárdenas todavía no lo identificaban con la Unión Soviética.

En consecuencia, en México Washington no encontraba una alternativa a la "maquinaria oficial" que le conviniera. Ni la izquierda que representaba Vicente Lombardo Toledano ni la derecha que encarnaban el PAN o la UNS eran a sus ojos mejores que el candidato del gobierno. A diferencia de su embajador, Washington pronto se percató de que la maquinaria del PRI ahogaba cualquier posibilidad de crecimiento de la candidatura de Ezequiel Padilla.

[76] NARA, "From David Thomasson (segundo secretario de la embajada de Estados Unidos en México) to the Secretary of State, September 27th, 1945", DCR, ARA, UNIT 812.10/9-274J CS/LE.

La tentación de George Messersmith

Entre junio de 1945 y julio de 1946, los candidatos presidenciales y más de un político ambicioso gravitaban hacia la Embajada de Estados Unidos, como en un movimiento inconsciente. Por sus salas y oficinas desfilaban numerosos personajes de la vida pública en México.

El embajador preparaba detallados informes de las entrevistas con los personajes políticos y funcionarios que buscaban acercarse ya fuera para pedir apoyo, como lo hacía Padilla, o para explicar sus verdaderas intenciones y conjurar un posible veto, como fue el caso de Alemán; Francisco Castillo Nájera se presentó en la embajada cuando corrió el rumor de que en caso de un empate él podría ser el candidato de conciliación;[77] incluso Manuel Gómez Morín discutió la candidatura de Luis Cabrera con el embajador.[78] Ezequiel Padilla era el más insistente en involucrar a Messersmith en la competencia, y en hacer que Washington se comprometiera de alguna manera con el buen desarrollo de los comicios, que para él era el equivalente de un triunfo seguro.[79]

Los informes mensuales que se elaboraban en la embajada desembocaban en una constante: la elección mexicana era especialmente importante en el contexto de la gran ofensiva que preparaba la Unión Soviética con el fin de provocar inestabilidad en la frontera sur de Estados Unidos. En esas condiciones era muy importante para Washington mantener una relación amistosa con los vecinos.

[77] Según reporta el embajador a principios de abril, Castillo Nájera solicitó una entrevista con el subsecretario Braden, con el secretario de Estado o con el presidente Truman para hablar de la elección presidencial. "Ha estado jugando pelota con nosotros", y soñó con ser candidato. Lo más probable es que quiere seguir siendo secretario de Relaciones Exteriores. BLHU, "From George Messersmith to Dean Acheson, April 2nd, 1946", U.S. State Department, Central Files, Mexico Internal Affairs, 1945-1949, Reel 400419.

[78] BLHU, "From George Messersmith to Dean Acheson, April 6th, 1946", U.S. State Department, Central Files, Mexico Internal Affairs, 1945-1949, Reel 400438.

[79] Diversos documentos dan testimonio de las solicitudes de ayuda de Padilla a, por ejemplo, el antiguo secretario de Estado Edward Sttetinius, quien había dejado de ser funcionario y era presidente de la Universidad de Virginia. Sttetinius informaba al Departamento de Estado de las peticiones de Padilla. Para ilustrar los informes que la embajada mexicana en Washington recibía sobre Padilla, véase, por ejemplo: SER, AHGE, Fondo de la Embajada de México en Estados Unidos, "Correo aéreo confidencial", núm. 87, 16 de julio de 1946, C-395-4, s. f.

Crucigrama de influencias

Lo más cercano a la declaración oficial que pedía Messersmith al Departamento de Estado en relación con la elección fue una entrevista que apareció el 15 de diciembre de 1945, del director general del periódico, Rodrigo de Llano, a "un alto funcionario del Departamento de Estado", en el periódico *Excélsior,* uno de los más influyentes en los círculos gubernamentales mexicanos. El entrevistado permaneció anónimo, pero según el embajador Messersmith, era probablemente Spruille Braden. En ella el subsecretario afirmó: "La administración de Washington juzga que la elección corresponde única y exclusivamente al pueblo de México, que debe excluirse como falsa toda suposición de que pueda llegar a existir una injerencia o inspiración extraña".[80]

Sin embargo, el entrevistado introdujo un matiz. El único obstáculo para el desarrollo de esta política sería: "La existencia de un peligro para la seguridad nacional de Estados Unidos. Este es el punto que se debate en torno a Argentina".[81] Luego de consultar la comunicación del Departamento de Estado, el embajador Messersmith se percató que el periodista había omitido un párrafo que consideraba crucial, que declaraba "tenemos plena confianza en que el pueblo tendrá la oportunidad real de expresar su voluntad". Esta afirmación estaría, según el diplomático, en la línea de la política estadunidense en Argentina y en Brasil. Al eliminarlo, el periodista dejaba la impresión de que los resultados de la elección se darían por buenos, independientemente de que fuera o no fraudulenta.[82] La nota añadía: "Es tan firme y sincera, de parte del Presidente Harry S. Truman, la política de No Intervención en los asuntos internos, que hasta los diplomáticos norteamericanos tienen instrucciones de no inmiscuirse, ni siquiera de palabra...".[83] Es decir, de Washington llegaba la orden de guardar silencio.

Esta condición resultó muy onerosa para el embajador Messersmith, pues le arrebató la posibilidad de protestar contra la nota de *Excélsior* que no recogió fielmente las palabras de Braden. Messersmith esperaba que la de-

[80] *Idem.*

[81] "Washington no intervendrá en asuntos electorales de México", *Excélsior*, 15 de diciembre de 1945, primera plana.

[82] BLHU, "From Messersmith to John Carrigan", December 16th, 1945, U.S. State Department, Central Files, Mexico Internal Affairs, 1945-1949, Reel 2/00772.

[83] *Idem.*

claración subrayara la importancia de elecciones libres y el reconocimiento de la oposición. Este gesto alentaría a los que realmente creían en los procesos democráticos.[84]

Apenas reponiéndose de la nota periodística mutilada, al día siguiente Lombardo Toledano le propinó otro golpe de prensa. Ante la multitud reunida en el monumento a la Revolución en la Ciudad de México, denunció en un inflamado discurso a la *reacción* que preparaba una guerra civil. Al cabo de una extensa diatriba contra Padilla, en la que lo describió con saña como un "producto pintoresco de varios complejos estupendos",[85] afirmó que:

> La reacción mexicana está decidida a la revuelta y al atentado personal. [...] La Unión Nacional Sinarquista está pasando armas de los Estados Unidos para rebelarse. Ciertas empresas imperialistas yanquis, a pesar de las declaraciones terminantes de Truman [...] tratan de estorbar nuestro progreso e insisten en tener un *Quisling*[86] en el Gobierno de nuestra patria.[87]

Acusó incluso al Papa de incitar a la guerra civil, en referencia a las manifestaciones religiosas que habían tenido lugar unas semanas antes, con motivo de la coronación de la Virgen de Guadalupe. Terminó el discurso en completo estado de agitación, exhausto, y con la voz ronca invocó al pueblo: "¡El pueblo no se equivoca jamás!", y lo llamó a cerrar filas y estar en guardia.[88]

Casi todos los periódicos de la Ciudad de México, a excepción de *El Popular*, se mofaron de la denuncia de Lombardo; "Cosas de Vicente", dijeron. Ciertamente, había antecedentes de acusaciones similares por parte del líder: en 1938 contra Saturnino Cedillo, a quien culpó de haberse coludido

[84] BLHU, "De George Messersmith al secretario de Estado", January 15th, 1946, U.S. State Department, Central Files, Mexico Internal Affairs, 1945-1949, Reel 3/00536.

[85] "Lombardo Toledano exhibió a Ezequiel Padilla como traidor que solicita el apoyo extranjero para imponer un régimen pelele", *El Popular*, 17 de diciembre de 1945, pp. 1-2.

[86] Vidkun Quisling fue un político noruego que colaboró con los países del Eje.

[87] "Lombardo Toledano exhibió a Ezequiel Padilla como traidor que solicita al apoyo extranjero para imponer en nuestra patria un régimen pelele", *El Popular*, 17 de diciembre de 1945, pp. 1-2. Acusaciones muy similares había hecho Lombardo en relación con Saturnino Cedillo en 1938, y a los almazanistas en 1940. En ningún caso probó sus dichos.

[88] *Idem.*

con las empresas petroleras a cambio de armamento; y en 1940, contra Almazán a quien denunció de preparar una asonada con apoyo de Estados Unidos y de la UNS. En ningún caso, y tampoco en diciembre de 1945, presentó las pruebas materiales de sus denuncias.[89]

No obstante, la acusación contra el embajador estuvo a punto de generar una crisis diplomática muy seria con Estados Unidos, primeramente, porque entonces su gobierno ejercía un estrecho control sobre las exportaciones de armas. Si había contrabando hacia México eso podía significar dos cosas: incompetencia de parte de las autoridades de ambos países, o complicidad del gobierno estadunidense con los conspiradores. La noche misma del día en que se publicó la noticia del discurso, Messersmith fue recibido por el secretario de Relaciones Exteriores, Castillo Nájera, quien le aseguró que compartía su indignación. Le informó que el gobierno no tenía noticia del supuesto contrabando, pero que iniciaría una investigación de inmediato, y que lo mejor era dejar el asunto en manos del presidente. Entonces el embajador se apaciguó. Castillo Nájera explicó que Lombardo se habría dejado llevar por su verbo y por sus pasiones, y que tal vez lo mejor era dejar el tema por la paz, a reserva de los resultados de la investigación que supuestamente haría el gobierno mexicano.

El Departamento de Estado emitió un comunicado en el que rechazaba cualquier versión de que intervenía en la campaña a favor de Padilla; añadía que, como el general Almazán había podido comprobar en 1940, "Estados Unidos no tiene interés en tratar de influenciar al pueblo mexicano en su selección de Presidente".[90]

La SRE buscó poner fin al escándalo y declaró que Lombardo no era funcionario gubernamental, sino un ciudadano que expresaba libremente sus opiniones. Este argumento tenía poca validez. Es cierto que Lombardo no era funcionario, pero entre los miembros del presídium en el monumento a la Revolución estaban el presidente del PRM, Antonio Villalobos, los líderes de la CNOP y de la CNC, Teófilo Borunda y Trinidad García, respectivamente, además de los líderes comunistas Blas Manrique y Valentín Campa. La Secretaría de Relaciones Exteriores también evitó que Messersmith pre-

[89] BLHU, "Memorandum for the Ambassador. From Kenneth Crosby", Enclosure no.1, to Dispatch 27744, December 20th, 1945. U.S. State Department Central Files, Mexico Internal Affairs, 1945-1949.

[90] Cit. en William H. Lander, "El gobierno americano pide informes", *El Popular*, 19 de diciembre de 1945, p. 3.

sentara una nota formal de protesta. Informó a los medios que el embajador sólo había tenido pláticas, primero con Castillo Nájera, pero, después únicamente con el subsecretario Manuel Tello. Un gesto que indicaba que también querían restar importancia al asunto, el cual se dio por terminado cuando Tello le informó a Messersmith que las investigaciones de las agencias mexicanas no habían encontrado rastro del contrabando denunciado por Lombardo, no obstante que el líder obrero no se había retractado ni disculpado, y que el caso se había cerrado.

La Embajada de Estados Unidos recibió informes de que Lombardo Toledano se había reunido con el secretario Castillo Nájera y con el candidato Miguel Alemán, y que en ambos casos se había mostrado satisfecho con la respuesta del Departamento de Estado. Para el embajador este resultado era prueba de la *falsedad deliberada* de Lombardo.[91] Además, sus contactos en el ejército le habían informado que no había noticias acerca de armas que cruzaran la frontera; tampoco habían recibido información al respecto la Procuraduría ni la policía del Distrito Federal.[92]

Messersmith hubiera deseado que el gobierno mexicano hiciera un anuncio público de esa información. No obstante, esta exigencia era imposible de satisfacer en medio de la crisis que habían provocado los acontecimientos de León (pp. 170-180 de esta edición), y cuando todavía faltaban seis meses para la elección, y Alemán no podía arriesgarse a entrar en conflicto con el poderoso líder sindical. El 22 de diciembre, la SRE anunció que el embajador Messersmith había sido recibido en la cancillería "como de costumbre".

Lombardo Toledano, por su parte, declaró que el discurso había sido un éxito personal porque había logrado que el gobierno de Estados Unidos acabara "con la propaganda de Padilla de que él contaría con el apoyo del gobierno norteamericano."[93] También declaró a la prensa que ya había dado toda la información que tenía sobre el caso y concluyó con una afirmación absolutamente inesperada: "Es muy probable que las investigaciones con-

[91] BLHU, "From George S. Messersmith to the Hon. Secretary of State", Dispatch nr. 27878, first priority. 3 0034 January 4th,1946. *U.S. State Department Central Files, Mexico Internal Affairs, 1945-1949*, Reel 3 0034.

[92] BLHU, "Memorandum for the Ambassador from Kenneth Crosby, Civil Attaché", Enclosure nr. 2, to Dispatch 27774, December 20th, 1945. *U.S. State Department Central Files, Mexico Internal Affairs, 1945-1949.*

[93] "La Nación. La reacción acecha", *Tiempo*, vol. VIII, núm. 191, 28 de diciembre de 1945, p. 5.

duzcan a los agentes nazis que llevan a cabo acciones criminales en el continente y que tienen su base en Buenos Aires".[94]

El exabrupto del líder obrero parecía inexplicable. El FBI informó al Departamento de Estado que originalmente Lombardo tenía la intención de que el tema de su discurso fueran los logros de la conferencia extraordinaria de la CTAL que se había celebrado en París, y de la cual había regresado unos días antes.[95]

Las motivaciones del líder no son claras. Él mejor que nadie sabía que su denuncia era un tiro de escopeta dirigido a Ezequiel Padilla y a nadie. Es posible que tratara de inyectar pasión en una campaña electoral que no encendía el entusiasmo de los votantes; tal vez pensaba que para lograrlo había que polarizar a la población. También es posible que haya reaccionado a la nota de Rodrigo de Llano publicada el día anterior, porque cuestionaba seriamente las denuncias antiimperialistas que eran el punto fuerte de su discurso. Lo que parece indudable es que fue una estrategia que sugiere que Lombardo había llegado al límite de su capacidad de acción política en el México que se anunciaba, como si supiera que una vez ido Ávila Camacho y llegado Miguel Alemán, necesitaba reorientar su propia carrera.

A principios de enero de 1946, el embajador Messersmith envió al secretario en funciones, Dean Acheson, un *Memorandum* de 19 cuartillas a renglón seguido, que fue su último intento de convencer al Departamento de Estado de la necesidad y la conveniencia de propiciar el triunfo de Ezequiel Padilla, y detener a Miguel Alemán.

El documento es un recuento de la campaña electoral desde su arranque hasta la fecha del reporte, en el que destaca la lucha de Padilla por el respeto a los principios democráticos, contra los innumerables obstáculos interpuestos por los alemanistas.[96] Según el embajador, el presidente Ávila Camacho por fin se había dado cuenta de que Alemán era todo lo contrario a sus más profundas convicciones democráticas. Por esa razón, escribe, "sé

[94] BLHU, Enclosure, num.1, Dispatch 27785, December 24, 1945. American Embassy, Mexico, D. F. U.S. State Department, Central Files, Mexico Internal Affairs, 1945-1949.

[95] NARA, "De John Edgar Hoover a Frederick B. Lyon", Federal Bureau of Investigation, United States Department of Justice, Division of Foreign Activity Correlation, Department of State, January 7, 1946. 812.00/1-746.

[96] NARA, "De George Messersmith a Dean Acheson, Acting Secretary of State", American Embassy, January 12th, 1946, 812.00/1-1246.

que era un hombre muy infeliz".[97] Pero, al igual que él mismo, que Lombardo y que Padilla, se había topado con límites que lo debilitaban, incluso si, según él, Alemán también era débil, en la medida en que había sido impuesto.

En mayo de 1946 llegó a México un nuevo embajador, Walter Thurston. De inmediato los dos principales candidatos presidenciales le solicitaron una entrevista, que les fue denegada. Padilla decidió forzar al Departamento de Estado a que tomara posición públicamente. El 1° de junio, en una entrevista con el corresponsal del *New York Times*, propuso una modalidad del fallido proyecto de intervención colectiva que había presentado en Chapultepec: que el gobierno de Estados Unidos suspendiera el reconocimiento al futuro gobierno mexicano, en tanto observadores estadunidenses —no aclaró en qué tipo de personas pensaba— calificaban la elección y determinaban si los resultados electorales representaban la voluntad popular.

La propuesta causó un escándalo nacional y dio sustento a nuevas críticas contra Padilla. En realidad, lo único que había hecho el excanciller era darle un giro al proyecto de la intervención colectiva que había intentado presentar en Chapultepec en febrero de 1945. Un año después, en marzo, Ramón Beteta le recordaba a Luis Quintanilla:

> En aquella época traté de hacer valer [la razón más inmediata y cercana]: lo que podría significar para las elecciones en México, la aceptación del principio de seguridad colectiva [...] en Chapultepec la proposición mexicana no se refería solamente en abstracto a la protección de las democracias, sino que específicamente ponía en entredicho las elecciones y los cambios de política de cualquiera de los países que fueran objetados por otro país y juzgados por una reunión de todas las naciones de América. Pensé desde entonces y sigo pensando ahora que no era ajena a la intención del canciller la idea que más tarde ha expresado [...] en el sentido de que la próxima elección en México debe ser objeto de juicio por parte del continente.[98]

Para entonces parte de la incertidumbre inicial se había disipado, Alemán se veía ya como el candidato ganador. Padilla, en cambio, insistió en reunirse con Thurston. El encuentro tuvo lugar el 18 de junio, en la residencia, porque

[97] *Idem.*

[98] AHCM, "De Ramón Beteta a Luis Quintanilla, 6 de marzo de 1946", Fondo Ramón Beteta, caja 24, exp. 984.

al nuevo embajador le parecía una indiscreción que el candidato de oposición más importante fuera visto en sus oficinas a unas cuantas semanas de la elección. Padilla lo presionó para que hablara con el presidente Ávila Camacho y le dijera que su estatura como estadista crecería a ojos del gobierno y del pueblo de Estados Unidos, si se comprometía con que la elección fuera limpia y justa. Thurston respondió que no podía hacer nada al respecto.

Alemán también tenía en su contra a grandes medios de comunicación estadunidenses, incluidos los periódicos de la cadena Hearst, el semanario *Time*, y estaba permanentemente bajo el ojo inquisidor del *New York Times* que, en más de una ocasión había expuesto al candidato, como lo haría después con el presidente. Por ejemplo, la edición del 11 de febrero de 1946 de ese diario describía al candidato del PRI como un "astuto oportunista".[99] Además, continuaba el comentario, sabía cómo ganarse la buena voluntad de los hombres y ser seductor con las mujeres. El tono del artículo y las referencias a las debilidades personales del candidato oficial, a sus infidelidades conyugales, revelan que la intención no era tanto informar, sino minar la confianza en el personaje.

Miguel Alemán intentó contrarrestar esta animadversión acercándose a la embajada. No tuvo acceso a Messersmith, pero en dos ocasiones se entrevistó con el primer secretario, Guy Ray. La primera reunión tuvo lugar el 25 de septiembre de 1945, cuando la campaña apenas empezaba a tomar vuelo; la segunda reunión se llevó a cabo el 29 de marzo de 1946. Los informes que elaboró el diplomático sobre ambos encuentros contienen información detallada acerca de los temas que trataron, pero además dejan ver las actitudes de los participantes. El informe de septiembre describe una reunión incómoda de más de dos horas, y retrata la ansiedad de Alemán y la frialdad de Ray. La locuacidad de uno, y la reserva del otro. De entrada, el diplomático americano precisó que su país miraba con interés el proceso electoral mexicano, pero que su política era de estricta no interferencia. Alemán pareció descartar el comentario, porque ya lo sabía o porque no lo creía; sólo apuntó que Estados Unidos al brindarle o negarle apoyo a un gobierno, había hecho o deshecho presidentes.[100]

[99] "Latin America: Man of Affairs", *Time*, 11 de febrero de 1946, pp. 39-40; en: <http://content.time.com/time/magazine/article/0,9171,854130,00.html>.

[100] BLHU, "Transmitting Memorandum of Conversation with Licenciado Miguel Alemán, Candidate for the Presidency of Mexico, from Guy Ray, Chargé d'Affaires, to the

En esa reunión la principal preocupación del político mexicano era su rival Padilla, a quien trató de desprestigiar; lo acusó de oportunista y de hipócrita, insistió en que la política exterior que tanto aplaudían en Washington era del presidente Ávila Camacho. Su intención era establecer que, de llegar a la presidencia, la continuidad de la política de cooperación estaba asegurada, porque él entendía que era la única posible entre los dos países.

En la segunda reunión, Alemán estaba mucho más seguro de sí mismo. Dueño de la situación, su preocupación ya no era Padilla, sino que la embajada tuviera una idea equivocada de la posición de Lombardo Toledano en la campaña y en el futuro gobierno. Alemán dijo saber que el líder sindical era comunista y que su lealtad primera era hacia la URSS, pero no creía que fuera una amenaza, entre otras razones porque —según él— era un político "en declive". Sin embargo, advirtió que no podía denunciarlo porque todavía necesitaba movilizar apoyo de los trabajadores para su campaña, pero se comprometió a que no habría comunistas en su gobierno, y tampoco aceptaría a los amigos [comunistoides] de Lombardo.[101]

La diferencia más importante entre las dos reuniones es que en la segunda Alemán insistía en discutir temas de política internacional. Estas referencias sugieren que —como bien lo vería Ray— el candidato creía que poseía una buena carta de negociación: el deterioro de las relaciones entre las superpotencias. Alemán afirmó "categóricamente" que en caso de guerra, que él creía podría estallar en breve, o simplemente en la batalla ideológica que libraban, si él era elegido presidente, México daría "todo su apoyo a Estados Unidos"; declararía las hostilidades de inmediato, "a diferencia de lo ocurrido en la guerra pasada"; y estaría mejor preparado para aportar ayuda militar efectiva de inmediato, así como cualquier otra forma de cooperación.[102]

Al término de este encuentro, Alemán hizo la pregunta que en opinión de Ray era la que lo había llevado a buscar esta segunda visita: "Si es evidente —dijo— que las elecciones del 7 de julio son absolutamente libres y honestas y soy el elegido, ¿cuáles podrían ser las bases para que Estados Unidos

---

Secretary of State", enclosure nr. 26516, September 25th, 1945. U.S. State Department, Central Files, Mexico Internal Affairs, 1945-1949.

[101] *Idem.*

[102] BLHU, "Memorandum of Conversation, Secret. Enclosure to Dispatch nr. 29022", 4 00 399 March 29th, 1946. *U.S. State Department Central Files, Mexico Internal Affairs, 1945-1949.*

no reconociera a mi gobierno?",[103] preguntó. Ray contestó que no tenía autoridad para dar una respuesta oficial, pero era de la opinión que si la elección se desarrollaba como lo había descrito, el tema del reconocimiento ni siquiera se plantearía.[104] Este intercambio evoca la conversación entre el embajador Messersmith y el presidente Ávila Camacho a propósito de Argentina, en la que el principal y repetido argumento presidencial para convencer a su interlocutor de que había que reconciliarse con Perón era que había alcanzado la presidencia en una elección democrática inobjetable.

Para tranquilizar las inquietudes que despertaba en la embajada el apoyo que recibía del expresidente Cárdenas y del líder cetemista, Lombardo Toledano, le aseguró que era el mismo que le daban al presidente, y minimizó la influencia de los comunistas en México. Alemán también quiso presentarse como un hombre pragmático, que entendía que con la administración Truman la relación bilateral sería más *quid pro quo* que en el pasado, y que acciones poco amistosas de parte de México hacia Estados Unidos tendrían serias repercusiones.

La primera elección del México posrevolucionario

El 7 de julio de 1946 tuvieron lugar los comicios más ordenados que había habido en México, desde la elección de Álvaro Obregón en 1920. La jornada ofreció un poderoso contraste con la elección de Ávila Camacho seis años antes; fue un despliegue de competencia administrativa y de fuerza del Estado.

El gobierno había hecho un gran esfuerzo para promover la participación electoral, desde el empadronamiento del mayor número posible de ciudadanos hasta la entrega de las credenciales de elector. Al menos en las ciudades grandes, cada mesa electoral estuvo resguardada por quince policías, que mantenían a distancia a mujeres y niños; una unidad motorizada recorría cada distrito; y la policía mantenía contingentes en estado de alerta. La reserva general estaba "lista para intervenir en el momento oportuno".[105]

[103] *Idem.*
[104] *Idem.*
[105] "Semana electoral. Misión de la policía del D. F.", *Tiempo*, vol. IX, núm. 219, 12 de julio de 1946, p. 3.

También se precisaron instrucciones para que la policía guiara a los votantes. El ejército anunció que se le habían asignado las siguientes tareas: mantener el orden, garantizar el libre ejercicio del sufragio, proteger a los funcionarios electorales, y custodiar la documentación hasta que las Juntas Computadoras conocieran los resultados electorales.[106]

En la Ciudad de México la brigada mecanizada se instaló en la Plaza de la República; el 6º Regimiento de Caballería en la Ciudadela, se colocaron retenes frente a las casas de los cuatro candidatos, y guardias especiales en todos los edificios públicos. Había que asegurar que la votación fuera pacífica, y que no hubiera desmanes ni desórdenes. El día anterior, el presidente transmitió por radio un mensaje en el que exhortaba a la ciudadanía a votar, se comprometía a respetar la voluntad popular, al mismo tiempo que anunciaba que el ejército se haría cargo del orden y del transcurso pacífico de la elección.

Los votantes mexicanos acudieron a las urnas; las actitudes eran una miscelánea: las clases medias urbanas estaban esperanzadas aunque cautelosas; los trabajadores sindicalizados confiados en las palabras de los líderes, y los campesinos —el grupo mayoritario—debidamente organizados por la central campesina del PRI. Miguel Alemán fue declarado ganador con 1 786 901 votos. Al segundo lugar, Ezequiel Padilla se le reconocieron 443 357 sufragios. El reporte de las fuerzas del orden fue un "Sin novedad" que le devolvió los colores al presidente Ávila Camacho.

El presidente Truman felicitó al vencedor, lo invitó a Washington y expresó su deseo de visitar México. A una semana de la elección, el 16 de julio, el embajador de México en Washington, Antonio Espinosa de los Monteros, se entrevistó con el subsecretario para Asuntos Americanos del Departamento de Estado, Spruille Braden, quien le comunicó la satisfacción de su gobierno por una elección pacífica que había puesto fin a las "… fricciones entre los gobiernos de ambas Repúblicas (México y Estados Unidos). [Y añadió] … de ahora en adelante las relaciones entre los dos países seguramente seguirán su curso normal".[107]

Como era de esperarse, Ezequiel Padilla se inconformó con los resultados e inició los preparativos para una sublevación o para la instalación de un

[106] *Ibid.*, p. 4.

[107] AHGE, SRE, Minutas de oficios confidenciales, Fondo de la Embajada de México en Estados Unidos, C.946, 1946, s. f.

gobierno paralelo. A pesar de la derrota, Padilla intentó movilizar a la opinión en México y en Estados Unidos en contra de una victoria *impuesta*. Trató de poner en pie una conspiración para impedir la toma de posesión; también buscó convocar a un congreso paralelo en territorio estadunidense o en algún Estado del norte del país. Una semana después de la elección, el periodista Drew Pearson reportaba en su programa de radio que Padilla había buscado apoyo del Departamento de Estado para "frenar el avance del comunismo en México", pues así interpretaba la victoria de Alemán. Había anunciado que establecería su gobierno en la frontera entre los dos países para derrocar al usurpador. Únicamente pedía a Washington que no interviniera en la guerra civil que estaba por iniciar.[108] Nadie tomó en serio esta noticia.[109]

Padilla se trasladó a Estados Unidos. Desde que puso un pie en ese país lo siguió un agente del FBI. Entre septiembre y noviembre de 1946, la Embajada de Estados Unidos en México recibió puntualmente información proporcionada por el FBI acerca de los planes de Padilla de encabezar un levantamiento para impedir "la imposición".

Tal y como el subsecretario Braden se había comprometido a hacerlo en noviembre anterior, el gobierno de Estados Unidos mantenía informado al gobierno mexicano y al CNA de los actos de sabotaje que los padillistas planeaban ejecutar en territorio mexicano; de los aviones y el equipo militar que aparentemente habían adquirido;[110] de las personas con las que se reunía Padilla; y de las matrículas de los coches de sus visitantes.[111] Padilla ha-

[108] AHGE, SRE, "De Antonio Espinosa de los Monteros al C. Secretario de Relaciones Exteriores", 16 de julio de 1946, Correo aéreo núm. 07, Confidencial, exp. 73-0/ 210 (73) "46"/1.

[109] Sin embargo, en un mensaje personal y confidencial al jefe de la Foreign Activity Correlation, Jack D. Neal, el director del FBI, John Edgar Hoover, reportaba que grupos de padillistas armados se preparaban para iniciar una revuelta el 20 de noviembre. Por ese motivo, el ejército mexicano tomaba medidas precautorias en la frontera. NARA, "From J. Edgar Hoover to Jack D. Neal", November 13th, 1946, 812.00/11-1346.

[110] El 21 de noviembre de 1946, el embajador Espinosa de los Monteros comunicó al secretario Castillo Nájera que el subsecretario Braden se había comprometido a transmitir a la embajada y a la oficina del candidato electo toda la información que ellos recibieran al respecto. AHGE, SRE, "De Antonio Espinosa de los Monteros al C. Secretario de Relaciones Exteriores", 16 de julio de 1946, Correo aéreo núm. 07, Confidencial, exp. 73-0/ 210 (73) "46"/1.

[111] AHGE, SRE, "De Antonio Espinosa de los Monteros al C. Secretario de Relaciones Exteriores", 21 de noviembre de 1946, exp. 73-01 núm. IMC-104. "Del cónsul Manuel

bía cifrado sus esperanzas en el apoyo de sus poderosos amigos; buscó insistentemente al secretario de Estado, Edward Stettinius, con quien había trabajado tan cercanamente en San Francisco, que muchos consideraban que se había puesto a su servicio.

Al cabo de un tiempo, Padilla tuvo que rendirse ante la evidencia de que el Departamento de Estado había tenido tantas consideraciones con él no porque fuera Ezequiel Padilla, sino porque era secretario de Relaciones Exteriores de México.

Conclusiones

En un largo informe dirigido al secretario Castillo Nájera, el embajador Espinosa de los Monteros hizo una reseña de las reacciones al desarrollo y desenlace de la elección que había registrado en el Departamento de Estado. El subsecretario Braden había afirmado "categóricamente que se habían disipado por completo los temores de algunos funcionarios de su gobierno de que la elección [...] pudiera generar disturbios en México, así como fricciones entre los gobiernos de las dos Repúblicas".[112]

La certeza a propósito del intervencionismo estadunidense no pasó de ser un producto de la subjetividad de los mexicanos en relación con el poder de Estados Unidos, o un instrumento en manos de los políticos que la utilizaban en su beneficio o en perjuicio de sus adversarios. Así se desprende de la abundante evidencia documental que muestra que el Departamento de Estado se negó reiteradamente a intervenir en forma activa en la elección presidencial de 1946, a pesar de los apremios sobre todo de parte de su propio embajador en México, George Messersmith y del candidato Ezequiel Padilla.

La negativa se explica por tres razones: primera, entre los funcionarios del Departamento de Estado el intervencionismo era motivo de desacuerdo, pues no eran pocos los que consideraban que traía más problemas que ven-

Aguilar al señor doctor y Gral. Francisco Castillo Nájera", Consulado General, Los Ángeles, CA, 21 de noviembre de 1946, núm. 8049. El cónsul informa al secretario: "Tengo arreglos tanto con el *Times* como con los periódicos Hearst, para que no se publique nada [en relación con Padilla] sin antes hacerlo del conocimiento de esta oficina". *Idem.*

[112] AHGE, SRE, "De Antonio Espinosa de los Monteros al C. Secretario de Relaciones Exteriores", 16 de julio de 1946, Correo aéreo, núm. 7, Confidencial. Exp. 73-0/210(73)/1.

tajas; segunda, los antecedentes en Brasil y en Argentina eran una muestra de los riesgos en que incurría un embajador estadunidense cuando intervenía en la vida política de otros. Por último, el gobierno estadunidense confiaba en que la decisión de Ávila Camacho no pondría en peligro el *statu quo* de la relación bilateral.

Este arreglo que fue benéfico para la relación bilateral, en cambio frenó el desarrollo de la presidencia de la República, en la medida en que apoyaba sus funciones de preservación del orden establecido frente a su potencial como agente de cambio. La debilidad de los poderes Legislativo y Judicial magnificaba el poder del presidente autoritario; pero eran sólo las apariencias. La sucesión presidencial de 1946 demostró que este desequilibrio no significaba la ausencia total de restricciones a ese poder, que se topaba con los límites que le imponían la Constitución, la administración pública, y el mundo exterior. El peso del factor externo no era una novedad, pero es posible que fuera ésta la primera vez que una decisión soberana por excelencia, la elección del presidente de la República, estuviera tan directamente condicionada por el exterior. Desde luego, no sería la última.

El año 1946 fue más un punto de inflexión que el final o el principio de una era, porque esa coyuntura afianzó en la élite heredera de la coalición revolucionaria triunfante, la convicción de que para estabilizar al país era necesario centralizar el poder. A partir de entonces, esa misma élite buscó la seguridad en la creación de instituciones nacionales que estrangularon las estructuras locales. Así, fortalecieron a la presidencia de la República y al Poder Ejecutivo a expensas del Poder Legislativo y del Poder Judicial; también arrollaron el pluralismo político de la sociedad. Estas estrategias de organización y de acción políticas fincaron los fundamentos del sistema autoritario, que gobernó México hasta finales del siglo XX.

V. DIPLOMACIA Y MODERNIZACIÓN DEL PRESIDENCIALISMO

La inmediata posguerra exigía que los líderes políticos se involucraran en la febril actividad internacional que provocaba el movimiento hacia la división bipolar del mundo. Primero, cada país tenía que incorporarse en los mejores términos posibles al orden mundial que empezaba a formarse; en segundo lugar, tenían que ajustar su sistema político a las nuevas condiciones internacionales o reconstruirlo a partir de las ruinas de la guerra.

En México estos objetivos condujeron a un episodio de diplomacia que impulsó la modernización de la presidencia de la República y del ejercicio de su autoridad, y fue un reflejo de los cambios que había experimentado el sistema político y su relación con el exterior en los seis años anteriores. Miguel Alemán fue el principal protagonista y beneficiario de este desarrollo. Este episodio también arroja luz sobre uno de los primeros ejercicios de propaganda oficial y de movilización y participación popular controladas que llevó a cabo un gobierno del PRI.

En la primavera de 1947, los presidentes de México y Estados Unidos llevaron a cabo un intercambio de visitas que fue para el gobierno alemanista objeto de una política deliberada de construcción de un *acontecimiento histórico*, y del liderazgo personal del presidente de la República.[1] El gobierno presentó a la opinión pública las visitas como hechos extraordinarios.[2] Hasta cierto punto lo fueron. Nunca antes un presidente estadunidense había visitado la capital de la República; y tampoco un presidente mexicano había sido invitado a la capital de Estados Unidos. Los encuentros presiden-

[1] Visto así, el alemanismo fue, como sostiene Hernández Campos, decisivo en la formación del presidencialismo mexicano. Véase Jorge Hernández Campos, "El fin del mito presidencial", en Enrique Florescano (coord.), *Mitos mexicanos*, México, Taurus, 2001, pp. 47-55.

[2] Marshall Sahlins, "The Return of the Event, Again: With Reflections on the Beginnings of the Great Fijian War of 1843 to 1855 Between the Kingdoms of Ban and Rewa", en Alleta Biersack (ed.), *Clio in Oceania*, Washington, D. C., Smithsonian Institution, 1991, pp. 37-100.

ciales no modificaron de manera esencial la estructura de la relación bilateral, tampoco alteraron la trayectoria histórica de México o de Estados Unidos; podría incluso pensarse que en un tiempo relativamente breve su efecto se redujo a un incidente "efímero y emotivo",[3] que fue sepultado unos meses después por la avalancha de malas nuevas que trajo la devaluación de 1948.

Sendos encuentros tuvieron en México un alcance político de mayor trascendencia que cualquier acuerdo comercial o financiero que hubiera podido negociar con Estados Unidos, porque fueron la expresión del apoyo de Washington al presidente Alemán y a su gobierno, del cual derivaron prestigio y credibilidad. Además, generaron una atmósfera de optimismo y certidumbre que no duró mucho, pero que contribuyó al buen comienzo del sexenio alemanista.

El presente capítulo se concentra en la importancia de este episodio en tanto que produjo lo que Pierre Nora describe como la modernidad que construyen los medios y que consiste en dar fuerza al acontecimiento despertando en las masas la sensación de que son parte de la orientación del destino nacional.[4] Este efecto fortaleció la presencia del presidente en la imaginación de la opinión pública, que fue hábilmente formada por técnicas eficaces de construcción de la figura presidencial, y del poder del presidente.

Los objetivos inmediatos de cada uno de los encuentros presidenciales fueron distintos; por ejemplo, en la Ciudad de México el presidente Alemán quiso exponer a Truman los requerimientos de su plan de desarrollo; en cambio el presidente estadunidense buscaba hablar de la pretendida identidad política del hemisferio.

Tres momentos se distinguen en este episodio del desarrollo del presidencialismo. El primero de ellos fue la visita del presidente Truman a la Ciudad de México; el segundo transcurre con la visita de Miguel Alemán a Estados Unidos. El tercero y último se desarrolla en la Ciudad de México, que recibe al presidente Alemán al regreso de su gira por Estados Unidos, como Roma antigua recibía al héroe que volvía victorioso de la guerra. Las alabanzas desmesuradas al presidente, el halago, la lisonja, las reverencias fueron tan exageradas y ruidosas que parecían una parodia.

[3] Lo que normalmente llamamos "Acontecimiento" es un fenómeno complejo, *sui generis*, que tiene su propia fuerza, forma y causas. Estas características adquieren significado en el contexto cultural en el que se desarrolla ese fenómeno. El mismo acontecimiento en un contexto cultural distinto tendrá diferentes consecuencias históricas. Sahlins, art. cit., pp. 44-45.

[4] Pierre Nora, "Le retour de l'evénement", en su libro como editor con Jacques Le Goff, *Faire de l'Histoire: Nouveaux problèmes,* París, Gallimard, 1979, p. 211.

El presidente, diplomático en jefe

La Constitución mexicana atribuye al jefe del Poder Ejecutivo la conducción de las relaciones con otros países; en esos términos, la política exterior siempre es presidencial. Sin embargo, el episodio que aquí se relata, recupera la intervención directa del presidente Alemán en la negociación con el jefe de Estado de una potencia extranjera, el presidente Truman. Es decir, en este caso el jefe del Ejecutivo mexicano además de formular las líneas generales de la política exterior asumió algunas de las funciones centrales del secretario de Relaciones Exteriores, y pretendía obligar a su interlocutor a que hiciera lo mismo.

El propósito general de los encuentros era afianzar la alianza que se había formado entre los dos países durante la guerra, en vista de que las tensiones internacionales se intensificaban y el acercamiento con México era una precaución ante la posibilidad de que estallara un nuevo conflicto armado. Al menos así lo sugiere el hecho de que unos días después del bombardeo nuclear de Hiroshima y Nagasaki, el presidente Truman expresara al embajador Castillo Nájera su deseo de visitar México.[5]

La coyuntura internacional por sí sola justificaba este interés. A dos años de terminada la guerra, en 1947, Estados Unidos y la Unión Soviética no lograban ponerse de acuerdo sobre la paz en Alemania. La atmósfera que creaba este desacuerdo estaba cargada de desconfianza y hostilidad. Además, la Unión Panamericana había convocado a una reunión para discutir el tratado hemisférico de asistencia militar que preveía el Acta de Chapultepec, a celebrarse en Río de Janeiro en agosto de ese año. Más todavía, una semana después de la visita a México, el 12 de marzo, el presidente Truman pronunció ante el Congreso de su país el discurso que fue, según él mismo, el más importante de su vida. Lo que se conoce como la *Doctrina Truman* fue el acta de nacimiento

[5] Según lo reportó el embajador Francisco Castillo Nájera a la SRE el 11 de septiembre de 1945. El deseo de Truman adquirió cierta premura después de la elección presidencial mexicana. El 15 de octubre de 1946 planteó el presidente de Estados Unidos la posibilidad de un intercambio de visitas con Alemán. El 28 de octubre, Dean Acheson retomó el tema, dijo que "le gustaría que se explorara la posibilidad de dar publicidad a los lineamientos del proyecto antes de la toma de posesión de Alemán o inmediatamente después [AHGE, SRE, "del Embajador Antonio Espinosa de los Monteros al C. Subsecretario de Relaciones encargado del despacho", Fondo Embajada de México en Estados Unidos, Carta confidencial núm. 131, exp. 73-O/312.4 (72:73/1).

de la contención (*Containment*). Fue también el anuncio de la transformación de Estados Unidos en una potencia mundial y de su compromiso con la defensa de la democracia donde quiera que estuviera amenazada.[6]

Estas circunstancias eran una oportunidad, al menos así lo pensó el presidente Alemán, para proponer las ventajas de la geografía mexicana a cambio de apoyo para llevar a cabo la industrialización del país. Así, el conflicto soviético-americano impactaba en forma indirecta la estrategia de desarrollo del gobierno mexicano.

Como todos los hechos ocurridos en esos años, las visitas presidenciales tuvieron lugar en el contexto de la convicción de Washington de que el expansionismo soviético era una gran amenaza que había que detener. Vista a la distancia, esa interpretación era, por lo menos, exagerada. Sin embargo, la Unión Soviética era una presencia constante, aunque no siempre explícita, una especie de telón de fondo de toda discusión, reflexión, cálculo o acción política que pesaba como una realidad concreta sobre las percepciones generales. Por ejemplo, el presidente Alemán evitaba mencionar el referente soviético, pero lo evocaba repetidamente en forma oblicua o velada, cada vez que celebraba la democracia como un régimen de libertades, y lo contrastaba con un régimen dictatorial. Muchas acciones y declaraciones oficiales de la época son incomprensibles a menos de que se tenga en cuenta la atmósfera belicista que pugnaba por invadir la esfera de las relaciones internacionales, así como la supuesta emboscada de los revolucionarios comunistas. Una encuesta que levantó en la Ciudad de México el Instituto Científico de la Opinión Pública Mexicana, que dirigía Laszlo Radvanyi, en agosto de 1947 reveló que 59% de los encuestados creía que en menos de 10 años habría una tercera guerra mundial.[7]

La presencia de Truman en México era un aval y un reconocimiento de los cambios que había experimentado el país. La continuación de la política

[6] En el tercer y último día de la visita a México, el 5 de marzo de 1947, el presidente Truman estaba abstraído, no atendía las explicaciones de los arqueólogos que lo acompañaron a Teotihuacán, aunque intentaba parecer interesado. "Pero, ostensiblemente, el viaje —a su juicio— había concluido ya", nos dice el secretario de Relaciones Exteriores Jaime Torres Bodet, *La victoria sin alas. Memorias*, México, Fundación Miguel Alemán, 2012, p. 85. En el vuelo de regreso el avión hizo escala en Waco, Texas, donde el presidente pronunció un discurso dedicado a la defensa del libre comercio. El 12 de marzo hizo ante el Congreso la intervención en la que pidió los recursos para apoyar a Grecia y a Turquía contra la ofensiva comunista.

[7] Laszlo Radvanyi, "Posibilidades de una nueva guerra mundial", *Boletín 21/47*, México, Instituto Científico de la Opinión Pública Mexicana, 1947, mimeo, AGN, Fondo Presidentes, Miguel Alemán Valdés, vol. 813, exp. 704/184, FS. 17.

del Buen Vecino favoreció la estabilización del sistema político y, en particular, del presidencialismo, porque el presidente concentraba la relación con Estados Unidos que era, en sí misma, una fuente de poder. La capacidad de un presidente para mantener buenas relaciones con el poderoso vecino lo fortalecía a ojos de su propia opinión pública, que esperaba de él que defendiera sus intereses sin provocar disputas ni confrontaciones inútiles que, en última instancia, resultaban más costosas para el país débil que para el fuerte.

En marzo de 1947, el presidente Alemán todavía disfrutaba la grata atmósfera que había creado un proceso electoral pacífico, y la buena voluntad de una opinión pública que vio con satisfacción la salida de los militares de la presidencia de la República. Los universitarios en el poder alimentaban la imagen de México como un país que había superado los atavismos de su Revolución para integrarse al mundo de las democracias. Además, según la prensa, las reformas económicas que había anunciado el nuevo gobierno habían entusiasmado incluso al secretario del Tesoro de Estados Unidos, William Snyder, pese a que su gobierno rechazaba la política económica proteccionista e intervencionista que mantenía Alemán, a quien le había desaconsejado que se embarcara en la aventura de la industrialización.[8]

El reconocimiento que otorgaba Estados Unidos al gobierno mexicano era un factor de equilibrio interno cuya importancia había quedado demostrada una y otra vez en la historia, entre otras razones porque garantizaba que los opositores no encontrarían apoyo en territorio estadunidense para combatir al gobierno establecido. Cuando el presidente Truman felicitó a Miguel Alemán por su triunfo en la elección presidencial, puso fin a las pretensiones de Ezequiel Padilla que durante la campaña se había ufanado de tener el apoyo de Washington para desafiar a quien pretendiera robarle la elección, que había demostrado la madurez democrática del país. En una conversación con el embajador de México en Washington, Antonio Espinosa de los Monteros, el mismo presidente de Estados Unidos había comparado favorablemente el proceso mexicano con la elección plagada de irregularidades de un país en la órbita soviética (Polonia).[9]

[8] Bernardo Ponce, "Snyder, amigo de México, influyó en el viaje de Truman", *Excélsior*, 2 de marzo de 1947, pp. 1, 3.

[9] AHGE, SRE, "De Antonio Espinosa de los Monteros al C. Secretario de Relaciones Exteriores, correo aéreo confidencial, 4 de febrero de 1947", exp. 73-0/312.4 (72:73)/2, C-939-2, s. f.

El episodio de 1947 también confirmó el carácter ideológico y político de la alianza entre los dos países y sentó las bases de un patrón de largo plazo que rigió por décadas los intercambios entre ellos; en materia económica no había acuerdo posible, y la cooperación era más bien magra; en cambio, la relación política fluía sin obstáculos apreciables. En ese terreno el presidente mexicano desempeñaba una función central, porque concentraba la autoridad y los medios que garantizaban la regularidad de los intercambios.

"La diplomacia de los pueblos"

Miguel Alemán tomó las riendas de los dos encuentros que sostuvo con su contraparte estadunidense en la primavera de 1947. No era la primera vez que el presidente de la República asumía directamente la responsabilidad de la relación con Estados Unidos. Todos sus antecesores lo habían hecho; pero el mundo había cambiado mucho desde que el embajador Morrow conferenciaba en privado con el presidente Calles, o el embajador Daniels con el presidente Cárdenas, la diferencia era que ambos mantenían esa cercanía en la mayor discreción. Alemán prefería tratar directamente con Washington. Es probable que su actitud respecto al embajador Messersmith, fuera una reacción a la hostilidad que le había expresado de muchas maneras cuando era responsable de la Secretaría de Gobernación.

La relación de Alemán con el embajador Thurston, representante de Washington en México, nunca alcanzó el grado de intimidad que logró, por ejemplo, Messersmith con Ávila Camacho. Además, el trato directo con la Casa Blanca sugería que había aumentado la capacidad de influencia de los mexicanos sobre la voluntad del país más poderoso de la tierra. De manera que, contrariamente a lo que hubiera podido opinar un nacionalista de los años treinta afecto al presidente Cárdenas, el vínculo con Estados Unidos fortaleció a la institución presidencial mexicana. También sirvió para proyectar internamente la luz favorecedora de la política internacional sobre la imagen personal del presidente.

Alemán asumió de manera personal la responsabilidad de llevar a buen término las reuniones con su contraparte, guiadas por el mismo objetivo que el resto de sus acciones de gobierno: la centralización del poder, que también significaba la *presidencialización* de los procesos de decisión. Alemán sostenía que la diplomacia presidencial significaba *transparencia y de-*

mocratización, porque, dado que el origen del poder presidencial era el voto popular, sus decisiones no estaban mediadas por un funcionario.

Según Alemán, en manos de los presidentes y gracias en particular a la prensa, la diplomacia había abandonado la secrecía de los gabinetes privados y había abierto los grandes salones de privilegio a todos los ciudadanos, que se sentían —y eran— partícipes de acontecimientos decisivos para el destino nacional. En el discurso de agradecimiento a las palabras de bienvenida del presidente Truman el primer día de la visita que hizo a la capital de Estados Unidos, Alemán afirmó: "Son nuestros pueblos, señor Presidente, los que hacen en verdad nuestra diplomacia".[10]

Las intenciones de Miguel Alemán en materia internacional despertaban dudas y temores, en buena medida derivados de los rumores que el embajador Messersmith había propalado respecto a sus simpatías políticas, aunque se esperaba —y con razón— continuidad con la política del presidente Manuel Ávila Camacho. La experiencia de Alemán con el mundo exterior era limitada. Las relaciones internacionales de México ni siquiera fueron un tema destacado de la campaña electoral que se concentró en la propuesta de industrializar el país, y en los asuntos asociados a ese proyecto: la electrificación, la agricultura, la educación.

Como candidato, Alemán sólo ocasionalmente se refería a los "graves problemas de la posguerra", a la interdependencia y criticaba el aislacionismo. Rara vez, si es que alguna, hizo una reflexión puntual acerca de cuestiones internacionales, o incluso a propósito de la relación con Estados Unidos. En el discurso que pronunció en la toma de protesta presidencial sus afirmaciones a propósito de la política exterior mexicana fueron vagas y casi banales; por ejemplo, la definió así: "La conducta internacional de nuestro país es pacifista, cordial para todos los pueblos del mundo y tan respetuosa para el derecho de los demás, como celosa del derecho propio",[11] pero no hubo referencias a los problemas específicos que podía enfrentar el país en la posguerra.

En general, a diferencia de Ávila Camacho que en sus discursos buscaba explicar los conceptos y las interpretaciones que habían guiado sus decisio-

[10] "Miguel Alemán contesta a la bienvenida del Presidente Truman", *Libro de Oro Conmemorativo*, *op. cit.*, p. 52.

[11] "Discurso de Miguel Alemán Valdés, al protestar como presidente de la República el 1º de diciembre de 1946", en XLVI Legislatura, *op. cit.*, t. IV, p. 358-359.

nes, Alemán era francamente parco de palabras en público, y en materia internacional, todavía más. Su silencio al respecto durante la campaña puede explicarse porque se sentía en desventaja frente a Ezequiel Padilla, que había vivido en el extranjero, tenía contactos en el exterior, hablaba inglés y francés, había sido secretario de Relaciones Exteriores, y se pavoneaba de tener amigos muy poderosos en Estados Unidos. Es probable que Alemán tampoco quisiera adentrarse en los temas internacionales porque sabía que el embajador estadunidense, George Messersmith, no le tenía confianza, y le atribuía simpatías con el nacionalsocialismo, y derrotada la Alemania nazi, lo denunció como títere de Stalin. Así las cosas, era preferible evitar una confrontación con el embajador, o alinearse abiertamente con Estados Unidos y correr el riesgo de poner en entredicho el apoyo que recibía de Vicente Lombardo Toledano y de la CTM, para quienes en ese momento el adversario principal era el imperialismo.

Sin embargo, era evidente que la relación con Estados Unidos tendría precedencia en la agenda presidencial. Durante la guerra la relación con ese país adquirió carácter estratégico para las actividades económicas, para el programa de industrialización, en suma, para la prosperidad de los mexicanos. Una relación bilateral cordial era una condición necesaria para la continuidad de la política económica. Según Jaime Torres Bodet, entonces secretario de Relaciones Exteriores, "una parte esencial del programa de recuperación económica suponía un espíritu comprensivo del gobierno de Washington y de los grandes capitalistas de Nueva York".[12] Alemán también quería mostrar a la opinión pública que tenía la capacidad de establecer una relación de cooperación con el país que era también la principal fuente de amenazas a su integridad y a su prosperidad.

La interpretación más extendida sobre el gobierno del presidente Alemán lo señala como contrarrevolucionario, y lo asocia con una política de sometimiento a Estados Unidos.[13] No obstante, si situamos esa política en el contexto de la época encontramos los estrechos límites que constreñían al gobierno mexicano, por ejemplo, las exigencias de Washington para que rompiera relaciones con la Unión Soviética y que declarara ilegal al PCM, o cuando menos que metiera a la cárcel a los comunistas. El gobierno mexicano también hizo

[12] Jaime Torres Bodet, *op. cit.*, p. 71.

[13] Véase, por ejemplo, Stephen R. Niblo, *Mexico in the 1940's. Modernity, Politics and Corruption*, Wilmington y Delaware, A. Scholarly Resources Inc. Imprint, 1999.

esfuerzos por establecer reglas en las áreas en que se desarrollaba la relación bilateral, por ejemplo, la inversión extranjera, o la apertura de corredores aéreos. La subordinación de la política exterior a Washington característica del avilacamachismo no se reprodujo durante la presidencia de Alemán; éste dio marcha atrás en algunas decisiones de su predecesor que comprometían la autonomía del gobierno mexicano, por ejemplo, el acuerdo militar que impulsaba Truman. Por último, la alianza con Estados Unidos era una política de Estado, a su vez, un ajuste a los cambios de la política internacional, un *legado* de largo plazo que hubiera sido muy costoso modificar, además de que es difícil imaginar una alternativa a la alineación con Estados Unidos.

Más todavía, en marzo de 1947, el presidente mexicano apenas iniciaba su mandato, y todavía tenía que lidiar con las repercusiones de cambios tan audaces como la exclusión de los militares de la competencia política y los ajustes de la economía a las condiciones de la posguerra. En esas circunstancias Alemán ponderaba justamente el gran valor político de una imagen, como la que apareció en la prensa mexicana, del presidente de Estados Unidos departiendo con algunos funcionarios mexicanos, cómodamente sentado en la sala del domicilio particular del presidente Alemán; o la imagen de este último brindando en su honor en una cena de gala en la Casa Blanca.

El presidente Truman en México: la construcción del acontecimiento

Big boy visits little boy first.

Franklin D. Roosevelt,
a propósito de la visita a México en 1943.

La posibilidad de que el presidente Truman se reuniera con Miguel Alemán después de la elección se planteó en el Departamento de Estado desde el mes de julio de 1946. Era conveniente buscar un acercamiento con México, sobre todo porque las relaciones entre el candidato vencedor de Ezequiel Padilla y la embajada de Messersmith habían sido particularmente accidentadas. En septiembre, una vez que la Cámara de Diputados calificó la elección presidencial, el subsecretario Braden preguntó al embajador Espinosa de los Monteros si el presidente electo estaba en posibilidades de aceptar una invitación a Washington del presidente Truman.[14]

Alemán tenía muy buena memoria, o al menos eso habrá pensado Spruille Braden cuando el diplomático mexicano le respondió que el presidente electo estaba exhausto y que pensaba tomar unas vacaciones antes de iniciar los preparativos de su toma de posesión; por consiguiente, apreciaba "nuestro deseo de invitarlo a Washington como presidente electo, pero era imposible aceptar la invitación".[15]

No contento con ese desaire, Espinosa de los Monteros amplió su explicación con el argumento de que era mejor posponer esa visita también porque el presidente electo había sido invitado por otras repúblicas americanas que podrían sentirse ofendidas si, después de haber declinado su invitación, aceptaba viajar a Washington.[16] Sin embargo, añadió, estaban en la mejor disposición de encontrar una fecha más favorable incluso para que el presidente Truman devolviera la visita. Esto, a manera de recordatorio de que en 1947 se conmemoraba el centenario de la guerra México-Estados Unidos, que probablemente daría lugar a la manifestación de sentimientos antiestadunidenses. En la coyuntura, el acercamiento entre los dos países tomaba un aire de reconciliación de dimensiones históricas, pero con un muy apreciable valor presente.

El 29 de enero de 1947, la primera plana del periódico *Excélsior* anunció a ocho columnas: "Viene a México el presidente de Estados Unidos"; y el editorial del día siguiente registró la buena disposición de ese medio hacia la visita y sus implicaciones para la estabilidad del mundo de la inmediata posguerra:

[14] El deseo de Truman adquirió cierta premura después de la elección presidencial mexicana. El 15 de octubre de 1946, el presidente de Estados Unidos planteó la posibilidad de concertar un intercambio de visitas con Alemán. El 28 de octubre su secretario de Estado Acheson retomó el tema. Dijo que "le gustaría que se explorara la posibilidad de dar publicidad a los lineamientos generales del proyecto antes de la toma de posesión del Lic. Alemán o inmediatamente después". AHGE, SRE, "Del embajador Antonio Espinosa de los Monteros al C. subsecretario de Relaciones, encargado del despacho", Fondo de la Embajada de México en Estados Unidos, Carta confidencial núm. 131, exp.73-0/312.4(72:73)/2).

[15] BLHU, "Confidential Memorandum, Assistant secretary Spruille Braden to Mr. Clayton, Mr. Briggs, Mr. Trueblood, Mr. Ray", September 23th, 1946, Reel 002131. U.S. State Department, Central Files. Mexico Internal Affairs, 1945-1949.

[16] "Contesté que nos daría mucho gusto recibir a Alemán y no sabía si Truman podría devolverle la visita aunque estaba seguro de que estaría "ansioso por hacerlo en caso de que fuera humanamente posible". BLHU, art. cit., 1945-1949.

> En tanto no se defina el estado político de las primeras potencias militares, la injerencia americana en los asuntos mundiales será de positiva importancia (...). Los Estados Unidos tienen una tremenda responsabilidad sobre sus anchos hombros y es lógico que los demás países del continente "los apoyemos".[17]

A partir de ahí la prensa publicó a diario información sobre el presidente Truman, su biografía, sus actividades, su política. No obstante, era poco lo que se sabía de los objetivos específicos de la reunión. Los periódicos mexicanos especulaban, hablaban de negociaciones postergadas y de posibles acuerdos sobre temas como la fiebre aftosa o la revisión del convenio comercial de 1943. El Departamento de Estado y la Casa Blanca insistían en que el presidente de Estados Unidos sólo quería conocer al presidente Alemán.

Tres días antes de llegar a la capital mexicana, el presidente Truman declaró a la prensa de su país: "Sé que voy a pasar unos días inolvidables en México, país que tiene una gran tradición de cortesía".[18] Es probable que estas respuestas —que nadie aceptó— buscaran distraer la atención, o evitar la alarma de la población. Sin embargo, hablar de la visita a México como si se tratara de una excursión dominical era ofensivo para un país que la vivía como un momento intensamente político, un acontecimiento histórico en el que México buscaba un lugar en la política mundial.

A la pregunta de un reportero a propósito de los asuntos que trataría con el presidente estadunidense, Alemán "categóricamente" respondió que "al no existir problemas internacionales pendientes, no sería posible ocuparse en ellos" [*sic*].[19] Unos días antes de la llegada de Truman, el influyente periodista Carlos Denegri enfatizó el carácter personal del encuentro: "el propósito de la visita [era] entablar una amistad personal", crear una "familiaridad" que le imprimiera a su relación "un significado mucho más humano, por ende, mucho más profundo". [20] El 28 de febrero las ocho columnas

[17] Editorial de *Excélsior*, "Visitas presidenciales", *Excélsior*, 30 de enero de 1947, p. 4.

[18] "Con simpatía cordial México recibirá hoy al señor Truman. Días inolvidables habrá de pasar en nuestra República", *El Universal*, 3 de marzo de 1947, primera plana.

[19] "Alemán dice que en la segunda quincena de abril irá a EEUU", *Excélsior*, 27 de febrero de 1947, primera plana.

[20] Carlos Denegri, "Vísperas de Truman. Nada importante tratarán los presidentes Miguel Alemán Valdés y Harry S. Truman durante su próximo encuentro", *Excélsior*, 23 de

del *Excélsior* anunciaban: "Ninguna misión política definida trae Mr. Truman a México", y abundaba: "No va a pactar alianzas ni a proponer asuntos políticos, económicos o comerciales".[21]

Periodistas y diplomáticos especulaban acerca del tema de la reunión, y coincidían en que tenía que ser de orden estratégico porque así lo dictaba el estado de las relaciones soviético-americanas y el Plan Truman de defensa hemisférica. El embajador británico, por ejemplo, reportó a Londres que la visita respondía en parte a la necesidad de defender el hemisferio contra la expansión del comunismo. Este tema le parecía más importante que la solicitud de crédito que él pensaba que presentarían los mexicanos, a la cual, por cierto, no le atribuía ninguna probabilidad de éxito.[22]

Aun así, con toda esa información disponible, la intención de la visita fue materia de especulación, porque la versión oficial de que el presidente de Estados Unidos sólo quería conocer a su contraparte mexicana, era poco convincente. No encajaba en la coyuntura internacional de 1947, que por el contrario sugiere que el presidente Truman no vino de vacaciones, como afirmó no sin malevolencia el semanario *Time*. Lo más probable es que Harry Truman haya querido viajar a México para afianzar la alianza entre los dos países, sin necesariamente tratar temas estratégicos, como de hecho ocurrió.[23]

La víspera de la llegada del presidente Truman a México, el diario *The New York Times* atribuía el viaje al combate anticomunista, y citaba sin dar su nombre "a uno de los hombres más influyentes en México", quien afirmaba que el objetivo era "aplastar" el comunismo en América Latina. El

---

febrero de 1947, primera plana. Denegri a su vez, cita al periodista Nate Goss, del *Chicago Herald*.

[21] "Ninguna misión política definida trae Mr. Truman a México", *Excélsior*, 28 de febrero de 1947, primera plana.

[22] NA, "From Mr. C. H. Bateman to Mr. Attlee", 23 February 1947, FO 371/60941, File 430.

[23] En el expediente relativo a esta visita que resguarda la Biblioteca H. S. Truman en Missouri, se encuentra un informe del Departamento de Guerra acerca de los temas mexicanos de interés para ese departamento, que se entregó al presidente Truman antes de su viaje a México, "ante la probabilidad de que algún oficial del ejército mexicano trate de entablar una discusión sobre temas militares". Todo indica que la oportunidad no se presentó. Harry S. Truman Library, *Papers of Harry S. Truman*, President's Secretary's Files, J. D. Mitchell, Major, GSJ, Asst. Secretary, General Staff, "Mexican Items of Interest to the War Department", War Department, Office of the Chief of Staff, February 27th, 1947.

periodista aceptaba que México no era el mejor lugar para ello, dada la debilidad del PCM, sobre todo comparado con los partidos comunistas de Brasil o de Cuba, además, la prensa diaria era enérgicamente anticomunista, al igual que las clases medias que crecían a alta velocidad.[24]

La mayor parte de los periódicos trataba de convencer a sus lectores de que la visita presidencial era casi inocua: informal, no había una agenda acordada y tampoco se habían previsto sesiones de trabajo. Sin embargo, si el alcance de la visita se anunciaba limitado, también había interés en que fuera ampliamente difundido, como lo revela el hecho de que el presidente Truman llegó acompañado por una veintena de representantes de las cadenas de radio, agencias informativas y noticieros. Diferentes oficinas del gobierno estadunidense, las que tenían asuntos con México, enviaron documentos para la preparación del presidente; sin embargo, era información básica. El informe que le entregó el Departamento de Guerra es particularmente exiguo.

La visita a la Ciudad de México duró dos días y medio y consistió en tres recepciones, dos banquetes, la asistencia a un festival gimnástico en el Estadio Nacional en el que participaron dos mil escolares, dos reuniones privadas breves y dos excursiones, una al Paricutín y la otra a Teotihuacán. No obstante las apariencias, la visita no fue trivial porque tuvo un significado simbólico de largo alcance político, gracias a los esfuerzos del Departamento del D. F. y de la presidencia de la República. Alemán puso en juego todos los recursos de que disponía para movilizar apoyo popular, también quiso llamar la atención del presidente estadunidense hacia los problemas económicos de un aliado fiel.

La composición de la comitiva presidencial fue un indicio inequívoco de que la intención de Truman no era discutir los diversos aspectos de la relación bilateral, sino concentrarse en uno o dos temas de su interés personal. Llegó acompañado por sus colaboradores más cercanos.[25] Amargo, Torres

[24] Milton Bracker, "Mexican Red Issue Quiets for Truman; Leftists Urged to Curb Overt Tactics for His Visit —Oil Problems Seen Settled", *The New York Times*, 2 de marzo de 1947, p. 3.

[25] Lo acompañaban su ayudante Milter, el general de brigada Henry Vaughan, el secretario privado Mathew Connelly; el secretario de prensa de la Casa Blanca, Charles G. Ross; Stanley Woodward, jefe de protocolo; el ayudante naval del presidente, el contralmirante James Foskett, un médico, el general brigadier Wallace Graham, y un especialista en radiotransmisiones, Leonard Reinsch. Véase Torres Bodet, *op. cit.*, p. 73.

Bodet en sus *Memorias* observa que brillaron por su ausencia el general Marshall, secretario de Estado, y el secretario del Tesoro, William Snyder.[26] Tampoco vinieron los líderes del Congreso. El diplomático mexicano escribe, tal vez con excesiva suspicacia, que estas ausencias respondían a algún tipo de plan. "No quería el Presidente Truman darnos la oportunidad de tratar en serio ciertos asuntos. Su visita era un acto de cortesía".[27]

El presidente estadunidense causó una enorme frustración cuando quedó claro que el viaje no tenía más propósito que manifestar una cierta deferencia hacia América Latina, a unas cuantas semanas de que se iniciara en Río de Janeiro la reunión de la Unión Panamericana convocada para discutir la alianza militar hemisférica, el Tratado Interamericano de Río (TIAR).

La intención del presidente Truman de evitar temas sustantivos en sus conversaciones con el presidente mexicano fue una desilusión para los mexicanos porque en esos momentos la relación bilateral, con todo y que era cordial y de cooperación, planteaba problemas complejos de urgente resolución: los *wetbacks*, el convenio comercial que habían firmado ambos países en 1942 y, sobre todo, la fiebre aftosa que amenazaba con extenderse hacia Estados Unidos, y que impulsaba exigencias para que se cerrara la frontera.

FIESTA MEXICANA

El gobierno mexicano invirtió muchos recursos financieros, políticos y diplomáticos en la organización de la visita del presidente de Estados Unidos. En los alrededores del aeropuerto de Balbuena se pavimentaron calles, se taparon baches, se construyeron guarniciones y banquetas, andadores y estacionamientos. Las principales avenidas y calles de la ciudad, y aquellas aledañas a la embajada de Estados Unidos donde se hospedó Truman también fueron reparadas: Reforma, Insurgentes, Niza, Londres, Génova, Rhin, Fundición. Los edificios públicos fueron adornados "artísticamente": el hemiciclo dedicado a Juárez, la columna de la Independencia, el castillo de Chapultepec, las fuentes de Diana y del lago de Chapultepec. La obra más notable fue una imponente tribuna monumental que se construyó frente al

[26] *Idem.*

[27] *Ibid.*, p. 74.

aeropuerto. Constaba de cuatro contrafuertes, un amplio graderío y balcones laterales para los periodistas, y era capaz de soportar a cuatro mil personas.

En el momento que aterrizó el avión presidencial en territorio mexicano, el *Holy Cow*, Harry Truman fue objeto de un tratamiento jubiloso y desbordado; multitudinario, por momentos eufórico. El presidente Alemán recibió a su invitado con su amplia sonrisa de joven lobo. Truman respondió positivamente al presidente mexicano. "Me cayó bien a la primera", escribió en su diario.[28] Alemán por su lado pensó en la incomodidad de tener de vecino "a un gigante", en una relación de permanente desequilibrio.[29]

El apretón de manos que se dieron Harry Truman y Miguel Alemán en el aeropuerto de Balbuena la mañana del 3 de marzo de 1947 fue descrito por la prensa como un parteaguas histórico en la relación entre México y Estados Unidos. Miguel Alemán recuerda que "esa mañana brillaba un sol esplendoroso como feliz augurio sobre el resultado de las conversaciones que habríamos de entablar durante los próximos días...".[30] El encuentro fue histórico porque los presidentes encarnaban cada uno en ese momento las creencias y los valores de sus respectivas sociedades. La calidez del saludo que intercambiaron pareció poner fin a un pasado de recíproca desconfianza, de hostilidad y de conflicto.

El presidente mexicano presentó a los miembros de su gabinete. Se rindieron honores a las banderas respectivas, una banda militar entonó los himnos nacionales y el presidente Truman pasó revista al batallón de infantería presente. Desde la espectacular tribuna, el jefe del Departamento del Distrito Federal, Fernando Casas Alemán, entregó al invitado las llaves de la ciudad con un discurso pomposo y alambicado, y un coro de mil niños dio la bienvenida al distinguido huésped.

El ejército formó una impresionante valla a lo largo del trayecto que llevó a los presidentes en el *Lincoln (Cadillac)* descubierto que había viajado con Truman, hasta la embajada de Estados Unidos en la colonia Juárez,

[28] Harry S. Truman, "4 de marzo de 1947", *President Harry S. Truman's 1947 Diary Book*, en: <https://www.trumanlibrary.org/diary/transcript.htm>, consultado el 31 de julio de 2016.

[29] "Naciones fronterizas, parece evidente el desequilibrio que sitúa a México en franca desventaja con respecto al país más poderoso del orbe; en efecto, no resulta cómodo tener de vecino a un gigante...". AMA, "Apuntes sobre las relaciones entre México y Estados Unidos", 1947, caja 12, exp. 318.

[30] *Idem.*

mientras la multitud entusiasmada gritaba ¡Vivas!, al sonriente invitado. Así comenzó la visita que fue una gran fiesta mexicana, y una colorida operación de propaganda a cargo del Departamento del Distrito Federal.

Desde la llegada del ilustre huésped al aeropuerto de Balbuena hasta la despedida dos días después, cada uno de los actos que estuvo bajo control de las autoridades mexicanas fue organizado con la intención de subrayar la singularidad del momento. La prensa reportaba las reuniones presidenciales menos para informar que para destacar las cualidades de liderazgo del presidente Alemán, su patriotismo, su entereza. No obstante la buena voluntad que dominaba el encuentro, las diferencias entre los presidentes quedaron bien establecidas en el primer intercambio de discursos que tuvo lugar durante la recepción en Palacio Nacional, la noche del 3 de marzo. El mexicano pasó rápidamente por las coincidencias filosóficas e ideológicas entre ambos países, pero tenía prisa para hablar de lo que más le importaba y le preocupaba: la cooperación económica: "Juntos hemos de vivir y juntos hemos de prosperar", y evocó la experiencia de la participación de México en la guerra: "Tenemos economías susceptibles de completarse fructíferamente. Un maduro criterio de vuestros propios intereses no podría oponerse al programa de nuestra industrialización".[31]

En su respuesta el presidente de Estados Unidos repitió las palabras de Alemán, "Juntos hemos de vivir…", pero hizo hincapié en las relaciones políticas:

> Estamos unidos por algo más que por procedimientos comunes y agencias de cooperación interamericana. Todos nuestros pueblos (del hemisferio) tienen un credo común que llamamos 'democracia' [...] Creemos que la función del Estado es preservar y promover los derechos humanos y las libertades fundamentales...[32] [Y para que no hubiera duda sobre sus prioridades añadió:] La libertad y la dignidad del individuo sólo se alcanzan en un sistema de vida que

[31] Miguel Alemán, "Es preciso borrar el obstáculo inexcusable de los prejuicios", *Excélsior*, 4 de marzo de 1947, p. 3. (Texto íntegro del discurso del Lic. Alemán durante la visita del presidente Truman.)

[32] Harry S. Truman, "The Good Neighbor Policy – An Application of Democracy to International Affairs", *Department of State Bulletin*, 16 de marzo de 1947, vol. XVI, núm. 402, p. 498. El embajador británico anticipaba que el viaje era parte de la "preocupación de Washington con la defensa del hemisferio y la expansión del comunismo en América Latina". Añade que en las condiciones en las que estaba el Congreso de Estados Unidos, difícilmente

protege los derechos del individuo y con un gobierno integrado por elegidos del pueblo. Cuando tenemos eso, tenemos un gobierno democrático, un gobierno apropiado para el modo democrático de vida.[33]

El presidente Truman reforzó sus afirmaciones a propósito de la democracia en el hemisferio con una referencia a la política del Buen Vecino y al compromiso con el principio de no-intervención. Sin embargo, introdujo un matiz que puede ser leído como un avance del discurso del 12 de marzo ante el Congreso de su país, y de su postura en la Conferencia de Río en agosto.

> La no-intervención no significa y no puede significar indiferencia a lo que sucede más allá de nuestras fronteras porque lo que ocurre en un país puede tener un efecto profundo en otros países [...]. El comportamiento ilegal de una nación puede amenazar la existencia de la ley de la cual dependen todas.[34]

Al término de la recepción el huésped de honor fue invitado a saludar desde el balcón central a los miles de personas reunidas en el Zócalo. El despliegue de colores, de música, la gran concentración popular y el ánimo festivo de los asistentes, sorprendieron y abrumaron al presidente Truman. La experiencia lo cimbró, probablemente porque no eran prácticas democráticas, dado que en su diario escribió que según recordaba, aclamaciones similares habían sido dedicadas a Marco Aurelio, a Napoleón y a Francisco José.[35]

Una de las funciones de los encuentros entre jefes de Estado es que generan la ilusión de igualdad entre las partes. Las asimetrías de poder desaparecen cuando dos individuos o más se reúnen y escenifican el papel de amigos que tienen el mismo tipo de trabajo y de responsabilidad. Son actores que trascienden a sus personas, representan y comprometen al conjunto de la sociedad, dejan de ser ellos mismos y se convierten en un símbolo. Sin

---

darían a México los empréstitos que solicitaba. AN, "Bateman to Clement Attlee," March 1, 1947, FO 371/60941, file 430.

[33] Harry S. Truman, "The Good Neighbor...", art. cit.

[34] *Ibid.*, p. 499.

[35] Harry S. Truman, "4 de marzo de 1947", *President Harry S. Truman's 1947 Diary Book*; en: <https://www.trumanlibrary.org/diary/transcript.htm>, consultado el 31 de julio de 2016.

embargo, en esta visita los mexicanos reunidos en el Zócalo y movilizados por el gobierno vieron como una distinción la presencia de Truman en México. Gritaban vivas al presidente estadunidense, al líder del país más poderoso del mundo, que en esos momentos era objeto de la proverbial y calurosa hospitalidad mexicana, deslumbrante de colores, de música, y de comida. La multitud se veía representada en Miguel Alemán, y la imagen le gustaba.

La visita inició con un incidente que relajó la atmósfera, cuando el presidente de Estados Unidos trató de pronunciar, desde luego sin éxito, la palabra "Tenochtitlán" en el breve discurso que dio al bajar del avión. El auditorio divertido, aplaudió y agradeció un gesto que contribuyó a restarle solemnidad al encuentro y facilitó los intercambios entre los presidentes. Estos minutos liquidaron la tensión que pudo haber generado el apoyo del embajador Messersmith a la candidatura de Padilla y su oposición a Alemán. Este último, en sus *Reminiscencias*, alude sibilinamente a la indefinición en la que se mantuvo la actitud de Washington en relación a su candidatura: "... era la oportunidad para disipar recelos demostrando con hechos las buenas intenciones".[36] Es probable que Truman también quisiera aclarar el ambiente de la relación bilateral después de la elección, y que por esa razón expresara repetidamente su deseo de viajar a México, quizá con el propósito de demostrar que las alianzas internacionales no eran asunto de simpatías personales.

La intervención de los Niños Héroes

El fantasma del general Winfield Scott que entró a México victorioso el 15 de septiembre de 1847, era la única nube que oscurecía la presencia del presidente Truman en la Ciudad de México, y representaba una fuerte carga emotiva para los mexicanos. La evocación de la dolorosa experiencia en la que México perdió la mitad de su territorio ponía en evidencia la asimetría de poder entre los dos países.

La conciencia de ese desequilibrio era parte de la identidad nacional mexicana, de tal manera que el careo con el vecino del norte era casi siempre una confrontación con la propia debilidad. A un siglo de esa guerra la diferencia entre los dos países era mayor que entonces; pero los mexicanos

[36] AMA, Miguel Alemán Valdés, "Apuntes", t. III, año 1947, caja 12, exp. 318.

tenían que acomodarse a ese pasado, y a un presente en el que Estados Unidos era la potencia vencedora de la guerra y predominante en la posguerra.

La emotividad de la visita se acentuó y su dimensión simbólica adquirió un tono casi teatral cuando el presidente Truman, después de hacer guardia en la Columna de la Independencia, le pidió al conductor de su auto blindado que se detuviera un momento frente al monumento a los Niños Héroes en Chapultepec (en construcción). Bajó del coche, montó guardia unos minutos y depositó una ofrenda floral en memoria de los cadetes caídos. El gesto, según anota en su diario Truman, arrancó lágrimas a los presentes, incluidos el secretario Torres Bodet, el comandante del pelotón de cadetes en servicio y los periodistas. Él mismo no pudo sustraerse a la emoción del momento.[37]

El homenaje, en apariencia improvisado fue profundamente apreciado por los mexicanos. A sus ojos, Truman había mostrado una inesperada solidaridad y empatía con los vencidos en 1847. No pocos leyeron en el gesto del poderoso visitante un reconocimiento del atropello que habían cometido sus antecesores contra México. Sin embargo, la simpatía del estadunidense por sus anfitriones no llegaba tan lejos, tampoco la soberbia del vencedor había desaparecido del todo. En su diario, Truman remata la apresurada descripción de la gesta heroica de los cadetes, con un juicio inesperado y lapidario: "Se la buscaron".[38]

En realidad, el homenaje a los Niños Héroes nada tuvo de espontáneo. Durante los preparativos de la visita, el embajador Espinosa de los Monteros instó repetidamente a los funcionarios del Departamento de Estado a que pensaran en una referencia, un gesto, una declaración a propósito de la guerra del 47. El ejército estadunidense no hubiera aceptado, por ejemplo, una devolución de banderas, como se acostumbra en ocasiones similares. Entonces, el embajador Thurston tuvo la muy acertada idea de este homenaje "sorpresa" que provocó una reacción unánime de aprobación y aplauso.[39] El reconocimiento a los Niños Héroes fue la clave del éxito de la visita

[37] Harry S. Truman, "4 de marzo de 1947", *President Harry S. Truman's 1947 Diary Book*; en: <https://www.trumanlibrary.org/diary/transcript.htm>, consultado el 31 de julio de 2016. En cambio,Ttorres Bodet en sus *Memorias* reporta el episodio con cierta frialdad.

[38] *Idem.* En inglés: "They had it coming".

[39] Según Merwin Bohan, funcionario del Departamento de Estado especializado en Asuntos Económicos de América Latina, la idea fue del embajador Thurston. El acto "Fue un instante particular en el tiempo en que México y Estados Unidos estuvieron más cerca

del presidente Truman.[40] De hecho, en el Informe presidencial del 1º de septiembre de 1947 fue la referencia central en el recuento que hizo Alemán de la visita.

Alemán y Truman en privado

En medio de tanto espectáculo y en el barullo de reuniones oficiales y de actividades sociales informales, es posible que nadie se haya percatado de que al término de la comida que la embajada de Estados Unidos dio en honor del presidente Alemán, se llevó a cabo una reunión privada fuera de programa a propuesta suya. El presidente mexicano quiso plantear directamente al presidente de Estados Unidos los temas que preocupaban en México, y aprovechar el interés de Truman de cultivar el ánimo cooperativo de su vecino al sur. En la reunión también estuvieron presentes los secretarios de Hacienda y de Relaciones Exteriores, Ramón Beteta y Jaime Torres Bodet, y el embajador Espinosa de los Monteros. Truman sólo tuvo a su lado al embajador Thurston, responsable de redactar las *memoranda* que registran las conversaciones.

El presidente Alemán tomó la palabra y expuso lo que consideraba que eran los principales problemas económicos del país.[41] Afirmó que contrariamente a la creencia generalizada, México no era un país agrícola, las tierras cultivables eran escasas al igual que el agua. Por esa razón, en lugar de con-

---

que nunca antes y nunca después". *Oral History Interview with Merwin L. Bohan by Richard D. McKinzie*, Dallas, 15 de junio de 1974; en: <https://www.trumanlibrary.org/oralhist/bohanm.htm>.

[40] "Lo que el presidente Truman olvidó decir en su discurso en la Ciudad de México lo compensó con el simple acto fuera de programa, de depositar una corona de flores en el monumento de Chapultepec. Con este gesto demostró que es un verdadero diplomático. Mostró un reconocimiento que muy pocos americanos poseen... El gesto informal del presidente Truman hizo más para cimentar un entendimiento genuino con México que mil discursos helados sobre la política de la Buena Vecindad". En "Truman's gesture", *The Washington Post,* May 6, 1947, p. 6, Pro Quest Historical Newspapers, *The Washington Post,* 1877-1995.

[41] No hubo en ello improvisación alguna. De hecho, tres de los documentos que contiene el expediente de la visita que resguarda el archivo de Jaime Torres Bodet, fueron elaborados por el secretario Beteta, y escriben con claridad pedagógica la delicada situación de la balanza de pagos y en general, las dificultades de la economía mexicana.

centrarse en la producción de materias primas, como insistía Washington, tenía que industrializarse, diseñar un amplio programa de irrigación, un plan de electrificación y restablecer la explotación minera. Precisó que el país no tenía problemas políticos. No había grupos extremistas y la política exterior había ampliado la presencia de México en el mundo, sin provocar enemistades. Sin embargo, apuntó que la tranquilidad política dependía de que su gobierno controlara la inflación y de que impulsara el desarrollo económico.

Acto seguido, Alemán recordó el apoyo que México había prestado a la seguridad de Estados Unidos durante la guerra, cuando puso a disposición sus aviones para la defensa de Baja California. Consciente de las prioridades de Truman en ese momento, insistió en que era vital la cooperación en materia de defensa "con base en la vecindad y en la amistad". Por último, propuso la creación de una comisión binacional que estudiara los problemas de la industrialización de México. A su lista de deseos añadió la participación de México en las negociaciones de paz con Alemania.[42] Llama la atención que en esta conversación privada no se haya planteado abiertamente el tema del tratado interamericano de defensa.

Sorprendido, el presidente Truman sólo interrumpió la exposición de Alemán dos veces: primero para señalar que ellos apoyaban la solicitud de los países latinoamericanos de participar en las negociaciones de paz con Alemania, pero que los franceses y los soviéticos se oponían. En segundo lugar, propuso que la comisión binacional de la que habló Alemán fuera responsabilidad de los ministerios relevantes. Ahora bien como de negociar se trataba, el presidente estadunidense puso sobre la mesa el problema del Chamizal,[43] la franja de tierra que se había desplazado en el Río Bravo y que estaba en disputa desde 1910 cuando un laudo internacional había fallado a favor de México, cuyo cumplimiento estaba pendiente porque Estados Unidos se había inconformado con la decisión.

El presidente Alemán respondió evasivo, que había que estudiar el caso. En realidad el gobierno mexicano no tenía intención de hacer ese esfuerzo, pues consideraba que la solución era clarísima: que Estados Unidos aceptara el laudo internacional. Thurston reporta que al día siguiente de la conversa-

[42] Harry S. Truman Library, *Papers of Harry S. Truman, President's Secretary's Files*, "Walter Thurston a Harry S. Truman, Memorandum", Mexico City, March 5th, 1947.

[43] *Idem.*

ción en la embajada, tuvo una conversación "inusualmente franca" con Torres Bodet,[44] quien le dijo que no tenía caso traer el tema del Chamizal a la mesa porque "entre México y Estados Unidos no [podía] llegarse a ningún acuerdo sobre el tema mientras Estados Unidos no aceptara el laudo internacional de 1910".[45]

A lo largo de la conversación entre los presidentes, el secretario de Hacienda, Ramón Beteta, se mantuvo en silencio, pese a que era bilingüe y experto en los temas que expuso Alemán. En cambio, el secretario Torres Bodet tuvo dos intervenciones aparentemente desafortunadas. Primero, interrumpió al presidente Truman para enfatizar que México tenía más razones que otros países latinoamericanos para reclamar un lugar en las conversaciones de paz con Alemania. Truman se limitó a decir que lo sabía muy bien. Torres Bodet fue todavía más imprudente en su segunda intervención cuando quiso presionar al presidente estadunidense para que resolvieran a la brevedad la renovación del convenio comercial firmado en 1943. Truman respondió que no podía hacer nada para modificar los tiempos del Congreso.[46]

Al día siguiente, en un breve aparte durante la cena privada en el domicilio particular del presidente mexicano, Truman le comunicó a su anfitrión que podía satisfacer las necesidades mexicanas con recursos de Estados Unidos mediante acuerdos entre los gobiernos. "México necesita desarrollarse y el capital americano busca oportunidades".[47] El presidente Alemán podía cantar victoria: gracias al *tour de force* que había sido la gran fiesta que fue la visita, que abarcó muchos más temas de lo que Washington había planeado, la Casa Blanca se había comprometido a apoyar el desarrollo económico de México.

[44] *Idem.* Esta postura fue un obstáculo para que al término de la visita se emitiera un comunicado conjunto. Toda la delegación estadunidense estuvo de acuerdo en que Torres Bodet había provocado un problema.

[45] *Idem.*

[46] *Idem.* Es posible que esta conducta haya provocado una irritación que explicaría el tono de profunda desilusión de las *Memorias* de Torres Bodet, así como la insinuación de que su nombramiento a la Dirección General de la UNESCO en 1948 había sido impulsado por Estados Unidos. El presidente Alemán habría coincidido con la mala opinión del Departamento de Estado, y de esa manera, se deshizo de un funcionario que irritaba a su socio más importante.

[47] Walter Thurston a Harry S. Truman, "Memorandum", Mexico City, March 6th, 1947. President's Secretary's Files, *Papers of Harry S. Truman*, Harry S. Truman Library.

Sin embargo, todo el poder presidencial de Truman no bastó para imponerse a las reglas de la administración ni a la mejor opinión de los legisladores de su país. Las condiciones de la ayuda estadunidense tal y como las precisaron el Departamento de Estado y el Congreso, resultaron inaceptables para el gobierno mexicano que no estaba dispuesto a modificar la legislación sobre inversiones extranjeras, sobre corredores aéreos o industrias estratégicas, como se lo exigían. De suerte que la propuesta de Truman fue inoperante. Además, todo el verbo y la personalidad del presidente Alemán no alcanzaron para convencer al presidente Truman de las ventajas del proteccionismo que el gobierno mexicano defendía a capa y espada.

La reunión fuera de programa en la embajada ofrece, desde la perspectiva del embajador de Estados Unidos, una imagen del presidente Alemán muy distinta de la que se construyó pasado su mandato. En lugar del personaje sometido a los deseos de Washington, aparece un líder político determinado que, sin ninguna timidez, se dirigió al presidente de Estados Unidos para plantearle los términos de una negociación: cooperación en materia de seguridad a cambio de cooperación para el desarrollo económico.

El progresivo deterioro del contexto internacional incrementaba el valor estratégico de México en la planeación militar de Estados Unidos. Este valor era una carta fuerte para el gobierno mexicano. El contexto general era cada vez más restrictivo y desfavorable a manifestaciones de independencia de parte de los países del hemisferio. En este caso también entra en juego la personalidad de cada presidente, desde Adolfo Ruiz Cortines hasta Gustavo Díaz Ordaz, pues ninguno de ellos parece haber tenido el aplomo de Alemán.

El presidente mexicano se anotó una victoria diplomática cuando con la mera magnificencia de la recepción que se organizó para el presidente estadunidense, lo obligó a cambiar el tono de su presencia en México. Según el embajador británico C. H. Bateman, el presidente Truman le comentó que "nunca se esperó de los mexicanos una amabilidad tan genuina como la que había recibido".[48] Al término de su estancia Truman hizo un balance de la visita que nada tenía que ver con la "cortesía mexicana" que al inicio de

[48] NA, Latin America Confidential Print, AN 1142/430/26, "Mr. Bateman to Mr. Bevin, Mexico City, 7th March, 1947. Visit of President Truman to Mexico", *Correspondence Respecting Mexico. Part 1. January to December 1947*, Section 6, no. 43, p. 15.

la jornada parecía ser el único aspecto digno de mención. Antes de subir al avión que lo llevó de regreso a Estados Unidos declaró:

> He tenido pláticas oficiales con el presidente de México. Hemos tratado asuntos importantes: en algunos hemos coincidido o nos hemos puesto de acuerdo, en otros no pudimos llegar a ningún arreglo, lo cual motivará estudios amplios y especiales... las divergencias serán resueltas en una forma cordial.[49]

Para completar este episodio de diplomacia presidencial, cabe preguntarse qué tan auténtica era la unanimidad de la opinión pública mexicana de la que hablaba la prensa nacional, la estadunidense, los diplomáticos extranjeros. Por ejemplo, el embajador Bateman escribió: "Esto (la inexistencia de críticas) era en sí mismo testimonio de la popularidad del señor Truman y de la cordialidad de la relación entre los dos países".[50] Ciertamente, Vicente Lombardo Toledano publicó una "Carta abierta" en *El Popular*, pero se sumaba al entusiasmo general, porque veía en la presencia del jefe de Estado del país vecino en México una extraordinaria oportunidad "que los obreros y campesinos debían aprovechar para expresar nuestra opinión" sobre asuntos de política mundial.[51]

No obstante, también había descontentos. En sus *Apuntes* el ex presidente Cárdenas escribe que declinó varias invitaciones que le hizo el presidente Alemán, entre ellas a la cena privada en su casa, y con rabia contenida precisa: "No asistí. Agradecí su atención. Truman, criminal de guerra con haber autorizado lanzar las bombas atómicas... Acto salvaje e inútil cuando ya estaba vencido el Japón... Esto costará caro a Estados Unidos y a su pueblo y lo sufrirán también los países latinoamericanos".[52]

La policía había sabido disuadir a los comunistas de manifestarse públicamente. La semana anterior a la llegada de Truman, el *Excélsior* publicó

[49] "México y los EEUU. Resultados satisfactorios", *Tiempo*, vol. X, núm. 254, 14 de marzo de 1947, p. 3.

[50] NA, Latin America Confidential Print, AN 1142/430/26, "Mr. Bateman to Mr. Bevin, Mexico City, 7th March, 1947. Visit of President Truman to Mexico", *Correspondence respecting Mexico*, Part 1. January to December 1947, Section 6, no. 43, p. 15.

[51] Vicente Lombardo Toledano, "El movimiento revolucionario de México se dirige al presidente de los EEUU, Harry S. Truman", *El Popular*, 3 de marzo de 1947.

[52] Lázaro Cárdenas, *Obras: I-Apuntes,1941-1956,* t. II, México, UNAM, 1973, p. 235.

una breve nota que informaba que los comunistas se habían comprometido a "no agitar durante la visita de Mr. Truman", y empeñaron su palabra de honor atendiendo "al llamado hecho a su patriotismo". La policía, por su parte, afirmó "que no se había pensado en efectuar redadas de comunistas".[53] Bien mirado, la ausencia de protestas o manifestaciones de rechazo a la visita también causó buena impresión a los miembros de la comitiva de Truman porque fue evidencia de la capacidad de control del gobierno.

La visita de Truman a la Ciudad de México tuvo un profundo impacto en el ánimo del gobierno y, en general, de los mexicanos que se sintieron halagados por la distinción de que les había hecho objeto el *líder del mundo libre*. Fue un acontecimiento extraordinariamente efectivo desde el punto de vista de la promoción de la figura del presidente Alemán. Harry Truman nunca olvidó esta visita que sembró en su ánimo una simpatía que sería extremadamente útil para el gobierno alemanista en las dificultades por venir. Si la visita careció de contenido, como lo señala Torres Bodet en su *Memoria* cuando afirma que la reunión no había tenido "resultados prácticos ostensibles",[54] este vacío dio lugar a que adquiriera un acusado carácter simbólico.

La visita fue un acontecimiento que produjo su propia magia y tuvo un doble efecto: por una parte —como observa Sahlins— en el encuentro el sentido de la historia se incorporó en dos individuos,[55] Miguel Alemán y Harry Truman, y se materializó en el rostro de cada uno de ellos el ser abstracto que era el país que representaban, lo convirtió en personas concretas y, por ende, lo hizo más inteligible y accesible; y por la otra, los ritos y ceremonias a Alemán y Truman, sus palabras y sus actitudes, en el producto tangible de una historia y de una cultura que sus auditorios respectivos conocían y compartían. Entre los mexicanos ambos efectos le impusieron al encuentro una fuerte carga emotiva que singularizó el episodio, lo convirtió en un momento histórico. En el centro de esa ocasión excepcional estaba el señor presidente de la República.[56]

[53] "Se comprometieron los comunistas a no agitar durante la visita de Mr. Truman", *Excélsior*, 26 de febrero de 1947, primera plana.

[54] Torres Bodet, *op. cit.*, p. 87.

[55] Sahlins, art. cit., p. 65.

[56] El presidente Truman quedó tan impresionado con la visita a México que consideró un problema la posibilidad de hacer algo semejante para recibir al presidente Miguel Alemán en Washington. Al respecto, el embajador Thurston le señaló que no estaba en el carácter

Washington y México, la asimetría disimulada

El 29 de abril de 1947, el avión presidencial que Harry Truman puso a disposición de su amigo, Miguel Alemán, aterrizó en la ciudad de Washington, que se había preparado para ofrecer a su invitado una recepción por lo menos comparable a la que la Ciudad de México había dispensado al presidente estadunidense unas cuantas semanas antes. El esfuerzo fue evidente desde el momento en que Alemán bajó la escalerilla del avión, cuando le dio la bienvenida el presidente Truman y una parte importante de su gabinete, encabezada por el secretario de Estado, el general Marshall.[57]

La Casa Blanca no quiso quedarse atrás de los mexicanos y se propuso movilizar al mayor número de personas posible para que recibieran al presidente mexicano. El radio y la prensa anunciaron profusamente la llegada de Miguel Alemán; la jornada de trabajo de los burócratas se redujo medio día, y las escuelas permanecieron cerradas; numerosos comercios bajaron la cortina y sus empleados tuvieron el día libre. Según Torres Bodet, por lo menos 300 000 personas —acaso el doble—, una cifra increíble, aplaudieron a la caravana oficial que condujo al presidente Alemán hasta la Casa Blanca, donde estaría hospedado la primera noche de su estancia en territorio estadunidense.

En este caso el personaje que se buscaba construir pasaba por la creación de un liderazgo continental impulsado por Washington. Con esa intención el presidente mexicano se convirtió en el apasionado promotor de dos ideas que había adoptado Estados Unidos: la existencia de una identidad americana, fundada en la comunidad de valores de la democracia y la necesidad de que Naciones Unidas diera cabida a organizaciones regionales como la futura Organización de Estados Americanos (OEA). Este momento

---

de los estadunidenses hacer el mismo tipo de recepción, "no obstante podemos hacer algo comparable… En Washington tenemos monumentos y jardines extraordinarios". Harry S. Truman Library, *Papers of Harry S. Truman*, President's Secretary's Files, "From Walter Thurston to Harry S. Truman, 6 de marzo de 1946", 5164.

[57] Lo acompañaban los secretarios de Marina, de Guerra, de Comercio, de Trabajo y de Agricultura. También estaban presentes los influyentes senadores miembros del Comité de Relaciones Exteriores, Vandenberg y Connally, y un miembro de la Cámara de Representantes, Sol Bloom. El presidente mexicano iba acompañado por los secretarios de Hacienda y de Relaciones Exteriores, respectivamente Ramón Beteta y Jaime Torres Bodet, su secretario privado, Jorge Viesca, Germán Parra Hernández y su médico personal. Lo seguía también una cauda de empresarios y periodistas.

se desarrolló fuera de la Ciudad de México, pero sus periódicos se empeñaron en impedir que los corazones se enfriaran, de manera que mantuvieron incansables el tono hiperbólico del primer momento para describir las cualidades del presidente Alemán.

El tono de esta visita fue distinto al que caracterizó la precedente. El programa de actividades tenía un aire más formal, las actividades turísticas fueron menos, y los actos y las ceremonias más. Ambas partes se habían preparado escrupulosamente. Por ejemplo, el presidente Alemán ensayó con anticipación las ruedas de prensa. Incluso el embajador Espinosa de los Monteros comunicó al Departamento de Estado su preocupación de que algún periodista hiciera "preguntas indiscretas" sobre temas de política interna. El subsecretario Braden se comprometió a hablar con los periodistas y sugerir las preguntas que podían hacer.[58]

El presidente mexicano fue recibido en sesión conjunta del Congreso en el Capitolio, donde, según Torres Bodet, pronunció "el más enjundioso de los discursos",[59] porque hizo una discreta referencia, aunque obvia, a la asimetría entre México y Estados Unidos, y a la sostenida defensa de la soberanía nacional: "Toda nuestra historia ha sido un combate contra la necesidad, contra el despotismo y contra la intervención de los poderosos".[60] Y advirtió que el respeto a la soberanía mexicana "es la mejor garantía de nuestra unión en los años que empiezan para nosotros. Mientras esa unión se sustente sobre el derecho, se demuestre con el decoro, se estimule por la cooperación... nada se opondrá de verdad a la armonía de nuestros pueblos".[61]

El presidente Alemán fue invitado de honor en una sesión de la Unión Panamericana, depositó una ofrenda en el monumento a Abraham Lincoln, otra

[58] NARA, "Mr. Spruille Braden, Assistant Secretary; Antonio Espinosa de los Monteros, Ambassador of Mexico; Vicente Sánchez Gavito, Consejero de la embajada de México, y Paul J. Reveley, Assistant Chief of the Division of Mexican Affairs of the Department of State, Memorandum of Conversation", 3 de abril de 1947, 711.1 2/4-347. Reveley, autor de la nota, añade entre paréntesis que esa tarde vería a quien podía ayudarle a indicar a los periodistas qué tipo de preguntas no debían hacer. En esta reunión en el Departamento de Estado, también se elaboró el comunicado de prensa que se entregaría al final del encuentro. Los temas eran: los créditos del Eximbank, el acuerdo de estabilización del peso y las fluctuaciones del precio de la plata.

[59] Torres Bodet, *op. cit.*, p. 122.

[60] "En el Capitolio. El presidente de México habla al Congreso de los Estados Unidos", en *Libro de Oro Conmemorativo*, p. 60.

[61] *Ibid.*, p. 61.

en el cementerio de Arlington y asistió a una cena en su honor en la Casa Blanca y a otra más en la Embajada de México.[62] La comitiva mexicana dio un paseo por el río Potomac en el yate presidencial, acompañada por un tenso secretario Marshall, pendiente de los acontecimientos en Europa. La visita concluyó el 1º de mayo, cuando el presidente Alemán fue condecorado por su contraparte con la Legión del Mérito en una ceremonia íntima en la Casa Blanca.

Concluida la estancia en la capital de Estados Unidos, el presidente mexicano y su comitiva continuaron el viaje a la ciudad de Nueva York; hicieron un recorrido espectacular por la 5ª Avenida, entre aplausos de la multitud en la calle y una lluvia de confeti.

Fueron recibidos por el alcalde O'Dwyer quien le entregó al mandatario mexicano las llaves de la ciudad, y lo llamó "un baluarte progresista de la Democracia".[63] Alemán fue el primer jefe de Estado que se dirigió a la Asamblea General de Naciones Unidas, donde se hizo eco de las propuestas de Estados Unidos respecto a organizaciones regionales. La Universidad de Columbia le otorgó un doctorado *honoris causa*, y el presidente respondió con un discurso en el que estableció la coincidencia con Estados Unidos. México aspiraba a construir la democracia continental sobre los "principios inconmovibles de la libertad y de la justicia".[64] Alemán se entrevistó con el cardenal de Nueva York, Francis Spellman, el alfil de la cruzada anticomunista de Pío XII en América.

El presidente Alemán viajó luego a los estados de Kansas, donde recibió un segundo doctorado *honoris causa*, y a Tennessee, para ver de cerca la gigantesca obra hidráulica de la Tennessee Valley Authority (TVA), símbolo del *New Deal* y legado del presidente Roosevelt. Esta parte del programa tuvo menos resonancia en Estados Unidos, pero en México se mantuvo constante el tono de extraordinario que se había impuesto desde el principio de la gira.

[62] Esta cena dejó un recuerdo perdurable porque las sillas para los invitados habían sido remozadas dos días antes, pero el clima no había permitido que secara la pintura. Cuando los asistentes se levantaron a brindar por la eterna amistad méxico-americana se llevaron la sorpresa de que estaban decorados con barras doradas. Algunas señoras no pudieron desprender la silla de su vestido. Jaime Torres Bodet, *La victoria sin alas: Memorias*, México, Porrúa, 1970, pp. 105-106.

[63] "En Nueva York. Mr. William O'Dwyer, alcalde de la ciudad, confiere la ciudadanía honoraria al presidente Alemán", en *Libro de Oro Conmemorativo*, p. 65.

[64] Miguel Alemán habla en la Universidad de Columbia sobre la función de la cultura", *ibid.*, p. 71.

El presidente mexicano, promotor de la democracia americana

A diferencia de la visita de Truman a México, en la que los discursos fueron pocos y la intención doctrinaria contenida, el viaje del presidente Alemán a Estados Unidos fue una especie de gira proselitista de la democracia americana, colmada de discursos de autodefinición política e ideológica, cuyo *leitmotiv* era la libertad como valor central de la democracia. Sin embargo, más que el mensaje que transmitía, que en caso de tener algún impacto lo tendría en México, lo importante era que el presidente Alemán se presentaba ante el mundo —y al país que representaba— como un aliado fiel a los Estados Unidos, al que, repetía, lo vinculaban los valores de la democracia; por ejemplo, a su llegada a Washington afirmó: "... México tiene fe absoluta en la democracia. Los ideales democráticos son vínculos que unen estrechamente a mis compatriotas con los nacionales de este país...".[65]

La insistencia en que los países del hemisferio compartían una comunidad de valores parece responder al interés que tenía el gobierno de Estados Unidos en ese momento, primero, de mostrar la firme unidad de sus aliados frente a lo que veía como la ofensiva comunista, y, después, de concluir el acuerdo militar continental en los términos pactados en Chapultepec, con vistas a la creación de un comando militar unificado.[66] Por consiguiente, ante la Unión Panamericana Alemán afirmó: "Sin el apoyo de una conciencia común, no seríamos acaso, en el panorama del mundo actual, sino una multiplicidad de países atados por la geografía, pero dispersos por la voluntad y por la conducta".[67]

[65] "Miguel Alemán contesta a la bienvenida del presidente Truman", *ibid.*, p. 51.

[66] No obstante, el presidente mexicano empezaba a titubear en relación con el Tratado Interamericano de Defensa. En la Asamblea Interamericana de Río que inició el 15 de agosto, la delegación mexicana (encabezada por el secretario Torres Bodet) buscó distanciarse de uno de los compromisos más onerosos que le habían legado Ávila Camacho y Padilla: la formación de un organismo militar unificado. Antes de renunciar a la propuesta, Torres Bodet introdujo —con la aprobación del presidente— por lo menos una modificación importante a lo convenido en Chapultepec: el tratado sería aplicable sólo dentro de los límites de la zona de seguridad definida por las partes contrastantes. Torres Bodet se oponía a la formación de un Estado Mayor interamericano, así como a una posible interpretación del tratado que involucrara a México en algún conflicto extracontinental de Estados Unidos. De ahí la insistencia en definir una "zona de seguridad". Torres Bodet, *op. cit.*, pp. 146-150.

[67] "Miguel Alemán habla sobre la Unión Panamericana", en *Libro de Oro Conmemorativo*, p. 57.

El giro que tomó el discurso del presidente Alemán confirma las especulaciones respecto a que el interés de Truman por México tenía que ver con el deterioro de su relación con la Unión Soviética.[68] Esta situación no era un secreto; por ejemplo, al término de la visita de Alemán a Estados Unidos, el embajador británico Bateman insistía en que los temas centrales de las conversaciones habían sido de orden estratégico: la defensa del hemisferio y la batalla contra el expansionismo soviético, y escribía al *Foreign Office* que para Washington era urgente mejorar sus relaciones con los gobiernos latinoamericanos, porque "(con) la posibilidad de que (estallara) una guerra con la Rusia Soviética, la tarea de mantener a América Latina en la órbita de Estados Unidos probablemente presentaría muchas más dificultades que las que hubo en la guerra contra las Potencias del Eje".[69]

No obstante, Alemán no se comprometió a la alianza militar propuesta por Estados Unidos. El tema apenas lo planteó en alguno de sus discursos, pero la intención obvia era evadirlo; los foros a los que asistió el presidente mexicano no eran apropiados para que él lanzara la controversia pues, a diferencia de Ávila Camacho y Padilla, a Alemán y a Torres Bodet no les entusiasmaba la idea de un compromiso militar de esa envergadura, y se preparaban para modificar los términos del apoyo de México a la propuesta.

La visita a Washington, la participación en la Asamblea General de Naciones Unidas, los discursos que pronunció a favor de la democracia, modificaron radicalmente la imagen del presidente Alemán en los medios de opi-

[68] De hecho, en el ánimo de muchos funcionarios mexicanos y diplomáticos extranjeros pesaba la creencia de que la guerra era inminente, a partir de la cual surgieron nuevas propuestas. Por ejemplo, en abril de 1947, el secretario auxiliar para América Latina, Braden, recomendó a su gobierno que apoyara a la compañía telefónica ITT en México para que comprara la empresa telefónica sueca Ericsson, que controlaba más de la mitad de los teléfonos en el país. Su principal argumento era que "En caso de guerra, las comunicaciones telefónicas serían para nosotros [Estados Unidos], mucho más importantes que hasta ahora". *Foreign Relations of the United States*, 1947, v. VIII, *The American Republics*, *op. cit.*, p. 765. Braden continuaba: "Si Ericsson llegara a controlar todas las comunicaciones telefónicas en México, los rusos tendrían un arma muy efectiva para promover la causa comunista en México. Sería prudente facilitar la adquisición por parte de IT&T de todo el sistema telefónico en un país contiguo, dada la necesidad de evitar que potencias no-hemisféricas apliquen en contra de nuestras acciones geopolíticas". *Loc. cit.*

[69] NA, Latin America Confidential Print, AN 1883/430/26, "Mr. Bateman to Mr. Bevin, Mexico City, 29th May, 1947. Mexico: Visit of President Alemán to United States", *Correspondence respecting Mexico. Part 1. January to December 1947*, section 14, no. 78. Confidential, p. 25.

nión de Estados Unidos; sólo el semanario *Time* mantuvo la hostilidad. El presidente mexicano logró lo que no había podido hacer durante la campaña electoral cuando tuvo que defenderse, sin mucho éxito por cierto, de los ataques de los amigos de Ezequiel Padilla en el medio periodístico de Estados Unidos, en particular en los periódicos de la cadena Hearst. Pero no sólo ello, por ejemplo, *The Washington Post* el influyente periódico en los medios interesados en política exterior, publicó a propósito del discurso de Alemán en el Capitolio:

> El apasionado compromiso con los caminos de la libertad de que dio testimonio el presidente Alemán tocó una cuerda sensible en el corazón de su púbico americano. Es el lazo básico que atraviesa el Río Grande. Es el fundamento "por encima de toda sospecha", de la igualdad jurídica entre los dos países".[70]

Un triunfo importante, aunque menor para la diplomacia mexicana.

El principio de una larga amistad

> Prácticamente todos los hombres civilizados del planeta
> estuvieron enterados de la trascendencia
> y del significado de ambos viajes.
>
> *Libro de Oro Conmemorativo.*

El contexto internacional se prestaba para que las visitas fueran vistas efectivamente como hechos históricos de carácter excepcional e irrepetible. Por una parte, los vencedores de la Segunda Guerra Mundial celebraban la victoria y miraban con optimismo las posibilidades de un nuevo orden internacional y la reconstrucción política en torno a los valores democráticos; pero, por la otra, estaban ya inmersos en el conflicto entre Estados Unidos y la Unión Soviética.

El gobierno alemanista hizo grandes esfuerzos para que ambos encuentros mejoraran la posición internacional de México y exaltaran la figura del

[70] "Aleman's Creed", *The Washington Post*, May 4ht, 1947, ProQuest Historical Newspapers (1877-1995), p. B-4.

presidente. Los encuentros fueron tratados por el gobierno como acontecimientos que marcaban el inicio de una nueva era, vinculada con la figura del presidente Alemán, como si fueran un corte limpio con el pasado, el principio de una relación nueva con Estados Unidos y de una renovación política general. Ambos presidentes pudieron desplegar en público los rasgos amables de su personalidad, pero las visitas trascendieron con mucho a las personas. Fueron una demostración de la cordialidad de la relación bilateral y de la firmeza de la alianza entre los dos países, pero señalaban también una discontinuidad en una historia de relaciones difíciles.

La visita presidencial de Truman fue un notable ejercicio de control de la información nacional mediante mecanismos de movilización como los que empezaba a desarrollar el PRI. La prensa de la Ciudad de México no estuvo a salvo de ese esfuerzo, aunque era distinto porque estaba dirigido a las élites. Cuando fue secretario de Gobernación, Miguel Alemán instaló un sistema de seguridad interna y de inteligencia cuya existencia justificaba el estado de guerra,[71] uno de cuyos capítulos era el control de la información que podían publicar los periódicos.[72] Sobrevino la paz y ese aparato de seguridad no fue desmantelado, de la misma manera que el control de la prensa fue una medida transitoria que se volvió permanente, aunque en la práctica fuera fluctuante. Tanto así que en 1950 el embajador británico reportaba la liberalidad del régimen, que [permitía] un alto grado de libertad de expresión y de acción.[73]

En contraste con esta opinión, el periodista francés Jacques Séverin, denunciaba la casi unanimidad de los reportajes y de los editoriales que, según él, revelaban el control brutal que el gobierno de Alemán había sido capaz de imponer sobre la prensa desde el primer año en el poder, mediante una poderosa combinación de corrupción y represión.[74]

[71] Véase Aaron W. Navarro, *op. cit.,* pp. 151-186.

[72] La prensa entonces, como ahora, estaba dirigida sobre todo a las élites. En 1952 había en la Ciudad de México, que entonces contaba con dos millones de habitantes, siete periódicos y diarios, que en conjunto tiraban 300 000 ejemplares, según Jacques Séverin (posteriormente conocido como Jean François Revel), en su artículo "Démocratie mexicaine", *Esprit,* 20 (1952), p. 786.

[73] NA, Latin America Confidential Print, AN 1015/1, "Mr. Rapp to Mr. Bevin, 4th March, 1950", *Further Correspondence respecting Mexico, Part. 4. January to December 1950,* Section 3, no. 28 confidential, p. 8.

[74] "Los periódicos son muy buen negocio, y los directores de periódicos grandes potentados de las finanzas. Un periódico vive de la publicidad comercial, de artículos pagados, de la extorsión... pero sobre todo de la política. Se trata de entrar al juego de los que están en el

La prensa tuvo un papel importante en la batalla por el apoyo de la opinión pública y de las élites; así como el PRI lo tuvo en la movilización popular. Lo cierto es que, en la primavera de 1947, los periódicos de la Ciudad de México fueron verdaderos agentes de propaganda de la versión oficial de las visitas presidenciales, incluso *El Popular* de Vicente Lombardo Toledano: realzaron su significado histórico, magnificaron las cualidades del presidente Alemán, reinterpretaron sus intenciones, embellecieron sus palabras, inflaron su importancia dentro del contexto regional e incluso mundial. Revistieron los encuentros presidenciales de un carácter excepcional en el *continuum* de la aparente causalidad histórica.[75] Gracias a los periódicos el gobierno pudo afirmar que los encuentros presidenciales habían ocurrido en la plaza pública, donde habían capturado la imaginación popular, habían evocado el pasado en el presente y habían vinculado significados dispersos.[76]

La única voz disidente era la del semanario *La Nación*, para efectos prácticos portavoz del PAN. Los periódicos contribuyeron de manera importante a construir una presidencia intensamente personalizada, y su influencia en la formación del presidencialismo autoritario fue muy superior a lo que dejaba esperar su tiraje. El entusiasmo popular, encendido por el ambiente festivo, la música, las porras, las manifestaciones de admiración y de orgullo en torno a la figura presidencial no habrían alcanzado los niveles a los que llegaron el 7 de mayo de 1947, ni siquiera si el presidente hubiera obtenido la devolución de Texas.

En un plano objetivo, los encuentros no resolvieron problemas pendientes: la migración indocumentada, la revisión del convenio comercial de 1943, la disputa sobre el Chamizal, la apertura de rutas aéreas; no obstante, los presidentes discutieron la posibilidad de que México recibiera del Eximbank un crédito importante inicial de 40 millones de dólares, destinados a la compra en Estados Unidos de bienes y servicios que requiriera la construcción de obras seleccionadas en México.[77]

Este apoyo no estaba exento de condiciones. En septiembre de 1950, el gobierno mexicano recibió una línea de crédito por 150 millones de dólares.

---

poder y de asociarse con quienes tienen los negocios seguros que son el privilegio de los círculos políticos", Jacques Sévérin, art. cit., p. 786.

[75] Nora, art. cit., p. 211.

[76] *Ibid.*, p. 223.

[77] Harry S. Truman Library, *Papers of Harry S. Truman*, President's Secretary's Files, "Draft HEG/nmc/4/23/47".

Según informó Rafael de la Colina, embajador en Washington, a Manuel Tello, subsecretario de Relaciones Exteriores encargado del despacho, en la visita que hizo al presidente estadunidense para agradecer su apoyo, el mismo Truman subrayó que esa ayuda "combatiría efectivamente la propagación del comunismo y se afianzaría la paz del mundo. Expresó su sentimiento de que en muchas regiones de la tierra no se advierte con claridad el peligro que encierra la agresión del comunismo internacional…".[78]

En el plano subjetivo de las percepciones de la opinión pública, los encuentros dejaron ver a muchos mexicanos la desenvoltura con que su presidente trataba al líder del mundo libre, "de igual a igual". Naturalidad que fue vista como "dignidad", a la que hubo repetidas referencias entre los mexicanos que seguían las noticias del viaje; aunque también imprimía solemnidad a los momentos que lo requerían.[79]

En sus *Memorias*, el secretario de Relaciones Exteriores Jaime Torres Bodet describe el impacto positivo de la visita del presidente Truman sobre la imagen del joven presidente en estos términos: "[consolidó] en la mayoría de la opinión mexicana el prestigio del presidente Alemán y de su gobierno".[80]

El apoteósico regreso del patriota

En el tercer momento de este episodio de diplomacia presidencial, los destinatarios del mensaje del presidente Alemán eran los mexicanos. Todos los días la prensa informaba con detalle el desarrollo de la visita. Se hablaba de la gran labor de prestigio que el presidente llevaba a cabo y una nube de adulación distorsionaba las imágenes. Así, las primeras planas de *Excélsior* y de *El Universal*, por ejemplo, proyectaban al presidente Alemán como un

[78] AHGE, SRE, "De Rafael de la Colina a Señor Don Manuel Tello, Subsecretario de Relaciones Exteriores, encargado del despacho, 9 de septiembre de 1950", oficio 321 confidencial, exp. 73-0/624(73:72)/17.

[79] Véase, por ejemplo, el discurso de bienvenida del jefe del Departamento del Distrito Federal, Fernando Casas Alemán, al presidente Miguel Alemán al regreso de Estados Unidos: "Con la atención de todo el pueblo mexicano puesta en la seguridad de vuestros pasos y en la gallardía de vuestras actitudes, hemos vivido momentos de intensa emoción al darnos cuenta de la dignidad con que llevasteis la representación de la Patria". "Bienvenida al Presidente Alemán a su regreso de México, pronunciada por el Lic. Fernando Casas Alemán en el Aeropuerto Central", en *Libro de Oro Conmemorativo*, p. 95.

[80] Jaime Torres Bodet, *op. cit.*, p. 87.

líder formidable que defendía la causa no sólo de México, sino de toda América Latina. Los periódicos reproducían sus discursos, las fotografías de sus intervenciones en el Capitolio, en Naciones Unidas, la salutación de legisladores y diplomáticos de otros países, su asistencia a las cenas de gala, la recepción de los doctorados *honoris causa,* con toga y birrete.

La intención de fortalecer la legitimidad del presidente con el capital de aceptación y buena voluntad que podía adquirir en el exterior es evidente. Los reportajes periodísticos sobre la visita a Estados Unidos se concentraban en la figura del Alemán, en su visión del futuro y en su estatura de estadista. Se hablaba de la trascendencia histórica del viaje, y entonces se operaba una fusión entre el presidente y la nación: los homenajes que recibía Alemán, en realidad eran para todos los mexicanos. En el Capitolio, ante el Congreso, él mismo se autodefinió como "depositario" de la esperanza de los pueblos, "emisario de su entusiasmo" e "intérprete oficial de su devoción por la causa de la justicia".

La respuesta en México a las noticias del viaje a Estados Unidos fue tan exagerada como había sido la recepción que el jefe del Departamento del Distrito Federal, Fernando Casas Alemán organizó para el presidente Truman. En una serie de entrevistas a líderes de opinión, el Departamento del D. F. recabó evaluaciones del viaje como la siguiente: "El Lic. Alemán ha escrito una de las páginas más brillantes de nuestra historia", declaró el senador Antonio Canale. Por su parte, Adela Obregón de Santacilia, rectora de la Universidad Femenina dijo "(en cada discurso presidencial) ha salido el alma del mexicano escondida por muchos años, ha salido de sus labios y de su corazón y de su inteligencia con brillo y altura y dignidad humana".[81] El arzobispo Luis María Martínez sostuvo: "Justísimo es que al volver nuestro Presidente sea recibido con sincero entusiasmo y que después de haber recibido los honores de los extranjeros reciba también las felicitaciones de sus conciudadanos".[82]

La movilización para este festejo popular en el que participaban numerosos grupos musicales, mariachis, marimbas y cancioneros, se inició desde antes de que el presidente Alemán volara a la Ciudad de México. El 3 de mayo, *Excélsior* anunciaba que se preparaba "una recepción sin precedente en la historia de México... no solamente para patentizar así la satisfacción por el éxito de la visita... y a la vez para rendirle testimonio de franca admi-

[81] "Eco Mundial: En México", en *Libro de Oro Conmemorativo,* p. 109.
[82] *Ibid.*, p. 110.

ración".[83] Estarían para recibir al presidente en el aeropuerto: el gabinete, un nutrido grupo de gobernadores, el pleno de la Suprema Corte, la Comisión Permanente del Congreso, el Estado Mayor, representaciones obreras y campesinas. Los comerciantes adornaron la fachada de sus establecimientos con las banderas de ambos países, y los industriales dieron el día a sus trabajadores para que asistieran a la magna celebración.

Cuando narra el regreso a México, el 7 de mayo de 1947, Jaime Torres Bodet en sus *Memorias* reporta cierta incomodidad. "La capital ardía en patriótica vehemencia". Se pregunta "¿Qué habíamos hecho para merecer tan inmenso aplauso?", y responde: "No habíamos obtenido nada…". ; y en una extraña mezcla de ingenuidad y condescendencia, concluye que todo eso no era más que emoción y fantasía. "¡Cuánta nobleza y cuánta sencillez candorosa caracterizan aún a este pueblo nuestro que juzgamos escéptico, malicioso, y que rebosa al contrario, por todas partes, fervor y aliento, confianza e ingenuidad!".[84]

Uno de los discursos de bienvenida estuvo a cargo del gobernador de Veracruz, Adolfo Ruiz Cortines, quien afirmó contundente de entrada: "La popularidad siempre es merecida porque el pueblo nunca se equivoca"; para luego abundar: "Los mexicanos se muestran complacidos por la forma clamorosa y desbordante con que fue acogida su presencia en Estados Unidos que expresa el estado favorable de su relación y de entendimiento cordial no sólo entre Estados Unidos y México... es un acto de trascendencia histórica para todos los pueblos del continente".[85]

[83] "Recepción sin precedente aquí, para el licenciado M. Alemán", *Excélsior*, 3 de mayo de 1947, primera plana.

[84] Torres Bodet, *op. cit.*, pp. 138-140.

[85] "Los gobernadores reunidos alrededor del Presidente, lo saludan unánimemente con un discurso del Sr. Ruiz Cortines, gobernador de Veracruz, en el Casino Militar de México", en *Libro de Oro Conmemorativo,* p. 98. En su oscuridad, la retórica del gobernador Adolfo Ruiz Cortines también intenta giros superlativos para halagar al señor presidente: "Me atrevo en esta ocasión a afirmar algo sobre la responsabilidad de la Labor Ejecutiva; porque la inspiración, el ideario fundamental que informa una época de gobierno está, y dentro de nuestra menor esfera, a nosotros [los gobernadores], está encomendada al Jefe de la Nación que somos un reflejo de la Acción Ejecutiva Nacional. De aquí que los triunfos y los fracasos de un régimen, pocas veces se hagan recaer sobre la colaboración judicial y legislativa, sino que identificado en la responsabilidad del hombre-guía, señalan, cuando ello es justo, como benemérito del país, al Jefe del Ejecutivo. Y esto no constituye una invasión de facultades, sino que es la resultante de la mecánica social que, en el ejercicio del poder, siempre busca

El presidente Alemán respondió con un mensaje que en cierta forma reflejaba la frustración que expresa Torres Bodet y que buscaba atemperar las expectativas que podía haber inspirado el acercamiento con Estados Unidos: "El porvenir de México depende, reitero, de nuestros propios esfuerzos [...] Corresponde a nosotros la mayor responsabilidad de hacer que los problemas vitales del país se puedan resolver en este periodo de paz".[86] No obstante, en mayo de 1947, los dos gobiernos firmaron un convenio para estabilizar el tipo de cambio entre el peso y el dólar, con el fin de responder parcialmente a la preocupación que había expresado Alemán respecto a la potencial influencia del comunismo entre los grupos más desfavorecidos de la población.

El reto del canciller al presidente

Si el primer beneficiario de la diplomacia presidencial era el propio presidente de la República, la primera víctima de este episodio fue el secretario de Relaciones Exteriores, que estuvo en riesgo de caer en la irrelevancia por sostener posiciones que contrariaban las intenciones del presidente Alemán en relación a Estados Unidos. Cuando en *Remembranzas* Alemán explica por qué designó a Jaime Torres Bodet como secretario de Relaciones Exteriores, enfatiza su muy larga carrera diplomática.[87] Es decir, en este caso como en otros, el argumento a favor era que se trataba de un *especialista* en la materia. Al nombrarlo, el presidente admitía sus propias limitaciones; no obstante, al cabo de unos meses, si no es que semanas, el presidente actuaba como si estuviera seguro de sus habilidades diplomáticas personales.

Las *Memorias* de Torres Bodet permiten reconstruir la relación que estableció con el presidente. En términos generales, consultaba los asuntos con él, le proponía líneas generales de política exterior, sometía a su consideración los borradores de sus discursos, y tenía una gran latitud de acción, salvo

---

una entidad humana que abarque todas sus aspiraciones; es la responsabilidad suprema que, al marcar derroteros, puede hacer todos los bienes o todas las desdichas de un pueblo". *Ibid.*, p. 99.

[86] "Miguel Alemán contesta a los gobernadores y afirma su fe en un México grande y mejor". *Ibid.*, p. 100.

[87] En sus *Remembranzas* Alemán sugiere que designó a Torres Bodet por sus "muchos méritos intelectuales", y por una larga trayectoria diplomática que había iniciado en 1929 en la Legación de Madrid y luego en París, Buenos Aires y Bélgica. En 1943 fue designado secretario de Educación.

cuando el presidente se apropiaba de algún tema o acudía a una tercera persona, un *especialista* en la materia en cuestión.[88] El presidente y su secretario alcanzaron un punto de equilibrio cuando acordaron objetivos y estrategias de política exterior. Las discrepancias, que seguramente las había, se mantenían soterradas.

Así había ocurrido antes, entre el presidente Ávila Camacho y Francisco Castillo Nájera,[89] designado secretario de Relaciones Exteriores en agosto de 1945, para sustituir a Ezequiel Padilla.[90] Castillo Nájera había sido embajador del presidente Cárdenas y era muy celoso de los temas de soberanía nacional, de suerte que se acomodaba mal al tipo de alianza que Ávila Camacho había establecido con Washington.[91]

De las *Memorias* de Torres Bodet se desprende que su relación con el presidente Alemán sufrió un desgaste importante en los primeros dos años del sexenio, cuando más activo estuvo México en la política regional. Tanto en la Conferencia de Río (1947), donde se discutió el Tratado Interamericano de Defensa, como en la Conferencia de Bogotá (1948) que dio origen al nuevo sistema interamericano, el secretario Torres Bodet fue el líder de la defensa de la soberanía de los países, y en más de un caso se colocó en posiciones contrarias a las que sostenía la delegación de Estados Unidos. En

[88] Véase, por ejemplo, su narración del viaje a Estados Unidos. Torres Bodet, *op. cit.*, pp. 113-141.

[89] Cuando el secretario Padilla renunció a la Secretaría de Relaciones Exteriores y lanzó su candidatura presidencial, Ávila Camacho designó para ocupar ese puesto al embajador en Washington durante una larga década, Francisco Castillo Nájera. Sin hacer mucho ruido este funcionario, intentó recuperar una cierta distancia en relación a la política exterior estadunidense, así como espacios de autonomía. Sin embargo, su margen de maniobra estaba limitado por la intervención del presidente de la República, que mantenía muchas de las enseñanzas de Padilla y sostenía la primacía de la alianza con Estados Unidos en la escala de objetivos de política exterior.

[90] En 1947 el embajador británico Bateman describía a Castillo Nájera como un diplomático profesional, exitoso, inteligente y buen conversador. NA, Latin America Confidential Print, "Mr. Bateman to Mr. Attlee, 2nd May, 1947. Leading personalities in Mexico, 1947", AN 2144/2144/26, *Correspondence respecting Mexico. Part 1. January to December 1947*, Section 19, no. 73, p. 38.

[91] En los últimos meses de su sexenio, el presidente Ávila Camacho se involucró intensamente en la disputa entre Estados Unidos y Argentina y en el diseño del nuevo orden internacional. Esto significa que hasta el final de su mandato mantuvo el control de los asuntos más importantes de la política internacional, que fueron responsabilidad de Ezequiel Padilla hasta que renunció a la cancillería.

realidad el intercambio de visitas de 1947 no fue para el secretario Torres Bodet un éxito personal y, a partir de ese momento, su actitud hacia Estados Unidos era primeramente de desconfianza, en contraste con la voluntad presidencial de mostrar gran confianza hacia la superpotencia, pero el secretario no se cuidó de manifestar su desacuerdo en las conferencias interamericanas de Río y de Bogotá, donde asumió un papel de liderazgo en defensa del principio de autodeterminación y de la soberanía de los países latinoamericanos. Según lo sugiere el propio Torres Bodet, esa diferencia entre él y el presidente Alemán, explica al menos parcialmente, su renuncia de la Secretaría de Relaciones Exteriores en noviembre de 1948, la cual fue revestida de un prestigioso nombramiento como director general de la recién fundada UNESCO. Además, tal y como describe los hechos también sugiere una conspiración en la que habrían participado el Departamento de Estado, el Quai d'Orsay y la presidencia mexicana.

En agosto de ese año, al término de la Conferencia de Bogotá, el embajador de Francia, Jean Lescuyer, propuso al canciller Torres Bodet presentar su candidatura a la dirección general del organismo de Naciones Unidas para la Educación y la Cultura, UNESCO. La sugerencia despertó las suspicacias del mexicano, mismas que aumentaron cuando el embajador Thurston planteó el tema "con cierta sonrisa", y le aclaró: "Le interesa al Departamento [de Estado] que no vaya usted a creer que buscamos una oportunidad para que abandone esta cancillería. Hemos tenido algunas diferencias, pero respetamos su criterio y estimamos la honradez de sus actitudes". [92] Sin embargo, más sospechosa todavía le pareció la reacción del presidente Alemán cuando le contó que había recibido esa invitación: "Me sorprendió la prontitud con que el Licenciado Alemán me autorizó a tomar en serio el proyecto de Francia".[93]

Lo cierto es que Jaime Torres Bodet dejó la cancillería mexicana, y que el presidente no consideró urgente ni necesario nombrar al sucesor. Manuel Tello, también diplomático de carrera, quedó como encargado del despacho desde noviembre de 1948 hasta agosto de 1951, cuando fue finalmente designado titular de la Secretaría de Relaciones Exteriores. Dejar acéfala una

[92] Torres Bodet, *op. cit.*, p. 338.

[93] Añade que el nombramiento era "para México, y para su gobierno, un nombramiento de tal naturaleza constituiría un reconocimiento público incuestionable", *ibid.*, p. 339. Páginas más adelante insiste en que al presidente no le afectó su salida del gabinete, *ibid.*, p. 355.

oficina tan importante por un lapso tan prolongado sólo podía significar que el presidente era su propio secretario de Relaciones Exteriores o que otro funcionario cubría el vacío; probablemente el secretario de Hacienda Ramón Beteta, que en forma reiterada desempeñó esa función.[94]

Conclusiones

La diplomacia presidencial de Miguel Alemán contribuyó a la acumulación de poder en la presidencia de la República, aunque en realidad en este terreno ese proceso tiene bases constitucionales. Sin embargo, en este caso se apoyó en la restricción externa —Estados Unidos— para proyectar una imagen pública de fuerza ante Truman, pero sobre todo ante los mexicanos que empezaba a gobernar. La estrategia también presidencializaba el proceso de decisión en materia de política exterior. Los encuentros de la primavera de 1947 con Harry Truman ilustran esta inevitable asociación.

En este episodio del desarrollo del presidencialismo autoritario aparecieron nuevas formas de movilización popular orientadas a realzar la imagen del presidente de la República. Sin embargo, ya no se trataba como en el cardenismo, de cultivar una relación paternalista entre el presidente y los mexicanos, sino de despertar en la población sentimientos de participación en el encuentro entre los presidentes, y en el gran acontecimiento que era la visita de Truman o el viaje de Alemán a Washington, que la comprometieran con el proyecto del gobierno.[95]

El Departamento del Distrito Federal, la Secretaría de Educación Pública, la Secretaría de Relaciones Exteriores y el PRI intervinieron con toda seriedad y empeño en la construcción de la imagen del poder del presidente. El gobernador de Veracruz Adolfo Ruiz Cortines se refirió a este fenómeno en el discurso arriba citado: "(El pueblo) ha entrado definitivamente a comentar, a actuar y a ser parte viva en la estructuración de su propio

[94] Según Torres Bodet: "El presidente Alemán lo estimaba mucho. Y no existía entre él y yo, ni el menor asomo de oculta rivalidad… Si tenía ambiciones (y las tenía, por cierto, de todo orden), estaba seguro de que tales ambiciones no encontrarían obstáculo en mí; ni tampoco, apoyo", *ibid.*, p. 135. Además, Beteta tenía una amplia experiencia internacional.

[95] Según Pierre Nora en estas movilizaciones modernas "el falso conocimiento sobre el que se lanzan las masas compensa el poder del que carecen". Nora, *op. cit.*, p. 211.

destino".[96] Lo que planteaba era la representatividad popular del presidente, incluso la indisoluble asociación entre "el pueblo" y el presidente. Este era el sentido del planteamiento presidencial de que esas reuniones se habían desarrollado en la plaza pública para asegurar la "transparencia" de las relaciones entre los gobiernos. Las reuniones —decía el gobierno— se habían celebrado ante los miles de asistentes a la concentración en el Zócalo. Al mismo tiempo y sin miedo a la contradicción, recurrieron a la celebración de vistosos actos públicos para promover el espejismo de la "democratización" de la política exterior.

La modernidad de los encuentros reside en que su éxito fue en buena medida producto de la eficacia de la prensa.[97] "Ustedes conocen la verdad de nuestro viaje por la Prensa", dijo a su regreso a la multitud el presidente Alemán desde Palacio Nacional a la multitud.[98] Una afirmación que reiteraba un compromiso con la transparencia de la política exterior. Por ejemplo, en el discurso que pronunció en Washington para responder a la bienvenida del presidente Truman, dijo: "La política entre México y Estados Unidos no tiene nada que ocultar o disimular. La realizamos a plena luz, sin subterfugios y sin reservas. De ahí que no se reúnan sus Jefes de Estado para discutir en secreto convenios inconfesables".[99]

La construcción de acontecimientos bautizados como históricos fue una práctica recurrente en el México autoritario de la primera Guerra Fría. Su objetivo era transmitir a los ciudadanos una imagen del presidente como una fuerza a la que ni siquiera valía la pena tratar de oponerse. Sin embargo, la dimensión subjetiva del poder encontró relativamente pronto los límites que le impusieron su verdadera relevancia internacional, y las reglas de la diplomacia y de los procesos en Estados Unidos.

La visita de Truman estuvo cargada de significado porque en 1947 se conmemoraba el centenario de la guerra México-Estados Unidos, de suerte que los encuentros fueron testimonio público de la reconciliación. No se

[96] "Los gobernadores reunidos alrededor del presidente, lo saludan unánimemente con un discurso del Sr. Ruiz Cortines, gobernador de Veracruz, en el Casino Militar de México", *Libro de Oro Conmemorativo*, p. 99.

[97] *Loc. cit.*

[98] "Al pueblo de México. Alocución pronunciada por el primer magistrado ante la multitud, desde el Palacio Nacional", *ibid.*, p. 97.

[99] "Miguel Alemán contesta a la bienvenida del presidente Truman", *ibid.*, p. 51.

resolvió el pasado, pero se creó un "trasfondo de limitada concordia".[100] También se confirmó la alianza política e ideológica que había concluido Manuel Ávila Camacho con Franklin Roosevelt, y la pertenencia de México al grupo de países que se aglutinaban en lo que sería el "mundo occidental" de la Guerra Fría.

Desde la perspectiva de la estabilización del presidencialismo mexicano, el resultado más significativo de ambas visitas fue que, a ojos de los propios mexicanos la figura del presidente Alemán creció y su autoridad se afirmó. Las imágenes que publicaba la prensa de los diferentes momentos en que se reunían los presidentes que mostraban amplias sonrisas y gestos de mutua cortesía, eran portadoras de mensajes simbólicos que en México realzaron la dimensión política de los encuentros.

Este episodio de acercamiento entre México y Estados Unidos tuvo dos consecuencias de largo alcance: primero, comprometió al gobierno estadunidense con el arreglo institucional y político mexicano, al que apresuradamente revistió con los colores de la democracia, Washington difícilmente hubiera podido repudiar al nuevo presidente mexicano que además había llegado al poder por la vía de elecciones democráticas, conforme el modelo de régimen que promovía.

Además, el tipo de presidencialismo que empezaba a cobrar forma en México poco tenía de excepcional. A pesar de la desastrosa experiencia de las dictaduras europeas, se mantenía vigente la idea del "hombre necesario" como eje organizador de la política. Este modelo incluso compartía algunos rasgos con el régimen estadunidense que había construido Franklin Roosevelt, en torno a un liderazgo fuerte, que desempeñaba un papel preponderante en política exterior. En segundo lugar, este episodio favoreció el proceso de modernización del presidencialismo, ahora bajo la influencia directa de los sucesos internacionales, y de los cambios en las técnicas de movilización política resultado del desarrollo de la prensa y de la intervención del PRI en la organización y el control de la participación popular.

[100] Daniel Cosío Villegas, "México y Estados Unidos", *Ensayos y notas*, t. 1, p. 193.

VI. LA *REVOLUCIÓN BLANCA* DE MIGUEL ALEMÁN[1]

Los presidentes como los toreros,
Para serlo, primero hay que parecerlo.

Conseja popular.

Miguel Alemán lanzó un ambicioso proyecto de transformación económica del país que aceleró los cambios que había impulsado la Segunda Guerra Mundial, pero su principal objetivo era ampliar la autoridad y la autonomía de la presidencia de la República. Este fin implicaba la centralización del poder, la consolidación de la alianza con Estados Unidos, el reordenamiento de las fuerzas políticas, la definición institucional de los alcances de la autoridad estatal y de los canales de participación y representación, y una justificación de orden ideológico y valorativo. Semejante tarea demandaba muchos recursos y muy sólidos, Alemán los tenía limitados, y frágiles. No obstante, supo utilizarlos e incluso supo usar las restricciones en beneficio de sus objetivos. Las políticas que adoptó imprimieron nuevos rasgos al ejercicio de gobierno, y los lineamientos generales que estableció, por ejemplo, el unilateralismo presidencial en la toma de decisiones, perduraron hasta principios de los años setenta.

En la posguerra el entorno internacional era favorable al ejercicio de presidencias fuertes y unificadoras, capaces de enfrentar, las crisis internacionales que periódicamente ponían al mundo al borde de la guerra nuclear, o el "desafío comunista". México no era un protagonista en este drama, pero por la geografía formaba parte de los planes de defensa de Estados Unidos.

[1] Henry Kissinger, "The White Revolutionary: Reflections on Bismarck", *Daedalus*, 97 (1968), pp. 888-924. A diferencia de las revoluciones rojas las "revoluciones blancas" se desencadenan desde arriba con el apoyo de fuerzas conservadoras, y someten a las instituciones a una presión tan fuerte que alteran el *statu quo.*

La huella de Miguel Alemán en la institución presidencial fue un novedoso aire de sofisticación cosmopolita, en marcado contraste con el pundonor militar que revestía Ávila Camacho. Su gobierno representó el triunfo de la ciudad sobre el campo, de la industria sobre la agricultura, de la vida urbana sobre la vida en el rancho. Desde la campaña electoral declaró que la prioridad de su gobierno sería la industrialización y manifestó su aspiración a colocar la técnica en el centro de su administración; en consecuencia, quiso relegar la política a un segundo plano, y ponerla al servicio de la economía. No obstante, el sexenio estuvo plagado de tensiones producto del choque de su voluntad transformadora con los equilibrios existentes y con las resistencias que se le opusieron. Entonces tuvo que recurrir a la política, es decir, a la negociación, al intercambio de apoyos y al reconocimiento de la validez de los intereses del otro. Esta reorientación de su gobierno sugiere que Alemán tuvo que reconocer la debilidad de la presidencia para imponerse a otros actores políticos que lo obstaculizaban sin desplazarlo, porque eran igualmente débiles. Tal era el caso de los sindicatos o de las organizaciones empresariales.

El tratamiento que dio Alemán a la protesta y a las movilizaciones de oposición, lo muestra como un presidente que no toleraba el reto a su autoridad, que respondía con dureza cuando, en su opinión, alguna protesta o un descontento ponían en juego la estabilidad,como pudieron comprobarlo los trabajadores con militancia política o periodistas inquisitivos.[2] A las críticas que se le hacían respondía con amenazas, por ejemplo, en el informe presidencial de 1948 se quejó de que los periódicos "desorientaban" a la opinión, y advirtió que si las circunstancias así lo requerían, por el "bien de México [sería] aplicado el mayor rigor de la ley para salvaguardar los intereses nacionales".[3]

Incluso la oposición partidista, así fuera moderada, se topó con una intransigencia muy distinta de la relativa tolerancia de Ávila Camacho. Este endurecimiento se explica en primer lugar porque Alemán estaba decidido a

[2] Como Jorge Piñó Sandoval, periodista crítico que fue perseguido y varias veces amenazado por agentes del gobierno. Finalmente se exilió en Buenos Aires. Para una visión ferozmente crítica de las relaciones entre el gobierno y la prensa, y del recurso a la represión y a la corrupción, véase Jacques Sévérin, "Démocratie mexicaine", *Esprit,* núm. 5, 1952, pp. 238-308.

[3] "El Lic. Miguel Alemán, al abrir el Congresos sus sesiones ordinarias, el 1º de septiembre de 1948", en XLVI Legislatura, *op. cit.*, t. IV, p. 402.

ampliar y defender la autonomía de la presidencia de la República, lo cual implicaba frenar la participación independiente; también quería responder a la presión del gobierno estadunidense que tenía serias sospechas a propósito de la influencia de los comunistas en México, así como de la capacidad y disposición del gobierno para controlarla.

La imagen del alemanismo como un proyecto radicalmente distinto del que pusieron en práctica antes Lázaro Cárdenas y Manuel Ávila Camacho[4] niega su origen y sus vínculos con la experiencia y los postulados de la Revolución. Sin embargo, como aquí se verá, el primer presidente civil de la posrevolución no se distanció significativamente del modelo político constitucional, y tampoco del modelo nacionalista de crecimiento económico, mucho menos rechazó el legado político que había recibido. Las condiciones de su acceso al poder fueron más favorables que las que encontró cualquiera de sus antecesores. Manuel Ávila Camacho le entregó una presidencia fortalecida por seis años de paz interna y de prosperidad, y su ascenso a la silla presidencial había sido sancionado por una elección que era considerada un éxito, un gran salto hacia adelante para la democracia en México.

No obstante, el marco institucional de la acción estatal era todavía incipiente, por ejemplo, el gobierno mexicano carecía de una administración fiscal moderna, pero si el Estado iba a asumir su papel como principal agente de la modernización del país, entonces requería de instrumentos, de instituciones para llevar a cabo esta tarea. El presidente Alemán se propuso atender esta necesidad, introdujo importantes leyes y creó instituciones con ese

[4] Véase, por ejemplo, John W. Sherman, "Alemán cambió profundamente la trayectoria de la nación cuando forjó una alianza entre el Estado y los intereses del dinero, atrajo inversión extranjera, aceleró la industrialización y deshizo o mitigó muchas de las reformas promulgadas por Cárdenas". John W. Sherman, "The Mexican Miracle and Its Collapse", en Michael C. Meyer y William H. Beezley (eds.), *The Oxford History of Mexico*, Oxford, Oxford University Press, 2000, p. 576, citado en Gilbert Joseph y Jürgen Buchenau, *Mexico's Once and Future Revolution. Social Upheaval and the Challenge of Rule since the late Nineteenth Century*, Durham, Duke University Press, 2013, p. 148. Véase, también, Alan Knight, "Las peculiaridades de la historia mexicana: México comparado con América Latina, 1821-1992", en Knight, *Repensar la Revolución mexicana*, trads. Silvia L. Cuesy y Sandra Luna, v. II, México, El Colegio de México, 2013, pp. 421-498; María Antonia Martínez, "El modelo económico de la presidencia de Miguel Alemán", en Will Fowler (coord. gral.), *Presidentes mexicanos*, t. II: *(1911-2000)*, México, INEHRM, 2004, pp. 239-281; Gilbert Joseph, Anne Rubenstein y Eric Zolov, "Assembling the Fragments, Writing a Cultural History of Mexico since 1940", en Gilbert Joseph, Anne Rubenstein y Eric Zolov (eds.), *op. cit.*, pp. 3-22; y Luis Medina, *Civilismo y modernización del autoritarismo*, *op. cit.*

fin. Luego, México era un país dividido, en el que las diferencias regionales eran grandes, y los desacuerdos eran más que los consensos, incluido el que reproducía el antagonismo soviético-americano. La Guerra Fría simplificaba las diferencias ideológicas y socioeconómicas de la sociedad: unos veían en Estados Unidos al campeón de la democracia y protector último de la libertad, y se identificaban con el credo de la democracia liberal, mientras que para otros era el principal adversario de la soberanía nacional, y la Unión Soviética representaba un contrapeso y una alternativa de desarrollo. Alemán, al igual que Ávila Camacho y, después Ruiz Cortines, se afiliaba al bloque de las democracias. En esta disputa nadie era neutral.

Este episodio de la historia del presidencialismo ilustra la evolución sincopada del fenómeno, que podía avanzar cinco pasos hacia la institucionalización, para luego desandar dos. Así Miguel Alemán en los primeros cuatro años de su gobierno, fortaleció la institucionalidad de la presidencia, para luego retroceder víctima de la ambición reeleccionista, y bajo la presión de un desprestigio creciente, de la división en el seno de la élite y de sus propias contradicciones y duplicidades.

El capítulo está dividido en dos partes. La primera examina los objetivos de gobierno de los que se apropiaron por lo menos tres generaciones de mexicanos que compartieron el sueño de la modernización —hasta que se vino abajo a finales de los años sesenta—. Analiza, también, la reorganización de las fuerzas políticas que nacieron durante la Revolución y que todavía dominaban el escenario político. La segunda parte reconstruye aspectos de la ofensiva nacional católica, y de la campaña anticomunista que invadió al país entre 1948 y 1950. La pretensión de esta ofensiva era satisfacer las exigencias de Estados Unidos en cuanto al combate al comunismo, y la necesidad del gobierno de apoyarse en una justificación de índole ideológica y moral. La última sección está dedicada al intento fallido de Miguel Alemán de reelegirse; esta derrota del presidente arroja luz sobre dos restricciones insuperables: un principio constitucional —la no reelección— y un imperativo político —la preservación de la unidad de la élite—.

La novedad de la tecnocracia

La elección presidencial de 1946 fue considerada un éxito. Dos candidatos creíbles habían competido por el voto ciudadano; durante la campaña hubo un cierto grado de incertidumbre respecto a quién sería el ganador; las irregularidades fueron pocas, y la violencia electoral pareció haber sido desterrada. Cuando el perdedor intentó rebelarse contra los resultados oficiales no tuvo eco ni fuera ni dentro del país.

La opinión pública y la élite política recibieron a Alemán "en medio de un franco optimismo", escribe el general Cárdenas,[5] porque simbolizaba el México que la Revolución se había propuesto fundar: era un civil, universitario, cuyas características personales parecían apropiadas para conducir al país al mundo de las democracias modernas, lejos de la violencia revolucionaria y de la arbitrariedad de la ignorancia. El nuevo presidente tenía una idea muy clara de lo que quería hacer. A pesar de ser relativamente joven, tenía 46 años, poseía una amplia experiencia política adquirida en una carrera meteórica en la que había sido magistrado, diputado local, senador, gobernador, director de una campaña electoral para la presidencia de la República, y secretario de Gobernación. Alcanzó la presidencia movido por grandes ambiciones y, se decía, pocos escrúpulos.

La vecindad con Estados Unidos fue una consideración central del alemanismo. El presidente utilizó las restricciones que le imponía la vecindad con la superpotencia y las puso al servicio de sus objetivos. En su opinión, México podía esperar apoyo de Estados Unidos porque por su posición geográfica poseía una de las llaves de su seguridad territorial. A partir de una evaluación realista de su poder y de los límites que Estados Unidos imponía a la soberanía mexicana, Alemán concentró sus esfuerzos en tres objetivos: el desarrollo de un Estado nacional fuerte, la transformación y el crecimiento de la economía, y el fomento de una identidad cultural específicamente mexicana. Estaba convencido de que lograrlos reduciría los efectos negativos de la asimetría. Más todavía, para él la industrialización no era un fin en sí mismo, no se agotaba en la prosperidad de la población, sino que era un medio para lograr un grado de equilibrio con la superpotencia. El papel preponderante del presidente en el diseño y la implementación de esta transformación dio lugar a la paradoja de que el ejercicio personalizado del poder, característico del alemanismo, propiciara la institucionalización de la presidencia de la República.

El proyecto alemanista de modernización fue una *revolución blanca*, impulsada desde arriba, que aceleró la transformación del país con el apoyo de

[5] Lázaro Cárdenas, *Obras I*, t. II: *Apuntes, 1941-1956*, 2ª ed., México, UNAM, 1986, p. 223.

empresarios, sindicatos anticomunistas, grupos de clase media y con la Iglesia, generó nuevos equilibrios políticos y creó instituciones duraderas destinadas a consolidar los cambios, pero la estructura social sufrió cambios marginales.

El presidente extendió su poder más allá de la administración pública, conforme a una lógica centralizadora, y consolidó un patrón de ejercicio de gobierno que tendía a concentrar los recursos políticos de la sociedad en el ejecutivo federal. La construcción de ese patrón fue un proceso relativamente accidentado en que el presidente confrontó a sindicatos y caciques regionales, a líderes y organizaciones empresariales así como a un ala de la élite política en la que se habían refugiado los cardenistas durante el gobierno de Ávila Camacho.

Alemán no era un político de plaza pública, sino de gabinete, al que se le dificultaba relacionarse con el público de obreros y campesinos que asistía a los mítines porque los temas que trataba le resultaban incomprensibles a la mayoría de los oyentes. Las primeras señales de sus particularidades aparecieron desde la campaña; por ejemplo, a diferencia de los que hacían todos los candidatos que competían por la preferencia de los votantes, Alemán rara vez cedía a las peticiones de su auditorio, y más que mensajes de promoción de su candidatura en los actos públicos parecía impartir conferencias. De hecho buscó desde un principio transmitir su fe en el conocimiento antes que en la voluntad, como instrumento de gobierno. Por ejemplo, la campaña electoral incluía un programa de 22 mesas redondas cuyo propósito era que "la nación le expresara directamente, con absoluta libertad cuáles eran sus problemas y las soluciones que proponía para resolverlos"[6] sólo fueron invitados "representantes de las fuerzas económicas, con exclusión absoluta de cualquier elemento de carácter político, de que en las juntas no se abordara ningún tópico de índole electoral, mucho menos para hacer la apología o la crítica de cualquiera de los candidatos".[7] Lo sorprendente de esta advertencia es que era parte de una justa electoral, cuya materia de trabajo son las apologías o críticas de los candidatos. En lugar de adaptarse a su auditorio, Alemán, dejó en manos de Vicente Lombardo Toledano el aspec-

[6] Introducción y síntesis del profesor Manuel Germán Parra, *Conferencias de Mesa Redonda, presididas durante su campaña por el licenciado Miguel Alemán, 27 de agosto de 1945-17 de junio de 1946*, facsímil de la edición de 1949, México, Biblioteca Mexicana de la Fundación Miguel Alemán, 2009, p. XXI.

[7] *Ibid.*, p. XXXI.

to "popular" de la campaña; es decir, los dimes y diretes con Padilla, los monólogos frente a las multitudes y la retórica tradicional de un candidato a la búsqueda de votos.

En agosto de 1945, Miguel Alemán recibió una carta de Cándido Aguilar, quien había sido amigo de su padre y para él una especie de mentor. El viejo revolucionario le señalaba que su campaña tenía un problema de comunicación, y le aconsejaba acercarse "a la gente". Según él, Alemán sabía cuántos millones de pesos se necesitaban para el fomento a la agricultura o la construcción de presas, pero no llegaba "al corazón del pueblo", no se hablaba de tú con él: "El pueblo no pide mucho, pero tampoco puede darlo todo".[8]

Sin embargo, el consejo llegaba demasiado tarde, para entonces Alemán ya había elegido un camino en el que la administración se imponía al "corazón del pueblo". El Archivo Alemán resguarda una definición de *alemanismo*, firmada por el propio Miguel Alemán el 21 de agosto de 1945 que más allá de la arrogancia que revela, bien pudiera ser una respuesta a Aguilar. En el documento aparece la impaciencia del candidato con un discurso político que parecía estancado en la demagogia y desgastado por el uso:

> El *alemanismo* no usa la palabra 'Revolución' en sus actividades en la forma que se ha acostumbrado, porque para el *alemanismo* la Revolución no es un concepto demagógico, sino un hecho consumado e indiscutible. El problema nacional no es doctrinario, pues el contenido ideológico de la revolución ha sobrevivido a todas las polémicas; es técnico y deber de todos los mexicanos es unirse para resolver los problemas nacionales sobre la base de la técnica más estricta y así alcanzar plenamente los postulados de la Revolución mexicana.[9]

[8] Archivo Miguel Alemán (AMA), "Del general de División, Cándido Aguilar a Miguel Alemán, Fortín, Veracruz, agosto 7 de 1945", Fundación Miguel Alemán, exp. 751. En su *Remembranzas y testimonios*, Miguel Alemán se refiere a Cándido Aguilar repetidamente con respeto y cariño. Compara su relación con la de un padre con su hijo, y reconoce su ayuda para acceder a una diputación local y luego a la gubernatura de Veracruz. Sin embargo, en 1944 Aguilar había sido expulsado del PRM que según él, debía desaparecer: "Años y años hemos predicado la democracia y sostenemos un partido y una organización totalitarios. El PRM concluida su misión debe ser liquidado". Citado en "Política. Ataques al PRM", *Tiempo*, vol. V, núm. 111, 16 de junio de 1944, p. 8. En 1951, Aguilar era un crítico de la represión que sufrían los periodistas. El 8 de julio de 1952 fue aprehendido, acusado de 28 cargos, desde injurias al señor presidente de la República hasta incitación a la rebelión y ataques a las vías generales de comunicación. Véase Miguel Alemán, *Remembranzas y testimonios*, pp. 252-253.

[9] Miguel Alemán, "Alemanismo", 21 de agosto de 1945. AMA, caja 39, exp. 732.

Esta reflexión describe a la tecnocracia que había llegado al poder con el presidente Alemán, para la que la Revolución era ya historia; también denota impaciencia con una de las funciones centrales de todo buen político, sobre todo si es presidente, que es la de convencer, la de persuadir a su interlocutor de la bondad o de la superioridad de sus propuestas.[10] Revela su fe en la técnica pero también su desconfianza hacia la política democrática. Tan es así, que ya como presidente, su intervención en la solución de conflictos, por ejemplo, el que se planteó en 1948 con los empresarios a raíz de la devaluación que tuvo lugar ese año, concluía cada vez con más frecuencia en actos de autoridad que hacían caso omiso de reglamentos y leyes.

LA POLÍTICA DE CENTRALIZACIÓN

Para llevar a cabo la modernización que se había propuesto, el presidente Alemán profundizó la política de centralización que estaba en marcha desde los años treinta, pero su ritmo se había visto comprometido por prioridades circunstanciales. Esta política fue un instrumento, un objetivo general y una brújula que orientó las decisiones del gobierno, sentó bases homogéneas para la evolución institucional del Estado; por consiguiente, contribuyó a su expansión y al fortalecimiento del Poder Ejecutivo, y más precisamente, del presidente de la República que por esta vía pudo allegarse muchos recursos de orden económico y político.[11]

El mismo día que tomó posesión del cargo de presidente, Alemán anunció un paquete de reformas de gran calado, que fueron sus primeros pasos en la institucionalización de la acción estatal en la economía, entre ellas la introducción del amparo agrario; y la creación de la Secretaría del Trabajo y la de Recursos Hidráulicos (SRH), que fue clave, esta última, para la política de construcción de infraestructura que alteró el rostro del campo mexicano en forma definitiva. El programa requería una muy significativa moviliza-

[10] "La búsqueda de influencia personal está en el centro del trabajo del presidente", en Richard Neustadt, *Presidential Power and the Modern Presidents. The Politics of Leadership from Roosevelt t Reagan,* 3ª ed., Nueva York, The Free Press, 1990, p. XXXI.

[11] "... [L]a población mexicana ya sumaba 25 millones 791mil habitantes, mientras que el personal contratado por la administración federal superaba los 260 mil empleados, y hacia el final del periodo, esa cifra se elevaría hasta 380 mil servidores públicos...". Mauricio Merino Huerta, *Fuera del centro*, Xalapa, Universidad Veracruzana, 1992, p. 39.

ción de recursos, y este objetivo demandaba una autoridad responsable de la administración y el diseño e implementación de las decisiones que dictaba la política de industrialización que era el plato fuerte del gobierno. Entre 1946 y 1952 el intervencionismo estatal registró un fuerte impulso, la inversión pública creció a una tasa media anual de 12.5%. La proporción más importante se concentró en fomento e infraestructura.[12] La centralización también aseguró la primacía del Distrito Federal frente a otras entidades, en tanto que sede del gobierno federal, destino de grandes inversiones industriales y escenario de la política nacional.

Alemán construyó la autonomía y la posición privilegiada del Poder Ejecutivo en relación con los otros dos poderes y a otros actores políticos con base en cambios legislativos de gran trascendencia como la Ley de Atribuciones al Ejecutivo en Materia Económica de 1947 adicionada en 1950. Con esta ley el presidente se convirtió en un poderoso agente económico facultado para fijar prioridades de producción, distribución y venta de productos; para establecer precios máximos, imponer racionamientos, determinar importaciones y exportaciones.[13]

En 1946 la dispersión del poder que había precipitado la Revolución todavía se manifestaba en la existencia de poderes locales que escapaban al régimen federal, así como en una diversidad de regímenes fiscales, de propiedad, de uso del agua, de caminos, entre otros, que obstaculizaban el buen funcionamiento del federalismo y la vigencia de la constitución en la totalidad del territorio nacional. Muchos gobernadores y caciques regionales ejercían el poder de manera no simplemente autónoma, sino arbitraria y de espaldas al gobierno federal.[14] Para atacar este problema, la federación asumió

[12] "La política fiscal y de fomento —dirigidas por el nuevo secretario Beteta, quien tenía ideas muy semejantes a las de su predecesor— siguió la misma tónica que la de años anteriores: fue expansiva al continuar la inversión pública en infraestructura básica, lo cual generó externalidades positivas para el resto de la economía, aunque con un cierto efecto inflacionario". Enrique Cárdenas, *El largo curso de la economía mexicana. De 1780 a nuestros días*, México, El Colegio de México / Fondo de Cultura Económica, 2015, p. 532.

[13] Citado en Gina Zabludowsky, "Proposiciones para el estudio de las relaciones entre el Estado y los empresarios en el periodo presidencial de Miguel Alemán", *Estudios Políticos*, 1984 (3), p. 26.

[14] Durante los seis años de la presidencia alemanista 10 gobernadores se separaron del cargo antes de la terminación de su mandato constitucional, por diferentes razones. Los motivos oficiales de las renuncias eran distintos, pero en el origen de todos había una tensión con el gobierno federal. Lo estados afectados fueron: Jalisco, Tamaulipas, Baja California

responsabilidades que hasta entonces pertenecían a los gobiernos estatales, y de esta manera impuso su autoridad, al mismo tiempo que el PRI se instalaba en municipios y gobiernos estatales por la vía electoral.

La experiencia de la Secretaría de Recursos Hidráulicos ilustra este proceso de fortalecimiento del Poder Ejecutivo. Creada el 1º de enero de 1947 representa la fiebre constructora que se apoderó del gobierno, se le atribuyó la responsabilidad de regular los "aprovechamientos hidráulicos de carácter federal", labores de construcción, de potabilización del agua y de control de inundaciones. Estas disposiciones confirmaron la autoridad del gobierno federal y del presidente de la República sobre el agua, un recurso vital y escaso, que permitieron nuevos cultivos y modificaron significativamente la economía de vastas regiones del país.

Las presas que construyó la SRH tuvieron consecuencias económicas y regionales de mucha significación, que proyectaban entre las comunidades favorecidas una imagen grandiosa del poder del presidente y de su generosidad como gobernante. Mientras que los perjudicados veían cómo el agua cubría lo que había sido su pueblo, y entendían el poder presidencial como una fuerza terrible y destructiva. La Secretaría de Recursos Hidráulicos, una instancia federal establecida en la capital de la República, y su delegado local, se convirtieron en un poderoso instrumento de intervención de la autoridad federal en la economía y en la política de estados y municipios.[15]

Restricciones y resistencias

El vasto programa de reformas y la consolidación de reglas formales e informales que regían el proceso de gobierno, también enfrentaban restricciones

---

norte, Chiapas, Oaxaca, Durango, Coahuila y Sonora. Véase Luis Medina, *Civilismo y modernización del autoritarismo, op. cit.*, pp. 95-110.

[15] Luis Aboites Aguilar, *El agua de la nación. Una historia política de México, (1888-1946)*, México, CIESAS / SEP, 1998, pp. 179-190. "La creación de la nueva SRH se debió a la concepción científica moderna que el señor presidente Alemán tiene sobre los recursos naturales de nuestro país, según la cual la conservación y debido aprovechamiento de esos recursos son fundamentales para la prosperidad continuada de un país. El señor presidente Alemán sabía que siendo de gran importancia todos los recursos renovables de nuestro país y estando ligados todos ellos entre sí, era el agua, sin embargo, por [ser] lo más escaso en México, el pivote alrededor del cual debía girar el desarrollo de los demás recursos naturales", *Informe de labores de la Secretaría de Recursos Hidráulicos, 1947,* citado en *ibid.*, p. 180.

y resistencias de diversa índole. El presidente aludía insistentemente, en primer lugar, a las condiciones adversas del entorno internacional que de manera inevitable repercutían en México. La principal dificultad que generaba era la escasez de crédito porque la reconstrucción europea absorbía prácticamente la totalidad de los recursos estadunidenses para fines de cooperación internacional.

Cerradas las fuentes de crédito externo, el gobierno tenía pocas opciones para atender las necesidades de inversión que él mismo se había impuesto; además, no pudo frenar el dispendio de las clases medias y altas que al término de la guerra vaciaron las arcas públicas. Desde antes de la toma de posesión, el secretario de Hacienda, Ramón Beteta, había advertido al presidente que la balanza de pagos estaba en dificultades y que había que modificar el tipo de cambio.[16]El presidente Alemán pasó por alto la advertencia y el 1º de diciembre de 1946 una de sus primeras promesas fue: "Conservaremos el tipo de cambio".[17]

Cuando el 21 de julio de 1948 se anunció la flotación del peso, la opinión pública sintió traicionada su confianza en un equipo presidencial que se había presentado como un grupo de expertos que sabía hacer las cosas. Las manifestaciones espontáneas de protesta, en particular contra el aumento de precios de los alimentos se multiplicaron a lo largo del año. La respuesta que recibieron la mayoría de ellas fue la intervención policíaca. Los empresarios aprovecharon el tropiezo del gobierno para expresar su desacuerdo con la política económica, sobre todo con el gasto público y el intervencionismo estatal. "La devaluación es obra de la política inflacionista seguida por el gobierno", según los empresarios, "el colapso" era resultado del intervencionismo estatal. Añadían que:

[16] En entrevista con James y Edna Wilkie, Ramón Beteta explicó la devaluación: "El problema que tuvimos nosotros no era si se devaluaba el peso, sino, ¿cuándo? [...] desde el primer momento [...] o si nos esperábamos. [De las dos posibilidades...] El licenciado Alemán estuvo de acuerdo en que se usara la de llegar hasta el final. De suerte que cuando el peso se devaluó, es decir, no cuando se devaluó porque ya estaba devaluado, sino que cuando nosotros reconocimos la devaluación [...] no teníamos reserva [...] se había agotado completamente". Wilkie y Wilkie, *México visto en el siglo XX*, *op. cit.*, pp. 47-48.

[17] "Discurso del Lic. Miguel Alemán Valdés, al protestar como Presidente de la República, ante el Congreso de la Unión, el 1° de diciembre de 1946", en XLVI Legislatura, *op. cit.*, t. IV, p. 357.

> La salida está por el camino del *laissez-faire* y no por el control de cambios o de precios. Ninguna ley, ninguna actuación del Estado, ninguna represión violenta pueden impedir las repercusiones que la pérdida de valor del peso mexicano ha provocado ya y provocará en lo futuro sobre los precios generales.[18]

La reacción oficial a las críticas no se hizo esperar: el domingo 1º de agosto el secretario de Hacienda hizo entrega a la prensa de la lista completa de personas y entidades que habían comprado dólares entre el 1º y el 21 de junio. Esta reacción no exenta de violencia, fue la revelación de que cuando de acallar la protesta se trataba, el presidente trataba a todos por igual. La restricción económica contribuyó de manera importante a frustrar los planes de modernización de Alemán, y también tuvo repercusiones en el terreno político. En ese respecto, el presidente tuvo que admitir que las decisiones tecnocráticas no sólo no resuelven conflictos de poder, sino que pueden exacerbarlos. No obstante, la caída no fue mortal.

En otros proyectos, el presidente Alemán simplemente no encontró apoyo para los cambios que proponía. Este vacío era un límite a su poder. Así, cuando propuso una reforma tributaria con el fin de introducir orden en ese terreno, pues cada estado tenía su propio régimen fiscal. La situación existente contradecía el espíritu del régimen federal de "uniformidad, de coordinación y colaboración".[19] Sin embargo, los gobernadores reaccionaron contra la centralización fiscal porque reducía su independencia. La oposición de ocho estados fue insuperable, y la propuesta quedó pendiente casi tres años.

En el ámbito de la política interna tres fueron las principales restricciones con las que tuvo que lidiar Alemán: primero, la "agitación social" que generaban los residuos de la movilización que se había organizado para la elección presidencial, así como las disputas intersindicales que creaban una atmósfera de incertidumbre e inseguridad. Luego, las repercusiones del orden internacional sobre la reorganización de las fuerzas políticas locales,

[18] Citado en "Política económica. En torno al peso", *Tiempo,* vol. XIII, núm. 328, 13 de agosto de 1948, p. 30.

[19] Declaración del subsecretario Eduardo Bustamante, citada en Luis Aboites Aguilar, *Excepciones y privilegios. Modernización tributaria y centralización en México, 1922-1972*, México, El Colegio de México, 2003, pp. 202-205.

cuyo referente central era el antagonismo soviético-americano antes que el entorno nacional inmediato. Esta limitación era muy difícil de tratar porque el presidente no podía hacer nada para influir sobre su dinámica; y, por último, el surgimiento del cardenismo como una corriente crítica que estaba instalada en el corazón de la coalición gobernante. El desacuerdo en el seno de la élite política se manifestó también en la escisión del PRI que encabezó Vicente Lombardo Toledano en 1947, que aspiraba a fundar lo que él consideraba un "verdadero" partido de trabajadores.

LA REORGANIZACIÓN DE LAS FUERZAS REVOLUCIONARIAS

En los primeros tres años de su mandato, Alemán anuló los poderes Legislativo y Judicial, y generó una situación que sugería un retroceso a los tiempos del "hombre necesario". Las perspectivas de éxito de su gobierno habían sucumbido a las restricciones de la economía internacional, a las dificultades de la economía nacional y a la resistencia de sindicatos y grupos políticos que buscaban organizar la oposición. Sin embargo, Alemán logró imponer a la presidencia de la República en el centro de la estructura de poder a fuerza de decisiones autoritarias, desde ahí amplió y fortaleció el marco institucional de la acción estatal, y creó apoyos para asegurar la supervivencia de su proyecto modernizador. En un contexto de incertidumbre y de cambio social acelerado,[20] el fortalecimiento de la presidencia de la República fue la base de un importante desarrollo institucional.

Al mismo tiempo, las fuerzas políticas luchaban por organizarse: Las izquierdas buscaban una unificación siempre elusiva y las derechas una legitimidad sin ambigüedades, mientras que el PRI trataba de definir su relación

[20] En el Informe del 1º de septiembre de 1947, el presidente Alemán advirtió: "En el panorama mundial no dejan de ser menos graves los problemas. La incertidumbre respecto del futuro de la Humanidad conturba las conciencias y hace vacilar los fundamentos morales de la convivencia internacional. La psicología de los pueblos es [*sic*] de que estamos viviendo una etapa de tregua, la que acrecienta la aflicción universal". "El Lic. Miguel Alemán al abrir el Congreso sus sesiones ordinarias, el 1º de septiembre de 1947", en XLVI Legislatura, *op. cit.*, t. IV, p. 377. Cada año el presidente incluía un mensaje de este tipo en su presentación ante el Congreso, pero no sólo él hacía repetida referencia a la fragilidad de la paz mundial. Era un *leitmotiv* de la época.

con los sindicatos, con la izquierda y con el presidente de la República. Los sindicatos buscaban seguir siendo interlocutores de la presidencia, conservar los privilegios que habían obtenido durante el cardenismo que se habían prolongado gracias a la guerra, pero en el gobierno alemanista estaban expuestos al apretón del puño presidencial.

La importancia de esta reorganización estriba en que era un primer paso a la institucionalización de la participación y de la representación de los trabajadores en el sistema político modernizado que empezaba a cobrar forma. Además transcurría paralela a la manifestación de un ánimo participativo de diversos grupos sociales, y de su disposición a manifestar su descontento y a protestar contra el gobierno por diferentes razones y de diversas maneras: contra el fraude electoral, los abusos del gobernador, la inflación, la escasez de alimentos o incidentes callejeros.[21] Hubo numerosos proyectos partidistas, muchos de ellos de orden personal, otros más no pasaron de ser simples etiquetas, pero en los estados se produjo en estos años una fiebre electoralista que dio lugar a la formación de partidos que buscaban defender y representar los intereses locales.[22] Es posible que el éxito de la elección de 1946 haya mandado a la población un mensaje equívoco, y que las condiciones "normales" en que se desarrollaron esos comicios y las buenas formas de la elección hayan sido interpretadas como una señal de que la organización independiente sería respetada al igual que el voto. Lo cierto es que después de 1946 aparecieron nuevos partidos locales y el activismo sindical se intensificó.

[21] "La vida política mexicana después de la Revolución estuvo marcada por la regularidad de protestas populares, mayormente excluidas de la historia; no obstante, influían en la forma que adquiría esa historia, en particular en la historia del autoritarismo suave del PRI". Gillingham, "Maximino's Bulls: Popular Protest after the Mexican Revolution, 1940-1952", *Past and Present*, 2010 (206), p. 210.

[22] De ahí el optimismo de los partidos de oposición. El 13 de junio de 1949, Gómez Morín escribió a González Luna: "Las noticias que recibimos de amigos de algunos Comités de Estado, y de viajeros son muy satisfactorios respecto de la campaña. Creo que allá, como en todas partes, se ha logrado promover un interés que no tiene precedente en la elección de diputados. El hecho mismo del descaro con que se prepara el fraude y del positivo temor del PRI, demuestra que el impacto sobre la opinión ha sido grande. Muy afectuosa felicitación para German Petersen y para todo el Grupo Juvenil, por su buen esfuerzo". A. González Luna y A. Gómez Morín (eds.), *op. cit.*, t. I, v. III: *Primeros retos y obstáculos, crecimiento del partido (1947-1951),* p. 1979.

El gobierno reaccionaba a las movilizaciones que no eran originalmente políticas —algunas de ellas verdaderamente breves— tan rápido como podía para evitar la politización.[23] Este patrón de respuesta indica que la desmovilización a la que aspiraba Alemán al inicio de su gobierno, era una tarea potencialmente explosiva porque era contraria a la dirección que tomaba la sociedad. El PAN, el PRI y el Partido Popular, los tres partidos "nacionales" estaban en momentos diferentes de su desarrollo, pero compartían una misma necesidad de organizar a los electores, hacer de ellos simpatizantes antes de convertirlos en militantes. Esta tarea embonaba con la atmósfera prevaleciente, favorable a la participación. Entre 1947 y 1949, en preparación para las elecciones federales de ese año, los partidos hicieron grandes esfuerzos por ampliar su presencia en la sociedad y para capturar el ánimo público, sobre todo en el ámbito local. Estos desarrollos abonaron a una mayor complejidad del sistema político porque el número de actores políticos relevantes aumentó: la administración pública, los sindicatos, el PRI, el Congreso y hasta la Iglesia católica, pero no fueron un contrapeso al poder presidencial, sino que, dada su debilidad en relación al Estado, se constituyeron en vehículo de su autoridad en el seno de la sociedad.

El proceso de reorganización de las fuerzas políticas se concentró en aquéllas que reclamaban su origen en la Revolución, que todavía se beneficiaban de la inercia del radicalismo del pasado reciente y de la victoria del antifascismo. En cambio, el final de la guerra perjudicó a las derechas que podían ser asociadas con las ideologías derrotadas. Por esa razón, en esta coyuntura, el PAN trataba de diferenciarse de la Unión Nacional Sinarquista para presentar el rostro de la oposición democrática que los priistas y los lombardistas se empeñaban en negarle, porque en 1946, el PAN era el partido de católicos que no quería ser, y no había logrado formarse como el partido para católicos que Manuel Gómez Morín había soñado construir. A pesar del apoyo empresarial que recibió no tenía los recursos que demandaba la construcción de un partido nacional, y tampoco un liderazgo capaz de desafiar al presidente de la República. Además, el gobierno adoptó una estrategia que fue letal para las incipientes oposiciones: fundó la hegemonía del PRI en la dispersión de las oposiciones y no en la supresión de la protesta.

[23] Paul Gillingham, "Maximino's Bulls: Popular Protest after the Mexican Revolution, 1940-1952", art. cit., pp. 175-211.

Muchas izquierdas y una sola Revolución

Hablar de la izquierda en México en esta coyuntura de polarización internacional, es adentrarse en una zona gris, de valores entendidos, acuerdos sigilosos y complicidades furtivas. La gama de organizaciones y de personajes que se consideraban de izquierda en el espectro ideológico de la época era muy amplia: abarcaba desde el PCM hasta la corriente cardenista dentro del PRI, pasando desde luego por la CTM; desde Rodolfo Sánchez Taboada hasta Dionisio Encina, que pese a sus obvias diferencias compartían el "compromiso con las causas populares" y la adhesión a la Revolución mexicana como referencia de origen.

Las tres instituciones representativas de esta agitada familia ideológica eran la corriente cardenista dentro del PRI, la CTM lombardista y el PCM. Eran como un anillo de tres aros sueltos, pero vinculados entre sí; por ejemplo, en más de un caso las diferencias entre comunistas y priistas provocaban conflictos intersindicales, cuando no las tensiones en el interior del PRI provenían de las presiones sindicales. La recomposición del medio obrero se resolvió con la subordinación de la CTM al PRI, la creación del Partido Popular y su integración al sistema de partido hegemónico, y la exclusión del PCM.

Las izquierdas, insistían en la importancia de la unidad, sin embargo, en este sexenio vivieron un proceso de diferenciación que canceló toda posibilidad de una acción conjunta. El expresidente Cárdenas no era miembro del PCM y Lombardo Toledano tampoco, pero ambos representaban corrientes de opinión y grupos de poder que mantenían una fidelidad intelectual y sobre todo emotiva, al proyecto y a la experiencia socialista, del más moderado al más radical, porque veían en ella a un pariente cercano de la Revolución mexicana.[24] El gobierno no podía condenar el comunismo sin atacar a un ala del PRI, y no podía atacar al PRI sin socavar su propia posición.[25] Los

[24] En sus *Apuntes*, entre los años 1947-1952, Lázaro Cárdenas, expresa de manera indirecta su identificación con las causas de las izquierdas de la época; repetidamente comenta disgustado el acercamiento con la Iglesia, el descuido del campesino y la relación excesivamente amistosa del gobierno con Estados Unidos. El 13 de abril de 1949, por ejemplo, escribe: "Sólo la cultura socialista hará de México y de los demás países 'coloniales' naciones verdaderamente libres y progresistas". Lázaro Cárdenas, *op. cit.*, t. II, p. 348.

[25] Sin embargo, el Programa Nacional del PRI incluía la expulsión de todo el que perteneciera a otro partido. El 12 de marzo de 1947, después de la visita del presidente Truman, el secretario general del partido, Teófilo Borunda, convocó a la expulsión de la extrema dere-

comunistas, por su parte, podían acogerse al discurso del nacionalismo revolucionario que articuló Lombardo Toledano, haciendo hincapié en el papel central del Estado y en la resistencia antiimperialista. Pese a los vasos comunicantes que los unían, permanecieron tercamente separados.

El cardenismo en el corazón de la Guerra Fría

El gobierno del presidente Cárdenas revitalizó a la Revolución mexicana. Movilizó a campesinos y obreros, estimuló su organización, distribuyó tierra, aplicó la legislación del trabajo y nacionalizó la industria petrolera. Su imagen quedó firmemente anclada en la imaginación de los mexicanos, lo mismo entre sus detractores que entre sus admiradores, para siempre ligada a la defensa de las clases populares. El término del mandato presidencial no le restó autoridad política ni moral, o capacidad de influencia que utilizaba frecuentemente, para interceder por trabajadores o campesinos ante el presidente de la República. [26] El expresidente poseía un peso político personal, que no le permitía retirarse a la vida privada, y si lo hubiera hecho, su ausencia habría sido un factor a considerar. No tenía la fuerza para oponerse activamente al rumbo que tomaba el país, y tampoco unificaba a todas las corrientes de izquierda, pero tenía una gran capacidad de influencia y amplia autoridad moral. La fuerza de la presencia de Lázaro Cárdenas, aun silenciosa, se explica porque representaba la versión popular y el ideal de la revolución obrerista, campesinista y nacionalista, pero sobre todo, porque a diferencia de Ávila Camacho y de Alemán, estaba convencido de que los gobiernos del PRI habían dejado pendientes muchos compromisos de la Revolución con las clases populares.

Como expresidente, el general Cárdenas desempeñó un doble papel en la formación de la presidencia autoritaria: uno, intangible, pasivo, en el que su figura era el *símbolo* de la revolución inacabada, y su legado se convirtió

---

cha y de la extrema izquierda. La prensa reportó, por una parte, un alud de afiliaciones al PRI, y por la otra, que el partido envió un millón de credenciales a sus oficinas estatales.

[26] Por ejemplo, en sus *Apuntes*, una obra semejante a un *Diario*, Cárdenas anota el 9 de mayo de 1958 que se entrevistó con el presidente Ruiz Cortines y habló a favor de los maestros en huelga. Numerosas son las referencias a situaciones similares con cada uno de sus sucesores, desde Miguel Alemán hasta Adolfo López Mateos. Lázaro Cárdenas, *op. cit.*, t. III: *1957-1966*, México, UNAM (Nueva Biblioteca Mexicana), 1973, p. 39.

en el parámetro a partir del cual los sucesivos presidentes medían la calidad de su ejercicio y su lealtad a la Revolución; y, el otro papel que desempeñó fue como activo censor de sus sucesores, fundado en un intenso compromiso con las causas obreras y campesinas, y con las izquierdas latinoamericanas.

Las intervenciones de Cárdenas en situaciones de conflicto eran normalmente de carácter privado y discretas; pero tenían reverberaciones que llegaban hasta el presidente de la República, ante el cual aparecía como una autoridad rival. Por ejemplo, la ruptura con Alemán fue consecuencia de su intervención a favor de los mineros de Nueva Rosita y Cloete en Coahuila, que en octubre de 1950, estallaron una huelga en demanda de un incremento salarial. La violencia del trato que recibió esta movilización se explica por el contexto: la embestida gubernamental contra las dirigencias sindicales de ferrocarrileros y de petroleros, y de la intensa campaña anticomunista que agitaba al país, y que parecía hacerse eco del macartismo en Estados Unidos, pero también fue consecuencia de una sorda confrontación entre Cárdenas y Alemán.

Rodeados por el ejército, presionados por la empresa que tenía el apoyo de la Secretaría del Trabajo, los mineros que eran miembros del Sindicato Industrial de Trabajadores Mineros, Metalúrgicos y Similares de la República Mexicana (STMMSRM), optaron por movilizar a la opinión pública en su favor y emprendieron la "Caravana del Hambre", en la creencia de que por intermediación del expresidente Cárdenas, serían recibidos por el presidente Alemán. Caminaron 1 400 kilómetros desde Coahuila hasta la Ciudad de México. A su llegada fueron alojados en el estadio Plan Sexenal. El fallo de la Secretaría del Trabajo fue adverso, y el presidente Alemán no los recibió. Este dramático episodio agrió sus relaciones con Cárdenas de manera definitiva.[27] El mensaje que de esta manera envió el presidente al expresidente fue bien claro: su intervención era una interferencia inadmisible.

[27] Lázaro Cárdenas narra en 1958 lo ocurrido siete años antes. "Me pidieron los trabajadores por el C. Presidente, lo que transmití por conducto del C. secretario de Gobernación, don Adolfo Ruiz Cortines, que manifestó estaba concedida la audiencia. Los mineros para justificar su problema y justicia que asistía a sus demandas emprendieron la marcha a pie desde Coahuila hasta la Ciudad de México en caravana y caminata heroica de hombres y mujeres. Se les alojó dentro del parque deportivo "Plan sexenal" y no fueron recibidos por el C. Presidente. Volvieron sintiendo la derrota, no de su causa, sino de una administración del régimen de la Revolución". Lázaro Cárdenas, *op. cit.*, t. III, pp. 40-41.

La experiencia revolucionaria había demostrado que la unidad de la élite era una condición de estabilidad, por lo mismo era un factor que restringía el poder del presidente. Ignorar este acuerdo fundamental acarreaba muchos riesgos. Durante la presidencia de Ávila Camacho, este tema no se planteó pero los cambios que impulsaba el presidente Alemán sacudieron y debilitaron el consenso que había sostenido la armonía en el seno de la élite. En el interior del PRI, Cárdenas se convirtió en el líder de una corriente de opinión, a la que gravitaron los críticos de las reformas avilacamachistas y de las políticas alemanistas. El conflicto Cárdenas-Alemán no se resolvió, sino que se prolongó y se convirtió en una peligrosa fractura.

De manera casi automática, la polarización de la Guerra Fría provocó la reaparición de denuncias y notas ofensivas contra el general Cárdenas en la prensa. Los dos periódicos de mayor circulación en la capital de la República, el *Excélsior* y *El Universal*, y algunos diarios de provincia como *El Informador* de Guadalajara, equiparaban el cardenismo y el comunismo, y denunciaban la participación del expresidente en la vida pública como si sus acciones violaran algún reglamento. El anticardenismo acercaba al PAN a la UNS, a la Iglesia y a las organizaciones de la iniciativa privada. La UNS acusó a Cárdenas de pretender volver al poder. La revista conservadora *La Nación* ofrece un amplio repertorio de los ataques en contra del expresidente, y contra el cardenismo en el que veían un "hervidero de agitadores", y en Cárdenas la personificación de la influencia soviética en México.

Las posiciones y las preferencias de los cardenistas eran más consistentes y estaban mejor articuladas que las de los anticardenistas, que formaban un conjunto heterogéneo; unos eran parte del sector privado, eran pragmáticos y antiestatistas; pero la gran mayoría se adhería a la cruzada anticomunista porque eran católicos, y también porque no querían una confrontación con Estados Unidos. Pese a sus dimensiones nada despreciables, estos grupos adolecían de una notable debilidad política por la falta de coordinación, y la incapacidad de encontrar un líder de la estatura de Cárdenas o de Lombardo, que los unificara. Sólo en coyunturas de crisis, como la que podía provocar el regreso del cardenismo, lograban hacer a un lado sus diferencias y formar un frente amplio de oposición.

El orden internacional de la Guerra Fría y sus implicaciones para la soberanía mexicana, fueron un poderoso incentivo para que Cárdenas volviera a la vida pública. El expresidente asumió la representación de un sentimiento antiamericano que fue en aumento conforme pasaba el tiempo y se acumulaba la evidencia de que era muy poco lo que Estados Unidos estaba dispuesto a hacer por el desarrollo latinoamericano.[28] Desde ahí dirigió su atención y su compromiso a la resistencia antiimperialista, y a la Unión Soviética. Este giro era una novedad, pues, a pesar de los prejuicios y rumores, mientras fue presidente Cárdenas mantuvo a distancia a los comunistas. Prestó oídos sordos a la insistente propuesta de Vicente Lombardo Toledano de formar un frente popular y de concluir una alianza con un PCM convertido al reformismo *browderista*.[29]

A partir de ahí Cárdenas extendió su liderazgo a Centroamérica, y por esa vía se acercó a comunistas latinoamericanos, y construyó una red de contactos con organismos extranjeros, muchos de ellos vinculados al movimiento comunista internacional. En 1948 fue elegido miembro del Comité de Honor del Congreso de Unidad Sindical, y vicepresidente del Consejo Mundial de Paz, una organización promovida por la Unión Soviética.[30] Además, según el propio Cárdenas, a invitación de "personalidades cubanas" —Juan Marinello, líder del Partido Comunista Cubano— en septiembre de 1949 organizó en la ciudad de México el Congreso Continental Americano por la Paz, "contra la guerra y en defensa de las instituciones democráticas de América Latina".[31]Muchos fueron los miembros de la izquierda latinoamericana, que en situaciones de crisis encontraron en Cárdenas un apoyo invaluable, como ocurrió con el depuesto presidente guatemalteco, Jacobo Árbenz en 1954, y con muchos de sus seguidores que, como él, se asilaron en México.

[28] El regusto amargo que dejó la Conferencia de Chapultepec, volvió después de las reuniones interamericanas celebradas en Bogotá en 1948; y en Caracas en 1954.

[29] Earl Browder era miembro del Partido Comunista de Estados Unidos. Durante la guerra desarrolló una interpretación del movimiento comunista internacional que enfatizaba la colaboración de clase y la cooperación con la Unión Soviética. También proponía la renuncia a la vía revolucionaria de acceso al poder. Fue muy influyente en América Latina. Véase Juan Uvaldo Estrada, *El Partido Comunista Mexicano bajo la dirección de Dionisio Encina, 1940-1959*, tesis de doctorado, México, UAM-Iztapalapa, 2002, pp. 74-80. Véase también Luis Javier Garrido, *El Partido de la Revolución Institucionalizada (Medio siglo de poder político en México). La formación del nuevo Estado (1928-1945)*, México, Siglo XXI Editores, 1982, pp.226-227; y Barry Carr, *La izquierda radical a través del siglo XX*, México, Era, 1996.

[30] NARA, CIA, *The World Peace Conference*, mayo de 1954, CIA-RDP 78-00915R0003 00040001-3, NCAP.

[31] Lázaro Cárdenas, *op. cit.,* t. II, p. 311.

Ante los efectos potencialmente desestabilizadores de sus acciones en la política interna, el expresidente canalizó su descontento hacia la política internacional. Esta reorientación se justificaba también porque por esta vía indirecta Cárdenas se deslindaba del gobierno alemanista, pero político cauteloso que era, evitaba los enfrentamientos, sobre todo con el presidente de la República; además, los temas internacionales le ofrecían un margen de acción más amplio. De manera inesperada la opción cardenista "prendió" en la diplomacia mexicana. La reorientación de los intereses de Cárdenas hacia el exterior generó más adelante una suerte de escisión entre la política exterior de la política general del gobierno, y una tensión entre una política exterior progresista y una política interna autoritaria.

El deseo y la necesidad de mantener la armonía de la élite política valían más que la consistencia entre la política interna y la política exterior, y si ésta podía compensar a Cárdenas de los agravios que le causaba el giro conservador del gobierno, valía la pena dejar esos temas, a excepción de la política hacia Estados Unidos, en sus manos. Además, gracias a esta política exterior "progresista", México podía defender su identidad distintiva, cultivar el discurso de la Revolución, convencer a jóvenes revolucionarios de que la Revolución ya estaba en el poder, y ostentarse en el exterior como país defensor de la independencia, la soberanía nacional y las causas progresistas de la humanidad. Este quiebre entre la política exterior y la política interna está detrás de muchas de las inconsistencias de los distintos gobiernos, así como de las duplicidades de la política exterior.

Tal vez se le pueda reprochar a Cárdenas que nunca haya abandonado la ambivalencia que suponía estar en el corazón del discurso legitimador del poder, y en la oposición. Lo cierto es que la antinomia cardenismo/anticardenismo trascendió al propio Cárdenas. Se convirtió en una fractura histórica, un rasgo definitivo del escenario político de la segunda mitad del siglo XX en México y un eje de organización de ideas, actitudes y preferencias políticas.

La oposición leal de la izquierda lombardista

En 1946, Vicente Lombardo Toledano seguía siendo un poderoso líder sindical que, además, durante la guerra había ganado reconocimiento en el movimiento comunista internacional en tanto que secretario general de la Confederación de Trabajadores de América Latina (CTAL), que llegó a afiliar a 300 000 trabajadores. Esta experiencia que él veía como un capital político excepcional, en los primeros tiempos de la Guerra Fría se volvió en su contra y puso fin a su carrera política.

La transición del PRM al PRI fue para Lombardo la oportunidad para impulsar la organización del "verdadero" partido de trabajadores que se había propuesto formar. Ya en abril de 1944, ante el XXII Congreso de la CTM, en Bellas Artes, había dicho: "Debemos organizar totalmente la estructura del Partido de la Revolución Mexicana, que está muerto y desprestigiado, podrido y desaparecido. Tenemos que hacer un nuevo partido en México… que vibre con el pueblo y lo represente con honor".[32]

No obstante, la tarea que se había impuesto no era sencilla porque implicaba dos procesos distintos aunque estrechamente vinculados: restablecer su autoridad sobre los sindicatos, reorganizarlos y redefinir sus funciones, y fundar un partido político que sería el nuevo hogar de la clase obrera mexicana. Estos fines suponían extraer a la CTM del control del PRM, reorganizar la central y crear una vinculación con el nuevo partido, y seguramente lidiar con la hostilidad de Washington, y tal vez con las demandas de Moscú. Sin embargo, el proyecto nació muerto porque se intentó en una de las más difíciles coyunturas de la posguerra: en 1948 la Unión Soviética bloqueó todos los accesos terrestres a Berlín, en 1949 triunfaron los ejércitos de Mao-Tse-Tung, y en 1950 estalló la Guerra de Corea. En estas condiciones las perspectivas de desarrollo en México de un partido afín al bloque soviético eran francamente pobres.

Es probable que la oposición del Departamento de Estado contribuyera a malograr la propuesta del nuevo partido de Lombardo Toledano. El embajador Messersmith vio en esa iniciativa la confirmación de que la Unión Soviética quería provocar problemas a Estados Unidos en su esfera de influencia. Desde enero de 1946 el embajador en México informó al subsecretario del Departamento de Estado Spruille Braden, con gran alarma y como noticia que ameritaba atención inmediata, acerca de la primera reunión del partido lombardista. El 1º de febrero el diplomático transmitió a Washington el primer proyecto del Partido Mexicano del Trabajo, menos de una hora después de que el propio Lombardo lo presentara a un pequeño grupo de

[32] Citado en Rosendo Bolívar Meza, "La mesa redonda de los marxistas mexicanos: el Partido Popular y el Partido Popular Socialista", *Estudios de Historia Moderna y Contemporánea de México*, 16 (1993), p. 196.

allegados.[33] El proyecto provocó gran inquietud al embajador Messersmith, y dio pie a una coincidencia de intereses con la presidencia mexicana que también vio en la coyuntura la oportunidad de neutralizar a Lombardo, y de someter a la CTM a la autoridad presidencial.

Según Messersmith, el partido sería una organización marxista, que aunque no tuviera ese título formalmente, podría causarles problemas en toda la región porque la intención de Lombardo era que se formaran partidos semejantes en toda América Latina. "(Lombardo) Es más comunista hoy que los comunistas en Rusia y este partido será más importante en otros países de América Latina que en México".[34] La noticia era de envergadura porque la instalación de un "agente enemigo" en el corazón de la esfera de influencia de Estados Unidos, era una amenaza directa a su seguridad. Ahora bien, la verosimilitud de esta información dependía del vínculo de Lombardo con la Unión Soviética, el cual también sería determinante de la acción que tomarían para frenar el proyecto.

En enero de 1947 Lombardo convocó las "Mesas de marxistas mexicanos" con el propósito de "determinar una acción común en el movimiento obrero y en el movimiento campesino" ante el abandono de "la lucha por parte del sector revolucionario". A partir de estas reflexiones y después de afirmar que mantenía una estrecha amistad con el presidente Alemán,[35]

[33] El embajador Messersmith se puso tan nervioso con esta información que le pidió a Braden que destruyera la carta una vez leída. Como es evidente, Braden ignoró el ruego. BLHU, "From George Messersmith to Spruille Braden", January 31, 1946. Top Secret, Department of State, Division of Mexican Affairs, Reel 3 1003.

[34] "Lombardo Toledano solía repetir que no pertenecía al Partido Comunista, lo que era cierto, pero no necesitaba pertenecer a él para contraer un compromiso con la dirección de los sindicatos soviéticos y de la Internacional Comunista, animado por una genuina admiración por el régimen construido después de la Revolución de octubre de 1917". Daniela Spenser, "La cimentación de la Confederación de Trabajadores de México", *Tzintzun. Revista de Estudios Históricos*, núm. 60, julio-diciembre de 2014, pp. 255-256. "La Internacional Comunista veía en él y en la CCGOM a los verdaderos representantes del frente popular (1935). Lombardo no se veía a sí mismo... como comunista, pero "aseguró a sus interlocutores soviéticos que podían tener la seguridad de que en lo sucesivo sería un verdadero defensor de la obra que ha realizado la URSS". Daniela Spenser, "El viaje de Vicente Lombardo Toledano al mundo del porvenir", *Desacatos*, núm. 34, septiembre-diciembre de 2010, p. 87.

[35] En el IV Congreso Ordinario de la CTM, Lombardo sostuvo: "Alemán es fruto de Ávila Camacho y de Cárdenas y eso lo honra. Tiene personalidad propia, ideales propios, inteligencia propia... Yo soy amigo sincero, en lo personal de Miguel Alemán y eso me honra... Nuestra alianza con Alemán es profunda, no sólo para pedir sino para dar...".

Lombardo Toledano introdujo el proyecto de su partido como producto de la tradición de la Revolución mexicana, y reiteró que más que ser una oposición, pretendía ser una especie de conciencia crítica constructiva. Insistía en que no se trataba de incorporar a México a la esfera soviética. "En México no vamos a sovietizar el gobierno, en México vamos a hacer una simple alianza popular para defender los intereses de la Revolución mexicana".[36]

En 1946-1947 la central sindical ya no era la poderosa organización que dictaba condiciones al presidente. La habían debilitado las luchas intestinas y la falta de liderazgo que provocó la ausencia de Lombardo, que durante la guerra se dedicó casi exclusivamente a la CTAL.[37] Lombardo actuaba, sin embargo, según los lineamientos de Moscú que indicaban que había que continuar la cooperación con los partidos burgueses tal y como se había establecido durante la guerra. Lanzó su proyecto con la idea de apoyarse en el PRI, y la esperanza de atraer al nuevo partido a los grandes sindicatos de industria que habían desertado de la CTM. Sin embargo, en unos cuantos meses, la agudización de las tensiones soviéticoamericanas indujo nuevas estrategias y disposiciones que dieron por terminada la cooperación con los no comunistas. Esta decisión selló el destino del proyecto de Lombardo.

Las relaciones de Lombardo Toledano con Moscú eran materia de rumores y especulación; no obstante, no hay duda de que hubo momentos de gran cercanía. Desde los años treinta Vicente Lombardo Toledano mantenía una relación privilegiada con la Internacional Comunista, mucho más intensa y consistente que la que sostenía la Comintern con el PCM.[38] Según él mismo dijo a los Wilkie, había visitado Moscú, "20 o 30 veces en esos

---

Víctor Manuel Villaseñor, *Memorias de un hombre de izquierda*, v. II: *De Ávila Camacho a Echeverría*, México, Grijalbo, 1976, p. 112. "La actitud conciliadora de Lombardo llegó a límites extremos al sustentar la tesis de que el PP no sería un partido de oposición al gobierno, sino un colaborador que aplaudiría sus aciertos y criticaría sus desvíos, además de que el PP caminaría junto al PRI en bien de la Revolución mexicana". Durand Ponte, art. cit., p. 186.

[36] Citado en Rosendo Bolívar Meza, "La mesa redonda de los marxistas mexicanos: el Partido Popular y el Partido Popular Socialista", *Estudios de historia moderna y contemporánea de México*, 16 (1993), p. 195.

[37] Entre 1943 y 1947 las actividades como presidente de la CTAL mantuvieron a Lombardo fuera de México por largas temporadas. Véase Daniela Spenser, *En combate: la vida de Lombardo Toledano*, México, Debate, 2018, pp. 247-258.

[38] *Idem.* Véase también Víctor Jéifets y Lázar Jéifets, "Los archivos rusos revelan secretos: el movimiento de izquierda latinoamericana a la luz de los documentos de la Internacional Comunista", *Anuario Americanista Europeo*, núm. 8, 2010, p. 53

años",[39] y formaba parte de organizaciones identificadas con la Internacional Comunista, por ejemplo, en 1945 fue elegido a una de las vicepresidencias de la Federación Sindical Mundial. Esa posición sólo podía alcanzarla una persona que tuviera el apoyo y la confianza de Moscú.[40]

Lombardo nunca aceptó que fuera comunista, pero sus planteamientos se inspiraban en el marxismo leninismo, y desde la perspectiva estadunidense representaban un riesgo porque gracias a la CTAL sus palabras tenían una amplia resonancia entre los latinoamericanos.[41] Siempre atento a la oportunidad, el presidente Alemán se mostró favorable al proyecto de partido político de Lombardo, una de cuyas consecuencias podía ser el fin de su influencia sobre el movimiento obrero. Por otra parte, el presidente aprovechó la debilidad de la CTM para brindarle su apoyo, contribuir a frenar el desmantelamiento que la amenazaba y asegurarse el respaldo de la central; hizo lo mismo con las ambiciones de Lombardo Toledano y lo llevó a descuidar el frente sindical a cambio de las promesas de un gran partido de trabajadores. Además, Alemán hizo valer su autoridad de jefe del Ejecutivo y mantuvo la presión sobre los sindicatos rebeldes que ponían en riesgo su proyecto económico, pero vio en esta movilización sindical la oportunidad de deshacerse de dirigencias que estaban bajo la influencia del PCM, para luego intervenir en la integración de los comités de dirección de las organizaciones obreras.

Lombardo rompió con la CTM en marzo de 1947, cuando criticó severamente un paro convocado por los sindicatos disidentes.[42] Todo sugiere que

[39] Wilkie y Wilkie, *México visto en el siglo XX*, *op. cit.*, p. 297.

[40] Los documentos de Venona reproducen una cita de una militante comunista, Adelina Zendejas, que con el incidente de Orive Alba (*infra* p. 306 n. 53) —a quien Miguel Alemán nombró secretario de Recursos Hidráulicos, puesto en el que permaneció seis años— muestran cómo Lombardo Toledano daba órdenes a los comunistas. Es decir, lo reconocían como un portavoz autorizado de Moscú. Guillermo Sheridan, "Rescatando a Mercader (Un episodio del espionaje soviético en México)", *Letras Libres*, año VIII, núm. 87, marzo de 2006, pp. 62-69.

[41] No obstante, el autor de ese informe anotaba que la CTAL había perdido mucha de su influencia en la región por efecto de la embestida de los sindicatos estadunidenses miembros de la AFL. NA, "The ideology of Sr. Lombardo Toledano", 31st August, 1948, FO 371/68002.

[42] "Yo soy enemigo de los paros con fines de chantaje político; soy enemigo de los paros para fines de provocación; soy enemigo de los paros para fines espurios que no son los fines del movimiento obrero y, sobre todo soy enemigo de los paros que conducen al fracaso". Citado en Gerardo Peláez Ramos, "Pre-charrazo en el sindicato petrolero"; en: <http://apia-virtual.com/2014/11/08/1947-precharrazo-en-el-sindicato-petrolero>.

estuvo dispuesto a sacrificar la autonomía sindical a su partido. Si se quedaba en el medio obrero corría el riesgo de un enfrentamiento con el presidente Alemán que estaba determinado a controlar a las dirigencias sindicales. Si acaso algo así llegara a ocurrir, el partido del lombardismo no tendría ninguna posibilidad de existir. Por las razones que haya sido, lo cierto es que la izquierda mexicana pagó un precio muy alto con la fundación del Partido Popular que no sólo no unificó a las izquierdas, sino que se convirtió en un factor permanente de división, y se desarrolló como una oposición leal de izquierda, de la que también formaba parte la corriente cardenista del PRI.

La causa perdida del comunismo mexicano

En el contexto de la inmediata posguerra en México, la posición del PCM era incierta. La alianza del Estado mexicano con Estados Unidos lo condenaba a la marginación, pero la retórica revolucionaria los redimía. Esta ambivalencia fijaba metas contradictorias y distorsionaba sus estrategias. En la historia del PCM, desde su fundación en 1919 hasta los años ochenta, hay muchos episodios que sugieren que el difícil destino de este partido fue también resultado de sus propias decisiones y de su incapacidad para actuar con independencia ya fuera del comunismo internacional o del ala radical de la élite política mexicana.[43]

El PCM vivió sus mejores años durante el gobierno del presidente Cárdenas, cuando llegó a tener 17 000 miembros con credencial.[44] Encontró simpatizantes y apoyo entre artistas, intelectuales y universitarios, muchos de ellos funcionarios públicos, pero en los medios obrero y campesino no tuvo

[43] Véase, por ejemplo, Horacio Crespo, "El comunismo mexicano y la lucha por la paz en los inicios de la Guerra Fría", *Historia Mexicana*, 66 (2016), pp. 653-723; véase también, Barry Carr, "The Fate of the Vanguard under a Revolutionary State: Marxism's contribution to the Construction of the Great Arch", en adelante: "The Fate of the Vanguard under a Revolutionary State", en Joseph y Nugent (eds.), *op. cit.*, pp. 326-354.

[44] Esta cifra aparece en documentos del PCM, pero es distinta de la que registran los servicios de inteligencia de Estados Unidos que hablan de 10 000. Partido Comunista Mexicano, *PCM Records 1950-1958,* Folder 1-4, BLUC, Manuscript Collection. También difiere de los 30 000 que cita Karl Schmitt en *Communism in Mexico. A Study in Political Frustration*, Austin, University of Texas, 1965, p. 33.

mucho éxito.[45] Esta desconexión de la clase social que decían representar se acentuó en la posguerra, entre otras razones porque la confusión se había apoderado de un partido que creía vivir en un régimen revolucionario, con el que se empeñaba en colaborar y a cuya supervivencia pensaba que debía contribuir, pese a que lo hostilizaba.[46] Por ejemplo, todavía en febrero de 1949 el PCM le propuso al PRI y al PP la formación de un "frente único democrático y patriótico" para participar en la elección.[47] Su invitación quedó sin respuesta. Para entonces el PCM había dejado de apoyar la alianza con Estados Unidos, y pretendía organizar la resistencia contra el imperialismo yanqui.

El ánimo radical que había vigorizado al PCM desapareció durante la guerra, entonces la membresía del partido se vino abajo; en 1945 no pasaba de 3000 inscritos. En cambio las redes de relaciones personales entre los comunistas y la élite en el poder no desaparecieron, pero en lugar de que estos vínculos se tradujeran en capacidad de influencia ataron a los comunistas a las necesidades del régimen.[48] El PCM derivaba algunos privilegios de su relación con la élite, pero sus afiliados no estaban exentos de la persecu-

[45] "Otra crítica que podemos hacer es que no hemos aprovechado el descontento de las masas hacia el régimen actual [...] Como no hemos aprovechado el sentimiento popular contra el imperialismo yankee y la represión, nuestro partido no ha participado en la lucha popular, al menos no como debería hacerlo desde una posición de liderazgo. NARA," "Instrucciones para los delegados asistentes al Congreso del Comité del Distrito Federal del PCM", Office of American Republics Affairs, CIA RDP82-002100700011.

[46] "De 1946 a 1950 el PCM se vio envuelto, como otros partidos comunistas, en una coyuntura sumamente cambiante. De la Gran Alianza en la Segunda Guerra Mundial a la Guerra Fría, y en el plano interno de la convivencia con Fidel Velázquez y compañía a la expulsión de los lombardistas de la CTM y la *charrificación* del movimiento obrero; de la existencia del PCM como único partido de izquierda a la formación del PP y del PCOM, y la incapacidad de la dirección de Encina para hacer los ajustes necesarios y colocar al partido como una fuerza influyente. La ideología de la Revolución mexicana continuó atrapando a los *stalinistas* mexicanos". Gerardo Peláez Ramos, "Guerra Fría, comunismo y sindicatos en México (1946-1950)"; en: <www.lahaine.org/62/peláez_guerrafria.PDF>.

[47] "Partidos Políticos. Frente Único Democrático", *Tiempo*, vol. XVI, núm. 355, 18 de febrero de 1949, p. IV.

[48] "Las similitudes entre el estilo y la estructura de la 'política priista' en México y la cultura política del marxismo y del comunismo facilitó el movimiento de este último a aquél. Esto explica por qué la transición fue indolora. Ejemplos bien conocidos son Enrique Ramírez y Ramírez (vía el PP), Ángel Olivo, Germán Parra y Octaviano Campos Salas. No era nada más un chiste el dicho de que el PCM era la escuela de cuadros del PRI". Carr, "The Fate of the Vanguard under a Revolutionary State", *op. cit.*, p. 339.

ción policíaca o de repetidas estancias en la cárcel. Los líderes reconocían la debilidad que representaba la inexistencia de vínculos con la clase obrera. En diciembre de 1948 el Buró Político del PCM elaboró un documento de discusión para el V Congreso Ordinario del Comité del D.F., en el que planteó la necesidad de hacer proselitismo entre los trabajadores y poner fin a su dependencia financiera de "la burguesía, funcionarios y políticos".[49]

El PCM vivía bajo la tutela de dos personajes externos a la organización, Lázaro Cárdenas y Vicente Lombardo Toledano; aunque ninguno de ellos estaba precisa y explícitamente comprometido con sus causas o con su supervivencia. Los vínculos entre los comunistas y la élite política fueron aprovechados por el movimiento comunista internacional que tenía en México un lugar seguro, y, en caso de necesidad, un refugio, donde además tenía acceso a personajes influyentes, en primer lugar, Lázaro Cárdenas. El gobierno no parecía percatarse de la flagrante contradicción entre el respeto y la hospitalidad con que eran recibidas delegaciones asistentes a las numerosas reuniones que celebraron comunistas de todo el mundo en la Ciudad de México, y la violencia que ese mismo gobierno ejercía contra los comunistas mexicanos que eran vigilados, perseguidos y encarcelados por acciones menos vistosas que una reunión internacional.

Esta contradicción es un enigma difícil de descifrar, al igual que la duplicidad del gobierno mexicano que formaba parte de la alianza anticomunista que encabezaba Estados Unidos, y, al mismo tiempo apoyaba al movimiento comunista internacional con el respaldo a sus reuniones, a los viajes de sus simpatizantes e, incluso, con financiamiento de sus organizaciones, concretamente a CTAL. Hasta ahora la mejor explicación de estas contradicciones tiene que ver con la decisión de mantener la armonía en el seno de la élite, dejando la política exterior en manos del cardenismo.

La evidente ambivalencia sorprendía a las embajadas extranjeras. Por ejemplo, en abril de 1950 el Ministerio de Relaciones Exteriores del Reino Unido requería del embajador en México mayor información acerca de la carta de apoyo de la SRE a la solicitud de visa de Heriberto Jara para viajar a Helsinki. (Había solicitado lo mismo a la embajada sueca para desconcierto del embajador.) El motivo declarado del viaje, según Jara, era turismo, pero

[49] NARA, "Instrucciones para los delegados asistentes al Congreso del Comité del Distrito Federal del PCM", Office of American Republics Affairs, CIA RDP82-002100700011.

su verdadera intención era asistir a un Congreso para la Paz, organizado por Moscú. Los diplomáticos extranjeros querían estar seguros de que el gobierno mexicano lo sabía,[50] y seguramente se preguntaban cómo era posible que el mismo gobierno que había metido a la cárcel a Valentín Campa y lo había condenado a nueve años de prisión por organizar una huelga, apoyara los encuentros de miembros notables de la élite cardenista con comunistas, y acogiera en su territorio a comunistas de todo el mundo.

De 1940 a 1962 el PCM atravesó una época de "discordia, desunión y declinación"[51] y hasta los años setenta fue una minoría vacilante que no logró imponerse a las tradiciones de la Revolución mexicana ni a sus revolucionarios. La posición de los comunistas en el sistema político era ambigua: formaban parte con la élite en el poder de una misma tradición general, compartían con ella la creencia en la superioridad de la vía revolucionaria, hablaban de lucha de clases, denunciaban a la burguesía y al imperialismo, pero se separaban cuando los priistas defendían que México ya tenía su revolución y no necesitaba "ideas extrañas". Sin embargo, el gobierno no podía condenar los métodos de la lucha revolucionaria porque se sostenía en esa legitimidad y la celebraba incluso como moralmente superior a la que derivaba de las urnas, que siempre estaba bajo sospecha.

Durante el avilacamachismo, muchos de los antiguos cardenistas mantuvieron sus vínculos con los comunistas; pensaban que así podían hacer contrapeso a las fuerzas conservadoras que habían ganado influencia durante la guerra. La búsqueda de un equilibrio frente a la cada vez más íntima relación con Estados Unidos, y a la coalición conservadora que encabezaban la Iglesia católica y los grupos empresariales, los condujo a prolongar su apoyo al PCM hasta los años cincuenta. Así se explica que en las listas de los contribuyentes al partido o de los suscriptores a sus publicaciones aparezcan los nombres de miembros del gabinete presidencial, de funcionarios públicos de alto nivel, y de personajes distinguidos de la época.[52] Por ejemplo, según los archivos del partido, en 1955 eran suscriptores de *La Voz de México*

[50] NA, Registry no. PR 63/6, June 5th, 1950, FO 371/60955.

[51] Citado en Horacio Crespo, art. cit., p. 654.

[52] Asimismo aparecen distinguidos artistas, intelectuales y universitarios de la época, por ejemplo, el cineasta Gabriel Figueroa, el pintor Roberto Montenegro, el ensayista Alfonso Reyes, el historiador José Iturriaga, el economista Alfredo Navarrete, la actriz Leticia Palma, la historiadora Eulalia Guzmán, el poeta Enrique González Rojo y muchos más. Partido Comunista Mexicano, *PCM Records 1950-1958*, Folder 1B, Frames 0001-11200-283,

tres exsecretarios de Educación: Narciso Bassols, Alberto Bremauntz, e Ignacio García Téllez, y un exsubsecretario, Luis Chávez Orozco; miembros del gabinete presidencial como el doctor Gustavo Baz secretario de Salubridad y Walter Buchanan, subsecretario de Comunicaciones, funcionarios de alto nivel como José Iturriaga y Ricardo J. Zevada.[53] También figuraban todos los artistas miembros del Taller de la Gráfica Popular, encabezados por los pintores Diego Rivera, Jesús Guerrero Galván y David Alfaro Siqueiros.

Los comunistas mexicanos oscilaban entre el reconocimiento de su identificación muchas veces tenue, con la Revolución mexicana, y el violento rechazo del PRI y del gobierno que, a su vez, los repudiaban porque representaban una "influencia extranjera", enemiga de la nacionalidad mexicana. La debilidad de los comunistas no fue sólo resultado de la represión gubernamental, también fueron víctimas de las contradicciones de una izquierda oficial que defendía una identidad que ya sólo era nominal, pero que había concluido un compromiso no explícito con el ala conservadora de la élite política.

El Partido Revolucionario Institucional, el yin *y* yang *de la política*

La decisión de Lombardo de abandonar el PRI, dejó el campo abierto para que el partido fuera recuperado por el presidente Alemán, quien le dio su nueva orientación e identidad. En 1947 el partido estaba en un estado de gran debilidad. El cambio de liderazgo que implicaba la escisión lombardista

1-576MS/Coll\Mexican Communist Party, MS#0982, ID. NYCR 89-A600, BLCU, Manuscript Collection.

[53] El involucramiento de altos funcionarios del gobierno con el PCM podía ser muy profundo. Adolfo Orive Alba era secretario de la Comisión Nacional de Irrigación durante la guerra; no obstante, participó en la operación secreta que emprendió la KGB en México en mayo-junio de 1944, para rescatar al asesino de Trotsky que estaba preso en una cárcel mexicana, Ramón Mercader. Según los Documentos Venona de la inteligencia soviética, cuyo código fue descifrado por los servicios de inteligencia de Estados Unidos en 1994, en junio de 1944 Orive Alba se preparaba a recibir una fuerte cantidad de dinero del primer secretario de la embajada soviética en la Ciudad de México, destinada a corromper a los guardias de Mercader. Sin embargo, Vicente Lombardo Toledano le prohibió tomar el dinero. "Nos explicó que el pago de una suma así atraería de inmediato la atención hacia OKH" (Orive Alba). Citado en Guillermo Sheridan, "Rescatando a Mercader (Un episodio del espionaje soviético en México)", *Letras Libres*, año VIII, núm. 87, marzo de 2006, p. 66.

lo desestabilizó tanto como la creciente rivalidad entre el sector obrero y las clases medias que habían ingresado a la CNOP, desde donde influían cada vez más sobre la orientación general del partido. El PRI inició una transición en la que se desprendió una franja de su ala izquierda, se integraron a sus filas profesionistas de clase media y grupos urbanos que modificaron definitivamente el perfil del partido. El PRI dejó de ser un *frente* de intereses regionales y gremiales y se convirtió en un partido de masas. En esas circunstancias de cambio y ajustes quienes provenían del PRM tenían que aprender un nuevo discurso y adaptarse a los universitarios que llegaban con Alemán. También era preciso definir las relaciones entre el partido y el gobierno, el partido y los gobernadores, el partido y sindicatos, ligas agrarias y grupos urbanos.

La primera medida del presidente Alemán para estabilizar al PRI fue nombrar en la presidencia de la organización al general Rodolfo Sánchez Taboada.[54] Esta designación tenía muchas implicaciones. Primero, era un guiño al ejército; la oficialía no podía ignorar que el presidente había otorgado a uno de los suyos una de las posiciones políticas más importantes del país. Sin embargo, como se dijo antes, en lugar de que esta decisión asegurara capacidad de influencia y autonomía al ejército, transfirió a la presidencia del PRI el principio de obediencia que rige la disciplina de las fuerzas armadas, cuyo jefe supremo es el presidente de la República. Alemán podía contar con la lealtad y la disciplina del presidente de su partido, y éste esperaría lo mismo de los militantes. Los tres presidentes que sucedieron a Sánchez Taboada al frente del PRI también fueron militares.[55] El presidente Gustavo Díaz Ordaz fue el primero en nombrar a un civil a esa posición: Carlos Madrazo.

Alemán condujo la evolución del PRI, y lo convirtió en un modelo alternativo a los partidos de trabajadores que se formaron en el mismo periodo

[54] Poblano, militar de carrera, fue gobernador del Territorio Norte de Baja California de 1937 a 1944, un destino difícil que posiblemente se haya ganado por formar parte del contingente que combatió el zapatismo en el estado de Morelos. El 30 de noviembre de 1946 fue electo presidente del comité del Distrito Federal del PRI, y el 5 de diciembre del CEN del mismo, donde permaneció hasta diciembre de 1952. Ese año fue ascendido a general de brigada, y el 1° de diciembre del mismo año, secretario de Marina. Su biografía sugiere lejanía del general Cárdenas, de quien fue ayudante personal en 1936. Puede pensarse que así fue y que por esa razón Alemán lo invitó a integrarse a su equipo.

[55] Gabriel Leyva Velázquez, 1952-1956; Agustín Olachea, 1956-1958; y Alfonso Corona del Rosal, 1958-1964.

en otros países de América Latina; no era una organización de clase, ni el ariete obrero contra la burguesía, sino un agente de reconciliación social, pluriclasista, nacionalista sin ser antiimperialista, y decididamente anticomunista. Más que representar los intereses de la clase trabajadora era una máquina de movilización de apoyo al presidente y desmovilización de la protesta. De mayor importancia era el hecho de que el PRI tenía una función crucial de estabilización, en la medida que ofrecía mecanismos para resolver la disputa por el poder. De ahí que una de sus funciones principales fuera enmarcar las relaciones de la élite política y fomentar su unidad.

En el primer trienio del alemanismo, la misión fundamental del partido era construir la figura presidencial, y hacer de Miguel Alemán un líder proteico y todopoderoso, pero básicamente un padre generoso y admirable. En palabras de Rodolfo Sánchez Taboada:

> Nuestro primer magistrado lucha con tenacidad, trabaja incansablemente para darnos libertades, para hacernos justicia, para proporcionarnos prosperidad [...]trabaja para hacer más productivas nuestras tierras, y más transitables nuestros caminos, pugna por la educación del pueblo y se desvela por hacer inviolables y seguros nuestros caminos; consume su vida en un esfuerzo supremo por erradicar la fiebre aftosa...[56]

La figura del presidente era uno de los temas centrales de Sánchez Taboada, y como en este caso, con frecuencia la exagerada adulación lo ponía a un paso del culto a la personalidad.

Después de la visita del presidente Truman la denuncia anticomunista fue la única noción ideológica dura presente en el discurso oficial.[57] En 1950 durante la asamblea de comités ejecutivo regionales, Sánchez Taboada

[56] "Discurso de clausura pronunciado por el C. Presidente del Comité Central Ejecutivo del Partido Revolucionario Institucional, Gral. Rodolfo Sánchez Taboada", en ICAP, *op. cit.*, t. V., p. 607.

[57] Desde el 12 de marzo de 1947 el nuevo programa de gobierno del PRI incluía la inmediata expulsión de quien perteneciera a otro partido. Después de esta declaración la prensa reportó que muchas personas se inscribieron en el partido. El primer secretario de la Embajada de Estados Unidos en México especula que los comunistas del PRI no van a renunciar, sino que sólo no se registrarían. NARA, US Embassy in Mexico City, "Walter S. Washington to Secretary of State", March 31st 1947, Department of State, Office of American Republics Affairs, 812.00/3-1947.

después del "juramento de rigor", por así llamarlo: "proclamamos nuestra creencia en la democracia... [y que] sobre todas las cosas amamos la libertad y no aceptamos ningún imperialismo... que no somos ni seremos comunistas",[58] definió el partido como una organización sin identidad precisa: "Un conjunto de voluntades ciudadanas, abiertas a todos los horizontes de México y orientadas a lograr, mediante el esfuerzo común, la unidad de todos los mexicanos". Y añadió "bajo el signo de la VERDAD REVOLUCIONARIA MEXICANA". "Nuestro partido no tiene, ni podrá tener nunca, una simple misión electoral... el mejor programa de nuestro Partido está contenido en la Constitución General de la República... que en ella se expresa el alma entera de la Nación...".[59]

La relación de subordinación del PRI al presidente Alemán se desarrolló desde la campaña presidencial de 1945-1946, en la que el partido tuvo un papel limitado frente al Comité Nacional Alemanista. Desde sus inicios el PRI se vio a sí mismo como un instrumento sin voluntad ni ideas propias, y, a diferencia del partido que, representado por Lombardo Toledano, en junio de 1945 había comprometido al candidato Alemán con su programa, el PRI se declaró: "Identificado plenamente con el programa revolucionario del señor licenciado Miguel Alemán, el Partido no ha vacilado en prestar su más amplia y leal colaboración al régimen que dirige los destinos de la patria".[60]

Una de las principales debilidades del partido era que estaba totalmente excluido de la elaboración de las políticas del gobierno. El PRI era fundamentalmente un instrumento para controlar la participación y la representación políticas, para estabilizar un país que estaba en pleno proceso de cambio social y económico. En ese entorno cumplía las funciones de un amortiguador de conflictos en diferentes niveles, porque ofrecía una vía de inclusión institucional, y en más de un caso era un árbitro entre intereses contrarios. No obstante, rara vez intervenía en el proceso de decisiones del Poder Ejecutivo. El partido no participaba en el diseño de las políticas de gobierno, pero el presidente Alemán le atribuyó un conjunto de funciones muy importante para el desarrollo institucional del sistema político. Primero, con apoyo gubernamental, el PRI accedió a todas las regiones y a todos

[58] "Discurso de clausura pronunciado por el C. Presidente del Comité Central Ejecutivo del Partido Revolucionario Institucional, Gral. Rodolfo Sánchez Taboada", en ICAP, *op. cit.*, t. V, pp. 601 y 608.

[59] *Ibid.*, p. 601.

[60] *Ibid.*, p. 607.

los estados del país, y se constituyó en vehículo de la autoridad presidencial. Su expansión corrió paralela a la del Estado. Esta coincidencia propició la confusión entre Estado y partido, y entre partido y gobierno; así ocurría cuando el presidente enviaba a un dirigente del PRI en su representación a una ceremonia oficial. Segundo, la organización sectorial del PRI, que pese a la reforma avilacamachista no había sido desmantelada, fue decisiva para que el presidente llevara a cabo su proyecto de centralización política, porque las corporaciones, la CTM, la CNC, la CNOP eran organizaciones nacionales que atravesaban las fronteras estatales y se imponían a la autoridad de los gobernadores. Así, el sector al que estuviera adscrito el sindicato, la liga agraria o la organización a la que le correspondía un determinado distrito, elegía a sus candidatos independientemente de los deseos de los gobernadores. Estos representantes priistas depositaban su lealtad en el presidente.[61]

La Ley Federal Electoral de 1946 reforzó el proceso centralizador, así como los Estatutos del PRI,[62] que pusieron fin a la costumbre de que con plena autonomía, sin acuerdo ni concierto, gobernadores, munícipes y caciques locales distribuían diputaciones y senadurías.[63] Este cambio no aseguró el funcionamiento de procedimientos democráticos, sino que abrió el camino para que el presidente de la República se arrogara la autoridad de designar a los candidatos. Así ocurrió en las dos ocasiones en que se celebraron elecciones primarias y por voto individual en el seno del PRI, en 1946 y en 1949. La reforma de 1950 a los Estatutos del partido y el regreso al método

[61] A ojos de la opinión pública las diputaciones y las senadurías eran canonjías que otorgaba el presidente, de ahí que se le solicitaran como quien pedía una concesión gasolinera o un subsidio. Este tipo de peticiones abundan en los archivos presidenciales, de los secretarios particulares como Rogelio de la Selva, o secretarios de Estado como Ramón Beteta. Por ejemplo, el 10 de febrero de 1949, el expresidente Pascual Ortiz Rubio envió al presidente Alemán una recomendación a favor de Luis G. Franco, que aspiraba a una diputación federal. AGN, Galería 3, Ramo presidentes, "De Pascual Ortiz Rubio a Miguel Alemán", 8 de abril de1949, 544.4/8.

[62] Luis Javier Garrido, "El partido del Estado ante la sucesión presidencial en México (1929-1987)", *Revista Mexicana de Sociología*, núm. 3, 1987, pp. 59-82.

[63] Álvaro Arreola Ayala, *Legislación electoral y partidos políticos en la República Mexicana, 1917-1945*, México, INEHRM, 2015, pp. 193-330. Según Rogelio Hernández, en los estados el PRI funcionó de manera muy distinta a como funcionaba en el centro del país. Entre los órganos del partido y las instituciones locales —la Cámara de Diputados, las alcaldías, incluso las universidades ahí donde las había— se desarrollaron relaciones muy estrechas que podían ser la base de una oposición al centro. Hernández, "La historia moderna del PRI", pp. 284-285.

de las convenciones no modificó la autoridad que había adquirido el presidente en ese respecto.

En el legado de Miguel Alemán a sus sucesores, destaca la envidiable prerrogativa de intervenir en el reclutamiento del personal político, que se vio reforzada por "los estatutos abiertamente antidemocráticos"[64] del PRI expedidos en 1950. Desde 1952, en principio, los aspirantes a gobernadores, senadores, diputados federales y locales, o presidentes municipales eran elegidos por el voto corporativo en grandes convenciones partidistas, pero en realidad eran designados por la dirigencia del PRI, y muchos de ellos, por el mismo presidente de la República que derivaba de esta práctica la incondicional lealtad de los "representantes populares".

La intervención presidencial en la designación de los candidatos a cargos de elección, y el principio de no reelección "[fueron] una herramienta fundamental" en la construcción del presidencialismo porque "impidie[ron] la formación de una clase política con fuerza y legitimidad propias [...] La mexicana fue una clase política tutelada por el jefe del Ejecutivo y estructurada a partir de su disciplina al centro".[65]

LA OFENSIVA NACIONAL-CATÓLICA

En la inmediata posguerra, el anticomunismo en México era más vigoroso y estaba más extendido que la influencia de los comunistas; había brotado en la cultura política mucho antes de que se concluyera la alianza con Estados Unidos, así que su presencia en el discurso nacionalista de la posguerra no fue una imposición de Washington.[66] Los presidentes Calles y Cárdenas, cada uno en su momento, fueron acusados de comunistas, el primero por el

[64] Garrido, art. cit., p. 66.

[65] Jacqueline Peschard, "La dimensión federal de la democratización electoral", en Jacqueline Peschard (coord.), *El federalismo electoral en México*, México, Cámara de Diputados, LX Legislatura / UNAM / Miguel Ángel Porrúa, 2008, pp. 19-170.

[66] La Resolución XXXII del acta final de la Conferencia de Bogotá, celebrada en marzo de 1948, estipulaba que era urgente que se adoptaran medidas para evitar la interferencia en los países del hemisferio del comunismo internacional, y de gobiernos, "organizaciones o individuos que tienden a derribar sus instituciones con violencia, fomentan el desorden en la vida política interna, o perturban el derecho libre y soberano de los gobiernos" a sus aspiraciones democráticas mediante presiones, propaganda subversiva o amenazas. "The Ninth International. Conference of American States held at Bogotá, Colombia. March 30-May 2,

conflicto con la Iglesia, y el segundo por sus políticas agraria, educativa y hasta exterior. En 1950 la ofensiva del anticomunismo católico en México fue una prueba más de la interacción entre el contexto externo y la política nacional, porque el anticomunismo mexicano de esos años se articuló a través de símbolos religiosos, y se activó como el capítulo local de la cruzada internacional contra el comunismo que emprendió el papa Pío XII.[67]

La ofensiva nacional-católica consistía en una amplia campaña de propaganda que iba del púlpito al puesto de periódicos, a la organización de grupos de oración y a la promoción de instituciones como Acción Católica, fomentaba una cultura tradicional que difundía una idea jerarquizada de la sociedad; también favorecía una versión premoderna del presidencialismo como una forma de paternalismo que trataba a los ciudadanos como eternos menores de edad. El énfasis en la religiosidad de la sociedad apoyaba la política de despolitización que impulsaba el presidente de la República, y reforzaba la convicción de que la religión y la Iglesia eran la materia prima de la armadura moral que protegía a las sociedades y a los individuos del virus del comunismo.[68] Más o menos en esos términos se planteó esa guerra cultural en México. A la insidiosa ideología comunista había que oponer los valores morales de la religión y de la patria.

El mensaje anticomunista de la Iglesia reforzaba el imperio de los "valores tradicionales" que defendían tanto el PRI como el PAN, y de sectores de opinión que sin una identificación partidista precisa reaccionaron contra la

---

1948", *Foreign Relations of the United States*, 1948, v. IX: *The American Republics, op. cit.* p. 194.

[67] "La encíclica *Divini Redemptoris* fue durante toda la Guerra Fría la posición de autoridad de los católicos frente al comunismo. En ese documento Pío XII afirmaba: "El Comunismo es por naturaleza antirreligioso, en el comunismo no hay lugar para la idea de un Dios eterno; no hay diferencia entre la materia y el espíritu, entre el alma y el cuerpo; el alma no sobrevive a la muerte y no hay esperanza de una vida futura. Más todavía, el comunismo le arrebata al hombre su libertad, le roba a la persona humana su dignidad y elimina todas las restricciones morales que mantienen bajo control las irrupciones del impulso ciego". Citado en Peter C. Kent, *The Lonely Cold War of Pope Pius XII, The Roman Catholic Church and the Division of Europe, 1943-1950*, Montreal y Kingston, McGill University Press, 2002, p. 14. El papa extendía la condena de los miembros y simpatizantes a quienes publicaran, leyeran, escribieran o diseminaran material impreso que promoviera la causa del comunismo.

[68] [81] Guy Oakes, *The Imaginary War. Civil Defense and American Cold War Culture*, Nueva York, Oxford University Press, 1994; Frances Stonor Saunders, *The Cultural Cold War and the World of Arts and Letters*, Nueva York, The New Press, 1999.

supuesta ofensiva. Así, el anticomunismo se convirtió en una causa interclasista, que no tenía una afiliación partidista precisa, sino que estaba asociada a la defensa general de la patria y de los valores católicos.[69] La jerarquía católica y los párrocos difundían con toda libertad la teoría de la conspiración comunista y fomentaban el miedo al supuesto enemigo interno que desde la oscuridad lleva a cabo su labor destructiva y traicionera. El anticomunismo prendió rápido en la mayoría católica que vio en la campaña una cruzada en defensa de la fe, contra "fuerzas oscuras" que representaban al anticristo, que querían destruir a la Iglesia.[70]

Las raíces del anticomunismo mexicano se hundían en la vitalidad del catolicismo y de la presencia de la Iglesia en la sociedad, y en el entramado institucional del autoritarismo. La Iglesia mexicana aprovechó la cruzada anticomunista para mostrar al presidente Alemán las virtudes del restablecimiento del catolicismo entre los referentes de la nacionalidad, y de establecer una alianza fundada en intereses coincidentes: la Iglesia buscaba sobrevivir en una sociedad en acelerado proceso de secularización, que no obstante los cambios, seguía siendo respetuosa de la religión; y el presidente buscaba ampliar su base de apoyo, pero de manera controlada.

El anticomunismo se integró con naturalidad al nacionalismo que promovía el gobierno, y sus promotores supieron aprovechar la oportunidad de reinsertar a la Iglesia en la vida pública del país de manera legítima, a ojos del gobierno y de amplios sectores de la sociedad. Además, hacía causa común con el presidente y con el PRI, daba prueba de patriotismo y de voluntad de

[69] De manera análoga al desarrollo del contenido de *lo mexicano*, como describen Gilbert Joseph, Anne Rubenstein y Eric Zolov la construcción político-cultural que fue el nacionalismo de la posguerra, el contenido del anticomunismo cobró forma y fue en última instancia negociado por diferentes actores e intereses, de suerte que pudo servir a la élite en el poder y a las oposiciones. Véase Gilbert Joseph, Anne Rubenstein y Eric Zolov, "Assembling the Fragments: Writing a Cultural History of Mexico since 1940", en Gilbert Joseph, Anne Rubenstein y Eric Zolov, *Fragments of a Golden Age. The Politics of Culture in Mexico Since 1940*, Durham, The Duke University Press, pp. 3-23.

[70] El anticomunismo había arraigado en la cultura política mexicana desde el gobierno de Lázaro Cárdenas que provocó el terror de clases medias y remanentes del Porfiriato que experimentaban una auténtica repulsión por las políticas estatistas y populares del cardenismo. En 1937, la Confederación de la Clase Media lanzó desde México la iniciativa de un Congreso Anticomunista Iberoamericano que se celebró en La Habana, Cuba, del 1º al 15 de septiembre. La noticia tomó desprevenidas a las autoridades mexicanas, que hubieran querido detenerla en vista de lo que revelaba de la oposición a las políticas cardenistas.

cooperación con el Estado laico. Nadie encarnaba con más autoridad la reconciliación entre el Estado y la Iglesia que el mismo presidente Alemán que fue un promotor generoso de este proceso. A pesar de que las disposiciones anticlericales de la Constitución no fueron modificadas, la Iglesia pudo llevar a cabo sus actividades libremente. Entre 1946 y 1952, la catedral de la Ciudad de México fue escenario de fastos jubileos sacerdotales, de honras fúnebres dedicadas a jerarcas eclesiásticos que fallecieron durante el conflicto de 1926-1929, conmemoró el CD aniversario de la muerte de Juan Diego, organizó ceremonias de coronación de la Virgen y sus advocaciones. Las autoridades eclesiásticas celebraban congresos eucarísticos, jornadas de oración por el cumpleaños del papa, para rogar a Dios que frenara el avance del comunismo, para protestar contra el gobierno húngaro que había condenado al cardenal Mindszenty a cadena perpetua. Se erigieron arzobispados y nuevas parroquias. En 1950 "Por orden del señor presidente"[71] se devolvieron los colegios a los salesianos; y la prensa reportó que el hijo más pequeño del presidente Alemán, había sido bautizado por el arzobispo Luis María Martínez.[72]

La conspiración

La manifestación patente del intervencionismo institucionalizado que se había establecido en América Latina es el Acta de Bogotá que contiene los acuerdos concluidos en el seno de la IX Conferencia Internacional de la Organización de Estados Americanos (OEA), que se inauguró el 30 de marzo de 1948 en Bogotá. Según el secretario de Relaciones Exteriores, Jaime Torres Bodet, el objetivo de la reunión era discutir la reorganización de la cooperación interamericana, en lo político, económico, social y cultural.[73] Sin embargo, él mismo señala que "algunas delegaciones incitadas por la de Estados Unidos —o deseosas de complacerla— se proponían lograr en Bogotá

[71] *Efemérides del calendario del más Antiguo Galván, desde su fundación hasta el año 1977*, México, Antigua Librería de Munguía, 1979.

[72] El arzobispo Martínez fue el artífice de la restauración de la Iglesia en México. Originario de Michoacán, celebró sus bodas de plata episcopales con una misa pontifical y *Te Deum*, y un fastuoso banquete en el Jockey Club, al que llegó en el lujoso *Packard* en el que circulaba, a saludar a los más de mil invitados.

[73] Jaime Torres Bodet, *Memorias. La victoria sin alas*, México, Biblioteca Mexicana de la Fundación Miguel Alemán, 2012, p. 267.

una condenación formal del régimen comunista"[74] y acordar las estrategias a seguir para combatir al enemigo común: el comunismo.

El sentido original de la conferencia se vio modificado por la contingencia, el accidente que en este caso irrumpió en los trabajos de los delegados en la forma de una insurrección popular que provocó el 9 de abril, el asesinato del líder político colombiano, Eliécer Gaytán. Estos hechos favorecieron a quienes esperaban que el sistema interamericano se convirtiera en una alianza anticomunista, y así fue. Para el gobierno estadunidense la coincidencia de esta tragedia, conocida como el "Bogotazo" con la Conferencia, fue la prueba de que el comunismo era un movimiento "mundial, coherente y monolítico" dirigido desde Moscú y sujeto a un plan maestro. Los delegados quedaron atrapados en la batalla campal que se produjo en las calles del centro de la capital colombiana.[75] El secretario de Estado, George C. Marshall interpretó lo ocurrido como prueba irrefutable de hasta dónde podía llegar "Rusia" en su guerra contra las democracias, y como parte del esfuerzo de Moscú de sabotear la conferencia, así como había tratado de frenar el programa de reconstrucción de Europa.[76]

El documento final de la Conferencia de Bogotá fue una condena del comunismo porque era "incompatible" con la "tradición Americana".[77] Los

[74] Torres Bodet, *Memorias…*, *op. cit.*, p. 292.

[75] Para un relato vívido de estos hechos desde la perspectiva de los asistentes a la conferencia, véase Torres Bodet, *Ibid.*, pp. 300-312.

[76] El editorial del *The New York Times* recogió la versión: "Con base en información de primera de mano en observaciones personales [el secretario Marshall y los delegados asistentes a la Conferencia] ven en los trágicos acontecimientos que interrumpieron sus deliberaciones la intervención de los mismos poderes y los mismos patrones que aparecieron en los intentos de insurrección en Francia y en Italia. Por eso Bogotá no es, tal y como lo dijo el señor Marshall, un incidente meramente colombiano o latinoamericano, sino que ilustra brutalmente hasta dónde está dispuesta a llegar Rusia en su guerra (ya no fría) contra las democracias". Citado en Jack Davis, "The 'Bogotazo", *Studies in Intelligence*, vol. 13, otoño de 1969, pp. 75-87, especialmente p. 80.

[77] La Resolución XXXII del Acta final de la Conferencia de Bogotá estipulaba que era urgente que se adoptaran medidas para evitar la interferencia en los países del hemisferio del comunismo internacional, y de gobiernos, "organizaciones o individuos que tienden a derribar sus instituciones con violencia, fomentan el desorden en la vida política interna, o perturban el derecho libre y soberano de los gobiernos" a sus aspiraciones democráticas mediante presiones, propaganda subversiva o amenazas. "Final Act of the Ninth International Conference of the American States, Bogotá, March 30th-May 2, 1948", *Foreign Relations of the United States,* 1948, vol. IX: *The American Republics*, *op. cit.*, doc. 61.

países firmantes repudiaban la supresión de las libertades que imponía, y se comprometían a "adoptar las medidas necesarias para erradicar y prevenir toda actividad dirigida, apoyada, o instigada por gobiernos, organizaciones o individuos extranjeros tendientes a derribar las instituciones con violencia, a fomentar el desorden político" y a promover la subversión.[78] Pese al tono en general agresivo del documento, contiene tres precisiones que amortiguan los posibles efectos negativos de la percepción de la "amenaza" que, según el Departamento de Estado, se cernía sobre América Latina. Primero, que los miembros de la organización reafirmaban su decisión de implementar políticas que mejoraran el nivel de vida de sus sociedades; en segundo lugar, que cada país combatiría el comunismo conforme a las reglas de su régimen constitucional. Es decir, no pretendía aplicar una política única a toda la región, sino que cada gobierno diseñaría sus propios planes de defensa anticomunista.[79] La tercera observación advertía que corrían el riesgo de que los acuerdos fueran utilizados por gobiernos dictatoriales, para aplastar a oposiciones ajenas al comunismo.

Desafortunadamente, después de 1952, se prestó poca atención a estas observaciones. A ojos de muchos latinoamericanos y estadunidenses, la moderación del documento —que había sido preparado con antelación a la conferencia por el Policy Planning Staff— se quedó corta ante la coincidencia de la conferencia y el "Bogotazo". El documento final rechazaba el comunismo internacional, porque era "incompatible" con la "tradición Americana".[80]

No fue entonces una casualidad que en el verano de 1948 se iniciara en México una vigorosa campaña bien orquestada contra el comunismo, el marxismo, los comunistas y la Unión Soviética. Para justificarla, el presidente podía aducir que cumplía con compromisos internacionales. Los rumores acerca de una conspiración comunista contra el gobierno aumentaron notablemente. El presidente y la Secretaría de Gobernación recibían denuncias de vecinos "sospechosos" a las que a veces respondía la policía, cuando no intervenía en las oficinas del PCM, arrestaba y encarcelaba los militantes. En realidad no se sabía muy bien cuáles eran los límites que los comunistas podían cruzar sin arriesgar una temporada en la cárcel. La imprecisión de la

[78] *Loc. cit.*

[79] *Loc. cit.*

[80] "Final Act of the Ninth International Conference of American. States, held at Bogotá, Colombia, March 30-May 2 1948", *Foreign Relations of the United States*, 1948, v. IX: *The American Republics, op. cit.*, doc. 161.

regla permitía la arbitrariedad en su aplicación y propiciaba el inmovilismo de una sociedad asustada tanto por la supuesta ofensiva comunista, como por la ferocidad con que el Estado podía responder a ese reto.

Entre 1948 y 1950 las denuncias se seguían una tras otra. A veces se sabía quién era el denunciante, pero la mayoría de las acusaciones provenía de organizaciones hasta entonces desconocidas, por ejemplo, aparecían desplegados de prensa firmados por una supuesta asociación, "Grupos Socialistas de la República Mexicana", que con insolencia preguntaba al general Cárdenas si estaba dispuesto a "seguir apoyando a los estalinistas". Nada se sabía del origen de estos "Grupos Socialistas", ni quiénes eran sus integrantes o cuál era el origen de sus recursos financieros. Lo mismo vale para la "Asociación Revolucionaria Mexicanista" y muchas otras fórmulas que, como ésta, exigían al gobierno mano dura, la disolución del PCM y la aplicación del artículo 33 referido a la expulsión de extranjeros que se involucraran en actividades políticas.

Cuando todavía era candidato a la presidencia, Miguel Alemán se comprometió con la embajada de Estados Unidos a que ningún comunista formaría parte de su gobierno, incluso antes de que se lo pidieran.[81] No creyeron que lo haría, pero entre los documentos de la Dirección General de Investigaciones Políticas y Sociales (DGIPS) se encuentra uno que revela cuando menos la intención de "limpiar" la administración de comunistas. El expresidente Cárdenas creyó necesario frenar el ímpetu de los anticomunistas, y declaró: "Ciertos órganos periodísticos han venido hablando de supuestos peligros… No hacen otra cosa que dar llamadas de atención al poderoso para que, en caso de una nueva guerra, ese poderoso considere que aquí está el peligro y se arroje sobre nosotros".[82]

En marzo de 1949 el director de la DGIPS, Lamberto Ortega Peregrina, ordenó a uno de sus agentes que recabara información en el Registro de

[81] NARA, US Embassy in Mexico City, *Secret Memorandum of Conversation*, "From George Messersmith to Secretary of State, March 29, 1946", "Enclosure to Dispatch, no. 29 022", 812.00/3-2946. Miguel Alemán en conversación privada con un funcionario de la embajada de Estados Unidos en México, probablemente Guy Ray, el mismo funcionario con quien se había entrevistado en septiembre del año anterior, afirmó que, aunque Lombardo Toledano negara ser comunista era evidente que su primera lealtad era hacia la Unión Soviética, y sólo de manera secundaria al gobierno mexicano. También dijo que bajo ninguna circunstancia aceptaría comunistas en su gobierno, que ni Lombardo ni sus amigos "*fellow-travelers*" (comunistoides) entrarían al gabinete.

[82] "México. El comunismo y la prensa", *Tiempo*, vol. XIV, núm. 342, 19 de noviembre de 1948, p. 3.

Personal Federal, sobre las personas identificadas con la izquierda o que unos días antes habían firmado un desplegado con el encabezado: "Saludo a la URSS" que publicó *Excélsior*, cuyos nombres aparecían en la lista que le entregaba, para saber si trabajaban en el gobierno federal.[83] La supuesta "limpia" había sido anunciada por el presidente del PRI el 13 de diciembre de 1948. En esa ocasión, Sánchez Taboada advirtió: "El PRI señalará a los emboscados en el gobierno"; la nota añade: "El PRI aceitó su maquinaria política para ejercer acción contra los rojos", y aunque no daba nombres apuntaba que varios funcionarios públicos habían cooperado en las actividades de los marxistas.[84] La purga anticomunista en la administración pública, por limitada que fuera, contribuyó a enrarecer la atmósfera política.

El 14 de diciembre de ese año, el *Excélsior* en sus ocho columnas informó "Maquinábase un golpe comunista para derrocar al gobierno", y añadía que la PGR había confiscado más de tres mil documentos comprometedores "que señalan los pasos de los comunistas para adueñarse del poder".[85] Al día siguiente, el editorial del mismo periódico hizo un llamado a que fueran las mismas autoridades mexicanas las que defendieran "la casa interior", y no Estados Unidos: "La defensa del Continente corresponde a todos y cada uno de los países que lo integran".

La tercera vía: la fórmula mexicana

El conflicto soviético-americano era producto de una peligrosa combinación de militancia ideológica y poderío militar, de la profunda ideologización de la política exterior de Estados Unidos y de la obsesión soviética con la

[83] AGN, "Lamberto Ortega Peregrina a Manuel Ríos Thivol, 11 de marzo de 1949", Secretaría de Gobernación, Dirección General de Investigaciones Políticas y Sociales (DGIPS), 2-1/061.3(72)/1, t. IV, 1949. Aparecen, por ejemplo, Ignacio Malo Álvarez, Bernardo Arrieta, Berta Arenal, David Alfaro Siqueiros, Narciso Bassols, Fernando Benítez, Elí de Gortari, Moisés T. de la Peña, Juan Manuel Elizondo y Vicente Fuentes Díaz.

[84] "Señalará el PRI a los emboscados en el gobierno", *Excélsior*, 15 de diciembre de 1949, primera plana.

[85] Alberto Ramírez de Aguilar, "Maquinábase un golpe comunista para derrocar al gobierno", *Excélsior*, 14 de diciembre de 1949, primera plana.

seguridad territorial.[86] Es probable que la élite política mexicana pensara que el país era vulnerable a esta doble calidad de las tensiones internacionales: la desigualdad social podía fomentar el radicalismo político; y la posición geográfica lo exponía a los riesgos de una guerra. Durante el gobierno de Miguel Alemán esta posibilidad causaba gran inquietud, al igual que una ofensiva mundial del comunismo. Se creía —como lo creía la opinión pública estadunidense— que había un "plan maestro", que el Kremlin manejaba los hilos de las elecciones en Francia y en Italia, había provocado el estallido del "Bogotazo" en Colombia y sostenido el triunfo del ejército de Mao Tse-Tung en China. Todo eso hoy parece una fantasía cuando no una fabricación interesada.

No obstante, sería un error subestimar la influencia del temor obsesivo de Estados Unidos al enemigo externo sobre sus relaciones con terceros países —y todavía más con México que era el vecino contiguo—, y su empeño en transmitirlo a todo el hemisferio. Aun cuando fuera producto de su imaginación, la amenaza del comunismo dictaba a los estadunidenses su interpretación de la realidad, inspiraba políticas y guiaba su comportamiento y sus decisiones.

El acercamiento a Estados Unidos y el mundo de la posguerra le impusieron a la élite mexicana la elaboración de un nuevo discurso público, una relectura de la Revolución que ponía sordina al compromiso con ideales revolucionarios, pero, en cambio resaltaba la especificidad de la identidad mexicana y el valor preponderante de la libertad individual. Ambos temas orientaron las definiciones políticas e ideológicas de los sucesivos gobiernos. En las batallas ideológicas de la Guerra Fría la voluntad de construir una nación recibió un nuevo impulso en cumplimiento de la propuesta alemanista, como si el gobierno tratara de recuperar el proyecto de transformación cultural que lanzaron los gobiernos de la Revolución después de 1920, que se proponían alfabetizar, pero también formar mexicanos.[87]

[86] Jorge I. Domínguez, "U.S.-Latin American Relations during the Cold War and its Aftermath", en Victor Bulmer-Thomas y James Dunkerley (eds.), *The United States and Latin America: The New Agenda*, Cambridge, Mass., Harvard University Press, 1999, pp. 33-50.

[87] Véase Alan Knight, "Weapons and Arches in the Mexican Revolutionary Landscape", en Gilbert, M. Joseph y Daniel Nugent (eds.), *Everyday forms of State Formation. Revolution and the Negotiation of Rule in Modern Mexico*, Durham, Duke University Press, 1994, pp. 24-66.

La creciente presencia de la cultura popular estadunidense causaba quizá más inquietudes que la supuesta ofensiva comunista. Por consiguiente, los presidentes Alemán y Ruiz Cortines se propusieron promover la identidad nacional, y desarrollaron una política de fomento a la cultura nacional que fue posiblemente uno de los grandes éxitos del periodo.[88] La doctrina nacionalista fue renovada con apoyos a la cultura, a la producción cinematográfica, a la educación, y con mensajes de orgullo nacionalista que se referían al éxito del modelo de desarrollo,[89] enfatizando su carácter nacional, y en la creación de instituciones culturales que, como el Instituto Nacional de Bellas Artes (INBA), desempeñaron un papel muy activo en la promoción de la cultura mexicana.

En la posguerra la influencia cultural de Estados Unidos en México se extendió con gran eficacia. Surgió entonces entre las clases medias y la élite gobernante el temor a la destrucción de la identidad mexicana porque, según escribió Daniel Cosío Villegas en 1947, la cultura popular de ese país era "como el Dios de los cristianos: omnipotente y omnipresente"[90] Lo cierto es que esta empresa ideológica tenía el doble fin de marcar las diferencias entre mexicanos y estadunidenses, y descalificar "ideologías extrañas a los principios emanados de la Revolución". Era un nacionalismo conservador, orgulloso de su singularidad, defensor de tradiciones verdaderas e inventadas, reivindicador de los intereses locales, poseedor de una densa carga histórica, pero relativamente abierto al exterior. Proponía una vía "nacional" que era la reivindicación de una solución original, autóctona, que no requería de ideas ajenas, nacidas en otras circunstancias y latitudes. Su tema central era el de todos los nacionalismos: la excepcionalidad de la experiencia, mexicana; proponía un universo simbólico, político y valorativo.

[88] En este respecto, el presidente Alemán se limitó a sostener una línea de acción que ya era tradicional, de tal manera que la eficacia de esta política puede considerarse el resultado de la consistencia y de la continuidad institucional. Mary Kay Vaughan, "Transnational Processes and the Rise and Fall of the Mexican Cultural State: Notes from the Past", en Joseph, Rubenstein y Zolov (eds.), *Fragments of the Golden Age. The Politics of Culture in Mexico since 1940*, Durham, Duke University Press, 2001, p. 472.

[89] Alan Knight, "Weapons and Arches…", art. cit., pp. 24-66.

[90] Daniel Cosío Villegas, "México y Estados Unidos", *Ensayos y notas*, t. I, México, Hermes, 1966, p. 201.

Desde la perspectiva de la élite en el poder, el nacionalismo era la base natural de una relación estable y equilibrada con el mundo exterior, era la proyección de una tercera vía distinta del capitalismo y del comunismo. Las principales características del modelo mexicano eran la economía mixta, la exitosa fórmula política que combinaba las garantías individuales con las reivindicaciones de obreros y campesinos, y un modelo político en el que las formas de la democracia liberal se reconciliaban con la organización corporativista de la sociedad y con la verticalidad de la estructura de poder.[91]

Muchas de estas ideas y (pre)supuestos se materializaron en el modelo de desarrollo, fundado en el proteccionismo y el intervencionismo estatal. No obstante, cuando se hablaba de nacionalismo económico los funcionarios mexicanos tendían a ser francamente vagos porque no querían contaminar la relación con Washington ni provocar suspicacias en cuanto a la influencia del radicalismo revolucionario; evitaban denunciar el "imperialismo" o la "explotación de los países débiles". En el discurso que pronunció el presidente Alemán ante la Sociedad Panamericana en Nueva York, en abril de 1947, definió el *nacionalismo* como "... el que afirma lo nacional" y no busca "sino [...] estimular del progreso de todos juntos".[92]

El nacionalismo mexicano mantuvo un tono moderado y la intención de reconciliación social. Según la élite en el poder, México gozaba de una especie de autarquía política que lo ponía al abrigo de influencias del exterior que eran tan peligrosas como innecesarias. En un acto de campaña celebrado en Querétaro el 30 de diciembre de 1945, el candidato presidencial del partido en el gobierno, Miguel Alemán, describió la autosuficiencia ideológica y política mexicana en los siguientes términos:

> ... la Revolución mexicana tiene su propia filosofía, nacida de la inspiración del pueblo y de las realidades de su existencia histórica. Ninguna ideología exterior, ninguna inquietud ajena ni extraña influencia, la ha contagiado ni debe-

[91] Para una exposición extensa de esta interpretación, véase Jesús Silva Herzog, *Trayectoria ideológica de la Revolución mexicana*, México, SEP (SepSetentas), 1973.

[92] Miguel Alemán, "Fija en la Sociedad Panamericana la posición de México", en Miguel Alemán Valdés, *Libro de Oro conmemorativo de las visitas de los presidentes Harry S. Truman a México y Miguel Alemán a los Estados Unidos de América*, México, Argal, 1947, p. 76.

> mos permitir que eso suceda. Ni comunismo ni imperialismo. México no es un campo propicio para la discusión de doctrinas extrañas a su Revolución; es una democracia con todas las libertades que consagran sus normas de gobierno y sus actitudes internacionales.[93]

El gran éxito de los presidentes mexicanos del periodo 1940-1970 consistió en que el gobierno estadunidense tolerara y respetara el nacionalismo mexicano. Así, un documento del Departamento de Estado sostenía que para obtener la cooperación del gobierno mexicano en relación con cualquier tema, había antes que convencerlo "de que respetamos totalmente su soberanía y que no tenemos el menor interés de intervenir en sus asuntos internos…". Gracias a que encontraron una fórmula propia y funcional de estabilización política, los mexicanos lograron que Estados Unidos respetara los límites reconocidos de su soberanía, y un margen amplio de maniobra en su política interna y en su política exterior.[94]

[93] "Discurso pronunciado en la ciudad de Querétaro, Qro., 30 de diciembre de 1945", en ICAP, *Historia documental del partido de la revolución*, t. V: *PRM-PRI, 1945-1950*, México, Partido Revolucionario Institucional e Instituto de Capacitación Política, 1982, p. 358. El tercerismo ya había sido planteado por Manuel Ávila Camacho, en estos términos: "México tiene su propia historia. México cuenta con su movimiento libertario de mayor antigüedad…y no tiene necesidad de copiar otras doctrinas. Por eso somos eminentemente mexicanistas, tenemos nuestra doctrina propia. En México no tiene ninguna influencia ni el comunismo ni el fascismo. Nos regimos por nuestros propios principios…". "El plan sexenal del PRM", en ICAP, *op. cit.*, t. IV: *PRM, 1938-1944,* México, PRI-ICAP, 1982, p. 427.

[94] "Policy Statement Prepared in the Department of State", *Foreign Relations of the United States*, October 1951, v. II: *The Western Hemisphere*, eds. Ralph R. Goodwin, N. Stephen Kane y Harriet D. Schwar, Washington, D. C., Government Printing Office, 1979, p. 1489. La geografía era una carta de negociación que México supo traducir en latitud de acción con respecto a Estados Unidos, la cual supo ejercer, como si —según lo dijo en 1967 un consultor de la Comisión de Relaciones Exteriores del Congreso de Estados Unidos— tuviera una dispensa especial para disentir. Citado en Ojeda, *op. cit.*, p. 93. Según este autor, esta actitud se traducía en tolerancia frente a la disidencia, con base en un entendimiento básico entre los dos países. "Estados Unidos reconoce y acepta la necesidad de México a disentir de la política norteamericana en todo aquello que le resulte fundamental a México, aunque para los Estados Unidos sea importante, mas no fundamental. A cambio de ello México brinda su cooperación en todo aquello que, siendo fundamental o aun importante para los Estados Unidos, no lo es para el país", *ibid.*, p. 93.

¿Asalto al Estado?

La tolerancia hacia la izquierda fue disminuyendo conforme aumentaban las tensiones internacionales, y los ecos de los ataques del senador Joe MacCarthy en contra de intelectuales, artistas y diplomáticos estadunidenses resonaban en los oídos de los anticomunistas mexicanos. A partir de finales de 1948, la prensa de la Ciudad de México dio en publicar notas contra los comunistas "enquistados" en el gobierno y denuncias de que se preparaban a tomar el poder. Es probable que los autores de esta información buscaran, sobre todo, desacreditar al Partido Popular de Vicente Lombardo Toledano, que para muchos encarnaba la ofensiva comunista en México.

La campaña anticomunista de la prensa y del gobierno se volvió más estridente en 1949. En febrero, el periódico estadunidense *The Chicago Tribune*, publicó una nota que citaba al presidente argentino Perón, quien habría advertido: "Los comunistas ocupan puestos predominantes en México… con el propósito directo de sembrar el caos en el continente".[95] Ante las previsibles consecuencias negativas de semejante acusación, el presidente Alemán intervino y en una rueda de prensa con corresponsales extranjeros lo desmintió: "El peligro comunista no existe en México. Recorran el país y díganme cuando regresen cuántos comunistas han visto".[96] *El Universal Gráfico* atendió la invitación y se lanzó a la caza de comunistas; presuntamente encontró no sólo que recibían generosos subsidios de funcionarios públicos, sino que dos millones de comunistas ocupaban puestos clave en el gobierno, incluidas las gubernaturas de Campeche y Yucatán.[97]

El gobierno, sin embargo, mantenía la duplicidad habitual que exasperaba a los estadunidenses que no entendían las sutilezas políticas de un país que Washington consideraba un aliado leal, pero que con frecuencia se comportaba como si en realidad lo fuera de su gran adversario.[98]

[95] Citado en "México. El espectro del comunismo", *Tiempo*, vol. XIV, núm. 358, 11 de marzo de 1949, p. 3.

[96] *Loc. cit.*

[97] *Loc. cit.*

[98] En marzo de 1949, El reporte de la CIA sobre el comunismo en México planteaba lo siguiente: "El gobierno de Alemán no ha sido amigable y tampoco ha apoyado a los comunistas, pero ha permitido la presencia y las actividades públicas y abiertas de conocidos comunistas latinoamericanos. En 1948 México fue escenario de reuniones comunistas muy importantes. En una de ellas, celebrada en Tampico, se llegó a conclusiones que son 'una

Los comunistas mismos confirmaban la percepción pública de que aun en el gobierno del presidente Alemán muchos pertenecían a su partido. Así se desprende del informe secreto del agente de la DGIPS, de la Secretaría de Gobernación, infiltrado en una reunión del PCM, con fecha del 23 de febrero de 1949:

> Aseguran los comunistas que ellos no temen ni han temido, pues tienen suficientes motivos para ello, que el gobierno del Lic. Alemán ordene su disolución, máxime que, entre las filas del mismo gobierno y entre de los sindicatos obreros, burocráticos y campesinos, tienen muchísimos elementos que al propio gobierno han servido y por ningún motivo quiere echárselos de enemigos.[99] [El informe añade:] Consideran que atacar a Miguel Alemán es hacerle el juego a la Reacción ahora que está luchando por incrustarse en todas las agrupaciones sindicales del país.[100]

La confianza que tenían los comunistas en que estaban protegidos por los suyos que ocupaban posiciones de poder, probablemente nubló su juicio, lo que es seguro es que los condujo a prácticas que en otros reprobaban, por ejemplo, el influyentismo. Esa actitud propició que se generara un patrón en las relaciones entre los comunistas —y no sólo mexicanos— y la izquierda oficial, según el cual cuando alguno de ellos se encontraba en dificultades podía recurrir los amigos en el gobierno. En ocasiones, esos incidentes eran transformados en una oportunidad para destacar la magnanimidad presidencial, como ocurrió cuando Diego Rivera y David Alfaro Siqueiros pidieron la liberación de tres jóvenes comunistas que habían sido encarcelados por pegar propaganda en la calle.

El editorial de *Excélsior* del 15 de diciembre de 1949 sostenía que era importante "no consentir que los comunistas se cuelen en oficinas oficiales.

---

amenaza' para los intereses estratégicos de Estados Unidos. Mientras el gobierno mantenga su política de permitir que estos comunistas utilicen a México como un lugar de reunión y maquinaciones, México mantendrá su estatus como área táctica líder de los comunistas en el hemisferio occidental". NARA, CIA, Information Report, Secret, March 15, 1949, Office of American Republics Affairs, 2 SXIA 2g.

[99] AGN, Ramo presidentes. Del E.A.C. al Co. Lamberto Ortega Peregrina, Secretaría de Gobernación, Dirección General de Investigaciones Políticas y Sociales (DGIPS), exp. global. Actividades 2-1/061.3(72)/1, t. IV.

[100] *Idem.*

Nosotros hemos consecuentado mucho a los comunistas. Hay mucho más de lo que se considera".[101] La presión de la prensa se mantuvo en 1950, como si tratara de obligar al gobierno a jugar limpiamente, olvidarse de ambigüedades y del doble discurso que le había permitido incorporar a los comunistas y tolerar a sus más cercanos aliados al mismo tiempo que los criticaba y repudiaba sus ideas y sus posturas.

El 25 de enero de 1950 se publicó una denuncia que involucraba a la Secretaría de Relaciones Exteriores, en relación al uso de la valija diplomática para enviar de material de la CTAL y de los partidos comunistas a la Cominform:

> En la CTAL y el Partido Comunista Mexicano reciben correspondencia e informes quincenales de todos los organismos comunistas del Continente Americano en virtud de que aquí en México se puede aprovechar la valija diplomática de la SRE para remitir estos informes a la Cominform, Checoslovaquia y a la URSS, así como para distribuir instrucciones por medio de los representantes diplomáticos mexicanos a todos los organismos comunistas de este propio continente.[102]

En ese mismo tenor, el 9 de marzo de 1950, el periódico vespertino Últimas Noticias publicó una nota relativa al Acuerdo Presidencial núm. 408 dirigido a la SHCP para que pagara 25 000 pesos mensuales con cargo a la partida Egresos, a *El Popular*, como ayuda a gastos administrativos y pago de salarios "a su personal obrero".[103]

La denuncia del peligro comunista que, según el gobierno y las organizaciones católicas, acechaba al país era un arma de doble filo: el presidente del PRI, Sánchez Taboada, secundado por el secretario particular del presidente, Rogerio de la Selva, la utilizaban hacia adentro para debilitar a las izquierdas. En cambio, hacia el exterior el presidente Alemán minimizaba la importancia de las izquierdas porque de admitir que eran un peligro, corría el riesgo de despertar la desconfianza de Washington y su proclividad para intervenir en los asuntos internos de terceros cuando creía que sus intereses

[101] Editorial "Actividades Comunistas", *Excélsior*, 15 de diciembre de 1949, p. 6.

[102] AGN, Secretaría de Gobernación, DGIPS, "Comunismo. Actividades", *Novedades*, 25 de enero de 1950, 2-1/06.3 (72)/1, t. V.

[103] "ICAP denuncia ayuda oficial a los rojos", *Últimas Noticias*, 9 de septiembre de 1950.

estaban amenazados. En entrevista con el periódico *Novedades*, a la pregunta a propósito de la supuesta "conjura roja", el presidente Alemán respondió que el tema era de la competencia de la PGR, pero añadió: "Todos los partidos políticos gozan de garantías para ejercer sus actividades en México, siempre que se mantengan dentro de los límites de la ley. 'Si la violan, intervendrá la autoridad competente'".[104]

El presidente podía hablar con los comunistas, en particular con los artistas, así como se entrevistaba regularmente con los líderes del PAN o con Lombardo Toledano.[105] Podía utilizar la existencia de una extrema izquierda activa como carta de negociación para responder a presiones externas, en particular las del gobierno de Estados Unidos, y rechazarlas en nombre de una estabilidad que se vería comprometida por la oposición de la corriente radical; Alemán recurrió a ese argumento para defender el *statu quo* de la industria petrolera de las presiones de las empresas que querían volver a la situación anterior a marzo de 1938.[106] Además, las relaciones del gobierno con la extrema izquierda abonaban a la función del presidente como agente político central, a su capacidad de control de los actores políticos.

Los embajadores estadunidenses en México, en cambio creían que los mexicanos subestimaban los recursos y la fuerza de los comunistas, así que el presidente tenía que lidiar con la incredulidad del representante diplomático, y sobre todo, declinar sus ofertas de ayuda para combatir al comunismo. Por último, la existencia de una izquierda más o menos bien definida, y de una derecha amorfa, le facilitaba al presidente y a los miembros de su gobierno presentarse a partir de esas coordenadas como el centro político, sin necesidad de definir una posición ideológica precisa.

La campaña de rumores que entre 1949 y 1950 alertaba contra la amenaza de una conspiración comunista, adquiere sentido como una estrategia

[104] AGN, Secretaría de Gobernación, Dirección General de Investigaciones Políticas y Sociales, "Comunismo. Actividades", *Novedades*, 16 de diciembre de 1950, 2-1/06.3(72)/1, t. V.

[105] Manuel Gómez Morín escribe a Efraín González Luna, el 24 de mayo de 1948. "Muy interesante la entrevista con el Presidente", y el 27 de mayo del mismo año "El Lic. Cossío (Secretario General del PAN y representante del partido ante la Comisión Federal de Vigilancia Electoral) esperando el regreso del Presidente para una nueva entrevista...". Ana María González Luna y Alejandra Gómez Morín Fuentes (eds.), *op. cit.*, t. II, v. III, pp. 1758, 1760.

[106] NARA, Embassy of the USA in Mexico City, *Secret Memorandum of Conversation*, "From George Messersmith to Secretary of State, March 29, 1946", "Enclosure to Dispatch, no. 29022", 812.00/3-2946.

de intimidación de la población, cuya intención era desmovilizarla, empujarla a buscar refugio en la vida privada, y a dejar en manos del señor presidente de la República la solución del problema. ¿Acaso no había sabido enfrentarse a los comunistas infiltrados en el movimiento obrero o en los partidos cuya acción destructiva podía dañar incluso a la familia?

La reelección

La popularidad del presidente era un factor volátil que introducía incertidumbre en cuanto análisis se hiciera del estado de la opinión pública. El presidente podía ser aplaudido un día, y vilipendiado el siguiente por razones de fondo, como el duro tratamiento que aplicó a la disidencia sindical, o por temas banales como su debilidad por vestir con elegancia. La historia de la relación del presidente Alemán con la opinión pública es un recorrido de altibajos, en el que desde el paroxismo del halago personal que suscitó el éxito de la visita del presidente Truman, su imagen personal se desplomó a un nivel profundo de desprestigio a consecuencia de la devaluación de 1948. Nuevamente, en 1950 en la cúspide del poder, el presidente era la autoridad suprema e incontestable de la vida política en México. Fue entonces cuando empezó a acariciar el sueño de la reelección.

Hacia finales de 1947 era grande su impopularidad. La corrupción de funcionarios y amigos causaba escándalo, se le reprochaba que no hubiera cumplido con las promesas de campaña; se le consideraba un presidente débil, corrían rumores de amenazas y supuestos atentados contra su vida, y de presuntas conspiraciones, incluso militares, contra su gobierno, y también se criticaba la inestabilidad de los gobiernos estatales.[107] Además, estaba sujeto a presiones del gobierno de Estados Unidos para modificar las leyes relativas al petróleo, mientras que los grandes empresarios mexicanos insistían en que restableciera relaciones con el gobierno de Francisco Franco.

En 1948, la devaluación lo convirtió en el enemigo de la nación entera. Trabajadores, comerciantes, inversionistas, empresarios en general, resintieron las consecuencias. Esta situación no mejoró cuando en junio de 1949 se fijó el

[107] BLHU, U.S. Embassy in México City, "From S. Walter Washington, First Secretary to the H. Secretary of State, "Political Conditions in Mexico for the Period Beginning February 16 and Ending March 15", March 17, 1948, Reel 5 00981.

tipo de cambio en 8.65 pesos por dólar, lo que representaba una devaluación de 78% con respecto a la antigua paridad de 4.85 pesos por dólar.[108] La situación era tan grave que, según la embajada de Estados Unidos, se había reunido un cónclave de expresidentes para tratar el tema de la posible caída del gobierno.[109]

En sus *Apuntes*, el general Cárdenas relata una reunión con Ávila Camacho que confirma los informes de la Embajada de Estados Unidos. En ese encuentro que tuvo lugar en agosto de 1948 los expresidentes hablaron de la "agitación política" que se vivía, de las manifestaciones públicas de rechazo y desconfianza hacia los funcionarios, de las murmuraciones y los chascarrillos que los descalificaban.[110] Según él, trató de tranquilizar al general Ávila Camacho con el argumento de que el gobierno tenía "la autoridad moral para conservar su estabilidad y el presidente Alemán, en lo personal, la simpatía suficiente para gobernar y serenar a la nación…".[111] No obstante, sus notas sugieren su propia preocupación, en su caso inspirada más por las acciones del gobierno que por la movilización de sus adversarios.

El gobierno de Washington compartía estas inquietudes; en un documento relativo a la solicitud de crédito del gobierno mexicano para el desarrollo de Pemex, el subsecretario de Estado, James Webb, afirmaba que el presidente Truman estaba preocupado por el desarrollo y la producción de la empresa. "Siente que, a menos de que se haga algo rápidamente, el peso se devaluará y debilitará al gobierno, generando condiciones altamente indeseables desde el punto de vista de Estados Unidos".[112]

[108] El gobierno hizo un esfuerzo —que resultó inútil— por explicar la devaluación en términos de la economía internacional y de las difíciles condiciones de estabilización de la posguerra. En 1948 Argentina, Colombia y Uruguay devaluaron sus monedas, al igual que España y Francia.

[109] BLHU, "S. Walter Washington to the Honorable Secretary of State. Political Conditions in Mexico for the Period Beginning February 16 and Ending March 15, 1948", Mexico Internal Affairs, Reel 5 00981.

[110] Cárdenas observa: "Rodear al gobernante de guardias numerosas y de vigilancia excesiva y torpe, y tolerar que 'policías especiales' desarrollen un espionaje rapaz y humillante por todo el país, con la intervención de la Embajada Norteamericana, que por todas partes quiere ver 'comunismo', no son condiciones propias para fortalecer a un régimen como el de México, que cuenta con un pueblo que sabe inclinarse ante la serenidad y el sacrificio". Lázaro Cárdenas, *op. cit.*, t. II, p. 304.

[111] *Idem.*

[112] "Meeting with the President, Monday, May 23, 1949. Memorandum by the Undersecretary of State (Webb) November 25, 1949", *Foreign Relations of the United States*, 1949, v. II: *The United Nations; The Western Hemisphere*, *op. cit.*, p. 675.

En 1950 se habían disipado los temores a propósito de la estabilidad del gobierno; la imagen del presidente Alemán era otra completamente diferente a la del presidente asediado del primer trienio. En mayo un *Memorándum* del Departamento de Estado dirigido al presidente Truman, a propósito del préstamo que solicitaba el gobierno de Alemán para rehabilitar instalaciones de Pemex, afirmaba que el asunto era más político que económico:

> Su posición política personal (de Alemán) es segura. El partido en el gobierno no ha perdido una elección desde que llegó al poder en 1917 (*sic*) y tiene de tal manera controlados los procesos electorales que la continuidad en el poder es inevitable, a menos que se debilite por disenso interno o que lo desbanque el ejército.[113]

Efectivamente, en las elecciones para la renovación de la Cámara de Diputados, el presidente y su partido dieron prueba de que pese al rechazo, eran capaces de seguir siendo la principal fuerza política del país, como se verá en el siguiente capítulo. A los ojos de la mayoría de los mexicanos, Miguel Alemán volvió a ser un personaje que irradiaba fuerza y determinación.

La impresionante recuperación de la popularidad del presidente fue un factor en el proceso sucesorio de 1951-1952 cuando empezaron a agitarse las aguas del cambio presidencial. Entonces surgió la reelección como una opción posible, y siguió abriéndose paso entre la élite política, aunque al mismo tiempo Fernando Casas Alemán y Adolfo Ruiz Cortines iniciaron sus respectivas campañas por la postulación del PRI. La competencia dio un giro dramático cuando Miguel Henríquez Guzmán anunció su candidatura, con el apoyo de la Federación de Partidos del Pueblo Mexicano (FPPM). Este candidato fue un gran desafío para los alemanistas porque insinuaba el respaldo del expresidente Cárdenas, pero, sobre todo porque encontró una entusiasta respuesta en el México rural.

En las columnas políticas y en los corrillos se atribuyó la intriga de la reelección —porque no era otra cosa— al secretario del presidente, Rogerio de la Selva, quien tenía a su cargo las relaciones con los periodistas, y era dado a trabajar con ellos en la confección de noticias y de supuestas organi-

[113] "Memorandum for the President. Mexican Petroleum Loan. Attachment to Memorandum by the Director of the Office of Middle American Affairs (Mann)", *Foreign Relations of the United States*, 1950, v. II: *The United Nations; The Western Hemisphere*, *op. cit.*, p. 951.

zaciones de oposición y de apoyo al gobierno.[114] Además, era él quien dispensaba favores personales —y probablemente dictaba condenas— a nombre del presidente Alemán. Su archivo personal contiene centenares de cartas de recomendación, tarjetas de agradecimiento o de solicitud de trato excepcional, de pagos a la prensa y de compromisos de distinta naturaleza.

En el informe del 1º de septiembre de 1950, el presidente Alemán pretendió atajar los rumores "... se ha comenzado a hablar —contra mis deseos expresos— de mi reelección como presidente de la República, quiero afirmar una vez más, mi decisión inquebrantable tomada por propia voluntad, de no aceptar dicho intento".[115]

Sin embargo, en enero de 1951 Alemán solicitó la opinión del consejero jurídico de la presidencia, Francisco Martínez de la Vega, y de su secretario de Hacienda, Ramón Beteta sobre la reelección. La respuesta fue que suponía muchos riesgos e incógnitas: ¿Se extendería a los legisladores? Además, podía causar una pésima impresión por la carga simbólica del principio de no-reelección. Era preferible la *prórroga*. El antecedente era Benito Juárez, "el gran indio", quien en las condiciones de guerra en que se encontraba el país en su época quedó "facultado omnímodamente para dictar cuantas providencias juzgue convenientes en las actuales circunstancias sin más restricciones que las de salvar la independencia e integridad del territorio nacional, la forma de gobierno establecida en la Constitución y los principios y leyes de reforma".[116] Además, si una elección normal ponía en juego la estabilidad, ¿cuál podría ser el efecto de una reelección que implicaba la destrucción de un principio clave del acuerdo al que habían llegado los re-

[114] De la Selva también era un conducto privilegiado para acceder al presidente, así como para hacer favores, atender peticiones personales; era una poderosa "palanca". Su archivo personal contiene una gran cantidad de copias de cartas de recomendación dirigidas a miembros del gabinete en las que solicita apoyo financiero para determinados periódicos y revistas; también solicita concesiones, por ejemplo, para la distribución de agua potable en Querétaro o Campeche; lugar en una escuela secundaria para un muchacho que no había logrado inscribirse. Asimismo, él atendía las peticiones del arzobispo Martínez que intercedía por algún cristiano en apuros financieros o testamentarios. Lo sorprendente de estos documentos es el tono crecientemente imperativo del secretario particular, y la eficacia con que los atendía. AMA, Correspondencia Rogerio de la Selva.

[115] "El Lic. Miguel Alemán Valdés, al abrir el Congreso sus sesiones ordinarias, el 1º de septiembre de 1950", XLVI Legislatura, *op. cit.*, p. 454.

[116] AHCM, Fondo Ramón Beteta, "De Ramón Beteta a Miguel Alemán", *Memorándum*, 18 de enero de 1951, Correspondencia política, caja 1, exp. 401-C.

volucionarios en 1929? La no-reelección era un pilar de la unidad de la élite en el poder.

Los promotores de esta causa también aludían a la situación internacional, a la Guerra de Corea, que —dijeron— es seguramente el preludio de la tercera guerra mundial. En esas condiciones, afirmaban, sería una irresponsabilidad empujar al país a una situación que favorecía la división, realzaba los desacuerdos y fomentaba la confrontación. Las difíciles condiciones en que se encontraba el mundo, decían, aconsejaban que la nación entera se reuniera en torno a la figura del presidente de la república.[117]

En el Congreso se formó un Bloque Reeleccionista, en los estados aparecieron partidos alemanistas de diferente tipo, organizaciones como el "Comité de Orientación Alemanista" o la "Unión Revolucionaria Yucateca".[118] Se publicaron folletos, panfletos, por ejemplo el *Boletín de Ortodoxia Alemanista*, promovía la prórroga con el argumento de que el país necesitaba "continuar su (de Alemán) obra evolutiva".[119]

Uno de los principales obstáculos con que se topó el *prorroguismo* fue el expresidente Cárdenas. En sus *Apuntes* el tema aparece primera vez el 11 de noviembre de 1949,[120] y se repite entre 1950 y 1951. Acudieron a él varios emisarios del presidente Alemán, en reconocimiento de su liderazgo político

[117] Estos argumentos fueron esgrimidos por el secretario Beteta y por el secretario de Recursos Hidráulicos, Adolfo Oribe Alba, en sendas visitas al expresidente Cárdenas.

[118] En junio de 1951, la Unión Revolucionaria Yucateca dio a conocer un "Manifiesto a la Nación": "La responsabilidad histórica que le corresponde en el periodo que le ha tocado actuar, no es para entregar el poder en momentos tan inciertos en que el enemigo emboscado, bien pudiera obedecer o actuar por consigna de alguna potencia extranjera y que éste bien pudiera ser el candidato que resulte electo. Mexicanos: paguemos nuestra contribución a la tercera guerra mundial, caso que dolorosamente llegue, no con sangre ni con promesas políticas, o a costa de la invasión a nuestro territorio, sino con abundante producción... Demostremos al mundo que somos una unidad insoluble y que mandamos bajo una sola voz...y que pedimos fervorosamente que sea un hecho real la PRÓRROGA DEL MANDATO PRESIDENCIAL". AHCM, "Manifiesto a la Nación de la Unión Revolucionaria Yucateca, 14 de agosto de 1951", Fondo Ramón Beteta, caja 54, exp. 401-C, foja 54.

[119] *Idem.*

[120] Ese día escribe: "Las enseñanzas de la historia nos obligan a mantener las tradiciones antirreeleccionistas, tanto más que la vitalidad de nuestro pueblo impone una renovación de sus hombres sobre cualquier caudillaje, tan perjudicial para la efectividad democrática y el progreso de la nación". Lázaro Cárdenas, *op. cit.*, t. II, pp. 378-379. Discutió el tema con Ávila Camacho y, según Cárdenas, le aseguró que "Alemán rechazará las insinuaciones para que se reelija", *ibid.*, p. 401.

y moral, para pedirle su opinión al respecto. La negativa de Cárdenas de avalar lo que hubiera sido un verdadero asalto a la Constitución, fue decisiva para que Alemán abandonara el proyecto porque implicaba la unidad del ejército, la potencial movilización obrera y campesina, que por otro lado, Henríquez Guzmán había sacudido. Sin embargo, es probable que la principal consideración de Alemán para abandonar el proyecto haya sido la fractura que atravesaba a la élite política, y que la opinión pública adivinaba. Mientras Abelardo L. Rodríguez acusaba al PP de ser un partido comunista manejado por una potencia extranjera, Emilio Portes Gil defendía a los alemanistas, y los cardenistas se reunían con los líderes del Partido Comunista Cubano para organizar el Congreso de la Paz. En esa fragilidad proponer el fin de la no-reelección era llamar al conflicto que ponía en juego la continuidad institucional, que había sido el gran logro de los gobiernos revolucionarios.

El *quasi* debate en torno a la reelección revela que las tensiones políticas contenidas impusieron restricciones al poder presidencial, porque también incidieron sobre los equilibrios políticos internos, se exacerbó la fractura cardenista que, instalada en el seno de la élite política, era una amenaza para la estabilidad. Al menos así era percibida, y el hecho de que se le atribuyera tal poder —y al expresidente Cárdenas— se traducía en una insuperable limitación a la autonomía de decisión del presidente.

Pese a las reacciones negativas, el presidente Alemán insistió en defender la alternativa de la prórroga de manera más o menos explícita.[121] En su informe del 1º de septiembre de 1951 se refirió al cambio de gobierno del año siguiente y en nombre del "más alto interés de la patria" alertó a partidos, dirigentes y al electorado a los riesgos del proceso. Lo más revelador de su advertencia es que los argumentos que utilizó fueron los mismos que presentaban los promotores de la reelección: había que asegurar la continuidad de la obra y estar preparados para defenderse de una gravísima situación internacional. Según Alemán para decidir su voto la ciudadanía debía tomar en cuenta "tres circunstancias fundamentales: el desarrollo que ha alcanzado

[121] La reelección no era el único plan que consideraba Miguel Alemán para el fin de su mandato. En marzo de 1952 el embajador mexicano en San Salvador, Víctor Alfonso Maldonado, reportó al secretario particular del presidente Alemán, De la Selva, que su propuesta para poner fin a la Guerra de Corea había ameritado que el nombre del ejecutivo mexicano fuera incluido en la lista de candidatos al Premio Nobel. Se formó un Comité pro-Miguel Alemán con ese fin. AMA, Correspondencia de Rogerio de la Selva.

la vida nacional y la capacidad de los programas para fomentar ese desarrollo; la necesidad de que el adelanto y progreso de México no sean interrumpidos; y, finalmente, la certeza de que el nuevo régimen se enfrentará a una situación internacional de la mayor gravedad".[122]

Sus esfuerzos fueron en vano.

Conclusiones

El éxito del plan de gobierno de Alemán, en términos de centralización y control de la participación se explica no sólo porque recurrió a una combinación perversa de corrupción y represión, sino porque supo acogerse al patrón de ejercicio del poder que habían generado sus antecesores militares. En un ensayo sobre el mito del presidente de la República, Jorge Hernández Campos sostiene que las particularidades del presidencialismo posrevolucionario se explican en parte porque sus orígenes están inscritos en un pasado de armas. La jerarquía en la que se funda la autoridad de los jefes revolucionarios y de los oficiales funciona con base en principios de disciplina y subordinación. De ser así, Miguel Alemán sería el primer presidente civil de la posrevolución, pero habría gobernado —como después de él todos sus sucesores— siguiendo el patrón de ejercicio de la autoridad que formaron los generales que lo precedieron en la silla presidencial, esperando de su gabinete y de funcionarios y ciudadanos la obediencia y la lealtad que un general espera de sus subordinados.

Miguel Alemán en el poder, precisó el perfil y las funciones del ejercicio presidencial y de otras instituciones del sistema político: los partidos, los sindicatos, pero no para organizar la participación y la representación políticas, sino para contenerlas y sujetarlas a la autoridad presidencial y para utilizarlas en su beneficio. La historia ha sido especialmente severa con su gobierno. Le reprochan unos, el nivel de corrupción de la administración que, según la percepción pública, alcanzó niveles sin precedentes, otros, lo denuncian por haber dado marcha atrás en las políticas populares del cardenismo. Sin embargo, los primeros pasos en esa dirección los dio el presidente Ávila Camacho; así ocurrió con la desaceleración de la reforma agraria, el

[122] "El Lic. Miguel Alemán Valdés, al abrir el Congreso sus sesiones ordinarias, el 1º de septiembre de 1951", en XLVI Legislatura, *op. cit.*, t. IV, p. 482.

acercamiento a la Iglesia católica y la alianza con Estados Unidos. De hecho, el principal legado del *presidente caballero* a su sucesor fue el fin del radicalismo de la Revolución en el poder, de suerte que cuando Alemán asumió la presidencia, era un hecho la reorientación de muchos de los objetivos del gobierno hacia una industrialización capitalista en el marco de la cooperación con Estados Unidos.

La presidencia de Miguel Alemán fue el molde de las presidencias que le siguieron.[123] Entre 1946 y 1970, las políticas que buscaban la superioridad del gobierno federal, la centralización del poder, la primacía de la capital de la república, el control de la oposición, la colaboración de y con la Iglesia y la posición de México en el exterior, transcurrieron dentro de los parámetros que estableció el presidente Alemán.

El contexto de aguda crispación internacional en el que le tocó gobernar el país era muy restrictivo. La convicción de Washington de que la Unión Soviética representaba una amenaza mortal reducía el margen de autonomía de todos sus aliados, en particular de México, que era el más cercano y el más vulnerable. De manera inevitable, la alianza con Estados Unidos contribuyó al diseño de algunas de las políticas del presidente Alemán, por ejemplo, la desmovilización que buscaba poner fin a la inestabilidad y a la incertidumbre política que acompañaban a la militancia sindical, y que eran un obstáculo para planes económicos de largo plazo. Este objetivo inspiró en Alemán la pretensión de aislar al país de las repercusiones del antagonismo soviético-americano. La misma intención de desmovilizar determinó la política electoral, la relación con el PRI, el control de la prensa y la expansión del aparato de inteligencia.

En realidad, el sistema político de la posguerra fue resultado de respuestas improvisadas de la élite a los problemas de la coyuntura, si bien sujetas a una cierta lógica de la que derivaban coherencia, como afirma Aaron Na-

[123] Adolfo Ruiz Cortines, Adolfo López Mateos y Gustavo Díaz Ordaz gobernaron conforme a las prácticas que él introdujo en el ejercicio del poder. Los tres hicieron carrera política durante el gobierno alemanista: Ruiz Cortines pasó de la gubernatura de Veracruz a la Subsecretaría de Gobernación y de ahí a la titularidad de la misma; López Mateos era senador al igual que Díaz Ordaz que, además, fue representante del Senado ante la Comisión Federal de Vigilancia Electoral (CFVE). Los tres creían que la hegemonía del PRI era una condición de estabilidad, y mantuvieron la continuidad de las políticas económica, educativa, electoral; sólo en política exterior López Mateos intentó una reorientación, pero fue de corta duración.

varro.[124] El objetivo general era mantener el poder, y este objetivo era equivalente a la fuerza de la institución presidencial. Tal vez el legado más importante de Miguel Alemán haya sido que terminó su mandato debilitado por el descrédito y la impopularidad, pero, paradójicamente, la presidencia de la República nunca había sido tan fuerte.

[124] Véase Aaron W. Navarro, *Political Intelligence and the Creation of Modern Mexico, 1938-1954*, University Park Pennsylvania, The Pennsylvania State University Press, 2010, pp. 150-186.

VII. LA CONSTRUCCIÓN DE LA HEGEMONÍA DEL PRI

El éxito de la presidencia alemanista puede medirse en los cambios que experimentaron el sistema político y el presidencialismo en seis años. Si es cierto que la diferencia política más importante entre los países no es la forma de gobierno sino el grado en que están gobernados,[1] en 1952 México era ya un país diferente al de 1946. El alcance de la autoridad presidencial se había extendido gracias al crecimiento de la administración pública y a la gradual consolidación del PRI como el espacio exclusivo donde se libraban las luchas por el poder. La centralización había llevado la presencia del gobierno federal a regiones del país que habían permanecido aisladas.

El desarrollo del Estado dio lugar a la paradoja mencionada: el sexenio de Miguel Alemán fue intensamente personalista, pero el presidente tomó decisiones que fomentaron la institucionalización del poder presidencial. El resultado fue que entre el presidente de la República y la presidencia se creó una distancia que protegía a la institución del impacto personal de quien la ocupara, pero quien la ocupaba quedaba a la intemperie cuando perdía la protección institucional.

En 1952, el contraste entre la autoridad moral de la presidencia y el descrédito del presidente Alemán era una muestra de la separación entre una y otro. La distinción era tan clara, que bastó que operara la magia de la renovación sexenal para que Ruiz Cortines gobernara sin tutelas ni jefes máximos desde el día en que asumió el cargo. No obstante, hubo entre ambos varias continuidades: la política económica, la creación de instituciones destinadas a controlar la participación, o la construcción de un partido hegemónico. Este capítulo está dedicado a examinar la política de institucionalización de la participación popular a través del voto y del partido dominante. Dos procesos comiciales permiten ilustrar esta continuidad: las elecciones

[1] Samuel P. Huntington, *Political Order in Changing Societies*, New Haven, Yale University Press, 1968, p. 1.

federales de 1949 para la renovación de la Cámara de Diputados, y la elección presidencial de 1952.

La campaña electoral de ese año planteó un reto a la élite en el poder, porque un general revolucionario: Miguel Henríquez Guzmán se rebeló contra el presidente y contra su prerrogativa de designar al candidato del partido, y organizó una campaña presidencial independiente. Henríquez Guzmán articuló una amplia movilización que recibió un gran apoyo en las ciudades y en el campo. Esta oposición puso en peligro el triunfo del candidato oficial, y la unidad del ejército.

Desde la presidencia de la República, Miguel Alemán y Adolfo Ruiz Cortines, cada uno en su momento, se propusieron controlar e institucionalizar la participación para proteger la continuidad del *statu quo*; con ese propósito ambos establecieron normas y crearon instituciones que delimitaron los alcances y el perfil de la participación electoral y partidista. El desarrollo y la consolidación del PRI en estrecha alianza con la presidencia de la República y sucesivos cambios legislativos fueron instrumentales de un proceso que era tan incluyente como excluyente. El objetivo de control desnaturalizó las elecciones para convertirlas en otro instrumento de concentración del poder presidencial. La contrapartida de esta evolución fue la deslegitimación, a ojos de los opositores, de estas formas de participación y el impulso a formas extrainstitucionales.

El capítulo reconstruye las elecciones de 1949 como prolegómenos de la presidencial de 1952; después se trata la accidentada designación de Ruiz Cortines como candidato del PRI y el desarrollo de la campaña electoral. En seguida se explora el henriquismo y sus relaciones con el cardenismo. En este caso la notoria ausencia de la Embajada de Estados Unidos indica que los límites de la relación bilateral se habían estabilizado. El tema de la tercera sección es la transformación del PRI en un modelo claramente autoritario. Por último se analiza el *antialemanismo*, que alentó el presidente Ruiz Cortines para consolidar su autonomía como condición previa al desarrollo de un liderazgo presidencial propio. La ruptura con el antecesor fue la pieza que completó la formación del presidencialismo autoritario.

La libertad de la nación acotada

Como ocurre cada 12 años, en 1952 coincidió el cambio de gobierno en México y en Estados Unidos; esa coyuntura abría generalmente un nuevo capítulo en la relación bilateral. Así fue también en esta ocasión, porque la llegada del general Eisenhower a la Casa Blanca significó el fin de la doctrina de contención del expansionismo soviético y el inicio de la doctrina de *Roll back* o repliegue gradual, que era más desestabilizadora que la precedente porque implicaba la alteración del *statu quo.*

Hasta finales de 1951 el proceso sucesorio en México se mantuvo más o menos ajeno al debate de la Guerra Fría. Esto no significa que el país haya cerrado los ojos al exterior. Las tensiones internacionales estuvieron siempre presentes en las decisiones del gobierno; eran el telón de fondo de la vida política.

El gobierno mexicano era muy consciente de que las restricciones del mundo exterior se habían fortalecido, por consiguiente intentó mantener el retraimiento del periodo anterior, pero —como se verá— la crisis guatemalteca de 1954 lo obligó al involucramiento internacional.

LA NO-INTERVENCIÓN, CLAVE DE LA ARMONÍA BILATERAL

Entre 1951 y 1952 el gobierno de Washington estuvo representado en México por William O'Dwyer, que no era un diplomático de carrera, sino un político que había sido alcalde de Nueva York, posición a la que había tenido que renunciar por problemas locales. Era un católico jovial que en México se hizo de muchas amistades, pero sus principales intereses se centraban en la política de su ciudad de origen. Por ello, trataba los asuntos mexicanos con más distancia que sus antecesores. Dejó la embajada después de la elección del general Eisenhower a la Casa Blanca, en noviembre de 1952, lo que provocó que la representación estadunidense en México estuviera acéfala en el cambio de gobierno. No obstante, esta ausencia no se notó, porque el presidente electo, Eisenhower, mandó en su representación al vicepresidente Richard Nixon, con la probable intención de señalar la importancia que el nuevo presidente de Estados Unidos atribuía a la relación con México.

El informe mensual de octubre de 1952 de la embajada estadunidense en México al Departamento de Estado, expresaba gran satisfacción por las excelentes relaciones entre los dos países. La contribución de Estados Unidos al bienestar de los mexicanos fue reconocida explícitamente por el presidente Alemán en el informe del 1º de septiembre. El informe subrayó: "Uno de los rasgos más gratificantes del informe anual fue el tacto extraordinario" con que el presidente Alemán se refirió a la terminación de la campaña contra la fiebre aftosa".[2] Asimismo, evocó la memoria de los ciudadanos estadunidenses que habían muerto durante la campaña sanitaria, en el cumplimiento del deber, hombro con hombro con los mexicanos. Por último, el informe destacaba que el presidente Alemán había incluido a Thomas Jefferson y a Abraham Lincoln en el homenaje que había rendido a mexicanos ilustres como José María Morelos y Benito Juárez.

El estado en apariencia inmejorable de la relación bilateral se explica, al menos parcialmente, porque en esos años prevaleció la posición del secretario de Estado, Dean Acheson, quien sostenía la continuidad de la política del Buen Vecino, convencido de que era preferible no intervenir en la política interna de otros, y que era más riesgoso hacerlo que permitirles gobernarse como quisieran. Además, el gobierno mexicano mantenía la estabilidad, era un aliado leal en la lucha contra el comunismo y había dado pruebas suficientes de autolimitación en términos de sus compromisos ideológicos y políticos. Según Acheson, el gobierno de Alemán sólo requería un discreto apoyo diplomático y financiero, el cual recibió repetidamente. Por ejemplo, en 1947 se le otorgó un importante fondo de estabilización que fue renovado en dos ocasiones, y en 1950 cesaron las presiones para que firmara un pacto militar, porque el gobierno de Estados Unidos consideró que podía repercutir negativamente sobre la estabilidad política interna.[3]

[2] NARA, US Embassy Mexico City, Foreign Service Despatch, *Major Political Developments in Mexico*, September 9, 1952, ARA 712.00/10-652.

[3] Véase Paul Gillingham y Benjamin Smith (eds.), *Dictablanda. Politics, Work and Culture in Mexico, 1938-1968*, Durham, Duke University Press, 2014 (en adelante, *Dictablanda*). Reconstrucciones recientes de la sucesión presidencial en la segunda mitad del siglo XX mexicano han identificado los conflictos y las tensiones que se agitaban bajo una apariencia de estabilidad. No obstante, persiste la interpretación dominante por décadas, que había visto en la sucesión presidencial del periodo autoritario un proceso terso, casi automático, en que el presidente en turno decidía quién sería su sucesor, y éste accedía al poder sin mayor obstáculo. Incluso situaciones como la que generó en 1951-1952 la rebeldía del general Miguel Henríquez Guzmán contra la prerrogativa del presidente de designar a su sucesor, han sido examinadas desde la misma perspectiva. La apertura de archivos públicos y privados ha permitido explorar información novedosa sobre el periodo. A la luz de materiales contenidos en el AGN, en el Archivo Miguel Alemán, en el Fondo Ramón Beteta del AHCM y en nuevos trabajos sobre el ejército, el proceso sucesorio de 1951-1952 aparece como una coyuntura crítica, riesgosa e incierta, resultado de la combinación de las tensiones en el seno de la élite en el poder con el descontento de grupos de clase media y de campesinos que se sumaron a la protesta.

En apariencia, en esta elección no hubo ni sombra de intervencionismo, aunque el gobierno de Washington abrigaba inquietudes, sobre todo en relación a la influencia de los comunistas sobre el presidente mexicano. Sin embargo, le convenía la fórmula mexicana de gobierno, porque era estable y predecible; en sus términos, un presidente libre de las restricciones del Congreso podía tomar decisiones y adquirir compromisos de Estado, al mismo tiempo que controlaba la participación popular mediante un partido pluriclasista y nacionalista, en un entorno constitucional democrático. Por último, la peculiaridad del sistema mexicano, por la que el presidente saliente tenía el privilegio de designar a su sucesor, era una garantía para Estados Unidos de que la designación del presidente del país vecino tendría en cuenta los intereses de la gran potencia.

La vía electoral al autoritarismo

La reforma política que introdujo Manuel Ávila Camacho en 1945-1946, tenía por objeto afianzar la calidad democrática del sistema político en los términos establecidos en la constitución. Nada en esos cambios permitia anticipar que conducirían a una fórmula autoritaria. Sin embargo, a partir de 1949 aparecieron señales de que el sistema político se encaminaba hacia un régimen de partido único. Así lo indicaban la negativa del gobierno a reconocer triunfos a las oposiciones, su intolerancia a la disidencia y la frecuencia con que recurría a la policía y al ejército para acallar la protesta. No obstante la élite posrevolucionaria ni siquiera se planteó la posibilidad de implantar el monopartidismo; le bastaba ejercer su hegemonía de manera abrumadora.

Contrariamente a lo que había dejado esperar la elección presidencial de 1946, las elecciones federales de 1949 fueron el primer ejercicio en el control y la manipulación del voto organizado desde el gobierno federal, en el que se introdujeron prácticas que luego se convirtieron en un patrón de largo plazo. El proceso fue relativamente pacífico, pero se registró un gran número de acciones que le restaron credibilidad: robo de ánforas, cierre de casillas, falsificación de credenciales y del padrón electoral. Hubo, sobre todo, parcialidad del gobierno y de las autoridades electorales a favor del PRI. Todo ello era prueba de que los viejos hábitos no habían desaparecido.

Según la opinión general, los procesos electorales mexicanos no eran más que un artificio, cuya función era exclusivamente propagandística. Sin embargo, Alemán atribuyó a las elecciones otras funciones: las utilizó para extender la autoridad y el poder del presidente, y para canalizar el conflicto, sobre todo en el nivel local. Ahora bien, en lugar de permitir la competencia entre varios partidos que fueran representantes de la diversidad política, optó por concentrarla en el PRI. A partir de entonces, el partido se convirtió en el continente de las luchas por el poder, en una instancia de selección previa al voto en las urnas.[4]

Elecciones ¿para qué?

Las elecciones representaban siempre un riesgo para la estabilidad institucional. La élite en el poder temía, no sin razón, que los equilibrios políticos que habían propiciado la frágil estabilidad de los últimos diez años se vinieran abajo. El campo reportaba núcleos de intranquilidad. Las comunidades agrícolas se rebelaban contra las brigadas sanitarias que se aventuraban por Colima, Michoacán y Puebla, y corrían el riesgo de ser linchadas, como ocurrió en Tecpan de Galeana, Guerrero, en septiembre de 1949. Los sindicatos de industria luchaban por la autonomía política, mientras que los obreros exigían mejores salarios y condiciones de trabajo.

¿Cuál era el sentido y la importancia de procesos que no servían para que el electorado expresara libremente una preferencia política y que arrastraban tantos riesgos? Los resultados comiciales eran predecibles y los electores sabían que el gobierno manipulaba el voto. Sin embargo, la élite en el poder no podía renunciar a las elecciones porque al igual que los ciudadanos, sabía que la legitimidad democrática que rinden las urnas era insustituible. Las elecciones no podían suspenderse porque no obstante la persistencia del fraude, eran un eje de la relación entre el sistema político y la sociedad. Algunos miembros de la élite podían referir su autoridad original a la experiencia revolucionaria, pero una premisa fundamental de la estabili-

[4] Como lo plantearon Robert E. Scott en 1959 (en *Mexican Government in Transition*, Urbana, Ill., University of Illinois) y Paul Gillingham, en 2014 ("We Don't Have Arms, but We Do Have Balls: Fraud, Violence and Popular Agency in Elections", en Paul Gillingham y Benjamin T. Smith (eds.), *Dictablanda*, *op. cit.*, pp. 149-172).

zación posrevolucionaria había sido el reconocimiento de que el voto de la mayoría era el procedimiento que "se finca en la esencia misma del hecho democrático".[5]

Una vez aceptado este principio había que resolver el sentido del voto, asegurarse de que serviría para refrendar la elección del representante que había designado la autoridad superior, y para avalar sus políticas. Esta operación sólo era válida si se sellaba con un voto que era el vehículo universalmente aceptado mediante el cual el ciudadano delegaba en el presidente el ejercicio de muchos de sus derechos. Las elecciones eran, en cierta forma, la ceremonia en la que ocurría la delegación.

Las elecciones también contribuían de manera importante al buen funcionamiento del sistema, porque eran la válvula de escape a tensiones diversas, además brindaban al gobierno una base legal formal, en el marco de la constitución; y al mismo tiempo eran interpretadas como una expresión de apoyo a la élite política.[6]

La determinación de la élite política de controlar la participación condujo a la construcción del PRI, un partido hegemónico, que no fue producto de un programa político definido, sino más bien fue el resultado de la suma de respuestas pragmáticas a problemas específicos. En los años cincuenta varios eran los argumentos a favor de las "democracias unipartidistas" que se formaron en las recién independizadas antiguas colonias europeas: el primero de ellos y el más importante era que estabilizaban sociedades fragmentadas El objetivo prioritario del gobierno mexicano también era mantener la estabilidad, y la condición más importante para alcanzarlo era asegurar que la participación de obreros y campesinos contribuyera a lograr ese objetivo. El partido era también un agente de integración a la sociedad y al sistema político.

Desde la perspectiva geopolítica de la relación entre México y Estados Unidos, la formación de un partido hegemónico cobraba sentido, en la medida en que la lucha electoral podía conducir a conflictos internos y a una inestabilidad que podía provocar la intervención de Estados Unidos.

[5] Pierre Rosanvallon, *La légitimité démocratique. Impartialité, réflexivité, proximité*, París, Seuil, 2008, p. 9.

[6] Juan J. Linz, "Fonctions et dysfonctions des élections non concurretielles: les systèmes autoritaires et totalitaires", en Guy Hermet, Alain Rouquié, Juan J. Linz, *Des élections pas comme les autres*, París, Presses de la Fondation Nationale des Sciences Politiques, 1978, pp. 101-168.

Otros argumentos en defensa de la hegemonía de un partido se fundaban en nociones restringidas de democracia o en la postura pretendidamente moral de que la lucha contra la pobreza y la desigualdad eran objetivos superiores, y que la satisfacción de las demandas de educación o salud de las mayorías justificaba posponer la democracia efectiva para lograr el crecimiento económico. Por ejemplo, en su discurso de toma de posesión, el presidente Miguel Alemán definió la democracia en términos muy restrictivos: "[la] democracia significa igualdad ciudadana, por eso sustentamos el principio de gobernar para todos".[7]

El presidente Alemán sabía que no podía evadir el compromiso de la Revolución con la promesa de la democracia, ni las expectativas de Washington al respecto. Supo beneficiarse de que la experiencia revolucionaria había asociado a la democracia con la justicia social y con la redención de obreros y campesinos antes que con el sufragio efectivo, el pluralismo político o la alternancia en el poder.

La legislación, los partidos y los procesos electorales fueron diseñados para organizar la participación y controlarla, de suerte que los utilizaron para retener el poder. Alemán y sus sucesores respetaron las formas de la democracia liberal, pero intervinieron en los procesos electorales y utilizaron los recursos financieros, políticos y coercitivos del Estado, para asegurar la hegemonía de su partido.

EL PRIMER TRIPARTIDISMO Y LA REFORMA ELECTORAL FALLIDA

Era mucho lo que estaba en juego en la elección federal de 1949 además de la renovación de la Cámara de Diputados. En primer lugar, la pertenencia de México al bloque de las democracias; luego, el compromiso del gobierno con las reglas del proceso democrático, el respeto a la pluralidad política y la libertad del sufragio; esta elección también puso a prueba la cohesión del

[7] "Discurso del Lic. Miguel Alemán Valdés, al protestar como presidente de la República ante el Congreso de la Unión, el 1º de diciembre de 1946", en XLVI Legislatura, *op. cit.*, t. IV, p. 355. Según Ramón Beteta, secretario de Hacienda del presidente Alemán, la prueba "... de la democracia no está necesariamente en el procedimiento para escoger a los gobernantes, sino en la manera en que se portan los gobernantes, y en la posibilidad que tenga el pueblo de exigir que realmente se haga un gobierno al servicio del pueblo. James Wilkie y Edna Monzón de Wilkie, *Frente, a la Revolución mexicana*, t. II, p. 25.

partido en el gobierno, la firmeza de los vínculos de la CTM con el PRI y el futuro de las izquierdas, porque participaba por primera vez el Partido Popular (PP), que era una seria amenaza para el PRI, más preocupante que el PAN, que representaba el estereotipo de la reacción contrarrevolucionaria.

En diciembre de 1947 un grupo de ocho senadores del partido en el gobierno, entre los que figuraban dos futuros presidentes, Adolfo López Mateos y Gustavo Díaz Ordaz, presentó una propuesta de reforma a la ley electoral, que sugiere que todavía no se sabía en qué dirección debía evolucionar el sistema de partidos. Proponían la creación de la Oficina Nacional del Padrón Electoral como una institución permanente y propiciar el desarrollo de un sistema de partidos plural.[8] Así, mencionaba que "los ciudadanos podrán organizarse en partidos políticos para lograr el respeto a la voluntad" que habían expresado en la elección. También planteaba que los partidos deberían mantenerse activos en periodos no electorales, durante los cuales podrían "desarrollar actividades educativas y de formación de ciudadanos".[9]

La reforma a la ley electoral absorbió por meses toda la atención de los partidos. El PAN y el PP sostenían que la Ley Federal Electoral (LFE) vigente no garantizaba la imparcialidad de los responsables de administrarla y de aplicarla. Según el diputado panista Juan Gutiérrez Lascuráin, la inequidad entre los candidatos se agravaba porque las casillas electorales y las juntas computadoras estaban integradas por miembros del PRI, y porque la calificación de la elección estaba en manos de colegios electorales que ni siquiera aparecían en la Constitución.[10]

Este debate dio lugar a la intervención del Partido Popular de Lombardo Toledano, incluso antes de que entrara a la Cámara de Diputados. Pese a las dificultades y tribulaciones que le causaba la CTM, el viejo líder sindical siguió ejerciendo una notable influencia en las discusiones a propósito de la organización institucional del sistema político. Al menos así ocurrió con los cambios a la ley electoral de 1946. Así, en el escenario político de 1948-1949 cobró forma un tímido tripartidismo al que se integraron el Partido

[8] Ángel Torres, "Su ejercicio democrático para todos los mexicanos apoyado en la nueva ley", *El Nacional*, 30 de diciembre de 1947, pp. 1-2.

[9] "Partidos políticos", *Tiempo*, vol. XII, núm. 297, 16 de enero de 1948, pp. 4-5.

[10] *Diario de debates*, Año III, Periodo extraordinario XL Legislatura, t. II, núm. 14, sesión de la Cámara de Diputados efectuada los días 8, 9, 10 y 11 de febrero de 1949 (martes 8 de febrero de 1949).

Popular de Lombardo, el PAN y el PRI. Las objeciones de Lombardo Toledano al proyecto presidencial apuntaban a que en el diseño de la propuesta no habían participado todos los partidos, y le reprochaba a sus autores que no hubieran tomado en cuenta la introducción de un sistema de representación proporcional.[11] Era verdad; no obstante, también es cierto que la mayor parte de representantes populares eran también miembros del PRI.

Lombardo era consciente de que el sistema de mayoría simple no favorecía a los partidos pequeños como el que acababa de fundar. Por ello, propuso un sistema de representación proporcional en el que todos los votos contaran; así estaba seguro de que su partido estaría representado en el Poder Legislativo. El PP todavía no existía en el Legislativo, y el PAN tenía únicamente cuatro diputaciones. Muy bien podría habérsele preguntado a Lombardo con qué representatividad objetaba el proyecto.

Las oposiciones —el PAN y el PP— concentraron sus baterías en el sistema de empadronamiento, en el padrón de votantes y en la exigencia de cambios que garantizaran la imparcialidad de las autoridades electorales. A pesar de todo, la propuesta de reforma de los priistas recibió el apoyo mayoritario del Congreso y fue votada en tiempo y forma. Sin embargo, en marzo de 1948 el presidente Alemán la vetó. Los corrillos políticos de la época atribuyeron a Lombardo Toledano el viraje. En su informe anual, el presidente explicó su decisión con el siguiente argumento: "Como diversos sectores del país, fundados en el artículo 8º constitucional, expresaron sobre el particular encontradas opiniones, el Ejecutivo juzgó conveniente para la vida institucional de la República, dar oportunidad de un debate sobre dicho proyecto y detuvo su publicación".[12]

Lo extraordinario de este incidente, si es cierto lo que antes se dijo, es la influencia que Lombardo Toledano podía ejercer sobre el presidente de la República, pues sus objeciones parecen haber sido, incluso más atendibles que el voto de los legisladores del PRI que representaban, en principio al menos, la voluntad popular. También es posible que el propio presidente Alemán estuviera en desacuerdo con el proyecto.

[11] "Partidos políticos. Mejor que el Cid", *Tiempo*, vol. XII, núm. 298, 16 de enero de 1948, p. 4.

[12] "El Lic. Miguel Alemán al abrir el Congreso sus sesiones ordinarias, el 1°de septiembre de 1948", en XLVI Legislatura, *op. cit.*, t. IV, p. 384.

Las expectativas del PAN respecto a la equidad de las elecciones y el respeto al voto disminuyeron a lo largo de 1948. Los panistas detectaron fraudes en el padrón electoral y encontraron problemas severos en las elecciones locales en Guerrero, Jalisco y Nuevo León, donde se negó el registro a buen número de ciudadanos y los partidos de oposición no tuvieron acceso a la lista de electores.

En noviembre de 1948 los legisladores panistas presentaron tres iniciativas de ley: una Ley Electoral de los poderes federales, la Ley de Partidos Políticos y el proyecto de creación de un Tribunal Federal Electoral. Les preocupaba en particular que las leyes electorales locales se prestaban a todo tipo de abusos por parte de los gobernadores, que eran los enemigos naturales de los partidos nacionales. Coincidían los panistas con el gobierno en que era necesario un cierto grado de centralización, porque los cacicazgos locales seguían siendo muy fuertes y se imponían a la ley, sofocaban indistintamente al PRI local o a la oposición, dependiendo de cuál era percibido como una amenaza al poder del gobernador.

Para los panistas era evidente que la federalización era la única solución posible al desequilibrio que comprometía la materialización de condiciones propicias a la competencia electoral en los estados. De manera que, en este tema, el PAN renunció a su convicción municipalista, incluso propuso un solo sistema para los comicios en todos los niveles, es decir, la desaparición de los sistemas estatales. Efraín González Luna concluyó que "La mejor solución [será]... tener un solo sistema Electoral Nacional para las elecciones federales, locales o municipales".[13] También propuso la creación de un Consejo Federal del Sufragio, nombrado directamente por el presidente de la República, que estaría bajo su responsabilidad.[14]

[13] A. M. González Luna y A. Gómez Morín Fuentes (eds.), *op. cit.*, t. II, vol. III, p. 1825. Su propósito fundamental era asegurar la independencia de las autoridades encargadas de organizar y administrar las elecciones: un padrón ciudadano permanente y una credencial que acreditara al votante; incluía desde luego la modificación en la composición de la CFVE para que estuvieran representados todos los partidos participantes, en lugar del secretario de Gobernación, de un secretario de Estado, de un representante de la Cámara de Diputados, otro de la Cámara de Senadores y dos representantes de los partidos políticos. Esta fórmula aseguraba el predominio del PRI.

[14] Partido Acción Nacional, "Carta dirigida al secretario de Gobernación", *La Nación*, núm. 380, 24 de enero de 1948. Sus principales propuestas eran: que una autoridad autónoma fuera responsable de elaborar el censo ciudadano; que la organización de los comicios estuviera a cargo de una autoridad autónoma; la creación de un tribunal electoral. El guion

Al igual que ellos, Lombardo Toledano insistía en señalar que la responsabilidad de estos procesos recaía sobre el presidente de la República; así lo planteaba un desplegado firmado por la dirigencia del PP en marzo de 1949: "el único margen de garantías lo abre la intervención del Presidente de la República".[15] Las discrepancias entre los partidos no fueron superadas, de manera que la elección federal de 1949 se llevó a cabo con la misma ley que había regido la elección presidencial anterior. El nuevo ordenamiento se introdujo en 1951. Esta ley era muy similar a la anterior, pero incrementaba los requisitos para que un partido pudiera ser registrado.[16] De hecho, las disposiciones más novedosas parecían dirigidas a frenar la formación de nuevos partidos.

Las elecciones federales de 1949, ensayo general

El PAN y el PP hicieron esfuerzos titánicos para participar en estos comicios. Sin embargo, gracias a un programa intenso de actividades de proselitismo y afiliación, el PRI fue el único partido que presentó candidatos en los 147 distritos del país, mientras que el PAN sólo alcanzó a registrar 69 candidatos en 19 estados, y el PP 67. La diferencia entre los partidos también se hizo patente en el número de representantes que cada uno acreditó en las 1 867 casillas de votación que se instalaron en todo el país. El PRI cubrió la totalidad, mientras que los otros dos partidos dejaron numerosos huecos. Acción Nacional, nada más en el Distrito Federal, tuvo por lo menos dos representantes por casilla, pero en el resto del país tuvo escasa representación; el PP tuvo incluso menos, pues ni siquiera en la capital de la República pudo acreditar representantes en todas las casillas.

La campaña estuvo dominada por argumentos ideológicos: los candidatos condenaban por igual "el izquierdismo comunizante" del PP y el "derechismo ultramontano" del PAN; así, al PRI le correspondía automáticamente

de la ambiciosa ley de la transición que se votó en 1989 y en 1990 entró en vigencia en su calidad de Código Federal de Instituciones y Procedimientos Electores (Cofipe).

[15] "La próxima lucha electoral y el Partido Popular. Manifiesto al pueblo de México", *Tiempo*, vol. XIV, núm. 360, 25 de marzo de 1949, p. XIX.

[16] Francisco José Paoli, "Legislación electoral y proceso político", en Pablo González Casanova (coord.), *Las elecciones en México: evolución y perspectivas*, México, Siglo XXI Editores, 1985, pp. 129-163.

una posición de centro. Ante los "extremos", el PRI aparecía como una opción moderada. Había algunas incógnitas. Una de ellas era qué tan lejos llegaría Vicente Lombardo Toledano en la batalla por el nuevo partido que había planeado por años y con el que buscaba unificar a las izquierdas.

El PRI enfrentaba el riesgo de sus propias reglas, de las elecciones primarias internas que ordenaban los estatutos, de conformidad con el proyecto democratizador de 1946 de Ávila Camacho. El procedimiento se aplicó, pero con las modalidades que le impusieron las corporaciones que de hecho nunca habían sido desmanteladas. La CTM, la CNC y la CNOP pactaron entre ellas respetar las posiciones electorales adquiridas, de manera que nadie ajeno al sector podría presentarse en un distrito que no controlara ya.

Las elecciones primarias internas se llevaron a cabo en abril de 1949, pero generaron frustración y descontento porque en muchos casos los resultados de esa competencia fueron ignorados y el PRI, la Secretaría de Gobernación, en su caso, el gobernador o el presidente mismo impusieron a sus propios candidatos. Así, un grupo de ferrocarrileros, trabajadores industriales, locatarios de mercado, colonos y representaciones populares del 3er. distrito del D.F., envió al presidente de la República un telegrama para recordarle que apenas unas semanas antes se había comprometido con ellos a respetar el resultado de las primarias, y le pedían que cumpliera su palabra. Habían elegido a José Magaña, ferrocarrilero "trabajador y popular", pero tanto la secretaría general del PRI como la Secretaría de Gobernación les habían informado que también participaría Adolfo Omaña, que era —según los firmantes del telegrama— "un parásito, apostador". Les inquietaba la posibilidad de que este individuo tuviera el control de los funcionarios de casilla, del padrón electoral y de todo el proceso. La protesta fue ignorada y Adolfo Omaña fue diputado por el 3er. distrito del D.F.

El "atraco" del 3 de julio

El 3 de julio de 1949 se llevó a cabo la primera gran operación en la que el PRI recibió todo el apoyo del Estado y de la presidencia de la República para asegurarse el triunfo en prácticamente todos los distritos electorales del país. A diferencia de elecciones anteriores, en las que los abusos y la violación del sufragio fueron resultado de operaciones relativamente espontáneas, que olían todavía a la pólvora revolucionaria, en este caso, como se verá, las autoridades electorales participaron en una operación perfectamente planeada, ordenada y organizada por funcionarios clave del gobierno del presidente Alemán.

La interferencia del gobierno en el proceso electoral había quedado en evidencia semanas antes de la votación. El 24 de mayo, Gómez Morín escribió a González Luna: "Los fraudes del padrón continúan [...] En las pruebas efectivas que hemos hecho en el D.F., el porcentaje de empadronamiento falso es verdaderamente pasmoso". Todavía más azorado quedó cuando comprobó que se trataba de una operación muy bien montada, con una "orientación clara y decisión firme en el centro mismo de la vida nacional".[17] Es decir, Gómez Morín percibió, escandalizado, que detrás de esta operación estaba el presidente de la República.

El 26 de mayo de 1949, el secretario de Gobernación, Adolfo Ruiz Cortines, invitó a los representantes de los partidos a revisar, si así lo deseaban, las listas del padrón y a tomar nota de los nombres y las direcciones de los empadronados. Es posible que el funcionario pensara que no tendrían la capacidad para hacerlo. Sin embargo, tanto el PAN como el PP movilizaron a contingentes de voluntarios para corroborar la veracidad de los datos contenidos en las listas del Consejo del Padrón.

Acción Nacional hizo una cuidadosa verificación de credenciales en tres distritos (4º, 7º, y 9º). Jóvenes voluntarios clasificaron a los ciudadanos en secciones y calles, y por orden alfabético. Cuando cotejaron las listas con la realidad se percataron de que se trataba de una simulación de gran magnitud. Por su parte, los miembros, simpatizantes y amigos del PP, así como un importante contingente de estudiantes —todos ellos voluntarios— dedicaron varios días a revisar las listas y someterlas a prueba. Muy pronto también comprobaron que estaban frente a una fabricación de grandes proporciones. De los primeros 300 electores que fueron revisados, 204 eran apócrifos.[18]

Víctor Manuel Villaseñor, candidato del PP al 8º distrito del D.F., fue una de las víctimas de estos procedimientos fraudulentos, y en sus *Memorias* describe con todo detalle su experiencia. Ante la evidencia irrefutable que habían obtenido los revisores de las listas de empadronados, Villaseñor de-

[17] A. M. González Luna y A. Gómez Morín Fuentes (eds.), *op. cit.*, t. II, vol. III, p. 1967.

[18] Víctor Manuel Villaseñor, *op. cit.*, vol. II, p. 158.

mandó al Consejo del Padrón Electoral que anulara más de 750 credenciales. Gilberto Loyo, presidente del Consejo, decidió también reservar 9 000 más que tendrían que ser verificadas antes de ser distribuidas. El candidato Villaseñor exigió la intervención del presidente Alemán, para subrayar su responsabilidad en el proceso y en los vicios que lo habían deformado.[19]

El 20 de junio Víctor Manuel Villaseñor, se entrevistó con su amigo de juventud, el presidente Alemán; el diálogo entre los dos antiguos camaradas aparentemente fue ríspido, entrecortado. Los cuestionamientos que le hizo el aspirante a diputado a Alemán quedaron en el aire, como si se tratara de reflexiones abstractas. El presidente aludió a lo difícil que era corregir el fraude electoral que era un hábito "acendrado" en la política mexicana, y desvió la conversación hacia los recuerdos estudiantiles. Sólo le sugirió a Villaseñor que se entrevistara con el secretario de Gobernación, Adolfo Ruiz Cortines.[20] Villaseñor recibió la respuesta a su queja el día de la elección, cuando el líder de la CTM, Fernando Amilpa, encabezó los grupos del sindicato de trabajadores de la construcción que asaltaron varias casillas del 8º Distrito para asegurar la victoria del también líder cetemista, Alfonso Sánchez Madariaga.

"No hubo muertos",[21] destacaba con lacónica ironía el reporte sobre las elecciones intermedias que el embajador Rapp de su majestad británica en

[19] *Ibid.*, pp. 157-168. El Consejo del Padrón había entregado nueve mil credenciales en blanco a dos empleados del candidato del PRI en el 8º distrito, atribuyéndoles el carácter de "empadronadores volantes". Villaseñor denunció los hechos, y amenazó con ir a la prensa si no se corregía: "Si ese Consejo no obstante la prueba abrumadora de que los empadronadores volantes usaron de manera indebida las credenciales en su poder, se negara a nulificarlas después de comprobar la exactitud de las afirmaciones que hemos expuesto, el Partido Popular y el pueblo de México tendrían prueba manifiesta de que [...] las autoridades y los órganos electorales, se prestan, consciente y activamente a servir de instrumento para la consumación de un ignominioso fraude en los comicios que se avecinan". Cit. en *ibid.*, p. 160.

[20] "Mi entrevista con Miguel Alemán tuvo lugar el día 20. Díjome haber sido quien dictara las órdenes de anulación de las nueve mil credenciales fraudulentas y me preguntó: —¿Estás satisfecho, Víctor Manuel? —De ninguna manera, Miguel. No soy tan ingenuo... en el 8º distrito subsisten millares más de credenciales falsificadas. Lo que en mi distrito ocurre no es sino mero ejemplo del fraude que en todo el país se lleva a cabo, mal que solamente tú podrías conjurar, cuando menos parcialmente, tan sólo con ordenar que el día de las elecciones se obligue a los votantes a estampar la huella digital con tinta indeleble...". *Ibid.*, p. 164.

[21] Según el embajador británico: "Pese a las imperfecciones y a los abusos, las últimas elecciones han sido en todo respecto, las más libres y mejor organizadas que ha habido en

México envió al Foreign Office el 14 de julio de 1949 sobre las elecciones intermedias. Sin embargo, la violencia oscureció la jornada electoral. Como muchos otros, el embajador Rapp reconoció que había habido incidentes y abusos, pero consideraba que eran los mejores comicios y los más libres que se habían llevado a cabo en México, y que eran un avance.[22] La Embajada de Estados Unidos en México se quedó igualmente satisfecha con este proceso, que había sido un tremendo descalabro para la izquierda, para Lombardo Toledano y para Lázaro Cárdenas.

En apariencia el proceso general había sido un éxito, sin embargo, detrás de la pantalla de credenciales de elector, grandes desplegados de propaganda, pluralidad partidista, sábanas de publicidad que mostraban la cara sonriente de candidatos cargados de promesas, crepitaba la realidad del fraude. La modalidad predominante fue la alteración de las listas de empadronamiento que llevaron a cabo "electores volantes", que viajaban de un distrito a otro en camiones alquilados por el PRI. En la manipulación del voto también intervinieron funcionarios de casilla parciales a los candidatos priistas, empadronadores también priistas y juntas computadoras cooptadas por el PRI. El aparato en su conjunto revelaba la verdadera naturaleza del espectáculo que se representaba.

Según Villaseñor, el principal problema fue que en la mañana del día de la elección, la CFVE sorpresivamente decidió permitir que en cualquier casilla votara quien así lo deseara, aunque no pudiera mostrar su credencial de elector, siempre y cuando su nombre apareciera en la lista. Esta medida de "emergencia" explica la cantidad inflada de votos que se registró en varias casillas, porque de repente aparecían grupos de electores que eran transportados en camiones de redilas y que exigían votar en una casilla, y en otra, y en otra. Hubo ciudadanos que votaron entre cinco y seis veces.[23]

La autoridad no intervino para impedir estas irregularidades, como si sus instrucciones hubieran sido mantenerse pasiva para que la elección no se convirtiera en un problema de orden público. Por consiguiente, tanto en

---

México y denotan un considerable avance hacia la responsabilidad política en el futuro de una joven democracia". NA, Latin America Confidential Print, an 2287/1016/26, "Mr.E.G.Rapp to Mr. Bevin, July 14th, 1949. Elections in Mexico", *Further Correspondence Respecting Mexico. Part 3. January to December 1949*, Section 7, no. 71 Confidential, p. 20.

[22] NA, "Mr. E.G. Rapp to Mr. Bevin, 'Report on the 1949 elections", July 14, 1949, FO, 371/74078, File 1016.

[23] Víctor Manuel Villaseñor, *op. cit.*, vol. II, p. 166.

los estados como en la capital del país hubo un importante despliegue de fuerzas del orden, vigilancia policíaca y del ejército, pero nada hicieron para frenar los abusos. Muchas de las protestas de la oposición denunciaban la pasividad de policías y militares que miraban sin reaccionar como los cetemistas asaltaban las casillas. Pese a todo, esa presencia tuvo un efecto disuasivo porque hubo muchos incidentes, pero ninguno trágico.

Aún así el presidente estaba nervioso. El administrador central de telégrafos envió, hora por hora, un reporte al secretario particular Rogerio de la Selva, con el siguiente mensaje: "Para conocimiento superioridad satisfáceme comunicarle que todas oficinas red nacional reportan sin novedad...".[24] El reconocimiento del papel del presidente en el desarrollo del proceso electoral está inscrito en los numerosos telegramas de felicitación que recibió de parte de los gobernadores, por el buen desarrollo de la jornada.[25]

Según las cifras oficiales el PRI obtuvo 2 044 292 votos, el PAN apenas 178 952, muy concentrados en la capital y el PP solamente 18 712. De estos resultados, lo que sorprende es la tasa de participación, porque el total de votos, incluidos los anulados, fue 2 242 803 y si lo comparamos con el número de empadronados, 2 550 048, resulta que votó el 88% de los ciudadanos registrados, una proporción elevadísima que no volvió a repetirse. En Guerrero, Morelos, Nuevo León y Sonora, donde se llevaron a cabo elecciones locales, el PRI se declaró victorioso, aunque también hubo muchas irregularidades.

Acción Nacional fue el partido de oposición más favorecido por los electores, en particular en el Distrito Federal. Manuel Gómez Morín, el líder panista, declaró: "Evidentemente algo se ha avanzado. Por desgracia hay muchas irregularidades todavía. En numerosas casillas no se ha tomado en cuenta el padrón, ni se ha respetado el secreto del voto".[26] No obstante la denuncia, Acción Nacional veía los resultados con cierto grado de satisfacción, sobre todo en la capital de la República, donde sus candidatos obtuvieron un porcentaje de votos considerable, pese a que nuevamente fueron reconocidos sólo cuatro triunfos, en zonas en las que el par-

[24] AGN, Galería 3. Ramo presidentes, Miguel Alemán Valdés, MAV/10:528/caja 0560 (544.4/26-544.5/2).

[25] AGN, Galería 3, Ramo presidentes, Miguel Alemán Valdés, MAV/10:528/caja 0560(544-/40) y Elecciones MAV/04526/caja 658.

[26] "Elecciones federales. Luchas sin episodios", *Tiempo*, vol. XV, núm. 375, 8 de julio de 1949, p. 1.

tido había echado raíces: Distrito Federal, Jalisco, Michoacán, y Nuevo León.[27]

El voto por el PAN podía ser un voto de castigo, pero también podía expresar el apoyo a una alternativa distinta a las opciones identificadas con la Revolución, mientras que el PP, representaba una crítica de la izquierda al PRI. Sin embargo los resultados del Partido Popular fueron muy pobres y se explican porque el partido estaba apenas en sus comienzos, todavía estaba mal organizado, y por la aparente indiferencia de su líder Lombardo Toledano,[28] que ni siquiera estaba en el país el día de la elección.

La dirigencia del PP transmitió a los periódicos la siguiente declaración: "El pueblo de México está siendo víctima de una burla intolerable... el pueblo... acudió en proporción considerable... a depositar su voto... por otra parte, el aparato electoral [fue] puesto íntegramente al servicio de los elementos del Partido Oficial".[29] El apoyo activo del gobierno a los autores de lo que el PAN llamó "un atraco" fue la demostración de que en este terreno el PRI era igual a los dos partidos que lo antecedieron en el poder, y que la élite posrevolucionaria se había apropiado de la lógica de la élite revolucionaria, que se negaba a compartir el poder con la oposición y a reconocer el principio de alternancia.

El PRI se dejó llevar por la euforia que le produjeron los resultados, indiferente a las denuncias documentadas de irregularidades que presentaron los partidos de oposición. El PAN hizo un esfuerzo notable por reunir la evidencia de los abusos y lo que primero salió a la luz fue que nada hubo de espontáneo en esta elección. La respuesta del presidente del PRI, Sánchez Taboada, a las acusaciones del PAN fue que no había habido violencia ni coerción, y que los incidentes habían sido insignificantes. Según la dirigencia priista, los panistas querían "batir el récord de protestas, quejas y denuncias", pero los descalificaban porque —dijo— en realidad sólo "querían denunciar al régimen de la revolución".

El jefe del PRI en el D.F., el diputado César Cervantes, declaró que el triunfo de su partido "fue el resultado de la labor social que desarrollaron

[27] Eduardo Facha, Jaime Robles y Martín del Campo, Gonzalo Chapela y Juan José Hinojosa.

[28] Según Villaseñor, Lombardo Toledano no mostraba auténtico interés en el partido, de manera que la campaña fue "caótica y desorganizada". Los desacuerdos en el interior del grupo dirigente eran muchos y se multiplicaban.

[29] Citado en Villaseñor, *op. cit.*, vol. II, p. 167.

los candidatos en los 147 distritos del país. Han sentado un precedente para el futuro".[30] Según el PRI, "[habían] desaparecido ya los tiempos en que existieron formas violentas o sombrías en los sufragios".[31] La revista *Tiempo* publicó el 18 de julio un desplegado firmado por los dirigentes del partido en el gobierno, que defendía el proceso electoral cuyos resultados —decían— eran "unánimemente aceptados", para empezar, por la "entusiasta participación del electorado".

Las elecciones federales de julio de 1949 fueron un mal augurio para el futuro y proyectaron una mala imagen del presidente y del PRI, porque se cometieron todo tipo de abusos. Así, aseguraron el triunfo de sus candidatos, con más de 90% del voto en 80% de los distritos. El presidente Alemán estaba satisfecho con estos resultados que, si bien no mostraban voluntad democrática, sí daban prueba de su fuerza.

LA LEY ELECTORAL DE 1951

El PAN y el PP no perdieron la esperanza de lograr una reforma electoral que garantizara la representación plural en el Congreso. Tanto Manuel Gómez Morín como Vicente Lombardo Toledano insistían en que se hiciera la reforma. El presidente Alemán cedió, pero el resultado no fue lo que ellos esperaban.

El nuevo ordenamiento sustituyó a la Comisión Federal de Vigilancia Electoral (CFVE), con una poderosísima Comisión Federal Electoral (CFE), que concentraba la autoridad electoral, cuyos miembros eran: el secretario de Gobernación, un senador, un diputado, votados por la Cámara, representantes de tres partidos políticos nacionales y un notario. Además, se creó el Registro Nacional de Electores, que era responsabilidad de dicha comisión, al igual que la distritación y la designación de los miembros de las comisiones locales, estatales y distritales a los integrantes de las mesas directivas de las casillas. Esta comisión tenía a sus órdenes a la fuerza pública para garantizar la legalidad de los procesos y emitía las constancias de mayoría, porque los votos ya no se contarían en las casillas, sino en las comisiones.[32]

[30] "Elecciones federales. Lucha sin episodios", *Tiempo*, vol. XV, núm. 375, 8 de julio de 1949, p. 1.

[31] "Partidos Políticos. Registro de credenciales", *Tiempo*, vol. XV, núm. 377, 22 de julio de 1949, p. 1.

[32] ICAP, *op. cit.*, vol. VI: *1951-1956*, p. 130.

El sesgo a favor del partido en el gobierno era clarísimo. La composición de la CFE garantizaba el control del PRI sobre todo el proceso, y, en todo caso, el del presidente de la República, quien podía intervenir a través del secretario de Gobernación, del senador o del diputado, que seguramente serían priistas.

La ley electoral de diciembre de 1951 tuvo importantes repercusiones en la vida interna del PRI, porque eliminó las primarias. Prohibía expresamente que para la selección de candidatos se llevaran a cabo actos públicos que se asemejaran a los que se llevaban a cabo en las elecciones presidenciales.[33] Así, se restablecieron las convenciones en las que representantes de entidades estatales y de los sectores del partido emitían un voto corporativo para elegir candidatos. Esta ley rigió las instituciones y los procesos electorales hasta 1977.

Los quebrantos de la élite

La elección presidencial de 1952 tenía el potencial de conflicto que tanto preocupaba al presidente Alemán, porque intervinieron dos factores que eran profundamente perturbadores: su intento de reelección y la campaña electoral de un general disidente, miembro de la élite política que había generado la Revolución.

El presidente Alemán respondió al principio con desconfianza y después con brutal violencia, al reto que lanzó el general Miguel Henríquez Guzmán.[34] La campaña de esta *oposición revolucionaria*, como se autodefinía el henriquismo, desestabilizó los planes presidenciales, porque el protagonista era un militar de mucho prestigio y podía dividir al ejército, o intentar

[33] Luis Javier Garrido, "El partido del Estado ante la sucesión presidencial en México (1929-1987), *Revista Mexicana de Sociología*, 49 (1987), p. 73.

[34] Entrevista con el general Miguel Henríquez Guzmán en el semanario *Mañana*. En 1945 pidió licencia al secretario de defensa y se retiró de la competencia por la candidatura presidencial del entonces PRM. En una carta dirigida al pueblo de México explicó las razones que lo llevaron a tomar esa decisión: "el engranaje oficial, salvo excepciones, presiona por la candidatura del señor Lic. Miguel Alemán; situación que excluye toda posibilidad de nuevas elecciones democráticas. [...] Ante esta situación considero contradictoria una lucha electoral que, por querer resolverse de antemano, deja de tener ese carácter, y no deseando que se acentúe más la división del elemento revolucionario al que me honro en pertenecer [...] he decidido no aceptar la postulación que se me ofrece para no ser partícipe de una responsabilidad que la Historia se encargará de juzgar". "Henríquez Guzmán renuncia al ejército y a la presidencial, pidió licencia", *Mañana*, 16 de junio de 1945, p. 4.

alguna medida extrema, como un golpe, que hubiera provocado el reinicio de la guerra civil. El antecedente de la elección federal bastaba para desalentar la participación, y la profundización de una fisura Cárdenas/Alemán en el seno de la élite, que apenas se adivinaba, pero que enrarecía la atmósfera. Parecía que el país daba marcha atrás.

La campaña de Miguel Henríquez Guzmán

En la contienda presidencial de 1952 participaron cinco candidatos, tres de los cuales eran de origen militar y compartían una experiencia revolucionaria que le era ajena al presidente Alemán y a los miembros de su gabinete: Miguel Henríquez Guzmán, Cándido Aguilar y Francisco J. Mújica. También tenían en común una larga relación con el expresidente Cárdenas, cuyas políticas se convirtieron en el estandarte de esta oposición *revolucionaria*. Su causa era la misma que la del PP de Lombardo Toledano, es decir, pertenecían a la oposición leal de izquierda.

El número de candidatos presidenciales sugiere no tanto pluralidad,[35] sino indisciplina y conflicto en el interior de la élite política, y muestra la capacidad así como las limitaciones del PRI para dirimir o contener sus diferencias internas. En adición a las precandidaturas hay que tener en cuenta que, pese a las objeciones, la opción de la reelección del presidente Alemán estuvo abierta hasta septiembre de 1951, lo que agregaba complejidad al proceso.

En poco tiempo el general Henríquez Guzmán fue el único candidato de oposición; sus pretensiones presidenciales eran un asunto grave porque cuestionaban la unidad de la élite posrevolucionaria, exacerbando y poniendo al descubierto sus desacuerdos internos. Esta "revelación" era una confesión de fragilidad. Además, en estos comicios el presidente Alemán pretendió dejar establecido que el sistema político tendría la oposición que el gobierno necesitara, y que si el presidente podía definir los rasgos del partido en el poder también podía diseñar a las oposiciones partidistas, no en balde tenía una ley que, a través del registro de los partidos en la Secretaría de Gobernación, definía los rasgos del régimen partidista.

[35] Elisa Servín, "Las elecciones presidenciales de 1952. Un intento de cambio democrático", *Estudios de Historia Moderna y Contemporánea de México*, núm. 23, 2002, pp. 179-205.

En un desplante de insolente indisciplina y haciendo caso omiso de las advertencias del presidente Alemán y del presidente Sánchez Taboada del PRI, el 8 de enero de 1951, Miguel Henríquez Guzmán anunció su participación en la contienda presidencial como candidato de la Federación de Partidos del Pueblo Mexicano (FPPM). Su campaña iniciaría formalmente en agosto. En respuesta, los priistas siguieron exhortando a la paciencia. En ese momento el principal contrincante de Henríquez Guzmán era el propio presidente Alemán, en plena campaña para su reelección, pero también se decía que el jefe del Departamento del D.F., Fernando Casas Alemán, tenía la candidatura en la bolsa, dada la estrecha amistad que lo unía al presidente Alemán, pero por su mala reputación muy pronto fue descartado.[36]

Los promotores de la candidatura del general Henríquez Guzmán fueron expulsados del PRI porque, argumentó la dirigencia, se habían adelantado a las fechas establecidas y habían violado las reglas del partido.[37] La severidad de la medida no era sino un reflejo de la ira y la inseguridad que provocó la rebeldía de un general revolucionario, carismático y exitoso, en quien muchos veían la madera de un líder del corte del presidente argentino, general Perón. Un candidato así podía imponerse a cualquier otro, poner en tela de juicio el poder del presidente, la hegemonía del partido en el gobierno, la prerrogativa presidencial de designar al sucesor y provocar la disrupción de los equilibrios políticos. Peor aún, los vínculos que ligaban a Henríquez Guzmán con el general Cárdenas incrementaban su peligrosidad a ojos del presidente Alemán.

Henríquez viajó por todo el país, en una entusiasta sucesión de giras cuyos gastos fueron financiados con la fortuna familiar. El apoyo a su causa se extendió con rapidez; en mayo de 1951, tenía una presencia importante en cinco estados de la República. En marzo de 1952, la Dirección General de Investigaciones Políticas y Sociales (DGIPS) reportaba que la influencia de la FPPM se extendía a nueve estados,[38] donde lo respaldaban "innumerables

[36] "Política. Prolegómenos electorales", *Tiempo*, 14 de septiembre de 1951, vol. XIX, núm. 489, p. 3.

[37] Wenceslao Labra, exgobernador, César Martino antiguo dirigente de la CNC, Bartolomé Vargas Lugo exgobernador, Ignacio García Téllez, antiguo secretario de Estado, Raúl Castellanos y Ernesto Soto Reyes fueron expulsados del PRI por ese motivo.

[38] Baja California, Coahuila, Durango, Jalisco, Michoacán, Nayarit, Nuevo León, Sinaloa y Sonora. AGN, Secretaría de Gobernación, DGIPS, FPPM 2-1/061.8/15 t. VII.

núcleos ejidales y campesinos".[39] Agentes de la DGIPS lo seguían puntualmente y reportaban a la superioridad en el Distrito Federal hasta el último detalle de las visitas: el número de asistentes a los mítines, la atmósfera de la recepción, el repertorio de oradores, el contenido de los discursos, las intervenciones del auditorio (excepcionales).

El informe de la DGIPS del mitin que se celebró en Cuernavaca, Morelos, en mayo de 1952 puede ser leído como un modelo de aplicación general. Primero, estimaba la "asistencia de gran número de partidarios," en por lo menos 1 500 "de la clase campesina". Después reconstruía el programa del día y se abrían los megáfonos. Rubén Jaramillo introdujo al orador, el candidato Henríquez Guzmán, quien se refirió al PRI como el "verdugo del pueblo". Posteriormente tomó la palabra Graciano Sánchez para rendir homenaje a Emiliano Zapata y a Lázaro Cárdenas. El general Francisco Mújica repitió la denuncia que había hecho con anterioridad de que Ruiz Cortines había trabajado para las tropas estadunidenses durante la ocupación de Veracruz en 1914, y, por último, el general Genovevo de la O designaba a Henríquez Guzmán candidato del pueblo y heredero de Lázaro Cárdenas.[40] Al inicio y al final de la reunión los asistentes lanzaban ¡Vivas! al general. Al término del acto los asistentes recibían entre ocho y 10 pesos.[41]

¿El regreso del cardenismo?

El expresidente Lázaro Cárdenas y las corrientes de opinión que dentro y fuera del PRI se identificaban con él, fueron el motor de la poderosa movilización que impulsó la candidatura de Henríquez Guzmán que, en cierta

[39] AGN, Secretaría de Gobernación, DGIPS, FPPM 2-1/061.8/15 t. VII.

[40] AGN, Secretaría de Gobernación, DGIPS, Informe del mitin de la FPPM en Cuernavaca, Mor., 31 de mayo de 1952, exp. 3, vol. 27, 2-1/061.6/15, t. IX.

[41] Véase, por ejemplo, los reportes contenidos en AGN, Secretaría de Gobernación, DGIPS, FPPM 2-1/061.8, t. VII. Esta práctica no pasaba desapercibida. En entrevista con los Wilkie, Lombardo Toledano la describió así: "los mítines que realizaba Henríquez Guzmán, eran mítines con gentes en su mayoría pagadas... terminado el acto público, había varios pagadores y entonces entregaban el dinero a los asistentes ante los ojos de todos... También es el caso de la candidatura del señor Ruiz Cortines, pues el apoyo oficial de las autoridades locales, municipales, estatales y los recursos económicos del partido gubernamental, hacían de los actos públicos no siempre actos realmente espontáneos". James y Edna M. Wilkie, *México visto en el siglo XX*, pp. 372-373.

forma, apuntaba hacia el regreso de Cárdenas a la vida pública.[42] El henriquismo también canalizó el descontento de sectores de la clase media con la devaluación, la inflación, las elecciones fraudulentas y la corrupción de los funcionarios públicos; sin omitir la insatisfacción de los campesinos con el incumplimiento de la reforma agraria.

Las relaciones entre el cardenismo y el henriquismo eran confusas y ambivalentes y, ante todo, inestables. En cada mitin y reunión a la que asistía Miguel Henríquez Guzmán se refería a Cárdenas como el inspirador de su candidatura y de su lucha; en cambio, el expresidente era ambiguo en relación a la causa henriquista. Siempre negó su involucramiento en la campaña de la oposición, sin embargo, incurrió en más de una contradicción, sobre todo porque su figura y su nombre estaban permanentemente presentes en las filas henriquistas y eran el vínculo entre los grupos diversos que las integraban.

Prácticamente todos los henriquistas, en particular los dirigentes de la FPPM, provenían del cardenismo,[43] y con el apoyo de grupos campesinos y de clase media, formaron una coalición diversa en la que participaban oficiales de prestigio, como los generales Marcelino García Barragán y Antonio Ríos Zertuche;[44] funcionarios distinguidos, como Antonio Espinosa de los Monteros, que había sido embajador en Washington y Luis Chávez Orozco, exsubsecretario de Educación Pública; a estos hombres distinguidos del régimen se sumaron trabajadores petroleros, mineros y ferrocarrileros. Sin embargo, para el gobierno la verdadera amenaza del henriquismo era la alianza

[42] Elisa Servín afirma que el texto del discurso que pronunció Henríquez Guzmán cuando presentó su propuesta política tiene las correcciones a mano del expresidente Cárdenas. Servín, *op. cit.*, p. 226.

[43] Enrique González Pedrero sostiene que el arranque de la campaña henriquista fue la publicación en los periódicos, en abril de 1950, del documento *En defensa del régimen cardenista*, que firmó un grupo de seguidores y colaboradores del general Cárdenas, cuyo objetivo era responder al anticardenismo que había resucitado y se mezclaba con la agresiva campaña anticomunista que desde 1949 invadía las calles, las escuelas y los hogares mexicanos, organizada por grupos de católicos, con el apoyo de las autoridades eclesiásticas. Firman este documento, entre otros: Agustín Arroyo Ch., Silvano Barba, Narciso Bassols, Efraín Buenrostro, Ignacio García Téllez, Heriberto Jara, Francisco J. Mújica, Gonzalo Vázquez Vela, Salvador Zubirán. "En defensa del régimen cardenista", *Excélsior*, 15 de abril 1950, p. 20.

[44] En 1951 Inteligencia Militar reportó que en el seno del ejército había numerosos simpatizantes del henriquismo: 22 generales, 15 coroneles, siete teniente-coroneles, un mayor y cuatro capitanes. Thomas Rath, *Myths of Demilitarization in Post-Revolutionary Mexico, 1920-1960*, Chapel Hill, The University of North Carolina Press, 2013, p. 96.

de militares con campesinos que gradualmente se adhirieron a la oposición, porque ambos eran piezas clave en la estabilidad de la posrevolución.

La descripción que hace el general Cárdenas de sus relaciones con el general Henríquez Guzmán y con el henriquismo en sus *Apuntes* plantea más interrogantes que respuestas. En ellos relata que en marzo de 1951 el general Henríquez Guzmán le informó que había decidido participar en la campaña por la presidencia de la República. La respuesta del expresidente fue una advertencia:

> Le manifesté que a la representación nacional se llega por uno de dos caminos, por *voluntad unánime* (subrayado de la autora) del pueblo a tal grado que el gobierno se ve obligado a reconocer el triunfo o cuando el gobierno en turno simpatiza con la candidatura en juego y siempre que no haya oposición mayoritaria.[45]

La sugerencia era que ninguna de esas opciones estaba abierta para él; pero la expresión era tan indirecta que podía entenderse lo contrario. Es posible que simplemente por vanidad el aspirante Henríquez Guzmán haya escuchado que "la voluntad unánime" del pueblo lo apoyaba.

Es probable que Cárdenas intentara desanimar a Henríquez Guzmán. No obstante, si el candidato hubiera entendido así el mensaje del expresidente, no habría insistido en acudir a él durante su campaña, como aparentemente lo hizo. Según Cárdenas, Henríquez: "Siguió visitando[lo] con frecuencia, conversando[le] del curso de la campaña y en todas las visitas que me hizo siempre encontró en mí al amigo, al compañero de armas, pero jamás recibió de mí promesas de que participaría yo en su campaña…".[46]

Queda en el aire la pregunta de si acaso en algún momento le recomendó explícitamente que no participara en la batalla por la presidencia, como lo hizo Ávila Camacho en 1945. Si lo hubiera hecho, tal vez las visitas hubieran terminado.

En términos programáticos, las diferencias entre la dirigencia del henriquismo y el cardenismo eran mucho más grandes de lo que el torbellino de la campaña electoral dejaba ver. Las posiciones de Henríquez en relación con

[45] Cárdenas, *op. cit.*, t. II, p. 453.
[46] *Idem.*

la iniciativa privada, al intervencionismo estatal y a la reforma agraria eran más bien conservadoras.[47] La distancia que separaba a ambas corrientes quedó bien establecida en el desplegado que apareció en la prensa, firmado por el general de división Antonio Ríos Zertuche, el 3 de febrero de 1952. Aquí Miguel Henríquez Guzmán no es comparado con Lázaro Cárdenas, sino con un presidente más empresarial, Álvaro Obregón, y el texto enfatiza que lo que está en juego en la elección es la libertad, ya no el combate a la miseria del campo o la redistribución de la riqueza. Según Ríos Zertuche:

> Han llegado a un crucero histórico dos corrientes que se disputan el paso: en el primer sendero están colocados los supremos derechos y las libertades del pueblo de México. En el segundo están emboscados enormes intereses creados al amparo del intervencionismo del Estado, las restricciones al crédito... el aumento de las contribuciones, la pretensión de dirigir la economía pública...[48]

Estas declaraciones eran un claro distanciamiento del estatismo que estaba en el centro del programa del cardenismo. Sin embargo, también podían ser leídas como una respuesta a la preocupación central de la época: la expansión de la influencia de la Unión Soviética. En ese caso el destinatario de estas precisiones no era Cárdenas ni los cardenistas, sino el interlocutor oculto al que todos los políticos mexicanos buscan convencer: el gobierno de Estados Unidos.

Pocas semanas después de la publicación del desplegado de Ríos Zertuche, apareció en el periódico *Novedades*, que era considerado el portavoz del gobierno, una entrevista de Mario Huacuja con Dámaso Cárdenas, gobernador de Michoacán y hermano del general. En ella el entrevistado

[47] Servín cita la carta del 5 de abril de 1951 de Salvador Murguía al general Mújica en la que describe a los henriquistas en los siguientes términos: "carecen de consistencia moral porque han compartido con los simuladores en negocios y puestos; además, el que no es socio es empleado de las empresas de Henríquez y su familia. El candidato ha podido arrastrar gente con el señuelo de que el general Cárdenas lo respalda. El día que se compruebe que eso es falso, se quedará sólo con los banqueros, latifundistas y negociantes que tienen ligas con él y los suyos". Servín, *Ruptura y oposición*, p. 171.

[48] AGN, Secretaría de Gobernación, DGIPS, FPPM (Federación de Partidos del Pueblo de Mexicano) 2-1/061.8/15, t. VII.

se refirió a la irritación que le causaba al expresidente que los henriquistas utilizaran su nombre. Según el gobernador, "Don Lázaro" nunca lo había autorizado. Añadió que había habido un rompimiento político con el candidato de la FPPM, aunque seguían tratándose en el terreno amistoso, y que "a Lázaro no le interesa si el General... juega o no como candidato a la Presidencia...".[49]

Estas declaraciones disgustaron al general Cárdenas, quien emitió un comunicado en el que informaba que nadie estaba autorizado a hablar en su nombre, que él no participaba en "actividades ni en decisiones políticas , y [quería mantener] una actitud de respeto a la investidura institucional y a la responsabilidad política de las autoridades de la nación...".[50] Al hacer esta declaración, Cárdenas reconocía la incontestable autoridad del presidente Alemán como responsable único de la sucesión; pero cuando añadió que él era amigo personal de Henríquez Guzmán, le hacía un guiño que luego moderaba con la precisión de que lo era de todos los candidatos. Cerró su declaración con la afirmación de que dicha amistad no lo autorizaba a juzgar las propuestas políticas de los aspirantes. Una respuesta así de evasiva era una pretensión de neutralidad poco convincente, sobre todo cuando provenía de un expresidente, que había tomado decisiones radicales con base en posiciones críticas tajantes.

Hasta finales de 1951 el proceso sucesorio se había mantenido más o menos ajeno al debate de la Guerra Fría. No obstante, la participación de Cárdenas en la sucesión, así fuera indirecta o mera conjetura, activaba las alarmas de los militantes del anticomunismo mexicano. Este efecto hacía del apoyo del cardenismo un cuchillo de doble filo: por una parte, era una fuente de fortaleza, pero por otra abría un flanco de ataque.[51]

[49] "Política. Don Adolfo en Michoacán", *Tiempo*, vol. XX, núm. 515, 14 de marzo de 1952, p. 7.

[50] *Loc. cit.*

[51] James y Edna Wilkie, *México visto en el siglo XX*, pp. 274-275. Los henriquistas asumieron el riesgo de ser acusados de *rojos*, y resolvieron el dilema que se derivaba de esta tensión con la firma en abril, de un pacto de unidad con el PP de Lombardo — que tenía el apoyo del Partido Comunista y del Partido Obrero Campesino de México, y con el Partido Constitucionalista de Cándido Aguilar. Este acuerdo se disolvió en mayo, por iniciativa del PP, pero según Lombardo los comunistas fueron los verdaderos culpables del muy pobre resultado que obtuvo como candidato a la presidencia, porque apoyaron a Henríquez Guzmán.

Adolfo Ruiz Cortines, el candidato improbable

El anuncio del candidato del PRI se hizo esperar, pese a la presión que ejercía el henriquismo. Es posible que el presidente Alemán deseara mantener abierto el debate en torno a la reelección, con la intención de que la opinión pública se acostrumbrara al tema, que dejaría de ser tabú, o que buscara ganar tiempo para convencer a otros miembros de la élite política de las bondades del *prorroguismo*.[52] No obstante, sólo tenía el apoyo de los funcionarios que le eran más cercanos; incluso el presidente del partido, Sánchez Taboada, había rechazado la prolongación del mandato presidencial.

Por fin, el 8 de octubre de 1951, sin una movilización previa de apoyo, como era costumbre, la CNOP presentó la candidatura del secretario de Gobernación, Adolfo Ruiz Cortines. El discurso de introducción del candidato estuvo a cargo del líder de la central, quien destacó su condición de "trabajador público".[53] No parecía tener mucho más que decir. Ruiz Cortines aceptó la candidatura, pero declaró que estaría en condiciones de presentar un programa de gobierno al término de su campaña, una vez que hubiera identificado las necesidades del pueblo.[54] Entonces las razones de su designación quedaron en la oscuridad. El documento que presentó recogía las propuestas de Miguel Henríquez Guzmán: recuperaba el nacionalismo, así

[52] Lázaro Cárdenas narra que recibió a muchos visitantes que de parte del presidente le preguntaban qué pensaba de la reelección, desde miembros del aparato de seguridad hasta el secretario de Hacienda, Ramón Beteta, que era de todas las confianzas del presidente, y que había sido subsecretario de relaciones exteriores en el gobierno cardenista.

[53] "La CNOP proclama la candidatura de Adolfo Ruiz Cortines para presidente de la República. 2 de octubre de 1951", en ICAP, *op. cit.*, t. VI: *PRI 1951-1956*, p. 49.

[54] A falta de un programa de gobierno propio, Ruiz Cortines adoptó las propuestas de la oposición. Cuando fue elegido candidato era imposible identificarlo con una corriente ideológica o política precisa. Podía ser considerado alemanista porque había trabajado muchos años con Miguel Alemán, aunque no era su amigo personal. Había sido Tesorero de la campaña presidencial de Manuel Ávila Camacho, cuyo coordinador fue Alemán, lo sucedió en el gobierno del estado de Veracruz, y anteriormente había sido oficial mayor del Departamento del Distrito Federal y funcionario de la Dirección de Estadística. Según la revista *Tiempo*, "En vísperas de que D^{n} Adolfo Ruiz Cortines, Srio de Gobernación, sea llamado ante la Convención del PRI y se convierta en candidato a la presidencia de la República, un grupo de sus amigos han recogido algunos de sus puntos sobresalientes de su ideario político y social. Párrafos desprendidos de discursos y documentos de varias épocas dan una idea fiel del estadista veracruzano". "Política. Ideario de Ruiz Cortines", *Tiempo*, vol. XIX, núm. 493, 12 de octubre de 1951, p. 3.

como el compromiso con el combate a la miseria de los campesinos y a la corrupción de los funcionarios.

Adolfo Ruiz Cortines ha pasado a la historia como un presidente austero, sereno, pero sobre todo probo, que desde una trayectoria de honradez supo castigar la corrupción. Periodistas, comentaristas, diplomáticos extranjeros y la opinión pública insistían en esta virtud y así establecían implícitamente un contraste con Miguel Alemán, quien dejó la presidencia en medio de un gran desprestigio, derivado de la percepción generalizada de que su gobierno había incurrido en actos de corrupción en gran escala. Al término del sexenio prevalecía en el país una atmósfera de desconfianza y de profunda irritación por el ostentoso enriquecimiento de sus amigos y de funcionarios de su gobierno.[55]

Aparentemente, la candidatura sorprendió al elegido tanto como al resto de los interesados y curiosos.[56] Ruiz Cortines no era un político atractivo, no pertenecía al grupo íntimo del presidente Alemán y sus amigos eran sobre todo los veracruzanos activos en la vida política local. Su imagen pública era tan pobre, que las malas lenguas decían que la verdadera autoridad en la Secretaría de Gobernación era el subsecretario Ernesto P. Uruchurtu.

[55] Por ejemplo, en diciembre de 1953 el semanario *Time* publicó un artículo titulado "Mexico: Decorous President" que sostenía que se esperaba que Ruiz Cortines continuara con la política de Alemán, pero con más "decoro, estabilidad y eficiencia", *Time*, 8 de diciembre de 1952; en: <http://content.time.com/time/magazine/article/0,9171,817520,00.html>. Este influyente semanario volvió a la carga contra el expresidente Alemán en septiembre del siguiente año. Ese mes publicó un largo reportaje que hacía un recuento de abusos, corrupción, escándalos personales y amistades poco recomendables con los que estaba involucrada la presidencia alemanista. Comparaba todos estos vicios con las virtudes de Ruiz Cortines. Véase "Mexico: The Domino Player", 14 de septiembre de 1953; en: <http://content.time.com/time/magazine/article/0,9171,858259,00.html>. El expresidente inició una acción legal contra la revista por difamación y logró que el director presentara una disculpa por publicar información no comprobada.

[56] El expresidente Cárdenas se reunió con Adolfo Ruiz Cortines el 5 de enero de 1952, y escribió en sus *Apuntes*: "Después de saludarnos y recordar fechas de nuestros encuentros pasados, me platicó de la sorpresa de su candidatura; que él sólo aspiraba, al terminar el presente periodo, a retirarse tranquilamente a su casa en el estado de Veracruz...", Cárdenas, *op. cit.*, t. II, p. 459. En esa ocasión, Ruiz Cortines le mostró documentos probatorios de que nunca trabajó para las fuerzas estadunidenses de ocupación en Veracruz, "y dijo que se siente molesto por las represalias que se vienen registrando y que considera provienen de los directivos del PRI". Añade que habló "de la necesidad de moralizar todos los sectores sociales, y asentí agregando ser una lacra que viene creciendo velozmente". *Loc. cit.*

Según un informe de finales de 1951 que se entregó a Rogerio de la Selva, la candidatura de Ruiz Cortines provocó una reacción general de incredulidad, pues se trataba de un individuo insignificante, que no tenía prestigio intelectual ni título alguno; era indeciso y se decía que había colaborado con las fuerzas estadunidenses que ocuparon Veracruz en 1914.[57] La sorpresa era mayor cuando se lo comparaba con el presidente Miguel Alemán.

La más simple de las comparaciones entre ellos desmiente la creencia de que en 1946 llegó al poder una nueva generación que inauguró una era de modernidad política. Ruiz Cortines parecía darle la vuelta a las manecillas del reloj, pero hacia atrás.[58] El candidato no era un hombre joven, tenía 62 años, 10 más que Alemán al finalizar su mandato; tampoco era universitario, apenas había terminado la secundaria, su carrera era fundamentalmente burocrática y tampoco era conocido como un hombre con ideas propias.[59] En términos de personalidad, el contraste entre Alemán y Ruiz Cortines saltaba a la vista: uno confiaba en su encanto personal, que desplegaba generosamente. El otro era taciturno, tenía un aspecto sombrío, casi hostil.[60] La solemnidad con que se conducía realzaba la frivolidad de su antecesor.

Ruiz Cortines no era un innovador; su gobierno siguió los pasos de Alemán sin parpadear; y era lo que se esperaba de él. De hecho, la continuidad con el alemanismo fue un argumento a favor del candidato y una de sus promesas de campaña más efectiva. La política exterior, la política de segu-

[57] AMA, "Ecos de la Calle", Correspondencia de Rogerio de la Selva, s. f.

[58] Su aspecto no era saludable. Muchos decían que precisamente por su mala salud había sido elegido; pues lo más probable era que pasara a mejor vida en breve. Entonces podrían convocarse a nuevas elecciones, circunstancias extraordinarias que demandaban soluciones extraordinarias. El general Henríquez Guzmán se refirió a Ruiz Cortines en estos términos: "El señor Ruiz Cortines será un candidato a mi medida. Tengo el mejor concepto del señor Ruiz Cortines. Creo que es todo un caballero". "Balance Henriquista", *Tiempo*, vol. XIX, núm. 491, 28 de septiembre de 1951, p. 7.

[59] Como lo observó el embajador del Reino Unido, John Taylor. NA, Latin America Confidential Print, AM 1015/8, "Mr. Taylor to Mr. Morrison, 25th October, 1951. Political Situation in Mexico", *Further Correspondence respecting Mexico. Part 5. January to December 1951*, Section 1, no. 2, pp. 6-7. Ruiz Cortines se unió a la Revolución en 1914; en 1921 fue secretario del general Jacinto B. Treviño en la Secretaría de Industria y Comercio, de donde pasó al Departamento de Estadística donde permaneció 14 años; en 1935 era oficial mayor del Departamento del D.F. En 1937 secretario general de Gobierno de Veracruz, durante la gubernatura de Alemán. En 1939 fue elegido diputado por Tuxpan; en 1944 era oficial mayor de Gobernación; y en 1948 tomó posesión como gobernador de Veracruz.

[60] *Idem.*

ridad pública, la política económica —aunque con una reducción importante del gasto público— fueron las mismas; tampoco varió la intolerancia contra la protesta.

Según la interpretación generalizada, la candidatura de Ruiz Cortines había sido decidida por los expresidentes Cárdenas y Ávila Camacho y por el presidente Alemán.[61] Varias pistas abonan la interpretación del conciliábulo entre los tres presidentes. En los *Apuntes* del expresidente Cárdenas hay numerosas menciones, en términos muy generales, a las diferentes reuniones con el expresidente Ávila Camacho, en las que se habló del tema. Aaron Navarro cita un informe de la DGIPS según el cual, a partir de 1950, Cárdenas y Ávila Camacho se reunían para discutir la sucesión.[62] La designación de Ruiz Cortines permite imaginar el contenido de una negociación que habría involucrado la renuncia de Cárdenas a apoyar a Henríquez Guzmán, mientras Alemán daba marcha atrás en su proyecto de prórroga del mandato presidencial, así como a la promoción del regente del Distrito Federal, Fernando Casas Alemán. La elección de Ruiz Cortines habría sido el resultado del acuerdo entre ellos, mediado por el expresidente Ávila Camacho. De ser así, se fortalece la hipótesis de que la designación de Ruiz Cortines fue la respuesta a una situación de emergencia, generada por la tardanza con que se inició el proceso sucesorio. Es probable que Alemán y Cárdenas lo aceptaran porque el candidato propuesto era tan insignificante que los llevó a pensar que era débil y maleable; no consideraron que la timidez puede disimular una imperturbable terquedad.

A lo largo de los casi 11 meses que duró la campaña electoral hubo numerosos enfrentamientos entre henriquistas y priistas, que normalmente

[61] En 1964, el politólogo estadunidense, Frank Brandenburg, discípulo de Frank Tannenbaum, publicó *The Making of Modern Mexico*. Ese libro sostiene, al igual que el de Robert E. Scott, *Mexican Government in Transition* (Urbana, University of Illinois Press, 1959) que las candidaturas presidenciales del PRI se decidían en conciliábulos de expresidentes y el presidente en turno. Ambas investigaciones incluyeron numerosas entrevistas con personajes de la vida política y de la academia. Por esta razón es de suponerse que la interpretación que ofrecen era la dominante en ese momento, y es posible que fuera también la más cercana a la realidad. Daniel Cosío Villegas lo puso en duda. Admitamos —escribe— que "el Presidente hace algunas consultas, o una 'auscultación' para cerciorarse de que su Delfín no es rechazado airada y unánimemente; pero [...] nadie en el mundo ha probado, que esas consultas se han hecho y menos cuándo, con quiénes y de qué manera". Cosío Villegas, *La sucesión presidencial*, *op. cit.*, p. 16.

[62] Navarro, *op. cit.*, p. 206.

estaban respaldados por las autoridades. Golpizas, balaceras y zafarranchos ocurrieron en todo el país, en particular en Puebla, Tlaxcala y Oaxaca, y dañaban la causa de los henriquistas, proclives a acciones más agresivas.[63] A diferencia de lo que hubiera podido suceder veinte años antes, la lucha por el poder no se resolvió con una sublevación militar o con la cancelación de las elecciones, sino que intensificó la competencia. Éste fue el indicador más convincente del cambio de actitudes que se había operado en México. Lo que seguía igual era la intolerancia de la élite en el poder frente a la protesta y a la oposición. Conforme pasaban las semanas, aumentaba la presión de las policías municipales y del ejército sobre los henriquistas en campaña.

Es posible que las declaraciones del general Cárdenas de marzo de 1952, con las que buscó distanciarse del henriquismo, le hayan retirado al movimiento opositor la protección que podía brindarles su patrocinio. Lo cierto es que a partir de entonces la hostilidad de las autoridades aumentó de manera notable. Los disidentes eran sistemáticamente hostigados. Retenes policíacos o la policía de caminos les bloqueaban el paso en las carreteras, los hoteles les negaban hospedaje y no lograban contratar un espacio para sus mítines. El apoyo activo del gobierno a los autores de las prácticas fraudulentas de 1949 se repitió en 1952. Los disidentes eran sistemáticamente hostigados.

El 10 de enero de 1949, el presidente del PRI declaró: "Los detractores han puesto la mirada en el pasado para criticar a los hombres de la Revolución, pero lo hacen con la mira de llegar al poder, no lo entregaremos porque lo necesita el régimen para desarrollar una política revolucionaria a favor de las clases populares".[64]

Según periodistas y observadores, era muy probable que la jornada electoral fracasara, incluso que se produjera una sublevación militar, pero la catástrofe fue hábilmente conjurada por el gobierno. Desde meses antes se tomaron providencias para evitar que algo así sucediera: las jefaturas de zona militar fueron reasignadas, el jefe de policía de la ciudad de México fue susti-

[63] Lizbeth Castillo Farjat, *La oposición revolucionaria en el proceso electoral de 1952-1954*, tesis de maestría, San Luis Potosí, El Colegio de San Luis, 2009, p. 86.

[64] Citado en *Diario de debates*, Año III, Periodo extraordinario XL Legislatura, t. II, núm. 14. Sesión de la Cámara de Diputados efectuada los días 8, 9, 10 y 11 de febrero de 1949 (martes 8 de febrero de 1949).

tuido porque había sospechas de que simpatizaba con el henriquismo; los permisos de portación de armas de los civiles fueron revocados.[65]

Un lunes en la Alameda

El 6 de julio, día de la elección, las casillas de las principales ciudades del país estuvieron protegidas por pelotones de soldados, otros más patrullaban las calles. El gobierno y los priistas recurrieron a las argucias que habían puesto en práctica en las elecciones federales de 1949, y se aseguraron una victoria incontestable con más del 74% de los votos. Al final del día, el parte policíaco fue un "sin novedad", pero los partidos de oposición se quejaban de los abusos de los priistas que, con apoyo de las autoridades locales, habían alterado cifras y actas, violado los paquetes electorales y secuestrado a representantes de los partidos de oposición.[66]

El mismo 6 de julio la Federación de Partidos del Pueblo Mexicano se declaró triunfadora y convocó a "una celebración de la victoria" en la Alameda central de la Ciudad de México para el día siguiente. Estaban programados cuatro discursos, el último a cargo del "presidente electo", Miguel Henríquez Guzmán. Representantes de la jefatura de policía, de la Dirección Federal de Seguridad (DFS) y de la Secretaría de Gobernación trataron de disuadir a los henriquistas de que llevaran a cabo el festejo, pero sin éxito. Entonces "parte de la policía fue acuartelada, y la Secretaría de la Defensa se preparó para hacer frente a cualquier acto subversivo".[67]

Los henriquistas por su parte, ignoraron incluso la solicitud de Henríquez Guzmán de que suspendieran la celebración. Al atardecer del 7 de julio, lo que debió ser una *kermesse* en la que participaban mujeres, niños y muchos campesinos, se volvió tragedia cuando "los henriquistas en actitud amotinada se tornaron agresivos".[68] Intervinieron los granaderos, la policía

[65] Citado en Arturo Sánchez Gutiérrez, art. cit., p. 289.

[66] "El régimen no peleó el 6 de julio. Evitó cuanto pudo la votación real, fabricó cuanto pudo votos falsos en su favor, adulteró cuanto pudo los cómputos de la ya viciada elección para atribuirse una victoria en la que nadie cree…". *La Nación*, año XI, núm. 562, 21 de julio de 1952, p. 24.

[67] "Las elecciones. Incidentes", *Tiempo*, vol. XXI, núm. 533, 18 de julio de 1952, p. 5.

[68] Se dijo, además, que desde las ventanas del Partido Constitucionalista que estaban frente a la Alameda habían sido atacados agentes de seguridad con armas de fuego. *Loc. cit.*

montada y las motopatrullas. Poco después llegó un núcleo de fuerzas militares.[69] La operación "restablecimiento del orden" se convirtió en una terrible balacera. El saldo oficial de la operación fueron siete muertos —otros cálculos van de 71 a 200—, 100 heridos y 524 detenidos.[70]

Al día siguiente la prensa describió lo ocurrido. La versión oficial responsabilizaba a los henriquistas. Así, el editorialista Eduardo Téllez de *El Universal* escribió "La irresponsabilidad de un grupo de agitadores profesionales de tendencias radicales y de los partidos que apoyaron la candidatura a la presidencia del general Miguel Henríquez Guzmán, causaron ayer... diferentes incidentes", que provocaron la intervención de la "policía y de las fuerzas federales que, de no haber actuado con la prudencia con que lo hicieron, seguramente a estas horas México tendría que lamentar la muerte de muchos de sus hijos".[71]

La Secretaría de Gobernación emitió un comunicado en el que advertía que la campaña electoral había llegado a su fin y que no se permitiría ningún acto público, manifestación o mitin con ese pretexto. Agregaba que la Comisión Federal Electoral no podía aceptar presiones de ninguna naturaleza y que el gobierno no iba a permitir que la legalidad abdicara ante la violencia.[72] La Comisión Permanente del Congreso votó que se hiciera una investigación de "los actos subversivos" que habían ocurrido el 7 de julio. Resultados que, si ésta se llevó a cabo, nunca se dieron a conocer.

En este contexto fue arrestado el viejo revolucionario, amigo del padre del presidente Alemán, Cándido Aguilar, acusado de conspirar contra el go-

[69] La revista *Tiempo* publicó el relato de los hechos en la Alameda dos semanas después de ocurridos. Refiere que la reunión inició a las 17.30 horas, que había una asistencia de 500 personas. La información se contradice porque el número de asistentes habría sido inferior al de las víctimas, así que deben haber sido muchas más; no obstante, las cifras reales quedaron indeterminadas pues muchos heridos recibieron el auxilio anónimo de residentes y empleados de la zona y no fueron registrados oficialmente. De todas formas, la magnitud del ataque de la policía y del ejército contra los henriquistas, como lo describe la revista, parece desproporcionada. Los granaderos lanzaron 300 bombas lacrimógenas y el "núcleo de fuerzas militares" intervino apertrechado "con ametralladoras, fusiles, bombas lacrimógenas y máscaras anti-gas". *Ibid.*, pp. 5-6.

[70] Ninguno de estos números es confiable. Tanalis Padilla habla de 71 muertos. Dada la dimensión del ataque este número es más creíble.

[71] Eduardo Téllez V., "Lamentables sucesos de origen político en nuestra metrópoli", en *El Universal*, *op. cit.*, t. II, p. 118.

[72] "Las elecciones. Incidentes", *Tiempo*, vol. XXI, núm. 533, 18 de julio de 1952, p. 6.

bierno y de injuriar al presidente. Según la versión oficial hubo una "repulsa general" contra "el motín de los henriquistas"; todas las entidades públicas y representantes del sector privado "hicieron pública su indignación". [73]

Si comparamos la reacción del presidente Ávila Camacho a lo ocurrido en León en enero de 1946, con la del presidente Alemán a la tragedia de la Alameda en 1952, el contraste es notable y revelador no sólo de estilos personales, sino de los cambios que había experimentado el contexto político. A diferencia de lo acontecido en León en enero de 1946, los sucesos de la Alameda no fueron materia de investigación. La responsabilidad recayó directamente sobre el henriquismo, aunque el presidente Alemán no evadió la que le correspondía como jefe del Poder Ejecutivo. Sin embargo, este caso quiso compartirlo con los legisladores y comprometerlos con su decisión: "Comparto con ustedes la responsabilidad y el interés de que no se altere el orden en el país. Habrá paz, se mantendrá el orden y se hará respetar la ley".[74]

La información pública sobre el ataque a los henriquistas fue poca y dejó de circular en unos cuantos días. Nunca se supo quiénes fueron las autoridades involucradas en las decisiones relativas a la concentración henriquista. La Embajada de Estados Unidos se limitó a observar el desarrollo de una crisis que no llegó a estallar porque fue rápidamente asfixiada. Lo menos que se puede decir es que la balacera en la Alameda ocurrió en un sistema político en el que la autoridad presidencial había adquirido los medios para controlar la participación, y ocultaba, silenciaba y reprimía la protesta.

El proceso electoral siguió adelante en los términos de la ley. El gobierno reportó que se había empadronado 85% del universo de ciudadanos —4 901 760— que acudieron a alguna de las más de 14 500 casillas instaladas. Adolfo Ruiz Cortines fue declarado ganador el 20 de julio de 1952 con 2 713 419 votos; según cifras oficiales Henríquez Guzmán recibió 579 745 votos; apenas un poco más del doble que el candidato del PAN, Efraín González Luna —a quien el *New York Times* llamó "el hombre olvidado de la campaña", que sólo obtuvo 285 555 sufragios y Vicente Lombardo Toledano 72 482 votos.

La prensa festejó casi de manera unánime "la civilidad" del comportamiento de los ciudadanos; la revista *Time* aplaudió el proceso electoral "más

[73] *Loc. cit.*

[74] Elisa Servín, *Ruptura y oposición, op. cit.*, p. 360.

pacífico" de la historia.[75] La elección cumplió con la principal expectativa del gobierno estadunidense: no alteró la estabilidad política y "el consenso al respecto era que pese a los fraudes en que habían incurrido", Ruiz Cortines había ganado "por un amplio margen".[76] El reporte del embajador británico Taylor al *Foreign Office* celebró la "votación pacífica y ordenada" que le dio el triunfo a Ruiz Cortines[77] y la revista *Tiempo* subrayó los avances de la cultura política mexicana: "Fue en verdad manifiesto el orden cívico que reinó en toda la república durante las elecciones".[78] Estas visiones discrepaban radicalmente de las descripciones que hacían los miembros de las oposiciones, del PAN y de la FPPM, y sólo se explican por el control que el gobierno ejercía sobre los medios, o simplemente porque quienes residían en la capital de la república no tenían información acerca de lo que ocurría en los estados.

Los henriquistas no se dieron por vencidos, de manera que el periodo postelectoral fue excepcionalmente agitado. En las semanas que siguieron a la elección mucho se habló de que en cualquier momento se levantarían en armas; corrían rumores de que iban a impedir la toma de posesión y de que Ruiz Cortines no llegaría con vida al 1º de diciembre. Los informes de la DGIPS confirmaban esta información.[79] La inquietud se prolongaba, incluso después de que la Cámara de Diputados había declarado presidente electo a Ruiz Cortines.

En el lapso que transcurrió entre la declaratoria de la victoria de Ruiz Cortines y la toma de posesión se desató un frenesí de rumores a propósito de la sublevación que preparaban los henriquistas. Informes de la Jefatura de Policía del Distrito Federal dirigidos al presidente Alemán, describían los preparativos de las acciones de protesta y la incitación a desórdenes y tumultos, y reproducían los discursos cada vez más agitados de los participantes. Ahora bien, si a dichas reuniones semanales asistían más de mil personas,

[75] "Mexico: Peaceful Election", *Time,* 14 de julio de 1952; en: <http://content.time.com/time/magazine/article/0,9171,822312,00.html>.

[76] NARA, US Embassy Mexico City, Foreign Service Despatch, *Major Political Developments in Mexico*, September 9, 1952, ARA 712.00/10-652, doc. cit.

[77] *Latin American Confidential Print*, AFO AM 1015/11 núm. 122, p. 4.

[78] "Las elecciones. Voto de calidad", *Tiempo*, 11 de julio de 1952, vol. XXI, núm. 532, p. 3.

[79] AGN, DGIPS, Federación de Partidos del Pueblo Mexicano, Expediente 26, 252/350. A finales de septiembre el general Henríquez Guzmán dio una entrevista de prensa en la que negó la legitimidad de la elección y la condición de *presidente electo* de Ruiz Cortines.

la conspiración difícilmente era un secreto. Según los informes de la DGIPS, muy pronto se desprendió la dirigencia de las bases del movimiento que, radicalizadas, estaban esperando una señal del general Henríquez o del general Cárdenas para actuar; pero los dirigentes guardaban silencio. Mientras tanto, los henriquistas seguían distribuyendo propaganda en las calles, a pesar de que eran perseguidos por la policía y arrestados. En la Cámara de Diputados se propuso aplicar el artículo 145 al general Henríquez Guzmán por actos de sedición y de subversión.[80]

Sin embargo, la esperanza de que el general Cárdenas tomara su lugar al frente del movimiento mantenía vivo al henriquismo. La incorporación del expresidente era uno de los temas que se discutía regularmente en sus reuniones, donde insistían en que "el presidente electo", como llamaban a Henríquez Guzmán, tomaría posesión de la presidencia de la República el 1º de diciembre "a como diere lugar".[81]

En estos informes la participación del general Cárdenas en el movimiento henriquista no deja lugar a dudas. Tan cercana era la identificación entre el expresidente y la disidencia que, a mediados de noviembre de 1952, los simpatizantes aseguraban de manera contundente que continuaba "apoyando al Gral. Henríquez y que esto se desprende de sus mismas declaraciones, pues él dijo que el día último de este mes renunciaría a la comisión que tiene en Tepalcatepec, porque ese día termina su compromiso con el régimen actual y entonces ya puede estar plenamente con el henriquismo".[82]

Los henriquistas no renunciaban a sus planes de rebelión. El 4 de noviembre, interrogado por los agentes de la DFS, César Martino precisó que planeaban "actos de sabotaje" para el 1º de diciembre en petróleos, ferrocarriles y transportes terrestres. También habían pensado paralizar la distribución de agua, el servicio telefónico y la electricidad. Un motivo adicional de

[80] El texto del artículo citado establecía: "se aplicarán las mismas penas al extranjero o nacional que por cualquier motivo induzca a uno o más individuos a que realicen actos de sabotaje, a subvertir la vida institucional del país si realiza actos de provocación con fines de perturbación del orden o la paz pública, y al que efectúe tales actos".

[81] AGN, DGIPS, Federación de Partidos del Pueblo Mexicano, de la Jefatura de Policía del Distrito Federal al presidente de la República, Miguel Alemán, Estado Mayor, "Se rinde informe", 2 de noviembre de 1952, exps. 252/350.

[82] AGN, DGIPS, Federación de Partidos del Pueblo Mexicano, de la Jefatura de Policía del Distrito Federal al presidente de la República, Miguel Alemán, Estado Mayor, "Se rinde informe", 14 de noviembre de 1952, exps. 252/350.

alarma para las autoridades fue que varios grupos de henriquistas viajaron a los estados para montar una operación sincronizada y detener la toma de posesión de Ruiz Cortines.[83]

Sin embargo, estos planes empezaron a desmoronarse cuando en lugar del apoyo esperado de Cárdenas, el periódico *Excélsior* publicó el 6 de noviembre una entrevista en la que después de elogiar la obra del presidente Alemán, con quien acababa de entrevistarse, el expresidente negó enfáticamente la existencia de "grupos" indicando "todos somos de la misma familia revolucionaria". Según él la tranquilidad del país se garantizaba resolviendo los problemas: "No es con pistolas ni con motines como se pueden resolver nuestros problemas, es llegando a la médula de ellos para resolverlos… Cualquier régimen que se preocupe por las necesidades de su pueblo, asegura la tranquilidad y la paz". Esta declaración podía leerse como el acta de defunción del henriquismo.[84]

Es posible que las reuniones que sostuvo el expresidente con el candidato Ruiz Cortines en Michoacán, una privada en enero y otra en marzo, cuando el candidato priista hizo su gira por el estado, expliquen la razón por la que las relaciones entre el expresidente Cárdenas y el candidato Henríquez Guzmán hayan empezado a enfriarse mucho antes del día de la elección.[85]

Según el agente de la DFS, dos de los líderes más aguerridos de la FPPM, Vicente Estrada Cajigal y José Muñoz Cota, en una reunión privada se dijeron "dispuestos a no cejar ni un solo momento en la lucha y que a pesar de la deserción del Gral. Cárdenas, ellos seguirán adelante y que le pedirán

[83] AGN, DGIPS, Federación de Partidos del Pueblo Mexicano, de la Jefatura de Policía del Distrito Federal al presidente de la República, Miguel Alemán, Estado Mayor, "Se rinde informe", 2 de noviembre de 1952, exps. 252/350.

[84] Alejandro Ortiz Reza, "Cárdenas desautoriza que se use como bandera política. Respetabilidad de las instituciones", *Excélsior*, 7 de noviembre de 1952, p. 9. Continuó: "Soy amigo de todos, todos son mis amigos, hasta mis enemigos. Todo ese asunto en torno a mi persona, sólo ha sido una especulación, única y exclusivamente especulación que no merezco, porque yo estoy retirado de actividades políticas. Yo no soy bandera, ni tengo porqué serlo de nadie. Estoy dedicado a mi trabajo. Soy, amigos periodistas, un ciudadano común y corriente de la República". *Ibid.*, primera plana.

[85] Según Carlos Martínez Assad, el éxito de Henríquez Guzmán en Michoacán en diciembre de 1951 sólo había sido visto antes durante la campaña de Cárdenas. Martínez Assad, *op. cit.*, p. 35.

cuentas al Gral. Cárdenas por su proceder a última hora".[86] El 26 de noviembre, a una semana del cambio de gobierno, fueron encarcelados por lo menos 300 henriquistas, que se sumaron al centenar que ya estaba en la cárcel. La mayor parte fue liberada poco después,[87] pero la DFS los mantuvo bajo vigilancia durante meses.

Conforme pasó el tiempo, algunos dirigentes de la FPPM volvieron al redil a algún cargo relativamente importante. Como Vicente Estrada Cajigal, exgobernador de Morelos, que fue asesor de dos presidentes entre 1958 y 1970, y Marcelino García Barragán, designado secretario de Defensa en 1964. Pero quedaron sueltos y sin dirección pequeños grupos de henriquistas que, al igual que los jaramillistas, después de la experiencia de 1952 concluyeron que la única manera de frenar al PRI era por la vía de las armas.[88] En 1954, cuando un grupo armado de la FPPM atacó el cuartel de Ciudad Delicias, Chihuahua, la Secretaría de Gobernación canceló definitivamente su registro como partido nacional.

Ese mismo año se hizo pública la ruptura entre Miguel Henríquez Guzmán y Lázaro Cárdenas. En el contexto del conflicto entre Estados Unidos y el gobierno guatemalteco de Jacobo Árbenz, Henríquez Guzmán se apresuró a deslindarse de Cárdenas y declaró al periódico *El Universal*: "Desde

[86] AGN, DGIPS, Federación de Partidos del Pueblo Mexicano, de la Jefatura de Policía del Distrito Federal al presidente de la República, Miguel Alemán, Estado Mayor, "Se rinde informe" 14 de noviembre de 1952, exps. 252/350.

[87] En 2007 se dieron a conocer algunos aspectos de la carrera del general García Barragán a partir de la apertura de su expediente en el AGN. Según información de la DFS, en diciembre de 1953 García Barragán preparaba una insurrección contra el gobierno de Adolfo Ruiz Cortines: "Están organizando reclutamiento de personas que se encuentran en desacuerdo con el actual régimen en diferentes estados de la República, principalmente en Oaxaca, Puebla, Guerrero, México, Querétaro y D.F., para los cuales se han nombrado personas de confianza, los que han salido a diferentes poblaciones para enterarse e informar sobre la cantidad de adeptos con que cuentan, así como del armamento de que disponen…". Citado en Juan Velediaz, "Reportó espionaje que García Barragán planeó golpe de Estado", *El Universal*, martes 14 de agosto de 2007; consultado el 8 de agosto de 2017, en: <https://archivo.eluniversal.com.mx/notas/442834.html>. El plan se discutió a lo largo de 1953, pero aparentemente, Henríquez Guzmán se fue distanciando de los conspiradores pues no compartía ni sus estrategias ni sus objetivos.

[88] Lizbeth Castillo Farjat sostiene que dentro de la FPPM "nació una vertiente radical que estuvo interesada en provocar levantamientos armados a fin de continuar la lucha más allá de las urnas…", *op. cit.*, p. 16. Se hicieron presentes en todo el país. Henríquez habría buscado distanciarse de ellos. *Loc. cit.*

1952 corté mis relaciones políticas con el señor general Lázaro Cárdenas y la FPPM ni yo recibimos ninguna orientación de él, obramos libremente y no tenemos ningunas ligas con el comunismo, lo mismo rechazamos el comunismo interior que el internacional".[89] En sus *Apuntes* el general Cárdenas se limita a corregir la fecha en que sus relaciones terminaron, 1953, y lo califica de "entreguista".[90]

Las relaciones entre el cardenismo y el henriquismo no han sido esclarecidas en forma satisfactoria; sin embargo, los vínculos eran estrechos, de ahí que el cardenismo no haya podido escapar a las esquirlas que volaron con la caída del henriquismo. No fueron pocos los cardenistas que corrieron la misma suerte que muchos henriquistas, que fueron definitivamente exiliados de la vida política; el mismo expresidente Cárdenas perdió mucha de su influencia y quedó crecientemente aislado dentro de la misma élite política.

La candidatura del general Henríquez Guzmán abrió un paréntesis en el proceso de expansión del PRI, pero frenó el cambio al impulsar el involucramiento de los militares, que era un resabio del país revolucionario que la élite en el poder quería dejar atrás, porque era incompatible con la idea que se habían hecho de la modernidad política. Así, la revista *Tiempo*, bajo la dirección de Martín Luis Guzmán, rechazó las pretensiones de triunfo de Henríquez Guzmán con el argumento de que esa aventura había sido

> un espejismo anacrónico, y olvidándose, [...] de que la democracia mexicana ya no es aquella que se dejaba arrastrar por los ímpetus turbulentos o por la debilidad de hacer caudillos [...] anacronismo querer inmiscuir en la lucha política el nombre del Gral. Cárdenas, sin percatarse de que así como el ejército es ya una institución nacional, el Gral. Cárdenas es un hecho histórico.[91]

La mayoría de los autores que han tratado el henriquismo descubre en la movilización una intención democrática que deriva del solo hecho de que era una oposición al autoritarismo del PRI; algunos hablan incluso de "oposición democratizadora". Sin embargo, no hay que olvidar que sus dirigentes eran militares que creían, como el general Celestino Gasca, en la mayor

[89] Cárdenas, *op. cit.*, t. II, p. 561.

[90] *Loc. cit.*

[91] "Las elecciones. Efusión cívica", *Tiempo*, vol. XXI, núm. 533, 18 de julio de 1952, p. 4.

capacidad de los militares para gobernar, que "desde que el gobierno se encuentra en manos de civiles y no de los militares, ya no se vela por la seguridad y bienestar del pueblo".[92]

El henriquismo tenía muchas características comunes a los movimientos políticos de origen castrense; desde la búsqueda de un líder que parece encarnar los rasgos del jefe ideal, concentrado de virtudes, hasta la reproducción en la organización de un orden interno, construido con base en una jerarquía que funciona con base en principios de disciplina y muda obediencia. Lo más que se puede decir de este componente es que tenía un vínculo tenue con la democracia.[93]

El origen de fondo de la Federación de Partidos del Pueblo Mexicano fue el descontento de los militares contra la exclusión de que habían sido objeto y el rechazo al método de elección del candidato. También fue una reacción a cambios que había experimentado el propio ejército, tanto por razones naturales, como por las transformaciones del sistema político y del entorno internacional. Por ello, pasó casi desapercibido el alto en el camino que fue el ruizcortinismo en el proceso de cambio generacional de la élite política.[94]

Sin embargo, no toda ella compartía esa convicción. Así vemos que en 1954, el expresidente Cárdenas, en sus *Apuntes* respondió a "políticos y escritores" que piensan que el civilismo "se garantiza más estando en el poder los civiles y no los militares ", que la idea de que los civiles son más competentes para gobernar que los militares procede de un juicio sin fundamento, "toda vez que un militar es capaz de mantener en un puesto de elección

[92] AGN, Jefatura de Policía del Distrito Federal al C. Presidente Miguel Alemán, *Informe*, 14 de noviembre de 1952, oficio núm. 00899, exps.152-350.

[93] La propuesta de gobierno del henriquismo incluía un documento titulado "Programa de las Fuerzas Armadas" de la FPPM que además de demandar el restablecimiento de los derechos ciudadanos a los militares, es decir, eliminar la prohibición que se les había impuesto para participar en política electoral; planteaba el incremento del presupuesto militar, la desaparición de las Guardias Presidenciales, la creación de un Consejo Nacional de Defensa y el mejoramiento y expansión de la educación militar.

[94] Este efecto no le restó impulso a ese cambio. Según Rodríguez Kuri: "Es probable que, desde el pronunciamiento de Adolfo de la Huerta en 1923, no haya habido otro sacudimiento de la élite política de la amplitud de la del henriquismo, con la diferencia esencial, eso sí, que en esta oportunidad no se recurrió al asesinato sistemático de los líderes disidentes". Rodríguez Kuri, "Los años maravillosos", en Will Fowler (coord.), *Gobernantes mexicanos*, t. II, p. 274.

procedimientos democráticos tanto como un civil". Añade que en el futuro podrá haber militares que tengan un mejor concepto de la libertad ciudadana que muchos civiles, y remata con un juicio que revela su desconfianza del presente, o su arraigo en el pasado:

> En nuestro medio político cuenta mucho en favor de las libertades ciudadanas que el hombre en el poder tenga plena confianza en sí mismo y en la investidura institucional. Cuando se constituye en guardián de la Constitución, con una interpretación favorable a la justicia, lo mismo puede ser garantía para los mexicanos un militar que un civil, y más cuando los militares de hoy proceden de la Revolución, que dio origen a la Constitución que rige la vida de la nación.[95]

El efecto del movimiento henriquista sobre la imagen del ejército no fue tan grave como el que produjo la represión del 7 de julio en la Alameda central, que se sumó a la experiencia traumática de León, Guanajuato, en enero de 1946, para proyectar una imagen terrible del Leviatán mexicano. Es posible que el precio del civilismo que le tocó pagar a Miguel Alemán hayan sido estos dos episodios trágicos que protagonizó el ejército, que enmarcaron su sexenio y cuyos ecos repercutieron en Tlatelolco el 2 de octubre de 1968, para poner fin a toda una época de la posguerra mexicana.

Dada la larga historia de los militares en el poder en México, no deja de llamar la atención que la exclusión de que fueron objeto en 1945, que refrendó el proceso electoral de 1952, no haya sido motivo de una confrontación o una ruptura más brutal entre el ejército y los civiles, que a partir de 1946 controlaron la presidencia de la República, y que el reto henriquista se haya mantenido dentro de los cauces institucionales.[96] Su fracaso fue la "última prueba de la disciplina del ejército";[97] y la derrota de la última esperanza del cardenismo de volver al poder.

[95] Cárdenas, *op. cit.*, t. II, pp. 544-545.

[96] Rath explica esta relativa docilidad en términos de corrupción. Según él, los generales y oficiales de mayor jerarquía fueron cooptados porque se les permitió enriquecerse gracias al contrabando, la extorsión, el secuestro. Para este autor el ejército mexicano era una organización criminal que apoyaba las decisiones presidenciales a cambio de impunidad. Véase Rath, *op. cit.*, pp. 98-104.

[97] José Luis Piñeyro, *Ejército y sociedad en México: pasado y presente*, México, UAP/UAM-Azcapotzalco, 1985, p. 67.

La tentación del partido único

La institucionalización del PRI fue uno de los procesos más importantes del sexenio del presidente Ruiz Cortines. Entre 1953 y 1958 el partido creció, amplió su alcance y adquirió nuevas funciones; este desarrollo contribuyó a consolidar la autoridad del presidente de la República. Cobraron forma nuevas reglas informales, Ruiz Cortines se dio a conocer por el ingenio con que codificaba las nuevas costumbres —las reglas no escritas que aplicaba el PRI— y que determinaban la exclusión o la participación en el sistema político. El partido que promovía a Ruiz Cortines se enorgullecía, como buen hijo del alemanismo, a su imagen y semejanza, no tanto de sus hazañas revolucionarias como del vigor de la economía y de la evidente transformación que había experimentado el país a raíz del ambicioso programa de infraestructura del gobierno saliente.

En 1952, la élite política se veía a sí misma más como heredera que como autora de la Revolución; por consiguiente, no provocaba inquietudes en Washington, pese a que la construcción de la hegemonía era motivo de protestas y denuncias de traición al espíritu de la Constitución. En septiembre de 1951, Miguel Henríquez Guzmán había declarado a la prensa: "[la actual dirección del PRI] ha convertido a este organismo en un monopolio electoral que carece de un programa revolucionario y cuyo funcionamiento es antidemocrático y antipatriótico".[98]

Algunos autores comparaban al PRI con los partidos que se habían hecho del poder en Europa del Este al término de la guerra.[99] No obstante, el ejercicio era insostenible. El partido mexicano era una organización de masas, no un partido totalitario; lo que llamaban la ideología de la Revolución mexicana era un conjunto poco sistematizado de ideas, principios y esbozos de políticas de gobierno que armonizaba un tono general de nacionalismo defensivo. Este conjunto de ideas y valores que le daba al PRI una cierta identidad tenía, a ojos de Estados Unidos, la virtud de que no se inspiraba ni en el marxismo ni en el anticolonialismo radical que estaba por surgir. El partido era un agente confiable de modernización, garantía de estabilidad y escudo contra la influencia del comunismo internacional, y lo siguió siendo hasta finales de los años sesenta.

[98] "Balance Henriquista", *Tiempo*, vol. XIX, núm. 491, 28 de septiembre de 1951, p. 7.
[99] Frank Brandenburg, *op. cit.*, pp. 142-145.

El partido del candidato oficial

Paradójicamente, en 1951-1952 la responsabilidad de llevar a cabo una campaña presidencial e impulsó la consolidación del PRI y compensó el costo de sus debilidades y de las instituciones que creó la Ley Federal Electoral de diciembre de 1951. La campaña presidencial que inició en ese año sentó las bases de la estrecha relación que se desarrolló entre Ruiz Cortines y el PRI, que habría de extenderse al sexenio, y que fue la base del binomio presidente/partido hegemónico.

Desde el principio de las actividades de promoción, el candidato depositó en el partido la responsabilidad de su triunfo, en contraste con lo ocurrido seis años antes, cuando el Comité Nacional Alemanista asumió esa tarea y, en general, el diseño y la organización de la campaña. El propio Sánchez Taboada declaró en 1951: "Por primera vez, el partido asumió íntegramente la dirección de las campañas electorales, evitando que grupos extrapartidistas lo hicieran".[100]

En campaña por Ruiz Cortines, el PRI se veía a sí mismo como el partido de la revolución triunfante, estable y, por consiguiente, predecible y confiable, ajeno a la violencia y a cambios súbitos. El presidente del partido inauguró la Asamblea Nacional Ordinaria, reunida para elegir al candidato presidencial, el 11 de septiembre de 1951. Introdujo al PRI como el partido que representaba a todos los mexicanos: "El Partido Revolucionario Institucional es el partido del pueblo entero y su candidato a la presidencia de la República, el candidato de todos los mexicanos de buena fe, partido y candidato serán consecuentemente, el resultado de dos fuerzas que se conjugan…".[101]

Si en términos ideológicos y programáticos el PRI se acercaba a la socialdemocracia, en términos de organización era un partido corporativo que en 1950 había introducido reformas estatutarias que habían eliminado los elementos liberales que el presidente Ávila Camacho había propuesto en 1945. En 1951 los sectores se habían olvidado del *pacto* que habían firmado en enero de 1946, el presidente Ávila Camacho, la dirigencia del partido y la CTM. El candidato presidencial fue elegido con el voto corporativo de los

[100] Citado en Miguel Osorio Marbán, *Presidentes de México y dirigentes del partido*, México, Partido Revolucionario Institucional, 1993, p. 220.

[101] "Discurso inaugural del general Rodolfo Sánchez Taboada en la Asamblea Nacional Ordinaria del PRI, 11 de octubre de 1951", en ICAP, *op. cit.*, vol. VI, p. 87.

sectores agrario, obrero y popular, según las centrales a las que pertenecieran o "de acuerdo con sus características personales como factores de la economía del país".[102]

Entre Ruiz Cortines y el PRI se desarrolló una relación de coordinación y mutuo apoyo; desde el inicio de la campaña el candidato reconoció en el partido a una pieza importante de organización del voto y, en general, de la movilización en su favor. El partido fue el principal instrumento del candidato Ruiz Cortines para responder al movimiento henriquista. Una vez en la presidencia, encontró que el PRI reforzado podía ayudarlo a tomar el control político del país. El partido fue clave en la reconstrucción del liderazgo político de la presidencia de la República, que parecía haber perdido el rumbo en los últimos meses del gobierno alemanista.

El partido del presidente Ruiz Cortines

Al inicio de su gobierno, la posición del presidente Ruiz Cortines en el seno de la élite era relativamente frágil, pues no se identificaba con ninguna de las facciones en pugna, pero muy pronto adoptó una estrategia que lo liberó del dilema que le planteaba elegir un aliado. En esa decisión siguió el camino que le marcó la opinión pública, y ésta le dio la bienvenida, aliviada de que el vertiginoso carrusel del alemanismo llegara a su fin. Ruiz Cortines gobernó su primer trienio con una élite dividida y una sociedad vagamente confiada en el cambio de presidente, pero frustrada por las promesas incumplidas del alemanismo, por la creencia de que la corrupción se había generalizado, desilusionada del voto y de la vulnerabilidad de la democracia.

La vocación natural del partido era apoyar al presidente; y el PRI mostró de inmediato la disposición y la capacidad para hacerlo. Así, en una coyuntura en que las fuerzas políticas tendían a disgregarse, el partido oficial adoptó cambios que reforzaban el control de la dirigencia sobre la base del partido, al tiempo que robustecía la centralización en la toma de decisiones. Desde inicios del sexenio, el presidente impulsó la expansión y el fortalecimiento del PRI, y le dio un lugar importante en el gobierno del país como si

[102] "Declaración de Principios, Programa de Acción y Estatutos del PRI, 3 de febrero de 1950", en *ibid.*, t. V, p. 650.

quisiera compensar sus debilidades personales y los efectos disruptivos de la política sindical de Alemán. El apoyo directo e incondicional del Estado, hizo del partido un poderoso instrumento de gobierno, que logró penetrar ámbitos diversos de la vida social y desempeñar funciones que iban más allá de las estrictamente electorales. El desarrollo del partido profundizó la autonomía del presidente, incrementó su capacidad de intervención en áreas tan importantes como la dinámica interna del Poder Legislativo. En ambos casos, el partido fue un instrumento de intervencionismo presidencial. También era un espacio de negociación y de compromiso cuando los intereses de los miembros entraban en conflicto, aunque siempre bajo la tutela del presidente o de la dirigencia partidista.[103]

El jefe del Poder Ejecutivo también podía intervenir directamente en la selección de los partidos políticos que considerara necesarios y representativos, dado que la ley electoral mantenía la condición del registro y éste dependía de que las organizaciones que aspiraban al registro cumplieran los requisitos de ley. Éstos eran, por ejemplo, las dimensiones de la organización, su orientación ideológica y sus relaciones con partidos extranjeros, y proyectaban un retrato hablado del tipo de partidos que la élite deseaba promover. Así pues, el Partido Auténtico de la Revolución Mexicana (PARM), fundado en 1954 para abrir un espacio controlado de representación y de participación a los militares, no encontró obstáculo ninguno dado que contaba con el apoyo del presidente. Según informes de la Embajada de Estados Unidos, uno de los fundadores, Jacinto B. Treviño, había encabezado el año anterior la campaña antialemanista.

Durante el sexenio la relación entre el Estado y el PRI fue estrechísima, todavía más que en el anterior, tanto que se llegó a borrar la frontera entre uno y otro; el partido también promovió la organización e incorporación de una miscelánea de intereses particulares. En estos años el PRI adquirió rasgos de partido único, pero la hegemonía que construyó no tuvo sobre el sistema político los mismos efectos que en los regímenes unipartidistas porque su identidad ideológica era débil; empezó a desvanecerse por el acomodo al contexto internacional, en particular, a las exigencias de la alianza con Estados Unidos.

[103] Luis Javier Garrido, "El partido del Estado ante la sucesión presidencial en México (1929-1987)", *op. cit.*, pp. 72-75.

En esos años el partido se involucró activamente en los programas gubernamentales de alfabetización, de fomento a la pequeña industria, de mejoramiento de los servicios médicos entre otros. Cooperación tan estrecha provocó tanto la confusión de las acciones del gobierno y del Estado con las acciones del partido, como la desaparición de la frontera que debía separarlos. Esta situación se agravó cuando el presidente Ruiz Cortines intentó introducir el partido a las Juntas de Mejoramiento Moral, Cívico y Material, que fomentaban la colaboración del sector privado y las autoridades municipales.

Forzosamente este desarrollo impactó a la presidencia, que amplió su autonomía frente a los poderes Legislativo y Judicial, y a la sociedad. Sin embargo, hubo dos restricciones a las que no pudo escapar: primera, la necesidad de preservar la unidad de la élite; y segunda, la política anticomunista del presidente de Estados Unidos, que lo empujó a tomar decisiones que generaban tensiones con la corriente cardenista.

El PRI revisionista

Entre el 5 y el 7 de febrero de 1953 el PRI celebró en el palacio de Bellas Artes, con la asistencia de cinco mil delegados, su II Asamblea Nacional Ordinaria, convocada por el presidente del partido, general de división, Gabriel Leyva Velázquez. El objetivo era revisar los estatutos que había modificado la Asamblea anterior, los cuales habían sido "un gran paso atrás en la búsqueda de la democracia interna".[104]

Los priistas tuvieron entonces la oportunidad de revisar sus lealtades previas en una atmósfera muy distinta a la que había dominado la Asamblea de 1951. Ya no se trataba de honrar al presidente Alemán, sino de construir el liderazgo de Adolfo Ruiz Cortines. A la pregunta de un entrevistador a propósito de cuáles eran los principales objetivos de la reunión, Leyva Velázquez respondió: "tienden a secundar el pensamiento del presidente... Pretendemos una vinculación real con el pueblo de México".[105] Pero, según la convocatoria, también como respuesta a la presión internacional: "ante la creciente incertidumbre de la situación internacional que amenaza destruir

[104] *Ibid.*, p. 66.

[105] "Política. El programa del PRI", *Tiempo*, vol. XXII, núm. 562, 6 de febrero de 1953, p. 5.

la fe de los pueblos y de los hombres en las instituciones democráticas y para reiterar la conducta de nuestro país como esforzado defensor de esas instituciones…”.[106]

En el discurso que pronunció Leyva Velázquez el último día de la asamblea, el 7 de febrero de 1953, reiteró la relación privilegiada entre el PRI y la presidencia de la República: “Nuestra bandera es la Revolución Mexicana, nuestro programa la Constitución de 1917, y nuestra acción seguirá la trayectoria señalada por el presidente Ruiz Cortines”.[107]

El punto de partida del discurso del presidente del partido fue un tema que se convirtió en la justificación de muchos de los atropellos del PRI: el imperio inapelable de las mayorías. Dijo Leyva: “No somos el partido único, somos el partido más fuerte que impone la acción espontánea y resuelta de los inmensos sectores revolucionarios del país; por eso la victoria será siempre nuestra, en todo terreno que entremos en pugna con el sector minoritario en México”.[108]

Al término de esta asamblea se anunció que el partido actuaría en la sociedad y en la economía, que trabajaría en la educación ciudadana de las mujeres y en el fortalecimiento de la “conciencia revolucionaria”. Además, se propuso la difusión del ruizcortinismo o “ideario” del presidente Ruiz Cortines. El general Jacinto B. Treviño denunció a voz en cuello a los “falsos revolucionarios y traidores”, sin necesidad de llamarlos por su nombre.

Se borró de la Declaración de Principios y del Programa de Gobierno todo rastro de Miguel Alemán. También fue suprimido el “ideario alemanista” que se había incorporado a los documentos del partido por abrumadora mayoría dos años antes. Los principales cambios reforzaron la verticalidad característica del PRI, así como la capacidad de control de los órganos de dirección sobre la base del partido. Se introdujo un capítulo de sanciones por faltas cometidas contra el partido que iban desde la reprimenda, hasta la deshonrosa expulsión. Estas medidas eran una advertencia a quienes tuvieran la tentación de disentir. También se incluyó la Ley de Responsabilidades que el Congreso había votado en diciembre, como parte de la normatividad que se aplicaba a la membresía del partido. La estructura del PRI se mantuvo

[106] “Convocatoria a la II Asamblea Nacional Ordinaria del PRI, 5 de enero de 1953”, ICAP, t. VI, p. 512.

[107] “Programa de Acción y Estatutos reformados. 7 de febrero de 1953”, en *ibid.*, p. 537.

[108] Citado en Osorio Marbán, *op. cit.*, p. 236.

igual, salvo por la introducción de los subcomités distritales, que tenían la responsabilidad de llevar la acción del partido "a las más pequeñas células de organización social del país",[109] y los comités regionales y municipales del PRI fueron el vehículo de la autoridad presidencial en los estados.

El partido emprendió una intensa campaña de afiliación; en primer lugar, fueron inscritas al padrón del partido las empleadas públicas y las esposas de los militantes;[110] de suerte que en 1954 la membresía era de 3.5 millones de ciudadanos y ciudadanas, de los cuales 1.2 eran mujeres. La participación femenina condujo al partido a involucrarse en actividades de las comunidades, un movimiento que facilitó su penetración en la sociedad, y en la vida cotidiana de las familias. Esta evolución se vio favorecida por la creación del subcomité distrital. Es posible que la incorporación de las mujeres también haya reforzado la predisposición del PRI a desarrollar redes clientelares asociadas a la demanda de servicios públicos: iluminación, drenaje, escuelas, recolección de basura, redes de distribución de agua. Este desarrollo del PRI aumentó la confusión entre el partido y el Estado, provocada por el apoyo casi ilimitado que el partido recibía de los gobiernos municipales, estatales y federal.

Los cambios en el partido atendían a las necesidades materiales de sus miembros, pero nada se hizo para defender la limpieza electoral. Su propósito era acotar el conflicto dentro de las fronteras del partido y controlar el desarrollo de las fuerzas participantes "aceptables" dentro del sistema político.

Adolfo Ruiz Cortines no eliminó el principio pluripartidista del régimen, pero quiso él mismo definir lo que debía ser un partido de oposición. Partía de la convicción de que las mayorías revolucionarias eran permanentes, y, por consiguiente, también las minorías. Su programa para el sistema de partidos estaba implantado en una contradicción que llevaba las semillas del fracaso. Por una parte, quería reconocer en un régimen plural el destino natural de la evolución política de país, de ahí su reiterada insistencia en la importancia de los partidos políticos; pero, por la otra, se negaba a aceptar

[109] Citado en Leonardo Lomelí Vanegas, "La consolidación del sistema político mexicano: el periodo de Adolfo Ruiz Cortines", en Miguel González Compeán y Leonardo Lomelí (coords.), con la colaboración de Pedro Salmerón Sanginés, *El partido de la Revolución: institución y conflicto (1982-1999)*, México, Fondo de Cultura Económica, 2000, p. 245.

[110] Martha Singer Sochet, "Partido dominante y domesticación de la oposición 1951-1963", en Luis Medina (coord.), *El siglo del sufragio: de la no reelección a la alternancia*, México, Fondo de Cultura Económica / Conaculta / IFE, 2010, pp. 153-154.

que esas organizaciones representaban el cambiante pluralismo político de la sociedad. De manera que, en lugar de propiciar una mayor apertura del sistema, expulsó de la competencia institucionalizada a fuerzas y grupos políticos que no correspondían al tipo de partidos que consideraba deseables, que tenían poca fe en el voto y que habían optado por acciones colectivas en el límite de la institucionalidad.

En 1957, el expresidente Cárdenas reconoció ante la prensa, las grandes limitaciones del PRI en la promoción de la participación democrática.

> Consideramos necesaria la reestructuración del Partido Revolucionario Institucional. La Revolución está en deuda con el pueblo mexicano, pues el peligro de que sectores retardatarios y contrarrevolucionarios intentaran apoderarse del poder público, venía obligando a controlar en cierta forma la libre expresión del voto popular, pero la madurez a que ha llegado nuestro pueblo nos impele a reconocer que ha llegado el momento de revisar el pasado y renovar nuestros sistemas electorales, para que todos los sectores de México entren al juego de la política nacional.[111]

Las huelgas ferrocarrileras y magisteriales de los años 1957-1958 pusieron al descubierto esas limitaciones.

Estas medidas buscaban la institucionalización de la lucha por el poder, como insistía el presidente, pero tuvieron el efecto contrario. Ruiz Cortines afirmaba que su gobierno estaba empeñado en impulsar la consolidación y el fortalecimiento de los partidos, en el perfeccionamiento del sistema electoral y en la salvaguarda de "la libertad del sufragio".[112] Sin embargo, su intención no era abrir el sistema. Las modificaciones al régimen de partidos y elecciones que se introdujeron entre noviembre de 1951 y marzo de 1953 profundizaron el control del gobierno sobre los procesos de organización del voto, sobre los partidos y sobre los órganos electorales. Este control provocó la expulsión de la competencia institucionalizada de aquellas fuerzas y grupos políticos que optaron por la política de la calle. Tardarían 30 años en regresar.

[111] Citado en Lomelí Vanegas, art. cit., p. 269.

[112] Véase, por ejemplo, "El señor Adolfo Ruiz Cortines, al abrir el Congreso sus sesiones ordinarias el 1º de septiembre de 1953", XLVI Legislatura, *op. cit.*, t. IV, p. 537.

Antialemanismo y autonomía sexenal

El presidente se sumó sin alardes pero inequívocamente, a la cólera de la opinión pública contra Miguel Alemán, y quizá también la indujo. Es probable que desde tiempo atrás estuviera al corriente de los abusos de altos funcionarios y allegados al presidente, ya que la Secretaría de Gobernación era un puesto de observación privilegiado del personal político. Tal vez por esa razón adoptó un tema que conocía —la corrupción— y, luego de calibrar la profundidad del enojo que causaba, eligió denunciarla para acercarse a la opinión pública y definir su identidad. Así, se apropió de esa indignación para movilizar apoyo a su favor.

Miguel Alemán, como si hubiera caído en una trampa maligna, le dio la razón a sus críticos, y a partir de septiembre de 1952 se entregó a una serie de celebraciones de autoglorificación que se prolongó hasta el 1º de diciembre. Lo que ahora llamamos "política de comunicación" en este caso fue un programa de elogios organizados que se elaboró muy vinculado con el *prorroguismo*. Su único logro fue profundizar la irritación de la opinión pública.

Así, el mes de octubre de 1952 fue una sucesión de inauguraciones de obras públicas: presas, avenidas, monumentos, la plaza monumental de la Basílica de Guadalupe, la Ciudad Universitaria.[113] La semana anterior al cambio de gobierno, del 20 al 22 de noviembre, un "Comité organizador del Homenaje Nacional al Señor Presidente de la República" le ofreció una gran despedida, con tres días de festejos. El objetivo era "dar las gracias y destacar la magna obra del gobierno desarrollada por el señor Presidente a favor de la industrialización del país, la cultura, las obras públicas y la concordia entre los factores de la producción".[114] Además, se invitó a los comercios a colocar en sus vitrinas cartulinas alusivas, se proyectaron documentales sobre los logros del presidente Alemán en las pantallas de cine y se transmitieron spots radiofónicos que celebraban su obra.

[113] El nuevo edificio del Tribunal para Menores, la presa Álvaro Obregón en Sonora, la Exposición Nacional Ganadera, el Museo de Armas de Sedena, diversas obras en el Distrito Federal, la estación de carga del Valle de México, edificios en la Ciudad Politécnica y el monumento a los Niños Héroes.

[114] Desplegado "Homenaje al presidente", *Tiempo*, vol. XXIII, núm. 551, 21 de noviembre de 1952, p. 9.

El primer acto del homenaje fue una ceremonia académica en Ciudad Universitaria, en la que se inauguró el estadio olímpico y el rector Luis Garrido pronunció un discurso. El sábado 20 de noviembre un conjunto de mariachis cantó *Las Mañanitas* en Los Pinos, y lo mismo ocurría simultáneamente en las capitales de los estados y en los barrios de la Ciudad de México; por la tarde, el exrector Genaro Fernández MacGregor pronunció un discurso de despedida en Palacio Nacional y la jornada cerró con una velada musical en Bellas Artes. No obstante el número de personas involucradas en este aparatoso programa, todo fue visto como un autohomenaje excesivo, típico del delirio alemanista.

Desde el día de la toma de posesión, el presidente Ruiz Cortines manifestó la determinación de frenar a los amigos del ahora expresidente Alemán. Tenía que afirmar su autoridad frente a un predecesor que no aceptaba que su tiempo en la presidencia había terminado. En su discurso de toma de posesión, Ruiz Cortines aprovechó la percepción que tenía la opinión pública de la corrupción como un fenómeno generalizado, e hizo un llamado para que coadyuvara a que funcionarios y empleados públicos procedieran "con la más absoluta honradez y así lograr la moral administrativa y pública de México", y advirtió que obraría con "la máxima energía contra los servidores públicos venales o prevaricadores".[115] Para julio de 1953 se hablaba ya de una ruptura entre el expresidente Alemán y el presidente Ruiz Cortines.[116] Para combatir la sombra de su antecesor y gobernar con total autonomía, el presidente Ruiz Cortines se distanció públicamente de él y permitió que circularan rumores, denuncias y acusaciones en contra de Alemán. Él mismo se refirió a los problemas de corrupción de la administración y criticó públicamente a su antecesor. La consecuente ruptura fue una táctica política destinada a debilitar al expresidente Alemán, pero se hizo costumbre. Se convirtió en una regla no escrita que acotaba la influencia política de los expresidentes, y garantizaba la autonomía del primer mandatario en funciones.

La promesa de que actuaría contra la corrupción no quedó en palabras. En su primer año de gobierno el presidente Ruiz Cortines adoptó una serie

[115] "Discurso del Sr. Adolfo Ruiz Cortines, al protestar como Presidente de la República ante el Congreso de la Unión, el 1º de diciembre de 1952", en XLVI Legislatura, *op. cit.*, t. IV, p. 522.

[116] NARA, USA Embassy Mexico, "Conflicting Political Trends in Mexico", July 21st, 1953, 712.00/ 7-2053.

de medidas que efectivamente afectaron los intereses de algunos de los amigos más cercanos del expresidente Alemán que perdieron privilegios que habían obtenido durante su gobierno. Según *Nuestra Opinión*, la hoja política semanal que publicaba el influyente periodista Carlos Denegri, antes de cumplir un año en el poder, el nuevo gobierno llevó a cabo investigaciones que concluyeron en la cancelación o desaparición de "grandes negocios que representaban concesiones o contratos otorgados por la anterior administración, [...] algunas de las empresas que intervenían eran tan sólo sociedades de paja".[117] Entre ellas figuraba la empresa aduanal de los hermanos Pasquel, que manejaba todas las importaciones de CEIMSA y las importaciones de papel de periódico de la PIPSA.

Las denuncias —fundamentalmente por filtraciones a la prensa— y el compromiso con la moralización de los funcionarios y de la vida pública, le ganaron al presidente Ruiz Cortines el favor de la opinión pública. Tanto los informes diplomáticos como las columnas de rumores políticos afirmaban, a menos de seis meses del cambio de gobierno, que la campaña moralizadora de Ruiz Cortines había sido un acierto y un éxito, y que él era "cada vez más presidente".[118] Aun cuando los abusos y las operaciones ilegales fueran probadas, el presidente Ruiz Cortines no iría más allá de una campaña de desprestigio, que, según la embajada de Estados Unidos en México, encabezaba un general revolucionario, Jacinto B. Treviño.[119]

Dos incidentes sobre los que el gobierno no tuvo control dieron la voz de alerta de que se había llegado a un límite que si se cruzaba podía convertir los rumores en una agresiva andanada que hubiera podido arrastrar consigo mucho más que la carrera de un puñado de políticos. El 16 de julio de 1953, el ministro de la Suprema Corte de Justicia Luis G. Corona, en sesión pública y "portando la toga", a propósito del examen de un caso de cuatro personas que habían sido injustamente acusadas del asesinato de un periodista, se refirió al expresidente Alemán como "cloaca inmunda de cieno". Cuando el ministro Castro Estrada salió en defensa del expresidente, Corona

[117] Carlos Denegri, editor, "En las postrimerías del pasado gobierno hubo recomendación oficial a todas las empresas mixtas de participación gubernamental, para que celebrasen un contrato de exclusividad con la Agencia Pasquel para todos los asuntos aduanales". Carta núm. 133, *Nuestra Opinión*, Año III, 20 de julio 1953, s. p.

[118] *Idem.*

[119] NARA, USA Embassy Mexico, "From Franklin McGowen to the Department of State", Despatch 2410, August 6, 1953, 701.1.

replicó que la Dirección Federal de Seguridad era una "asociación delictuosa con etiqueta oficial". Entonces intervino también el ministro Luis Chico Goerne, para defender al expresidente y recordar a todos la construcción de Ciudad Universitaria. El público se dividió; intercambiaba insultos y enumeraba obras del gobierno anterior. Hubo vivos aplausos y rechazos a gritos. La Primera Sala se convirtió en un mitin político.[120] Entre aspavientos y gritos, los ujieres desalojaron el lugar.

En agosto de 1953, los antiguos líderes henriquistas Vicente Estrada Cajigal y José Muñoz Cota presentaron ante la Procuraduría General de la República una demanda por enriquecimiento ilícito contra el expresidente Alemán y buena parte de su gabinete, varios gobernadores, un senador y jefes de los departamentos autónomos. La demanda afirmaba: "Durante el régimen de Alemán la moralidad administrativa se abatió hasta extremos sin precedente en la Historia de México. El programa de construcción y robo en marcha durante los seis años de Alemán, rompió todas las marcas".[121] En la Cámara de Diputados se registraron reacciones negativas ante lo que era una "maniobra de manifiesto carácter político", declaró el diputado Porfirio Palacio, del sector campesino.[122]

La demanda no prosperó. El principal argumento para rechazarla fue que la denuncia no señalaba hechos concretos ni aportaba pruebas. Además era una acusación, no había procedimiento establecido para responderla. Peor todavía, la respuesta de la Procuraduría General de la República (PGR) buscaba inhibir la protesta: los denunciantes "se han convertido en inquietos perturbadores de la paz social, por lo que procede una investigación de carácter legal que corrobore los elementos constitutivos del delito de disolución social".[123]

La familia Alemán regresó discretamente de Europa en mayo de 1953. No hubo recepción oficial en el aeropuerto y, para la mayoría de los mexicanos, su llegada pasó inadvertida.

[120] Lucio Cabrera Acevedo, *La Suprema Corte de Justicia durante el gobierno del presidente Adolfo Ruiz Cortines (1952-1958)*, México, Suprema Corte de Justicia de la Nación, 2003, p. 30.

[121] Desplegado "A la Procuraduría General de la República", *Excélsior*, 13 de octubre de 1953.

[122] "Que sólo es chantaje político de Henríquez", *La Prensa*, 29 de agosto de 1953, p. 3.

[123] *Idem*.

Conclusiones

En el segundo sexenio de la era del PRI la élite política dio un paso decidido al éxito. La política se había estabilizado y la economía registraba tasas relativamente altas de crecimiento. El tránsito al auge del "milagro mexicano" fue un periodo de ajustes y de acomodo entre instituciones que, en el proceso, se transformaban unas a otras. Fueron años sin sorpresas, pero con muchas novedades, desde la explosión demográfica hasta el crecimiento de la Ciudad de México.

La elección de 1952 demostró que la no-intervención de Estados Unidos en la política interna mexicana había sido una de las grandes ganancias de la alianza que se estableció entre los dos países durante y después de la segunda guerra mundial. Dos décadas de estabilidad relegaron a un lejano segundo plano el pasado revolucionario incierto y violento, y alimentaron la determinación de la élite en el poder de evitar a como diera lugar la repetición de la experiencia. Este temor cimentó su unidad y la mantuvo en más de un caso a regañadientes; además, se impuso como una restricción al cambio, más sólida y más opaca que cualquier interés político o económico.

Así, una élite crecientemente a la defensiva frenó el cambio en la década de los sesenta, cuando apenas ganaba *momentum*. México había obtenido poco, pero como había empezado con menos, creyó que era mucho lo que tenía. En unos cuantos años enfrentó la primera gran crisis de la deuda; para entonces la élite política se había encerrado en el temor al riesgo de afuera y de adentro.

No obstante, en 1958 la modernización política mexicana era considerada un modelo, sobre todo por la eficacia del binomio presidencia/partido oficial al que se acreditaba la estabilidad.[124] La fuerza del PRI, crecientemente hegemónico, residía en que aportaba al sistema político gran flexibilidad,

[124] En 1968 el profesor de Harvard, Samuel P. Huntington publicó un libro que estaba destinado a tener una gran influencia en la comprensión y el análisis de los procesos de modernización. El propósito de *Political Order in Changing Societies* era identificar las condiciones propicias para la transformación de las sociedades tradicionales. Huntington trata el caso mexicano casi con admiración, porque, en su opinión, la Revolución había producido instituciones novedosas y una cultura política distinta, que había conducido a un sistema político altamente complejo, coherente, flexible y autónomo en relación a las fuerzas sociales, capaz de combinar una marcada centralización política, con la ampliación de su poder y la participación de grandes grupos sociales. Huntington, *op. cit.*, p. 319.

era un canal de movilidad social y, para los nuevos grupos sociales producto de la modernización económica, era una puerta de ingreso al sistema político. En efecto, para muchos mexicanos el partido fue el vehículo de integración a la sociedad urbana. Esta función contrastaba con el bloqueo que imponía el mismo partido a quienes buscaban alternativas políticas distintas o se resistían a su voracidad.

La evaluación positiva de sistema mexicano reconocía que la centralización del poder estaba en el origen del carácter autoritario del sistema político; sin embargo, la justificaba porque había solucionado problemas de fragmentación política y, sobre todo, había logrado imponer reglas que normaban la competencia por el poder. No obstante, el principal legado de la sucesión presidencial de 1952 fue la liberación de la presidencia de la República de la hipoteca militar. La elección sometió al ejército a estas reglas, que lo colocaron en una posición subordinada a la autoridad civil que les deparó el final del henriquismo y que se convirtió en una característica de largo plazo del sistema político.

Un efecto colateral de este proceso de definición de los alcances del presidencialismo en relación con otros actores políticos fue la autonomía sexenal, es decir, la capacidad del presidente en funciones de actuar con independencia de sus antecesores. Ruiz Cortines construyó una autonomía de decisión para sí y para quienes lo sucedieron en el poder que profundizó la característica vocación autoritaria del régimen presidencialista.

El legado de la sucesión de 1952 fue la exclusión de los militares de la competencia electoral. El presidente en funciones también quedó libre de la influencia de los expresidentes, que dejaron de intervenir en el proceso político de los gobiernos posteriores al suyo. A partir de Adolfo Ruiz Cortines la autonomía sexenal se convirtió en un principio básico de estabilidad.

El proceso de institucionalización política no se detuvo con el cambio de gobierno en 1952, sino que continuó, quizá a un ritmo distinto al que tuvo en el periodo anterior. Es posible que la vitalidad de un proceso cuyos derroteros estaban establecidos de antemano compensara la debilidad del personaje, y que el presidente Ruiz Cortines se haya limitado a actuar conforme a una lógica y a una dinámica que se le impusieron. Lo que es indiscutible es que la institución presidencial suplió las posibles deficiencias del presidente.

VIII. ADOLFO RUIZ CORTINES: ENTRE LA ESPADA DE EISENHOWER Y LA PIEDRA DURA DE LA REVOLUCIÓN

Adolfo Ruiz Cortines gobernó México en los años duros de la Guerra Fría, entre el final de la Guerra de Corea y el triunfo de la Revolución cubana, bajo la sonrisa condescendiente del presidente Eisenhower y la mirada aprehensiva de su secretario de Estado, John Foster Dulles. La relación con el mundo exterior era un punto ciego del presidente Ruiz Cortines al inicio de su gestión, en 1952. A diferencia de Ávila Camacho y de Alemán, no veía en la política exterior un recurso de poder o un medio de engrandecimiento personal. Más bien le resultaba un terreno difícil de transitar, ya fuera por timidez o porque lo cohibía la acusación de Mújica de que en 1914 había colaborado con el ejército invasor en Veracruz.

Las imágenes de los tres encuentros que sostuvo con el presidente Eisenhower —en Presa Falcón en 1953, en Panamá en 1955 y en White Sulphur Springs en 1956— proyectan la incomodidad del presidente mexicano, sus limitaciones retóricas y su cortedad. Su personalidad era una desventaja, pero tampoco le ayudaban las tensiones que provocaba la política estadunidense en América Latina. En su descargo puede argumentarse que la diplomacia distante y sin compromisos que hubiera preferido adoptar, no tenía cabida en esa coyuntura.

En junio de 1954 una operación encubierta de la CIA apoyó un golpe militar en contra del gobierno constitucional de Jacobo Árbenz en Guatemala. El impacto de ese episodio obligó al presidente Ruiz Cortines a reconocer la influencia del contexto internacional sobre su capacidad de gobierno y sobre los procesos y equilibrios internos, así como la imposibilidad de sustraerse a ese contexto y la necesidad de que él mismo asumiera el liderazgo en esa crisis. La tragedia guatemalteca puso fin a lo que Jorge Castañeda de la Rosa llama la "introspección" de la política exterior mexicana, que se hizo nuevamente presente en el escenario internacional con el discurso en defensa de la autodeterminación que le había ganado prestigio. Asimismo, llevó a que, en la segunda mitad de su mandato, Ruiz Cortines buscara la ampliación y diversificación de sus relaciones con el mundo.

La crisis que desencadenó la caída del presidente Árbenz colocó al presidente Ruiz Cortines en una situación comprometida, entre la alianza con Estados Unidos, el frágil equilibrio en el que se sostenía la unidad de la élite política, y las fracturas de una sociedad movilizada. La situación era compleja, porque el presidencialismo mexicano estaba crecientemente acotado por las tensiones del contexto internacional que repercutían en el ámbito interno. Para resolver las contradicciones que derivaban de ello, el presidente Ruiz Cortines decidió separarlas y propició la escisión de la política exterior y la política interna.

Este capítulo reconstruye las consecuencias que tuvo la ofensiva estadunidense contra el presidente Árbenz para la relación bilateral México-Estados Unidos, y su impacto sobre el sistema político mexicano no fue menor. La primera parte se refiere a la política latinoamericana de Eisenhower y a las relaciones bilaterales entre México y Estados Unidos. El siguiente apartado describe el primer encuentro presidencial en la presa Falcón. Después se examina el efecto del golpe contra el gobierno guatemalteco en la perspectiva y sobre las decisiones del presidente Ruiz Cortines. Luego se analiza el giro de la relación bilateral México-Estados Unidos, y el resurgimiento del liderazgo político de Lázaro Cárdenas que se vincula con la escisión entre política exterior y política interna, que propició el presidente Ruiz Cortines. Por último, se examina la condición del presidencialismo mexicano pasada la crisis guatemalteca.

El presidente Eisenhower y la comunidad interamericana

Guerra improbable, paz imposible.

Raymond Aron

La llegada del héroe victorioso de la Segunda Guerra Mundial a la Casa Blanca, el general Eisenhower, marca el inicio de una nueva etapa de la Guerra Fría porque a diferencia de su antecesor el presidente Truman, no le bastaba *contener* la expansión de la influencia soviética, sino que pretendía inducirla —cuando no forzarla— a dar marcha atrás en los avances que había logrado desde 1947. El 2 de febrero de 1953, en su primer discurso de política exterior explicó que ya no se trataba sólo de contener el expansionismo soviético sino que "arrebataría la iniciativa" a los comunistas para darle "seguridad al mundo libre".[1] Esta política ejercía una fuerte presión sobre los aliados de Estados Unidos, porque guiada por criterios de orden estratégico militar, presagiaba tempestades, pues una política exterior diseñada para modificar el *statu quo* internacional era naturalmente desestabilizadora.

La atmósfera de la política internacional se cargó de suspicacias, pero sobre todo de miedo al apocalipsis nuclear. En más de una ocasión las superpotencias estuvieron al borde de la guerra.[2] En todo el mundo se galvanizó la certeza de que habría un nuevo conflicto armado, lo que no se sabía era cuándo iba a estallar. La desconfianza entre las superpotencias se profundizó y ni siquiera la muerte del líder soviético José Stalin en 1953 disminuyó la tensión, y tampoco se relajaron las restricciones que limitaban la soberanía de los países miembros de los bloques adversarios. Fue un periodo que Raymond Aron supo sintetizar en una breve sentencia: "Paz imposible, guerra improbable".

Desde el principio de su primer mandato (1952-1956) el presidente Eisenhower expresó su convicción de que América Latina era importante para Estados Unidos, sobre todo desde el punto de vista geopolítico y militar. Creía que había que reforzar su defensa y desarrollar la cooperación indispensable para que Estados Unidos lograra, por una parte, oponerse a la infiltración del comunismo y, por la otra, prepararse para enfrentar la —para él— inminente tercera guerra mundial. En consecuencia, Eisenhower se propuso acercarse a los países latinoamericanos, tener un con-

[1] Citado en Chester J. Pach, Jr. y Elmo Richardson, *The Presidency of Dwight D. Eisenhower,* Kansas, University Press of Kansas, 1991, p. 75.

[2] Durante la Guerra de Corea, entre 1950-1953, se suscitaron graves tensiones entre la República Popular China y el gobierno nacionalista atrincherado en Taiwán. En ese caso el presidente Eisenhower consideró la posibilidad de utilizar armamento nuclear. Los aliados europeos de Estados Unidos eran críticos severos de esta política de alto riesgo. Entonces se creía que el compromiso que Estados Unidos había adquirido con la democracia implicaba el recurso a las armas, y que el escenario de esa guerra sería obligadamente territorio europeo.

tacto más frecuente con sus gobiernos y comprometerlos con su política anticomunista.[3]

Las relaciones interamericanas transcurrían en tres dimensiones: geoestratégica, económica y política. Esta última era la única en la que convergían los intereses de Estados Unidos y las élites latinoamericanas, que eran tan anticomunistas como el gobierno republicano en Washington. En cambio, las discrepancias en materia económica y hasta cierto punto también en el debate geoestratégico, eran insalvables. De manera que la unidad hemisférica sería sólo de índole política.

La decisión de Eisenhower de poner en práctica el *Roll-back* en Guatemala se explica porque creía firmemente que los soviéticos ambicionaban establecerse en la región centroamericana.[4] Hasta entonces América Latina había permanecido en la periferia del antagonismo soviético-americano. Sin embargo, la información que Eisenhower recibía del National Security Council confirmaba sus temores a propósito de la influencia comunista en el hemisferio.[5] Por consiguiente, decidió incorporar a los países latinoamericanos al combate anticomunista con base en razones de seguridad nacional y con el argumento de que los buenos vecinos se cuidan unos a otros. Asimismo, consideró que la penetración soviética violaba la Doctrina Monroe y el acuerdo implícito de respetar las respectivas esferas de influencia. En estas condiciones, la intervención de Estados Unidos para frenar los avances soviéticos era necesaria para restablecer lo que parecía ser "el orden natural de las cosas".

A partir de 1952, Washington intervino de diferentes maneras en la vida interna de los países latinoamericanos. Recurrió a instrumentos tradicionales como el reconocimiento de gobiernos así como al bloqueo económico, pasando por operaciones encubiertas, campañas de propaganda y fi-

[3] Este interés por América Latina es anterior al que señala Thomas Tunstall Allcock en "The First Alliance for Progress? Reshaping the Eisenhower's Administration Policy Toward Latin America", *Journal of Cold War Studies,* 16 (2014), pp. 85-110.

[4] Peter H. Smith, *Talons of the Eagle. Dynamics of U.S.-Latin American Relations*, 2ª ed., Nueva York, Oxford University Press, 2000, pp. 135-139.

[5] "Statement of Policy by the Policy Staff Group, US Objectives and Courses of Action with Respect to Latin America", Washington, March 5, 1955. *Foreign Relations of the United States*, 1952-1954, v. IV, Part II: *General: Economic and Political Matters*, eds. David M. Baehler, Hernert A. Fine, Ralph R. Goodwin, N. Stephen Kane, Ronald D. Landa, Lisle A. Rose, William F. Sanford, Jr., e Ilana M. Stern, Washington D. C., Government Printing Office, 1983, pp. 939-942.

nanciamiento de partidos políticos afines.[6] No fueron pocos los casos en los que, a ojos de los latinoamericanos, la defensa de la democracia era una coartada para justificar la protección o la promoción de intereses de estadunidenses. Cuando eso ocurría, se agitaban los sentimientos nacionalistas y se debilitaba la causa democrática, que quedaba asociada a una imposición extranjera.

La Doctrina de Roll back *en América Latina*

La condición de militar profesional de Eisenhower le impuso a su política exterior un sello distintivo, derivado de una perspectiva cifrada en consideraciones de orden estratégico y geopolítico, que en el caso de América Latina articulaba firmemente la Doctrina Monroe. Como ya se vio antes, después de 1945 apareció una versión diferente a la que había servido a Estados Unidos en el siglo XIX para justificar el agresivo unilateralismo con el que se impuso en buena parte del hemisferio. En la nueva interpretación, además de que pretendía incorporar a la exclusividad americana las ideas, la política, los intereses comerciales, estratégicos de todos los países de la región, tuvo el apoyo de los latinoamericanos que hicieron suya la Doctrina Monroe, convencidos de que también podía proteger sus intereses.[7] También ellos creyeron conveniente mantenerse como un bloque fundado en intereses comunes, al abrigo de conflictos extracontinentales; veían esta alternativa como una manera de

[6] Por ejemplo, en la campaña presidencial chilena de 1964 compitieron el socialista Salvador Allende, y el demócrata cristiano, Eduardo Frei. Estados Unidos quiso evitar a toda costa el triunfo de Allende. La CIA aportó recursos a la Democracia Cristiana y orquestó una campaña de miedo contra el candidato socialista. Margaret Power, "The Engendering of Anti-communism and Fear in Chile's 1964 Presidential Election", *Diplomatic History,* 32 (2008), pp. 931-953.

[7] Una de las primeras enseñanzas que recibían los cadetes en las academias militares de Estados Unidos eran los tres imperativos de sus relaciones con el mundo: los territorios americanos están vedados a la colonización europea; Estados Unidos no debe involucrarse en guerras europeas; y, por último, Estados Unidos vería en cualquier intento por parte de una potencia extranjera de extender su sistema político a "cualquier porción del hemisferio como un peligro para [nuestra] paz y seguridad". Gaddis Smith, *op. cit.*, p. 3. Durante la crisis de los misiles, en octubre de 1962, el congresista de Arizona, John J. Rhodes, declaró: "La Doctrina Monroe que todos los miembros de este cuerpo legislativo aprendimos de niños en la escuela, es una tradición tan sagrada como la Constitución o como la Declaración de Independencia". Citado en *ibid.*, p. 4.

beneficiarse de la supuesta *relación especial* con Estados Unidos, derivada de la geografía y de la historia. En este último punto se equivocaron porque esos vínculos antiguos, en lugar de traducirse en ventajas, como se esperaba, terminaron reproduciendo la estructura jerarquizada del pasado.

En abril de 1953, para sorpresa de muchos porque no se acostumbraba, el presidente de Estados Unidos participó en la ceremonia conmemorativa del Día de las Américas, en la sede de la Unión Panamericana en Washington. Su propósito era transmitir a los latinoamericanos el señalado interés que le inspiraba el hemisferio, a pesar de la dificultad de identificar intereses comunes entre países tan distintos. Eisenhower pretendía crear una identidad política hemisférica que fuera un escudo contra la influencia soviética. Buscaba subrayar que el hemisferio era una unidad política estratégicamente inviolable, cuya piedra angular era el anticomunismo. (La defensa de esta supuesta unidad fue el argumento central contra el gobierno de Árbenz, pues el presupuesto subyacente era que las presuntas inclinaciones sovietófilas del presidente guatemalteco eran ajenas al hemisferio.)

La base de esa identidad no podía ser la seguridad o el modelo de desarrollo, pues ambos temas generaban más diferencias que acuerdos entre Estados Unidos y los países latinoamericanos. En un primer momento, el presidente Eisenhower intentó reanimar el pacto militar interamericano; se entablaron negociaciones con ese propósito, pero muy pronto el Estado Mayor estadunidense concluyó que era poco lo que los latinoamericanos podían aportar a la defensa del hemisferio. Sus ejércitos eran pequeños, estaban mal entrenados y mal equipados. El National Intelligence Estimate de 1955 dudaba de la capacidad de reacción de estos ejércitos, así como de la conveniencia de armar a militares proclives al golpe de Estado, a atacar al país vecino o a apoyar gobiernos dictatoriales. El reporte también observaba que: "En caso de una guerra generalizada, las fuerzas armadas latinoamericanas no podrían defender áreas críticas y tampoco comunicaciones marítimas, aunque su apoyo no dejaría de ser valioso".[8]

La posición del hemisferio en los planes militares de Estados Unidos en la posguerra no varió; pero se modificaron los planes de defensa después del éxito de la operación de la CIA contra el gobierno de M. Mossadegh en Irán.

[8] "National Intelligence Estimate, Conditions and Trends in Latin America. Washington, December 6, 1955, *Foreign Relations of the United States*, 1955-1957, v. VI: *American Republics: Multilateral; Mexico, Caribbean*, eds. N. Stephen Kane, Joan M. Lee, Delia Pitts, Sherrill B. Wells, Washington D. C., Government Printing Office, 1987, doc. 6.

Ante las dificultades de la cooperación militar, Eisenhower optó por combatir el comunismo en el hemisferio con otros instrumentos: económicos, políticos, diplomáticos o mediante la cooperación entre policías, el espionaje, el intercambio de información, la coordinación de políticas migratorias, y el control de visas y de pasaportes. También prefería acciones de propaganda, campañas de desinformación, operaciones encubiertas y planes de desestabilización que sembraran la discordia en el interior del bloque enemigo, que eran menos sangrientos que las guerras que en la era nuclear habían alcanzado un poder de destrucción inimaginable.[9]

La estrategia de *Roll-back* tuvo profundas repercusiones en la política interna de los países del hemisferio, porque su objetivo era también erradicar la influencia soviética presente en estas sociedades, por consiguiente, se implantaba en el corazón de la lucha interna por el poder. Este propósito dio un nuevo impulso al tradicional intervencionismo de Estados Unidos, pero distinto del pasado, porque establecía un vínculo directo entre el orden político interno y el orden regional, en una relación de dependencia en que la estabilidad del primero era condición de la estabilidad del segundo.

En cambio, el presidente Eisenhower encontró en los países latinoamericanos afinidades ideológicas que se prestaban a la formación de una identidad política continental. En primer lugar, ni el anticomunismo ni los partidos comunistas eran una novedad en la mayoría de los países de la región; por ejemplo, en 1937 tuvo lugar en La Habana, Cuba, el 1er. Congreso Anticomunista Iberoamericano, que fue concebido en México. Las actitudes negativas hacia el comunismo estaban firmemente sostenidas en primer lugar por la Iglesia católica, luego por el ejército y también por las élites locales. Es evidente que estas actitudes fueron reforzadas por la atmósfera prevaleciente en la política internacional, que la misma política exterior de Eisenhower alimentaba. Los diplomáticos estadunidenses insistían en atribuir el deterioro de la política mundial al éxito de la agresiva propaganda soviética, pero no percibían hasta dónde ellos mismos eran vehículo de la polarización ideológica.

Los países del hemisferio coincidían con Estados Unidos, por ejemplo, en la defensa de la economía de libre mercado y del individualismo. En el discurso que pronunció en la conmemoración del Día de la Unidad Panamericana, Eisenhower señaló estas coincidencias y añadió lo que llamó "una

[9] Chester J. Pach Jr. y Elmo Richardson, *op. cit.*, pp. 88-89.

comunidad de principios jurídicos y morales básicos". También se refirió al sentimiento religioso que compartían "en tanto que naciones cristianas"[10] en alusión directa a la Unión Soviética, la potencia atea por excelencia.

Sin embargo, es posible que la eficacia de la política latinoamericana de Washington haya sido derrotada por las implicaciones de los planes de buena voluntad de Eisenhower que no siempre fueron evidentes, porque su objetivo real era controlar la región, aunque con aparente benevolencia. En 1955 el presidente de Estados Unidos convocó a una magna reunión en Panamá a todos los jefes de Estado del hemisferio, con el propósito de fomentar sentimientos de pertenencia a una comunidad de valores y objetivos. La conclusión fue la "Declaración de Panamá" en la que 19 jefes de Estado se comprometieron a defender la libertad humana "y el principio de que el Estado existe para servir y no para dominar al hombre".[11]

En el caso de México, el intervencionismo adquirió las formas afables del presidente Eisenhower, que insistía en su deseo de ayudar al país, pero en sus propios términos, esto es, por ejemplo, con una legislación favorable a las inversiones extranjeras. En cierta forma, el presidente estadunidense quiso modificar el entendimiento al que había llegado el presidente Alemán con su predecesor, el presidente Truman, que abrió un amplio margen de autonomía al gobierno mexicano en cuanto a la elección del modelo de crecimiento y a la definición de la política de desarrollo o de organización política. En cambio, los ocho años que estuvo en el poder, Eisenhower trató de influir o de "orientar" las soluciones mexicanas. Propuestas iban y venían, pero el presidente Ruiz Cortines no cambió el objetivo de largo plazo con que se había comprometido el régimen de la Revolución: la construcción de un Estado nacional, uno de cuyos pilares era el desarrollo industrial; construido sobre el proteccionismo y el intervencionismo económico del Estado.

Pese a los repetidos intentos del presidente Eisenhower de convencer a Ruiz Cortines de las ventajas del liberalismo económico, no logró que se modificara el modelo de crecimiento. Así lo defenderían los representantes mexicanos en la Conferencia Económica de los Estados Americanos que se celebró en Buenos Aires en 1956. Según el presidente Ruiz Cortines:

[10] "Text of Address by President Eisenhower at Pan American Union", *The New York Times*, April 13, 1953.

[11] "El Sr. Adolfo Ruiz Cortines, al abrir el Congreso sus sesiones ordinarias, el 1° de septiembre de 1956", en XLVI Legislatura, *op. cit.*, t. IV, p. 601.

Las tesis expuestas [...] corresponden a nuestra tradición y a nuestras convicciones. [...] Por eso afirmamos que sólo estaríamos dispuestos a aprobar un convenio económico general interamericano si acogía las aspiraciones fundamentales del Continente y, además, si reconocía de manera categórica e irrestricta que el tratamiento a las inversiones no puede ser otro que el fijado por nuestra Constitución y las leyes que de ella emanen.[12]

El presidente mexicano estaba dispuesto a mantener el compromiso de combatir el comunismo, pero su atención a las exigencias y a las propuestas estadunidenses no iría más lejos.

El avance del comunismo en la región, era el tema central del National Security Council. Periódicamente se celebraban reuniones para analizar la situación y las tendencias de América Latina, en las que participaban los funcionarios más importantes del gobierno.[13] Cada año el diagnóstico era similar: las condiciones sociales y económicas de los países de la región alimentaban el nacionalismo que tenía el apoyo de las masas, y que, por lo general, fomentaba sentimientos antiamericanos.

En 1953, el National Security Council aprobó el documento NSC144-I que fijaba objetivos y lineamientos dirigidos a América Latina, desde una perspectiva predominantemente estratégica. Enumeraba siete objetivos, de los cuales sólo uno era económico, los otros seis eran de orden político o estratégico militar, eran: la salvaguarda de la región frente a posibles agresiones externas; la solidaridad hemisférica con la política internacional de Washington; la reducción y eliminación de la amenaza comunista; la producción "adecuada" de materias primas "esenciales para su seguridad" [de Estados Unidos]; el apoyo a las acciones de seguridad colectiva en otras regio-

[12] "El Sr. Adolfo Ruiz Cortines, al abrir el Congreso sus sesiones ordinarias, el 1° de septiembre de 1957", en XLVI Legislatura, *op. cit.*, t. IV, p. 646.

[13] Por ejemplo, en marzo de 1953 Eisenhower presidió una reunión del Consejo de Planeación del National Security Council en la que también participó el vicepresidente Richard Nixon. La lista de asistentes habla de la importancia de la reunión. Además del presidente y el vicepresidente participaron el secretario de Defensa y el director de Seguridad Mutua, el secretario del Tesoro, el de Comercio, el director de Presupuesto, el presidente del Comando Militar Conjunto, el asistente administrativo del presidente para Asuntos de Seguridad Nacional, el asistente especial del presidente para Operaciones de la Guerra Fría, el oficial de *Liaison*; el secretario ejecutivo suplente del NSC. Véase "Statement of Policy by the PSG" Washington, March 5, 1953", *Foreign Relations of the United States*, 1952-1954, v. IV, Part II: *General: Economic and Political Matters*, *op. cit.*, p. 939.

nes del mundo; la estandarización de las fuerzas armadas latinoamericanas conforme a los lineamientos de organización, entrenamiento, equipo y doctrina establecidos por Estados Unidos.[14] Hay que decir que de estos objetivos, sólo dos se lograron a medias: la ofensiva anticomunista y el entrenamiento y adoctrinamiento de las fuerzas armadas.

Una de las grandes frustraciones que expresaban en estas reuniones los funcionarios estadunidenses, era que no habían podido convencer a los latinoamericanos de que eran víctimas de una conspiración que en cualquier momento podía volverse un ataque. Esta diferencia de interpretación de la fragilidad política de los regímenes latinoamericanos y de su predisposición a someterse a la influencia del comunismo en realidad nunca fue superada, pues mientras que para Washington la amenaza provenía del exterior, de la Unión Soviética, para los latinoamericanos el origen de sus problemas era interno: el atraso económico.

Entre 1953 y 1958 el estado de alarma que provocaba la infiltración comunista en la región fue creciente porque, según los informes de inteligencia, cada día era más fuerte y estaba más extendida. No obstante, los funcionarios estadunidenses rechazaban las explicaciones latinoamericanas, que se aferraban a la interpretación socioeconómica del deterioro del orden político, e insistían: los latinoamericanos no ponían en práctica las medidas antisubversivas que se les habían sugerido, de manera que "la resistencia latinoamericana a la conspiración comunista" era "vacilante y superficial".[15]

El presidente Eisenhower reconocía los riesgos políticos de las condiciones de la sociedad y la economía latinoamericanas, pero hasta 1961 se rehusó a atender las demandas de un programa de asistencia económica; no creía que la situación de la región fuera de emergencia, tampoco que los fondos públicos debían financiar el crecimiento de estos países. A la pregunta de su hermano Milton[16] al respecto, respondió que los programas de ayuda eco-

[14] "Department of State. Memorandum of Discussion at the 137th Meeting of the National Security Council on Wednesday, March 18, 1953. Top Secret", *Foreign Relations of the United States*, 1952-1954, v. IV: *The American Republics*, eds. N. Stephen Kane y William F. Sanford, Jr., Washington D. C., Government Printing Office, 1983, p. 7.

[15] "Memorandum by the Undersecretary of State (Smith) to the Executive Secretary of the National Security Council (Lay), July 23d, 1953", *Foreign Relations of the United States*, 1952-1954, v. IV, *The American Republics, op. cit.*, p. 14.

[16] Milton Eisenhower era un confidente de su hermano mayor, el presidente. Había sido asesor de tres secretarios de agricultura, así como presidente de la Universidad Johns

nómica eran apropiados solamente para áreas que estuvieran bajo ataque directo de los comunistas, las demás podrían obtener capital para el desarrollo con la expansión de su comercio exterior y de la inversión extranjera privada.

MÉXICO 1954: ¿UNA POLÍTICA EXTERIOR COMO OTRAS?

Al inicio de su gobierno, Ruiz Cortines buscó mantener el retraimiento de la política exterior del presidente Alemán[17] ante los riesgos que la situación internacional representaba para México en su condición de aliado de Estados Unidos.[18] En el discurso de toma de posesión hizo referencia a "los tiempos difíciles de un mundo lleno de zozobras por la amenaza de catástrofes no imaginadas";[19] pero para no aparecer como inclinado al neutralismo, que era mal visto por Estados Unidos, también se situó en relación al mundo bipolar: "El debate que amenaza dividir a los pueblos en bandos antagónicos y aparentemente irreconciliables ha contribuido a que nuestra patria justifique su adhesión al sistema democrático, cuyas excelencias le son cada vez más notorias y más caras".[20]

Sin embargo, no pudo anticipar los acontecimientos en la también vecina Guatemala que lo obligarían a cambiar de planes. Dos momentos se distinguen en la relación entre el presidente Ruiz Cortines y la primera admi-

Hopkins. Desarrolló considerable *expertise* en asuntos latinoamericanos. Fue el autor de dos reportes sobre América Latina para la Casa Blanca. Sus opiniones liberales contrarrestaban el conservadurismo político y económico de su hermano. (Véase Chester J. Pach Jr. y Elmo Richardson, *op. cit.*, pp. 39-40.

[17] Jorge Castañeda, *México y el orden internacional*, México, El Colegio de México, 1956, p. 14.

[18] Entre los comentarios de la Embajada de Estados Unidos en México relativos al discurso de Ruiz Cortines en la ceremonia de protesta como candidato del PRI, uno de ellos sostiene que "en caso de guerra" México podría optar por la neutralidad y se mantendría al margen: "Parecería que, si Adolfo Ruiz Cortines es elegido, su política exterior sería la misma que la de Miguel Alemán. De manera que creemos que la actitud de México hacia la Unión Soviética y la lucha anticomunista seguiría siendo de 'prudente desapego'". Central Intelligence Agency, "Section 3 (Western), 12. Mexico", *CIA Daily Digest*, 30 de noviembre de 1951, no. 49439, p. 16.

[19] "Discurso del señor Adolfo Ruiz Cortines, al protestar como presidente de la República ante el Congreso de la Unión, el 1º de diciembre de 1952", XLV Legislatura, *op. cit.*, t. IV, p. 521.

[20] *Idem.*

nistración del presidente Eisenhower, representado en México por el embajador Francis White: antes y después de la crisis guatemalteca del verano de 1954 que provocó un golpe militar en contra de Jacobo Árbenz, presidente constitucional. Si bien los cabecillas de la rebelión fueron oficiales del mismo ejército guatemalteco, al que también pertenecía el presidente Árbenz, la participación del gobierno de Eisenhower, a través de la CIA y de funcionarios del Departamento de Estado, no dejaba lugar a dudas porque estaban convencidos de que el presidente guatemalteco y sus simpatizantes estaban bajo la influencia de los comunistas y de la Unión Soviética. La prueba definitiva de que la acusación era fidedigna fue la reforma agraria que afectó los intereses de la United Fruit Co. El gobierno de Eisenhower estaba dispuesto a admitir que los comunistas eran pocos y que nada tenían que ver con los primeros cambios que hizo el presidente Árbenz, pero entonces surgió el temor a la expansión por toda América Central de una ola de expropiaciones y de nacionalizaciones. Pensaban los expertos del National Security Council que una situación de este tipo sería de inmediato aprovechada por la Unión Soviética para socavar el liderazgo estadunidense en América Latina.[21]

El mandatario mexicano pretendió mantenerse a distancia de Estados Unidos, pero en un segundo momento se puso en sus manos. Durante el episodio quedaron al descubierto los vínculos entre la relación bilateral y los equilibrios políticos internos, así como el peso del factor Estados Unidos en el proceso de toma de decisiones del gobierno mexicano; al mismo tiempo puso a prueba la autonomía de la presidencia mexicana y su capacidad para enfrentar y conciliar intereses apremiantes y contradictorios.

Muy pronto después de la toma de posesión, el presidente mexicano conoció las exigencias de la superpotencia; por una parte, el sentimiento de vulnerabilidad que provocaba la cercanía física con un país incomparablemente más poderoso; por la otra, las presiones que ese vecino ejercía para

[21] "En Guatemala el comunismo ha logrado la posición de mayor fuerza en América Latina, y está muy avanzado su programa que es una amenaza para importantes empresas comerciales y puede afectar la estabilidad de los gobiernos vecinos. De seguir adelante la tendencia actual en Guatemala, pondría en peligro la unidad del hemisferio contra la agresión soviética y la seguridad de nuestra posición estratégica en el Caribe , incluso el Canal de Panamá". "Draft Policy Paper Prepared in the Bureau of the Inter-American Affairs. Top Secret", Washington, August 19, 1953. *Foreign Relations of the United States,* 1952-1954, v. IV: *The American Republics, op. cit.*; NSC Files, lat61, D167.

que México facilitara el desarrollo de sus intereses en su territorio. El gobierno de Washington también esperaba que el nuevo presidente mexicano respetara los compromisos de una alianza ideológica y política, que aun cuando se fundaba en verdaderas coincidencias, ponía en tela de juicio algunos principios de su tradición nacionalista y revolucionaria, en particular, el principio de no-intervención.

El presidente Eisenhower intentó inducir al presidente Ruiz Cortines a que modificara algunas de sus políticas, pero fracasó, salvo en el caso de la política exterior, que no podía ser la de antes y tampoco seguir ciegamente los pasos de otros países latinoamericanos. Eisenhower y su secretario de Estado, John Foster Dulles parecen haberlo reconocido, al mismo tiempo que tenían presente la debilidad del gobierno mexicano.

En esa coyuntura internacional la geografía volvió a ser el factor determinante de la política mexicana del presidente de Estados Unidos, y del entendimiento al que habían llegado los dos países desde la guerra. Para el presidente Eisenhower, la continuidad territorial era el punto de partida de toda reflexión, análisis y propuesta en relación con México. Esta postura había sido adelantada por el Departamento de Estado, que en 1951 se confesaba decepcionado por la renuencia del gobierno mexicano a apoyar la operación de Naciones Unidas en Corea, pero también afirmaba que había que reconocer la importancia de México para Estados Unidos, y redoblar el esfuerzo de hacer ver a los mexicanos el valor de la lucha por la libertad. Era de particular interés que:

> en nuestro vecino cercano prevalezcan condiciones políticas y económicas estables y que los dos países (México y Estados Unidos) compartan un mismo sentido de propósito y dirección. Para la defensa del hemisferio es vital que nuestras relaciones políticas sean amistosas en todo momento. Nuestro trato debe ser firme, pero tolerante y comprensivo.[22]

La política mexicana de Eisenhower fue tan paternalista como este documento lo sugería.

[22] "Memorandum by the Director of the Office of Middle American Affairs (Nufer) to the Director of the Office of Regional American Affairs (White), Washington, April 30, 1951", *Foreign Relations of the United States*, 1951, v. II: *The Western Hemisphere*, eds. Ralph R. Goodwin, N. Stephen Kane y Harriet D. Schwar, Washington D. C., Government Printing Office, 1979, p. 1489.

Las montañas de Chihuahua

> Dear Foster: I probably have written you more often on the subject of Mexico than any other single matter.
>
> President Eisenhower to the Secretary of State, Washington, June 14th, 1955.[23]

En 1957, el presidente Eisenhower designó embajador en México a Robert C. Hill. Cuando el secretario Dulles entregó sus instrucciones al diplomático hizo hincapié en que para el presidente se trataba de un nombramiento importante porque era grande su debilidad por ese país. Le relató que Eisenhower hablaba con mucha nostalgia de las montañas de Chihuahua, que conocía bien porque las recorría cuando era un joven teniente:

> El presidente tiene un especial cariño por México, que lo lleva a ceder en los temas bilaterales importantes, ya sea la aviación o las finanzas [...] es parcial a México y a causa de ese cariño especial no podemos negociar con el gobierno mexicano [porque el presidente] habla de los tacos, de la comida, de los tiempos felices, de los mariachis...[24]

[23] "Letter from the President to the Secretary of State, June 14, 1955". *Foreign Relations of the United States*, 1955-1957, v. VI: *American Republics: Multilateral; Mexico, Caribbean*, *op. cit.*, doc. 209.

[24] Robert C. Hill, interviewee; John T. Mason, interviewer, "Eisenhower Administration", October 19, 1972, Columbia University, Oral History Collection, p. 76. Según Dulles, Eisenhower decía: "Recuerdo cuando estaba estacionado en Fort Bliss, en la frontera en Texas. Cada fin de semana iba a las montañas de Chihuahua... ya sabes son unos bribones de corazón. No son confiables, pero son entrañables... Me encantaría escaparme un día y tomar una vacación... esos días felices en México". Columbia University, Oral History Project, p. 75. Dulles, al igual que otros funcionarios del gobierno estadunidense no le tenía mucha confianza ni paciencia a su contraparte mexicana, que había aprendido a manipular a su favor los temores, las inseguridades y los prejuicios de los estadunidenses. Éstos consideraban que era mucha la tolerancia hacia un país cuyos funcionarios eran "maestros" en arrastrar los pies cuando se trataba de tomar una decisión, amos del diferimiento, dados a postergar *sine die* soluciones y respuestas. Por ejemplo, en 1948 los presidentes Truman y Alemán iniciaron pláticas relativas a un acuerdo de rutas aéreas para líneas comerciales que viajaban de Estados Unidos a las principales ciudades mexicanas. No obstante, diez años después no se había llegado a ningún arreglo. Las tácticas dilatorias eran las más socorridas por los funcionarios

Esa debilidad por México estuvo detrás de diferentes iniciativas del propio Eisenhower, cuyo propósito enunciado era favorecer su desarrollo. Durante su mandato hizo tres invitaciones al presidente mexicano para que se reuniera con él. La más importante fue la primera, a la inauguración de la Presa Falcón; el encuentro de todos los países de la región en Panamá fue de menor trascendencia, luego tuvo lugar una reunión en White Sulphur Springs, West Virginia, esta vez con el primer ministro de Canadá, con la intención de crear algún tipo de mecanismo para promover la cooperación en América del Norte.

Sin embargo, y aún si se admite la sinceridad de la simpatía de Eisenhower por México, la razón fundamental de esta actitud era la primacía de la seguridad territorial de Estados Unidos. Eisenhower insistía que con una frontera como la que compartían con México, la cooperación era la única opción.[25]

A diferencia del entusiasmo que rodeó el intercambio de visitas Truman–Alemán, del encuentro en Presa Falcón no era mucho lo que se esperaba. El hecho de que ocurriera a tan grande distancia de la ciudad de México le restaba brillo, y atención de la opinión pública. Los presidentes tenían poco en común, además de la edad —ambos tenían cerca de 60 años— y de la ocupación: jefes de Estado de dos países vecinos. Más allá de eso, eran muy distintos. El estadunidense era un militar de carrera, héroe de la Segunda Guerra Mundial, el mexicano había participado en la Revolución, pero siempre detrás de un escritorio, y había dudas sobre su patriotismo.

---

mexicanos, que bajo presión para responder a una solicitud de su socio mucho más fuerte, trataban de ganar tiempo con la promesa de que la respuesta estaría lista "mañana". Véase, por ejemplo, "Letter from the Ambassador in Mexico (White) to the President, August 29, 1955", *Foreign Relations of the United States*, 1955-1957, v. VI, *American Republics: Multilateral; Mexico, Caribbean*, *op. cit.*, doc. 213.

[25] En agosto de 1953, el embajador en Washington, Manuel Tello, reportó al secretario de Relaciones Exteriores, Luis Padilla Nervo, la visita de cortesía del expresidente mexicano Abelardo L. Rodríguez al presidente Eisenhower. Según éste, las relaciones que deseaba cultivar con México [y Canadá] no tenían el mismo significado que con otros países de América Latina. "ya que la geografía nos ha hecho vecinos y querámoslo o no (son sus propias palabras) este hecho marca en forma ineludible nuestras relaciones". AHGE, SRE, "Embajador Manuel Tello al C. Lic. Luis Padilla Nervo, Secretario de Relaciones Exteriores, 04/08/1953", 111/321.2 (42'73) 23783.

Muchos eran los contrastes de personalidad entre Ruiz Cortines y Eisenhower. Las quijadas apretadas del burócrata destacaban la amplia y en apariencia franca sonrisa del general; el semblante cadavérico de uno —según lo describió el embajador británico— realzaba el rostro rubicundo del otro.[26] El mexicano era serio y reservado, "casi sombrío", observaba el Departamento de Estado. En cambio, Eisenhower era conocido por su bonhomía, era un hombre fornido, bromeaba en las reuniones del Consejo Nacional de Seguridad y le gustaba platicar con los dignatarios extranjeros, incluso si necesitaba un traductor.[27]

Como se verá, también los separaban diferencias de perspectiva y de interpretación de la relación bilateral. No obstante, compartían actitudes y posturas en materia de gobierno; por ejemplo, ambos eran de un profundo conservadurismo fiscal, y desconfiaban del comunismo —aunque Ruiz Cortines no lo expresara abiertamente, porque en general el presidente mexicano era cauteloso con sus opiniones—.

Los primeros meses de su gobierno mantuvo a distancia al embajador Francis White, al que prácticamente no recibía; y tampoco respondía a los mensajes que por su conducto le enviaba Eisenhower, como si quisiera demostrar que las acusaciones de colaboracionismo con el invasor eran un malévolo infundio, y que él en realidad nada tenía que ver con Estados Unidos. En busca de una explicación a tan extraño comportamiento, los analistas del Departamento de Estado concluyeron que Ruiz Cortines estaba dominado por la izquierda del PRI, encabezada por Lázaro Cárdenas, y temían una ola de nacionalizaciones.

La primera señal de buena voluntad que Eisenhower envió a Ruiz Cortines fue la asistencia del vicepresidente electo, Richard Nixon, a la ceremo-

[26] Así lo describió en una carta en 1951: "Un hombre sombrío, demacrado, de apariencia casi hostil (su aparición en la pantalla de un cine metropolitano fue recibido con un grito de "¡Drácula"!) ...". Adam Matthew Digital, "Mr. Taylor to Mr. Morrison, 25th October, 1951. Political Situation in Mexico", AM1015/8, no. 2, *Further Correspondence Respecting Mexico. Part 5. January to December 1951*, p. 6.

[27] Le era tan fácil sonreír que, en 1955, antes de que iniciara la Conferencia Internacional sobre Negociaciones de Paz en Vietnam, en Ginebra, su secretario de Estado, Dulles, lo amonestó a propósito de los peligros de la sonrisa, que podía ser utilizada por los soviéticos con fines propagandísticos, y lo conminó a que asumiera una "actitud austera". Pach Jr. y Richardson, *op. cit.*, p. 109.

nia de toma de posesión. Este gesto se interpretó como una medida de la importancia de México para la nueva administración estadunidense.

En términos objetivos, desde la guerra, la relación bilateral había ganado en complejidad. En 1954, Estados Unidos era el principal destino de las exportaciones mexicanas (74%), y el origen del mayor porcentaje de sus importaciones. Las inversiones de capital estadunidense se habían incrementado en forma significativa, al igual que los créditos que el gobierno mexicano había contraído con la banca privada de Estados Unidos y el Eximbank. Los intercambios comerciales entre los dos países se habían incrementado en forma notable, y el turismo proveniente de Estados Unidos se había convertido en una fuente importante de divisas para México.

Sin embargo, también eran muchos los temas pendientes de solución. El repertorio había crecido notablemente y también era muy variado, aunque los temas económicos eran los más numerosos. Había que resolver un acuerdo de aviación civil, otro a propósito de las aguas del Río Bravo, la definición de los términos de préstamos a México, el control de la migración indocumentada —que ya desde entonces era un problema de grandes proporciones—, la eliminación definitiva de la fiebre aftosa, los arreglos con barcos camaroneros que violaban aguas mexicanas y la cooperación cultural. En todos ellos los mexicanos se mantenían tercamente a la defensiva, por lo tanto, el avance en la solución de los problemas era lento. El ejemplo más claro de esta lentitud es el acuerdo relativo a rutas aéreas para líneas comerciales que viajaban de Estados Unidos a México, que se negoció durante más de 10 años.

Lo que realmente preocupaba al secretario Dulles era lo que consideraba "la ingenuidad" de los mexicanos frente al expansionismo soviético y sus tortuosos métodos de penetración en la sociedad. Toleraba los desplantes de independencia de los mexicanos en los foros internacionales, sobre todo en Naciones Unidas, porque sabía que estaban dirigidos a la opinión pública nacional, que, además, podía hacer contrapeso a la influencia del siempre amenazante Lázaro Cárdenas. Además, México era un aliado leal en el combate al comunismo, y había dado pruebas de su capacidad para autolimitarse y evitar enfrentamientos innecesarios a propósito de ciertos temas, por ejemplo, las diferencias respecto a la mejor forma de gobierno. Dulles sabía, sobre todo, que en caso de necesidad México estaría con Estados Unidos.

El encuentro en la Presa Falcón o el diálogo de zorros

En octubre de 1953, Dwight D. Eisenhower invitó a Adolfo Ruiz Cortines a la inauguración de la presa Falcón, construida en la frontera entre Tamaulipas y Texas. Era una ocasión propicia para que se reunieran los presidentes en una atmósfera relajada y festiva. Ruiz Cortines aceptó la invitación de Eisenhower sin entusiasmo, con cautela, si no es que con temor. El combate anticomunista dominaba la política exterior de Estados Unidos, y su agresividad había despertado la secular desconfianza de los latinoamericanos hacia sus pulsiones intervencionistas. El gobierno mexicano quería mantenerse lo más alejado posible de su poderoso aliado, al menos por dos razones: no quería verse involucrado en conflictos que no eran los suyos pero tampoco quería tener que decir "No" a los americanos. Para evadir las previsibles presiones, lo mejor era estar lejos de ellos.

El balance que hacía el secretario Dulles de la relación bilateral antes de la reunión era positivo. Señalaba que dos eran los principales problemas: el flujo de la emigración ilegal a Estados Unidos y la política del gobierno mexicano de mantener algunas rutas aéreas entre los dos países, reservadas para las compañías de aviación mexicanas. En ese momento el primero se resolvió, temporalmente, con la renovación del convenio de braceros de 1943; el segundo tomó más tiempo; la lentitud de los procesos burocráticos mexicanos exasperaba a los funcionarios estadunidenses, conscientes de que se trataba de tácticas dilatorias bien pensadas.

Desde que llegó al poder, Eisenhower expresó su voluntad de cultivar una relación de cooperación con México; lo consideraba distinto de los demás países latinoamericanos, simplemente porque compartía con Estados Unidos una enorme frontera de tres mil kilómetros. Un dato que no era menor para un militar, que, además, peleaba una guerra hasta entonces fundamentalmente ideológica y diplomática, pero que en cualquier momento podía convertirse en un enfrentamiento militar. En esas circunstancias, lo más prudente era mantener una buena relación con el vecino, cuya cooperación podía ser vital en caso de que lo peor llegara a ocurrir. En opinión del secretario Dulles, como se dijo antes, entre México y Estados Unidos se había generado un equilibrio de expectativas;[28] es decir, ambos reconocían y respetaban los límites de una relación bilateral armoniosa.

[28] En un memorándum que preparó para el presidente Eisenhower poco antes del encuentro presidencial, Dulles escribió: "Sabemos qué podemos esperar de México y entende-

En la atmósfera de la época, la ambivalencia frente a la "ofensiva soviética", el anticomunismo, o el papel del Estado en la economía, podía haber provocado tensiones en la relación bilateral. No obstante, Dulles consideraba que los planteamientos mexicanos reflejaban más bien un "liberalismo extremo", que la Revolución mexicana tenía tendencias socialistas, pero no era marxista ni tenía contacto con los soviéticos. En su opinión, el PRI era un partido capitalista, y concluía "no hay duda de que en un momento de crisis México estaría de nuestro lado".[29] Siendo así, Estados Unidos podía permitirle sus juegos retóricos. México se beneficiaba de la política anticomunista de Eisenhower porque los temas de la agenda bilateral fueron subordinados a la política general de "combate al comunismo", una exigencia que resultaba barata al gobierno mexicano, que la cumplía sin remordimientos.

La estabilidad interna mexicana fue en esta ocasión, como en muchas otras, una consideración de peso para Estados Unidos en los preparativos de la reunión en la Presa Falcón. Dulles recomendó a su presidente que no propusiera la firma de un tratado militar que el mexicano no podía aceptar por razones de política interna.[30] Hizo lo mismo que hacían los funcionarios mexicanos cuando advertían a sus contrapartes estadunidenses contra el riesgo de despertar en la opinión pública mexicana una reacción negativa, y provocar un exabrupto nacionalista.[31] A este tratamiento res-

---

mos sus limitaciones. Lo mismo puede decirse de la actitud de México hacia Estados Unidos, aunque tradicionalmente ha estado coloreada por vagas sospechas respecto a nuestras motivaciones. "Memorandum by the Secretary of State to the President, October 13, 1953", *Foreign Relations of the United States*, 1952-1954, v. IV: *The American Republics*, *op. cit.*, p. 1350. Es probable que, por motivos familiares, el secretario de Estado tuviera un mejor conocimiento de México que de otros países latinoamericanos. Su abuelo, John Watson Dulles, fue embajador en México de 1873 a 1880. Su hijo, John W. F. Dulles (1913-2008) era un académico especialista en México; autor de *Yesterday in Mexico: A Chronicle of the Revolution, 1919-1936*, Austin, University of Texas, 1961, un libro de entrevistas con algunos de los líderes más prominentes de la Revolución mexicana.

[29] *Ibid.*, p. 1351.

[30] Ya antes este argumento había frenado las negociaciones a propósito de un pacto militar. En febrero de 1952, el embajador O'Dwyer había observado que los reparos de la delegación mexicana se debían a que estaban en medio de una campaña presidencial, y que el PRI se sentía débil frente a los ataques de la oposición. "The Ambassador in Mexico (O'Dwyer) to the Department of State, February 12, 1952". *Foreign Relations of the United States*, 1952-1954, v. IV: *The American Republics*, *op. cit.*, p. 1328.

[31] Por ejemplo, en 1954 el embajador mexicano recomendó al Departamento de Estado que no presionara al gobierno para que firmara un tratado de cooperación militar.

petuoso subyacía el presupuesto de que el PRI era una garantía inmejorable de estabilidad; por consiguiente, había que apoyarlo. Por último, no era mucho lo que se esperaba de este encuentro, excepto que fuera un despliegue público de amistad y coincidencias ideológicas. Y eso fue. Nada hubo comparable a la escenografía que construyó la regencia de la capital de la República para recibir a Truman en 1947; tampoco hubo más despliegue del poder personal del presidente. Todo ocurrió conforme a programa.

El 19 de octubre de 1953, el presidente Eisenhower cruzó en coche la frontera para asistir a la inevitable fiesta mexicana desde el balcón de la presidencia municipal de la ciudad de Nuevo Guerrero, la comunidad que remplazaba al pueblo que quedó sumergido en la presa. El gobierno mexicano había transportado en autobuses adornados con banderitas tricolores y con barras y estrellas, a cientos de familias desde Monterrey, Reynosa y Nuevo Laredo. "En medio de estruendosa ovación",[32] reporta la revista *Tiempo*, "llegó el presidente Eisenhower seguido de su comitiva... contingentes militares presentaron armas y los clarines tocaban la marcha de honor; después, las bandas de música interpretaron los himnos norteamericano y mexicano". Los presidentes entraron al palacio municipal "mientras la multitud prorrumpía en vítores y aclamaciones". Desde el balcón presenciaron los bailes y escucharon la música folklórica, pero el festejo, muy al pesar de los anfitriones, fue breve, porque había que inaugurar la presa.

Eisenhower cruzó la frontera de regreso para darle la bienvenida a su invitado, quien llegó a territorio estadunidense unos minutos después. Al término de una comida "tan americana como mexicana había sido la fiesta", los presidentes se colocaron en la línea divisoria que pasa en medio de la plataforma central de la presa, cada uno dentro del territorio de su propio país, para escuchar los himnos respectivos. Pronunciaron sendos discursos y descubrieron simultáneamente las placas conmemorativas. El presidente de Estados Unidos describió la relación entre los dos países como "el tipo de amistad que busca, seriamente y con insistencia, entender el punto de vista del otro, y luego se empeña, con todo lo que tiene en

[32] "Relaciones. La entrevista de los dos presidentes", *Tiempo*, vol. XXIII, núm. 599, 26 de octubre de 1953, p. 6.

el corazón, en entender el punto de vista de su amigo".[33] Se refirió a las necesidades específicas de asistencia técnica, oportunidades educativas y de capital de México.

Sin embargo, el presidente Ruiz Cortines no parecía dispuesto a que el presidente de Estados Unidos discutiera en público los problemas de México, así que cambió de tema para hablar de abstracciones y generalidades. "Trazó una semblanza del pueblo mexicano",[34] con planteamientos casi filosóficos: "El pueblo mexicano ha podido ocupar un sitio de honor entre los paladines de las mejores causas, por la vigorosa repulsión a cualquier forma de hegemonía externa [...], su aversión congénita a todas las injusticias... y por encima de todo, su amor entrañable a la libertad".[35] Pocas veces la distancia entre la política interna y la exterior había sido tan amplia, y pocas veces ha sido tal el desajuste entre la máscara y el verdadero rostro.

Así, en medio de sonrisas, expresiones de mutua admiración y muchas caravanas, transcurrieron dos monólogos paralelos. Sólo en un tema coincidieron los presidentes en forma explícita: la necesidad de combatir el comunismo y de preservar la estabilidad política mexicana que, dijeron, era para ambos una prioridad. Esta declaración responde a la pregunta acerca de la presencia del director de investigaciones de la Secretaría de Gobernación, Demetrio Flores Fagoaga, en la delegación que acompañó a Ruiz Cortines a Tamaulipas.

Al término de la entrevista, Eisenhower atendió a los reclamos de la prensa y, tomando por sorpresa a Ruiz Cortines, le dio "un gran abrazo mexicano" que lo paralizó; necesitó tal vez medio minuto para recuperarse antes de extender la mano y despedirse. Cada uno de ellos regresó a su país convencido de que la reunión había sido un éxito en la medida en que se habían mostrado en perfecto acuerdo en que el único problema que enfrentaban era el comunismo, y era de común preocupación. El comunicado oficial hizo hincapié en las coincidencias entre los presidentes que se comprometieron a procurar "una paz duradera", y a "cooperar con las demás repúblicas de este continente para promover en su integridad la realización de los grandes principios democráticos que constituyen el patrimonio co-

[33] "Text of Talks by Eisenhower and Ruiz Cortines at the Dedication of Falcon Dam in Texas", *The New York Times,* 20 de octubre de 1953.

[34] Alfonso de Rosenzweig-Díaz, Jr., "La política internacional de México", *Revista Universidad de México*, núm. 3, 1958, p. 2.

[35] Citado en *ibid.*, p. 1.

mún de las naciones americanas".[36] Esta declaración era lo que los americanos esperaban del encuentro, y lo que los mexicanos estaban dispuestos a aceptar.

México y el fin de la Primavera guatemalteca

En marzo de 1951 el coronel Jacobo Árbenz asumió la presidencia de la República de Guatemala, con un programa reformista cuya intención era continuar los cambios que había emprendido su antecesor, Juan José Arévalo. La inquietud que las reformas habían provocado entre las clases altas, amplios segmentos de clase media y la Iglesia católica, aumentó considerablemente cuando Árbenz invitó a formar parte de su gabinete a algunos comunistas. Estas designaciones fueron mal recibidas también por los medios en Estados Unidos, y, desde luego, por la Casa Blanca, que vieron en ellas la prueba del fortalecimiento de la influencia soviética en lo que consideraban un área de influencia exclusiva.[37] La hostilidad del gobierno de Estados Unidos hacia la revolución guatemalteca se había manifestado desde 1949-1950. Habían tolerado apenas a Arévalo, pero cuando Árbenz anunció en mayo de 1952 la reforma agraria, dio la prueba definitiva de que era un "títere de Moscú". La reacción del Departamento de Estado no se puede desvincular completamente de los intereses de la United Fruit Co., con la que Dulles tenía relaciones estrechas.

La conspiración de la administración Eisenhower contra el gobierno guatemalteco fue, según el diplomático mexicano, Luis Quintanilla, un "secreto de polichinela", porque se habló de ella incesantemente desde 1952. La comentaba abiertamente la prensa, se discutía en la OEA y en la ONU. Según el relato que el dictador nicaragüense Anastasio Somoza hizo al embajador Quintanilla, él fue quien convenció a Dulles de que era preciso intervenir, antes de que los guatemaltecos contagiaran a los demás con sus ideas marxistas y de que se extendiera el apoyo de los soviéticos al resto de los países centroamericanos. Según él, era urgente derrocar al gobierno arbencista.[38]

[36] Citado en Gustavo Casasola Zapata, *Historia gráfica de la Revolución mexicana, 1900-1970*, vol. VIII, México, Trillas, 1992, p. 2808.

[37] Piero Gleijeses, *Shattered Hope: The Guatemalan Revolution and the United States, 1944-1954*, Nueva Jersey, Princeton University Press, 1991, pp. 226-227.

[38] AHGE, SRE, *Memorandum ultraconfidencial* (Para ser depositado en la caja fuerte de la Secretaría de Relaciones Exteriores) "Revelaciones hechas por el presidente de Nicaragua, gene-

El lanzamiento de esta operación fue la X Conferencia Interamericana que se celebró en Caracas en el marco de la OEA del 1º al 28 de marzo de 1954. La reunión estaba programada para discutir temas económicos. Sin embargo, el secretario de Estado Dulles, vio la oportunidad de movilizar el apoyo de los países latinoamericanos para poner fin a la experiencia progresista del presidente Árbenz. El objetivo del secretario de Estado era promover la condena del gobierno guatemalteco como preparación de una acción colectiva futura con base en la siguiente resolución:

> Que la dominación o el control de las instituciones políticas de cualquier estado americano por el movimiento comunista internacional que extiende a este hemisferio el sistema político de un poder extracontinental, constituye una amenaza a la soberanía e independencia política de los estados americanos, poniendo en peligro la paz de América.[39]

A lo largo de dos semanas en Caracas, Dulles trabajó intensamente para sacar adelante su propuesta; puso en juego todo el peso de Estados Unidos para presionar a los delegados latinoamericanos; fue el único tema que estuvo dispuesto a tratar, prácticamente todos los delegados reaccionaron en forma negativa a la presión que puso sobre ellos, "y lo hizo de tal manera que seguramente provocó que perdiera amigos y alienara a los pueblos del sur del hemisferio".[40]

México estuvo representado por una nutrida delegación, encabezada por el secretario de Relaciones Exteriores, Luis Padilla Nervo; pero incluso

---

ral Anastasio Somoza, al embajador Luis Quintanilla, presidente de la Comisión de Investigación de la O.E.A"., 17 de enero de 1955, exp. de Luis Quintanilla, caja 6, vol. 20. Este documento reproduce la narración de los acontecimientos que hizo Anastasio Somoza al embajador mexicano. Afirmó que él había hecho la propuesta de una acción contra Árbenz, temeroso del "contagio", pero además sostuvo que había financiado a los rebeldes y apoyado su entrenamiento. El embajador Spruille Braden confirmó esta versión en entrevista con el grupo de Historia Oral de la Universidad de Columbia. Somoza aspiraba a que después del golpe en Guatemala el gobierno de Estados Unidos lo apoyara en una operación similar contra José Figueres en Costa Rica. *The Reminiscences of Spruille Braden*, Interview with Spruille Braden, November 3rd, 1959, Oral History Research Office, Columbia University, pp. 3057-3058.

[39] John Foster Dulles, *The Spirit of Inter-American Unity. Speech before the Tenth Inter-American Conference, Caracas, Venezuela, March 4, 1954*, Department of State, Press Release no. 109, p. 4.

[40] Connell-Smith, *op. cit.*, p. 161.

en su interior fueron tan grandes los desacuerdos en relación con el voto de la propuesta de Dulles, que fue necesario que un emisario —el joven diplomático Jorge Castañeda de la Rosa— viajara a México a consultar con el presidente Ruiz Cortines para que él tomara la decisión final.[41]

En el discurso que pronunció el canciller mexicano en la sesión plenaria del 8 de marzo, expresó la preocupación que inspiraba la propuesta de Dulles. Para que no hubiera dudas respecto a su filiación ideológica y para establecer su distancia con el marxismo y con la Revolución soviética, sostuvo que México no tenía problemas ideológicos porque la Revolución le aseguraba "una estructura inconmovible, con orientación social precisa y certera y con normas de convivencia que conjugan la libertad con el orden, la dignidad con el deber y la acción del Estado con la acción del individuo".[42]

Padilla Nervo propuso opciones a la resolución de Dulles, que respetaban el principio de soberanía; su objetivo era que el combate anticomunista quedara sujeto a los principios constitucionales de cada Estado, y que se precisara la noción de "intervención comunista". Los argumentos que esgrimió para defender la autodeterminación y la no-intervención, fueron claros y consistentes pero generales y abstractos; no creyó necesario —ni prudente— mencionar al gobierno de Árbenz.[43] Señaló que la resolución violaba los principios de la Constitución mexicana y abría la puerta al intervencionismo. Propuso dos enmiendas: la primera hablaba del "comunismo internacional" y lo explicaba como una doctrina política más, que no representaba en sí misma una amenaza y que no tenía vínculos con ningún país en

[41] Castañeda de la Rosa, 15 de agosto de 1977, en entrevista con Max Jewell Smedley, *Mexican-United States Relations, 1945-1954*, tesis de maestría, University of Southern California, 1981, citado en Nancy Robinson, "México frente a la crisis de Guatemala en 1954", *Boletín Americanista*, 1987, núm. 37, p. 295.

[42] Luis Padilla Nervo (citando a Ruiz Cortines, cuando estaba en campaña electoral), en "La unión en la libertad, en la independencia y en el progreso social sobre bases de respeto mutuo: normas internacionales de México. Discurso pronunciado en sesión plenaria de la Décima Conferencia Interamericana celebrada en Caracas, 8 de marzo de 1954", en Luis Padilla Nervo, *Discursos y declaraciones sobre política internacional 1948-1958*, México, Secretaría de Relaciones Exteriores, 1958, p. 105.

[43] En la Conferencia de Caracas, la OEA fue un instrumento de Estados Unidos. La diplomacia mexicana, decepcionada, optó por expresarse en términos puramente jurídicos. "Aún en los momentos álgidos de las relaciones interamericanas, México se ha abstenido de fundamentar sus posiciones aludiendo a los problemas políticos que dominaban el panorama continental". Olga Pellicer, "México en la OEA", *Foro Internacional*, 6 (1965-1966), p. 290.

particular. La segunda buscaba preservar la soberanía de los Estados, para que cada uno definiera según sus normas constitucionales los términos del combate contra el comunismo, como había quedado establecido en el Acta de Bogotá. Ambas enmiendas fueron rechazadas. El 13 de marzo fue votada la Resolución XCIII, denominada "Declaración de Solidaridad para la Preservación de la Integridad Política de los Estados contra la intervención del Comunismo Internacional". A pesar de que los latinoamericanos expresaron la inquietud de que la resolución fuera utilizada para intervenir en los asuntos internos de los Estados, obtuvo 17 votos a favor; Guatemala votó en contra; Argentina y México se abstuvieron.[44]

De regreso en Washington, Dulles explicó al National Security Council, que aun cuando la posición mexicana había sido "desafortunada", había sido una "suerte" que Padilla Nervo "no se hubiera tomado muy a pecho" la oposición a la resolución, pues tenía tanto prestigio que, si hubiera querido, hubiera podido poner en aprietos a la delegación estadunidense. Y comentó que todo hubiera podido ser peor si el ministro Padilla Nervo se hubiera lanzado en contra de su propuesta (la de Estados Unidos) de manera más decidida.[45] Dulles abundó: "La verdadera explicación de la posición mexicana es la situación política interna"; y observó: "Los mexicanos todavía son muy susceptibles a la menor posibilidad de interferencia de Estados Unidos en los asuntos mexicanos". [46] Como si esa susceptibilidad fuera un rasgo de

[44] Nancy Robinson, "México frente a la crisis de Guatemala en 1954", *Boletín Americanista*, 1987, núm. 37, p. 227.

[45] Citado en Gaddis Smith, *op. cit.*, p. 81.

[46] "Memorandum of Discussion at the 189th Meeting of the National Security Council, on Thursday, March 18, 1954", *Foreign Relations of the United States American Republics*, *op. cit.*, p. 305. En los círculos políticos estadunidenses, la postura mexicana se interpretó erróneamente como simpatía con el comunismo. En una carta del 9 de Julio de 1957 dirigida al senador Hickenlooper, Luis Quintanilla, embajador de México ante la OEA, respondió así a la pregunta de por qué México no había apoyado la propuesta de Dulles: "Siempre me ha pesado que la delegación mexicana haya fracasado en transmitir su punto de vista en la Conferencia Interamericana. [Se] malinterpretó de tal manera que se llegó a pensar que éramos amigos del comunismo guatemalteco [...] Nosotros no podemos admitir que existe algo así como la intervención de una idea —o de una ideología— en los asuntos de un Estado. La intervención solo [...] puede ser la intervención de un Estado en los asuntos de otro Estado [...] Tal vez si la resolución presentada por Estados Unidos hubiera hablado del 'intervencionismo soviético' en los asuntos internos de Guatemala la hubiéramos aprobado". AHGE, SRE, "Embajador Luis Quintanilla al honorable Bourke B. Hickenlooper, senador de Iowa, 9 de Julio, 1957", exp. Luis Quintanilla, caja 6, vol. 20.

inmadurez. Además, en este caso la necesidad de mantener una relación armoniosa con Estados Unidos no fue una restricción para que el gobierno mexicano mantuviera una posición independiente.

La autorrestricción

Cuando Dulles expresó la sorpresa que le causó la discreción con que el canciller mexicano había concluido su participación en la discusión a propósito de la supuesta ofensiva del comunismo en América Latina, no tomó en cuenta las dificultades que se anunciaban para la economía mexicana, y tampoco vio el peso de esta restricción sobre las decisiones del presidente Ruiz Cortines. Esta omisión puede explicarse porque entonces, y muy a pesar de algunos funcionarios del Departamento de Estado, ni el secretario Dulles y tampoco el presidente Eisenhower vinculaban la dependencia económica de México con el apoyo político que demandaban, como se verá más adelante.

Esta desvinculación jugó a favor del presidente Ruiz Cortines. La defensa que hacía México de la soberanía era casi heroica. La ofensiva contra Árbenz coincidió con síntomas de debilitamiento de la actividad económica que, según las autoridades mexicanas, sólo podían remediarse con el apoyo del Fondo Monetario Internacional y la aquiescencia de Estados Unidos.[47] El fin de la Guerra de Corea había provocado el colapso de las exportaciones, y los ingresos provenientes del turismo habían disminuido significativamente, al igual que las reservas del Banco central que en la primera quincena de abril perdió 25 millones de dólares.[48] La tasa de crecimiento en 1952 había sido de 1.4% y al año siguiente había disminuido a 0.3%. Según el gobierno mexicano la devaluación era "Una medida defensiva" para evitar una contracción inducida por la recesión en Estados Unidos.[49]

[47] Aída García Dimas y Eduardo Turrent, *Raúl Martínez Ostos. Leyes, finanzas y diplomacia para el desarrollo de México,* México, Fondo de Cultura Económica, 2008, pp. 224-225.

[48] John Keith Horsefield (ed.), *The International Monetary Fund, 1945-1965: Twenty Years of International Monetary Cooperation,* Washington, Fondo Monetario Internacional, 1969. Citado en García Dimas y Turrent, *op. cit.*, pp. 232-233.

[49] Antonio Carrillo Flores, "Causas y efectos de la devaluación monetaria de abril de 1954", *Problemas Agrícolas e Industriales de México*, vol. 6, núm. 3, 1954, pp. 197-204.

En sus *Memorias* el entonces secretario de Hacienda, Antonio Carrillo Flores, describe la ansiedad que le causaba la fragilidad del tipo de cambio.[50] Relata que desde febrero de 1954 empezó a correr el rumor de que el gobierno anunciaría una devaluación, y, como corresponde en esos casos, se inició una sostenida fuga de capitales que puso en entredicho la política económica del gobierno y la capacidad técnica de sus funcionarios. El sábado de Gloria, 17 de abril de 1954, el secretario Carrillo Flores entregó a la prensa un boletín que informaba la devaluación de 30% del peso; de suerte que el precio del dólar pasó de 8.65 pesos a 12.50 pesos por dólar. Las reacciones iniciales de la opinión pública fueron críticas, pero el 15 de mayo siguiente el presidente Ruiz Cortines dio a conocer un programa de recuperación económica que calmó los ánimos. La devaluación de 1954 fue la base de la expansión de la economía mexicana hasta los años setenta.

El dilema que enfrentaba el presidente Ruiz Cortines era: renunciar a la defensa de la autodeterminación para asegurarse el apoyo que necesitaba la moneda mexicana, y aparecer a los ojos del mundo como un latinoamericano más sujeto a los intereses de Estados Unidos, o enfrentarse a ese país tanto más poderoso a sabiendas de que al día siguiente le pediría su apoyo para devaluar el peso. Por fortuna para México, el gobierno de Estados Unidos estuvo dispuesto a aislar las tensiones políticas de la relación bilateral, de las peticiones económicas del gobierno mexicano, y aunque éste no votó la resolución propuesta por Dulles, la devaluación tuvo lugar.

La escenificación de la tragedia guatemalteca

Más allá de compromisos y acuerdos, los planes del Departamento de Estado de desestabilización del gobierno del presidente Árbenz estaban en marcha con el apoyo de una facción del ejército guatemalteco, así como del dictador nicaragüense, Anastasio Somoza, que contribuyó con la compra de armas y el entrenamiento de las tropas guatemaltecas rebeldes.[51] El 17 de

[50] Antonio Carrillo Flores, "La recámara del poder", *Letras Libres*, 29 de febrero de 1999.

[51] AHGE, SRE, *Memorandum ultraconfidencial* (Para ser depositado en la caja fuerte de la Secretaría de Relaciones Exteriores) "Revelaciones hechas por el presidente de Nicaragua, General Anastasio Somoza, al embajador Luis Quintanilla, Presidente de la Comisión de Investigación de la O.E.A"., 17 de enero de 1955, exp. de Luis Quintanilla, caja 6, vol. 20.

junio, el coronel Carlos Castillo Armas cruzó la frontera de Guatemala con Honduras. Desde la embajada de Estados Unidos se esparció el falso rumor de que el país sería invadido por tropas estadunidenses. Ante semejante amenaza los militares exigieron la renuncia de Árbenz.[52] El 26 de junio la prensa informó que el presidente de Guatemala había renunciado;[53] y que había pedido asilo para él y su familia en la embajada mexicana.

El otorgamiento de asilo al presidente guatemalteco era esperado. Árbenz y sus partidarios contaban con el apoyo de México, dada la tradición humanitaria de la que tanto se enorgullecían los diplomáticos mexicanos, pero también porque se creía que la Revolución mexicana era un antecedente y un modelo, en particular su reforma agraria, en cuyo diseño habían participado ingenieros mexicanos. Vicente Lombardo Toledano había sido huésped del gobierno de Árbenz en varias ocasiones, había contribuido a organizar la unificación de los sindicatos, y había sido orador en grandes concentraciones en las que pronunciaba encendidas arengas antiimperialistas.[54] Era natural que Árbenz y los suyos creyeran que tan influyentes personajes lograrían movilizar la solidaridad de un gobierno con el que compartía ideales revolucionarios. Sin embargo, grande debe haber sido su desilusión cuando se percataron de que el apoyo era en todo caso tibio, ambiguo pese a los esfuerzos de Cárdenas y de Lombardo Toledano por presionar al gobierno, para que fuera más explícito y decidido. No obstante, como he señalado, la posición del presidente mexicano era más complicada y, ante el agravamiento de la condena del guatemalteco por parte del gobierno de Washington, optó por someterse a las indicaciones del poderoso vecino para dar muestra de lealtad política y firmeza ideológica.

Finalmente, la línea de acción del gobierno quedó bien asentada el 13 de julio, cuando sin mayor trámite ni discusión, con base en la Doctrina Estrada,

[52] Piero Gleijeses, *op. cit.*, pp. 329-339.

[53] Las descripciones de la crisis muestran un Árbenz empequeñecido, arrinconado y aislado. Luis Cardoza y Aragón hace un retrato cruel del presidente, cuya renuncia le es inexplicable: "¿Cómo se explica la renuncia del presidente Árbenz? ¿Así defendió la soberanía de su patria? ¿Cómo pudo haberlo decidido por sí mismo, y justificarlo a sus propios ojos, como si se tratara de la venta de un caballo?". Luis Cardoza y Aragón, *La Revolución guatemalteca*, México, Ediciones Cuadernos Americanos, 1955, p. 17

[54] CIA, *Information Report*, *The Congreso de Unidad Sindical*, 21 de diciembre 1951, CIA-RDP 82-00457R0094000. El expresidente Lázaro Cárdenas también era miembro de la WFTU.

que reconoce el derecho de las naciones para mantener o sustituir sus gobiernos o autoridades, sin que sea necesario el reconocimiento explícito de naciones extranjeras para que esos gobiernos sean legítimos, el embajador de México en Guatemala, Primo Villa Michel, presentó sus respetos al gobierno presidido por el cabecilla de la rebelión, Carlos Castillo Armas.

En octubre Jacobo Árbenz y su familia recibieron los salvoconductos que les permitieron viajar a México, y que hasta entonces les había negado el gobierno guatemalteco. Permanecieron en la capital de la República hasta el 17 de diciembre. En esa fecha salieron a Europa con la intención de regresar al cabo de algunos meses, pero, observaba la nota periodística que informaba del viaje que "para entonces se sabrá si nuestro gobierno lo permite".[55] Este comentario insidioso fue en realidad un avance de lo que sería la tragedia de la familia Árbenz, que regresó a México hasta 1965, víctima de la vigilancia de la CIA que la siguió durante un periplo que la llevó a Suiza, Francia, Checoslovaquia, la Unión Soviética, Uruguay y Cuba.[56] Jacobo Árbenz murió, después de años de persecución y miserias, en 1971 en la Ciudad de México. El legado del derrocamiento de Árbenz fue la historia trágica de Guatemala en la segunda mitad del siglo XX, devastada por sucesivos golpes militares, brutal represión y matanzas de comunidades indígenas.

La sociedad fracturada

En condiciones normales, la opinión pública mexicana era indiferente a la política internacional.[57] Sin embargo, en este caso la frontera entre México y Guatemala había desaparecido, y se había extendido la creencia de que en esa

[55] "Partió con destino a Europa el expresidente Árbenz", *El Informador*, 18 de diciembre de 1954, primera plana; "El expresidente de Guatemala, Coronel Jacobo Árbenz, salió anteayer a Suiza", *Excélsior*, 19 de diciembre de 1954, primera plana. El expresidente Árbenz regresó a México en 1965, cuando, según su esposa, "las presiones habían cesado". Al morir Jacobo Árbenz era un hombre destruido. Murió en la Ciudad de México en 1971. Roberto García Ferreira, "La CIA y el exilio de Jacobo Árbenz", *Perfiles Latinoamericanos*, 2006, núm. 28, pp. 59-82, especialmente p. 77.

[56] *Idem.*

[57] Según Jorge Castañeda, en los años cincuenta y sesenta un "nacionalismo exagerado" fomentaba esa indiferencia: "... Lo importante es advertir que el nacionalismo se ha manifestado, en México y en otras partes, por una preocupación menor, y aun por una relativa desestimación, en la opinión pública y en las esferas gubernamentales, de aquellas cuestio-

región era realidad la "teoría del dominó", según la cual, si un país caía en manos del comunismo, las siguientes "víctimas" serían los países vecinos. La noción de que lo ocurrido en Guatemala era consecuencia de las intenciones revolucionarias del presidente Árbenz —ya sea que se le viera o no como agente soviético— , era compartida por la opinión informada, aunque profundamente dividida entre el rechazo y la aceptación de esa experiencia.

Adolfo Ruiz Cortines tenía que enfrentar el desafío de gobernar una sociedad dividida y mostrar la capacidad de frenar y procesar el conflicto, sin alterar el *statu quo*. Este objetivo podía ser inalcanzable en el contexto crispado de la época, cuando además, el gobierno se empeñaba en construir la hegemonía política a partir de factores imprecisos y polivalentes: un supuesto origen común, la Revolución de 1910, y objetivos generales compartidos: crecimiento económico, paz y justicia social.

Así que Manuel Gómez Morín no exageraba cuando en junio de 1954, escribió que la invasión a Guatemala era "el tema más importante para la opinión pública",[58] divisivo y, movilizador. La movilización de las minorías activas de izquierda que marchaban en las calles para exigir al gobierno que defendiera a Árbenz[59] fue una invitación a la formación de un bloque adversario.

El deterioro del ambiente político parecía incontenible. Desde 1953 habían surgido diferentes agrupaciones de apoyo entre quienes creían en la Revolución guatemalteca, pero también aparecieron sus adversarios; por ejemplo, ese año se dio a conocer la "Sociedad por la libertad de Guatemala", que estaba asociada a una táctica ya bien establecida del gobierno mexicano de impulsar y financiar la creación de agrupaciones fantasma que publicaban grandes desplegados en la prensa, para que fueran un contrapeso a organizaciones de oposición independiente. Unas semanas después hizo su aparición la "Sociedad de Amigos de Guatemala", integrada por connotados cardenistas. Las confrontaciones entre adversarios como éstos la mayor parte de las veces no pasaban de ser una guerra de papel.

---

nes internacionales que tienen carácter más general y cuyo aplazamiento no crea un problema interno inmediato". *México y el orden internacional*, p. 14.

[58] Manuel Gómez Morín, "Guatemala entre dos imperialismos", *La Nación*, vol. XXVI, núm. 662, 27 de junio de 1954, p. 2.

[59] Jürgen Buchenau, "Por una Guerra Fría más templada: México entre el cambio revolucionario y la reacción estadounidense en Guatemala y Cuba", en Daniela Spenser (coord.), *Espejos de la Guerra Fría: México, América Central y el Caribe*, SRE / CIESAS /Porrúa, 2004, p. 136 (en adelante, "Por una Guerra Fría más templada").

Banqueros y empresarios, y los consabidos anticardenistas y católicos que compartían los temores de Washington de que Guatemala fuera escenario de un primer avance de la influencia soviética en América Latina, presionaban al presidente para que condenara a Árbenz. La prensa de la Ciudad de México, por su parte, se pronunció mayoritariamente contra el gobierno arbencista. En cambio, la Organización Regional Interamericana de Trabajadores (ORIT), y la Confederación Internacional de Sindicatos (CISL), denunciaron la "agresión de Estados Unidos", al igual que la Federación de Estudiantes Universitarios, que organizó varias manifestaciones en apoyo al gobierno guatemalteco; y movilizó a un número importante de estudiantes y profesores universitarios que marchaban para protestar contra la "intervención americana" en Guatemala. No obstante, según el periódico francés *Le Monde*, la prensa prefirió no reportar la agitación.[60]

La opinión pública estaba tan dividida como la élite política . Los católicos creían que Guatemala era el centro de un plan subversivo. La revista conservadora *La Nación* denunciaba la intención de los "comunistas criollos" de someter al país al comunismo internacional, e insistía en que había que "extirpar" las células comunistas incrustadas en el medio universitario y en la Secretaría de Relaciones Exteriores. Recordaba que en 1949 el papa había condenado al comunismo y en junio de 1954 el PAN entregó a los medios un documento en el que precisaba: "El comunismo es contrario a los principios de la civilización".[61]

A la denuncia del PAN se sumaba la oposición del PRI. Unos días antes de la invasión, su presidente, Gabriel Leyva Vázquez, había afirmado

> ...el [PRI] se siente en actitud de declarar categóricamente que, en México, se tienen como bandera los principios democráticos de la Constitución de 1917 y se rechazan todas las ideas y los postulados que a ella se oponen. Siendo así, el Partido declara que repudia el comunismo y cualquier otro totalitarismo que pugne con su ideología...[62]

[60] "Les événements du Guatemala ont provoqué de vives réactions dans les milieux universitaires du Mexique", *Le Monde*, 7 de julio de 1954; en: <http://abonnes.lemonde.fr/acces-restreint/archives/article/1954/>, consultado el 7 de mayo de 2014.

[61] "Relaciones. El caso de Guatemala", *La Nación*, vol. XXVI, núm. 663, 27 de junio de 1954, p. 4.

[62] "Política. Reunión de jefes regionales", *Tiempo*, vol. XXV, núm. 633, 21 de junio de 1954, p. 9. Según el periodista mexicano Carlos Denegrí: "Las palabras del general Leyva Vázquez reflejan fielmente el punto de vista del Primer Mandatario y de su gabinete y cons-

La izquierda, por su parte, seguía el liderazgo de Lázaro Cárdenas y de Vicente Lombardo Toledano. Este último, en una carta abierta, exigió al gobierno que asumiera la defensa de Guatemala, que dirigiera el movimiento antiimperialista porque su destino era el mismo: "Si el gobierno guatemalteco cayese, México se quedaría solo y aislado, sujeto a presiones del norte y del sur. Si queremos preservar nuestra soberanía, aun a medias, el pueblo debe defender a Guatemala".[63] Publicaron sendos desplegados la Federación Sindical Mundial (*World Trade Unions Federation*) y la Confederación de Trabajadores de América Latina, que Lombardo Toledano todavía controlaba.

A ojos de la Embajada de Estados Unidos en México, las manifestaciones, marchas y protestas erosionaban el orden público, y minaban la autoridad del presidente Ruiz Cortines, y la confianza del gobierno estadunidense en su capacidad para controlar la movilización y sus efectos desestabilizadores. El embajador White reportaba al subsecretario para Asuntos Interamericanos del Departamento de Estado, que la Secretaría de Educación había tratado de manera "fláccida" huelgas estudiantiles en el Instituto Politécnico Nacional (IPN) y en la Escuela Normal, "inspiradas por los comunistas". "Aunque lo más que podemos hacer es hacerle entender (al presidente) el peligro del comunismo y presionarlo para que contrarreste estas acciones. Francamente, creo que no llegaremos ni a primera base mientras Cárdenas aparezca en el escenario".[64]

El resurgimiento de Lázaro Cárdenas

En el medio político mexicano la caída de Árbenz tuvo dos consecuencias que incidieron sobre la capacidad de gobierno del presidente Ruiz Cortines:

---

tituyen una seguridad dada al pueblo mexicano y a los países democráticos de que no ha alterado en lo más mínimo el respeto a los preceptos constitucionales". Denegrí, *Nuestra opinión* (junio de 1954), carta #181, año IV, s. p.

[63] Vicente Lombardo Toledano, "Manifiesto publicado con el título "La CTAL demanda la solidaridad de todos los pueblos de América", *El Popular*, 20 de junio de 1954", en Lombardo Toledano, *Obra histórica-cronológica,* t. V, v. 18, México, Centro de Estudios Filosóficos, Políticos y Sociales Vicente Lombardo Toledano, 1954.

[64] "Letter from the Ambassador in Mexico (White) to the Assistant Secretary for Inter-American Affairs (Holland), May 31st,1956", *Foreign Relations of the United States*, 1955-1957, v. VI: *American Republics: Multilateral; Mexico, Caribbean*, *op. cit.*, doc. 226.

la primera fue la polarización de la opinión, resultado de la irrupción de la antinomia comunismo/anticomunismo como el referente central de interpretación de actores y dinámicas políticas. La segunda consecuencia de la ofensiva contra Árbenz fue que sacudió el equilibrio en el seno de la élite y reabrió la fractura cardenista que el henriquismo había reanimado.

El expresidente Cárdenas fue beneficiario de esta movilización. Para entonces ya se había adherido públicamente a la causa antiimperialista que empezaba a cobrar fuerza entre los movimientos independentistas de las antiguas colonias europeas. En este caso, Cárdenas no se contentó con el papel de líder moral, sino que asumió la articulación discursiva de la defensa de la soberanía guatemalteca. No se necesitaba mucho más para que la agresión contra Árbenz provocara una agria rivalidad entre Cárdenas y el presidente Ruiz Cortines por el liderazgo político de la sociedad, que normalmente ejercía en solitario el presidente de la República.

Lázaro Cárdenas se involucró en la crisis guatemalteca desde sus inicios. Su liderazgo en las causas nacionalistas era ampliamente reconocido.[65] El intervencionismo de Washington fue un poderoso incentivo para que hiciera escuchar nuevamente su voz. Después de la derrota del henriquismo, el expresidente había asumido la representación de un sentimiento antiamericano, que fue en aumento conforme pasaba el tiempo y se acumulaba la evidencia de que era muy poco lo que Estados Unidos estaba dispuesto a hacer por el desarrollo latinoamericano. Sus posiciones críticas hacia Estados Unidos resultaban atractivas para muchos mexicanos descontentos porque se habían visto afectados por la política de restricción del gasto público que puso en práctica el gobierno ruizcortinista; y también para quienes miraban con alarma el incremento fenomenal de las inversiones extranjeras.[66]

Cárdenas había extendido su liderazgo de izquierda nacionalista y antiimperialista a Centroamérica, y por esa vía se acercó a los comunistas y a la Unión Soviética y construyó una amplia red de contactos con organismos extranjeros, muchos de ellos vinculados con el movimiento comunista inter-

[65] Por ejemplo, había protestado públicamente contra el golpe que organizó la CIA en 1953 para derrocar al gobierno de Mossadegh en Irán.

[66] Los tres primeros años del gobierno ruizcortinista la inversión pública registró aumentos muy moderados: de 1 354 millones de pesos en 1953 a 1 661 millones de pesos en 1957; fue más importante el incremento de la inversión privada, sobre todo la inversión extranjera directa que entre 1953 y 1957 pasó de poco más de 40 000 dólares a 131 000 dólares. INEGI, *Estadísticas históricas de México*, t. II, México, INEGI / INAH, 1985, pp. 602 y 610.

nacional. En 1948 fue elegido miembro del Comité de Honor del Congreso de Unidad Sindical, y vicepresidente del Consejo Mundial de Paz, una organización promovida por la Unión Soviética.[67] Además, según Cárdenas, a invitación de "personalidades cubanas" —Juan Marinello, líder del Partido Comunista Cubano— en septiembre de 1949, organizó en la ciudad de México el Congreso Continental Americano por la Paz, "contra la guerra [y en defensa] de las instituciones democráticas y el desarrollo industrial de Latinoamérica".[68] Como se verá más adelante, se involucró activamente en la defensa del presidente Árbenz y en 1955 recibió el Premio Stalin de la Paz.

Los dos periódicos de mayor circulación en la capital de la República, el *Excélsior* y *El Universal*, lanzaron una campaña de desprestigio contra el expresidente.[69] La UNS acusó a Cárdenas de ambicionar el regreso al poder. *La Nación* ofrece un amplio repertorio de los ataques en su contra. En junio de 1954, en plena crisis guatemalteca, la revista denunció que el verdadero interés del expresidente era establecer un "Estado comunista". También se refería a su gobierno como los "crueles e ineptos experimentos de izquierda en México".[70] Según *La Nación*, Cárdenas utilizaba los acontecimientos guatemaltecos para promover un movimiento pro comunista; por esa razón, decía, había inundado el país de declaraciones y protestas para sembrar la inquietud en el campo.[71] Como en el pasado, veían en el cardenismo un "hervidero de agitadores" y en Cárdenas la personificación de la influencia soviética en México.

Inmediatamente después del asalto de Castillo Armas, Ruiz Cortines recibió una carta de Cárdenas en la que le proponía que mediara en el conflicto guatemalteco.[72] El presidente se negó, probablemente consciente de que poco ayudaría su intervención, pensando más bien que tendría un efecto negativo sobre sus relaciones con Washington. Cárdenas apoyó pú-

[67] CIA, *The World Peace Conference*, May 1954, CIA-RDP 78-00915R000300040001-3, NCAP, Md.

[68] Lázaro Cárdenas, *op. cit.*, t. II, p. 311.

[69] Véase Elisa Servín, "Propaganda y Guerra Fría: la campaña anticomunista en la prensa mexicana del medio siglo", *Signos Históricos*, núm. 11, 2004, pp. 9-39.

[70] "Lo que importa a Cárdenas es la conspiración internacional de siniestra", *La Nación*, vol. XXVI, núm. 662, 20 de junio de 1954, p. 3.

[71] *Loc. cit.*

[72] Citada en Buchenau, "Por una Guerra Fría más templada", p. 135.

blicamente al gobierno de Árbenz en dos ocasiones. Primero, publicó en varios periódicos una carta que envió al secretario de Relaciones Exteriores guatemalteco, Guillermo Toriello, a principios de junio, en la que expresaba su "amistad personal y [...] simpatía al pueblo de Guatemala y a su gobierno...que ve amenazada su soberanía".[73] Después de la invasión dio a conocer una carta dirigida al presidente Árbenz en la que hablaba de "la simpatía del pueblo mexicano por la reforma agraria" que había emprendido su gobierno. También alababa "la ratificación de [la] soberanía nacional y su disposición a defenderla frente a cualquier país que pretenda vulnerarla".[74]

Parece evidente que Cárdenas, al ventilar ante la opinión pública sus propios empeños en ayudar a Guatemala, también buscaba movilizar a sus simpatizantes, y presionar de esa manera al presidente Ruiz Cortines para que apoyara a Árbenz, pero el presidente no respondió a ninguna de ellas. Aunque también es posible que la intención fuera convocar a una movilización popular en apoyo de Árbenz, al menos así lo sugiere la carta en la que habla en nombre del pueblo mexicano.

Pese a todo, Cárdenas era un político prudente que evitaba la confrontación, sobre todo con el presidente de la República; pero su actitud había puesto en entredicho el liderazgo político de Ruiz Cortines. De suerte que siguió defendiendo a los guatemaltecos en el exilio, pero sin más demostraciones públicas. El hecho de que Cárdenas se haya comprometido con una causa en otro país no significa que se desentendiera o que no viera lo que ocurría en México; más bien parecería que buscó señalar los problemas del país desde la perspectiva oblicua y general de Estados Unidos en América Latina; así evitaba enfrentarse al presidente de la República, o comprometer la unidad del ejército: Cárdenas no podía exigir a la oficialía que escogiera entre su superior jerárquico, el general, y su superior civil, el presidente de la República. Tal vez por estas mismas consideraciones dos años antes no se pronunció por la candidatura presidencial de Henríquez Guzmán. No obstante, el liderazgo del general Cárdenas abrió el camino para que la política exterior se desprendiera de la política interna.

[73] "Relaciones. Un mensaje del Gral. Cárdenas", *Tiempo*, vol. XXV, núm. 633, 21 de junio de 1954, p. 3.

[74] "Nicaragua. Sobre el mensaje de Cárdenas", *Tiempo,* vol. XXV, núm. 634, 28 de junio de 1954, p. 23.

Francis White "…odiaba a los mexicanos"[75]

Los reportes, informes y memoranda de conversación del embajador de Estados Unidos, Francis White, acreditado en México de 1953 a 1957, permiten acercarse al impacto de la crisis guatemalteca sobre la manera cómo el presidente Ruiz Cortines miraba a Estados Unidos. Si bien hay que tener siempre en mente que, según los recuerdos de los funcionarios de su embajada, Francis White era un "hombre muy conservador; era difícil y no muy querido",[76] y que su actitud hacia los mexicanos podía ser muy negativa.[77] Sin embargo, el embajador también podía defender a los mexicanos de la brutalidad de la política que su gobierno aplicaba a quienes cruzaban la frontera sin papeles en busca de trabajo. De hecho éste era el principal problema que enfrentaba la relación bilateral en esos años, porque el número de trabajadores indocumentados crecía sin cesar.

Ante este problema, en 1953 el procurador general de Estados Unidos, Herbett Brownell, propuso enviar a efectivos del ejército y de la Guardia Nacional a la frontera para detener este flujo de personas que aumentaba en forma descontrolada. El embajador White reaccionó a la noticia indignado, y escribió una larga carta al secretario de Estado, John Foster Dulles, en defensa de los mexicanos, en la que argumentaba, que la experiencia en El Salvador —donde los marines habían permanecido varios años— demostraba que sería un gravísimo error mandar hombres armados a la frontera. Esa decisión tendría repercusiones en toda América Latina. Añadía que México había sido un aliado leal de Estados Unidos, al que no se podía sacrificar a la ligera.[78] El embajador mantuvo esta actitud positiva hasta que se produjo la crisis guatemalteca.

La descripción de la relación entre el jefe del Ejecutivo mexicano y el representante del presidente Eisenhower en México muestra un cambio después de Árbenz y del golpe de 1954, pues si hasta principios de ese año Ruiz Cortines había mantenido su distancia en relación con Estados Unidos, des-

[75] Melbourne L. Spector, "Deputy Director USAID Mexico City,1954-1959", *Foreign Affairs Oral History Program*; en: <https://adst.org/wp.content/uploads/2012/09 Mexico1.PDF>.

[76] Ambassador B. S. Stephansky (Labor Attaché, Mexico City, 1952), *Foreign Affairs Oral History Program*; en: <https://adst.org/wp.content/uploads/2012/09 Mexico1.PDF>.

[77] "The Ambassador in Mexico to the Secretary of State, Mexico City, August 14, 1954", Foreign Relations of the United States, vol. IV: *The American Republics*, *op. cit.*

[78] *Idem.*

pués del 18 de junio revisó esa postura y optó por una estrechísima cooperación en el combate al comunismo con la embajada estadunidense y con el Departamento de Estado.

La reconstrucción de los cambios en la relación entre el presidente Ruiz Cortines y White la hizo el embajador en una carta que envío al presidente Eisenhower el 29 de agosto de 1955, en respuesta a una solicitud que se le había hecho expresamente. El documento inicia con la descripción de la distancia y casi hostilidad del presidente Ruiz Cortines hacia la embajada —según White porque estaba bajo la influencia de los elementos nacionalistas y enemigos de la iniciativa privada—, pero esto cambió radicalmente después de la devaluación y de los acontecimientos en Guatemala. A partir de entonces, el presidente mexicano trató al embajador White como si fuera un preciado asesor y confidente. Lo recibía con frecuencia y sostenía con él largas conversaciones en las que hablaban del comunismo en México, o trataban los diferentes temas de la relación bilateral. White sabía que cuando una solicitud, un proyecto, un plan de inversión no avanzaba, podía llevarlo directamente al presidente, quien le daría una inmediata solución, o la promesa de una inmediata solución.

El embajador se vanagloriaba de haber construido una estrecha amistad con el presidente mexicano y de haberlo convencido de que la influencia del comunismo internacional era una amenaza real. Gracias a él —decía—, el presidente mexicano había ofrecido, pero también solicitado, una estrecha cooperación para combatir el comunismo.

Es sorprendente que, pese a la cercanía con el presidente, el embajador no se haya preguntado si acaso los mexicanos no habían leído lo ocurrido en Guatemala como una advertencia. Tampoco mostró suspicacia alguna cuando Ruiz Cortines le insistió en mantener privadas sus reuniones y la extraordinaria relación que habían desarrollado, pues, le advirtió, hacerlas públicas podía acarrearle problemas con una opinión asaz desconfiada.

Asimismo, se enorgullecía de los cambios de política que, según White, había logrado que llevara a cabo Ruiz Cortines: "Considero muy afortunado que él y yo hayamos establecido una relación que permite esta cooperación, y deberíamos hacer todo lo posible por fortalecerla".[79] White se ufanaba de haber convencido a Ruiz Cortines de la seriedad del peligro comunista:

[79] "Letter from the Ambassador in Mexico (White) to the President, August 29, 1955", *Foreign Relations of the United States*, 1955-1957, v. VI: *American Republics: Multilateral; Mexico, Caribbean*, *op. cit.*, doc. 213.

> El presidente Ruiz Cortines ha tomado conciencia de los peligros (comunistas) después de mis conversaciones con él y de la irrefutable evidencia que trajo el caso guatemalteco. Sin embargo, él, como muchos otros, es probable que asuma una actitud complaciente que desestima la manifestación de un problema local [...] a pesar de que la perspectiva es poco alentadora [...] propongo que continuemos en cada oportunidad que así lo permita, alentando al presidente Ruiz Cortines a tomar medidas contra los comunistas, que definan con más claridad la posición de su gobierno.[80]

En cambio, no reconocía en toda su magnitud el peso decisivo que tuvo el golpe militar en Guatemala sobre la actitud del presidente Ruiz Cortines. También advertía que la cercanía entre la Embajada de Estados Unidos y la presidencia mexicana debía mantenerse en la mayor de las discreciones, como lo solicitaba repetidamente el presidente mexicano. Sería muy costoso para Ruiz Cortines que se hiciera pública.[81] Sin embargo, si White era conocido por su altanería, el presidente Ruiz Cortines lo era por su astucia, y es muy probable que hubiera ocultado al embajador lo que realmente pensaba, para dejarlo creer que ejercía gran influencia y para que dejara de presionar.

En realidad, la cercanía con el presidente había provocado un equívoco. White creyó que la relación que sostenía con el jefe del Ejecutivo mexicano le daba carta blanca para intervenir en las decisiones del gobierno, girar instrucciones a sus funcionarios o exigir la destitución de secretarios de Estado que no le merecían ninguna confianza, como Gilberto Loyo, secretario de Economía, Luis Padilla Nervo y José Ángel Ceniceros, secretario de Educación Pública.[82] Cuando lo hizo provocó una profunda irritación, que agravó la mala relación que probablemente lo enfrentaba con Padilla Nervo; ade-

[80] *Idem.*

[81] *Idem.*

[82] Francis White estuvo a punto de cerrar su carrera diplomática con la indignidad de ser declarado *persona non grata* por el gobierno mexicano, a raíz de un incidente que involucró al secretario Padilla Nervo. Según Robert C. Hill, el embajador White había organizado una cena en honor del secretario de Relaciones Exteriores, quien llegó a la celebración una hora después de la que indicaba la invitación. Para entonces White y sus invitados habían terminado de cenar. Cuando llegó el secretario Padilla Nervo, White instruyó que le dieran de cenar mientras los demás tomaban el café en otro salón. Columbia University, Oral History Research, *Eisenhower Administration*, Robert C. Hill, 9 files, Columbia University, #639 PRCQ.

más, las presiones de White para que el presidente hiciera cambios en su gabinete fueron un seguro de empleo para los secretarios que —aparentemente según él— debían ser sustituidos.

Lo que Dulles llamaba el "método White",[83] esto es, la prepotencia, el ejercicio de presiones y una actitud intransigente hacia México pareció generalizarse después de 1954 entre los funcionarios del Departamento de Estado, de Comercio o del Tesoro, que eran muy conscientes de las tácticas dilatorias de los mexicanos. Por ejemplo, Ruth Mason Hughes de la MID (ARA-Middle American Affairs), a principios de 1955, envió al jefe de la División de las Américas una recapitulación de los asuntos pendientes con México, como parte de una argumentación relativa a la política financiera hacia México. El documento proponía que los préstamos solicitados por el gobierno mexicano fueran utilizados como palanca para obligarlo a comprometerse seriamente a resolver los temas pendientes.[84]

Según Hughes, los funcionarios mexicanos veían los créditos extranjeros de origen público como la "panacea" para todos los problemas de su país; además, consideraba que el presidente Ruiz Cortines creía que obtener un préstamo de 150 millones de dólares, "equivalente a la línea de crédito" que se le había otorgado al presidente Alemán, acrecentaría su prestigio personal. Hughes consideraba que los mexicanos veían en los préstamos una salida fácil para evitar las reformas económicas que necesitan hacer para "estabilizar su economía y restablecer la confianza en el gobierno". Añadía, probablemente en referencia a Luis Padilla Nervo, a Gilberto Loyo y a José Ángel Ceniceros, que el presidente Ruiz Cortines pensaba que podía evitar los cambios en el gabinete que se esperaban y que hubieran devuelto la confianza en su gobierno. Las vacilaciones de Ruiz Cortines sólo habían alentado al secretario disidente de Economía —Gilberto Loyo— a actuar con más seguridad en él mismo, mientras que Carrillo Flores se había debilitado. Hughes urgía a que se adoptara una política de *quid pro quo*, para que Ruiz Cortines respondiera a las expectativas del gobierno de Estados Unidos.[85]

[83] *Idem.*

[84] NARA, "Office Memorandum", February 3, 1955, ARA:MID 611.12/2-3-55

[85] *Idem.* Los ejemplos de este tipo de planteamiento se multiplican en 1956 y 1957 en relación a otros temas como préstamos solicitados para Pemex. Ferrocarriles, compra de maíz. En este caso el subsecretario asistente para Asuntos Interamericanos propone que la venta de maíz se aproveche para presionar a México para que acepte la instalación de estaciones de radar, y para resolver el tema de El Chamizal. "Letter from the Deputy Assistant

Como si estuviera debatiendo con Hughes, en julio de 1955 Eisenhower escribió al secretario Dulles: "Me siento incómodo porque creo que no apreciamos realmente los problemas económicos, políticos y sociales de México…".[86] Añadía que le daba la sensación de que para muchos estadunidenses había algo así como un remanente del pasado por el que veían a México como un país enemigo, "pero tengo la firme opinión de que la solidez y el tono amigable de nuestra relación con México debe ser una preocupación constante y de primer orden para nosotros".[87]

WHITE Y EL EQUÍVOCO DE LA FAMILIARIDAD

La caída de Árbenz no liberó al gobierno mexicano de las presiones de Estados Unidos en relación con Guatemala. Washington intentó impedir que otorgara asilo político al presidente derrocado y a sus allegados. El 19 de agosto de 1954, el embajador White entregó al subsecretario de Relaciones Exteriores, José Gorostiza, un *Memorándum* informal, que contenía las sugerencias de su gobierno respecto a lo que había que hacer con los exiliados guatemaltecos, incluido, desde luego, el presidente Árbenz.

La permanencia de Árbenz en la embajada era muy incómoda para el gobierno mexicano. Primeramente, comprometía a Ruiz Cortines con un personaje que Estados Unidos consideraba su enemigo y, en segundo lugar, radicalizaba la discusión en México. No obstante, era impensable entregar el presidente depuesto al nuevo gobierno guatemalteco que seguramente lo trataría como si fuera un delincuente, pues —según White—, los asilados habían sido enjuiciados y sentenciados por los crímenes que habían cometido, o enviarlos al país de su elección detrás de la cortina de hierro.[88]

Secretary of State for Inter-American Affairs (Snow) for the Ambassador in Mexico (Hill), September 6, 1957", *Foreign Relations of the United States*, 1955-1957, v. VI: *American Republics: Multilateral; Mexico, Caribbean, op. cit.*, doc. 247.

[86] "Letter from the President to the Secretary of State, June 14, 1955", *Foreign Relations of the United States*, 1955-1957, v. VI: *American Republics: Multilateral; Mexico, Caribbean, op. cit.*, doc. 209.

[87] *Idem.*

[88] AHGE, SRE, "Intervención del gobierno de E.U.A. en cuestión de los refugiados políticos de las misiones diplomáticas extranjeras en Guatemala", Correspondencia de la Embajada de E.U.A., f. 1-5, 19 de agosto de 1954. Este descabellado plan se iba a proponer a México y a la Unión Soviética con el fin de exhibir a los comunistas y de castigarlos. Por

Es muy probable que la propuesta, tanto en la forma como en el fondo, haya sorprendido —si no es que ofendido y hasta escandalizado— al subsecretario Gorostiza. Más allá de la arrogancia de un embajador extranjero que pretendía dar instrucciones a un funcionario mexicano, White quiso intervenir en la aplicación de un principio consagrado de la política exterior mexicana. La SRE estaba —por tradición— comprometida con la defensa del asilo político. Esta era la posición de prominentes internacionalistas como Isidro Fabela, y del mismo secretario Padilla Nervo. Además, los exiliados gozaban de la protección de la Sociedad de Amigos de Guatemala, que encabezaba Cárdenas y a la que pertenecían otros distinguidos miembros de la izquierda oficial.[89]

El 26 de agosto el gobierno de Guatemala hizo saber a la SRE que no estaba preparado para que permanecieran de manera definitiva los agentes comunistas, que pueden amenazar la seguridad nacional (*sic*). En cambio [seguía], está dispuesto a liberar a los comunistas "inocuos", aquellos que hayan pertenecido a los rangos inferiores del Partido Comunista de Guatemala. [Y continuaba] La embajada entiende que el gobierno de Guatemala está preparado para garantizar un tratamiento humanitario a estas personas.

En su informe del 1º de septiembre de 1954, el presidente Ruiz Cortines se refirió al tema de los exiliados, que amenazaba con adquirir proporciones de conflicto internacional, en estos términos: "Por lo que respecta a Guatemala, abrigamos la esperanza de que el asilo otorgado a las numerosas personas refugiadas en la embajada de México quede resuelto amistosamente y sin mengua de un derecho que atestigua la voluntad humanitaria de nuestros pueblos".

La debilidad de la defensa es un indicador del cansancio del señor presidente con las dificultades que le planteaba la crisis guatemalteca.[90] Esta declaración de buenos deseos había que leerla en el contexto que el propio

---

ejemplo, preveía que perdieran la nacionalidad porque eran agentes de una potencia extranjera. White House/PW 211 "Quarter "I" no. DDP-1-1798, 5 de agosto de 1954.

[89] En una entrevista, el antiguo diplomático estadunidense Spruille Braden, quien pasó a la historia por el conflicto con el presidente Perón en Argentina en 1945, afirmó que los exiliados guatemaltecos eran miembros del Partido Comunista, "*fellow travellers* y gansters"; que en 1954 Cárdenas hospedaba en su "finca o lo que sea, en México". *The Reminiscences of Spruille Braden,* Oral History Project, Columbia University, 1959, p. viii.

[90] "El Sr. Adolfo Ruiz Cortines, al abrir el Congreso sus sesiones ordinarias, el 1º de septiembre de 1954", en XLVI Legislatura, *op. cit.*, t. IV, p. 544.

presidente había determinado en el mismo discurso unos párrafos antes, cuando, después de expresar el "inequívoco rechazo para cualquier acto de injerencia del comunismo internacional en nuestro hemisferio", afirmó que el progreso económico y la justicia social debían buscarse "oponiendo a la propaganda de doctrinas que no corresponden a lo esencial de nuestra mexicanidad, los impulsos cada vez más vigorosos en el ejercicio real de la democracia".[91]

Un nuevo dilema se le planteaba al presidente Ruiz Cortines. Es probable que su opinión personal en relación con la crisis guatemalteca fuera más cercana a la que había expresado el presidente de su partido que no era sino su portavoz, que a la de los partidarios de Árbenz. Las diferencias entre el presidente Ruiz Cortines y el secretario Padilla Nervo, no eran un secreto. Mucho se hablaba de las "tendencias comunistas" del secretario y de su inminente renuncia. En sus *Memorias*, Daniel Cosío Villegas se refiere a la "yancofobia" de Padilla Nervo que, según él, lo llevaba a actos que tenían como "propósito único y visible molestar al gobierno norteamericano",[92] pues la prensa afirmaba que la posición de México en Caracas había provocado la devaluación de abril. Se decía que el presidente estaba "dispuesto a cambiar por completo la orientación que siguió su país en Caracas y [que] desea unirse a Estados Unidos en la lucha abierta contra la penetración extranjera".[93]

Ruiz Cortines miraba con preocupación el nerviosismo que empezaba a manifestarse en México. Una combinación de los cardenistas con otros descontentos podía ser terreno propicio para que brotaran protestas por motivos distintos a la causa de Árbenz: el aumento del precio de los alimentos,

[91] *Idem.*

[92] Daniel Cosío Villegas, *Memorias*, México, Joaquín Mortiz, 1986, p. 232. Según Cosío, en aquella época muchos funcionarios compartían esa actitud que él atribuía al trato continuo con funcionarios norteamericanos "incomprensivos, arrogantes y aún majaderos". *Ibid.*, p. 233. El Departamento de Estado también creía que la Secretaría de Relaciones Exteriores era "violentamente antiamericana". Véase Stephansky, *loc. cit.* En cambio, el embajador inglés en México, John W. Taylor, consideraba que era "una suerte" que Padilla Nervo fuera el secretario de Relaciones Exteriores porque seguía "el liderazgo del Reino Unido en política internacional". México, escribía en octubre de 1953, es distinto a los otros países latinoamericanos, porque desea "ardientemente una paz estable", mientras que los otros "siguen ciegamente a Estados Unidos o son ciegamente anticomunistas". *National Archives, Foreign Office*, "To Anthony Eden from John W. Taylor", October 23d, 1953, FO/371/103416.

[93] "México se libró de una posible crisis ministerial" y "Padilla Nervo hubiera sido puesto fuera del gabinete", *El Informador*, 17 de julio de 1954, primera plana.

las limitaciones a la libertad de prensa, o el encarcelamiento de los comunistas. No obstante, el problema surgió en otra parte.

La embajada de México en la ciudad de Guatemala llegó a albergar a 318 refugiados, incluido el presidente depuesto, su familia y algunos miembros de su gabinete. Su estancia se prolongó casi tres meses. En esas semanas la sede de la representación mexicana fue objeto de manifestaciones hostiles por parte de grupos anticomunistas guatemaltecos. Protestaban contra la protección de personajes a los que acusaban de genocidio, y contra la supuesta parcialidad del embajador Primo Villa Michel, que no había abierto las puertas de la embajada a los anticomunistas que huían de la represión arbencista. Exigían que fuera declarado persona *non grata*.[94]

El flujo de exiliados que buscaban asilo en las embajadas mexicanas en Centroamérica, en particular en San Salvador, no cesaba. De suerte que el gobierno mexicano se encontraba en una situación muy comprometida entre las presiones de Estados Unidos para que negara el asilo a los guatemaltecos que habían huido del golpe de Estado, y la opinión pública movilizada por los cardenistas, y la política mexicana tradicional de asilo que no podía desechar fácilmente. Además, también recibía presiones, por ejemplo, de parte de El Salvador, que demandaba la admisión de guatemaltecos que se habían refugiado en la embajada salvadoreña en Guatemala y que querían viajar a México. El 2 de octubre de 1954, el embajador mexicano en El Salvador recibió un telegrama que le instruía que no permitiera el acceso a más guatemaltecos en las instalaciones de la embajada: "encarézcole evitar repase este caso objeto impedir presentársele solicitudes parecidas pues secretaría recibió numerosas peticiones imposibles de atender objeto asilados en la embajada salvadoreña en Guatemala fueran admitidos a México".[95]

Los principales periódicos se quejaban de la presencia de Árbenz en la embajada; ponían en tela de juicio la tradición del asilo político, por ejemplo, el 5 de julio de 1954, el editorial de *El Universal* se titulaba "Refugiados y delincuentes". Denunciaba a los refugiados guatemaltecos de

[94] "... 600 damas guatemaltecas dirigen un mensaje cablegráfico a presidente Adolfo Ruiz Cortines", en "Piden el retiro de nuestro embajador Villa Michel", *El Informador*, 13 de julio de 1954, primera plana; y "Se ha pedido la destitución de Villa Michel", *Excélsior*, 13 de julio de 1954, primera plana.

[95] AHGE, SRE, Telegrama para cifrar. Copia para el expediente de la oficina giradora núm. EEP/Exp. III 516.1 (728.D24747).

ser "extremistas políticos" que en su propio país habían cometido actos criminales. Advertía al gobierno que tratarían de propagar sus "ideas peligrosas" y provocarían el desorden. De paso se refería a los refugiados españoles, como antecedente de los costos de la inmigración guatemalteca. Lázaro Cárdenas agravó la situación cuando asumió la defensa de los exiliados que fue interpretada como lo que era, la expresión de su oposición a la política presidencial.

Unos días después del informe del 1º de septiembre, el secretario Padilla Nervo hizo una visita al secretario Dulles, que confirma la impresión de que el presidente Ruiz Cortines abrigaba temores respecto a las posibles consecuencias de su política en relación con la crisis guatemalteca. El secretario de Estado informó a Eisenhower que había recibido al secretario mexicano, quien traía un mensaje del presidente Ruiz Cortines, en el que se congratulaba del estado más que satisfactorio de la relación bilateral. Consideraba que nunca antes "el sentimiento en México hacia Estados Unidos había sido tan positivo como ahora".[96]

Luego Padilla Nervo planteó el tema de los exiliados guatemaltecos y la propuesta del embajador White, y sugirió dejarlos que se perdieran en el anonimato, en lugar de convertirlos en mártires. No sólo eso, el secretario Dulles se quedó con la impresión de que Padilla Nervo estaba incómodo, *embarrased*, por la abstención de México en Caracas, y le preocupaba que fuera interpretada como una crítica a la política anticomunista.[97]

Dulles le dio a leer el borrador del discurso que pronunciaría en Naciones Unidas donde hablaría de la OEA y de Guatemala, "y (Padilla Nervo) me pidió —escribe Dulles— que subrayara la frase "sin excepción" para enfatizar la unanimidad de criterios".[98]

La descripción de esta entrevista y la interpretación de las intenciones del diplomático mexicano que hizo Dulles, fueron una confirmación de que el presidente Ruiz Cortines estaba dispuesto a ceder, deseoso de participar en la cruzada anticomunista, y lo hizo, pero a espaldas de la opinión pública mexicana. El 22 de octubre fueron detenidos 13 líderes del PCM, entre ellos Valentín Campa y Dionisio Encinas, acusados de violar el reglamento de

[96] "Memorandum of Conversation by the Secretary of State, September 22, 1954", *Foreign Relations of the United States*, 1952-1954, v. IV: *The American Republics*, *op. cit.*, p. 1367.

[97] *Ibid.*, p. 1368.

[98] *Idem.*

policía. La prensa hablaba de que se había conjurado un plan de agitación comunista.[99]

El 8 de octubre de 1954, días después de la reunión entre Padilla Nervo y Dulles, el subsecretario Gorostiza recibió un *Memorándum* firmado por Salvador Olmos, secretario particular del presidente, con el encabezado "Por instrucciones del Presidente de la República". La primera línea de la Sección 1 advertía: "Que es en el urgente interés del Estado mexicano y del pueblo mexicano, ahora más que nunca, extraditar al guatemalteco Rosenberg (que había sido jefe de policía del gobierno arbencista), cuya extradición ha sido solicitada con base en acusaciones criminales, y debe proceder de inmediato".[100]

El mencionado documento añadía que el gobierno no tenía que "exponerse él mismo a peligros internacionales por defender a una persona acusada de ser un criminal en otro país". Le recordó a la SRE que la extradición es una prerrogativa presidencial, con la natural consecuencia de que nadie podía usurpar esa autoridad. El párrafo 10 del *Memorándum* señalaba los riesgos que acarreaba la negativa del gobierno mexicano a atender la solicitud de Estados Unidos, en primerísimo lugar la "súbita" aparición de "inquietud interna":

> Estados Unidos quiere que los gobiernos latinoamericanos den prueba con hechos indiscutibles, de que están contra el comunismo internacional que respalda la Unión Soviética. Si no es así, aparecerá súbitamente la inquietud interna, que no cesará hasta que el comunismo haya sido totalmente eliminado de las Américas, dado el hecho de que esta región pertenece *de facto* a la esfera de influencia política y económica de Estados Unidos.[101]

Rara vez un presidente mexicano había expresado por escrito, de manera tan clara y directa, su percepción de la amenaza que Estados Unidos repre-

[99] "Trece líderes comunistas detenidos en México, D.F.", *El Informador*, 23 de octubre de 1954, primera plana.

[100] AHGE, SRE, "Correspondencia entre la secretaría de la Presidencia y la SRE sobre la solicitud de…", exp. VII-97-1-2 y 3, ff. 6-20, 1954. La policía mexicana arrestó al Mayor Rosenberg (o Rosemberg) en octubre de 1954. "... reconocidos comunistas telefonearon a algunos diaristas para denunciar afirmándoles que se trataba de un secuestro…"., en "La policía ya tiene en sus manos a Rosenberg y a otros", *El Informador,* 5 de octubre de 1954, primera plana.

[101] AHGE, SRE, "Correspondencia entre la secretaría de la Presidencia y la SRE sobre la solicitud de…", exp. VII-97-1-2 y 3, 1954, ff. 6-20.

sentaba para la estabilidad interna del país. El párrafo 6 de este *Memorándum,* advertía que Estados Unidos tenía un interés particular en imponer castigos a los comunistas por sus ofensas "a la libertad y a la democracia", y argumentaba que la extradición del mayor Rosenberg podía ser una prueba fehaciente de "naturaleza legal y anticomunista para salvar a México de las represalias y la desconfianza anticomunista de Estados Unidos".[102]

Como lo describí antes, Anastasio Somoza, confirmó esta interpretación del presidente mexicano. Si aceptamos esta versión, entonces, así como en México la fractura cardenista fue interpretada como la proyección del conflicto soviético-americano, el asalto contra el gobierno guatemalteco fue resultado de una disputa regional, como las que tradicionalmente surgían entre vecinos rijosos.[103] Si éste fuera el caso, entonces el combate anticomunista habría sido utilizado por los nicaragüenses para resolver un conflicto que poco tenía que ver con el antagonismo ideológico que oponía a Estados Unidos y la Unión Soviética, el cual se habría yuxtapuesto a enemistades y rupturas preexistentes.[104]

En agosto, mientras Relaciones Exteriores se sometía a la instrucción presidencial, la policía mexicana arrestó al mayor Rosenberg —a quien la oposición antiarbencista llamaba el "Beria guatemalteco". El presidente Castillo Armas insistía en su extradición. Estaba acusado de "asesino de masas" y de otras "atrocidades" contra los anticomunistas guatemaltecos. Según la SRE, Rosenberg no se había asilado en la embajada de México en Guatemala, "tampoco había ingresado al país conforme a canales diplomáticos aceptados". Por ello, la conclusión del secretario Padilla Nervo era que Rosenberg no podía ejercer el derecho de asilo.

En la cárcel, Rosenberg inició un largo proceso para definir su status legal en México; tuvo el apoyo de la Sociedad de Amigos de Guatemala para sostener en los tribunales una batalla que se prolongó hasta que recibió el status de refugiado político. Su defensa estuvo a cargo de Carmen Otero y Gama, cuñada de Lombardo Toledano. Finalmente fue liberado en mayo de 1955, poco después se trasladó a Cuba.[105] Esta decisión del poder judicial

[102] *Idem.*

[103] Alain Rouquié, *Guerras y paz en América Central*, México, Fondo de Cultura Económica, 1994.

[104] Véase Soledad Loaeza, *Clases medias y política en México*; también Hal Brands, *op. cit.*

[105] "Mexico May Turn down Guatemalan Chief for Asylum", *The Paris News*, 10 de octubre de 1954, p. 28; "Mexico Orders Arrest. May Deport Former Secret Police Head of

fue una excepcional refutación de una disposición presidencial, pero se explica sobre todo por la influencia protectora del expresidente Cárdenas.

Un nuevo reacomodo a la mitad del camino

Pasada la crisis guatemalteca, el presidente Ruiz Cortines tuvo que encontrar nuevos equilibrios a partir del contexto regional que se había formado después de la caída de Árbenz. La consecuencia inmediata fue el endurecimiento de la represión contra los comunistas, asimismo se acrecentó la desconfianza hacia fórmulas políticas que proponían mejorar la distribución de la riqueza o movilizar a las clases populares. A finales de 1954 había sólo cuatro democracias en América Latina: Brasil, Chile, Costa Rica y Uruguay; en 1955 los gobiernos de Brasil y Chile prohibieron que se celebraran reuniones hemisféricas patrocinadas por los comunistas. Sólo Argentina, México y Uruguay tenían relaciones diplomáticas con la Unión Soviética.

Este corrimiento del hemisferio hacia la derecha no puso fin a la ansiedad que producía en el gobierno de Estados Unidos la convicción de que una conspiración acechaba al continente. El National Intelligence Estimate (NIE) de diciembre de 1955 advertía que la amenaza comunista se había fortalecido, pese a que el número total de militantes en el hemisferio era reducido. El reporte subrayaba que lo ocurrido en Guatemala el año anterior había demostrado que ese dato era irrelevante, porque muchos comunistas trabajaban anónimamente y explotaban la yancofobia en el disimulo, ocultos tras la pantalla de supuestas organizaciones de trabajadores y de intelectuales. El informe también se refería al incremento en los intercambios comerciales y culturales de la Unión Soviética con los países de la región.[106] El último apartado de este documento destacaba que:

> [era] probable que en circunstancias de una guerra general, todos los latinoamericanos estarían de acuerdo y en condiciones de suprimir las organizaciones

---

Guatemala", *The New York Times*, 4 de diciembre de 1954. Ese mismo mes, el secretario de Gobernación solicitó la liberación del mayor Rosenberg, que había aportado pruebas de su condición de asilado político. El 24 de mayo de 1955, Rosenberg fue liberado. "Two Guatemalans Freed", *The New York Times*, 25 de mayo de 1955.

[106] "National Intelligence Estimate, 1955", *Foreign Relations of the United States*, 1955-1957, v. VI: *American Republics: Multilateral; Mexico, Caribbean, op. cit.*, doc. 6.

fantasma que [eran] una fachada de grupos comunistas. El principal problema que representan en caso de una guerra generalizada es el sabotaje de la producción y del transporte de materiales estratégicos.[107]

La primera trilateral del norte del hemisferio

Es posible que el informe del NIE de 1955 haya impulsado al presidente Eisenhower a presentar una nueva iniciativa cuyo propósito fundamental era afianzar los vínculos de México con Estados Unidos y Canadá. Desde la perspectiva del militar atento siempre a la seguridad de sus fronteras, Eisenhower aceptó la sugerencia del subsecretario Holland de organizar una reunión de los ejecutivos de los tres países del norte e invitó en enero de 1956 al presidente Ruiz Cortines a una reunión con el primer ministro de Canadá, Louis St. Laurent, para que los tres conversaran de manera informal sobre temas que no fueron definidos públicamente; se habló sólo del deseo de mantener "relaciones fraternales y cordiales" entre los gobiernos de los tres países "que ocupan todo el continente de América del Norte".[108] La propuesta más novedosa y audaz fue crear un Consejo para el Desarrollo Continental. Los canadienses se mostraron renuentes a comprometerse con México, un país al que consideraban radicalmente distinto y lejano, tal y como lo expresó el embajador de Estados Unidos en Ottawa, Stuart Merchant, pero aceptaron asistir porque tenían otros temas que negociar con el Departamento de Estado.[109]

La reunión tuvo lugar entre el 26 y el 28 de marzo de 1956. La propuesta de creación de un Consejo Trilateral no llegó lejos; sin embargo, fue una oportunidad para que el presidente Ruiz Cortines tratara en privado con el presidente Eisenhower el tema de la migración que era el que más le preocupaba.[110] El estadunidense consideraba urgente discutir —aunque

[107] *Idem.*

[108] NARA, College Park, Department of State, "From Francis White to Henry F. Holland, Assistant Secretary of State", January 19, 1956, 611.12/1-1956 XR 611.42.

[109] NARA, College Park, Department of State, ARA, "From Ambassador Douglas Stuart to Assistant Secretary, Livingston T. Merchant", September 2, 1955, f.w. 611.12/9-755 XR 611.42

[110] Esta reunión fue propuesta por el *assistant secretary* Holland con la intención de crear un consejo trilateral. Contra la mejor opinión de los embajadores en Canadá y México,

el tono fue de advertencia— la preocupación del pueblo estadunidense por las embajadas de los países comunistas que eran agentes de "la subversión y la penetración comunista en los gobiernos".

Eisenhower no llegó a plantear abiertamente su deseo de que México rompiera relaciones con la Unión Soviética, subrayó que las embajadas de ese país eran "centros de espionaje, de sabotaje y de actividades subversivas".[111] El presidente Ruiz Cortines "respondió que lo sabía y que estaba de acuerdo con el presidente"[112] en que esas representaciones tenían que ser vigiladas. Una vez que el presidente mexicano confirmó su compromiso con el combate anticomunista, pasaron a discutir temas de índole comercial y de cooperación bilateral.[113]

En este encuentro, el presidente Adolfo Ruiz Cortines se mostró en mejor disposición que en las reuniones anteriores a tratar los problemas del país con su contraparte. Habló de los retos que enfrentaba México: en primer lugar, el crecimiento demográfico que era un fenómeno que le preocupaba mucho y que planteaba cada vez que presentaba su informe de gobierno. Eisenhower lo interrumpió para decir que tasas de crecimiento económico anual de 6 o 7%, compensarían ese fenómeno y elevarían el nivel de vida de la población.

Se habló del "arduo problema" de los inmigrantes indocumentados, y el presidente mexicano expresó públicamente su agradecimiento a Eisenhower por haber intervenido y contribuido a resolver el acuerdo de los braceros[114], también agradeció la intervención de la Casa Blanca en la firma de las ventas de algodón, de créditos del Eximbank, de los problemas de la pesca ile-

la reunión se llevó a cabo con la participación de los presidentes Eisenhower y Ruiz Cortines, y del primer ministro canadiense, Louis St. Laurent.

[111] Un documento de la Embajada de Estados Unidos en México, afirmaba que la representación soviética era "desproporcionada" a la relación soviético-mexicana que era muy limitada, y se concentraba en al área cultural. Según este reporte, la mayoría de los funcionarios de la embajada provenían del medio militar. La embajada incluía "grandes unidades" de propaganda. Tenía además el apoyo de las embajadas de Checoslovaquia y de Polonia, también muy activas. "Raymond G. Leddy to Kennedy M. Crockett, Esq. Officer in charge of Mexican Affairs, Department of State," September 24, 1957. 611.12/9-2457 NACP, Md.

[112] "Memorandum of Conversation, White Sulphur Springs , West Virginia, March 27, 1956", *Foreign Relations of the United States*, 1955-1957, v. VI: *American Republics: Multilateral; Mexico, Caribbean, op. cit.*, doc. 221.

[113] "Memorandum of. Conversation, White Sulphur Springs, West Virginia, March 27, 1956", *Foreign Relations of the United States*, 1955-1957, v. VI: *American Republics: Multilateral; Mexico, Caribbean, op. cit.*, doc. 221.

[114] *Idem.*

gal en aguas mexicanas. Mencionó asimismo el tema de las rutas aéreas y el compromiso que había adquirido México de permitir a líneas aéreas estadunidenses volar a ciudades mexicanas (hasta entonces sólo una línea europea —Air France— cubría la ruta Nueva York-Ciudad de México).

En el informe presidencial de septiembre de 1956, el presidente Ruiz Cortines se refirió a la reunión de Sulphur Springs en los siguientes términos: "Fue una reunión de amistad y trato personal que ha contribuido a perfeccionar las bases de comprensión y respeto mutuo en que se cimentan las relaciones de los pueblos y Gobiernos de México, Estados Unidos y Canadá".[115]

Curiosamente, la experiencia guatemalteca pareció haber contribuido a relajar las tensiones que habían dominado encuentros anteriores. Ruiz Cortines se condujo con más soltura y no fue hermético. Sin embargo, el presidente no mencionó ningún proyecto ni acuerdo trilateral, se limitó a afirmar que la reunión había demostrado que era "posible en el Continente reunir a los Gobernantes de tres países amigos, diferentes en cuanto a su poder, sus recursos, tradiciones y costumbres, y evidenciar la identidad de propósitos que los une".[116]

Epílogo

A partir de 1955 Ruiz Cortines dirigió su atención a otros asuntos. Ese año habría elecciones para la renovación de la Cámara de Diputados, una situación siempre delicada para los gobiernos del PRI. Las diferencias políticas entre los mexicanos no habían desaparecido y los síntomas de inquietud y descontento en el movimiento sindical, en el campo y entre los estudiantes universitarios, se multiplicaron. En la segunda mitad del sexenio 1952-1958, el número de huelgas aumentó de 135 registradas en 1955, a 740 en 1958, involucraron a más de 60 500 huelguistas. Rubén Jaramillo, el líder agrario del estado de Morelos, demandaba tierras al frente de un grupo armado. Ruiz Cortines insistía en que tenía la "intención de mantener la paz a cualquier precio, desde el campo y los pueblos hasta las grandes ciudades".[117]

[115] "El Sr. Adolfo Ruiz Cortines, al abrir el Congreso sus sesiones ordinarias, el 1° de septiembre de 1956", en XLVII Legislatura, *op. cit.*, t. IV, p. 601.

[116] *Idem.*

[117] "El Sr. Adolfo Ruiz Cortines, al abrir el Congreso sus sesiones, el 1° de septiembre de 1954", en XLVI Legislatura, *op. cit.*, t. IV, p. 562.

En las elecciones de 1955 el PRI obtuvo 90% del voto, que en números absolutos ascendía a más de 5.5 millones de votos, como si hubiera captado la totalidad del voto femenino que se estrenó en esos comicios federales, en 1952 había obtenido 2.7 millones de votos. La contrapartida de la muy probable manipulación electoral fue el crecimiento del abstencionismo y de la oposición extrapartidista.

El 29 de noviembre de 1957, el presidente Ruiz Cortines recibió al nuevo embajador de Estados Unidos, Robert C. Hill, menos de dos semanas después de la nominación de Adolfo López Mateos como candidato del PRI a la presidencia de la República. Después de pedirle que mantuviera sus conversaciones confidenciales, le agradeció el respeto con que se mantenía a distancia de la política interna en un momento tan importante para la sucesión presidencial. Luego habló de López Mateos, a quién, dijo, él había guiado en su camino hacia la candidatura. "Es exactamente igual a mí".[118] Sobre todo, aseguró el presidente al embajador, "sabe cómo tratar a los comunistas", "como yo", dijo sibilino.[119]

Al aproximarse la fecha de la sucesión presidencial de 1958, el creciente nerviosismo que se manifestaba en la sociedad fue un poderoso argumento para que Ruiz Cortines decidiera en solitario quién sería su sucesor, y lo designó sin consultar ni negociar su decisión con otros actores políticos. Adolfo López Mateos (1958-1964) fue postulado candidato del PRI,[120] y en un despliegue de unidad del "sector revolucionario" por dos de los tres partidos de oposición registrados, el Partido Popular Socialista, de Lombardo, y el Partido Auténtico de la Revolución Mexicana, que se había fundado para canalizar la participación electoral de los oficiales del ejército en retiro, López Mateos contendió sólo con el candidato del PAN, Luis H. Álvarez.

La elección de 1958 fue la primera en la que la élite política no se dividió, como ocurrió en 1940, en 1946 y en 1952. Sin embargo, la pretendida unidad de la élite no se había restablecido, como pudo comprobarlo López Mateos una vez en la presidencia. El contraste sería una paradoja, salvo que este bipartidismo no era resultado de un acuerdo ni prueba de una verdadera reorganización de las fuerzas, sino una muestra de la debilidad de la re-

[118] From ARA- Mr. R. R. Rubottom to the Secretary, "Comments on U.S.-Mexican Relations made by the President of Mexico", ARA, 611.12/12-2357, NACP, Md.

[119] *Idem.*

[120] Para la reconstrucción de este proceso sucesorio, véase Loaeza, *Clases medias y política…*, *op. cit.*, pp. 188-197.

presentación institucional del conflicto.[121] Era un bipartidismo artificial, no era la proyección de la competencia entre dos fórmulas rivales, sino la vía de exclusión de la participación electoral de fuerzas políticas que desafiaban la representación binaria del espectro ideológico nacional, así como las vías de participación institucional que se les ofrecían.

Conclusiones

El golpe militar contra el gobierno constitucional del presidente guatemalteco, Jacobo Árbenz es uno de los episodios emblemáticos de la primera Guerra Fría. Su impacto en el resto de América Latina provocó el firme realineamiento de los países latinoamericanos con el liderazgo político-ideológico de Estados Unidos.

Los acontecimientos guatemaltecos tuvieron en México por lo menos tres consecuencias: primera, reorientaron la política del presidente Ruiz Cortines hacia Estados Unidos. A partir del segundo semestre de 1954 abandonó la distancia que hasta entonces había mantenido hacia ese país, atendió las observaciones del embajador de Washington y se sumó al combate anticomunista que impulsaba el Departamento de Estado; segunda, la cautela de Ruiz Cortines en relación con Guatemala generó agudas tensiones con el expresidente Cárdenas, que profundizaron la fisura más o menos perceptible que las políticas revisionistas de Ávila Camacho y de Alemán habían abierto en el seno de la élite. Así, se consolidó en el interior del grupo en el poder una identidad política distinta y duradera, construida en torno a la persona del expresidente; por último, la definición del cardenismo como una alternativa de oposición contribuyó al diseño del proyecto renovador de la Revolución que emprendió Adolfo López Mateos en 1958, y a la organización de las izquierdas y provocó, a su vez, la articulación de las derechas.

La reorganización de las fuerzas políticas y su posible enfrentamiento comprometieron la estabilidad y la hegemonía del PRI. A corto plazo, la crisis guatemalteca fue superada, pero sólo en apariencia, porque la fractura original no desapareció, y en el largo plazo el doble objetivo de estabilidad y hegemonía de un partido fue cada vez más difícil de alcanzar.

[121] *Idem.*

Por una parte, el gobierno del presidente Ruiz Cortines no pudo sustraer al país del impacto de esos acontecimientos, que fueron el vehículo para que el conflicto central de la Guerra Fría se instalara en el corazón del debate público; por otra, el origen revolucionario del régimen mexicano y la reiterada presencia de referentes de la Revolución mexicana en el discurso oficial, se tradujo en expectativas de solidaridad y de apoyo por parte de los revolucionarios guatemaltecos, que con frecuencia aludían a la afinidad con la experiencia mexicana, que en su momento había enfrentado los mismos adversarios.

La experiencia de Guatemala también alertó al presidente Ruiz Cortines sobre los riesgos de una alianza demasiado estrecha con Estados Unidos que, además, no compensaba el aislamiento ni el unilateralismo que habían sido una tentación. Después de junio de 1954 se acentuó su insistencia, primero, en la originalidad del modelo mexicano que ya ni siquiera buscaba asimilar a la experiencia democrática del "bloque occidental": "Esa promesa esencial —el progreso de México entero— no tenemos por qué copiarla de ningún modelo exterior. Nuestra Revolución y nuestra Constitución Política, obras de mexicanos, concebidas [*sic*] y hechas por mexicanos, nos señalan cómo debemos perseverar".[122] También revisó la política exterior y buscó ampliar sus horizontes, diversificar sus interlocutores y fortalecer su relación con otros gobiernos.

Las pruebas del involucramiento de la Unión Soviética en la Guatemala arbencista siempre fueron débiles. Es indudable el interés de los soviéticos en minar la posición de Estados Unidos en América Latina; no obstante, su capacidad de intervención era más bien limitada. El triunfo de Fidel Castro y Ernesto "Che" Guevara en enero de 1959, parece confirmar los temores del presidente Eisenhower y del Departamento de Estado de que el hemisferio era víctima de una conspiración.

La importancia de este episodio en la historia del presidencialismo mexicano estriba en que las repercusiones que tuvo en México el conflicto entre el gobierno guatemalteco y el de Estados Unidos pusieron al descubierto los vínculos entre los límites que el mundo exterior impone a los presidentes, autoritarios o no, y algunas de las restricciones internas que inciden sobre sus decisiones. Pese a la astucia de sus respuestas, el presidente

[122] "El Sr. Adolfo Ruiz Cortines, al abrir el Congreso sus sesiones, el 1° de septiembre de 1956", en XLVI Legislatura, *op. cit.*, t. IV, p. 623.

Ruiz Cortines no pudo evitar que esta difícil coyuntura se resolviera en una presidencia arrinconada que buscó fortalecerse en la salida falsa de la profundización del autoritarismo. En este episodio, la institución presidencial alcanzó los límites de su soberanía en el exterior, y en el ámbito interno enfrentó el reto inquietante de movilizaciones de la oposición extrapartidista. El resultado de esta combinación fue una institución presidencial disminuida, a merced de la coyuntura.

El golpe de 1954 fue un punto de inflexión en la historia de las relaciones interamericanas. Representó el hundimiento de las expectativas de los latinoamericanos de recibir apoyo de Estados Unidos para la modernización de sus economías. La caída del presidente guatemalteco también fue un parteaguas para las sociedades latinoamericanas, porque modificó actitudes y comportamientos con respecto al cambio y la defensa del *statu quo* y radicalizó a los extremos del espectro ideológico.

En México, la crisis guatemalteca generó circunstancias que fueron un reto a la autoridad presidencial. Dada la historia del principio de no-intervención como una de las banderas fundamentales de la relación con la superpotencia, la violación de la soberanía guatemalteca planteó la posibilidad de un enfrentamiento con Estados Unidos. Además, a raíz de esos acontecimientos, el antagonismo soviético-americano se reprodujo con bastante fidelidad en la vida política interna y cobró forma en la oposición entre cardenistas y anticardenistas, católicos y comunistas, entre el PRI y el PAN o el PP. Este contexto convulso redefinió los límites de la autoridad presidencial dentro y fuera del país, y condujo al desprendimiento de la política exterior de las premisas de la política interna. El presidente no pudo evitar que la crisis guatemalteca minara su autoridad, la seguridad en sí mismo y en su capacidad para enfrentar a la superpotencia.

IX. CONCLUSIONES
Presidencialismos fuertes, presidentes no tan fuertes

A lo largo de un poco más de doscientos años México ha sido gobernado por presidentes. La continuidad del régimen presidencial, sólo ha sido interrumpida por dos breves episodios imperiales. Hemos vivido el presidencialismo como un destino fatal, como si, parafraseando una estrofa del himno nacional, "por el dedo de Dios" se hubiera escrito. Así de inexorable parecía en los años del partido hegemónico la concentración del poder político en una sola persona, su posición de privilegio en la organización estatal, sus prerrogativas y su autonomía relativa frente a los otros poderes del Estado, y frente a los ciudadanos.

Ni siquiera la derrota del PRI en las elecciones federales de 1997 puso sobre la mesa de debates el cambio de régimen; tampoco se discutió cuando su candidato perdió la presidencia o en los muchos años que duró la transición a la democracia pluralista de fines del siglo XX. Cuando algún distraído ha avanzado la propuesta de instaurar un régimen semipresidencial ha suscitado una amplia reacción de rechazo. El principal argumento que se ha esgrimido es que el presidente de la República es el motor del cambio, el pilar más firme de la estabilidad, y el defensor más devoto de la soberanía nacional.

Hemos sostenido esa creencia a pesar de las graves dificultades por las que ha atravesado el país desde 1945, muchas de ellas atribuidas —con razón o sin ella— a los presidentes. Pero creo que más que defenderlos a ellos, a los individuos, hemos buscado en la combinación de individuos e instituciones la fórmula ideal de un régimen político cercano a los ciudadanos, pero lo suficientemente lejano como para que la institución esté al abrigo de sus debilidades y limitaciones.

La experiencia ha sido contrastada. Me parece obvio que en seis años la institución cambia más al individuo que éste a aquélla. Todos hemos visto cómo el poder transforma a las personas, y es un gesto de soberbia pretender que las personas cambian al poder. Lo más que pueden hacer es aprender a ejercerlo, a administrarlo, y para eso tienen el apoyo de las instituciones.

Sólo el poder sujeto a normas y a prácticas regulares, y por todos compartidas y aceptadas, es socialmente útil. En caso contrario se vuelve una temible amenaza, con una gran capacidad de destrucción.

Una de las primeras conclusiones de esta investigación es que el presidencialismo en general, posee una notable flexibilidad que le ha permitido mantener su actualidad a través del tiempo gracias a cambios y ajustes con los que se ha acomodado, a veces con graves distorsiones como las que introduce el autoritarismo, a una gran diversidad de circunstancias y personalidades.

Se ha visto el presidencialismo mexicano como el producto de continuidades históricas y culturales, pero yo aquí lo examiné como un fenómeno político, resultado de la conjugación de circunstancias, normas formales e informales, estrategias y decisiones de actores que tenían objetivos de gobierno precisos y diferentes opciones para alcanzarlos. Visto así, como uno de los grandes fenómenos de la política moderna, en 1946, el presidencialismo en México mostraba debilidades y limitaciones reales que restaban autonomía a la institución y a quienes asumían el cargo, y que son las mismas que aquejaban al Estado del cual el presidencialismo era una proyección.

Muchas iniciativas de extensión del poder de la presidencia se originaron en la intención de suplir con un Poder Ejecutivo fuerte la debilidad de un Estado cuya soberanía estaba acotada por otro Estado. La investigación confirmó la profundidad y el alcance de Estados Unidos en la vida política mexicana, en sus instituciones y en las interacciones de sus principales actores. Pero también rescató la voluntad de funcionarios y políticos de participar en el trato con esa presencia inevitable, por lo menos para comunicarle que hay vías alternativas a las suyas.

Toda investigación histórica parte de dos preguntas inseparables aunque la dirección de la respuesta a cada una de ellas es muy distinta: ¿Cómo?, y ¿Por qué? La primera nos invita a mirar con detenimiento la secuencia de las interacciones que condujeron a un determinado resultado, mientras que la segunda pregunta es una búsqueda de causas remotas y categóricas que escapan al control del individuo.[1]

Esta investigación se concentró en el ¿cómo?, porque la dependencia de México de Estados Unidos, la soberanía acotada, o la intervención estadunidense en la política interna mexicana no son un misterio y tampoco hubie-

[1] Christopher Clark, *The Sleepwalkers. How Europe Went to War in 1914,* Londres, Penguin Books, 2013, p. xxvii.

ran sido un descubrimiento. Las grandes causas han sido abundantemente estudiadas. Mi objetivo era encontrar respuestas a aquello de lo que sabemos menos, por ejemplo, cómo se ha ejercido esa influencia, cuáles han sido los canales, dónde están los límites; con qué instrumentos y cómo respondieron en el corto plazo los distintos gobiernos mexicanos al factor americano.

Manuel Ávila Camacho, Miguel Alemán y Adolfo Ruiz Cortines fueron decididos constructores de instituciones, sabedores de que leyes y reglas explícitas eran la única manera de tratar con la superpotencia vecina sobre un pie de relativa igualdad, que la vía institucional era un camino seguro para gobernar una sociedad crecientemente compleja, y para garantizar la continuidad de la obra. Esto significa que incluso los presidentes en funciones sabían que su poder no era ilimitado y tampoco imperecedero. Los tres protagonistas de esta historia sabían que el largo plazo sólo puede pensarse en términos de instituciones.

La tarea que se impusieron no era sencilla porque se trataba de transformar un poder de origen revolucionario en un poder constitucional, un proceso que opone la legitimidad moral de los reclamos de justicia a la racionalidad de la ley. Este objetivo era todavía más difícil en el contexto de la Guerra Fría, cuando no había mucha tolerancia en el ámbito internacional para fórmulas nacionales originales. Sin embargo, las dificultades nunca fueron superiores a su determinación de retener el poder. El cambio de poder revolucionario a poder constitucional se benefició del impulso de la élite hacia la estabilización de las relaciones entre los actores políticos, la cual suponía la introducción de un nuevo orden, cuyo eje era la presidencia de la República. La transformación era necesaria porque después de varias décadas de violencia e incertidumbre, la sociedad mexicana aspiraba a la estabilidad, y, la élite política a la continuidad. Ambos objetivos guiaron la acción pública por lo menos hasta principios de los años setenta. Desde esta perspectiva el autoritarismo fue producto de las estrategias y decisiones de actores políticos que gobernaban con un repertorio limitado de recursos y restricciones.

Sin eliminar del todo el componente personal, la perspectiva del institucionalismo histórico hizo las veces de un prisma que descomponía la coyuntura de tal forma que mostraba el mismo proceso desde diferentes ángulos. Así, pude, por ejemplo, ver la sucesión presidencial de 1946 con los ojos de la Embajada de Estados Unidos, o desde la perspectiva de Vicente Lombardo Toledano, el organizador político más sobresaliente de la época.

Como dije antes, la relación de dependencia de México con Estados Unidos no fue una sorpresa. La investigación simplemente asienta que el contexto de la posguerra y el ascenso del país vecino a la condición de superpotencia profundizó esa dependencia. En cambio encontré muchas novedades en el deseo de los presidentes mexicanos de participar activamente en la construcción de la relación bilateral. Su propósito era buscar fórmulas de interacción alternativas que amortiguaran los efectos de la asimetría sobre su poder de decisión.

El desarrollo institucional de México, incluida la presidencia de la República, siguió en las décadas posteriores, bajo el impulso de presidentes que asumieron el cambio como su tarea principal. Ávila Camacho y Alemán encabezaron un periodo crucial en el proceso de modernización del país, y junto con Adolfo Ruiz Cortines y dos de sus sucesores, Adolfo López Mateos y Gustavo Díaz Ordaz, forman un grupo distintivo de presidentes que gobernó conforme a los patrones establecidos por los dos primeros, mantuvo la continuidad de las políticas de gobierno, en particular la política económica, y protegió el monopolio del PRI. En estos años el cambio de las instituciones políticas fue milimétrico.

La continuidad que distingue a estos cinco presidentes se vino abajo con la Revolución cubana que sacudió el contexto regional y los equilibrios locales de prácticamente todo el hemisferio. La reacción del gobierno de López Mateos fue de inicio, apoyar a los revolucionarios en el Caribe; sin embargo, no pudo hacer lo mismo Gustavo Díaz Ordaz, a quien le tocó vivir los primeros momentos de un futuro inmediato incierto, pese a la capacidad de resistencia del partido hegemónico, pero con el apoyo de un buen porcentaje de mexicanos temerosos del cambio. Tuvo que hacer frente a las repercusiones desestabilizadoras —tanto internas como regionales— del triunfo de los revolucionarios cubanos, al endurecimiento de la política de Estados Unidos hacia América Latina, así como a la cadena de golpes de Estado y dictaduras militares que ensombreció los años setenta en el hemisferio, y que fue el primer paso hacia la extinción de la comunidad interamericana como entidad política, incluso diplomática.

Internamente Díaz Ordaz no pudo resolver la insuficiencia de los instrumentos de gobierno a su disposición para solucionar las crisis de representación y de participación que se produjeron durante su gobierno. Los movimientos de protesta que organizaron médicos y estudiantes de educación superior dieron prueba de que el PRI había perdido la fuerza con la que se había impuesto como uno de los medios de articulación de la sociedad mexicana. Dada la relación simbiótica que desarrolló con la presidencia de la República, la debilidad de uno arrastró a la otra.

Los sucesores de Gustavo Díaz Ordaz, Luis Echeverría y José López Portillo se distinguen porque fueron presidentes de ruptura, que introdujeron discontinuidades notables en la historia de este linaje. Una reflexión a propósito del significado de continuidad en el discurso político nos da una medida de lo que pudo ser la ruptura como objetivo de la política presidencial.

Paradójicamente, el régimen político que nació de la Revolución construyó un discurso cuyo mensaje central era que las decisiones presidenciales estaban gobernadas por la lógica de la continuidad. En el discurso oficial, las rupturas históricas eran tratadas como paréntesis que interrumpían brevemente, el gran proyecto de construcción de una nación próspera e independiente. Incluso la propia Revolución era vista como un episodio en la prolongada lucha por construir una nación.

Creo que este mensaje buscaba suplir la legitimidad que los presidentes no obtenían en las urnas con la legitimidad que podían derivar de la historia y de la tradición. Esta estrategia pudo haber sido eficaz para estabilizar el funcionamiento del sistema político, no obstante, la defensa del pasado y de la tradición encareció los costos del cambio, y gradualmente se convirtió en desconfianza de las élites y de amplios sectores de la población ante cualquier alternativa de desarrollo que se desviara de la dirección que —se decía— dictaba la Revolución.

El presidente Luis Echeverría intentó restablecer la autonomía relativa de la presidencia de la República, primero en relación con el pasado inmediato, y luego frente al exterior. Supo utilizar el ascenso del Tercer Mundo, y el desplazamiento del conflicto Este-Oeste por el eje Norte-Sur, para superar la creciente oposición interna al presidencialismo autoritario y a la hegemonía del PRI, cuya función principal era obstaculizar el cambio político, incluso si lo proponía su gran aliado, el presidente de la República.

El presidencialismo petrolero de José López Portillo gobernó el momento de mayor autonomía relativa del Estado mexicano de la posrevolución. Fue un gobierno reformista por iniciativa propia. Se le recuerda por dos hechos decisivos para el fin de siglo: la nacionalización de la banca y la reforma política de 1977, pero fue también el canto del cisne del país que imaginaron Ávila Camacho y Alemán.

A partir de 1982, el cambio político en México fue más una respuesta a las transformaciones del contexto económico mundial y a la democratización como proceso internacional, que el resultado de iniciativas propias nacidas de exigencias locales. Los presidentes Miguel de la Madrid, Carlos Salinas y Ernesto Zedillo fueron agentes de cambio, sobre todo económico. También crearon una nueva institucionalidad política en torno al voto, que había cambiado de significado porque se convirtió en un muro de contención a la supuesta omnipotencia presidencial.

Las transformaciones que experimentó el sistema político fueron ajustes —grandes y pequeños— a lo que ocurría en el exterior y a las consecuencias de las profundas reformas económicas que trastocaron lo que la Revolución había hecho, y lo que todavía esperaba hacer. A diferencia de los creadores del presidencialismo autoritario, ninguno de ellos imaginó un México distinto al que le tocó gobernar.

En el poder de un presidente cobra forma la dualidad de la política que Maurice Duverger compara a las dos caras del dios Jano: la amable, que invita a la cooperación y a la conciliación; y la cara iracunda que provoca el conflicto y la confrontación. Esa misma dualidad subyace al régimen presidencial que le atribuye al jefe del Poder Ejecutivo, facultades para promover en la sociedad que gobierna la solidaridad, la cooperación y, referencias comunes que nutren una identidad colectiva, pero también puede exacerbar las diferencias, incitar el conflicto y precipitar la ruptura.

Por consiguiente, los presidentes son tan indispensables como indeseables. Para bien gobernar tienen que aceptar que su poder está acotado por el espacio y por el tiempo, que no les pertenece, sino que tienen el deber y el privilegio de atenderlo temporalmente. Los presidentes pasan, el régimen continúa.

Los presidentes ejercen una autoridad legítima, representan la voluntad popular, ordenan la política, tanto la competencia por el poder como las decisiones sobre las necesidades y los bienes colectivos, cuidan que se cumplan las leyes, contribuyen a estabilizar el juego de influencias. En tiempos difíciles, ofrecen soluciones, orientan a los ciudadanos, les devuelven la calma. También pueden hacer exactamente lo contrario.

BIBLIOGRAFÍA

ARTÍCULOS

Allcock, Thomas Tunstall, "The First Alliance for Progress? Reshaping the Eisenhower's Administration Policy Toward Latin America", *Journal of Cold War Studies,* 16 (2014), pp. 85-110.

Barrett, David M., "Sterilizing a 'Red Infection'", CIA *Studies in Intelligence,* núm. 10, invierno-primavera de 2001, pp. 23-31.

Bernal Tavares, Luis, "El proyecto Alemán-Lombardo, la modernización equívoca de la posguerra", *Estudios de Historia Moderna y Contemporánea de México,* 18 (1998), pp. 171-198.

Bolívar Meza, Rosendo, "La mesa redonda de los marxistas mexicanos: el Partido Popular y el Partido Popular Socialista", *Estudios de Historia Moderna y Contemporánea de México,* 16 (1993), pp. 193-213.

Braden, Spruille, "Congratulatory Address", *Science,* New Series, 103 (1946), núm. 2672, pp. 323-325.

Carrillo Flores, Antonio, "Causas y efectos de la devaluación monetaria de abril de 1954", *Problemas Agrícolas e Industriales de México,* vol. 6, núm. 3, 1954, pp. 197-204.

———, "La recámara del poder", *Letras Libres,* 29 de febrero de 1999,

Casar, María Amparo "Las bases político-institucionales del poder presidencial en México", *Política y Gobierno,* vol. III, núm. 1, 1996, pp. 61-92.

Coleman, Kenneth, "Diffuse Support in Mexico, the Potential. For Crisis", Londres, Sage Publications (Comparative Politics Series, 3), 1976.

Crespo, Horacio, "El comunismo mexicano y la lucha por la paz en los inicios de la Guerra Fría", *Historia Mexicana,* 66 (2016), pp. 653-723.

Davis, Jack, "The *Bogotazo*", *Studies in Intelligence,* vol. 13, otoño de 1969, pp. 78-87.

Delpar, Helen, "Inter-American Relations and Encounters: Recent Directions in the Literature", *Latin American Research Review*, núm. 3, 2000, pp. 155-72.

Fein, Seth, "New Empire into Old: Making Mexico Newsreels the Cold War Way", *Diplomatic History*, 28 (2004), pp. 703-42.

García Ferreira, Roberto, "La CIA y el exilio de Jacobo Árbenz", *Perfiles Latinoamericanos*, núm. 28, 2006, pp. 59-82.

Garrido, Luis Javier, "El partido del Estado ante la sucesión presidencial en México (1929-1987)", *Revista Mexicana de Sociología*, núm. 3, 1987, pp. 59-82.

Gillingham, Paul, "Maximino's Bulls: Popular Protest after the Mexican Revolution, 1940-1952", *Past and Present*, 206 (2010), pp. 175-211.

Goodspeed, Stephen S., "El papel del Ejecutivo en México", *Problemas Agrícolas e Industriales en México*, núm. 1, 1955, pp. 13-54.

Gourevitch, Peter, "Reinventing the American State. Political Dynamics in the Post-Cold War Era", en Ira Katznelson y Martin Shefter (eds.), *Shaped by War and Trade. International Influences and American Political Development*, Princeton y Oxford, Princeton University Press, 2002, pp. 301-330.

Helmke, Gretchen y Steven Levitsky, "Informal Institutions in Comparative Politics: A Research Agenda", *Working Paper* 367, Kellog Institute, University of Notre Dame, 2003.

Hernández Chávez, Alicia, "Mexican Presidentialism: a Historical and Institutional Overview", *Mexican Studies/Estudios Mexicanos*, 10 (1994), pp. 217-225.

Hernández Rodríguez, Rogelio, "Inestabilidad política y presidencialismo en México", *Mexican Studies/Estudios Mexicanos*, 10 (1994), pp. 187-216.

————, "La historia moderna del PRI. Entre la autonomía y el sometimiento", *Foro Internacional*, 40 (2000), pp. 178-306.

Hilton, Stanley, "The overthrow of Getulio Vargas in 1945: Diplomatic intervention, defense of democracy, or political retribution?", *The Hispanic American Historical Review*, 67, 1987, 1-37.

Jéifets, Víctor y Lázar Jéifets, "Los archivos rusos revelan secretos: el movimiento de izquierda latinoamericana a la luz de los documentos de la Internacional Comunista", *Anuario Americanista Europeo*, núm. 8, 2010, pp. 35-64.

Kissinger, Henry A., "The White Revolutionary: Reflections on Bismarck", *Daedalus*, vol. 97, núm. 3, pp. 888-924.

Krasner, Stephen D., "Compromising Westphalia", *International Security*, núm. 3, 1995-1996, pp. 115-151.

Leffler, Melvyn P., "The American Conception of National Security and the Beginnings of the Cold War, 1945-1948", *The American Historical Review*, 89 (1984), pp. 346-381.

Loaeza, Soledad, "Le Mexique dans les relations cardinales. L'exemple des manuels scolaires officiels", *Revue Francaise de Science Politique*, 36 (1986), pp. 828-45.

————, "Las elecciones ya no son lo que eran", *Nexos*, año 35, vol. XXXV, núm. 414, junio de 2012, pp. 64-69.

————, "La matanza de León, 1945", *Nexos*, año 36, vol. XXXVI, núm. 425, mayo de 2013, pp. 30-34.

————, "La reforma política de Manuel Ávila Camacho", *Historia Mexicana*, 63 (2013), pp. 251-358.

————, "La Conferencia de Chapultepec. El equívoco de la diplomacia avilacamachista", en Humberto Garza, Ilán Bizberg y Mónica Serrano (eds.), *Pensar la historia. Pensar a la política a la manera de Lorenzo Meyer*, México, El Colegio de México, 2016.

López Maya, Margarita, "The Change in the Discourse of US-Latin American Relations from the End of the Second World War to the beginning of the Cold War", *Review of International Political Economy*, 2 (1995), pp. 135-149.

Lowenthal, Abraham, "Estados Unidos y América Latina, 1960-2010. De la pretensión hegemónica a las relaciones diversas y complejas", trad. Félix G. Mostajo, *Foro Internacional*, 50 (2010), pp. 552-626.

Mateos, Abdón, "Tiempos de guerra, tiempos de desesperanza. La política de Ávila Camacho hacia España y el exilio republicano en México, 1940-1943", *Historia Mexicana*, 54 (2004), pp. 405-443.

May, Ernst R., "The Alliance for Progress in Historical Perspective", *Foreign Affairs*, núm. 4, 1963, pp. 757-774.

Nava N., Carmen, "La democracia interna del Partido de la Revolución Mexicana (PRM). El problema de la supresión de los consejos regionales", *Revista Mexicana de Sociología*, 50 (1989), pp. 157-166.

Pellicer, Olga, "México en la OEA", *Foro Internacional*, 6 (1965-66), pp. 288-302.

Power, Margaret, "The Engendering of Anti-communism and Fear in Chile's 1964 Presidential Election", *Diplomatic History*, 32 (2008), pp. 931-953.

Putnam, Robert D., "Diplomacy and Domestic Politics. The Logic of Two-Level Games", *International Organization*, 42 (1988), pp. 427-60.

Radvanyi, Laszlo, "Posibilidades de una nueva guerra mundial", *Boletín 21/47*, México, Instituto Científico de la Opinión Pública Mexicana, 1947, *mimeo*.

Robinson, Nancy, "México frente a la crisis de Guatemala en 1954", *Boletín Americanista*, núm. 37, 1987, pp. 225-232.

Rosenzweig-Díaz, Jr., Alfonso de, "La política internacional de México", *Revista Universidad de México*, núm. 3, 1958, pp. 1-14.

Sánchez Gutiérrez, Arturo, "Los militares en la década de los cincuenta", *Revista Mexicana de Sociología*, 50 (1988), pp. 269-293.

Schweller, Randall L., "Bandwagoning for Profit: Bringing the Revisionist State back in", *International Security*, núm. 1, 1994, pp. 72-107.

Servín, Elisa, "Las elecciones presidenciales de 1952. Un intento de cambio democrático", *Estudios de Historia Moderna y Contemporánea de México*, núm. 23, 2002, pp. 179-205.

————, "Propaganda y Guerra Fría: la campaña anticomunista en la prensa mexicana del medio siglo", *Signos Históricos*, núm. 11, 2004, pp. 9-39.

Séverin, Jacques, "Démocratie Mexicaine", *ESPRIT*, 20, núm. 190, 1952, pp. 738-808.

Sepúlveda, César, "Las doctrinas de reconocimiento de gobiernos y su aplicación a la práctica", *Boletín del Instituto de Derecho Comparado*, núm. 16, 1953, pp. 9-28.

Sheridan, Guillermo, "Rescatando a Mercader (Un episodio del espionaje soviético en México)", *Letras Libres*, núm. 87, marzo de 2006, pp. 62-69.

Spenser, Daniela, "La cimentación de la Confederación de Trabajadores de México", *Tzintzun. Revista de Estudios Históricos*, núm. 60, julio-diciembre 2014, pp. 248-278.

————, "El viaje de Vicente Lombardo Toledano al mundo del porvenir", *Desacatos*, núm. 34, septiembre-diciembre 2010, pp. 77-96.

Story, Dale, "Policy Cycles in Mexican Presidential Politics", *Latin American Research Review*, núm. 3, 1985, pp. 139-161.

Tena Ramírez, Felipe, "La suspensión de las garantías y las facultades extraordinarias en el derecho mexicano", *Revista de la Escuela Nacional de Jurisprudencia*, núm. 25, 1945, pp. 113-150.

Trask, Roger R., "Spruille Braden *versus* George Messersmith: World War Two, the Cold War, and Argentine Policy, 1945-1947", *Journal of Inter American Studies and World Affairs*, 26 (1984), pp. 69-95.

Urquidi, Víctor L., "Problemas económicos planteados en la Conferencia de Chapultepec", *Boletín del Banco Central de Venezuela*, abril de 1945.

Vanucci, Albert P., "The Influence of Latin American Governments on the Shaping of United States Foreign Policy: The Case of U.S.-Argentine Relations, 1943-1948", *Journal of Latin American Studies*, 18 (1986), pp. 355-382.

Walt, Stephen M., "Alliance Formation and the Balance of World Power", *International Security*, núm. 4, 1985, pp. 3-43.

Zabludowsky, Gina, "Proposiciones para el estudio de las relaciones entre el Estado y los empresarios en el periodo presidencial de Miguel Alemán", *Estudios Políticos*, 3 (1984), pp. 22-27.

Libros

Aboites Aguilar, Luis, *Excepciones y privilegios. Modernización tributaria y centralización en México. 1922-1972*, México, El Colegio de México, 2003.

———, *El agua de la nación. Una historia política de México, (1888-1946)*, México, CIESAS-SEP, 1998.

Acheson, Dean, *Present at the Creation: My Years in the State Department*, Nueva York, W. W. Norton & Co., 1969.

Ai Camp, Roderic, *Generals in the Palacio: The Military in Modern Mexico*, Nueva York, Oxford University Press, 1992.

Alemán Valdés, Miguel, *Libro de Oro Conmemorativo de las visitas de los presidentes Harry S. Truman a México y Miguel Alemán a los Estados Unidos de América*, México, Argal, 1947.

———, *Remembranzas y testimonios*, México, Grijalbo, 1987.

Alexander, Ryan M., *Sons of the Mexican Revolution, Miguel Alemán and his Generation*, Albuquerque, University of New Mexico Press, 2016.

Almond, Gabriel y Sidney Verba, *The Civic Culture, Political Attitudes and Democracy in Five Nations*, Princeton, Princeton University. Press, 1963.

Arreola Ayala, Álvaro, *Legislación electoral y partidos políticos en la república mexicana, 1917-1945*, México, INEHRM, 2015.

Berle, Adolf A., *The Cold War in Latin America*, Storrs, Conn., The University of Connecticut, October 23, 1961.

Bermúdez, Antonio J. y Octavio Véjar Vázquez, *No dejes crecer la hierba… (El gobierno avilacamachista)*, México, B. Costa Amic Editor, 1969.

Bethell, Leslie e Ian Roxborough (eds.), *Latin America between the Second World War and the Cold War, 1944-1948*, Cambridge, Cambridge University Press, 1992.

Biersack, Alletta (ed.), *Clio in Oceania*, Washington, Smithsonian Institution, 1991.
Binder, Sarah A. y Robert A. Brockman (eds.) *The Oxford Handbook of Political Institutions*, Oxford, Oxford University Press, 2006.
Bizberg, Ilán y Lorenzo Meyer, *Una historia contemporánea de México*, t. II: *Actores*, México, Océano, 2005.
Brandenbrug, Frank R., *The Making of Modern Mexico*, Englewood Cliffs, N. J., Prentice-Hall, 1964.
Brands, Hal, *Latin America's Cold War*, Cambridge, Mass., Harvard University Press, 2010.
Bulmer-Thomas, Victor y James Dunkerley (eds.), *The United States and Latin America: The New Agenda*, Londres, Institute of Latin American Studies, University of London / David Rockefeller Center for Latin American Studies, Harvard University, 1999.
Burdeau, Georges, *La politique au pays des merveilles*, París, Presses Universitaires de France, 1979.
Cabrera Acevedo, Lucio, *La Suprema Corte de Justicia durante el gobierno del presidente Adolfo Ruiz Cortines (1952-1958)*, México, Suprema Corte de Justicia de la Nación, 2003.
Cámara de Diputados (XLVI Legislatura) (ed.), *Los presidentes de México ante la nación, manifiestos y documentos de 1821-1966*, t. III: *Informes y respuestas desde el 1° de abril de 1912 hasta el 1° de septiembre de 1934*, México, Imprenta de la Cámara de Diputados, 1966
Campbell, Hugh Gerald, *La derecha radical en México, 1929-1949*, trad. Pilar Martínez Negrete, México, SEP, 1976.
Cárdenas, Enrique, *El largo curso de la economía mexicana. De 1780 a nuestros días*, México, El Colegio de México / Fondo de Cultura Económica, 2015.
Cárdenas, Lázaro, *Obras* I, t. II: *Apuntes, 1941-1956*, 2ª ed., México, Era, 1986.
———, *Obras* I, t. III: *Apuntes 1957-1966*, México, UNAM, 1973.
Cardoza y Aragón, Luis, *La Revolución guatemalteca*, México, Cuadernos Americanos, 1955.
Carpizo, Jorge, *El presidencialismo mexicano*, México, Siglo XXI Editores, 3ª reimp., 1978.
Carr, Barry, *La izquierda mexicana a través del siglo XX*, trad. Paloma Villegas, México, Era, 1996.
Casasola Zapata, Gustavo, *Historia gráfica de la Revolución mexicana, 1900-1970*, vol. VIII, México, Trillas, 1992.
Castañeda, Jorge, *México y el orden internacional*, México, El Colegio de México, 1956.

Castillo Farjat, Lizbeth, *La oposición revolucionaria en el proceso electoral de 1952-1954*, tesis de maestría, El Colegio de San Luis, San Luis Potosí, 2009.

Connell-Smith, Gordon, *The Inter-American System*, Londres, Oxford University Press / Royal Institute of International Affairs, 1966.

Córdova, Arnaldo, *La ideología de la Revolución mexicana: la formación del nuevo régimen*, México, Instituto de Investigaciones Sociales-UNAM / Era, 1973.

Cosío Villegas, Daniel, *Ensayos y notas*, t. I, México, Hermes, 1966.

—————, *El estilo personal de gobernar*, México, Cuadernos de Joaquín Mortiz, 1974.

—————, *La sucesión presidencial*, México, J. Mortiz, 1975.

—————, *Memorias*, México, Joaquín Mortiz, 1986.

Díaz Escobar, Alfredo Félix. "El prestigio y la dignidad del ejército nacional" (Entrevista al Secretario de Defensa Nacional, Francisco L. Urquizo), Ediciones del Comité Nacional de Orientación Política, México, 1946.

Domínguez, Jorge I. y Rafael Fernández de Castro, *Mexico and the United States. Between Partnership and Conflict*, Nueva York, Routledge, 2009.

Duverger, Maurice, *La monarchie républicaine ou comment les démocraties se donnent des rois*, Paris, Éditions Robert Laffont, 1974.

Edwards III, George C. y William G. Howell, *The Oxford Handbook of the American Presidency*, Oxford y Nueva York, Oxford University Press, 2009.

Efemérides del calendario del más Antiguo Galván, desde su fundación hasta el año 1977, México, Antigua Librería de Munguía, 1979.

Espíndola Mata, Juan, *El hombre que lo podía todo, todo, todo*, México, El Colegio de México, 2004.

Estrada, Juan Ubaldo, *El Partido Comunista Mexicano bajo la dirección de Dionisio Encina, 1940-1959*, tesis de maestría, México, UAM-Iztapalapa, 2002.

Florescano, Enrique (coord.), *Mitos mexicanos*, México, Taurus, 2001.

Fowler, Will (coord. gral.), *Presidentes mexicanos*, t. II: *(1911-2000)*, México, INEHRM, 2004.

—————, *Gobernantes mexicanos*, t. II, México, Fondo de Cultura Económica, 2008.

Franco, Jean, *The Decline and Fall of the Lettered City, Latin America in the Cold War*, Cambridge, Harvard University Press, 2002.

Frank, Gary, *Juan Perón* vs. *Spruille Braden. The Story behind the Blue Book*, Lanham, Md., University Press of America, Inc., 1980.

Fundación Miguel Alemán, *Miguel Alemán Valdés: cien años de su nacimiento, 1903-2003*, México, Biblioteca Mexicana de la Fundación Miguel Alemán Valdés, 2003.

Gaddis, John Lewis, *The Cold War. A New History*, Nueva York, The Penguin Press, 2005.
———, *We Now Know. Rethinking Cold War History*, Oxford, Oxford University Press, 1997.
Gallup, John Luke, Gaviria Alejandro y Eduardo Lora, *Is Geography Destiny? Lessons from Latin America*, Washington, Inter-American Development Bank, 2003.
Garciadiego, Javier (coord.), *El ejército mexicano, 100 años de historia*, México, El Colegio de México, 2014.
Garrido, Luis Javier, *El partido de la revolución institucionalizada. (Medio siglo de poder político en México) La formación del nuevo Estado (1928-1945)*, México, Siglo XXI Editores, 1982.
Garza, Humberto, Ilán Bizberg y Mónica Serrano, *Pensar la historia, pensar la política a la manera de Lorenzo Meyer*, México , El Colegio de México, 2016.
Gilbert, M. Joseph y Daniel Nugent (eds.), *Everyday forms of State Formation. Revolution and the Negotiation of Rule in Modern Mexico*, Durham y Londres, Duke University Press, 1994.
Gillingham, Paul, *Cuauhtémoc's Bones. Forging National Identity in Modern Mexico, Albuquerque*, University of New Mexico Press, 2011.
——— y Benjamin T. Smith (eds.), *Dictablanda. Politics, Work and Culture in Mexico, 1938-1968*, Durham, Duke University Press, 2014.
Gleijeses, Piero, *Shattered Hope: The Guatemalan Revolution and the United States, 1944-1954*, Nueva Jersey, Princeton University Press, 1991.
González Casanova, Pablo, *La democracia en México*, México, Era, 1965.
——— (coord.), *Historia del movimiento obrero en América* Latina, vol. II: *México, Cuba, Haití, República Dominicana y México*, México, Instituto de Investigaciones Sociales-UNAM / Siglo XXI Editores, 1984.
——— (coord.), *Las elecciones en México: evolución y perspectivas*, México, Siglo XXI Editores, 1985.
González Compeán, Miguel y Leonardo Lomelí (coords.), *El partido de la Revolución: institución y conflicto (1982-1999)*, México, Fondo de Cultura Económica, 2000.
González Luna, Ana y Alejandra Gómez Morín (eds.), *Una amistad sin sombras: correspondencia entre Manuel Gómez Morín y Efraín González Luna, 1934-1964*, t. I: *Primeras Luces,* vol. I: *La gestación de una idea (1934-1942)*, México, Fondo de Cultura Económica-Fundación / Fundación Rafael Preciado Hernández, 2010.
———, *Una amistad sin sombras: correspondencia entre Manuel Gómez Morín y Efraín González Luna, 1934-1964*, t. I: *Primeras Luces,* vol. II: *Consolidación*

del proyecto (1943-1946), México, Fondo de Cultura Económica / Fundación Rafael Preciado Hernández, 2010.

————, *Una amistad sin sombras: correspondencia entre Manuel Gómez Morín y Efraín González Luna, 1934-1964*, t. II, vol. III: *Primeros retos y obstáculos, crecimiento del partido (1947-1951)*, México, Fondo de Cultura Económica / Fundación Rafael Preciado Hernández, 2010.

González y González, Luis (coord.), *Historia de la Revolución mexicana, 1952-1960*, t. 22: Olga Pellicer de Brody y José Luis Reyna, *El afianzamiento de la estabilidad política*, México, El Colegio de México, 1978.

————, *Historia de la Revolución mexicana. Periodo 1934-1940*, t. 16: Alicia Hernández Chávez, *La mecánica cardenista*, México, El Colegio de México, 1979.

————, *Historia de la Revolución mexicana. Periodo 1940-1952*, t. 18: Luis Medina, *Del cardenismo al avilacamachismo*, México, El Colegio de México, 1979.

————, *Historia de la Revolución mexicana. Periodo 1940-1952*, t. 20: Luis Medina, *Civilismo y modernización del autoritarismo*, México, El Colegio de México, 1979.

————, *Todo es historia*, México, Cal y Arena, 1989.

Halperin Donghi, Tulio, *Historia contemporánea de América Latina*, 3ª ed., Madrid, Alianza Editorial, 2013.

Hermet, Guy, Juan J. Linz y Alain Rouquié, *Des éléctions pas comme les autres*, París, Presses de la Fondation Nationale des Sciences Politiques, 1978.

Hernández Chávez, Alicia, *Presidencialismo y sistema político. México y los Estados Unidos*, México, Fideicomiso Historia de las Américas / Fondo de Cultura Económica / El Colegio de México, 1994.

Hernández García de León, Héctor, *Historia Política del Sinarquismo, 1934-1944*, México, Universidad Iberoamericana / Porrúa, 2004.

Hintze, Otto, *The Historical Essays of Otto Hintze with an introduction by Felix Gilbert*, Nueva York, Oxford University Press, 1975.

Holden, Robert H. y Eric Zolov, *Latin America and the US: A Documentary History*, Nueva York, Oxford University Press, 2011.

Horsefield, John Keith (ed.), *The International Monetary Fund, 1945-1965: Twenty Years of International Monetary Cooperation*, Washington, International Monetary Fund, 1969.

Huntington, Samuel P., *Political Order in Changing Societies*, New Haven, Yale University Press, 1968.

ICAP, *Historia documental del partido de la revolución*, t. IV: *PRM, 1938-1944*, México, Partido Revolucionario Institucional / Instituto de Capacitación Política, 1982.

———, *Historia documental del partido de la revolución*, t. V: *PRM-PRI, 1945-1950*, México, Partido Revolucionario Institucional / Instituto de Capacitación Política, 1982.

———, *Historia documental del partido de la revolución*, t. VI: *PRI, 1951-1956*, México, Partido Revolucionario Institucional / Instituto de Capacitación Política, 1982.

Ikenberry, G. John, *After Victory. Institutions, Strategic Restraint and the Rebuilding of Order After Major Wars*, Princeton, N.J., Princeton University Press, 2001.

Instituto de Investigaciones Jurídicas, *El sistema presidencial mexicano (Algunas reflexiones)*, México, UNAM, 1988.

Instituto Nacional de Estadística, Geografía e Informática, *Estadísticas históricas de* México, t. II, México, INEGI / INAH, 1985.

Jones, Halbert, *The War Has Brought Peace to Mexico: World War II and the Consolidation of the Post-Revolutionary State*, Albuquerque, The University of New Mexico Press, 2014.

Joseph, Gilbert M. y Daniel Nugent, *Everyday Forms of State Formation. Revolution and the Negotiation of Rule in Modern Mexico*, Durham y Londres, Duke University Press, 1994.

——— y Jürgen Buchenau, *Mexico's Once and Future Revolution. Social Upheaval and the Challenge of Rule since the Late Nineteenth Century*, Durham, Duke University Press, 2013.

Josephson, Amelia, *"Bad Neighbor": U.S.-Argentine Relations in the 1940's*, tesis de maestría, Columbia University Academic Commons, 2011.

Katz, Friedrich, *The Secret War in Mexico. Europe, the United States and the Mexican Revolution*, Chicago, University of Chicago Press, 1981.

———, *Nuevos ensayos mexicanos*, México, Era, 2006.

Katznelson, Ira y Martin Shefter (eds.), *Shaped by war and trade. International Influences and American Political Development*, Princeton y Oxford, Princeton University Press, 2002.

Keesing's Records of World Events (Formerly Keesing's Contemporary Archives), vol. V, 1945.

Kent, Peter C., *The Lonely Cold War of Pope Pius XII, the Roman Catholic Church and the Division of Europe, 1943-1950*, Montreal y Kingston, McGill University Press, 2002,

Kissinger, Henry, *A World Restored. The Politics of Conservatism in a Revolutionary Era. A Detailed study of Diplomacy and Political Manoeuvre. 1812-1822 with Particular Reference to Metternich and Castlereagh*, Londres, Víctor Gollancz, 1974.

Knight, Alan, *Repensar la Revolución mexicana*, trads. Silvia L. Cuesy y Sandra Luna, vol. II, México, El Colegio de México, 2013.

Krasner, Stephen D., *Problematic Sovereignty: Contested Rules and Political Possibilities*, Nueva York, Columbia University Press, 2001.

Krauze, Enrique, *La presidencia imperial. Ascenso y caída del sistema político mexicano (1940-1996)*, México, Tusquets, 1997.

Le Goff, Jacques y Pierre Nora (eds.), *Faire de l'Histoire: Nouveaux problèmes*, París, Gallimard, 1974.

Leffler, Melvyn P., *A Preponderance of Power: National Security, the Truman Administration, and the Cold War*, Stanford, Stanford University Press, 1992.

Lerner de Sheinbaum, Bertha y Susana Ralsky de Cimet, *El poder de los presidentes. Alcances y perspectivas (1910-1973)*, México, Instituto Mexicano de Estudios Políticos, 1976.

Levitsky, Steven y Daniel Ziblatt, *How Democracies Die*, Nueva. York, Broadway Books, Penguin. Random House, 2019.

Linz Juan J. y H. E. Chehabi (eds.), *Sultanistic Regimes*, Baltimore, The Johns Hopkins University Press, 1998.

―――――― y Arturo Valenzuela (eds.), *La crisis del presidencialismo*, Madrid, Alianza, 1998.

Lira Vázquez, Carlos y Ariel Rodríguez Kuri (coords.), *Ciudades mexicanas del siglo XX: siete estudios históricos*, México, El Colegio de México / UAM-Azcapotzalco / Conacyt, 2009.

Loaeza, Soledad, *Clases medias y política en México: la querella escolar, 1959-1963*, México, El Colegio de México, 1988.

――――――, *El Partido Acción Nacional: La larga marcha, 1939-1994. Oposición leal y partido de protesta*, México, Fondo de Cultura Económica, 1999.

――――――, *La restauración de la Iglesia en la democratización mexicana*, México, El Colegio de México, 2013.

Lombardo Toledano, Vicente, *Obra histórica-cronológica,* t. V, vol. 18, México, Centro de Estudios Filosóficos, Políticos y Sociales Vicente Lombardo Toledano, 1954.

Loyola, Rafael (coord.), *Entre la guerra y la estabilidad política. El México de los cuarenta*, México, Conaculta / Grijalbo, 1986.

Lozoya, Jorge Alberto, *El ejército mexicano, 1911-1965*, México, El Colegio de México, 1970.

Madrid, Miguel de la, *El ejercicio de las facultades presidenciales*, México, Porrúa, 1999.

Mainwaring, Scott y Matthew Soberg Shugart (eds.), *Presidentialism and Democracy in Latin America*, Cambridge, Cambridge University Press, 1997.

Martínez Assad, Carlos, *El henriquismo, una piedra en el camino*, México, Martín Casillas Editores, 1982.

Martínez, María Antonia, *El despegue constructivo de la Revolución. Sociedad y política en el alemanismo,* México, CIESAS / Miguel Ángel Porrúa, 2004.

Medin, Tzvi, *El sexenio alemanista: ideología y praxis política de Miguel Alemán*, México, Era, 1990.

Medina Echavarría, José, *Consideraciones sobre el tema de la paz*, México, Banco de México, 1945.

Medina Peña, Luis, *Del cardenismo al avilacamachismo,* vol. 18: *Historia de la Revolución mexicana (Periodo 1940-1952)*, México, El Colegio de México, 1978.

————— (coord.), *El siglo del sufragio: de la no-reelección a la alternancia*, México, Fondo de Cultura Económica / Conaculta / IFE, 2010.

Merino Huerta, Mauricio, *Fuera del centro*, Xalapa, Universidad Veracruzana, 1992.

Meyer, Lorenzo, *México y el mundo: historia de sus relaciones exteriores*, t. VI, México, Senado de la República, LIV Legislatura, 1991.

Mezey, Michael L., *Presidentialism. Power in Comparative Perspective*, Boulder y Londres, Lynne Rienner Publishers, 2013.

Michaels, Albert L., *The Mexican Election of 1940*, Nueva York, State University of New York at Buffalo, Special Studies, Council on International Studies, 1971.

Navarro, Aaron W., *Political Intelligence and the Creation of Modern Mexico, 1938-1954*, University Park, The Pennsylvania State University Press, 2010.

Neustadt, Richard E., *Presidential Power and the Modern Presidents. The Politics of Leadership from Roosevelt to Reagan,* Nueva York, The Free Press, 1991.

Niblo, Stephen R., *Mexico in the 1940's. Modernity, Politics and Corruption*, Wilmington, Delaware, A Scholarly Resources Inc. Imprint, 1999.

North, Douglass C. *Institutions, Institutional Change and Economic Performance*, Cambridge, Cambridge University Press, 1990.

Novo, Salvador, *La vida en México en el periodo presidencial de Lázaro Cárdenas. Compilación y nota preliminar de José Emilio Pacheco*, México, INAH / Conaculta, 1994.

Oakes, Guy, *The Imaginary War. Civil Defense and American Cold War Culture,* Nueva York y Oxford, Oxford University Press, 1994.

Ojeda, Mario, *Alcances y límites de la política exterior de México*, México, El Colegio de México, 1979.

Ojeda Revah, Mario, *México y la guerra civil española*, Madrid, Turner, 2004.

Ordorica, Manuel y Jean François Prud'homme (coords. grales.), *Los grandes problemas de México*, vol. XIV: Soledad Loaeza y Jean-François Prud'homme (coords.), *Instituciones y procesos políticos*, México, El Colegio de México, 2010.

Ortega Ortiz, Reynaldo Yunuen (ed.), *Caminos a la democracia*, México, El Colegio de México, 2001.

Osorio Marbán, Miguel, *Presidentes de México y dirigentes del partido*, México, Partido Revolucionario Institucional, 1993.

Özkirimli, Umut, *Theories of Nationalism: A Critical Introduction*, Basingstoke, Macmillan, 2000.

Pach, Chester J. Jr. y Elmo Richardson, *The Presidency of Dwight D. Eisenhower,* Kansas, University Press of Kansas, 1991.

Padilla, Ezequiel, *Nuestra política internacional*, México, Secretaría de Relaciones Exteriores, Departamento de Información para el Extranjero (Problemas Nacionales e Internacionales, 22), 1945.

Padilla Nervo, Luis, *Discursos y declaraciones sobre política internacional 1948-1958*, México, Secretaría de Relaciones Exteriores, 1958.

Paz Salinas, María Emilia, *Strategy, Security and Spies: Mexico and the U.S. as Allies in World War II*, University Park, Pennsylvania State University, 1997.

Paz, Octavio, *El laberinto de la soledad. Postdata. Vuelta al laberinto de la soledad*, México, Fondo de Cultura Económica, 1994.

Peschard, Jacqueline (coord.), *El federalismo electoral en México*, México, Cámara de Diputados, LX Legislatura / UNAM / Miguel Ángel Porrúa, 2008.

Pettinà, Vani, *Historia mínima de la Guerra Fría en América Latina*, México, El Colegio de México, 2018.

Pike, Frederick B., *FDR's Good Neighbor Policy. Sixty Years of Generally Gentle Chaos*, Austin, University of Texas, 1995.

Piñeyro, José Luis, *Ejército y sociedad en México: pasado y presente*, México, UAP / UAM-Azcapotzalco, 1985.

Plumb, J. H., *The Growth of Political Stability in England, 1675-1725*, Londres, The History Book Club,1968.

Pridham, Geoffrey, Eric Henning y George Sanford, *Building Democracy? The International Dimension of Democratization in Eastern Europe*, Londres, Leicester University Press, 1994.

Rabe, Stephen G., *Eisenhower and Latin America: The Foreign Policy of Anticommunism*, Chapel Hill, University of California, 1988.

———————, *The most Dangerous Area in the World. John F. Kennedy Confronts Communist Revolution in Latin America*, Chapel Hill, The University of North Carolina Press, 1999.

Rath, Thomas, *Myths of Demilitarization, Revolutionary Mexico, 1920-1960*, Chapel Hill, The University of North Carolina Press, 2013.

Reed, Vivien, *Beneath the Surface: Argentine-US Relations as Perón Assumed the Presidency*, tesis de maestría, Monmouth, WOU, 2009.

Rémond, René, *Pour une histoire politique*, Paris, Éditions du Seuil (Points), 1996.

Ronfeldt, David F., *The Mexican Army and Political Order since 1940*, Santa Monica, CA, The Rand Paper Series, 1975.

Roosevelt, Franklin, *The Public Papers and Addresses of Franklin D. Roosevelt,* 1943 volume: Samuel I. Rosenman (ed.), *The Tide Turns*, Nueva York, Harper and Brothers Publishers, 1950.

Rosanvallon, Pierre, *La légitimité démocratique. Impartialité, réfléxibilité, proximité*, Paris, Éditions du Seuil, 2008.

Rouquié, Alain, *Guerras y paz en América Central*, México, Fondo de Cultura Económica, 1994.

Rouquié, Alain, *Le Mexique, un Etat Nordaméricain*, Paris, Fayard, 2016.

Rubinstein, Anne, G. M. Joseph y Eric Zolov (eds.), *Fragments of a Golden Age: The Politics of Culture in Mexico since 1940*, Durham, Duke University Press, 2001.

Santos, Gonzalo N., *Memorias*, México, Grijalbo, 1984.

Sartori, Giovanni, *Ingeniería constitucional comparada. Una Investigación de estructuras, incentivos y resultados con el post facio "La transición en México, ¿Hacia dónde?" (Una agenda para la reforma)*, 2ª ed., México, Fondo de Cultura Económica, 2001.

Schmitt, Karl, *Communism in Mexico: A Study in Political Frustration*, Austin, University of Texas, 1965.

Schwartzberg, Steven, *Democracy and U.S. Policy in Latin America during the Truman Years*, Gainesville, University Press of Florida, 2003.

Scott, Robert E, *Mexican Government in Transition*, Urbana, University of Illinois Press, 1964.

Secretaría de Gobernación, *Seis años de actividad nacional*, México, Talleres Gráficos de la Nación, 1946.

Secretaría de Relaciones Exteriores, *Memoria. Septiembre 1944-agosto 1945*, México, Talleres Gráficos de la Nación, 1946.

Servín, Elisa, *Ruptura y oposición: El movimiento henriquista, 1945-1954*, México, Cal y Arena, 2001.

Silva Herzog, Jesús, *Trayectoria ideológica de la Revolución mexicana*, México, SEP (Sepsetentas), 1973.
Skocpol, Theda, *States and Social Revolutions: A Comparative Analysis of France, Russia and China*, Cambridge, Cambridge University Press, 1979.
Skowronek, Stephen, *The Politics Presidents Make: Leadership from John Adams to Bill Clinton*, Cambridge, The Belknap Press of Harvard University Press, 1993.
Slater, Dan, *Organizing Power: Contentious Politics and Authoritarian Leviathans in Southeast Asia*, Nueva York, Cambridge University Press, 2010.
Smith, Gaddis, *The Last Years of the Monroe Doctrine, 1945-1993*, Nueva York, Hill and Wang, 1994.
Smith, Peter H., *The Labyrinths of Power: Political Recruitment in Twentieth-Century Mexico*, Nueva Jersey, Princeton University Press, 1979.
Smith, Peter H., *Talons of the Eagle. Dynamics of U.S.-Latin American Relations*, 2ª ed., Nueva York, Oxford University Press, 2000.
Sotomayor Velázquez, Arturo C. y Gustavo Vega Cánovas (coords.), *El mundo desde México: ensayos de política internacional. Homenaje a Olga Pellicer*, México, El Colegio de México / ITAM / CIDE, 2008.
Spenser, Daniela (coord.), *Espejos de la Guerra Fría: México, América Central y el Caribe*, SRE / CIESAS / Porrúa, 2004.
———, *En combate: la vida de Lombardo Toledano*, México, Debate, 2018.
Steinmo, Sven, Kathleen Thelen y Frank Longstreth, (eds.), *Structuring Politics in Comparative Analysis*, Cambridge, Cambridge University Press, 1992.
Stiller, Jesse, *George S. Messersmith, Diplomat of Democracy*, Chapel Hill, The University of North Carolina Press, 1987.
Stonor Saunders, Frances, *The Cultural Cold War. The CIA and the World of Arts and Letters*, Nueva York, New Press, 1999.
Sucesiones, destapes y elecciones presidenciales, 1916-1998, t. II, México, El Universal Compañía Periodística Nacional, 1993.
Taracena, Alfonso, *La vida en México bajo Ávila Camacho*, México, Jus, 1976.
Terrazas y Basante, Marcela (coord. gral.), *Las relaciones México-Estados Unidos 1756-2010*, vol. II: Paolo Riguzzi y Patricia de los Ríos, *¿Destino no manifiesto? 1867-2010*, México, UNAM / SRE, 2012, 2 vols.
Tilly, Charles, *Coercion, Capital, and European States, AD 990-1992*, Oxford, Basil Blackwell, 1992.
Torres Bodet, Jaime, *Memorias. La victoria sin alas*, México, Biblioteca Mexicana de la Fundación Miguel Alemán, 2012.

Torres Ramírez, Blanca, *Historia de la Revolución mexicana. Periodo 1940-1952*, t. 19: *México en la Segunda Guerra Mundial*, México, El Colegio de México, 1979.

Turrent, Eduardo, *Raúl Martínez Ostos. Leyes, finanzas y diplomacia*, México, Fondo de Cultura Económica, 2008.

Valle Prieto Ortega, María Eugenia A. del, *México y Argentina ante la política del buen vecino*, México, Compañía Editorial Impresora y Distribuidora, 2002.

Vázquez, Josefina Zoraida y Lorenzo Meyer, *México frente a Estados Unidos. Un ensayo histórico, 1776-2000*, México, Fondo de Cultura Económica, 6ª reimp., 2013.

Vega, Mercedes de (coord.), *Historia de las relaciones internacionales de México, 1821-2010*, v. IV: Guillermo Palacios y Ana Covarrubias, *América del Sur*, México, SRE, Dirección General del Archivo Histórico Diplomático, 2011.

Vega Cánovas, Gustavo (coord.), *Alcances y límites de la política exterior de México ante el nuevo escenario internacional. Ensayos en honor de Mario Ojeda*, México, El Colegio de México, 2009.

Véjar Vázquez, Octavio, *Discursos*, México, Comisión Nacional de Planeación para la Paz, 1945.

Vernon, Raymond, *El dilema del desarrollo económico de México: papeles representados por los sectores público y privado*, 2ª ed., México, Diana, 1967.

Villaseñor, Víctor Manuel, *Memorias de un hombre de izquierda*, vol. II: *De Ávila Camacho a Echeverría*, México, Grijalbo, 1976.

Wager, Stephen Joseph, *The Mexican Army, 1940-1982. The Country comes First*, Ann Arbor, UMF, 1992.

Westad, Odd Arne, *The Cold War. A World History*, Nueva York, Basic Books, 2017.

————, *The Global Cold War*, Cambridge, Cambridge University Press, 2007.

Whitehead, Laurence (ed.), *International Dimensions of democratization. Europe and the Americas*, Oxford, Oxford University Press, 1996.

Wilkie, James W., *La Revolución mexicana (1910-1976). Gasto federal y cambio social*, trad. Jorge E. Monzón, México, Fondo de Cultura Económica, 1978.

———— y Edna Monzón Wilkie, *México visto en el siglo XX. Entrevistas de historia oral*, México, Instituto Mexicano de Investigaciones Económicas, 1969

———— y Edna Monzón Wilkie, *Frente a la Revolución mexicana: 17 protagonistas de la etapa constructiva. Entrevistas de historia oral*, t. II: Rafael Rodríguez Castañeda (ed. gral.), *Ideólogos*, México, UAM, 2001.

———— y Edna Monzón Wilkie, *Frente a la Revolución mexicana: 17 protagonistas de la etapa constructiva. Entrevistas de historia oral*, t. IV: Rafael Rodríguez Castañeda (ed. gral.), *Candidatos y presidente*, México, UAM, 2004.

FUENTES PRIMARIAS

Archivos

Archivo General de la Nación (AGN)
Archivo Histórico de El Colegio de México (AHCM)
Archivo Histórico Genaro Estrada, SRE (AHGE)
Archivo Manuel Gómez Morín, ITAM (AMGM)
Archivo Miguel Alemán. Fundación Alemán (AMA)
Biblioteca Lamont, Harvard (BLHU)
Oral History Research Office, Butler Library, Columbia University (BLCU)
Serie documental *Foreign Relations of the United States of America*, Washington D. C., Government Printing Office, vols. IX, XI.
The National Archives, Kew Gardens (NA)
The National Archives and Records Administration (NARA)

Periódicos

Diario de Debates, Cámara de Diputados
Diario de la Conferencia Interamericana sobre Problemas de la Guerra y la Paz
El Informador
El Popular
El Universal
Excélsior
La Prensa
Le Monde
The Atlantic
The New York Times

Revistas

Boletín de Acción Nacional
Futuro
Hoy
La Nación
Letras Libres
Mañana
Nexos
Tiempo
Time Magazine
Vuelta
US Department of State Bulletin

Páginas de internet

https://www.diputados.gob.mx
htpps://www.senado.gob.mx
https://www.state.gov/office-of-the-historian www.lib.udel.edu
www.thetrumanlibrary
www.wallace.lib.uiowa.edu

A la sombra de la superpotencia: tres presidentes mexicanos en la Guerra Fría, 1945-1958
se terminó de imprimir en enero de 2022,
en los talleres de Editorial Color, S.A. de C.V.,
Naranjo 96 bis, P.B., col. Santa María la Ribera,
06400, Ciudad de México.
Portada: Pablo Reyna.
La edición consta de 500 ejemplares.
Cuidado de la edición Agustín Herrera Reyes
bajo la supervisión de la
Dirección de Publicaciones de
El Colegio de México.

Made in United States
North Haven, CT
10 November 2026

22084328R00275